程千帆全集

9

程千帆 / 著

闲堂书简

凤凰出版社

目　次

闲堂书简

陶芸 编
程章灿 许勇 增订

致吕亮耕（一通）

吕亮耕，诗人。曾任《国民日报》、衡阳《大刚报》、《中华时报》、《大华晚报》、九江《型报》等报副刊编辑、总编辑、主笔，衡阳市中学语文教师。

亮耕兄：

因心绪不佳，多时不通音问，顷由孙望兄寄示大札，知已到衡阳。回雁峰的落日，女神峰的朝霞，该早收入诗集矣。近来生活稍稍安定，而远不及长沙流浪朝不保夕之愉快。白凤、白鹤何在？兄之处否？其他诗友，如有消息亦恳一并赐处。望兄为病所苦，尤令人不胜怀念也。尊著诗集即出，乞速寄阅。近来教堂，坐望论道，实赖佳什，启我心胸也。衡阳文化事业如何？桂林会更热闹，乐山则殊无聊。匆匆不尽，即颂

吟安！

弟帆拜上

三月三日（一九四二年）

致李小缘（二通）

李小缘，图书馆学家、目录学家。曾任金陵大学图书馆馆长、南京大学图书馆副馆长。

（一）

小缘先生撰席：

《集刊》及《清华学报》各一册，谨以璧还。余嘉锡《提要辨证》，所中诸君子顷如不用，可否惠假一观？又《文摘》第一卷闻已出版，拟请赐以粉纸本一册。如须购买，亦乞将价目示知，俾便遵办。专肃，祗请

道绥！

会昌叩头

五月十八日（一九四三年）

（二）

小缘吾师尊鉴：

止强兄书来，敬悉受业往岁随文研所存皖箱箧，已荷鼎力代运回京，不胜铭感。除请止强兄代为备款取回外，谨特专函申谢。不尽区区，即叩道安！

受业会昌拜上

四月十一日（一九四七年）

致朱自清（一通）

朱自清，现代著名作家。曾任清华大学中文系教授。

（上略）关于部颁中国文学系科目表之讨论，拙作粗发其凡，诸贤踵事，渐臻美备。顷又得读《高等教育季刊》二卷三期“大学国文教学问题”特辑所载大作，研论致密，立说圆融，庶几可为绳准。其中下采刍荛，持议无间，固不烦更加申述；而有尊见系诸家所未及而为鄙意所赞同者，尊文未见及或所说有与鄙意未能尽合者，窃敢附于诗人切磋之义，续加补充与讨论。幸察览焉。

1. 赞同此次尊见者二事

（一）尊表此次修订旧章，最显著者，厥为文学史及历代文选、历代诗选之分段讲习。前者全部分必修，后者一部分必修。此点甚佩卓识。其在尊意，或以此为达成中文系以文学史研究为中心之重要方法。（文学史之研究，固应为中文系之中心工作，特如何始能使此项中心研究发生最大效果，则诸家之意，恐不能无出入。鄙意以为当由考证、欣赏、批评、习作四端入手。学者各依性分修养，出其所长，一致百虑，殊途同归，乃克成此大业，此非顷所能详，容更为文乞教。）鄙意则以为此项办法，尤可使学者习作能各依所好，自由发展。进一步则文学史与文、诗选同时分段，可使学子于所愿致力之某一阶段，纵横断面取得考证、欣赏、批评、习作诸方面之连系，而获得更专门高深之修养。此无论其偏重任何方面，固均有相得益彰之效，而无安于所习、毁所不见之误者也。

（二）部颁表选修科目甚可非议，众意佥同。察其所由，不外一则本系课程之繁驳，二则他系课程之羼杂。前者实缘近代学风务为新诡，教者不知研究与教学目的各有不同，每以研究之方法施诸教学。影响所及，遂多巧立名目，任意设课之弊。此点拙作《论今日大学中文系教学之蔽》一文已详加论列。后者则似缘当局诸君期中文系学者进于通博之途，故欲其于外文史哲诸科，多加肄习。此虽合理之举，然亦无须列入表中，使人生“不调和”之感。大作之言尤是。今尊表自中国哲学史以下，外国语或西洋文学史以上十科悉加删剃，拨烦除秽，实为至当。窃尝以为科目之为必修或选修，当以某科在整个文学史上生命之长短，影响之大小，与夫本身之价值为准。故于尊表改词曲为选修一节，亦无异议。惟文学概论及应用文二科，鄙意不拟除去，下详。

2. 尊见所未及者一事

季刊同期王驾吾先生焕镳《大学国文教学问题之讨论》一文中论今日中文系之困难有云：“以此寥寥可数之人，为此时尚相违之学，而又罕具根柢之材，其教学之难，已较他科为甚。区区三年之光阴，又不使尽其力以专于此事，乃复多其方而夺其时，爪其肤而摇其本。时凿之为偶梗焉，时凿之为尊俎焉，时凿之为椿栖焉。一材而百用，虽大智不能也。故毕业以去者，上之不能究天人之故，穷万里之精；中之不能传社会之情，写事物之变；下之不能当书牍之任，应时俗之需。不知其果何用乎？今拟大学中文系除必修之哲学史学外，他系之课，概为选修，以集中心力，而不旁骛。”谨案：此之所论，实获我心。兹更将此种现象之累害、成因及解决方术略论如次：

依据现行部颁法令，文学院公共必修科目之学分数，与各系必选修科目合计之学分数，其比例约为前者占八分之三强，后者占八分之五弱。故中文系学者所读本系课程，事实上不能超过二年有半。年来教学经验所得，悉学者罔不深以此类庞杂纷歧之课为苦。考在教部颁行此项院际公共必修科目以前，各校中文系亦每规定必修他系课程，然均不外西洋文学、中国史学、中国哲学之属。与其中国文学，固可肸蚃相通。今则公共必修学程过多之故，中文系之学者在一年级竟完全不能读本系之课，二年级所得受读者，亦不过文学史等三科。教学两方，均感时间之不足，无法完成其目标。而学者尤以大学一年级无异于高级中学之延长（彼辈通常称曰高中四年级），为之短气。此实各系之共同危机，而非中文一系之事也。揣当局之意，无非一则感于现时中学成绩之低落，再则欲养成知类通方之人材。故积极推行增加公共必修之制。此其意甚可取，其术则实疏。盖就实况言之：学者既入大学，各有专攻，其对他系学程，除少数好胜求博者外，常以其与本系学程之关系深浅者而为轻重。故中文系之学者，于史哲诸科，视自然科学之类，其学习之用心与否，直不可同年而语。在他系教者方面，亦每以其为中文系之学生，初不能或不愿一视同仁。如理院为他院设数学，文院为他院设国文、英文、中西史，多数学校于教员之支配，皆未甚措意；实无习作者，即每班达一二百人，绝鲜肯牺牲其教授之精力以从事于此类课程，或多开班次者，即其明证。在此因循敷衍之情形下，而言补救中学课程之不足，实等缘木求鱼。且如上所言，现时公共必修者，有语文学，有哲学，有社会科学，有自然科学，五光十色，烂漫杂陈，有如百货公司。初不省每系有每系之重点，其所修他系之课程，绝不能以院为单位，强行画一。如史学系学者对社会科学之训练，自较中文系为重，中文系学者对本国史学之训练，亦必较自然科学为重。若谓遵行现制，必产通人，则古今文史大儒多矣。岂得以其未习自然科学，即谓非通人乎？以此言通，徒见其执。吾斯之未能信矣。

部颁公共必修科目，以院为单位者，既不能补救中学程度，又不能必定造就通材。则其不妥，更无庸多述。今谓他系课程之必修，必与本系相配合。以中文系而论，除国文一科须另成一组，单独用班，加深教材，严施训练而外，其余似宜以外国语六学分，中国通史六学分，逻辑四学分，社会科学概论四学分（包括社会、教育、政治、经济诸方面之基本知识）为限。

前三科设第一年，后一科设第二年。如此则学者受课虽少，而通识未必减低。同时入校即有本系课程，庶可增加其兴趣，坚定其趋向矣。至于中学程度如何补救，各系必修他系课程如何规画，改制后中文系课程如何支配，在此均不及论。惟减少不必要之公共必修学程，以节省学者之精力，提高其程度，则实当务之急，恐无人能加以反对者也。

3. 与尊见有出入者四事

（一）大作中论欣赏、批评与习作之关系，谓并无有机性。二者可以分开。在批评学日趋发达之今日，欣赏、批评亦必豫之以学。此理诚然。顾有二端当考虑者：即吾国文学批评，以文学家向重创造之故，视文学作品，成绩不免落后，历代专家及专书俱属寥寥。如今虽可借助异域，然系统理论之介绍，舍朱孟实（光潜）先生《文艺心理学》外，似尚无第二部可读之书。此书所及，又不过理论中之一种。且西洋批评之方式是否尽适于吾国作品，亦是问题。因此鄙意以为：在目前状况下，习作对于建立批评学之系统理论，尚不失为一种助力。（前论文学史之研究应从四方面同时着手，亦即此理。）若他日批评之学已借助于理学、美学、艺术、哲学、考证学等科而系统建立，则学者方有“学”可“豫”。今恐尚非其时。此其一。再则文学批评，方式非一；诸家取径，各有所偏。或重直觉，或重经验，或以演绎，或以归纳。万物并育而不相害，道并明而不相悖，宇宙中自有此理。下走尝与友人长于西洋批评理论者论文，每觉其对于一作品之整个印象颇多妙解，而于此作品之表现方法则有隔膜。空宗所云“到一境，证一境”之说，似非不能成立之理由。则习作经验对于批评贡献之大小，似当以其批评方式为衡，未可遽云其视阅读经验为落后也。此其二。友人叶石荪（麐）先生尝语予：“西洋批评家亦多兼工创作，特其创作之名为批评所掩耳。”此事下走一无所知，惟叶石荪淹游，其言当可据信。

（二）尊表历代文选分四段。第一段为周秦。鄙意周秦古书，全属经典，既有专书之设，且鼓励学者多加探讨，则此段可删。盖其取材，恐不能外经、子、语、策、楚辞诸书。此不特有类以前浅尝即止之群经选读、诸子选读等科，亦不无屋下架屋、床上施床之况。故此科宜仅分八代及唐宋两段，每段一年，学者任选其一可矣。

（三）尊意以语言学在中文系不及声韵学之重要，因反部表，改前者为选修，后者为必修。其事甚富。然居常念中文系（文学组）之语言学，不能如语言文字组之以比较研究为主，而当注意中国语言对于古文字、文法、文辞之特殊影响。设能将此点疏通证明，教者即可谓尽其能事。盖此能使学者能知本国文学成立之所以然，而不仅知其当然也。似此，语言之学亦未可废。折中之法，或于声韵学科中分一部分时间讨论之。

（四）尊表选科中删去文学概论及应用文二目。鄙意则前者必须开设，后者不妨开设。盖近世文学理论，异轨同奔，纷然淆乱，家有所宣，人各为说。后进小生，习见短书，每每逃杨归墨，出主入奴。如文言白话大众语拉丁化之争，言志明道之争，创造模拟之争，师古变新之争，初不能明其底蕴，而道听途说，习非胜是者，在所多有。此由现时各大学中文系主持人既有所偏，则其毕业生自亦思各以其道易天下。中学教员之意见，既多不同，降而至于中学毕业生升入大学，遂尤相左。且也，此守旧或趋新之学者，又不能白归白，赍归赍，各入其所愿入之学校，于是聚首一堂者，或斥文言为妖孽，或谓语体为浅鄙。或排诋西文，谓夷夏之防必严；或迷信洋化，谓经史之学可废。此辈于基本观念且无所知，又奚能冀其循序渐进。是必先药以宏道之论，破其愚蒙之见，始可言文。而负此责任者，则文学概论是。故迩来窃意此科宜列入一二年级必修，以其至少在最近数年之中，尚于学者为必要也。若应用文之范围，可大分交际应用文及公牍应用文、约据应用文三项，于学者毕业后服务社会，颇为需要，用是选习者多与。各体文习作虽亦可注重应用，然公牍、约据，胥有成规，似不宜并为一谈也。（下略）

（1943 年秋）①

---

① 整理者按：此信原载吴宓主编《武汉日报·文学副刊》第 8 期（1947 年 2 月 3 日），题为《再论大学中国文学系科目——与朱自清教授书》。文后附有 1943 年 9 月 19 日朱自清复函："顷承损书论大学中国文学系科目，兼文赐金陵大学中国文学系课程纲要一通，感谢感谢。尊论翔实可佩。只以开课伊始，未能逐条商榷。尊意历代文选第一段可删，鄙见极以为然。文学概论一目，私意文学批评可以包之，概论似终嫌肤廓也。余尚待详论。王驾吾先生意见，亦尚未敢苟同。容稍暇当就来教详陈鄙见。先此奉复，不备。弟朱自清顿首。三十二年九月十九日。"

致闻宥（四通）

闻宥，曾任华西协合大学中文系教授、中央民族学院教授。

（一）

《甲申除夜偶题》

沉沉王气未全收，行胜依然据上游。乐府旧传三妇艳，儒冠新负百年忧。侵肌海色灵山迥，逐鹿围场绝域秋。七度西川尽今夕，所惭江令渐皤头。

《寄怀结桂渝州》

稻畦当户又芊芊，萧寺劳生坐渺然。末俗怨恩轻往复，世情甘苦有中边。鸡虫得失悲盈路，忠义提携合仰天。一字哦成聊寄与，近来哀乐倘能传。

《对雨》

萧萧杂佩竹梢鸣，脉脉清川鬓底萦。一沐渐稊凋后绿，数飞终怯夜来惊。高唐枕席长哀郢，宋玉才华旧擅荆。凄恻丹心竟何用，经时制泪又缘缨。

《重到嘉州有怀子苾成都》

滩声驱梦卷思潮，寒焰腾腾乱寂寥。横舍陆沉真左计，倩魂心结比天遥。向来孤介惟君会，细数悲欢不自聊。眠食而今复何似，定知消减沈郎腰。

《戏题中庭牡丹赠同舍》

绰约双姝宛转香，一般花艳总惊郎。荒台莫作三生梦，绛蜡聊分半夜光。

《抗战云终，念翔冬、磊霞两先生旅榇归葬无期，泫然有作》

八岁荒嬉愧九泉，南郊宿草换新阡。爆声满天角声死，留命东还真偶然。

灯下杂录拙作，奉尘清诲。前以匆促得车，未克奉行，殊用疚愧，伏乞

谅之。此上
在宥先生道案

会昌嘉州西郊写稿
时乙酉秋九月(一九四五年)

(二)

在宥先生左右:

别来忽已两月,伏维动定咸宜为颂。昌夫妇月初分于沪、渝飞鄂,即来山中布署家庭,颇极烦琐。顷幸毕功,已上课矣。菜前在沪奉教,以适困顿,未能作覆,殊为歉仄。承询其近作,所得无多,俟暇再录上乞正。华大研究所在上海所印集刊,如有剩余,不识可见惠数册否?以昌仅见其目,渴望一读也。专上,祇候
著安!

会昌、祖菜同敬上
十一月十八日(一九四六年)

(三)

在宥先生左右:

前书作就,值新年假期未发。忽奉廿八日手书及诗一章,沉哀在骨,殊令人不能为怀也。蒙赐集刊(尚未递到),至为感激。山居孤陋,深幸时获嘉贶一开启之也。吴雨僧先生顷在此间《武汉日报》办一《文学周刊》,不宷能以较为通俗之论文见寄以光篇幅否?不尽。祇复,顺颂
道安!

会昌、祖菜同敬启
一月四日(一九四七年)

(四)

在宥先生道案:

前上一笺,计尘左右。山居孤寂,弥念清辉。不宷比来意兴复何似

也？菉前送教部审查各件证件，皆已发还，惟著作品未交下。又证书例须贴印花五元，前在蓉时曾专函华大文书组，除附款足用外，并请其于证书取得后寄至武大，不悉此事刻已办妥否？敬乞便中一查。小词三首呈正。迩日体力少佳，惟仍以不能伏案为苦耳。不尽。即颂
撰安！

沈祖菉拜上

鹧鸪天

镜里蛾眉只自看，花飞叶落损华年。春风卷幕难通顾，修竹凝妆独倚寒。　　情似茧，恨如环，秋听殷地逼哀弦。人间那有相逢事，极目苍茫一惘然。

在宥先生正律

三十六年元日祖菉呈稿①

致孙望（七通）

孙望，原名自强，字止畺。曾先后任教于金陵大学、南京师范大学。与程先生是金陵大学中文系大学同学。

（一）

止畺兄：

兄四月廿二日手札迟至今日（六月一日）始收到，恐系京中邮局所积压也。闻南京解放前略有抢劫，学校或不致波及，沪上则弟寄寓处甚安，可谓市井不惊、秋毫无犯者矣。焕明事，因弟在沪情形不熟，竟无可为力，日内晤蛰存时，当试问之，恐彼亦未必有办法，因目下尚在接管时期，一切仍旧贯，亦即一切付行私事均谈不上也。祖菉已于上月十五出院，伤口幸平复，惟身体太弱，胃肠失调，时有腹泻，幸无大碍。弟刻待长江通航，即携家西上，惟何日启行，尚不得知。永芬兄仍在京否？乞兄以电话询问相

① 整理者按：此信为程先生手书。

告如何？不尽。即颂
道安！

弟昌顿首
一九四九年六月一日

（二）

畺兄：

两奉手教及金大课表等四份，甚感。日来忙得不可开交（校务、学习及家事），故未即复。武大中文系课表，近方定一草稿，须得学生同意及文教部核准，方可作数，大致与北大为近。一年级国文，已非必修，广泛征求意见结果，少数系取消，多数系改选修，教材预备用《开明新编高级国文读本》（完全白话，朱、叶编）作底子，而略加增省。此间小说选及戏剧选改必修，无人教，或须弟出马。小说方面，兄研究有素，藏书亦多，能就所藏先开一目见示，并于必要时借阅否？张守义事如何，蒉荪已否就职？祖棻近日尚好，不尽。即颂
教安！

弟昌顿首
一九五〇年八月九日

（三）

止畺兄：

赐书敬悉，兄事诚愿留意，但目前系事虽由弟主持，然不知明年暑假若何，照一般推测，当有较大变动，只好到时再看耳。文研所汇刊（现有二、三、四、五四卷）弟缺第一卷（闻已无有，能买到最好），又六、七、八以次诸卷，前过京曾与兄谈过，请即购寄。又弟授文学史关于小说戏剧亦然（尤其平话章回体等），颇阙材料，吾兄藏有：一、郭箴一《中国小说史》（文化史丛书），二、阿英《晚清小说史》（商务），三、李辰冬《红楼梦研究》（正中），四、李辰冬《三国水浒与西游》，祈寄下假阅。如有单篇论文，亦乞赐寄。又商务所出郑振铎《困学集》（文学研究会创作丛书），南京能买到否？统祈注意为幸。祖棻

伤口发炎，迄未完全复元，系务又极忙迫，苦恼不可言。匆匆，即颂
道安！

弟昌顿首

1950年12月18日

（四）

止畺兄：

病想已好转。念念！

金大图书馆转来索书单一纸，云有祖棻借《陆士衡诗注》未还。弟记得离金大时书均还清，事隔多年，已无法查考，希兄惠与声明遗失，照价赔偿，该款若干，并请代付、示知，以便汇奉。

弟土改四个来月，昨始返校，即将投入三反运动矣。匆匆，即颂
俪安！

弟昌上

1952年2月3日

（五）

自强兄：

前得汉生兄信，云兄夫妇皆病，此公大而化之，不言其详。弟复书尚云：何不去庐山避暑，以资小休。今日得一日手书，始知所病皆不轻。然观兄字迹如旧，当已复元。惟焕明必须长期休息。弟有一想法，即或不能退休，亦望长期病休，先在家中闲住一年再说，但是，不能带小宝贝。只有令媳躬自抚育，而兄从经济方面助之。弟目前亦即用此法也。闻罗布麻叶治高血压有奇效，但多服易致腹泻。可询中医，焕明体质，服之宜否？闻此事后，极忧虑，甚望其将息速愈也。

多慈画像二张，一上海印者，色泽较匀称，其武汉所印一张上半较深，下半较浅（即弟所云有"黄鹤"字者，或弟寄出时已裁去其字，后又忘之）。兄可将印得好的一张及手稿六张交国璋兄制版。其色泽不匀的一张及各底片则暂存兄处。

系主任事，以武大而论，皆以耆年硕德作门面，垂拱而治，各事皆由党员副系主任管，老头子概不过问，左丘明所谓“政由宁氏，祭则寡人”也。若如此，则亦可担任。若有职有权，反而麻烦。兄亦可凡事皆推诿，久之，则自然“拱默”矣。但研究生却“拱默”不得，因要出货色也。

弟大约8月20—25日之间东下，本拟早走，但热至41度，无法清理什物，又恐生病，故只能推迟。匡校长命派一干部来接，所不敢承，已婉谢之。丽则夫妇可护送。

不必回信。待国璋兄返时交与照片可也。专上，即颂

著安！

弟昌顿首

1978年8月5日

（六）

望兄、焕明姐：

十二月二日离开南京，四日抵武汉，倏已一月。兄姐近况，时在念中，隆冬严寒，望多加珍重。

弟等寓湖北大学专家楼招待所，有暖气，吃饭也在此楼中，无事不需出大门，弟一直未发病，皆暖和之功也。每周为研究生和青年教师谈两次，一次校雠学，一次诗歌，听者约二十余人，尚不觉累。此外则批改积压的研究生作业和修订《两宋文学史稿》，因很少来客，又无杂务烦扰，工作进行顺利。堪以告慰。

来此后因天寒未尝出游，亦未去武大探望老友，准备放寒假后再出行。

南京学潮是否已告结束？

《日本汉诗选》何时能出书？念念。

暇盼来函示知近况，请寄湖北大学中文系转。

敬颂

阖府康吉！

弟千帆、陶芸敬上

1987年1月4日

弟拟于三月中返宁。又及。

（七）

望兄：

得来示，知贵体小恙，良以为念。不出门，不问事，保养第一也。弟在此迄未发病，看来老年必需设法保暖。然作假洋鬼子之机会，亦不常有，故返宁后，即当研究今年过冬方法。小煤炉似不够热，煤油炉又污染甚重，不知如何是好。

《日本汉诗选》已见初样，甚以为喜。然江苏出版社校对甚不行，为此，弟已专函陆国斌，请其特别注意，不可腾笑海外。亦望兄嘱吴锦仔细校之也。

此间讲座到三月十四日止，或出长沙一游（刻尚未定），月底返宁即不成问题也。

即颂

全家好！

弟帆

1987年2月19日

致赵景深（三通）

赵景深，曾任北新书局总编辑、复旦大学中文系教授。

（一）

景深先生：

十多年前，我在南京，曾为《青年界》写稿，与你通信多次，并曾为你搜集一些鼓书资料，不知你还记得否？

解放前，我到上海去复旦看子展先生，都不巧，没有遇着你。

我现在写信给你，是希望请求你一些帮助。

我想搜集一点现代学者讲小说戏曲的书——论文集。如像你的大作，以及阿英先生的、叶德均先生的，等等。现在此间都无买处，不知你能想到办法否？为了一本《晚清小说史》，我找了许多地方都没找着。无论新书旧书，只要有，我都想买。

其次，关于弹词、宝卷等俗文学，好像你原准备在商务出个选本，可是始终未见。你多年讲授俗文学史，卓著成绩，如果这些资料有印就的，能否寄我一份，或抄一个目录给我？

我在武大教文学史，可是非常惭愧，对这方面留心太少。现在关于这方面必须多讲一些，因此，很希望你能给以协助。

匆匆，希望得着回信。

敬礼！

程千帆

11 月 8 日(1949 年)

（二）

景深先生：

来示收到。尊著《弹词选》，我极希望能再借一个月到四十天（六月二十六号），因我编的《古典文学简史讲义》，才写到散曲，得再有上述那么多的时间，就可以编到弹词了。如果先生急着要，我要先摘录后即寄还，请示知。

先生的著作，我只买到① 世界版《小说戏曲丛考》，② 永祥版《银字集》，③ 商务版《弹词考证》，其余一概没有。除了随函附上一万元，请代购修文堂那本书（他没有寄来）赐寄外，其余各种，如蒙惠赐或代购，非常感谢。

还有，我想买下列各书，如果先生知道哪家书店有（最好能告知价目），请示知。（最近我托北京来薰阁找一部《清平山堂话本》，有抄配，还索十万元，您看是不是太贵了。）

① 开明版《六十种曲》（洋、线装均可）

② 商务版《孤本元明杂剧》

③ 钱南扬《宋元戏曲百一录》

④ 冯、陆《南戏拾遗》

再您上次说的阿英的《俗文学论丛》极不易得，如果遇着，请代留心为感。

我暑假还要到上海来的，希望能进一步在许多具体问题上向您请教。

热烈的握手！

5月6日(1950年)

（三）

景深先生：

赐书四册又代购一种均收到，非常感谢。尊著文学史均有，唯《大鼓研究》《弹词选》如有售处，仍希代谋。《六十种曲》及《孤本元明杂剧》不知何店有，乞便中惠示。此类书借之图书馆，总不很方便，如有购处，总冀罄于绵力，置之案头。子展先生闻久病，现在怎样，念念。有徐哲东先生原在震旦大学，院系调整后，不知在复旦否？匆匆敬覆，即颂

著安！

程会昌拜上

五月十六日(一九五三年)

致吴奔星(四通)

吴奔星，曾任江苏师范学院中文系、南京师范大学中文系教授。

（一）

奔星兄：

祖棻的事承您关心，非常感谢。现由她直接给您写上一函，请酌办。我相信她在您领导和支持之下是能够进步和胜任的。

白凤前些时有信来，希望到武大，但此间情况已全非昔比，真是爱莫能助了。潜斋兄拟介之入华中，但亦不知有定否？

希望得着您的回信。

热烈地握手！

弟会昌

十月六日（一九五二年）

（二）

奔星兄：

星期一（三日）下午务请届时来舍（如散会迟，可径至南大南园小吃部）。请通知北桦、孙望两对及中玉兄。

票收到，谢谢。

顺颂

刻安！

弟昌顿首

十二月一日（一九七九年）

（三）

奔星兄：

要一个已经多年洗手不干的强盗再去打家劫舍是困难的。我皈依佛门已久，不再向耶稣基督念“阿门”了。祝

好！

弟帆

（1988年1月28日）①

（四）

奔星老兄：

惊闻嫂夫人仙游，甚感悲痛。吾兄笃于伦纪，琴瑟情深，老怀当更不堪。惟愿达生安命，以自排遣而已。天寒衰病，不能踵唁，谨此奉慰。专肃，顺颂

---

① 整理者按：1988年，吴奔星主编《中国新诗鉴赏大辞典》，邀请程先生自荐新诗并就一些名篇写赏析文字，程先生以强盗洗手不干婉辞。日期据《闲堂日记》补。

近安！

弟程千帆敬上

陶芸同此

一月十六日（一九九三年）

致开明书店（一通）

负责同志：

你店现已结束，我有《诗论骈枝》一书，系将版权卖给你店的（时在四九年春天），稿费老早取了，但书一直未出。此类情况，想也很多，你们有无统一处理办法，乞示。

我有这么一个意见，即希望你们将此稿转送北大余冠英、王瑶两教授处，请他们介绍在棠棣出版社的《古典文学丛刊》印出，如果能出版，则我可以将已领稿费还给你们。（附上一函，请酌办。）

你们店中出的《六十种曲》还有没有？如有，我希望购一部。现在市上买不到，或许你们仓库中还有。

如王伯祥先生仍在店中工作，此信希望他能作复。此致

敬礼！

程会昌

五．十七（一九五三）

致刘彦邦（十五通）

刘彦邦，初肄业金陵大学中文系，后转入四川大学毕业，沈祖棻先生的学生。

（一）

彦邦：

8 月 20 日来信收到。你已经找到工作，而且工作得很愉快，使我们很高兴。文书工作虽然琐碎一些，但对提高自己的政策水平是有极大的

帮助的，这样，也就对业务有所帮助。如果每天能抽出一点工夫来自修，即□还是可以作一个业余的研究者的。……（以上墨水污染，字迹涣漫不清。）祖棻在江苏师范学院（地址：苏州天赐庄）任教，身体比前好些。一个女孩（我们只有一个孩子）随着她，已近七岁了。

兆显之死，深为可惜，其《词注》我们未全读，如已清稿，可试寄：上海康平路九号新文艺出版社古典部钱伯城先生处，并声明是我介绍的，看有无出版可能。（以下缺页）

（约在1954年秋冬之交）

（二）

彦邦老弟：

前得书即奉复，旋得王淡芳君书，知已收到为慰。

昌定8月半以后东下，此后惠书请寄“南京汉口路南京大学中文系”。

匆匆，即颂

俪茀！

会昌

8月6日（1978年）

（三）

彦邦足下：

损书又陶、萧两君诗词均奉悉。回念往事，益增忉怛。道恕是仙乔先生外甥，少年已有惊人之句，今尚不得出其所学以诒后生，诚可叹惜。其夫人亦昌旧识，如过谈，甚盼代达相慰之意。定梁处通问时，亦乞道念。新到事冗，未能别致书也。来此一旬，诸多扰攘，工作尚未确定，但校长等以礼相待，不似武汉之狂悖，为可告慰耳。匆复，即颂

俪安！

会昌顿首

九月四日（一九七八年）

来示请寄“南京大学13舍222号”。

（四）

彦邦足下：

七日手书奉悉。民院事确如淡芳所说，以双方同时进行为宜。似可再请君惠兄与国瑜兄一商。戈壁舟夫妇不相识，但知二人均治现代文学。如成立研究所，总得有研究古典文学之人。如有老人参加，昌总直接间接有些关系，或可推挽。幸注意及之。出版社似不如大学与研究所，然亦胜水利局也。昌及子苾所著书四五种，均被上海、北京索去，刻在审查中，尚未正式通知，亦不便遽尔索还。将来如条件不合（如社中要多修改，则宁可不出。子苾既逝，其遗稿尤不可轻动），或再与四川一商。顷争鸣之风尚不普遍，出版界条条框框不少，昌宁俟河清，不愿逐流也。进行情况，随时见示。即颂

著安！

昌顿首

十月十一日（一九七八年）

（五）

彦邦老弟：

损书知成都大学之事已成，极以为慰。多年学非所用，今乃始展其骥足，真使千里外故人有齿豁头童祝圣时之感也。今之少年束书不观，弟能胜任决无问题，然亦不可掉以轻心，要当敬业研几以臻远大耳。子苾诗集已印成，词集刻正四校，即可付印，约再有两月当寄上也，今后上课情况如何，望以见告。春寒，珍重珍重。即颂

俪安！

昌顿首

2 月 24 日（1979 年）

今后来信寄南大中文系。

（六）

彦邦弟：

来信收到。弘度先生《词筏》，确系刊在重庆中国文化服务社出版之《读书通讯》上，如1940—42无之，则请往下查。总之，是在抗战期中，46年以前。

道恕代为努力寻觅，极所铭感。

泽荪所要南大大一国文用书，即江苏人民出版社所出《古代文学作品选》上下二册，已托人去买，非久，当同《古诗今选》下册一同寄上。此外，今年尚有子苾及帆新书各一种可出，届时当奉上不误。

五月东坡讨论会，因与赴山东大学讲学之时间冲突，恐不能来。但以后入川仍有机会也。祝

近佳！

千帆

三月二日（一九八〇年）

（七）

彦邦同志：

赵世伟君交来三月五日函，又四月廿八日函均收到。赵君延长进修事，已解决。《诵帚词筏》续篇既不见于《读书通讯》，亦暂难再行踪迹。烦代为向道恕致谢。昌将于十日去上海为教部所办之文学批评史师训班讲课约一周，然后赴济南践孟伦先生之约，为山东大学研究生讲课。返宁时当已在六月下旬。遇诸旧友如淡芳等，望告知之。即颂

吟蒹！

东坡之会，争取来，然未敢必。

昌顿首

5月2日（1980年）

（八）

彦邦老弟：

惠书及所寄食品均收到，甚感。此间点心不及成都，然大体可食，故不烦远馈。惟贱躯患气管炎，久而不愈，因之有肺气肿现象。不知能为觅得川贝母少许见寄否。（亦可谋之淡芳，渠颇通药理也。）杜老云："多病所须惟药物，微躯此外更何求？"深有味乎其言。匆复，即颂

俪苐！

帆顿首

十一月五日（一九八〇年）

（九）

彦邦老弟：

承惠食物及尖贝，极感。杜老所谓"多病所须惟药物，微躯此外更何求"，以此益感故人情重也。

近月来，总觉中气不足，上课有困难。西医云：乃动脉硬化缺氧所致。此亦自然之理，不足多计较也。

闻川局日好，极慰。老病不能把晤，西笑而已。

子苾《唐人七绝诗浅释》乃校稿，数月后可出，容寄上。即颂

俪安！

千帆

十一月十五日（一九八〇年）

（一〇）

彦邦、淡芳仁仲：

贱辰远荷存注，以退休之俸分赠，高谊真令人感动也。去美之事似皆未办妥，高年亦实以不远行为宜耳。近应江苏古籍出版社之约，为子苾诗词编一全集附笺其中本事，又将汪旭初先生评语录入，年底年初或可竣事。老悖不能精思，惟此事差可为，其中若干事件，惟我知之，若不注出，

则后之人又当如《锦瑟》之难解，故亦非无意义也。暇时盼来信。顺颂
阖家安吉！

千帆

九月十三日（一九九二年）

（一一）

彦邦老弟：

10 月 16 日寄函及《银杏》两册均收到。人老则懒，事理之常，何可自咎？

庞先生集极盼阅读。但以寄出之事望之君惠，则不知何年何月。彼曾提议以彼此见寄之诗各写一卷子相赠，我当即写寄。而彼则几十年而终不动笔也。望弟办此事如何？（想要三册，川中出版书此间难得，可分致友好也。）

友人赴美未住满签证期即返者多。一不会开车，二不会外语。只有自囚家中等儿女下班，乃有人说话，可谓哑囚，况方侍高堂大年乎？惟夫人已去美，不知能动员其归来否？

我亦日衰，耳聩甚，目亦眚。看报只能随便翻翻，不能逐字过目也。但委心任运耳。

淡芳近日心情当略舒缓。其孙王愚在浦口分校就读。目前我去分校，值其上课未得见，以饼饵数事寄之。少年从未离家，想要一段时间才能适应也。

小诗望共淡芳阅之。即颂
安好！

千帆

十一月六日（一九九四年）

（一二）

彦邦老弟：

来函及致丽则函均已收到。9 月 16 日刘婉姊妹来宁，由宏生安排好

住处并陪同来寒舍，初次见面，非常高兴。在宁期间曾晤谈多次，并与门人莫砺锋、张伯伟、张宏生等接谈数次，彼此均得益不少。刘婉这次回国，走访了上海、南京很多学者，再去北京后，对她回美后著书想必有所帮助。一虹也和丽则谈了几次，丽则并赠送了几篇小文，以后她们可以成为笔友，经常通信。贱辰系 9 月 21 日，适逢星期日，家中儿孙们均要来团聚。故一虹、刘婉姊妹在 20 日设筵为我祝寿，我本不敢当，但她们均谓系父母之命，我不敢辞。遂与陶芸、丽则、春晓一起赴筵，宏生、伯伟亦在座，甚欢。谢谢你们的盛情。

听刘婉介绍，老弟在美国住宅环境及生活条件均较好，我亦放心。只是数年不见，甚盼能回国小住，来宁盘桓数日，以慰远念。

今年夏季不甚炎热，我身体还好，未曾生病，心脏病亦多年未发作，只是老衰日甚，耳聋，眼花，腿亦不良于行，更谈不上工作，终日枯坐而已。几部未完成之著作均赖学生协助，今明两年可出数种。淡芳近亦有信来，顺告。

敬颂

俪安！并候

阖府安吉！

刘婉姊妹今日将去北京。

赠婉书数册，多弟未见，翻阅可遣日。

千帆、陶芸

1997.9.25

（一三）

彦邦老弟：

接奉来书已多日，因天气暑热，身体不适，未能即复，为歉。天眉四月底抵宁，七月中旬去北京转机返美。在宁时因查出有胆石病，曾住院治疗，耽搁多日，未动手术，似亦无大患。待去美后如再发，当在美治疗。但因此未能在宁多游览，更不暇去外地旅游。但难得在家住了多日，此处情况及国内动态也大体知道。望弟与之联系。

弟现住波士顿，虽较寂寞，但有幼孙为伴，当亦多乐趣。波士顿一带华人很多，天眉往来朋友大多为华人，如弟能找到一些能谈得来的华人朋友，也可增加乐趣。而该地夏季凉爽，亦为我们所羡。

我近来不但耳聋目瞀，精神亦极差，终日思睡，举步亦难，不知是高温所致，抑或即体力日衰。待天气凉爽后，如尚能出行，则或能稍恢复健康。

我的眼疾曾多次请医生检查，均云白内障不严重，不必动手术，但亦未能说出病根所在。我想就是视神经老化所致。有时也能看一点大字书，但一二十分钟即感到模糊，不能再读。只好整日昏睡，混日子而已。

多年未见，如今冬能返国，过宁小叙，则可大慰老怀。甚盼能如愿也。河北教育出版社为我出全集，进行甚快，其中现成的书已送来初校，只是尚有一二种未完稿，预计明年底当可出版。顺颂

俪安！

千帆、陶芸

1998.8.8

（一四）

彦邦老弟：

接来函，奉悉一一。尊夫人腿疾入院治疗后，想已出院休养。美国医生外科手术一般皆可，不过传说伤筋动骨一百天，回来后仍须好好休息，不能多操劳。请代问候。

天眉回到美国后，每次来信都提到想邀请你们二位去 Burlington 聚谈。她有一批中国朋友常来往，如弟能结识一些中国朋友，也可略减寂寞。今冬不能回国，希望明年春暖花开时，能返乡一叙。

近年来我更加衰老，耳几全聋，借助助听器还须在耳边大声讲，才能听到一点。眼花不能看书，写字困难。最近两足浮肿，走路亦困难。但每日仍勉强至附近走走。整日枯坐度日而已。

天气已凉，Boston 冬日寒冷，盼多保重。

顺祝

俪安！

千帆、芸上
1998.10.27

（一五）

彦邦老弟：

接奉来函，悉嫂夫人手术成功，又西迁至暖地过冬，甚慰。弟现住地区华人较多，应可有交谈者，不致太枯寂。但中美人情习俗皆不尽同，尤其是语言不易娴熟，如能回国定居，当较习惯。现在国内购房者甚多，如有单位购置之房，亦不甚贵。尊夫人原在川大有住房，应可申请。现新建之住房均为住宅区，有人负责管理。弟仍可与淡芳等老友盘桓，令嫒一虹可在身边照顾。我觉得不比在美国差。至于刘婉等可令其隔一两年回国探亲一次，来回飞机票有时只需一千美元以内。小女天眉亦尚未决定是否长期留美，她一两年都回来看望一次。鄙意惟供参考而已。

我因心脏旧疾入院治疗已一个月，现大有好转，待再做一系列检查后当可出院，请勿念。南京今冬至今尚未大冷，但大水后必有大寒，我们还是作好了思想准备。顺颂
阖府新春欢乐！

千帆、陶芸
1998.12.29

致夏承焘（二通）

夏承焘，字瞿禅，晚号瞿髯。著名词学家。

（一）

瞿禅先生左右：

奉廿七日手书，仰见前辈怜才之雅，感何可言。祖棻刻尚承乏苏州讲席（祖棻病懒，在成都时，有友命书小扇，数年不复。先生长者，不敢稽延，

乃由昌书之,非敢有所吝也),昌曾屡商当道移教华东,迄无成效,遂使尘俗夫妻亦同牛女,诚可笑也。其词方求点定,尚乞暂置尊处数月,俾得以燕闲之暇,从容为之。

顾学颉先生现在北京人民文学出版社古典部工作,先生如有书问,径寄该社当可收到。

承命为尊著制序,所不敢辞,惟不知文体以用文言抑白话为当。此书先生当自有题记,如用文言,则昌亦当学步,以免有损全书风格,至希惠示,以便遵办。

心叔先生治学博通廉悍,夙所钦迟,无缘陪接,但深驰仰。前闻卧疴甚久,刻想早经康复,晤时尚乞致意。

丁丑前昌家寓杭州,夏腊归省,颇得湖山之乐,今匆匆十余载矣。来岁假中,不知能来杭奉谒兼寻旧游踪迹否?

谨上,顺颂

道安!

会昌叩头

九月三十日(一九五四年)

季思先生想已返粤,渠亦欲东归,然未能也。

(二)

瞿禅先生左右:

久未奉候,伏维杖履安泰。顷承惠赐《论词绝句》,彊翁之后,此其嗣音,而经涉广漠,剖析毫芒,则又过之。窃谓乃一部诗体写成之词史也。《涉江诗》《词》印就,邮奉二册,想已收到。经营匪易,越岁始成,而款式印工终不如意为憾。先生海内宗匠,多识学界胜流,不审尚有何人应寄呈乞教。如荷便中属夫人开示名单,极所欣感。

专此布谢,祇颂

道安!

会昌顿首

九月十五日(一九七九年)

致新文艺出版社（三通）

（一）

负责同志：

今寄上《宋诗选》的全部稿件，请查收。

篇目方面，较原来寄上的拟目略有出入，主要的是将直接反映民生疾病而艺术性不高的作品减去了一些，而将别的好诗加了一些，使这选本的面貌较为丰富。

注释方面，也参酌了作家出版社拟定的办法，将你们原来的规定略加变通，例如：并不是每一首都有解题，而只将难懂的加以说明。（你社已出的一些选本，也是如此。）

我们两人的工作都很忙，所以这工作拖迟了很久，很抱歉。如果你们审读后，觉得有些要改动的地方（一定有的），而这些地方又不影响整个选本的基本精神和选注原则，那么，最好就由你们代为修改后付印。因为如交还给我们改，可能又拖上几个月的时间。此点，请研究决定。

在排好付型之前，最好能将清样寄给我们（最好寄两份）亲校一次，以便有最后改正的机会。

如果你们找外审，希望你们能和我们事先取得联系。我们认为：夏承焘教授、刘大杰教授担任这本小书的外审是比较适宜的。

盼复。

此致

敬礼！

程千帆、缪琨

十月十二日（一九五六年）

（二）

编辑部：

12月3日，编务(56)字0035号来函收悉。《宋诗选》能于本月发排，很好。

来函指出的六点，五点均系我们失照或笔误，承指示，甚感。

只有第四点，刘子翚的卒年，拟请再覆查一下朱熹的刘屏山墓表。因据《宋史》卷434，刘的年龄为四十七岁，如卒于1149，则其生年为1103而非1101，也应连带改正。我手边无朱集，希望你们能代查。

再王庭珪……庐陵人，庐陵下不必加注“江西吉安”字样，因已在前欧阳修条下注过了。

这次在京开会，和刘大杰先生同住一房，得闻您社有许多新猷，很是觉得高兴。

望复，即致

敬礼！

程千帆

12月7日(1956年)

（三）

编辑部：

据编务(56)第0035号函，知拙注《宋诗选》已于去年12月发排。现在，我们希望知道：

① 何时可以校稿，

② 第一次印数多少，

③ 大致何时可以出版？

即希示复。此致

敬礼！

程千帆

二月十三日(一九五七年)

致古典文学出版社（三通）

（一）

编辑部：

编务(57)233 号函收到。

《宋诗选》望能连原稿寄还，让我们亲校一次，当迅速寄还不误。

陆诗，我们的注解不错。这首诗可能是陆集中最早作品之一。绍兴十年，岳飞部将牛皋确曾攻入西京(洛阳)。岳飞虽年轻，但当时已多白发，他的《小重山》词“白首为功名”一句亦可为旁证。请参看我在《文学研究》创刊号中的论文。

敬礼！

程千帆

四月九日(一九五七年)

（二）

编辑部：

《宋诗选》校稿及《古典诗歌论丛》改稿寄上，乞查收。

你们寄来的那册《古典诗歌论丛》，因系第一次印本，错字很多，如要据以重排，很不可靠。我没有用，现仍还给你们。

《论丛》最好能用原纸型(因已数校，错字少)。可能有个别的篇页要重排。凡我改动了的地方，都折了角，请研究。如不全部重排，可不必再送作者校对。如重排，则仍以亲校一次为好。

此致

敬礼！

程千帆

五月三日(一九五七年)

（三）

负责同志：

①《宋诗选》，我们有些改动，重印之前，务请函“武大中文系缪琨”索取改本，校正后再付印。

②《古典诗歌论丛》，我原说，如重排，愿自校一次。现因此书你们决定在第三季度出，而七、八两月，我又准备离校旅行，不容易接上头，因此就决定自己不再校对了。如有一些考证性的错误，望代为改正。

特此奉闻，即致

敬礼！

程千帆

七月八日（一九五七年）

致李俊民（二通）

李俊民，曾任新文艺出版社社长、古典文学出版社社长。

（一）

李俊民同志：

我和缪琨同志合注的《宋诗选》，去年接您社信，说12月付排，大约一个多月前，我曾去一信问何时可以校稿，未得复，请一查。因我们要安排一下时间。同时，暑假中可能走动，怕临时接不上关系，耽搁校对工作。

我的《古典诗歌论丛》想由您社重印一下，想大杰兄已转达。因为在运动中挨了一下“一棒打杀”的短评，不愿增加麻烦，因此当时就要文艺联合出版社不要印了。但后来有些同志，例如何其芳同志，认为，这种做法，无论是批评家或被批评者，似都不好。书还是应当重印。所以我就想将它再选择一下付印。

我希望你们能帮我找到原由文艺联合出版社保存的原稿，如找不到，则找一本第三次（或第二次）印刷的原书也好，因为我手边只有两本，想保存。如找不着，则只有即据我的书修改，请协助。

盼复。此致

敬礼！

程千帆

四月九日（一九五七年）

（二）

俊民同志：

古社(57)第324号函(4月22日)收到。

《古典诗歌论丛》承允重印甚感。我这次修订，主要是想抽掉一些篇，使其更其成为一个资料性的论文集，当中有四五处，需要有所增删。但不多。是否要重排，可以请你们审阅改稿后决定，我无意见。

稿费问题，原约是“依照印数与全书总字数，每千字每千部付1.3个折实单位，以实销实结支付，每两个月结算一次”，当时我记得是约合每千部人民币88元。且不说这个方法对作者是多么刻薄，现在折实单位也没有了，就很难算。我想重印这书，并非为报酬，报酬可以在新出的几本书中取得。但我仍希望还是改成新办法，一个定额若干册，每千字若干元。这，你们可根据经营情况决定。据刘大杰兄在京说，这批重印本，有的可照定额一万，每千字10元计。这书销路不会太大，定额一万差不多，如你们认为还不够千字10元的标准，那么，再降低点也无所谓。（但如您将它看一遍，就会觉得它的产生要比《宋诗选》不知难多少倍。——这是题外的话。）总之，我对文艺联合出版社那个老办法印象很坏，不想再沿用它。出版家和作家，是可以谈心的。因此我就直率地写了这些。

希望听取您的意见。

此致

敬礼！

程千帆

4月27日(1957年)

致人民文学出版社(一通)

人民文学出版社:

你社69年5月致武汉大学革委会嘱其转告我退还《近代文学史稿》预支稿费400元之信业已读了。完全同意你们的意见。我现在每月的生活费是65元,除按月退还另一出版社预支稿费20元外,尚剩45元。决定从6月份起,也按月退还你们20元。除特殊情况外,每月照寄不误。

敬礼!

程千帆

1969.6.12

通讯处:武汉大学9区29号。

致王淡芳(二十三通)

王淡芳,四川大学中文系毕业,程先生的学生。

(一)

淡芳足下:

连得三书,又七言律诗两首,极感存注。至于详述服食养生之道,药物之宜,尤见关切。容当试行,如衰疾有所减轻,胥来示之所赐也。佳作深稳,虽多时不作,而笔力自在。次首尤工。第一首首句"远"字应平,末句"白"字亦应平。世间所传"一三五不论,二四六分明"之语,盖曲家之说,于诗律无与,观清世诸家所为声调谱可见,又末句亦微近率。今僭易首句为"秋雁迢迢寄故情",末句为"惭愧新篇咳唾成",何如?东坡次韵参寥禅师有"无数新诗咳唾成"之句,其所从出也。苏诗于吾弟风格为近,大可用功。仆数年前曾细读荆公诗,详校一过。近日却看苏诗,不独赏析文词,亦可排遣幽忧之疾。得弟音信后,偶忆此老一绝云:"当年衫鬓两青青，强说重临慰别情。衰发只今无可白，故应相对话来生。”真觉其善于言情，吟诵再四，不知涕之无从也。又知锦城风物如恒，且踵事增华，弥念旧日旅游之乐。记三十年前，有一弹筝老叟常在望江楼奏技，偶与友人高石斋月夜听之。石斋赋诗云：“钿蝉金雁不胜秋，四座无声泪欲流。今夜月明江水阔，断肠人在望江楼。”今石斋久不通问，而彼叟坟上白杨，当已合抱，真可伤也。十余年来，既不事教学，反得以三余之暇，翻帑故籍，了得《史通笺记》及《唐代文学探赜》二书，共约三十万言。虽不能付之梓人，以求教于当世通儒硕学，然亦聊免饱食终日，无所用心之诮。惜无副本，不得呈乞吾弟为之订正。昔曹孟德一代豪杰，尚以老学为难，则吾辈更宜自勉，又不待言也。以来书有重理旧业之雅意，聊复及之。相片一张，是九月中与子苾结缡三十五年所照，谨以奉寄。又子苾近诗数章，钞乞吟正。渠今日出门就医，归后已极疲乏，不可复作书，嘱代致意。匆复，即颂

俪苐！

会昌顿首

1973年□月17日

（二）

淡芳足下：

三月八日及四月六日手札及甩手疗法抄本均收到。前函未及时作复，盖以祖棻久病，经时不愈，心情不佳，乞谅之也。承关心贱躯，详示养生之道，实有至理。

论诗数百言，虽愚等不足以当扬诩，而风格之辨析，则诚如所说。窃谓题材、主题、环境、经历，古今相同者多矣。独风格因人而异，本之个性，发于语言，有不可强致者。读诗作诗，不从风格之辨析入手，终同面墙。今来论于此着眼，所谓探骊得珠也。顾学颉原在人民文学出版社任编辑，近年随文化部五七干校下放湖北咸宁县。咸宁古又称永安。其地有温泉可以疗疾，又盛产桂花，每年采撷制为香精出口。拙诗“温谷兰汤”一首即咏其下放事。“倚杖荒原”则58年昌在湖北蕲春县八里湖农场劳动时作。偶奉命养鸡，忆得鲍参军“腰镰刈葵藿，倚杖牧鸡豚”之语，因成该句耳。

寄施蛰存诗所云“将军”云云，盖以施本以短篇小说名家，所著《上元灯》及《将军的头》二篇，三十年代曾脍炙人口，及老退以金石拓片之考证自娱。此翁已近十年未通音问，亦不知其存殁矣。书法一道，昌未尝入门，然颇觉其有益性情，周子充诗云“晚知书画真有益”，殆亦此意。闲暇时亦偶临抚褚河南，草书则孙吴郡，然不能持之以恒，故终无所得。近世此道尤衰，良可惋叹。得来书，如闻空谷足音也。即颂

俪茀！

会昌手上

1973年4月12日

（三）

淡芳大弟：

陈简斋诗集有胡稚仲孺笺注本，乃宋诗宋注之一，虽不及任子渊之注山谷、后山集，然所笺时事有非后人所知，亦甚可贵重。书旧难得，自商务印书馆影印于《四部丛刊》中，遂得家弦而户诵之矣。江宁蒋苏庵又尝以此本影刻行世，附有冯蒿庵所为校勘记及刘辰翁评本，较商务本所搜集为备。但此书刷印无多，恐顷不易购置，可试于四川省立图书馆或川大图书馆假读。

简斋于东坡关系不深。其诗自黄、陈出而归宿于杜老，简严雄浑是其所长，无后山之枯涩及山谷之怪巧，然思力沉厚处亦似不及。鄙意南宋诗人中，简斋与放翁、诚斋实各具面目之三大宗师，非余子可及，能反复吟诵当有悟入处。融化苏、陈二家，自出机杼，成面目，自无不可。放翁诗漂亮，易引人喜爱，故特流行。诚斋、简斋，非于诗用过功夫者，不易知其好处也。行期在即，难以详论。

昌顿首

1973年6月16日

（四）

淡芳大弟：

返家后得读致子苾书数通，深感关切，以事冗未能作复，惟录拙作一

卷，聊酬高义，想已得达左右矣。顷又奉二月廿七日书，并惠雅什，眷言夙昔，感何可言！得知有肺气风痹之疾，尤极悬念。年事渐长，则体质渐羸，此亦恒情，在所难免，惟冀善自葆爱，勿使加剧而已。惠诗情深语挚，风格沉稳，实为合作。其中略有可商者，则第一句之“一”字，第四句之“乃”字，于律当平声；第五句用苌弘事未尽贴切；末句入汉川，汉水分东西，西汉水即嘉陵江，东汉水乃今汉水，至汉口乃与长江合。足下如东下者，则当沿江，而不得沿东汉水由鄂西北以至武昌，故于地理亦小有出入。今试酌为更定如下：

风雪灯前意黯然，书来尚喜及春先。沉身不废三千牍，弹指仍惊十八年。膏火自煎悲旧事（用步兵诗及《庄子·山木》篇意），乌头终白感新天。衰颜岁岁江楼望，何日停舟鹤渚边（武昌黄鹤楼别名鹤渚）？

改诗非易事，而改正能诗如足下者之作则尤难。以数十年相与游艺之雅，故僭为之，未必有当，供参酌可耳。拙作寄江南故人四首，亦偶乘兴为之，及今观之，殊未谨饬，幸惟二三知己见之，不足为外人道也。“虎闼”句系用梁陶弘景挂衣冠神虎门而归隐事，今通作神武门，以唐高祖之祖名虎，故唐人皆改虎为武或兽。“门”字以调声改用“闼”字，乃本杜诗“凄凉大同殿，寂寞白兽闼”。白兽闼即白虎门也。弘景居山，梁武或咨以国事，有山中宰相之称（诗中陶孟皆实有所指，以非君所熟识之人，故不复覼缕）。清初朱彝尊字竹垞，别署金风亭长。金风集指所撰《曝书亭集》。集中有一绝云：“海内文章有定称，南来庾信北徐陵。谁知著作修文殿，物论翻归祖孝征。”孝征亦当时文士，《北齐书》《北史》有传。竹垞此作自是有慨于清初文苑，因反其意以自广耳。盼英见东坡百步洪诗序，以借指数十年前金陵桡女之慧丽者多能为游客道六朝故迹、秦淮旧闻也。春寒颇重，不良于行，蛰居斗室，复作得二诗，别纸录上，聊可见多年心境，与前小律同也。子苾近复小病，未能作书，属代致候。专此奉复，即颂

俪安！

会昌顿首

1975年3月7日

（五）

淡芳大弟：

日前奉复一书，附去近作二诗，想已收到。顷又得五日来札，知甚爱沈吴兴书，因发尘箧，检出行书四纸，楷书对联一幅，又谢乐至、潘怀宁书各一纸，别邮奉寄。其宋词长联乃是吴县汪先生往年集以见赠者，华阳乔大壮先生为之题诗作跋，而秋明老人书之，均极精善，故子苾夸为三绝。自诸老云亡，不可复得矣。汪先生名东，字旭初，号寄庵，余杭先生高足弟子，子苾业师，所从受词学者也。乔先生乃清末名宿学部侍郎茂萱（名树枬）之孙，名曾劬，字大壮，诗词名家，兼精篆刻。潘先生名式，字伯鹰，早年以小说名家，晚治诗古文，而尤精书法。其所写沈诗三首，足以见师友渊源，故以奉赠。无量翁书不衫不履，风韵天然，当为弟所熟知。又附上子苾怀人诗卷，望便中传观。卷有余纸，如有兴致，亦可邀一二友生赋诗作跋其后，备艺林一故实。君惠先生旧与结邻，过从甚密，拙作无妨示以一二，惟不必广传他人。子苾卷则凡所怀之人见存者皆可告之，以敦夙好也。承询拙作用事，海盐指明胡震亨，号遁叟，著《李诗通》。钱塘指清王琦，字琢崖，著《李太白集注》。古之注李者惟二家为最善。宋儒陆佃解毛诗“伊其相谑，赠之芍药”云：芍药破血，赠与女郎，欲使其无子（见吴旦生景旭《历代诗话》所引）。结子字则用唐人宫词“自是桃花贪结子，错教人怨五更风”也。昌将于三月廿日后返沙洋。天候渐暖，所患亦逐渐减轻，幸释远注。子苾一病旬日，近始略健，并以奉闻。即颂
俪安！

会昌顿首

1975 年 3 月 11 日

（六）

淡芳大弟：

近偶读李卓吾《藏书》卷四十六《王羲之传》引陆羽云：“徐吏部不受右军笔法，而体裁似之；颜太保受右军笔法，而点画不似，何也？有博古君子

曰：徐得右军皮肤眼鼻也，所以似之；颜得右军筋骨心肺，所以不似也。”前寄潘伯鹰所书小楷，自跋云：略师量华亭自鲁公以求登善之意，盖亦此旨。曾涤生论诗，以为山谷出于玉溪，因作一绝云：绵邈发幽响，奥缓生光莹。太息涪翁去，无人会此情。而李、黄两家外貌固绝不相类。以知艺事之传承，必遗貌取神，乃能洞悉其渊源变化。诗书一理也。前子苾转来手书，知赏玩沈、潘诸家书迹，遂至忘餐。深识雅怀，会心不远，为可羡也。在此粗安，承注极感。即颂

俪福！

会昌敬白

1975 年 5 月 15 日

（七）

淡芳足下：

连得数书，老懒未能及时奉答，为愧。别纸录呈五诗，前四绝句乃旧作，五律一首则所以奉酬相慰喻之厚，然未足以尽鄙怀也。所论杜苏之别，乃玩索有得之言，非是率尔戏论。古代诗人多数以官为业，以尚志为事，故穷则独善，达则兼善。然性分遭际，因人而异，故有知其不可为而为如杜者；亦有知其不可为而遂转而隐退，或玩世如苏者。乐天前半同杜，后半同苏。蕃变虽各殊其趣，大抵不出此数种类型，然辞人才子垂名艺苑自致隆高者，皆由其风格艺术不相沿袭，各擅胜场，历劫常新，彼此不能相贸代。故研治文学，但注意思想题材，而不重视其艺术，则文学亡。其蔽与但重艺术而不重思想题材，厥失维均。玩索古贤之作，于其风格独特之处，尤宜加意。此狂瞽之言，但能为吾弟言之耳。古人于诗不忌重字，不特句中，即韵脚亦不甚忌，如子建《美女》，两押“难”字，谢客《述祖德》，两押“人”字，亦初不论其同义与否。东坡于一篇之中，两押“耳”字，“忽忆钓台归洗耳”，“亦念人生行乐耳”，自注云：二耳不同，故得重用。则重视此事始于宋人。大概近体诗以不重韵脚为佳（老杜长律亦间有重韵者）。至于句中之字，则无论古近体皆不必多避复字，至如钟记室所谓文多拘忌，伤其真美也。所读三书，郭、章二作尚未得见，范书尝细阅之，其长处诚如

来论，嫌其文笔稍涩，叙述不甚动人。以此知刘子玄论史有三长，阙一不可，为不易之论也。四川大学历史系教授缪彦威（钺）先生文史兼擅，人亦温文尔雅，吾弟识之。如有机缘相过从，当有进益。王君文才月前过汉，曾来小坐。渠系随四川师院参观团沿江东下，约本月中旬反蓉。如往访之，当可审知仆等近况也。手复，即颂

俪安！

会昌顿首

1976年1月3日

（八）

淡芳大弟：

来示及庞、曾诸老轸念旧游伤逝之情，如何可言？石帚先生尤所密迩，论学之余，杂以诙笑，与之相交，真所谓如饮醇醪也。忆访之苏坡桥，同步田野间，有权贵汽车疾驶而过，先生则口占云："上有无心肝，下有蒙口鼻。"后缀成短古一首，惜忘其全文矣。弟能于暇日一展其墓，此老有知，当亦欣然。

闲敬白

1976年1月18日

（九）

淡芳足下：

返家度岁，得读惠书又临松雪道人书一纸，极以为慰。先君精于篆隶，昌愧不能世业，于书道懵无所知。今读临本，甚觉能用中锋，神采秀发，自非临池多年未易臻此。往读东坡诗云："少陵评书贵瘦硬，此论未公吾不凭。"又云："颜公变法出新意，细筋入骨如秋鹰。"反观颜书，除《臧怀恪》及《勤礼碑》外，若《仙坛记》等实甚厚重；苏公之书亦颇丰腴，则知所谓细筋入骨，非关点画之肥瘦。若筋骨壮健，则肥瘦无不相宜，亦犹人之形貌也。学赵书得其秀易，得其遒难；其秀易识，其遒难知。若董华亭、王梦楼则视赵棱角为多为易见也。固愿于此消息之，庶百尺竿头，更进一步。

自愧春蚓秋蛇，而辄妄有献替，盖自附于不善《易》者喜言《易》之流，发瞽说以博一笑耳。前作《咏史》①，其一盖指宋美龄与蒋经国争权不胜去美（义山有《月夜寄宋华阳姊妹》诗）；其二则指张铁石等滞港不得回台。盖读参考时偶戏咏之，不但不可为外人道，且亦不可存稿也。昌户口尚未办妥，然不拟再去，探亲假满后当托辞续假，想其事于一二月必可妥帖，不致久稽。新岁舍妹携雏来住，扰攘多日，顷始少宁帖，稽复为歉。顺颂
俪茀！

会昌顿首
1976 年 2 月 11 日

（一〇）

淡芳足下：

所寄诗卷似已遗失，极为可惜。四凶既窜，天象昭回，凡在生民，孰不额手？然"老去师丹多忘事，少来之武不如人"。今既荷天慈，老归林壑，亦不拟更着麻衣以待至公矣。重劳远念，聊复言之。君惠避地渝州，闻已遄返，残年征辔，困顿可知。迩来长日无俚，辄重抄旧文，略有损益，已毕功者《唐诗考索》一卷，共六篇。又《唐代进士行卷与文学》一篇，乃一五万言之长文，可另成一册。如有机缘，甚望能寄，共商略耳。天候渐寒，诸希保重。即颂
侍茀！

会昌顿首
1976 年 11 月 12 日

（一一）

淡芳足下：

来书两通并奉悉。远承矜唁，感不可言。忧患残年，更无生意，惟随

---

① 整理者按：《咏史》指《咏史二绝》："青骨登真涨海边，华阳小妹泪涓涓。生憎子晋笙歌沸，西土逃禅绣佛前。""雄虺封狼正守阍，眷闱游子复何言。蓬莱山对方壶岛，弱水回风总断魂。"《闲堂诗文合抄》未收。

顺天命以待尽而已。子苾遗著，词有定稿，已有精抄。诗数百，多近数年作，俟体力少可，即将理董，不知足下能为缮一清本否？昌目力已衰，不能更作小楷也。前致君惠书已略言之，不识已否代达？别有《宋词赏析》《唐人七绝诗笺证》二书均未完，亦思为之写清，或可印出，诗词则无法耳。哀哉若人！此戋戋者何足以表现其天情才性之万一，如赖此以传，已极可悲，矧尚不可必邪！作字甚艰，不多及。即颂

近安！

会昌顿首

1977年8月12日

（一二）

淡芳足下：

两奉手书又所撰挽诗及彦邦数诗，诵之惟增呜咽。锦城诸友致哀江楼，盖见生死交情，子苾地下有知，亦当铭感，况后死者哉！比日翻检尘箧，其遗著除零星札记及书端眉批卒难理董者外，有《涉江词》三卷、诗数百首，又《宋词赏析》及《唐人七绝诗浅释》二书皆属稿及半而未成。后二者经整理后或可争取出版，当由昌勉力为之。其词皆解放前作，有定稿，由昌手抄，经本师汪先生作序并圈点之，由刘弘度先生再加圈点。本不拟再抄，后友人以为此乃子苾平生精力所萃，为海内名贤所极推重，现在条件虽无法木刻或铅印（如有可能，则昌虽百方乞贷，亦必为之，惜乎其不可也），但亦应设法油印数百册，分致挚交，俾免亡佚。然若付油印，其中亦略有需加删除处，故仍拟烦足下另写一本，将来即据足下写本刻印。其款式及应行改动之处，则每页加签说明，既可无损原本，又不致流行时发生误会。然此时佳纸精笔均属难得，已函京沪知友代求，一俟购得，当即将纸笔及加签后之《涉江词》原本寄奉。成都旧有官堆纸尚佳，不知顷可得否？如京沪之纸均不合用，则用纯白纸（内衬墨格）缮写亦可。又成都笔墨有可用者否？均乞示知。此事大约一月内可办。此其一。至其诗稿则较零乱，尚须加以排列。早年所作收集仅得十余篇，其中有数篇五律绝佳，竟无法收集，可叹可叹！此事约需二三月乃可，写成清本，再由足下精

抄。此其二。子苾夙称足下书法，如其诗词能由足下精抄一本，亦足偿其平生之愿。昔人诗云："传世遗文胜托孤。"足下于昌所求一诺无辞，可谓深识此意矣。心情凄怆，君惠、仲镛先生及文才、国武、彦邦处，未能一一作书致谢，晤时乞为致意。即颂

俪茀！

会昌顿首

1977 年 8 月 24 日

将来抄成后尚须装订，并做木夹板，不知成都能办否？

（一三）

淡芳足下：

昨得书即复一函，想先达。顷得文才书云，看过丁戊稿，亦觉其中有当删当改处，与昌前书意合。因此希望弟与刘、王细阅再寄回，其有所疑者别纸书之，以便统一删正。文才所举二例，其一与昌合，亦见人心之所同然也。昌自经巨变，颇昏瞀，见事时或不明，故切望相助耳。阅报知川中大熟，生活方面当日有改善，惟工作恐亦较前繁重，望善自保重。不尽。即颂

俪茀！

会昌顿首

1977 年 11 月 27 日上午

（十四）

淡芳足下：

一日及十八日惠示均奉悉。所谈各点均极中肯。词稿抄毕，复承细校，感激不尽。铅印之事顷又有变化，一时恐不易实行，此类事往往如此，非俟印出，即不能算数。如一时不能铅印，则谋油印。油印本亦拟照诸君所提意见，悉以斟酌删订，以期妥善。俟抄件寄下之后，当由昌先研究，再请南京二三老友为之细酌，宁可少印一些，以不出麻烦为主也。子苾关于词学遗著，已由昌着手整理，亦有一二出版社愿一观览，看是否可付印。

此事亦是印出方能算数。全书大约十七八万字，已抄好三分之二，再有一二月当可抄毕，仍拟寄专攻词学之老友一加审定，再交出版社，俾臻精善。其论词细密而平实，实有过人处，抄时真有“少游已矣，虽万人何赎”之感。冬寒，珍卫为望。专颂

俪安！

会昌顿首

1977年12月26日

（十五）

淡芳足下：

十七日手书奉悉。承告词中改字有复重处，甚是。细思其人既往，仍以不改为是，不如将《清平乐》后二首删去。词本不甚忌重字，宋人词名篇重字不少，但“侍婢”之类亦不宜存也。不知以为何如？关于遗著请人作序事，现之出版社不甚赞同。犹忆二十余年前，夏瞿禅先生《唐宋词人年谱》将付印，命会昌作序，勉力成之，而为出版社所拒，夏老极以为歉。今若请唐、吴为之，又恐蹈覆辙。翻检今时出版之书，序实不多，亦可见也。会昌但为后记数百字，介绍所收各篇由来，无一褒语，或不致拒印耳。游仙十章皆言第二次世界大战时事，皆比兴之词，吾弟以意会之可耳。拙著已定稿者仅《史通笺记》《唐诗考索》《唐代进士行卷与文学》三种，又与子苾合著《古诗今选》亦毕功。此外尚有《宋元文学史稿》已有初稿，然手中无书，不易整理，俟看将来缘法可耳。匆复，即颂

俪安！

会昌顿首

1978年2月27日

（十六）

淡芳足下：

前奉三月五日书，以无多事，未即复为歉。顷又得四月八日札，备悉相存之意，感感。子苾诗词在宁付印之事，已大致定局。然托人业余刻蜡

纸，势不能速成，能在今年年内印出，即属可喜，不敢更存奢望也。其余诸稿，除《七绝诗释》在整理中，《宋元文学史》尚未动手之外，已悉交北京及上海出版社。惟各家说多缺纸张，能否审查接受印行，即接受何时可出版，均无法预计，只有听之而已。冠英论唐诗之文已读，甚平实可取，以之冠一选本作导言，斯亦足矣，如欲深谈，则非一文所能任也。四川落实政策，《人民日报》曾报道，颇为各地重视。由来书观之，似亦但具端倪，然犹大胜此间耳。昌之出处，极承诸友关心，南京之事亦仅初步商洽。《大易》称"吉凶悔吝生乎动"，自更忧患，余悸余生，亦未敢轻诺。足下告以稍待时日，极为有理，然武大则不可重作冯妇，其间委曲非足下所知，亦非书函所能尽，如有缘会，或面罄耳。闻川中生产恢复甚速，已可人月供豕肉二斤，此间则仍是一斤，十余年未动，亦见天府物力之富厚。加之主者得人，故拨乱反正速于置邮传命，诚为可喜。文才、国武诸君想现必大忙，或不常晤，见时希为道意。复颂

俪福！

会昌顿首

1978 年 4 月 12 日

（十七）

淡芳足下：

十七日及廿二日手书均奉悉。十一号文件此间亦已传达，昌虽未与会，然所闻略同。大约各地执行先后及程度均各不同，而涉及每一具体之人又各不同，其情势有非可逆睹者。昌余悸余生，殊不欲为此事多费气力，惟随顺世缘，静以待之。东坡尝谓，己与乐天才名相远，而安分寡求庶几近之。昌之于二公，殆微尘之与昆仑，然亦窃慕此四字为能近道。宁沪老友方为代谋，亦姑妄俟之而已。若此间则相忌者多，不可重出，以致亢龙之悔也。所抄词稿，尽可从容为之，以足下书法夙为子苾所喜，精写一份，亦是因缘，既不流布，则何时竣事均无关系，惟恐占用时间太多为歉耳。自主席致陈帅函发表，颇多谈形象思维之文，而一涉及古文旧史，则殊多谬误，郢书燕说，皮傅牵挽，比比皆是，既不肯好学深思，心知其意，又

不甘多闻阙疑，慎言其余，而争鸣云云，恐今尚非其时。长夜披卷，为之太息。君惠前有书来，亦劝以退拙二字，可感。彦邦久不通问，盖行政工作尤忙于教学也。匆复，即颂

俪安！

会昌顿首

1978年4月25夜

（十八）

淡芳老弟：

惠示奉悉。昌之出处及著述诸事备承关注，极见厚谊，感何可言！近二月来，形势发展甚速，各地约往任教者略有数处。除武大曾约复职之外，南京大学、南京师范学院、安徽师范大学（在芜湖）及华东师范大学均荷存记。昌因南京是少年负笈之地，旧友较多，辄思前往（因已完全退休，与武大无组织关系，故彼无法留难），顷尚在研究中，大约一二月内可以定夺。回顾涉猎文史四五十年，灼见真知亦实有限，然此戋戋亦思传之其人，不欲携往九泉之下，作为晋谒阎罗之贽，如此而已，非有它也。承询昌及子苾著作，其正交北京中华书局者三种，皆昌作：

一、《史通笺记》

二、《唐诗考索》

三、《唐代进士行卷与文学》

交上海古籍出版社者两种：

一、《古诗今选》（二人合作）

二、《学词记微》（子苾作）

又子苾所著《唐人七绝诗浅释》，约二十余万言，正由昌加紧整理，已完成三分之二，毕功后亦拟交上海古籍出版社。目前纸张奇缺，即使审查通过，恐亦须一二年之后，乃可印行。亦惟静俟其安排。倘得令亲从旁催促，或可略快耳。子苾诗词在南京油印，进行较快，希望年内能成书。其平生成就仍在填词，至于论著，虽于今之读者更有沾溉之益，非其至也。自四凶殄灭，拨乱反正，各地生活均有改善，此地虽不如西川，然视往昔，

已不可同年而语。但冀长治久安，现代化之国策更无干扰，此则衰白余生所不胜祷祝者也。近想更忙，诸望珍卫。即颂
教安！

昌顿首
1978年5月26日

（十九）

淡芳足下：

三十日书奉悉。数日前君惠亦有书来，知履历已由国瑜转送当局，此事或尚需省一级党政负责人审批，故须少待，乃可知其成事与否也。词序吾弟所议极是，然依原句（因中有删节），于抑扬抗坠之节，亦有未善，如易两字作"政治日坏，民生日艰"，则意义连贯，声势稳顺。汪先生如在，或亦掀髯许之。倘弟以为不甚唐突，或即照此抄写，仍乞酌之。诗词均印四百册，如有余，当多寄数册（先不要告人），顷尚不能确定。其原稿及抄本暂存弟处无妨。诗稿近已印讫，待装订。词稿则尚在刻写中，惟冀半年内能毕功耳。顷方为人审阅讲稿，稍冗，不尽。即颂
俪福！

昌顿首
1978年10月4日

（二十）

淡芳老弟：

惠示奉悉。厂方如因一时无人接手，不放，则不妨先约暑期离开，即使将来民族学院满员，成都大学新办，亦未尝不可涉足。诗集已完全装好，词集亦已刻好，正四校中。想两三个月后当可寄至左右。足下手抄本如一时找不到人装订，可暂搁置，此事江南尚有办法也。近欲求黄钺《韩诗正讹》，杳不可得。忽记旧尝以此书奉赠，不审尚在否？如在，顷又不用，请挂号寄下，用毕再行奉还，如何？改正事，此间曾派一副书记去武汉，据云当秉公办理，究竟如何，殊难逆睹。此事在昌视之，殊不足轻重，

听之可矣(名义早恢复)。三月下旬,本有昆明之行,审定古代文论教材。顷战事爆发,不知改地改期否?容俟再告。见君惠(达人可师也)时乞致声。即颂

俪安!

会昌顿首

1979 年 2 月 24 日

(二一)

淡芳、彦邦老弟:

去岁淡芳十月九日及两弟同月十九日信,均早收到。适值我于十月十二日大发心脏病,卧床人民医院达三月之久,直到今年前十来天始勉出院,仍未完全平复。心跳每分钟 80—90,亦有早搏,每分钟数个至十余个不等。但此病无药可医,只能静养。且已用去公费 4000 元,亦无颜再拖,故出院心中较安。现诸事俱废,枯坐而已。所托写杜诗鉴赏事更谈不上,道恕更望婉言之,当能见谅也。

彦邦夫妇出国之事,迄未闻再谈,当未成行。目前世界风云动荡,应否西游,仍应慎之。近月拙著《诗世界》(附诗存)及《诗论选集》(附序跋文)即将出版,当分别奉寄,望将道恕、寄尧、振铎、国武、李仲屿诸公,在川大家庭地址见告为幸。

病中乏力,不多及。祝

安好!

千帆

一月二十三日(一九九一年)

(二二)

淡芳、彦邦弟:

彦邦 2 月 2 日信,淡芳同日信,又新来 4 月 30 日信均收到。我因数月来身体仍不见好转,又还有些必不能不做之事,因此久久未复,尚冀谅之。

欧伯衡处，今别寄与潘老倡和一纸，祈便中转去。今晨寄出新出之书十余册，祈妥为分致，禅川中故人知我相忆之情。又别有二种，数月后亦可出，届时当奉上也。

老年人去国外旅行，因彼邦生活节奏过快，实不相宜，今决不去亦佳，惟愿儿女辈能返国一省视耳。

前寄淡芳《三百年……评点汇录》一书，不知已札迻完毕否？此书印数极少，无法购得。如用毕，幸寄还。

我因体弱，在家时多，即出外散步，亦只在学校周围，回想数年前，尚得与两弟盘桓，为之惘惘。

前有一美籍犹太女汉学家来华开会（去年十一月在南京开唐代文学国际会议），曾托其赠二种与高友工教授，迄今数月，未得高复，今将彼女地址写如别纸，望彦邦弟寄与女公子，一询高先生，感感。或由女公子代我一询车淑珊（即彼女）亦可。

专此，即颂

阖府安适！

千帆

五月七日（一九九一年）

（二三）

夫人已否做了手术？健康情况如何？极念！极念！望告知。沈集笺本早寄仲镛，不知何以竟未收到（他友皆得并有复函）。已另寄一册，又无复函，可怪也。希一询之（寄北师大中文系）。

帆顿首

3 月 28 日（1995 年）

致杨翊强（七十通）

杨翊强，曾先后任教于武汉大学、黄石师范学院、长沙电力学院。程先生任教武汉大学时的学生。

（一）

翊强兄：

惠书奉悉，即寄 90 元。昨日看了此间床架，觉质量差，仍想在沙洋买一付，故又补寄 60 元。祈代购：① 床架一付，② 棕棚一张，③ 方桌一张。余款作包扎运输费。原拟买二床，因丽则已在此买四尺五寸大铁床一张，价仅七十余元，故只寄一床之款。

我在此□□□□□□据验血，“抗○”比常人高一倍，亦无特效药，惟要保暖休息。又拔去一牙，补二牙。交通不便，又不大能走，故甚疲乏。如无特殊情况，仍想六月中旬返沙。祖棻近又患病，未能另信。欢迎你暑假过汉时来玩。即颂

近安！

弟昌顿首

6 月 3 日（1974 年）

（二）

翊强兄：

我定 22 日返沙洋。

我的行李（被褥、箱子等）在德培兄处，如果能由你在前一两天代为运回牛房，就可使我返后可立即铺床休息。（我上次返汉，坐了几小时的长途汽车，抵汉后，几乎动不得了。）房门钥匙，外间的在老李处，内里的在老刘处。此事，请务必费心帮一下忙。余面叙，祝

好！

会昌

1976 年 3 月 10 日

（三）

翊强：

最近零零星星听到一些消息，说是襄沙要“卷堂大散”“飞鸟投林”了。

也好,不死不活的局面是搞不出四个现代化的。“穷则变,变则通,通则久”,二爷的话不失为辩证观点。很记挂几个老朋友,能来信详细一点谈谈他们的情况和打算吗?特别是关于你自己的。我现在手已基本好了,正在尽力整理逝者的遗著。如果不及时搞出来,我一归天,就必然湮没。如果我将来去见上帝,看见她坐在旁边吃糖果,如海涅所说的,怎样向她交代呢?这是伤心话,不是玩笑。祝

好!并候夫人好!

昌

二十三日(一九七七年夏后某月)

(四)

翊强:

来信收到。伯母大人仙游,闻之痛悼。你孝思素笃,多年拂郁,未能奉养,情怀可知,亦无可空言相慰。你是否决定回乡?闻荆州地委决定办一师范学院,有中文系,极阙人,而且此次即招生,情势甚迫。你是否可要陈蜀光代你联系,去后,根据中央恢复科学职称之政策及多年不加之低工资此次调整之政策,去后估计当可得一五十余元之低级讲师,请考虑。荆州师范学院情况,可托德培嘱其长子韩铁打听一下。愧我久脱离学术界,无法推毂耳。即颂

近安!

昌顿首

十一月十一日(一九七七年)

(五)

翊强:

来信收到。能到荆师,最好。

如果实现,希望做到下列三句话:

多做事,

少说话,

不吵架。(极重要)

(能容于物,物亦容矣!)

现在,是不要空头支票而要硬通货的时候。希望你,如果去了,在78年——

① 把课教得稳稳当当。

② 争取在《中国语文》上发表一篇科学论文。

然后,③ 80年写出一本像样的书来。形势发展得极快,不要管什么加工资,八块十块的,完全没有必要。(我不是灵通人士,但可能比你略灵。)现在是要“拿出东西来”! 党不会埋没人。

嫂夫人是个胳膊上走马、拳头上站人的能干脚色。她对你是爱之深,望之切。苏秦第一次回家,妻不为炊,嫂不下机。这一历史故事你应该记得。你如果泄气,就非她的本意了。好好地献身于祖国的科学事业吧,首先是为人民,其次也为家庭。

我工作很忙,简直多年没有这样忙过。又恢复到57年以前,每天没有三千字不下书桌了。一以忘忧,二以赎罪,三以比武。

五十年代的大学毕业生,今天是宝,你知道吗?

再说一次(希望你不要见怪),到了新单位,脾气要收敛一些。说老实话,我关心你,不放心。(看后烧毁!)祝

好!

帆

1977年12月29日

(六)

翊强:

来信收到。政协与我已无关系,你的想法太天真了。老沈问题已解决,已回,他处可住,我家中亦可住。丽则春节前后在厂中分娩,不会回家。现科学人员应归队。原在大学的,即不应留中学,此点倒是可以“据理力争”,如你一向爱说的。韩、张已返,均晤。苏老泉二十七,你可能太老,但高适五十岁才学作诗,你就还小。千里之行,起于跬步,你难道现在

不能够就开始每天坚持学习两小时吗？我六十五，每天还干五小时哩。经济问题，要自力更生。英国前几年穷得要命，现在北海抽出石油，就把赤字消灭了。国犹如此，何况于人？沙洋的鸡好不好买，丽则生孩子，要买点鸡，如好买，想请你代买几个（老母鸡），顺便带来。月超可能年前搬家，托他也可。买来，放韩家先养着，你看行不行？如可，即寄钱来。我现在回想起一些很有趣的事。在六十年代，我搞点业务，被批得一塌糊涂，现在怎么样呢？遗憾的是成绩太小了。存货无多，供不上市场的需要，即没有为社会主义文化作更多的贡献。姚雪垠每天三点钟起床，写两小时，再去劳动，十余年如一日，《李自成》是在这种艰苦条件之下写出来的啊！你还年轻，来得及，努力吧。但更重要的是，多动手，不动口。祝

好！

帆

十五日下午（一九七八年一月）

冷得要命，写不成字。

（七）

老杨：

来信收到。前次之事，似乎未见下文，恐又在某个环节上卡住了。能有几个月时间认真读书，机会难得，要抓紧。如果有为科学而献身的精神，当然极好。否则，至少也要有恒心，能够耐得住寂寞。不然，什么也搞不成。立介毛遂自荐，组织联系，可到湖南师范学院。路遇之，云在办手续，其他无新闻也。祝

努力！

昌顿首

三月三日（一九七八年）

史太君云：不是冤家不聚头。然既已聚头，则应当是冤仇宜解不宜结了。慎之慎之。

（八）

翊强：

收到详信，备悉忧乐之情。感谢你们为五味姜费了那么大的事。老伯年事已高，为人子者，自然一则是以喜，一则以惧，但能尽心，即是行孝也。武大的事，一切殆出常情之外，你何必不安心管资料，然后挑灯夜读，自得其乐。腐鼠不成滋味，庄生言之久矣。如能到邵阳师专，也很好。吴代芳在郴州师专（现又改为湖南师范学院郴州分院）。你何妨与之联系一下。不急，但也不能不动。李某处谈之何益，他要你不要多提要求，我倒很赞成，虽然对这一问题，理解可能完全两样。夫人动手术后，家庭生活当可正常，大概男方缺陷较难弥补，女方，外科医生是完全可以解决的。也许不能生育，那也就算了。让她来同居一个时期，彼此感情肯定要好起来。将来能游南京，极表欢迎。请代向张雪明、李开金两位先生问好。顺颂

安吉！

昌顿首

十月四日（一九七八年）

刚才接待了外宾回来，得了你的信，较累，不多写。又想到，如果在武大，这也是不可能的，虽然根本算不了什么。我的工作重点今年在培养中年教师，为他们详细修改讲义。另外，作几次方法论的专题报告。

（九）

翊强：

来电收到。今晨已致电博老家属吊唁，并函耀先先生，请其送花圈时代送一个。这事，由耀先出面代办，比由你出面好。但请你与他联系一下，跑跑腿。此老一生为人纯笃谨慎，学问就不必说了。也许当局可能就此做点文章，隆重追悼，借以维系人心，号召忠义，也是好事。我一直在打杂，什么都做，而以写东西为主。剧作家陈白尘现在是南大中文系主任。他最近写了一个电影剧本——《大风歌》，写吕后篡国失败的事，很动人。

我也帮他看一看有关汉代制度语言诸问题。祖棻的稿子,有一部关于宋词的,即将发排,诗词集仍在刻印,手稿、遗像及封面题签都已制版,很考究。夫人已来否?近事近情,来封详信谈谈,我一直还是很记挂你的。张实、向志学近也有信来。祝

安好!

帆

十月二十六日下午(一九七八年)

(一〇)

翊强:

今午适发一信,顷又得二十四五日信,详告博老逝世情况,甚感。花圈事,即请与耀老商量,代办一下。如时间来得及,请代买一付挽联,也请开金先生写一下。照如下写,来不及就算了。

博平先生　挽词

丘原无起日

江汉有东流

程会昌敬献

这是宋人陈师道挽南丰先生诗中的两句,博老当得起。你做的挽联有些毛病,但第一回就能这样,不能算坏。几封信寄给你看看,看后烧掉,不必寄还。这也是一种动态。请代向夏先生致谢。仍盼少烦恼,多来信。祝

好!

帆

十月二十七日(一九七八年)

此碑著录何书,仍乞见告。

(一一)

翊强:

前两天写了一信给涤源,要他转给你看,想收到。你初返校时,我曾

劝告你，要回来，就得准备而且能够受气。现在，我仍然这样劝你。集中心思搞学问，别的放开些。有一件事托你办一下。我在武大邮局定了一年《文学评论》，下半年三期没有拿到，就走了，曾托邻居蔡发胜师傅代收下转寄。至今无一期寄来。请你查问一下：① 蔡师傅，② 铁疗门房张老爹，③ 邮局投递员老尹。总之，弄清楚一下，如第四期已无可踪迹，看五、六期可否由你设法拿到寄来。我在这里，要明年才能订到，没有办法。当然，实在丢了，也没有什么了不起。五味姜没有寄来，大概是买不到。这可是小事，你不必放在心上。凡是以后出版的东西，都会寄给你一份，但诗词切不可妄传，免得引起麻烦。论学之作，则无所谓。近为一刊选印了朱自清旧诗，非久当印出奉寄，可以知道这位以新文学出名的人，对旧的下了多少工夫，亦不知诸公能引以为法否？盼复。即颂
平安！

帆

十四日（一九七八年十一月）

写好上信待发，又得十一日书，很有趣味。诸事只可一笑置之。老刘居然认真，所以碰壁也。我决不要那些材料（他如讲政策，自会寄来），更不会找任何人谈任何有关前事之问题，因为目前占据我心中不是这些了。南大中文系成立戏剧研究所（附实验剧团）及语言、文学两研究室，暑假后要成立研究生班，事情多得很。还得到外地去讲学。对于那些泼皮无赖，仍只能按照鲁迅先生之办法，一概称之曰畜生，若张某则更下一等，曰次畜生可矣。你读书还是要有重点，复习俄文，不为无用，将来升等要考外文。训诂、文字、音韵一定要学到手。跟耀先、大璞学一点是一点。事忙，不多及。祝
好！

帆又及

（一二）

翊强：

忽然收到了刘岱岳先生一信，据他说，他和你是中学同学，无话不谈，

托我了解南大考研究生的事。此事,根据规定,我无对任何人谈这方面问题之权,已婉谢了。但刘信中很有些令人难堪的话。希望你以后对别人谈我的事,对人对事都略加拣择。我一切都还好,就是忙。这只是通知你一声,不必追究。也许他根本认为这样做是当然的。祝
好!

帆

二十五日(一九七九年二月)

（一三）

翊强:

两封信都收到。那些事,过去就过去了,不须再谈。这位先生肚子里装的东西和别人不一样,所以只有敬而远之。你近而我远,所以奉劝你注意一下。你开始务正业,甚好。编写一个字,就是研究一个字。如果一年中将一百七十字的形声义都搞通了,那成绩就不小了。博老著作事,我将按实况告殷先生。或将来用你的藏本在武汉用复印机复制一份,看他的意见如何。我将于本月十五日去上海,十八日转昆明,开半个月的会,四月十日前返宁。中央为改正事,又开了全国性会议,可见认为改正对他们如丧考妣者大有人在,否则何必促进?我对此置之度外,但觉好玩而已。老伯年高可虑,但亦常数,尽心而已。希望你们有个孩子,生活当更有意思一些。这纸是南大给我印的讲义校样,你看如何?似比《唐诗选注》版面干净一些。见诸老友,请代致候。顺颂
撰安!

千帆

三月七日(一九七九年)

（一四）

翊强:

我定于十五日去上海,转昆明,约四月十日返南京。有两件事托你一下:

（一）请到汉口旧书店看有无《宋诗抄》，如有，请代购下，如无钱，用我的名义问周先生或耀老挪一下，然后写信给“关山汽标厂切削车间”，要丽则给你。

（二）将《汉语音韵图说》在武汉复制一份（用费照上次办），寄给济南山大中文系殷孟伦先生。如在汉办不到，可将原件寄殷，决不会弄坏或丢掉。我可以负责。在四月五日以前，你写信给我，可交昆明云南大学中文系张文勋主任转给我。匆匆，即颂

近好！

千帆

三月十四日（一九七九年）

（一五）

翊强：

来信收到。我在3月15日至4月8日之间曾去昆明，开古代文学理论讨论会，回后积压之事甚多，所以也没有给你再写信。我这次除了开会之外，从上海讲到昆明，又讲回上海，而且几乎被云南大学扣留，幸南大用12道金牌召转。《古诗今选》上卷已排好，下卷正赶写。学校已出广告，号召要的地方预订了。

写这些做什么呢，就是要告诉你，别人不改正，自己来改正。正和沈祖棻用自己的著作给自己开追悼会一样。世界上总是有历史的，历史总是除其不公正的一面而外，还有另一面的。

我得到的惟一关于我的消息就是，有人认为，如果程某也改正了，岂不是反右全错了。看来，是要留下我来，以证明反右之不全错。我从来没有要求，也不要，也不想改正，因此一笑置之，还是抓起一支破钢笔，写我的诗选。如果人类的文化不毁灭，人们将来记得我，是由于我写过一些有益的东西，至于右派云云，即使是现在，也早已经过多数人脑中筛选，落到不知什么地方去了。（我可以真诚地告诉你，我来此不到一年，已在学生中有很高的威望，也许还胜过当年。谁能对一个奋不顾身工作的老师不表好感呢？）

这，也许可以供参考。看后烧去，切勿留存。祝
好！

帆

5 月 2 日(1979 年)

《宋诗抄》，请再问问，也许就是我卖掉的那一本，只卖了五元，现用五十元赎回也可以。

(一六)

翊强：

来信收到。

请费心转告刘家林，考试成绩他只能向南大中文系查询，我无权回答。甚歉。因事忙，就不作复了。

我工作很重，每周讲四小时诗(大学毕业班)，两小时校雠学(研究生)，两小时为研究生答疑。又有行政工作(文学研究室主任)，本学期还要修改校对约近百万字的排印稿件，并审查一些青年中年同志的论著讲稿。

事实已经证明，而且将继续不断证明，57 年的右派，绝大多数是爱人民爱国爱党爱社会主义的左派。我只想为这一结论提供一点证据，他无所求。

山大复印博老讲义，还没有印好。殷老最近才由新疆回来，将来我可以要他寄回原稿，并送你一两份重印本。

八月中，月超回汉。庄果告诉他，我已由党委改正。中文系有坚决反对派，因此迟迟。现已报湖北省委。至于南大，更是不理武大这一套，已报江苏省委将我和月超复职，孩子们也下调令了。这些老爷，心劳日拙，倒行逆施，会有好下场吗？你“安心工作”是对的。先搞出点什么来(这极端重要)，将来机会多得很。匆匆，即颂
平吉！

千帆

9.14(1979)

（一七）

翊强：

9月17日收到。我于5日寄你祖棻遗集一套二册，别人都收到，有的回了信。你没有提及，可能被人拿走了。志达的也不见了。志达要我挂号寄，我挂不起，此次光国内寄费已100元，国外还要想法。

我上次给你的信，可给梅镇一看。

寄字典组就你一份，如确未收到，望查。大信封上印有我的名字，不会遗失的。

《诗选》武大是预定了的，何以字典组不知？如在武大搞不到，可寄一册。

望即来信，告知收到否。我寄武大名单如下，也可便中打听，还有何人的被偷。

历史系：吴于廑　唐长孺　石泉　殷铁铭

中文系：△耀老　胡国瑞　△周大璞　吴志达　张广明　毛治中

字典组：杨翊强

中文系资料室、图书馆

（已复信者打△号。）（如遇见，可问收到否。）

在医院看病时写的，不成字。

帆

（1979年9月21日）

（一八）

翊强：

10月8日信收到。丢掉一信，深感可惜。

今将《诗选》上册寄上，下册明年初可出来。希望你有时间细看一遍，特别是注音部分。也希望将唐诗部分与武大注本对一下，看拙编有无错误。武大书我没有。

我已改正，但留一尾。南大也甚妙，要我写“阅过”，不写“同意”，然后签一字。体会此是息事宁人之意，我也暂时置之，因实在太忙。

我最近心脏发现毛病，有杂音、早搏等情况，由于太甚，已适当减轻了。

希望努力工作，做出成绩来。祝

好！

千帆

10 月 11 日(1979 年)

昔时贤文材料，如你暂时不搞，可寄来。

（一九）

翊强：

来信收到。

做的《诗选》校记很好。我想附一个勘误表在下册的后面，将较重要的差误都列出。如你能在十二月底以前将全部校记写示，最好。如来不及，也不要因此打乱你的全部计划。

陆耀东来此搜集材料，来我家一次。南大以礼相待，请他讲了一次徐志摩的诗，又在高级餐馆吃了一顿饭。

《诗选》下册在排，如快，明年二月可出，还要改动、审订，才能正式出版。

一切过去了的，让它过去吧。世界永远属于乐观的现实主义者、实干家。你现在是要拿出东西来，而不是什么别的。

祝

愉快！

帆

11.20(1979)

（二〇）

翊强：

① 来信及校记均收到，谢谢。

② 上册误失颇多，想附一勘误表于下册之后，因此，希望你能尽快将

其余部分校好惠下。能比预计的12月底提前为好。25日如何?

③ 请转告周大璞先生:A. 罗邦柱事当尽力为之。B. 已收到他的《敦煌变文用韵考》,谢谢。无多事,不写信了。

匆匆,祝

安健!

千帆

12.8(1979)

(二一)

翊强:

前上一函,计达。不知校记能早日赐不?

今天看到报上广告,知《武大学报》最近一期有李健章先生一篇谈韩愈以文为诗的文章,很想看看。希望你能代买一册寄下。

匆匆,即颂

近安!

帆

12.19(1979)

(二二)

翊强:

电报及上次信、校记都收到。

同时寄上60元,请将《宋诗抄》买下,但请看一下有无残缺。罗邦柱先生可能还要来南京,可以托他带来。如他不能来时,再寄。

我托罗带给你的《汉语音韵图说》三套六册,想已收到。另两套,是殷老送给你的。

近得武大四区十三舍进修生赵亚(这个字不识,只好描下)明先生来函,问南大今年招研究生的事。我大概不招,而什么人招,我也不清楚。由于每位教员的要求不同,所以他问我要读些什么书,我完全不能回答。请费心转告,表示歉意。就我来说,是十分注意语言使用的。如能写文言、外语文章，长达二千字，无习见的语法修辞错误，能看无标点古书及一般英(日)语读物，就可以了。至于专业知识，将大学教本记住就行。外语不好，要作研究生，在南大很难，除非已经写出特别有才能的著作。

升等的事，如此结果，在武大并非意外。最近有南大历史系同事(他才从武汉回来)告我，武大历史系让曹绍濂在一个学会上提论文，但不准署名，而曹居然接受这个条件，奇极！但我要劝告你，本职工作不完成，不做好，是于公于私都不利的，以后注意为是。我在这里，总是先南大，后校外，先教学，后科研。我一年来推卸了七次出外讲学，只到昆明一次，还是学校要我去的。这一条，我看得清，抓得紧。希望你今后也能这样，不给人以口实。才改正，别人会觉得你受了委屈，但这种同情会淡下去的。主要的是“自致隆高”，拿出货色来。乌鸦的翅膀可遮蜡烛，但遮日光灯就无可能了。祝

好！

千帆

80.1.6

你对李先生提出比赛，完全是书呆子，不通世故，徒然增加不必要的坏印象。不策略之至！

(二三)

翊强：

我于1月15日去徐州校《诗选》下册，行前收到所寄《宋诗抄》，即复一函，或已收到。30日返宁，又得21日来信，并最后一批校记，颇以为慰。《诗选》大约还有一个月可出，届时当寄上，希望能寄黄石。

二氏训诂学早已无有。我现将自己仅有的洪氏一册奉赠。开金先生处请转告乞谅。

我很不赞成你对黄石说的那种话：“我有什么要求，我说一不提职称要求，二不提调老婆，唯一的要求是一个人一间小房。”你完全不必说得这样“绝”。正当的要求将来还是应当提的。这样说，将来又会引起麻烦的。你为什么总在“冲动”中过日子呢？凡事都应当考虑周详一点，冷静一点。

初返极忙，不多写。希望得着你的好消息。

祝

好！

千帆

二月四日（一九八〇年）

（二四）

翊强、志达：

有两件事奉商：

① 想要一册《武大学报》（其中有李健章先生论韩愈以文为诗一文的）。

② 想请查一下武大图书馆旧杂志目录，有无1941年重庆出版的《读书通讯》。刘弘老在该杂志上发表过《诵帚词筏》一文，连载六（？）期。现我只找到“总术第一”“取途第二”，第三以下无。如武大有此杂志，甚盼将所无抄寄。古之诗人有言：“传世遗文胜托孤。”我们都曾受弘老之教，当亦有鲁迅序《孩儿塔》所怀之意也。

刚返自徐州，不及多写。顺颂

著安！

千帆

2月5日（1980年）

（二五）

翊强：

来信收到。能和气地分开，去黄石，就很好。“君子绝交，不出恶声”。谁给人民干了多少，人民还是知道的。如果乌鸦的翅膀能够无限制地伸延，那世界上就没有历史了。（少奇之事，足为铁证。）

你的婚事，本略嫌没有生活基础，彼此互不了解，但能维持，就还是维持为好。

《诗选》下册已奉寄，仍望严格检查一遍，多提些意见。我上半年无空，要在下半年动手改。请问奂午有何意见，写信来。他上次来过一信，我事忙，又不知其地址(寄系中怕他收不到)，故未回。请告知，并请其原谅。祝好！

千帆

3.18(1980)

弘度先生遗文，志达已查，未见，只好算了。

（二六）

翊强：

来信收到。恭贺乔迁。

到了新岗位，请特别注意人事关系，遇事要克制，要不推工作，谦虚，不要小脾气，不要使瑞云为难，更不要使新领导认为旧领导写在鉴定中的话“果然如此”。要让那些诬蔑不实之词扑一个空，如水淋鸭毛，沾不住。要切实努力，先把课教好，然后写出些过硬的(不是空空洞洞的、人云亦云的)东西来。我在沙洋时，劝你记方言卷舌音，你置之不理。如现在有第一手的材料，就可以整理出一篇文章来(是全国第一篇谈荆门方言卷舌音的文章)。往者已矣，来者可追！！！

到了新地方，往事一笔勾，要绝口不发牢骚，显得有气度。

瑞云来信收到了，我极忙，但你此信不能不写，对他，就不立即回信了。可转告。现在就由黄师向南大提出申请，因手续多，可点明从我，问我时，我可回答。(他们若不问我就回绝了，我就无法了。)

请转告志达，信收到。我找李先生的文章，是给研究生作唐宋诗比较研究的材料。不要说我现在极忙，即使不忙，也不会和李先生“争鸣”的。志达有所顾虑，是太老实了。

希望你认真对待我的话。

祝

好！

帆顿首

3.25(1980)

何时动身，来一信。

下册审音，仍请进行。

（二七）

翊强：

自你去黄石，未得一信，不知对新环境是否适应，甚以为念。我于十一日离宁赴沪，在上海师大为文评史师训班讲课，遇见文生夫妇，说了各种有趣的笑话，又遇见罗立乾、郑传寅，也谈了一些，但疲劳未能多接待。二十二日离沪来济，要住一个月，为山东大学师生讲文学和校雠学。约六月二十日回南京。在此期间，希望得到你一封信，详谈学习生活及与同事同学相处的情形。殷孟伦先生等四人近出《古汉语简论》一书，我看对你很有帮助，简直可以用作教本，免得另外自编教材。你可请院图书馆先函购几册，山东人民出版社出版，可向济南该社直接邮购。觉合适，再多买。不编讲义，省事得多，挪出时间搞科研，岂不好？祝

近好！

千帆

5.26(1980)

（二八）

翊强：

来信收到了。书，先把手边殷老赠与的一本寄给你，以后再向殷老索取，因书店已售完。

古代文论年会今年可能在武汉开，那么我会去参加的。否则我不会单去唐诗进修班讲课，因为我工作很忙，近年血压又略偏高，需要休息。至于某人之言，我并不在意。

《古诗今选》南大中文系还存有一部分，我现尚无暇修改付印，所以一两年内还不会正式出版。请代问黄瑞云同志，黄石师院同学还需要否，如需要，可与南大中文系办公室函洽。此书在现已出版的同类书中较详细，只是价钱略贵，上下两册共三元，邮费挂号三角五分。

山东出版的这本《古汉语简论》写得很好，除殷老外，殷焕先先生是殷老和罗常培先生的学生，也是山大中文系教授，希望你把此书好好钻研，一定可以上好古汉语课。

唐兰的《中国文字学》已重印了，希你买一本来补补课。刘博老讲《说文》是很精辟，但不能代替文字学。你把古汉语上好后，就要打算上一些选课，如文字学、音韵学、方言学（师院开方言学可能有困难）等，应早点做好准备。

有暇请把《古诗今选》下册标音部分审查寄给我，还是可以像上册一样分批寄来。

你到一个新地方，我还是很不放心。希望你记住两句话："业务上要争气，人事上要和气。"

我才给山大研究生上课回来，有些疲倦，未能亲笔写此信，请原谅。顺颂
近好！

千帆

1980年6月2日

问静怡、瑞云诸君好。

（二九）

翊强：

上次来信及红姜都收到，谢谢。一直不知你在哪里，就没有回信。我从五月起，在上海、济南、长春、庐山转了一大圈，开学前才回。身体尚好。

书两本寄上。如发现错字，望告知。

进修事，现开学已三个星期，早已截止了。现进修有一套规则，大致是要先报教育部，由部与所愿去的学校协商安排。今年南大接受了不少。今后你愿出来，还得先请系里向院方提出，及早安排。李君并不太懂音韵，无非以其昏昏，使人昭昭。足下无所得，固其宜也。匆复，即颂
近好！

帆

9月22日（1980年）

（三〇）

翊强：

久不通信，不知你过得怎样？我于十日离南京，经广州到南宁作短期讲学。五月初取道桂林（或许经长沙）回江苏。在此，会到韦其麟、何文白、林焕标。卢斯飞已定从内蒙古调来，都是二十多年未见了。各人饱经辛苦，相见甚欢。因此想到要告诉你。韦教民间文学，何教图书馆学，林教现代文学，都还不错。各人拥有一小套房，三间，另厨房等。此地是亚热带风光，草木远异于华中。昨去游伊岭岩，在山洞内上下高低，走了一个多小时，千奇万怪，鬼斧神工，平生所未尝见，非语言所可形容，闻较桂林为胜。在此每隔一天讲二小时。匆颂

著安！

帆

4 月 14 日（1981 年）

（三一）

翊强：

来信收到。一切要慎重。夫妻之间，即便有什么缺陷，也不宜草率仳离。年纪大了，彼此更需人照应。难道不想想，年纪愈来愈大，生活会发生困难。一个人不能一辈子用轻率冲动作为动力来打发日子。我所能说的，也就只于此了。

音韵是难教，但你难道不能仔细回想刘博老是怎么把你教懂的吗？教学是一门艺术，必须十分刻苦钻研，才能把人教懂，而且进一步引人入胜。这，只要努力，是完全可以做到的。要有信心。

我在这里的工作五月四日结束，即去桂林。十日前后赴长沙，耽搁两三天，即飞回南京。南大一大堆事等着我。

卢斯飞已来，教现代文学。他与黄瑞云常通信。闻其近将赴黄冈讲唐诗，烦代问好。顺颂

俪安!

千帆

四月廿九日(一九八一年)

(三二)

翊强:

去年九月十七日信收到。久不闻消息,得之殊喜。知心情、工作均有改善,尤慰。南大研究生徐有富君原在黄石教中学,毕业后留南大图书馆。寒假返家,已嘱过访,不知曾晤否?做刑法志译注,可参考《二十五史补编》中清代学者研究史志的方法和门径,近人如唐长孺的《新唐书兵志笺证》、邓广铭的《宋史职官志考证》,尤当参考。但中心是把书教好,建立威信,再及其他。不可本末倒置。我近年太忙,脑血管硬化,大不如前。招了两位硕士研究生,一位博士研究生,暑后也许还要加一位博士,加上社会活动,欲罢不能,也只好且战且走。即祝

春节之禧!并问武大各位老同学好!

千帆

1.28(1982)

(三三)

翊强:

来信及稿收到已久。因将您的稿推荐出去,等对方决定,迟迟未复。试了两处,都未成功。主要是因为别人已做了同样工作,且快出了。

书两部,其一望转瑞云。凡见有误(哪怕只是一个标点),也请告知。

方言稿,因大家都忙,送人看,也还无回音。此类文,只要仔细,大概就没有太多问题的。祝

好!

千帆

1983 年 11 月 16 日

（三四）

翊强：

你的文章，我再请鲍明炜、鲁国尧两位副教授看过。他们都是方言、音韵专家，给你提了很多很好的意见，并对发表的事愿意出力。

我意：① 认真研究他们的意见，改进你的文章（不必全从，认为不对的可不改不从）。② 修改后，抄一清本并复印两本，共三本寄来。抄写，要用碳素墨水（即我此信所用墨水，又名文件墨水），才好复印。因我意，如国内不能发，即准备代寄到日本去。而寄日，南大科研处要发证明给海关，才可出口。而南大发证明，则论文要有一复本，连同证明存根一道存入科学档案。现在办事不容易。

希望你转入新地方后的情形略有改变。我可能在三月上旬到武汉住十来天。

祝

好！

千帆

1984年1月30日

（三五）

翊强老弟：

信和文都收到，我终于盼到了所一直盼望着的东西。你任性和软弱的性格的矛盾导致了你几十年曲折的生活道路。对于个人来说是悲剧，对于国家来说是损失，对于亲人包括老师来说，是爱莫能助的惆怅。但你现在终于猛醒了，并以行动证明你是在走着新的道路。你是我最喜欢的学生之一，过去又是最不争气的学生之一，我在“文革”中和在恢复工作以后近二十年，咬着牙齿朝前走的时候，常常为了你的落伍和不争气而感到痛苦，但我并没有绝望，你现在终于醒过来了，我很高兴。我现在身体也不好，要老伴写信，也无法写得很详细，只想简单地讲这么两句话：第一句是，过去的就让它过去吧，你还不老，不要靠尤悔来过日子；第二句是，在我们现在这个社会里，在你前面的路决不是平坦的，你只有力戒任性，既不卑躬屈膝（这，你不会），又不盛气凌人，才能处好周围的关系。

下面对你的业务简单谈点意见：你的业务抛荒得太久了，要成为一个知识广博的语言学家，已经不大可能，只有努力发挥自己的优势，把全部的力量（除了教学以外）投放在湖南方言调查研究上，如果你能像罗常培先生那样，写出《临川音系》和《厦门音系》那样的书，你就站得住脚了，但这要苦干、实干。我祝你成功。你那篇讲方言的文章，如果有抽印本，请寄几份来，我转给一些有名的语言学家，替你扬扬名。

我近年来身体不好，感到很衰老，已不大能做事，今夏以来又多次发心脏病，各种学术会议已不再参加，前些日子北京一个重要会议不能不去，只开了三天会，又发一次病，十八日回来后，迄今没有恢复。听说年底前六十岁以上的人，不论职称，都要退休，我切盼这是事实。退休以后，一切工作都摆脱掉，精神上没有了压力，也许还能身体好些，做一点自己愿意做的事。目前和人合作的两部大书，一部已写好，在作最后的审阅，另一部才写了一半，尚待完成。

今天是中秋节，祝你过得愉快！

千帆

1988 年 9 月 25 日

（三六）

翊强弟：

两信及附稿都收到。我于 9 月中旬赴京开社科院“七五”项目审查会，因累极，三天会开完，即大发心脏病，后又连发，延至十月七日住进医院始转安定。大约还要住一个月或多一点，才能巩固，希望今年底能出院。

关于湘乡方言的研究，我认为你应一篇一篇地写下去，不必计较能否发表。如果你弄得很全面，质量又高，就可出专书，甚至推荐到国外去出。南师大叶祥林及南大鲁国尧两位先生的方言著作都是在日本印出的。全省方言辞典，分量太大，当然要集体担任。这里面牵涉到如何处人的问题。还是要讲“夫子之道，忠恕而已矣”。

培坤所寄《唐都学刊》我都收到，但无以相助为愧。

匆匆，祝

好！

千帆

1988年11月17日

（三七）

翊强老弟：

我因审读四位本届毕业的博士生论文，合共有近百万字，日不暇给，你来信一时无法作复，请谅。

你的情形谈得很详细，我很高兴。特别是①自反、②自娱。自反则进步有基础，自娱则生活有乐趣。这么多年，你的道路太坎坷，生活变化也太大(这有许多不怪你，有许多也怪你)。今后进入半百之年，应当在平稳中求进步，在安定中求快乐。

张默芸同学，我不十分记得了，请代我问好！

我身体也一年不如一年，但事情仍多。有八个博士生(今夏后余四个)，另还有书稿两部未成。任重道远，努力以赴而已。祝

好！并贺春节！

千帆

戊辰除日(1989年2月5日)

（三八）

翊强：

你4月7日信，我是在医院收到的。因为心脏病(房颤)，几个月内两次住院。出院后不久，遭时多故，一拖两月余(其间又发病数次)，未及作复，甚歉。

你谈近况甚详，而且心平气和，足见思维方式处世态度都有所进步，甚以为慰。大家能够各自以自己选择的道路自我完善地走完一生，也就

很好了。八十岁不一定活得到，即使活到了，是否值得庆祝也大可怀疑，弄得不好，可能被人要猴把戏，甚非二三子尊师之本意，未免可笑可哀。如三四年后，彼此清健，届时你和张实一同来南京小住数日，谈谈往事，倒是很有意思的。

我从今年起，已不再招博士研究生。原在校八人，今夏毕业四人，明年毕业一人，后年毕业三人，教学任务，就算完了。国家计划大型科研项目①全清词、②唐宋诗歌流派研究，亦已由另一六十岁之博士生导师接手。自己著作除一部四卷本的《校雠广义》尚有两卷得完成外，也都交卷。并决定从此不再写文章，也不开拓其他研究领域。先师胡翔冬先生诗云："成仙惟一梦，俟死养残年。"今后我只能这样活下去。因为我这个病一不能劳累，二不能动感情。一生气就发病，其应如响。今天我才明白，处世惟一"忍"字为最难，张公百忍所以传为美谈也。算了一下，居然有十八天没有发房颤了，所以提笔给你写了这封信。五味姜（红姜）在长沙想好买，要嫩点的，望给我寄一斤。祝

安好！

千帆

1989 年 6 月 27 日

（三九）

翊强：

七月六日、八月廿五日信及红姜都收到，谢谢。

我七月、八月各发房颤五六次，不到一星期一次，身体衰弱，百事皆废，久不作复，请原谅。

你谈近状甚详，我听了也很高兴。近得南大语言学教研室主任鲁国尧教授信，对你的那篇文章颇有褒奖之言，今转上（不必寄还）。鲁，北大毕业，周祖谟先生弟子，首届王力语言学奖金获得者。

你谈到出处或进退问题，谈到刘博老，他老人家诚然是值得敬佩的。但就我来说，劳动有个效果问题，知识有个更新问题。人老了，知识不更新，劳动也就往往无效了，并非只要在不断地做，就是好的。在人生道路

上，老而不知退，最是危险。劳动无效，当然是小事，但如老不免悖，就不一定是小事了。我现在已无精力遍看新文献，吸收新知识，这就是说，已逐步变成不配当博士生导师了，怎么好恋栈呢？如以恋栈之实，居贡献之名，那就太可耻了。佛云："到一境，证一境。"今圣云："实践出真知。"你还年轻（虽然也不小了），未必懂得这些，不过趁今天精神好，聊当面谈罢了，不足为外人道也。

代芳想参加明年南京召开的唐代文学国际会议，可能有困难。那个会人数少，规格高，用费也大，到时再看吧！祝

好！

照片二张分给你和张实，是前几年照的。

千帆

1989 年 8 月 25 日

（四〇）

翊强：

得函知近况安，心情好，极慰。纪念论文集事，我完全未过问。大概他们想以古典学术为限，故于杨文翰等对现代文学有研究的人均未约。"中秋节"已要莫砺锋查复，词句则我一时想不起，他也一时查不出，只好存疑。

我已正式退休，学校要反聘，未允。来南大十一年，总算是"见好就收"，"在喝采声中下场"。先室祖棻生前每以此为戒，今无负于死者，亦足自慰。附上致校方信一封，可与张实及同门共阅之，足以知我心情也。

祝

安好！

千帆

1989 年 12 月 12 日

（四一）

翊强弟：

收到寄来红姜，念及老人，深为感动。此物甚耐久贮，去年所赠尚有

不少，估计两三年内足够需要，不必再费事寄来。我估计你近来心绪可能不太好，因已长久不来信。现在的事只能随缘，或者说对自己认真，对别人随缘，就很好了。我原定去年十二月底退休，但至今未见办理，不知何故。圣意难测，小民俯首听命而已。手上还有四个博士研究生，到明年暑假，全部结束，有几个科研项目，也已交给几位中年老师，明年八月，再不退休，即为尸位，奈之何哉？心脏病吃中药后没有恶化，但不能劳累，前些年把诗集交出版社排印，日前寄来校样，赶着校对了几天，病又发了。看来只能悠悠忽忽，度此余生。回想从前在那种体力劳动中过了十余年，居然不病不死，实为奇迹，亦不能不赞神功圣德之伟大也。你听了这些话，应当一笑；如果生气，便失去我谈这些话的本意了。随口奉告，聊当面谈。

顺颂

近安！

千帆

1990年2月23日

（四二）

翊强：

3月8日来信早收到。你写得很详细。看了很高兴，也很感慨。轮椅之说，未详所本。

总的说来，我身体今年有好转。89年春天，这个时候正从医院里出来。88年也差不多。而89年秋起，服中药六个月，心脏病发的次数大为减少了。89年12月，校方要我退休，我不胜欢迎之至。但正式手续又至今未办，大概不致反悔。我手中还有四个博士生，今夏毕业一位，明夏三位。从此之后，便逍遥了。一些未完成的著作，已分别由同事及学生合作进行，现已完成过半，只有两种，恐还需三两年，但不紧张。“天下兴亡，匹夫无责”，这是一位老学者去年说的话，但对学术似乎还是有责的。我们能做的，也只有这类的事了。学生毕业一班，又会来一班，“天涯何处无芳草”是情语、景语，也是哲理，大可不必担心寂寞。江南佳丽地，任何时候都欢迎来游。祝安好！

千帆

1990 年 4 月 7 日

（四三）

翊强：

收到七月十一日信，甚慰。

《三国志注释》，不知体例如何。此书历来有关著述虽不及《史记》《汉书》之多，也不算少。要遍考旧说，折中群言，也非易事。四川大学缪钺先生曾有选注本，中华出版，不知见否？

你对学生有感情，也得到回报，极是好事。但要注意，不仅 86 级，“天涯何处无芳草”，“四海之内皆兄弟也”，境界、心胸也就更宽了。

我五月退休后，还有两届学生今明年暑假各毕业一届，就脱然无累了。也不再写什么，只是在朋友学生的帮助下，完成几本书，以后，就逍遥卒岁。心脏病，仍时发，但不严重。

各处都有武大老同学，相见都很亲热，大概“人之初，性本善”，制造斗争，总归要失败的吧！

南大对老教授算好，每逢夏天，我们就住进有空调设备的房子，今年已是第三年了。想起过去那十多年的夏天，一直在毒太阳底下干农活，真如梦寐。但这也是凭自己诚实劳动换取来的，因此不必“感皇恩”。只要互相对得起，也就无所愧怍了。

秉钧先生人极诚恳，经学、小学都好，前几年我去长沙，曾专程访之于岳麓，惜未得见，望代致意。

手复，即颂

近佳！

千帆

1990 年 7 月 25 日

(四四)

翊强：

9 月 2 日来信，搁置已久，因一直生病，最近又住医院了。所以只能回几句话。

小甘先生将茶叶托人送到了，但并无酱油，据说是嫌麻烦，撂下了。大概你并不太熟悉他而“托末契于后生”(陆机语)，故打对折以示薄惩也。

我现住人民医院，地近清凉山，望之蔚然，惜步履不便，只能望望而已。还是心脏病。久了，也不大在意。请医生治疗，亦随顺世缘而已。我的两本书十一月可出，当奉寄也。祝

好！

千帆

1990 年 10 月 12 日于医院

(四五)

翊强：

12 月 9 日及 24 日信都收到，我 10 月 12 日入医院，1 月 12 日才出来，整三个月。现仍孱弱，眼力不好，耳尤其聋，不大能做什么了。幸近年与友生合作，整理旧稿，去年已出二种，还有两种今年可出。今寄你和张实各一套，其中论文外，有诗有序跋，“波罗”云云亦在内。波罗球即马球，如张实愿意知道得详细一点，可看向达的论文集《唐代长安与西域文明》一书中的《波罗球戏小考》。

你生活兴致不坏，工作也颇有成绩，这很好。一个人：① 做点好事(不论大小)，② 不做自己明知道对不起人的事，这就很好了。一天到晚叫别人学“人造圣人”，自己却无所不为，此风由来已久，亡灵未泯，时而出现。“上下相蒙”，“上下交征利”，“而国危矣”。先民之言，仍是真理。我幸已近八旬，“天下兴亡，匹夫无责”，故聊可混日子也。

我的英语只有幼儿园的程度，而且一个学者通外文是本分，不通是大缺点。我不通，故不能吸取东瀛、北美、西欧汉学家之成果，或与之上下其

议论，你要我写入自传，是自责呢？还是自吹？至于对研究生要求严，也是做老师的起码条件（前提是他愿意，不愿意，就分手）。在南大，我的研究生中，有退学的硕士，得不到学位的博士。他们也不能出怨言，因为考研究生不比入大学，是他自愿报在我名下的，对某些人来说，即所谓“地狱无门闯进来”是也。幸已退休，不再招生。否则恐仍有令“混家者流”失望之处。

你年纪不小了，或者春节即将退休，能找一良伴是好事。但前车可鉴，要慎重。找品德性情好的，不要“选美”。自己也要学会体谅人，宽容，多替他人设想，不要任性。体乏不能多及，祝

好！

千帆

一月二十六日（一九九一年）

（四六）

翊强：

寄上《今译丛书》有关资料及介绍信，请与贵州人民出版社联系。你愿译何书，请按照自己的学术、知识、兴趣等方面通盘考虑，然后提出。出版社方面，则首先是看有没有人已经承接你所提出的书，其次则看你的试稿。你不妨提几种，但事涉专门的，要慎重考虑。如《大唐西域记》，涉及西北地理、佛教文化等，恐不易着手也。

顺颂

安好！

千帆

1991年3月16日

（四七）

王荆公于杨寘榜下第四人及第。是时晏元献为枢密使，上令十人往谢，晏公俟众人退，独留荆公，再三谓曰：“廷评乃殊乡里，久闻德行乡评之美。殊备位执政，而乡人之贤者取高科，实预荣焉。”又曰：“休沐日相邀一

饭。”荆公唯唯。既出，又使直省官相约饭会，比往时，待遇极至。饭罢，又延坐，谓荆公曰：“乡人他日名位如殊坐处。”且叹慕之。最后曰：“有二语欲奉闻，能容于物，物亦容矣。”荆公但微应之。归至旅舍，叹曰：“晏公为大臣而教人者以此，何其卑也。”心颇不平。荆公后罢相，其弟和甫知金陵时，说此事，且曰：“当时我大不以为然，我在政府，平生交友，人人与之为敌，不能保其终。今日思之，不知晏公何以知之。”

摘自《宋人轶事汇编》卷十

1991 年 4 月 17 日

（四八）

翊强：

一月廿五日湘乡函收到，知《国志》译文已脱稿甚慰。大概具体文字译法可据训诂制度有所选择，而体例则合作之书，必须多人同步，不能自搞一套，否则责编无法统稿也。能有机会发挥余热，大是好事，暮年能有佳偶，尤为可庆，甚愿其成。弟于此事，经历已多，谅能善处。大体宽容最为重要，能“容”方能“融”也。寿辰论文集已排好，正校对中，大概八月中可出。我去年略健，当缘不忙之故。总还是找点事做做，不然就“难矣哉”了。祝

一切顺利！

如见到周秉钧先生，请问他，我去年寄了一本书给他，另外几本托他转送湖南师大友人，一年了迄无一人复信，不知收到否？

千帆

1992 年 2 月 9 日

（四九）

翊强：

来信收到，略悉近况，甚慰。

论文集原订作者每人送两本，这无问题。如我忘了，请在未收到时，再提一下。此书已赶印，八月底可出。同时南京师范大学《文教资料》也

出一专号。

你作了一些反思，很好。虽然自己尚未得到答案，但总想到了这一点。我们相交四十余年，旁观者清，其实，路是自己走出来的。你一辈子的道路如此其崎岖，我想主要是由你的个性决定的。你个性褊狭而脾气暴躁，处在到处都是坑坑洼洼的社会里，却要率性而行，不肯宽容，别人当然也就“即以其人之道还治其人之身”，你于是就所如不合了。

古人行年五十而知四十九年之非，你何尝不可行年六十而知五十九年之非呢？

业务方面，并非如你所说心里有许多旁的事，所以被挤掉了。人不是著作机器，谁也有许多旁的事。问题是你没有将业务看成生命线，放在第一位。没有认真对待。没有“敬业”。你那位中学同学恰恰和你相反，所以苦心人不被皇天负。而马虎人总不大受皇天赏识的。你不“敬业”的程度有时使我惊诧。上次给你为贵州出版社翻译古书事搭桥，其实是谈好了，请你提供样稿不过是个手续，而你却掉以轻心。人家要买牛肉，你却拿了一条鱼去作样品。人家就想到，此人决非能认真对待工作的人，不然，怎么连一个合格样品都不给呢？结果只好推脱，说已另外约人了。事已过去，这里只是随便谈谈，不必介意。

我现在也还在做点事，不过不多，每天一点点，积上一二年，又出一本书。老牛破车，边休养，边尽力之所能做一点。今年仍居学校招待所，幸免酷热。请代问诸位老同学好。祝
心平气和，老学不倦！

千帆

1992年8月7日

（五〇）

翊强：

函电都收到。

材料很翔实，有些慢慢找，不急。天太热，又有水灾，可俟略安定后从容为之也。

叶德辉于1926年(? 请查)农民运动高潮中,因撰一联骂农会,被枪决(或杀头),其联云:“农运方兴,稻粱菽麦黍稷,一班杂种;会场扩大,马牛羊鸡犬豕,六畜同群。”此事,不知有文学记载否?

叶在晚清与王先谦等(学问皆好)颇把持官府,凌虐乡里,真正的土豪劣绅,从陈右铭(寅恪之祖,散原之父)在湖南搞维新起即遭他们反对,此不知有无当时文字报章可查,大概反维新变法,反辛亥革命,反北伐革命乃一贯也。

然学问实好,经学、小学之外,版本目录,尤为专家,并有胆识,如传播古代性医学书(见《双梅影庵丛书》),皆先知先觉,难能可贵。当分别观之也。

吾弟退休无事,如有兴趣,可从事此人之研究:① 介绍其学术成就,② 政治上之反动思想及活动,亦可填一空白也。

代芳在郴州,亦颇有声名,在他与人合出一书后,有人说他是“功成名就”,爱之恐所以害之也。但回头一想,世上不如代芳之努力及成就,而妄窃虚声过于代芳者,亦多有之,何可苛责。此等,只能随缘,如庄子所云:“呼我为马,则应之以马;呼我为牛,则应之以牛。”斯可已矣。贬者如此,褒者亦然,则心地澄澈矣。

南京自上月29日高温,今日始降至33度。匆匆奉复,即颂
全家安好!

千帆

七月十二日(一九九四年)

(五一)

翊强:

第二批材料收到,感感。

有二事,想请继续调查一下:

① 庄天合生平、时代、在湘政绩及其他遗文遗迹。特别是历官,据其官职,可确定“宗伯师臣”四字之义也(坊非)。② 叶德辉大革命时代被镇压的确切经过及年月日、地点。特别重视有无文学载记,有无反面材料,

如为叶作的家传墓志等。

南京天气已转凉，仍在 34 度也。祝

全家安好！

帆

七月十八日（一九九四年）

（五二）

翊强：

伏先生函及附刊、书三册及你 24 日信都收到。我致伏一函，请转达。其中已表对黄曾甫先生的敬佩、问候之情。

叶德辉文材料已不少而且可贵，但① 他伏法经过，② 庄天合事迹，望进一步查明，想写一篇疏证，交湖南《文史拾遗》或《湘潭大学学报》发表，用你和我二人名。

太热，人不很舒服。不多及。

祝

全家好！

帆

1994 年 7 月 30 日

（五三）

翊强：

两封信及材料都收到。伏先生甚可感，但其人似甚粗心。如庄天合，叶记明明说他是明朝人，而他却扯上了清末的庄赓良。我已复信要他将《闲堂自述》登《文史拾遗》，就算投稿了。张表弟来信说关于叶记不宜重提，我也不懂内幕。是说叶攻击黄兴不当谴责呢？还是黄兴确被叶骂对了？弄不清。所以我考虑此文不在湖南发为妥。离乡久，怕弄不清恩怨是非。庄天合《明史》无传，是否天合是字或别号。在省志县府志中应可查出，能立牌坊，且号“宗伯师臣”（即宰相尚书一级），必非无名之辈也。查清楚这一点，就都清楚了。

十年前，韦其麟、卢斯飞、何文白均在广西南宁，我去讲学近一月，与他们相聚甚欢，后来听说都走了。只韦因本地人，在文联。文白在长沙你院图书馆否？望代我问候。你记忆力极强，写回忆录甚好。一些有意义的，有趣味的，可以发表。藏于家，也不坏。南京酷热，匆匆奉报。即颂

双安！

帆

八月十六日（一九九四年）

（五四）

翊强老弟：

黄慧来，收到信及礼物，接着又得邮信，很欢喜。我正想要你寄点红姜，就收到了。皮蛋也比南京的好。黄慧匆匆忙忙，没有招待她，只好帮她找到一个好住处，中美文化研究中心的招待所，安静舒适。休息一夜，次日就要报到开会了。我们托她带给你一瓶“孔府宴酒”，另外一盒我生日纪念录像带。可让在长沙、湘潭的学生朋友们看看。看完后，可送省图书馆，他们那里办了一个什么文库，收了我部分学术档案。

叶德辉，1985 年岳麓书社给他出了一本评传。可见其人还有可传之处，并非斥为“流氓地痞式的人物”即可了之。我想为其骂黄文作注，因其中有许多地方风俗史，距今不及百年，已很茫然。他既是不折不扣的土豪劣绅，又是不折不扣的反（旧民主主义和新民主主义）革命分子，同时还是杰出的版本目录学家、经学家、小学家，古代戏曲史料及古代性医学资料的发掘者与传布者。如何用历史唯物主义的原则去理解此人，是可以考虑的。我无全面做此项工作之意（也许那本评传已经做得好，还未见，已托人去买了），只是想将文中的今人所不习知的地名等略加注释而已。革命史料要保存，反革命史料也要保存。“本来知道叶文的人不多，你这一评，反而宣传了。”那么为什么《蒋介石传》《戴笠传》《红都女皇》都是畅销书呢？这是题外的话，不必告张。

如果你只想搞搞校对，而不是校勘、注释和翻译古籍，那也许更方便

些，让我问问看。

庄天合材料也够了，无须再找。你的回忆式的笔记不妨写下去。我常说，退休后，身体还可以，做一些自己想做的事，是最愉快，不为名，不为利（当然也不妨有点“蜗角虚名蝇头微利”），只为了兴趣，“人到无求品自高”，这时，思想也净化了。我近认识到此点，正努力朝这方向走去。约你异地同行，如何？匆匆。今天精神好，写了这么多，自觉难得。祝
好！

帆

九月二十七日（一九九四年）

（五五）

翊强：

十月二十日信早到，事较忙，当中又病了十天，故未及复。录像带你安排甚妥。你那么爱护祖棻赠书，令人感动。但小孩纯任天机，不涉是非，是非是大人的理念，亦只是一劫而已，与小孩无关。① 树欲静而风不宁，子欲孝而母不待。古今同有此恨，莫如之何！愿你善自葆爱，多宽容，少烦恼。

有一件事托你。湖南图书馆设有一个好像名为湘籍名人文库的陈列室，数年前曾来征集了一些书，但不全。我把收条丢了，想补近年著述不知该补那些。请你将该馆已有者开一单子寄下。沈诗词集笺本已出，书品清雅。非久当寄上，太贵，无法多送，不必示人。祝
好！

帆

十一月十五日（一九九四年）

---

① 杨翊强按：“小孩”句，先师母祖棻先生赐线装《诗韵合璧》一部。我的孙女（时年九岁）顽皮，把一本拆开，从三楼窗口往外丢，飘落地面，铺满一片。我得悉大为痛心，忙从外面打的回家，在地面一页页收捡，清点，毕竟还少了几页。此事我禀告千老，他老回信要我不要责怪小孩。

（五六）

翊强：

得你2月2日信，才将1月7日信从那个硬壳子夹缝中找出来。电报今天6号才收到，更迟。以先我还以为你又有什么不如意的事或是生病了，放心不下。

舒芜文是祖棻创作选集序，手头尚有存书，寄上一本，不必复印了。

另四本，请转省馆。我没有省馆邮码，恐遗失。

张瑞洁没有回信，大概不高兴。他是多年的《求索》编辑，其对文字的严肃性之不理解，令我吃惊。如居然认为巴金的《随想录》那种文章很随便就可以写出来，而且认为我什么都可以写，微型小说、散文随笔……简直是一个笑话。“道不同，不相为谋”，也只好让他生气了。

我春节过得也很好，一家四代，十七人，大聚会。因为在家中吃太费事，就在南大办的餐厅吃，然后跳舞唱歌，第二代丽则和陶芸的儿子都是异父母的，都处得很好，第三代早早等则更无分彼此了。这一点可供你参考。祝

全家安好！

千帆

二月六日（一九九五年）

（五七）

翊强：

上次谈祖棻新诗、小说信及五月十二日信均收到。

你这次信中有一句见道之言：“能读点书，是极大的享受。”弘老解放后有两句词：“难忘身外无穷事，补读平生未见书（指马列著作）。”表示了一个老知识分子在天地翻覆世局中的错愕，也微有失落感和不平。但我们今天若心平气和地过退休生活，则此二句又别有可启发处了。愿你适应、宽容，知足常乐。菩萨也为地狱中不能真空而烦恼，因此永远不能成佛。何况我辈，家务事谁也说不清，但如遵循有理有节的原则，以宽容悲

悯为怀，则也不致激化。古人云：父子不责善，责善则离。何况本不必过问乎？无事常常笔谈，亦足遣日也。祝
双好！

帆

五月十八日（一九九五年）

（五八）

翊强：

来信收到。迟复无关系，反正不是急事，家务琐屑，确是烦人，但也只好随缘。昔东坡谪居惠州，人以为苦，坡曰："譬如原是惠州不第秀才。"其地缺衣少药，坡曰："京师国医手中死人尤多。"祖棻之祖父自号退安，或问其义，则曰："退一步想，则心自安也。"与吾弟共患难时，亦尝借此思想度厄。弟今日境遇，与我一般，即虽不理想，已大胜于前。何为而长戚戚乎？

写回忆录，短可只写一篇短文，长可写十万字，随你的便，也看你脑中所储多少。不虚美，不隐恶，所谓"实录"也。主要的是真实。二十余年，可喜可悲，可啼可笑，丑闻趣闻，人道鬼道，回想起来，亦多有可作为镜子者。不必矜持，作"著书"之状，但如旅途遇雨难行，忽于茅店中遇多年不见之老友，一杯浊酒，几颗茴香豆，信口大侃，即是真实朴素妙文也。全书不必有结构，一段一段的，多少长短，一概不拘，则思路笔路自宽矣。

张瑞洁未见叶老贼之原文，以为发表会对他反有好处。此人刻毒，加以疏通证明，读者始能洞悉其用心，弟读得真诗知其好处，即可以笺叶矣。历史大事，可化繁为简，如禅让事，书××年×月×日，唐某帝禅位于梁某帝即尔。美大之名花，即美丽朵大的有名之花，并没有暗藏埋伏。如要注详一点，可到图书馆查植物学词典或花卉辞典，或英文词典维多利亚条（月季花良种有名"伊丽沙白"者，叶氏不懂英文，或系传闻误记，此可问懂英文者）。注文，你大胆做，成后寄我一看，斟酌后再交文史馆可也。

天热，不必赶工，慢慢地来，你有写作能力，始终未引发出来。老了，

写着玩吧，不必计较好坏、能否印出，就心地宽广，笔路也随之开阔。祝好！

千帆

七月二十二日（一九九五年）

（五九）

翊强：

信及稿均收到。

稿，看伏先生的态度如何。要坚持三个条件：① 九千字一定要一次登完。② 任何改动，要作者同意，最好是不改动。③ 下一期登出。我的意思他们最好不肯登，可以刊在一个档次较好较高的刊物上。但他过去坚约过，不好意思不先问他们一下也。

来信中许多回忆录资料仍寄还，免得正式写时又费事，不着急，慢慢来，持之以恒，积少成多。每段独立，又各有联系（不仅是甲联乙，乙联丙，而是甲可联乙丙丁），松散自由，可独立，可钩连，这样就很活泼，好看。写时要和当时学术社会环境背景相关，政治可谈，但要涉及少些，轻轻带过（这样，容易发表）。

注改笔文字好，本无须动，个别地方略动一下，别纸录出附上。

祝

全家好！

千帆

1995 年 9 月 29 日

7 页	3 行	“永记不忘”	后加“语出《诗经·卫风·考槃》”
10 页	9 行	“作白……”	应为“花作白”
24 页	2 行	“万人空巷”	四字删
24 页	7 行	“都督”	二字删
27 页	倒 5 行	“十五年”	改“十四年”

（六〇）

翊强：

十月九日信收到。

叶文事，第一个办法，即要《文史拾遗》发：① 一次登完。② 不删不改，要删改，要作者同意。③ 编入《拾遗》95 年 4 期。④ 作者署二名，不分注与后记(因而某些口气要改，如 28 页倒 2 行，称“程千帆老师”，老师二字应删去。诸如此类，要查一遍。32 页所载对联和横扁载明文献出处为妥)，但所得稿费应归你一人领取。

如文史馆诸先生另有想法，则请妥商取回，我想办法发到全国性或国际性的大刊物上去。这样做，好处是反响大，但能否刊登，只有大半把握。而且大约要到明年才能出版，长过一年，因为大刊物要半年才出一本。

你为此事，很费心，你对此文发表，应有发言权，望酌定告知。如决用第一法，即全权由你在长沙处理。用第二法，可将定稿寄回给我另行接洽。

关于写回忆录的事，有许多事实，人物、时间、地点，是要核实，可找个人，也可找组织(如校史办公室)。个人，你可找同时的人，记忆力好的人，和你关系较好的人，可以随时写信问。组织上则以集中许多问题，集中查记录为方便。

具体问题，如次：

① 52 年土改回来后即被批判，有人在批判中提出要撤销土改团长职，但回校后即转入三反，土改团解散，也无法撤，后来不提了。

② 祖棻 56 年秋调武大。

③ 徐天老，安庆人。不用字，他有一斋名曰“信斋”，但很少用。天老人极聪明，悟性极高，但确不会讲书，大声赞叹一番了事，不仅张实如此说，李健章、胡国瑞诸老学生也如此说。他的诗宗杜甫、韩愈，也学江西派黄庭坚、陈师道、陈与义等人之学杜韩，沉雄感慨，悲壮苍凉。武大资料室曾存一手抄簿本，“文革”中也遗失了，现就我记得的一些断句抄录如下：

万里江声撼客床，剧惊秋入鬓边霜。
安排家国成孤注，俯仰兴亡望八荒。

（七律前半首）

多事乾坤人善病，重阳风雨雁初飞。

（七律次联）乐山送陈登恪赴渝州养病

寒梅回春姿，孤矣出其右。

五古断句，忆是题画诗

名号仅存类东周，祸养相寻送北宋。

咏杜七古断句

天老去世似在反右前不久，记得他还大骂过当时那个不学无术的系主任江槱（别字专家）。天老逝年，问胡国瑞、李健章即可。

写回忆录，不必急。要回想与落笔并行。是个思维系统的整理过程，也是个文字修养的提高过程，如何写得整洁，又吸引人，有可读性，是要一点本事的。不必急，慢慢来。

我现在写字歪歪倒倒，不大行了。但心情平静，不忧不怒，颐养天年，望你同之。祝

双好！

帆

1995年10月15日

(A) 汉川土改区乡之名，已全不记忆。

(B) 汉川县委书记张信，52年夏，到武大，部分师生曾陪其在东湖边喝茶。谈些什么，不记得了。但记得一事，我说，现在一切大变样，和旧社会不能比了（大意）。他说，我们今天不该同旧社会比，该同苏联比。这给我印象很深，所以至今记得。

(C) 52年春节是在汉川过的。没有返校，过年后，土改队工作才完。

(D) 啃《约翰·克利斯朵夫》，是在武大，当时也在啃《反杜林论》，也是不懂，比《约》还不懂，但是两种不懂，理性的和感性的不懂。因为听丽尼赞赏，觉得应当看。这时在反右前。

（六一）

翊强：

21 日信收到。

叶文只好按伏先生的意见，在《拾遗》96 年 1 期发。但一定要由你校对。该改动之处，望照前所告知改定。此事，就算告一段落。刊出后，请要 10 册。不能送就买。

关于我劝你写文章的事，当时你是过分颓丧了一点。“弹舌音”决非一文可解决。《说文》、《尔雅》、楚词、杜诗，已研究千百年，出书数千种，至今仍每年每月不断地出，哪有一文即了之事。这是由于你把科学研究等同于常识传播了。所以，无可后悔。要写，仍可写。但比那时困难多了。（别人已说的不需要重复。）

汉川书记是姓张名信。他的确和我关系不错。许多人，白头如新，武大许多同事，相识几十年，也没有互相说过几句真话，而另外一些人，则只见过一面，也能肝胆相照，倾盖如故。古人这些话，确有许多世情哲理，人生悲欢。

我怎么能怪吴代芳呢？一头是一个老师或一个教授，而另一头则是一个党或一个主义。要我是吴代芳，我也要走“革命”道路，和右派划清界线的。有个故事说，孔子在陈绝粮，派子路去借。那有粮的人听说他是圣人那里来的，就写一个“真”字，问子路识不识，子路说“识得，是‘真’字”。那人不借，子路回来告诉孔子。孔子说，“人们就怕认真，你要说是‘直入’，才行”。子路如教，果然背了粮回来。伟大的先王也曾说过“世界上就怕认真二字”。这就看如何体会了，似对自己对别人也是两种的。

《人民教育》不会错，文章署名程会昌，由教育部一干部记录。若 51 年没有，则当在 52 或 53 年（多数是 52 年）。

和你写信，等于闲谈，只要不累也怪有意思。

作家的话很有意思。人有话总要说，只是嘴巴松紧，因时而异，因人而异而已。

祝
好！

帆

1995年10月26日

《阴符经》只是那些条件，完全可以做，但这种本子，恐毫无学术价值，卖稿得钱而已。我意，你认真按清儒朴学家法做一《阴符经校注》，留待将来另行出版，而简化地完成任务，应学校要求。不知有无精力、时间、兴趣、资料？这只能由你自己决定。这种研究工作——古文献整理，是很艰苦而报酬也不多的。解题（序言）要看各家目录书，如《四库提要》以及张心澂《伪书通考》之类，介绍内容，说明真伪，材料都现成。近人兵书目录辑录的资料均可用。

（六二）

翊强老弟：

近得北京信，叶文注有可能重刊《中国文化》，此为国际级半年刊，印刷极精美，每册售三十余元。想请弟繁体横排重抄一遍（仔细校对，毋错字）寄下。正文每段顶左边，注文退两格排。后记前空一行，仍顶左边。《闲堂学记》进展顺利，材料已基本收齐，但缺新撰师门掠影诸篇，四月前交印想无问题，我眼仍不好，无可奈何。祝
双安！

帆

1996年2月9日

寄还之《文教资料》已收到。附告。

（六三）

翊强：

寄食物都收到，完好无损，部分有点霉，用酒洗过，晾干即可。全家欢喜，感谢之至。

叶德辉文望速钞（详校）挂号寄下。刘梦溪（主编）有电话来催。次则

回忆录亦望四月中旬能寄我，北京也抓得紧也。（《光明日报》有《中国文化》大幅广告，见之否？）我除目病外，均好。祝
俪福！

千帆
三月七日（一九九六年）

（六四）

翊强：

信收到。文已转去北京。文史馆要声明转载，无可能。不再提，你也不必提，如提你就说已转告我了，就是了。回忆录，能三月底交，极好。现在四川七十以上的学生也写了三数篇，很有意思。我想此书在今年国庆前出版。

眼睛不好，几乎乱画，可笑亦可叹也。祝
俪安！

千帆
三月十七日（一九九六年）

（六五）

翊强：

详信收到，我近眼力大坏，信根本看不清。章句之学，辨是非要参查文献，不能信口而言，来件是寄还是暂置我处，望告。近流行一书名《天怒》，副标题《反贪局在行动》，方文著，远方出版社出版，如长沙小书摊上可得，幸买一册寄下，此间有不少人想看也。此信对来函答非所问，极歉。弟知我，幸恕之也。匆匆，即颂
大安！

帆在台风风雨中
1997年8月19日下午

（六六）

翊强：

病中仍不忘老人，请徐女士馈以珍食，感不可言。近来精神甚坏，作书信酬对宾客皆困难，看过一阵能好转否。你病况如何，甚念，不宜急躁。特书此数字，聊以致意。即颂

痊可！

千帆

1997 年 9 月 19 日

（六七）

翊强：

详函及像片都已收到。你生病的情况，我从颜雄、张实等人处已略知，但不详，因我近半年亦在病中（心肌缺氧及糖尿病），曾住院月余，今仍在休养中，仍甚疲软。好在完全无事，宽心混日子，也很容易。你的病似很复杂，但也只能宽心。我以前劝你，“能容于物，物亦容矣”，现在似应加一句，“能忘诸事，事亦少矣”。几十年前的一点小事，你记得那么清楚，这是为什么？除了自己和自己为难之外。朱正在长沙出了一本书，名忘了，是记载反右斗争的，极翔实。我看过。你如能得，望一看。看过很能开启心胸，不再斤斤计较。我无力回你详信，只想你快快活活颐养天年。我和祖棻已有出版社印全集，沈 4 册，程 14 册，附上目录一阅。祝

少病少恼！

千帆

四月二十二日（一九九九年）

（六八）

翊强：

寄上照片一张，请费心交何文白看，辨认另二人是否卢斯飞和韦其麟。我在南宁讲学时所拍。请快一点寄回。谢谢。祝

安好！

帆

七月四日（一九九九年）

河北教育出版社为我出文集并附影集，需加说明，故请速回信，照片附回。

你身体近来好吗？念念。

（六九）

翊强老弟：

8月22日来信又报纸两页收到，知沉疴好转极为高兴。西洋占星术认为：凡土星照命的人运气必不好。我们大概是土星人吧，一辈子都不大走运，但活到七八十，也该有时来运转的时候，敬祝你从此时来运转，心平气和，安度晚年。心平气和的前提是宽容，自我放松，所谓“能容于物，物亦容矣”。别人是单科独进还是多科合进，是欺世盗名还是真有两下子，关你屁事，何必管它呢？山口巨源还是山嘴小源，随它去吧，他不是你学生，教他这些干什么。久病之后以多休养为宜，至要至要。我今年已八十有七，陶芸也八十六，她还好，我则去年因病住院后，一直未能完全恢复。心肌缺氧又有糖尿病，且战且走，胡乱过日子而已。但得留在南大学生之助，许多工作仍在进行。《程千帆全集》已由河北教育出版社开始出版，全书共14册，约500余万字，沈全集四册，不到100万字可先出。程集由大弟子莫砺锋主编，他得博士后继续研究十余年，现已成为国内著名学者，南大博士生导师的骨干了。程丽则的大女儿张春晓已在南大取得硕士学位，并继续考入复旦大学，攻读博士。她外婆的集子，即由她编。当年的早早已长大成人，并与其同班同学戏剧学硕士郭斌结婚了。郭斌现在广州《羊城晚报》当编辑。结婚并不在一道生活，也显示了事业心，我也只尽外公的责任，希望其努力前进而已。我主编的《中华大典·文学典》宋辽金元分典五册一千二百万字，5巨册，将在9月出版作为国庆五十周年献礼。但此书太贵，私人置不起，学校图书馆中或能见之。弟如见，可以翻之。另外我与程章灿君合著《程氏汉语文学通史》将于9月中在辽海书社出，据出版社说，将在长沙参加书市，又自传资料《桑榆忆往》约20万字，争取在年底由上古印出，不知可能否？我留了五六个学生在南大。他们现均已是教授、博导，可以帮我整理著作，而且比较内行，故一切都很顺利。如吴志达在武大也在主编《中华大典·文学典》明清文学分典，亦系因有学生相助之故也。信写得长了点，很累，就此打住，千万珍重。我们为了不服那口气活了下来，也要让那些金童玉女们看。祝

好！

千帆

1999年8月28日

（七〇）

翊强老弟：

来函及腊味均已收到，很高兴，很感谢。腊味品类繁多，香味扑鼻，虽尚未品尝，已先知其美味。又分若干给小女丽则，让她这从未在湖南住过的湖南人也分享些家乡口味。只是邮寄困难，这一回足矣。你年事也渐长，尤其是不可以影响家庭关系，至嘱。

你身体已恢复健康，还能写些小文，很好。报刊中常见文理不通或语法错误，也无法也不必一一予以更正，一笑置之可也。我现在绝不写文章，如无法推辞时，也是由学生代笔。字也不写了，写寸楷眼睛都看不见。走路也困难，天气好时，和陶芸相扶持在学校里面散散步，如长久不走，恐怕就不会走了。每天枯坐，或坐在电视前消遣，实际也看不清内容。但因平静地过日子，心境平稳，虽心肌缺血严重，但还能过得下去。《中华大典·文学典》中宋辽金元分典已正式出版，本月28日在北京开发布会，我也因身体不好坚辞不去参加。我和学生徐有富合写的《校雠广义》今年获得全国图书一等奖，古籍类只有三部书获奖，我居其一，也很高兴，不知你在报上见到否？至于《全集》因部分书才出版（如《程氏汉语文学史》），有的需要重版（如《校雠广义》原系直排，需改为横排），有的甚至尚未出版（如《桑榆忆往》），所以最快也需要到明年才能出齐。《桑榆忆往》现已交上海古籍出版社，要明春才能出，届时定当奉寄一本。

你现在能按照我的意见，处人处世一切从宽，安度晚年，我很高兴。祝

阖家安乐！

东坡云：与乐天相较，才名甚远；而安分寡求，则庶几近之。我今年已进八十七，多灾多难一生，有一平静晚景，“残年饱饭”也很知足了，愿老师弟以此互勉。

千帆附及

1999 年 10 月 25 日

我家里电话没有改，还是 3592790，你是否用的还是分机？

致施蛰存（十七通）

施蛰存，曾任华东师范大学中文系教授。

（一）

《论交一首寄自畺兼尘拱贵》

自畺客岁来书云：“死前一面，则平生之愿足矣。”其言沉哀至骨。越年乃作长篇寄之。拱贵尝与子苾极论交道，盖亦于兹事别有会心者。王荆公诗曰：“所论多感慨，自信肯依违。”诚有味乎其言之也。因兼尘焉。

论交昔自爱朱刘（谓朱公叔《绝交论》、刘孝标《广绝交论》），涉世谁真共乐忧。未死尚期谋一面，平生此愿已千秋。升堂水镜今安有，弯弧逢蒙古所羞。侠骨江湖只陈迹，好从心地泯恩仇（定庵诗云：“吟到恩仇心事涌，江湖侠骨已无多。”今又百年矣）。

《丽则夫妇请携雏侍游京湖，而子苾忽病，雨中为求药，因赋一篇》

转烛飘蓬损少年，相思相对雪盈颠。酸辛避死曾无地，怅望来书每各天。好雨渐催山翠活，良方从乞宿疴蠲。行春莫怕攲危步，袖底东湖绝可怜。

附：子苾《和答千帆兼示丽则》

零落栖迟尚有邨，卅年辛苦长儿孙。烟花伤别春俱远，灯火论文酒可温。向老始知才已尽，余生长与病同存。清游又负韶光好，满目湖山却闭门。

右弟等近作三首录呈乞教。萸荪来书，兄前所转寄诗已收到矣。子苾近亦荷劝休，想举国皆一致也。七十悬车，不可无诗，如有佳章，幸希速示。马茂元君之《唐诗选》不识兄有之否？如其有之，甚盼假阅。能代觅得一部，尤佳。弟大约三月廿日左右返沙洋，灯下无事，草此以代面谈。指臂之疾，不审近复何如，念念。专此，即颂

蛰存老兄先生起居万福！

会昌

三月二日（一九七五年）

（二）

《江南故人闻余将休致，咸劝东游，辄赋小诗，以为息壤》

廿载沉吟直至今，故人风义敌兼金。吴淞白浪秦淮月，识我徂东一片心。

苦读阴符少壮年，相逢休诧各华颠。何人解向苏秦说，六印难如二顷田。

诸老凋零极可悲，门生后死亦支离。石桥布厂经行处，历历春风侍坐时。

土星诗屋久烟埃，童子雕虫也费才。莫厌鸡鹅恼邻里，此生无复踏莓苔。

竹林古寺响钟鱼，琼树葳蕤照影初。落尽碧桃飞尽絮，尚留残梦绕南徐。

山岚冉冉毵毵柳，湖水沄沄簇簇荷。细数荆吴诸窈窕，风流终让莫愁多。

龙云豹雾几寒温，重到江南合断魂。持较李斯赢一著，漫牵黄狗出东门。

黄季刚、吴瞿安两师寓金陵大石桥，汪辟疆师寓晒布场。土星诗

屋者，汪铭竹所居。《诗帆》同仁觞咏之地在鸡鹅巷。

蛰存老兄先生教正

会昌尘稿

乙卯十月（一九七五年）

（三）

蛰存兄：

寄上致陆一书，又诗数首。请兄考虑，可否转寄。因弟与陆不熟，不知寄这些诗是否合适。如若不必，则请全部（信及诗）销毁。前寄诗及信，想已收到，大寒潮来了，越写越冷，不成字。写陆信时尚可，写诗就东倒西歪，亦破庙中土地公公之一证也。即请

双安！

闲上

（1977年2月）

徐娘老泪颿罗巾，梦逐多情入海身。半面作妆卿底事，九夷沽酒彼何人。

波罗小技亦风流，三度油场夺状头。夜半瑶华宣密诏，忽惊身拜辟阳侯。

亲敲檀板抱云和，独眷红灯一曲歌。纵传伶官遗面首，始知欧史阙文多。

窃窥神器炫榴裙，祸水焉能覆六军。云雨虽亡新日月，解人终数郑台文。

台文马嵬诗："肃宗回马杨妃死，云雨虽亡日月新。"后人易肃为玄，虽亡为虽忘，固亦甚妙而可通，然非作者之意也。陈义宁说。

右咏史四首，写尘

蛰存老兄诗家一聚

闲稿

（四）

蛰翁足下：

比来极以兄老景为念，每欲作书相问，又恐兄情怀颇恶，增复信负担。顷得廿五日手示，知尚平善，惟冀家务有人，老嫂早康复耳。子苾诗词付印事，系止畺托南师资料室负责人赵兄主持，其人极诚笃，又尝与子苾共事，可信赖，故亦未索其写样。弟意在早日印出，只要无错落，书法少次亦不计较，因越拖则能看愿看之人越少，再过数十年，即使手稿影印，亦成赤文绿字之秘纬，句读恐亦不能，遑论悉其意旨。言念及此，甚觉可悲。想请维昭及退密二兄各题一内封面，一书“涉江诗稿四卷”，一书“涉江词稿五卷”，其大小即照《金石百咏》之板框。此次印诗词，其板框大小、行数、字数悉依《百咏》也，字体篆隶楷均可，不宜行草书，因要双钩油印，恐笔法变化，非写手能任，致失真耳。其式如左：

稿	涉
四	江
卷	诗

退密楷书，子苾所喜。弟则爱微昭之奇逸，故欲转请兄一求耳（或请退密作楷，微昭作篆）。（下缺）

（1978 年 5 月 10 日）

（五）

蛰翁：

寄来题字，极感，并请代先致谢二老。其退密题字，选定两张，仍烦请其加署款盖章。因非封面，二家（唐圭璋、吴白匋）及微昭均如此，独退密不署，恐滋误会，且亦不美观。南师友人，有点神通，可能设法制版。（如制不成，去掉名字亦较易。大字总是比较易钩摹的。）我已准备好像片四张，各种手稿六张，准备在诗词集之前各印五张。如能制版，则一齐印出。（“谨”字太客气，但无法删，删则行气不贯了。）这件事，又加添了你和退密的麻烦，真是对不起，但我总想一切尽可能做得完美一些。这种心情，你是可以理解的。她随我苦了四十年，这也是唯一可以补报的事了。武大已六天未来啰嗦，大概就此了结，善哉！匆复，即颂

俪安！

弟昌顿首

5月12日(1978年)

附上题笺二纸。

（六）

蛰存老兄：

久不通信，总以为彼此都忙，没想到尊府又有人生病。年龄大了，多有力不从心之处，亦无奈何！上海改正事，兄虽后一步，但比武大总好。此间专门派人(总支副书记)去了一趟，据云：决不因我走而刁难，一定秉公办理。真假如何，殊难逆料。因我拒绝申诉，理由是：你认为错了，你就改；不错，就不改。申不申诉，毫不相干。也许，更不满了。视人摘帽改正如丧考妣者，不乏其人也。

去年开学，新添大一国文，有人要看熊猫，于是将弟提去表演了三周(六小时)，看过之后，就算过去了。这学期讲历代诗选，倒是每周三小时，要讲一年(八代、唐宋)，下学期再带四个唐宋诗研究生，这算正业。其余杂务不少，只好且战且走。南大中文系古典组这学期开始设选修课，现只有历代诗选、古代文论两门，其余则仅两年文学史(古代部分)而已。这里古典组人很少(共十个，有二三不能工作)，混混罢了。

尊论课程事，与弟意全同，总之，要多念作品，少吹通论。

子苾诗集已印好，也装订好，词集正四校，即付印。大约再过两月，可呈教。

丽则调工作事，困难重重。今年能办好，已算快了。

三月下旬，昆明要开一关于古代文学批评之会，弟或要去。如会期不因战事改动，则当来上海取齐。到时当奉谒。

商务印书馆国学小丛书中有一本梁昆《宋诗派别论》，兄有之否？

上海旧书好不好买？想买点唐宋人集、诗话，有之否？

专上，即颂

俪弗！

弟昌顿首

二十四日（一九七九年二月）

发冢诗书一炬灰，祖龙当日亦惊才。栖皇没世龙蹲叟，枉费微词记定哀。

小诗幸教之。

（七）

蛰翁左右：

六月十六日手教敬悉。唐碑选能在港印出，大是胜缘。此间友人读《金石百咏》者，无不以为相知不尽，甚冀更读其所未见也。弟取唐宋诗研究生三人，其二人皆大学生，惟一人已毕业大学十年。此三人英文皆可是一特点，但愿其将来能从事交流耳。前有江湖游士百计钻刺，欲入南大，竟谬托相知，将人私事妄肆喧腾，已敬而远之矣。《涉江词》抄本仍乞费神托工装订，其油印本已竣事，正作最后校改，九月中当可奉教也。专上，即颂

吟安！

弟昌顿首

八月十六日（一九七九年）

（八）

蛰翁足下：

由子苾转来手札，又七、九两日书及还轩词均收到。还轩、炼霞两君处，均即遵示将书寄出。惟此次所印，《词》为500册，《诗》则400册。又诗中多涉亲友，虽不能文，亦须寄作纪念，故炼霞处仅寄《词稿》。其他尚有何人当寄，幸示及之。（可寄而不寄，失人。不可寄而寄，失词。）

二书大小不一律者，因经纪欲为弟省纸，初不知弟但欲求精美，已无及矣。

全国省一级图书馆、各大学中文系资料室、少数重点大学图书馆，均已寄赠。留三四十部，拟寄欧、美、日各大图书馆、大学、汉学中心。已发出约三百四十余部矣。

术士初欲来此由讲学而当教授，草一诗学讲稿，先寄系中。南雍乃冬饮、翔冬、夏庐、方湖诸老说诗之地，今虽风流消歇，尚不至奉此翁为祭酒。主者既览其稿，遂婉辞之，而渠又自诩精金石篆刻之学。遂请其来谈三次，听众寥寥，然亦恶其言大而夸（系中亦有夏庐师弟子数人，攻书法、碑刻、古文字之学）。虽主者便宴招待（邀弟奉陪，弟敬谢不敏），汽车迎送，并送五十元，大约如兄言，下不为例矣。至又到师大，或亦如前之所为，每人先送图章一对（匡亚明六方，并盛以锦匣），歪歪倒倒之七言律诗一首也。

弟收研究生三人，拟本年先令其自学课程四门：① 工具书使用法，② 校雠学，③ 八代唐宋诗选读（同时听弟讲课），④ 唐宋史籍选读（两《唐书》及《宋史》）。另政治、外语。三生已报到，尚未与之谈话也。

退密已有书来，并闻。即颂
俪茀！

弟昌顿首
9.15(1979)

（九）

蛰存道兄：

中玉来宁道故，备知近况佳胜，且三十年代次神之祸，亦得略事祓除，为可喜也。今托师大理论组潘以骥带上《涉江词》弟抄本。此本去岁由及门数人拆开分抄，重装殊劣，且原来纸质不好，因想请兄转商上图老师傅做一袍套（不算金镶银，只是银镶银），如太厚，则分为两册。王生所抄，一并重托。此两本，想将来送给上图或南图（另有祖棻手稿一册，亦拟如此）。条件是当作善本，不公开借出。如此办，妥否？并希赐告。即颂
俪安！

弟昌顿首
十二月六日（一九七九年）

(一〇)

蛰庵:

《涉江词》装订,请兄及黄君酌定。袍套可用毛边,只要加长,不要加宽。其长度亦不必太过,主要在保护原抄耳。

弟可供给词刊稿如下:

① 汪寄翁词集;

② 尹默翁词集、季刚师词集(铅印多错字,可重印一次);

③ 汪寄庵、黄季刚清真词札记(亦不长);

④ 诵帚词筏(尚未找到全部,原六篇,现仅有二篇);

⑤ 祖棻论诵帚词书(手迹极工);

⑥ 汪先生涉江词序;

⑦ 其余名家词零篇,手写在卷子上,但都不是大块文章。如汪、尹词集,是尹翁手稿,小楷绝工,简直可以影印。

弟不甚治词,手头亦无专篇。近花很多时间指导研究生(学位条例很有压力),无暇作文矣。南大几无专治词学之人。近在研究室中培养一中年人,属其从事《白雨斋词话校注》,然一时尚不能出成果,且又不能填词,奈何!

嫂夫人近想已渐痊可。春寒,伏维珍卫。

匆匆,即颂

俪茀!

弟帆顿首

二月十七日(一九八〇年)

(一一)

蛰翁左右:

一月前曾以《古诗今选》两册呈教,不知收到否?

弟大约五月十日来沪,大约住师大。尚不知中玉如何安排。

前寄呈祖棻词稿二种想请兄觅人装订,不知此次来沪可得否?幸酌之。

词刊进行如何，甚念。

专上，即颂

著安！

弟帆顿首

4.20(1980)

（一二）

蛰翁：

惠示及另件均收到。《词学》能出，大是好事。要稿，少痊少暇当为之。近因动脉管硬化，有阙氧现象，体力大不如前，又痔发，甚狼狈也。

复堂词序，只宜编入《词学文集》，不宜编《词学》。又白匋有《晚清史词》一文，载抗战中在成都出版之《斯文》中，兄见之否？甚佳，可收入《集》或《刊》也。

《涉江词稿》装订事，此间竟无办法，或降低规格，只能在沪了之。（贵倒不怕，愁无高手耳。）

遵示撰一小跋，不知可用否？

《赏析》尝托舒芜撰一书评，近未与通信，不知着笔否耳。敬请

道安！

弟昌顿首

10.22(1980)

（一三）

蛰翁：

前承属为汪先生遗文作跋，匆匆写上数行，想达左右。

近古籍出版社陈邦炎先生来函，言亡室《宋词赏析》即将重印，以有无误字为问，弟已将查得者告知。忆兄前函亦云，此书尚有误字，不知能就其记得者在别纸函陈君否？若需再找寻，则不敢请，以兄年高而事忙也。

近月来中气不足，各处之会皆谢绝，闭门清理旧稿而已。词刊进行情

况如何？便中示知为感。专上，即颂
俪安！

弟昌顿首
11.27(1980)

（一四）

蛰翁：

昨汇上15元，又寄拙著《史通笺记》一册，想俱收到。

《涉江词》湖南人民出版社即发稿，嫌微昭所题签为篆文，作封面不通俗。瞿禅旧作之签似可，即在弟抄本上。敬烦照原大小制一锌版，径寄长沙展览馆路14号湖南人民出版社文艺组黄起衰同志收，不识能设法否？因书一时无便人带回，不得不以此相烦，死罪死罪！专颂
著安！

弟帆顿首
6.13(1981)

（一五）

蛰存老兄：

谨绍介江苏人民出版社编辑王士君、陆国斌两同志奉访。他们有一个值得支持的好打算，即印行研究生的毕业论文（分集刊及专刊）。这对推动学术，大有帮助。想请您担任审稿人，幸勿见拒。屈兴国文，兄前云要改，曾函请寄下，但尚未收到。望寄来，俾可早日修订，收入《词学》三期。屈有一文，论《云韶集》，载《群众论丛》第六期，兄或已见之。似可。

匆此，即颂
著安！并问
老嫂夫人好！

弟千帆
十一月三十日（一九八一年）

(一六)

蛰存兄:

来信收到。

①《词学》,江苏人民出版社愿意出版。只要华师大出版社愿放,他们就接受。一年出两本,不成问题。不久他们……面谈。此当为兄所乐闻。

② 想将祖棻的《微波辞》新诗集改编重印一下,列入百花洲文库,行不行?燕郊拿去很久,无眉目。

③ 她的手稿词望找黄先觉,此间无办法,只有等之一法。

盼复,即颂

著安!

弟帆顿首

11.29(1982)

(一七)

蛰存道兄:

来京前得手教,知沈老手书词稿已由黄君装好,极感。当即属人寄还30元,想不久可到。

封套,扬州无熟人可办,仍拟烦陈文华托师大图书馆某女士一办,稍缓无妨。

弟为《全清词》交稿事来京,兼伴老妻小游,约六月中旬返宁。

匆匆,敬复,即颂

著安!

弟帆顿首

5/25(1986)

致刘君惠(二十七通)

刘君惠,曾任教于金陵大学、四川师范大学中文系。

（一）

君惠尊兄左右：

锦城握别，匆匆三十年，眷念前游，都如梦寐。往岁王文才君两过鄂渚，温焊旧事，得悉蜀中诸老多反道山，而同辈知契如我兄及虚白、君恕、孝章诸公虽俱安善，亦皆臻老境矣，无复昔日凌云豪气，相与感叹者久之。顷接淡芳来书，极道相念之意，固知山川修阻，音书间绝，而神交自若也。金陵旧侣，风流云散，张君宜远适新疆，高石斋老客夷门，惟孙自强夫妇尚在南京师范学院耳。石斋在开封师范学院多年，近患风痹，已半身不遂，尤为可念。弟十余年来要镰刈藿，倚杖牧牛，近以勤攻已阙，获锡宽仁，而头白眼花，无所复用于明时，方乞退休，庶延残命。祖棻常年多病，久已闭门养疴，近亦议休致，如俱荷俞允，则为幸多矣。小女丽则机械工人，婿张亦与同业，去岁已举一女孙矣。家庭琐事约略奉告，想乐闻之也。祖棻近年尝为怀人诗数十篇，其涉及锦水游从者，已移写一通寄淡芳处，托其转尘，以博千里一笑。至拙作亦有寄淡芳者，然殊鄙俗不足观，有类于唐宣宗所谓“其恶诗何用进”者，不足以污尊目，故不敢投寄。

春寒，伏维珍卫。即颂
俪茀！不宣。

会昌顿首

三月十二日（一九七五年）

祖棻附候不另。

（二）

锦城花月预英游，大句深杯各献酬。西笑梦魂劳楚蜀，南皮赏会忆陈刘。庞公语妙应难继，梁韵风流怅已休。二十九年伤折柳，不知谁剩未皤头。

右诗奉怀孝章及老兄，寄至学校。顷得子苾来书，知未收到。因更写一通呈政，谨上

君惠尊兄

会昌贡稿

（一九七五年）

尊函子苾尚未转来，然所告大旨，知故人情重所以慰喻之者甚至，惟增感叹而已。在此粗安，但作雪堂“譬如原是惠州不第秀才”之想，真过一生也得。拙诗尚未别钞呈孝公，如晤，幸代尘可也。又及。

（三）

君惠我兄足下：

损书奉悉。二十余年前弟偶校《楚辞》，既毕，辄跋以小诗云：

曳尾堂堂傲漆园，庄狂屈狷本同源。秦师不自修门入，谁识灵均万古冤。

盖有见于蒙叟之为人也，实有类于《金瓶梅词话》所谓“热心冷面”者。（自批曰：“将庄子与潘五儿拉在一起，真绝世奇文，前无古人也。”）读庄之作，即本其意而推衍之，然“飞鸿戏天半”，实有金丸之惧，如来教所云则当改为“冥鸿逝天半”，乃可如樗栎以终天年耳。非徒言之，亦欲行之，其所以拜嘉药石之言，感荷无极也。休致之事，推迁数月，以户口上册困难，至今尚未正式宣布。三数日内即将请假一月赴武昌度岁，已待下回分解。印唐月前有书来云，将与其夫人买舟东下，反里宁亲，旋以足病又复骞期，然既已退休，行动自如，则官柳新稊之日当可谋面。因忆刘梦得诗云：“昔年意气结群英，几度朝回一字行。海北江南零落尽，两人相见洛阳城。”真绝妙也。承示“二八佳人”之愿，兄天情开朗，宜臻上寿。昔陈散原八十，有人赠以联云：“彩笔昔曾干气象，流年自可数期颐。”届时亦可移赠，惟蒲柳之姿或无缘书寄耳。孝章近在一城，宜多往返，以慰岑寂。前闻伤臂或已全可，见乞致声。

专复，即颂

俪茀！

弟昌顿首

一月十七日（一九七六年）

（四）

君惠老兄：

八月九日手示早奉悉。以心绪不宁屡欲奉答而又辍笔。盖来示所云江楼悼念之会，实感切怅触于心，每一念及，辄悲从中来，不可断绝也。子苾诗词近由自强夫妇为力，或可在南京附近一小县付印。惟此最后能实现。其他遗著，则正次第整理之，或可交出版社印行，此亦慰九泉之唯一方法。然千秋万岁名，何如多活几年耶？拙著数种，亦正交涉付印，惟目前纸张奇缺，即接受亦不知何日可出版，惟有待之而已。像片一幅奉上，摄后四日即遘奇祸，可哀可哀。

秋候转凉，伏冀珍卫。敬请

著安！

弟昌顿首

十一月十一日（一九七七年）

（五）

君惠兄：

前得十二月廿五日手札，搁置未复。顷又奉岁暮书，知在成都与孟伦聚首，渠东下颇匆遽，在渝在汉均未停留，直抵金陵方来短札，顷早已反历下矣。日月逾迈，子苾之逝，瞬已半年有余。弟孤居斗室，无所排遣，而每日理董其遗文，尤深睹物思人之悲，西土文士谓老年人靠回忆过日子，今乃知其言之沉痛。其论著之文再有半年或可抄毕，但今日印行必资出版社，私人纵然出钱亦无印处。能否公之于世殊不可知，但努力为之，聊尽人事而已。弟所著数种，情形亦略同之，尽其在我，不敢怨天尤人也。字典之事闻之友人参与其事者云，或忙或闲，苦乐自异。兄高年多病，但就力所能及者为之，不必如尸祝之代庖人也。今日是大年初二，小女近以分娩，在厂中未归，弟孑然斗室之中，因聊书数字以代面谈。

顺颂

阖府新春大乐利！

弟昌顿首

农历正月初二(一九七八年)

(六)

君惠老兄：

新正曾寄一札想早尘左右。偶得二小词写奉，兄深知其人者，当更为弟恸也。顷阅报知四川落实知识分子政策较他地为先，不审究竟何如？兄之情况亦有改善否？甚盼就所知闻详为指示。因江苏方面亦有约弟之议，而余悸余生，未敢轻诺，故思知友好情境相类者之近况，以供参酌。武大人情甚恶，若重出必他适乃可。秘之不足为外人道也。

专上，即颂

俪安！

弟昌顿首

三月十六日(一九七八年)

(七)

君惠老兄：

自得四月十四日手书，即盼寄尧及兄枉驾，其间又忙于为祖棻理董遗书，朝夕不暇，至稽裁复，极以为歉。本月初李国瑜兄过访，始悉兄以体弱不宜远游，东下之议已作罢，而寄尧亦迄未来，或已取他道返蜀矣。国瑜及赵吕甫二兄相过，备悉蜀友情况，回忆三十年前旧游，怅惋久之。一年以来，努力清缮祖棻遗稿，现已粗毕，其目于左：

《涉江诗》四卷(约二万字)

《涉江词》五卷(约五万字)

已在南京油印

《学词记微》(约十八万字)

《唐人七绝诗浅释》(约二十二万字)

已交上海出版社

《古诗今选》（与弟合作）

出版社初审通过，待补充修订，亦二十余万字

此亦如作佛事，但求生者心之所安，于死者究有何益？思之更可痛也！比南京大学相邀，以随顺世缘，故拟勉为一行，迁居当在七月底。去后不上课，编点教材与诸少年随时会语而已。或如尊说可乾惕无咎耳。

酷暑，伏冀珍重。敬请

双安！

弟昌顿首

六月三十日（一九七八年）

（八）

君惠老兄：

弟本拟上月底东下，以天气酷热遂延期。现决在八月半以后启行。今后赐书，恳寄“南京汉口路南京大学中文系”。

请兄默计，子苾诗词印出后，成都（四川）方面，有何人应致送，并开示地址。印数只四百，而交旧遍于海内，故所赠不能普遍，请兄代为考虑。（此事不急，可缓缓见告。）如仲玙、树梁诸兄，均不知其地址，托人代转，则增加负担，故能得地址直接寄与最好。

匆上，即颂

著安！

弟昌上

八月六日（一九七八年）

（九）

君惠兄：

九月廿四日手教及名单一纸均奉悉。此事极荷斟酌。可与而不与，与不可与而与，厥失维均，不可不慎也。南京师院钟陵先生顷来川开会，止畺以书相介，或已相见。王绳祖、吴白匋先生及止畺常见，恭禄先生则已去世多年。王、刘进民院事，闻尚略有扞格，比不审已疏通否？二君皆

美材，能于晚岁出所学以诏后生，实为美事。《涉江词稿》当于年内付印（《诗稿》已印毕，待装。又其词论一册，不久可在出版社发排，来年当可出版）。顷有友人搜辑清人散曲，欲知周癸叔先生之后人何在，其《梦碧簃曲》是否可传抄，不识兄知之否？尚恳打听见告。弟在此不忙，每日工作四小时左右，以逍遥游为养生主，亦老兄庄学也。蜀刻三苏集甚精，在川时无力购置，顷不知尚可得否？便中一问为感。

专此，即颂

俪安！

弟昌顿首

十月廿四日（一九七八年）

（一〇）

君惠尊兄：

五月十五日手教早奉悉。以困于高头讲章，未遑即复，为罪。宋、王二君进修事，须由学校先行联系，弟便时从旁进言乃可。因其权操之校中，即系亦不能决也。（校方主要从住宅等方面考虑。）弟拟于明年着手疏证宋芸子先生之《三唐诗品》。而于芸子先生之生平事迹、著述学术次第皆不能详，宋元谊之尊翁不知顷尚在否？若有墓志、传、状及省志、富顺县志中传记，均乞代为搜集抄录。兄年高又磊落人，不敢以此类琐务相累，可指示彦邦或他人愿相助者为之。此事亦涉兄乡邦文献，或蒙赞助也。此间已甚热，因极念成都气候之美。

匆匆，即颂

道安！

弟昌顿首

六月三日（一九七九年）

（一一）

君惠尊兄：

前荷赐寄徐君论芸子先生文，以其时心脏不适，兼有轻度肺气肿，遂搁置未复。其后又闻淡芳言，兄壮游西陲之后，亦缘宿疾住院，乃叹知旧多入暮年，桑榆晚景，所当珍惜也。

南大旧有古汉语研究生数名，由洪诚兄指导。洪兄最近不幸逝世。其计划弟无所知，似可由川院中文系函南大中文系索取。同时，由兄个人函洪兄助手许惟贤先生（可说明弟绍介）。

青年教师进修事，据闻已有新规定，即由保送人员之学校呈报教育部，再由教育部安排，不知确否？（若有正式公文，川师当无不知。）或者连同研究生计划一并请南大中文系作复。因弟不在理论教研室，人亦不熟，故无从知其详。

一点头，王氏系常熟人，生在太湖之滨，如系方言，则其说当可信。

祖棻《宋词赏析》一书，已排校竣事，非久可出，届时当呈教。

专上，即颂

道安！

弟昌顿首

二月六日（一九八〇年）

（一二）

君惠我兄：

八〇年十月之函，收到已久。近数月来，血压高又中气不足（西医云是缺氧，盖血管硬化所致），故各处函札，均加搁置。义山云："夕阳无限好，只是近黄昏。"深有味乎其言。闻将有所述作，此国族学术之幸。三十年代，弟即有此请，而兄笃意禅宗，不欲立文字。今能翻然改图，岂特后生所期盼而已。李国瑜兄前有函来，云三月间将在成都开杜甫学会，欲邀弟参加。病躯不任跋涉，恐亦但能西笑而已。徐溥君前以所著论宋芸子文赐寄，其中引有萧月高著宋《传》（月高亦汪辟老弟子，旧识其人，今不知何在），不知兄能转商徐君：① 抄录宋《传》全文；② 告知萧文刊在某卷某期，某某年某月出版否？因与徐不熟，敢请转致殷拳。

冬寒，伏冀珍重。敬请

俪安！

弟昌顿首

一月十六日（一九八一年）

（一三）

君惠兄：

来示收到。前彦威、国瑜、淡芳诸君亦约来赴草堂之会，而经费紧缩，校中不想多派人出差。又值弟应广西诸校之聘，将于四月中往讲二三周，与川会适相冲突。恐不克把晤矣。怅何如之。近贱躯亦不适，且战且走耳。印唐往返成渝，近不知见及否？

匆上，祗颂

俪安！

弟昌顿首

三月二十五日（一九八一年）

（一四）

君惠老兄：

前嘱事，因南大古文献整理事尚毫无动静，故提不上日程，只有以后再看。

江油李白纪念馆嘱写一联，取清人集李白句书联塞责，留下三条边，望兄作一跋乃可为弟遮丑，再转去耳。

专上，即颂

著安！

弟昌

五月二十七日（一九八二年）

（一五）

君惠老兄：

跋文精妙，感荷不尽。即转江油纪念馆矣。守元兄处已复一函，请其为石帚先生编集，出版事弟可设法促成之。

匆颂

道绥！

弟昌上

六月二十二日（一九八二年）

（一六）

君惠老兄左右：

六月十六日及七月八日手教均敬悉。弟自今年五月以工作过劳，心脏病猝发。虽经多方调治，迄未复元。各处会议亦均未出席。去京之说盖出传闻，弟固未越金陵一步也。蜀游久在念中，然以贱躯孱弱，二三月内恐尚无法远行。重负故人殷勤之意，如何如何！闻中央规定七十可以悬车，即有委任亦非繁剧，如其属实，则来年或可退休，入蜀小住，当非难事耳。闻曾枣庄先生有论《斜川集》一文刊之贵院学报某期，不知能觅寄一册以实枵腹否？诸老友前乞为致意。

祗叩

吟安！

弟千帆顿首

七月十二日（一九八三年）

（一七）

君惠兄：

寄上《文薮》三册，其一呈教，余二请分别转文才、炯若二公。

承赐对联，感甚。兄书自佳，何必才媛？早日见贻，所深愿也。

袁廷栋先生所云，弟毫无所知，或系传言之误，因弟并无此稿也。幸便中代为解释。

明年弟稍闲，如杜诗年会仍在蜀举行，当来凑热闹。

上月二十八日弟突发心脏病，即住入医院，虽已平复，而奉命待作全身检查，故尚作床上囚，草此不能覙缕，乞恕。

敬颂

道安！

弟帆顿首

十月五日于工人医院（一九八四年）

顷又得兄函，知要弟《校雠学略说》，弟处已无存。但山东大学王绍曾先生即用弟讲义，有翻印本，请兄函孟伦，代索一份即可。王欣夫先生之讲义，此间新翻印，以一部奉呈，祈察收。

（一八）

君惠兄：

赐书敬悉。欣闻拟著文参加黄先生学术讨论会，欣感之极。论文，请用繁体直行刻印（或打、排、复）（长短不拘，文体亦不拘）120 份，于八月三十日以前，寄“南京大学中文系吴永坤同志收”。千万如期。

九月中成都有一宋代文学会，弟如身体好，拟参加，并小住。十月中旬要到武汉参加黄先生纪念会，立转南京参加讨论会。如成都可安排，则不必由蓉返宁再赴汉也。

如在杜甫草堂或其他学校招待所住，两个人每天食宿需款若干，幸便中示知。感感！

匆匆不尽，即颂

著安！

弟昌顿首

五月十六日（一九八五年）

（一九）

君惠兄：

八月十八日手教敬悉。

宋代文学会九月十七日在川大开。弟及陶芸将于十五（或十四）日乘火车，十六（或十五）日到成都，届时当电告川大李万菁君。兄年迈，似不宜御驾亲征也。

会22日结束。黄先生纪念会10月15至18日在武汉开，学术讨论会21日至25日在南京开。弟要先去武汉。拟10月5日左右去重庆，住两三天，然后乘船到武汉。

闻重庆东下之船票，极为难买，希望事先为弟联系住宿处，并预订到武汉二等船票两张。弟系江苏省哲学社会科学联合会副主席、南京市文联副主席、江苏省政协委员，如兄认为要动用这些关系，请速告，便办介绍信。

在蓉可住十二天(9.23—10.4)，只想"闲寻旧踪迹"，不想乱发议论(弄不清情况)(后圣有言，不调查研究没有发言权)。且贵校领导亦未就此事正式表态，弟尤不敢仅就尊函即便在全校胡乱发言。若与兄门人弟子座谈，则互相切磋，所谓以文会友，性质不同，固无不可也。伏冀谅之。

宋代文学会之后，弟初步拟住川大招待所。沙河堡过远，不便与诸友往还。至于尊府亦不敢奉扰，因嫂夫人亦已高年，岂可以生活之事相烦。

尊文希望以繁体字直行刻印一百二十份，在十月二十一日开会之前寄南京大学许惟贤收。其"特邀代表"之邀请信，近日即可发出。

王静庵文，因原刊系黄色土纸，模糊不清，已属人抄写，随函附上。

匆上，祇颂

俪安！

弟昌顿首

八月二十二日(一九八五年)

(二〇)

君惠兄：

前后两函及大文改定本均收到，文即交执事抽换。关于捐献书迹事，承兄商之张秀老，至感。目录因天寒搬动箱物为难，拟春暖清理。重点为顾印老书，其余乔茂萱、大壮祖孙，王适公(秉恩息存侄)数纸而已。赵、林、谢皆有，恐不要。弟意，欲在捐赠顾书之先，请巴蜀书社为之出版。一则表明诸件曾藏寒家，一则亦小有收入，借益游览之资。(曾以沈尹默小楷交齐鲁书社印，获酬金千五百元，故此次西游不苦拮据。)邓楠等二君曾看过部分，认为可以接受，然返蜀后无下文。若巴蜀不印，则弟将交其他美术出版社印行，仍俟出版后再行捐献。出版与捐献纯属两事，固当分别办理。特其进程，但能先出版后捐献，否则收藏者乃四川博物馆，出版社所付报酬亦只能交博物馆，与弟无关矣。区区之意，幸兄审之。又四川人民出版社新刊杨沧白《论诗绝句注》，此间无法买到，不知能购寄一册否？

冬寒，伏望珍重。敬请

俪安！

弟程千帆

一月九日（一九八六年）

（二一）

君惠尊兄：

惠书敬悉，捐献及出版顾先生书迹事，兄考虑周详，极为感谢，毫无异议，但有惶愧而已。徐无闻兄所藏易丈楹帖已题诗寄还。旬前，以校事赴京一周，归来后甚惫，先此布复，不尽欲白。文才兄处，均此不另。

顺颂

道安！

弟千帆上

二月廿二日（一九八六年）

（二二）

君惠兄：

弟于二月廿二日得兄十二日手教（在路上走了十天），即于廿三日函复（亦挂号，寄川师大中文系），表示对兄所谈各节完全同意。今得六日手教，始知此信竟尚未收到。目前邮局办事之迟缓，实令人惊奇。顾先生及诸老书迹，弟意只要得所，无须计及报酬。兄既与省馆谈妥，自以仍归该馆为是。文才兄处，亦冀以此意告之。巴蜀书社出版向有魄力，尤望文才早日促成其事。部分书件有破损，恐尚须先付老工人洗去污迹，裱好，乃能拍照制版也。近困于为学生改文，匆匆不多及。

敬颂

双苐!

弟帆顿首

三月十二日(一九八六年)

(二三)

君惠老兄:

赐联拜领,感不可言。(跋语极隽,北江、容甫不能过。)奖借逾恒,愧悚而已。前邓楠君来函云:巴蜀主持影印之编辑赴美探亲,影顾先生书迹事,俟其返后相夺进行。前与文才兄书,亦托之,便中幸一商也。今岁十月,成都有一古籍会,以事冗,不能参加。明年文论之会或图晤对耳。

专此,敬颂

俪苐!

弟帆

九月二十日(一九八六年)

(二四)

君惠道兄:

崇仪贤契来,并贶珍物,感不可言。辄以南京土产奉赠,而崇仪已行。谨邮寄上,伏冀笑纳。弟上月心脏病突发,住院治疗已近一月,大约将再将息些时乃可出院也。印顾翁墨迹事,恐目前巴蜀不愿蚀本太多,然既有成言,似仍应徐徐为之,容更与文才一谈也。

敬复,即颂

阖府安吉!

弟帆

十一月二日(一九八七年)

便中请将尊府地址示知,以免寄到学校延误时间。

（二五）

君惠尊兄：

孝乡带来林先生集，又三台鸭子，感荷感荷。弟理董汪集时，诸兄正从事林集，知缅怀师门，彼此所同也。仲镛新注计敏夫书，极见功力。嘱门人为作一书评。已将原稿寄巴蜀文学编辑室，而久未得复，不知兄能打一电话询问，请其见告否？弟已于去年十二月退休，而正式手续未办。然心神已大解放。疲于津梁已久，忆数十年前在蜀曾制一连语云：

视儒林若俳倡，贤者孰乐此？

托末契于后生，古人之虚言。

如今思之犹为一笑也。光华旧居虽已无存，而闻新楼甚敞适，此亦可慰。明年春成都有一会议，届时亦不知能来否？然甚愿重游也。

草草，敬颂

著安！

弟帆顿首

四月八日（一九九〇年）

（二六）

君惠老兄：

大札及赐诗二章均拜悉。怀旧情深，感幸何极！因作二小诗别纸录尘，不敢言献寿，聊申相忆之情而已。月前有学生到成都开会，曾命其将近著《宋文学史》一册交彦邦转呈，想已收到。此种高头讲章，不足言学问，惟不敢以未成之稿贻羞士林，故勉乞友生共成之耳。近半年来服田七液，病状似略轻减，然仍时时发作，既不苦剧，遂亦安之。夫子云“居易俟命”，亦却病祛老之方也。

秋凉，伏冀

安善！

弟帆顿首

九月八日（一九九一年）

（二七）

君惠尊兄：

赐书知以清恙住院。东坡云“安心是药更无方”，愿共勉之也。尊诗雄直之气，深婉之情兼而有之。具见五十载交亲感不可言，惟以奖饰逾分为愧。昨晤勋初，知刘君已报名，尚未考试。不知其硕士论文水平如何？研读硕士学位三年中别有著述否？如能行卷，当易得导师青眼也。月来苦雨，意兴殊不佳，惟《校雠广义》又出一册，本月曾枣庄先生将来开会，或托其带上，幸暇时披阅赐正。

专此，即颂

双弗！

弟千帆

三月三十一日（一九九二年）

致萧印唐（十四通）

萧印唐，金陵大学国学特别研究班毕业，与程、沈二先生是同学。曾任国立女子师范学院等校教授。

（一）

印翁足下：

反家度岁，得读手示，知因故一时未能东下，殊为怅惋。蒉荪在沪，亦迟驾久矣。书来问讯，即以尊函转去，或有书达左右也。子苾已于十二月退休，弟亦已批准，惟以迁移户口手续甚多，一时尚未能正式公布，大约一二月内必可办妥，从此优游岁月，东坡所谓“此去残年尽主恩”也。此间藤椅极不易得，兄东下时，祈代购座椅（圈椅）、躺椅各一，日内先寄奉廿元备用。寒家旧有座椅、躺椅各一，躺者已甚破，而夫妻二人皆老懒，时发生颜鲁公争座位之事，故思各备二具耳。石斋前有书来，独忆及兄“诸老凋零尽，高文作大师”之谑，旧游如梦，胡可再得。近作小诗，别纸录呈。何日

成行，尚希先示，当令儿辈迎接，如有近照，希以一帧见寄，则在码头上可以对证古本，不致误也。专上，即颂

俪安！

弟昌顿首

祖棻同此

（1976年1月20日）

《江南故人闻余将休致，咸劝东游，辄赋小诗，以为息壤》

廿载沉吟直至今，故人风义敌兼金。吴淞白浪秦淮月，识我徂东一片心。

苦读阴符少壮年，相逢休诧各华颠。无人肯谢东周子，六印难如二顷田。

诸老雕零极可悲，门生后死亦支离。石桥布厂经行处，历历春风侍坐时。

土星诗屋久烟埃，童子雕虫也费才。莫厌鸡鹅恼邻里，此生无复踏莓苔。

竹林古寺响钟鱼，琼树葳蕤照影初。落尽碧桃飞尽絮，尚留残梦绕南徐。

山岚冉冉毵毵柳，湖水沄沄簇簇荷。细数荆吴诸窈窕，风流终让莫愁多。

云从雾隐各寒温，重到江南合断魂。一事略同苏玉局，晚途流落负明恩。

印翁正之

昌稿

《孝章年来以病止酒，客岁又以车祸折手，犹力疾作三诗，左笔书之，以答子苾见忆之作。余反家度岁，乃始见之，因赋呈长句》

折手酬诗真倔强，攲斜左笔亦轩昂。遥知私燕难倾碧，乍觉官杨又弄黄。肝肺槎枒今视昔，云龙离合海生桑。低徊三十年中事，独愧余生足稻粱。

《得彦邦书却寄》

白头师弟正相望，新岁驰书到武昌。老去辛勤付沟洫，少来诗笔驾钱郎。三年赤脚生重茧，万亩春风动绿芒。蜀道山川行踏遍，羡君忧乐系农桑。

印翁吟正

昌稿

（二）

印唐兄：

返家方五日，仍系请假，户口事领导正积极进行，或可短期内解决。顷奉手教，又前已悉松潘地震，成都波及，甚以贤郎等为忧，想已得平安家报矣。此间亦大热，至夜间亦不能入睡。湖北亦秋旱可虑，略与川同。前代购藤椅，仍存舍妹处，亦未及往取。孝章逝世，伤痛何已，弟等各有挽章。今先将弟作寄呈，祖棻五字律数首，稍缓再抄奉。专此，即颂

俪弗！

弟昌上

20日（1976年7月）

前祖棻有函询川中地震事，收到藤椅，批在信封上。兄来信未及，不知收到否？

《闻孝章凶问，哭寄君惠》

开札惊魂泪万丝，流离暮齿益辛悲。空余鸡黍绸缪意，等是虫沙寂寞时。曳尾自惭容后死，扬舲谁与共前期。酸吟却寄城南老，海内相哀几故知。

大暑中写寄印唐兄，同一悲也。

会昌上

（三）

印唐兄：

惠书敬悉。所患已有好转，良以为慰，仍宜多加保重，俾完全复原耳。所寄笔远胜此间及上海所制（此函即用之），惟略嫌毫短，如中楷当更合

用。今寄奉五元望代买中楷两枝，又如有管较粗、毫较长之七紫三羊亦买两枝（如无七紫三羊，则买狼毫中楷三枝、小楷一二枝），请兄酌办。弟等定廿五日起程，笔买得后可挂号寄“武汉市关山汽车标准件厂切削车间程丽则”，以免寄家无人收下，或致遗失。顷得君惠书，叶石荪已于客腊逝世，弟年初寄一函，竟不及见，亦是无缘也。余详子苾书（抄诗已倦，不更作书矣）。即颂

俪茀！

弟昌顿首

十七日（一九七七年四月）

（四）

印兄：

九月二日手示早奉悉，心情不好，又忙于为祖棻整理遗著，遂未即复，为罪。棻稿：词五卷，身前手定，已寄淡芳精钞副本，正进行中；诗四卷，弟为编订，已由弟缮清，将来亦拟请淡芳精钞。此二种，想设法自印，分致海内知旧。另有诗词研究各一种，拟为整理交出版社刊行。其与弟合作之通俗读物《古诗今选》一种，顷已补改完毕，将由蒉荪介由上海出版，不知能成否？衡师及石斋处均已讣告，有复书。师患白内障，已近盲，作书不便，可叹。小女分娩，当在春节前后。顷尚偕婿每周返家一次，为浣衣及购煤米等物。近工厂颇忙，亦极辛苦也。嫂夫人不悉已否返川，兄自炊自食，与弟略同。陶公云：“孰是都不营，而以求自安？”惟当以此自勉耳。暇日仍盼见惠数行。即颂

近安！

弟昌顿首

十一月十日（一九七七年）

（五）

印兄足下：

十一月十五日手书早收到，旋又得新岁所寄画幅及诗，以情绪极恶，

又忙于为紫曼抄写遗稿，故未及时作答，罪甚。子苾之逝，忽已半载有余，而弟孤居独处，无所排遣，始终不能忘怀。即如今为兄写信乃是新正初二，小女在厂中以分娩不能返家，弟晨起早餐后，无所事事，乃取其词稿读之，拟去其不宜印者，而一读则旧事历历上心，且读且泣，不能自已，因又搁置。清出积压未复之信，先作书复兄，大约长日亦每如此，真可哀也。其词学遗稿已抄毕，有十七八万字，已寄白匋、圭璋请为审定。是否能印出，殊不可知，姑尽人事而已。至赴江南工作之事，亦是汉生好意推荐，然问题甚多，是否可成，亦不得知，亦姑妄听之而已。孟伦于两周前由成都东下，行色匆遽，在重庆、汉口均未停，后得其南京来信，乃始知之，想刻已返济南矣。整理遗稿之事，要到下半年方能毕功。川中之游，当到时再看，老而贫且不论，主要是心情太坏，无此高兴耳。兄体力似不佳，所望多珍卫，不尽。即颂
俪安！

弟昌顿首

初二日（一九七八年二月八日）

（六）

印兄：

上月廿四日手教收到已久，因无事，未即复。比不审足疾已痊否，极念。尚揩之忽来一信，今转奉一阅。渠近在小龙坎（已将兄住处告知），兄无事，何妨过从，老友无多，亦可破岑寂也。南京之事，听之任之。万事皆有缘法，不可勉强也。经自强努力设法，祖棻诗词或可在南京油印。目前只有此条件，印出免散失，亦计之得者。关于祖棻遗稿，今年上半年可完全整理好，如到时不去南京，想西上到重庆、成都盘桓一个月，虽不能登峨眉，在少城长亭坐坐也是好的。但有此想法，是否能成行，殊不可必，姑妄言之而已。无事，可隔一月半月通一次信。我一切都还好，如老僧，但食肉而已。祖棻晚年常叹曰：“想不到落得如此下场。”其言真深至可思也。顺颂
俪茀！

弟昌顿首

三月三日（一九七八年）

（七）

印兄：

惠示悉，四川对知识分子政策落实最著成绩，受中央表扬，宜乎兄已重执教鞭也。兄闲居无聊，儿女多，经济非甚裕，能回电校，亦是佳事，但工作不可过重，致伤体力耳。武大中文系对弟夫妇极刻毒，尤其对紫曼身后，非所忍言。故彼既不邀，即邀，弟亦决不往。南京事，据闻要看武大，武大岂有好事，无非搁阻乃至诬陷而已（去年已有此类事）。好在弟有四十九元，可以生活，闭门著书，可以送日，何必费心去管它，随顺世缘，以尽余年可矣。令郎能升学，大是佳事。小女年长，又生二雏，无复希望。学术天下公器。古人传经，亦无逾三世者，儿孙自有儿孙福，亦惟有听其做螺丝钉一辈子耳。顷仍为紫曼理遗稿，每日写二千五至三千字，其余时间，则供浣炊，亦不与人来往，免得麻烦，但如兄言，略寂寞耳，但譬如原是古寺退堂和尚，也要度日也。其稿一种已毕功，正交出版社。正整理者，二三月后可毕。诗词共九卷，已在南京付油印，能慰九泉者，仅此而已。不尽，即颂

双弗！

昌顿首

三月廿八日（一九七八年）

（八）

印兄：

四月四日手书阁置未复，忽又一月有半。兄能坚持教课，借此锻炼，实是好事，但编字典似更于老翁为宜耳。弟暝写晨抄，一仍旧贯，现所余惟七八万字，毕功之后，关于遗文之理董即算告一段落。前时武大来邀复职，以积三十年之经验，觉此校人情太薄，不能保余生之清吉平安，已峻拒之。孙、徐二兄方为谋南京之事，若成，即溯江而东矣。子苾诗词已开始刻印，希望年内能奉教。诗词各印四百册，耗资约千元，不滥发，仅呈知交及确实懂得的人，另寄各省图书馆及大学（有中文系者），四百册大致够了。南京事未成之前，祈勿与任何人谈及。闻四川恢复甚快，报纸时有佳

评，不知兄日常生活亦有改善否？此间亦略进，差愈于兄在此小住时，积重难返，亦无从求其速效也。近自撰一联语云：

移山犹励愚公志，

伏枥难忘烈士心。

想请兄写一四尺对联，并略跋一二语，要乘兴挥毫写得精彩，能事不受相迫促，可徐图之。顺颂

阖府平善！

弟昌顿首

五月十五日（一九七八年）

（九）

印兄：

前接邮片，初来事冗，未即复。顷始少定，工作初开展，尚不甚忙。自强、汉生、白匋诸老均数晤言，为兄道拳拳矣。此间相待以礼以诚，大异武汉，想来可在此间以著述终老。小女及婿此次护送小住，不日遄返，少假时日，可以调来。兄嫂何日再作东游之计，极为盼切。搢之、沛然二老，见时乞为致意。专复，即颂

俪安！

弟昌顿首

九月十五日（一九七八年）

（一〇）

印兄足下：

十月廿五日手教早奉悉，以忙于校事，未即复为歉。仲陵蒙石臞提携，始有今日，而在运动中反噬，致石臞一怒出川，其人如此，即其诗可知也。南大名义已恢复工资，尚未批下，目前月致生活费一百五十元，亦已敷用。七十老翁何所求，听之可也。小女调职事，弟亦不过问，如觉弟可具铅刀之用，则当事者自应代谋，不烦催促，否则促亦无用。金陵秋气佳，兄远处巴山，不能共寻诗溪山之间，极怅惋。复颂

俪安！

弟昌顿首

十一月十八日（一九七九年）

（一一）

印唐兄：

客岁十二月初得手书，适心脏不佳，又轻度肺气肿，遂搁置未复。读六七年旧作，当日鬼笑人悲之状如在目前，佳作也。弟复职以来，工作愈来愈忙，大有“和尚如此烦恼，何不出家”之感。究之，亦“樊恼自取”也。嫂夫人何时归宁，兄能同返一聚否？弟可能今年九月到眉山开东坡纪念会。能聚首，大佳事。祝

双安！

弟昌顿首

（1980 年 2 月 6 日）

（一二）

印唐兄：

画书早奉悉，比事极冗，未即复为罪。兄授楚辞、唐诗，甚佳。弟在此准备历代诗选课，讲义已付印，约二三月后可印出，当寄呈。又望兄讲稿一册，先呈教。至楚辞则弟所不谙，望兄正为研究生讲，亦无印出讲稿。弟意兄授青年教师此二课，下列诸书已足，其书皆易得，不劳远觅也。

（一）楚词洪补注，（二）戴震《屈原赋注》，（三）姜亮夫《屈赋校注》，（四）刘永济《屈赋通笺》，（五）马茂元《唐诗选》，（六）文学研究所《唐诗选》。

此外，鳞爪之而，付之不闻不问可也。游介眉来此讲学，刻已去沪。仍将再来小住数日再北归，七十有三，跳踉如旧，可喜可敬。南京近日尚暖，不悉渝州何如？专上，即颂

俪安！

弟昌顿首

十二月七日（一九八〇年）

（一三）

印唐兄：

收到楷篆各一张，甚喜，惟洋纸无法裱装耳。

年来弟脑血管硬化，事情又越来越忙，致各处均鲜书疏。兄何时由蓉返渝，亦竟不知。比来身体尚健适否？王沛然、尚搢之两兄，虽居一城，恐亦难相见。老境侵寻，回思昔游，真如隔世。今年春暖，不知是否能与嫂夫人同作石城之游，所愿而非所敢请耳。

照片数张奉呈，聊当觌面。即颂

双安！

弟昌

1 月 19 日（1982 年）

忆兄有《四部备要》零种不少，不知有下列数种否？如有，望借阅。

① 任渊注：《山谷诗集》

② 施国祁注：《元遗山诗集》

③ 姚鼐：《今体诗抄》

④《吴梅村诗集》

长日无事，欲以消遣，阅后即奉赵也。

（一四）

印兄：

前者女公子来宁，弟适发心脏病，未能招待，甚歉。然闻兄体大致安适，亦殊慰也。集唐一绝收到，兄近年寄书迹有绝佳耳，所谓人书俱老也。附上数纸博笑。顺颂

全家康乐！

弟帆

十月十三日（一九八六年）

致刘国钧(一通)

刘国钧,曾任金陵大学文学院院长、北京大学图书馆学系教授。程先生就读金陵大学时的老师。

夫子大人尊鉴:

顷返武昌,获诵屡次手谕,哀矜勖勉,感涕不能自胜。回忆四十年前初侍仗履,以所撰目录学习作尘请教诲,及当时追陪诸老文酒之会,历历在目。乃识宋贤"欲听山阳笛,邻人亦不存"之句,真沉哀至骨也。罚作已来,要镰刈藿,倚仗牧牛。学殖久荒,吟事亦废,得荷宽仁,偶成四律,除一二师友之外,未敢示人。其中偏宕激越之处,实所不免。吾师恕头白门生之不肖,进而教之。茫茫人海,吾师之外,谁肯如此。此则衔感终身至死亦不能忘者也。以武大具体环境而论,行藏用舍,实亦难言。三月初当仍返沙洋,静候指扮。倘能以年迈足躄准与退休,则万幸矣,其他非所敢望也。吾师力疾从公,殊深敬念,尚乞多加珍摄,为道葆爱。临书惆怅,不尽欲言。专此,祗叩

道安!

受业会昌拜上、祖棻随叩

二月十五日(一九七六年)

附程、沈致刘国钧诗

程千帆致刘国钧诗

(一)

《答白匋先生》

荆吴一苇忆初杭,弱岁经筵接耿光。君特传灯夸量守(蕲春黄君题赠白匋诗有"君家君特有传灯"之句),尧章知己迈辽阳(辽阳陈慈首草创白石年谱,先生作白石词小笺,勾稽史实,精实过之)。无成素业劳湔祓,不辨遗书孰在亡。何日北湖同一笑,尚余风月可平章。

附白匋见赠之作

湘绮风华一脉传,襟怀鸾翮欲翔烟。芳洲枉下惊鹦笔,白石常披叱犊鞭。近喜炮庄尊药地,终宜彻道证桑田。北楼来日重携手,同看松篁绿胜前。

《得刘生彦邦书却寄》

白头师弟正相望,新岁驰书到武昌。老去辛勤付沟洫,少来诗笔驾钱郎。三年赤脚生重茧,万亩春风动绿芒。蜀道山川行踏遍,羡君忧乐系农桑。

《以家藏汉残砖砚寄王生淡芳□□□□□作二绝句》

残甓轮囷阅古春,晓窗慵伴退闲身。花钿散与西邻女,我亦唐宫入道人。

笔砚扫除吾倦矣,评量鸡雉子犹耽。承家莫负时晴帖,且与陶泓共一参。

夫子大人诲正

受业会昌呈稿

伏冀少病少恼,为道强自珍摄,千万千万。昌附启。

（二）

沉身几见海扬尘,失路终悲鸟堕云。虎阕昔惭陶相国,龙山今并孟参军。颠蛮蹶触犹争长,博谷书臧共策勋。十有八年真露电,剩将白首仰苍旻。

荆门叱犊四年余,难得量移一纸书。未答涓埃伤老悖,极知祸福自乘除。抛残旧业吾何恨,入样新文锦不如。圣听倘容求建业,岂宜更食武昌鱼?

物论方归祖孝征,枉称庾信与徐陵。争名那复趋朝市,守静差难绝爱憎。尾上苍蝇空自许,井中青黾本无能。近来稍喜金风集,佳处还堪借一灯。(竹垞诗:"海内文章有定称,南来庾信北徐陵。谁知著作修文殿,物论翻归祖孝征。")

江南风景梦魂间,世法拘人竟不还。锦障步春三月雨,玉骢嘶雪六朝山。少年好事浑如昨，衰鬓逢辰忍闭关。若共盼英征故事，也应憔悴泣红颜。

右免冠后寄江南故人四首，录呈

夫子大人诲正

受业会昌敬上

丙寅腊月

（三）

《子苾乙卯生日，长句为寿》

结褵卌载一飞梭，雪海炎山取次过。玉貌锦襦余白首，残年饱饭老东坡。项强未始牛衣泣，目眚长愁马足讹。犹喜齐眉逾花甲，凤雏引吭欲成歌。（客春丽儿生女，今周岁矣。此首前似已寄呈，今改正数字。）

《雨中为子苾求药，时拟游湖》

转烛飘蓬损少年，相思相对雪盈颠。酸辛避死曾无地，怅望来书每各天。好雨渐催山翠活，良方从乞宿疴蠲。行春莫怕攲危步，袖底东湖绝可怜。

《自强去岁来书云，死前一面，平生之愿足矣。越岁，乃报以此篇》

论交昔自爱朱刘（谓朱公叔《绝交论》、刘孝标《广绝交论》），涉世谁真共乐忧。未死尚期谋一面，平生此愿已千秋。升堂水镜今安有，弯弧逢蒙古所羞。侠骨江湖只陈迹，好从心地泯恩仇（定庵诗："吟到恩仇心事涌，江湖侠骨已无多。"今又百年矣）。

夫子大人诲正

受业程会昌呈稿

（四）

《寄怀印唐简阳》

沱滨属疾老萧郎，战手传书意自长。一别卅年千里梦，半生九死两回肠。青春任侠君余几，皓首流离我更伤。欲诵子期思旧赋，愁霖衰涕对浪浪。

江南游子总疏狂，那信年华有断肠？词笔春温起秋肃，歌丛妙妓斗明妆。翻悲益部推耆旧，剩觉秦淮堕渺茫。往日意君能共惜，莫辞东海咏青桑。

《自疆客岁来书云，死前一面，平生之愿足矣。越岁，乃答以此篇》

论交昔自爱朱刘（谓公叔《绝交》、孝标《广绝交》二论）。涉世谁真共乐忧。未死尚期谋一面，平生此愿已千秋。升堂水镜今安有，弯弧逢蒙古所羞。侠骨江湖只陈迹，好从心地泯恩仇（定庵诗："吟到恩仇心事涌，江湖侠骨已无多。"今又百年矣）。

《寄怀孝章、君惠成都》

锦城花月预英游，大句深杯各献酬。西笑梦魂劳楚蜀，南皮赏会忆陈刘。庞公语妙应难继，梁韵风流怅已休。二十九年伤折柳，不知谁剩未皤头。

寄怀同门小诗数章，录呈

夫子大人诲正。寒燠不时，伏维道体万福。

受业会昌敬上

（五）

《江南故人闻余将休致，咸劝东游，辄赋小诗，以为息壤》

廿载沉吟直至今，故人风义敌兼金。吴淞白浪秦淮月，识我徂东一片心。

苦读阴符少壮年，相逢休诧各华颠。无人肯谢东周子，六印难如二顷田。

诸老凋零极可悲，门生后死亦支离。石桥布厂经行处，历历春风侍坐时。

土星诗屋久烟埃，童子雕虫也费才。莫厌鸡鹅恼邻里，此生无复踏莓苔。

竹林古寺响钟鱼，琼树葳蕤照影初。落尽碧桃飞尽絮，尚留残梦绕南徐。

山岚冉冉毵毵柳，湖水沄沄簇簇荷。细数荆吴诸窈窕，风流终让莫愁多。

云从雾隐各寒温，重到江南合断魂。一事略同苏玉局，晚途流落负明恩。

夫子大人诲正

受业昌尘稿

返家度岁，浣诵手谕，垂注殷切，感铭肺腑。昌顷已荷准与退休，二三月内当可办妥一切手续，届时将一游江南，以偿廿年夙愿，独惜不得侍杖履于钟山北渚耳。小诗七首，略见下情。近日灯下重读磊霞先生珍庐诗稿，恍如梦寐，追念昔游，为之陨涕。庾伤流离莫齿，杜嗟生意可知，会心正自不远，如今灵光独在惟有吾师。伏冀善自珍摄，不尽欲言。

会昌附白，祖棻同叩

（六）

《览子苾近诗，有"老去始知才已尽，余生长与病同存"及"短发乱梳头"诸句，感叹久之，因寄二绝》

伤别伤春绝妙词，灯前红袖写乌丝。巴渝唱遍吴娘曲，应记阿婆初嫁时。

歌云酒雾趁飞光，理鬓熏衣语笑香。看碧转朱朱转碧，女孙今已解扶床。

《君惠书报孝章凶问哭寄》

开札惊魂泪万丝，流离暮齿益辛悲。空余鸡黍绸缪意，等是虫沙寂寞时。曳尾自惭容后死，扬舲谁与共前期。酸吟却寄城南老，海内相哀几故知。

《读庄之六》

儒墨称尧舜，皆谓真尧舜。尧舜不复生，儒墨诚谁定。成毁但一瞬，千古事奔竞。不齐以为齐，漆园真自圣。

《奉手谕敬呈》

尺教来千里，伤离感旧并。灵光独此老，华发自诸生。岁月剧如许，存亡奈有情。王城隐人海，岂独为避名。

夫子大人诲正

受业会昌呈稿

沈祖棻致刘国钧诗(程千帆手抄)

(一)

《偶成》

旧谱新词意久疏，传经著论也成虚。偶逢年少如相问，村媪今年六十余。

《千帆来书，有四十年文章知己患难夫妻，未能共度晚年之叹，感赋》

合卺苍黄值乱离，经筵徙转遇明时。廿年分受流人谤，八口曾为巧妇炊。历尽新婚垂老别，未成白首碧山期。文章知己虽堪许，患难夫妻自可悲。

《余与千帆同获休致，而小聚复别，赋寄四章》

行客辞家去，飞花满水涯。青春轻远别，白首滞归期。岂洒临歧泪，空余同穴悲。不堪芳草绿，扶病送君时。

偕老人空羡，何时共一椽？浮生消几别，忍死待多年。孤烛巴山雨，相思郢树烟。谁知归隐日，依旧隔云天。

零香随雨尽，冷落暮春时。衰疾难为别，林泉倘可期。情防儿辈觉，愁剩故人知。离思临风乱，河桥柳万丝。

相期庆吟咏，却复写新篇。信有情难已，宁无意欲传？残编抛旧业，久病逼衰年。雷雨空山夜，孤怀托短笺。

《早早诗》

张氏外孙女，前年尚襁褓。八月离母腹，小字为早早。生辰梅正开，学名唤春晓。周晬满地走，两岁嘴舌巧。娇小自玲珑，刚健复窈窕。长眉新月弯，美目寒星昭。肤色异两亲，雪玉何皎皎。母云似阿婆，白皙人皆道。汝母生已迟，汝幼婆已老。惟余鬓发白，肌肉久枯槁。今日成老丑，昔时岂佼佼。汝独爱家家，膝下百回绕。喜同家家睡，重愁家家抱。关心唤吃药，饮茶试凉燠。分食与家家，儿自不嫌少。唯愿速长大，为婆洗衣袄。随母休沐归，相亲复相扰。帐竿当竹马，鸠杖满地捣。凌空学杂技，一跌意未了。倒罐更掀锅，到处觅梨枣。灶火转瞬添，烟灰随手扫。玩水时盥手，脱衣爱洗澡。打狗踢茬猪，不怕舞牙爪。偷弄自行车，大哭被压倒。婆魂惊未定，儿身痛已好。一晌却安静，向人索纸稿。移凳伏书桌，画鱼又画鸟。三餐端正坐，家家喂饭饱。饮河期满腹，美馔视藐藐。不喜着新衣，敝服曳缁缟。阿母责顽劣，此语使儿恼。我是最乖儿，家家好宝宝。外祖远归来，初见话琐琐。明朝更相昵，爷爷膝上坐。挽颈笑摸胡，抱足复抚踝。家家抱不动，爷爷可抱我。推车买牛奶，递刀削苹果。爷爷喂鸡鸡，早早吃鸡卵。每扑爷爷身，惊喜笑声夥。爷爷手烫痛，早早不近火。爷爷睡高床，小心翻身堕。爷爷回沙洋，早早意谓叵。今夜爷爷去，门由我来锁。不见爷爷面，常唤归来可。取食投远空，爷爷要接妥。生小爱交游，门前解迎客。一见笑相呼，未尝感跼蹐。爷爷与奶奶，阿姨共叔伯。但辨年貌异，不管辈分隔。让床请客坐，指茶叫客吃。客来逢新正，恭喜学拜揖。问之道姓名，竖指示岁月。客去知相送，慢走防蹎踣。再见屡挥手，来玩趁空隙。举家多粗疏，儿独礼无缺。邻里皆爱怜，才去问归夕。儿性却开朗，来去任倏忽。纵教三留宿，不作桑下惜。临别告家家，好好多休息。别后想家家，一日数回忆。归来却欢喜，依依傍肘腋。相携看大水，东湖连天碧。沿堤采野花，向波投小石。欲趁胡蝶飞，还看高鸟击。入门插瓶花，欣赏动颜色。有时堕甑破，闯祸前请责。家家怜不扑，举手自挞拍。暂留伴家家，不随父母归。邻里来相问，家中有阿谁？爸爸在厂里，妈妈值班期。爷爷放牛去，家家是老师。因摹看书状，迂腐诚可嗤。儿勿学家家，无能性复痴。词赋工何益，老大徒伤悲。汝母生九月，识字追白傅。少小弄文墨，勤学历朝暮。一旦哭途穷，回车遂改路。儿生逢盛世，岂复学章句。下乡把锄犁，入厂运斧锯。拿枪作民兵，卫国金汤固。假日洗衣被，挑煤又浇圃。书足记姓名，理必辨是非。阶级与路线，一日三复斯。毛泽东思想，指引路不迷。但走金光道，勿攀青云梯。愿儿长平安，无灾亦无危。家家老且病，难见儿长时。赋诗留儿箧，它年一诵之。

夫子大人诲正

受业祖棻呈稿

（二）

江南名德经时尽，北国灵光一老存。朝市宣阗门阒寂，暮年心事共谁论？

天禄雠书仰令名，谈玄辅嗣每倾城。谁知皓首穷经日，不畏前贤畏后生。

赏理敷文两未能，门墙数仞愧传灯。惟余一样江南梦，犹趁回潮向秣陵。

白下追陪集胜流，故交零落感前游。纵来燕市同沽酒，师弟相看总白头。

小诗奉怀，敬呈

衡如吾师诲正

受业祖棻呈稿

（三）

《得介眉塞外书奉寄十首》

断无消息廿岁余，绝塞终传一纸书。犹及生前相问讯，翻教老泪湿裙裾。

秦淮春水绿迢迢，流尽华年旧梦遥。欲洗江南当日事，老来残魄不禁销。

少年同学气纵横，赌酒听歌逐队行。四十年间浑一梦，寻思旧事却分明。

犹忆春风旧讲堂，穹庐雅谑意飞扬。南雍耆宿今何在，弟子天涯鬓亦苍。

少年好弄惯操觚，共把风情笑老儒。见说尖酸到文字，独怜结习未能无。

当年意气已全销，老病偷闲远市朝。话到交亲存殁感，春愁汹涌尚如潮。

作诔招魂两未能，无多热泪总成冰。长江一水通吴蜀，巴峡流愁到秣陵。

小楼深巷卖花迟，二月江南万柳丝。寂寞空山春雨夜，那堪重忆对床时。

万里迢迢系梦思，穷边头白独归迟。塞门春暮寒犹重，旷野风沙扑帐时。

关山相望隔千里，惆怅今生不可逢。惟把来书几回读，诗函欲寄更开封。

（四）

《抛书二首》

抛书人意倦，何计敌新疴。坐久清寒重，眠惊噩梦多。药杯聊当酒，电匣且能歌。所愿明年健，轻帆泛绿波。

娇女将雏去，谁同守夜窗。月中人亦独，灯下影成双。旧约期难准，新方病未降。霜履枫叶落，归思在吴江。

《寄白匋四首》

近有金陵信，多君作壮游（定生书来云君访古河洛）。登山方羡健，对酒忽添愁。卧疾容萧散，传经得暂休。江云正东望，喜见致书邮。

晶窗明霁色，冻雀噪寒枝。开札惊新病，怀人诵旧词（君在蜀作《鹧鸪天·忆金陵》云：“水榭流徽好夕阳。归骖绣幰紫游缰。四山静绿围低语，一路繁花照淡妆。　杯酝梦，幄遮香。珠楼歌散月街凉。早知后日难重理，悔不当时刻意狂。”余每诵之）。年深归计懒，岁改报书迟。浩浩长江水，应怜寄小诗。

长记重逢日，薰风拂酒颜。独惭夸二妙，相劝醉千卮。宿草萦孤冢，平居念盛时。存亡双寂寞，终负故人期。（癸卯重过金陵话旧，君谓女同学中惟曾子雍与余为有成，子雍专攻考古之学，其所撰论江苏史前文化之作，驰誉海外。余则雕虫篆刻，何被与之比肩。惜乎其未达蒙庄齐物达生之旨，而遽轻其命也。思之腹痛）。

青衿弦诵地，旧梦杳难寻。老觉交情重，别来相忆深。湖山同胜赏，文字数知音。更作它年约，倾杯论素心。

《子苾数寄诗来奉答四首》　白匋

双鱼下武昌，千里友情长。透墨笺无色，凝诗泪有光。顿惊冬日暖，欲罢药烟香。唯愿知音者，闻歌不断肠。

朝朝饮江水，每忆涉江人。宝璐今谁佩？银釭老自亲。逸才邻漱玉，愁思过湘蘋。喜得波澄讯，开门浩荡春。

高咏醉流霞，莺边侧鬓鸦。衣浸钟阜黛，盏压锦城花。梦里宁知乐，生时总有涯。沧桑明正道，追昔莫伤嗟。

几度禁风雨，重逢皓月悬。半篙淮水绿，万树石城鲜。清话犹前夕，离赏倏隔年。方期吴蟹大，赵李共东旋。

《介眉病中来书感念旧游赋寄四首》

昔在南雍日，逢辰多胜游。梅开灵谷寺，樱熟后湖洲。赌酒轻杯斝，分题逐辈俦。未知惜光景，春色似长留。

九陌东风软，寻芳肯后期。月当初满夜，花发最繁枝。似病因伤酒，言愁为赋诗。故交零落尽，忍话少年时。

汇文旧池馆，曾伴药炉烟。汲井浮瓜冷，联床听雨眠。奋飞无凤翼，寄恨只鸾笺。密意三（以下缺页）

致陆维钊（一通）

陆维钊，书法家。南京高等师范学校毕业，受业于柳诒徵、吴梅、王伯沆等先生。

微昭先生左右：

四十年前，偶见先生书迹，笔势奇逸，良殷景慕。近岁始悉亦与蛰存素交，因恳其转求法书，为寒斋光宠。乃荷先后赐以篆、行书各一幅，格老韵高，弥可宝爱，展玩多日，感不可言。浣诵旧词，沉郁顿挫，真霜崖师法乳。弟负笈金陵，虽亦尝从师受词曲之学，而未竟其业。今读尊著，追念昔游，感慨系之矣。近已蒙恩休致，方思春夏间买舟东游，如到杭州，定当晋谒，顷则无缘陪接，徒深驰仰而已。小诗数首，别纸录尘，聊博一笑。顺颂

吟安！

弟程会昌拜上

一月二十五日（一九七七年）

《蓝堂以病止酒经年，客夏又缘车祸折手，犹力疾作诗三章，以答子苾见忆之什。余反家度岁，乃始见之，因寄长句》

折手酬诗真倔强，攲斜左笔亦轩昂。遥知私燕难倾碧，乍觉官杨又弄黄。肝肺槎枒今视昔（“嵇公结习原非懒，肝肺槎枒别有情”，来诗语也），云龙离合海生桑。沉吟三十年中事，独愧余生足稻粱。

《诵子苾近作“老去始知才已尽，余生长与病同存”及“十年春梦总成婆”诸句，感叹不已，因寄二绝》

伤别伤春幼妇词，灯前红袖写乌丝。巴渝唱遍吴娘曲，应记阿婆初嫁时。

歌云酒雾趁飞光，理鬓熏衣语笑香。看碧转朱朱转碧，女孙今已解扶床。

《江南故人闻余将休致，咸劝东游，辄赋小诗，以为息壤》

廿载沉吟直至今，故人风义敌兼金。吴淞白浪秦淮月，识我徂东一片心。

苦读阴符少壮年，相逢休诧各华颠。无人肯谢东周子，六印难如二顷田。

诸老凋零极可悲，门生后死亦支离。石桥布厂经行处，历历春风侍坐时。

土星诗屋久烟埃，童子雕虫也费才。莫厌鸡鹅恼邻里，此生无复踏莓苔。

竹林古寺响钟鱼，琼树葳蕤照影初。落尽碧桃飞尽絮，尚留残梦

绕南徐。

山岚冉冉毵毵柳,湖水沄沄簇簇荷。细数荆吴诸窈窕,风流终让莫愁多。

云从雾隐各寒温,重到江南合断魂。一事略同苏玉局,晚途流落负明恩。

微昭先生赐正

会昌呈稿

致吴志达(七十六通)

吴志达,曾任武汉大学中文系教授。武汉大学中文系研究生毕业,师从程先生。

(一)

祖棻在武大中文系古典文学教研室工作二十年,逮其遇祸惨死,教研室同人来吊者,先生一人而已。此意不敢忘也。友辈为刊遗文,聊欲雪其身后不白之沉冤。此亦下策,思之良可惋叹。谨奉一册。文不足道,姑作纪念而已。谨上

志达先生

会昌顿首

7月1日(1977年)

(二)

志达兄:

来信收到,极感存注。月来生活粗定,事亦不忙。当事者以礼相待,或可老死于此矣。唐人小说,过去研究者不多,大有开拓余地,努力为之,必有成果。尝记一旧诗云:

南去炎州火作山,北来河朔雪盈鞍。炎天雪海寻常过,未觉人间万事难。

人处逆境，当体此意，何况已成过去？不可执着也。

南大中文系课程，老学生者仍系过渡性质，新生创行学分制，照新表，高年级仍将开选修科。招了现代文学、汉魏六朝文学、先秦两汉文学及古汉语四专业研究生，未闻专门为之开课。教师进修，亦但个别指导而已。昌在此顷但为教师看讲稿，在本校及南师为研究生作几次专题报告（注意治学方法。未开始），明年或要带几个研究生。多余时间，则整理旧稿。如有印出之件，当寄上，顷尚无之。复颂
著安！

昌顿首

9 月 4 日（1978 年）

（三）

志达同志：

向孙望教授索取论文二篇寄上，或者对你有用。又《简报》二册，一册奉赠，另一册请转交杨翊强。我在此一切都好，但忙些，恨不能一天当两天用。祖棻专著两种已在上海发排，印出之后，再奉寄。祝
近好！

千帆

12 月 16 日（1978 年）

（四）

志达：

4 月 1 日来信收到。所要材料寄上。还有我口述的《涉江词本事》，她写给成都学生的三封信，在湖北大学章子仲处（她准备写一本书）。如你需要，可去找她复印一份。

我有一本汪德振《罗隐年谱》（商务三十年代印）卖给武大图书馆了，请借出复印一份（连封面版权页）。发票开南大中文系。

我还有洪为法的《古诗论》《律诗论》《绝句论》三册，也在武大图书馆。这三部书中有一部封面的反面，有一点文字记录（一件公文号码，一些数

字),请复印一份寄我。此系私人要,如不清楚不好复印,请抄写。不要开公家发票。

另附一函,请向统战部取回先君字画。各件即存你处,有妥便带来。但请先写一详细目录寄我。

你的工作被肯定,孩子也好,我十分高兴。我的身体一直不太好,天暖后可能强些。

祝

全家好!

千帆

4月8日(1979年)

(五)

志达:

六月廿三信,又《江汉论坛》,都收到。因赶一部书稿,昨日始结束,迟复为歉。

承你记得祖棻忌日,使我伤痛,也使我感谢。所幸她的著述和创作,有的正排印,有的已出版,即在身后也对国家作了贡献,足以使那些排斥她、轻视她的人愿望落空。(将陆续寄给你。)

我改正的事,据说,主要阻力在系里。但他们也终于阻拦不住,党委已经通过了。

我现在对于这一些,想得很少,而对在有生之年,多培养几个人,多写点东西,想得多。下期起,有三个唐宋诗研究生,有两个很年轻,是大学肄业生跳上来的,此外,我还担任了文学研究室主任,教四小时诗选课(大课,连旁听的有八九十人)。

《韩愈以文为诗说》将在《古代文艺理论研究丛刊》第一辑刊出,以后你可以看到的。但还未畅所欲言,你大体可以意会。

"赵杲送曾哀",即一去不回来之意。此事,见于欧阳修的笔记小说《归田录》(《稗海》及《学津讨原》两丛书中均有此书。《学津》本较好。武大图书馆有《学津讨原》,列为善本)。本来应为"赵老送灯台",讹为"赵杲送灯台”(《黄粱梦》)或“赵杲送曾哀”(《墙头马上》,儿女团圆)、“恰便似送曾哀赵藁不回来”(薛仁贵)。

你如果想到杭大和浙江师院,是可以设法推荐的,但武大一定不放。你可以先试探一下,再将详情告我。

杨翊强久未来信,不知其近状如何。此人胸襟狭,境遇不好,很使人担心。

专复,即颂

近好!

千帆

8月16日(1979年)

(六)

志达:

来信收到,并胡先生文稿,甚感。我寄出《涉江诗》《词》是六月,耀先、大璞先生已收到(有复信)。资料室也收到了(罗邦柱先生说的)。请再查一下。这无法挂号,因平寄已用邮费一百元。国外一寄,还要一百多元。你的一份,如实被人拿走,再想别的办法。但愿不如此(印少了不够分配)。罗邦柱先生已来谈,我会尽量照顾他的学习和生活的(他要听我给研究生讲的校雠学),请转告大璞先生,事忙,不单另回他的信了。

顺颂

著安!

千帆

9月17日(1979年)

(七)

志达:

2月11日信及书稿都收到。我即将稿转寄上海古籍出版社并作了推荐。回信后,再告诉你。

你在近人研究中,没有提到汪先生,这是严重的疏忽。汪先生在这方面比鲁迅扎实得多，不可向声背实也。刘开荣亦有新见，但多出陈先生口授，而刘不指明，这一点，戴望舒文中已作了婉转的批评。

如有，再寄一本来，我可暇中看看。不能专排时间，存在手边，则较方便。

《古诗今选》，你在暇时，细细给我看看，提出意见。我还要大修改一次才正式出版。主要可用武大本对一下。我买过几本武大唐诗选注，都被人拿走，因而无缘吸取其中长处。

我住二楼，两间房，约30平方不到一点。这是暂时的，听说以后要调整。胜牛棚多矣，士志于道，则不耻恶衣恶食。随缘吧！

望时时来信。武大改正了的人，恢复了工资吗？从去年十月起补发了吗？南大立即办了。

很疲劳，不多及。祝

好！

千帆

2月17日(1980年)

（八）

志达老弟：

出版社来信转上，我建议：

将《探说》一分为二。一方面，按照出版社要求，写成一个有质量的小册子。写通俗读物不容易，不可掉以轻心。（它们那套小丛书质量不低。）另外，将原著再充实提高，此事以后可以请教孙望教授，比我专门。搞个三几年，写成一本三四十万字传奇的专门著作，再交该社出版。

古籍和我关系很深，我有较大的发言权，因此他们很快作出决定。希望您这回和他们关系搞好，以后出书方便。（全国的古典文学专业出版社只有他们和中华两家。）

你寄来的讲稿及参考资料及李先生文，都收到。李先生还有一篇谈唐宋诗比较的文章，登在七七年《湖北日报》上，不知你记得日期否？能查告否？刘老的《诵帚词筏》确系登在重庆出版的土纸本《读书通讯》上，如不在 1940—1941,就请往后查,必在 1945—1946,即胜利之前。

你不管人间悠悠毁誉,很好,但也要注意在全国学术界树立自己的形象。这,老鸦的翅膀就不够用了。

出版这类的事,不必和别人谈。尤其不可让别人知道我在介绍。

出版社送你的书还没到,以后转上。回他们的信,要写明来信号码。祝

好!

要翊强给我来信,谈谈情况。

千帆

3 月 4 日(1980 年)

(九)

志达老弟:

来信收到,知写书事与出版社合作顺利,甚慰。

举例事:《霍小玉》《柳毅》《长恨歌》及《虬髯》为好,是否再加一《红线》? 请酌。《游仙》不宜列入。

汪老师引洪景庐语,应当出自《随笔》。你可再细读一遍(不要仅从标题着眼)。我日内要去看孙老,再问问他。

关于通俗选注事,散曲,据我所知,已有些人在作。或者选个元明清戏曲。每种选一折(或出)。字数不宜过多。规模太大,耽搁时间。您现在还是应当集中精力,搞出高水平的科学著作(专书或论文)来。没有一个专门搞通俗读物的人而可以跻身学林的。这类的东西,写一两本就可以了。

我五月十日去上海为王文生等办师训班讲约十天,然后去济南为山大研究生讲一个月。返宁当在六月底了。丈蜀来此之时,恐我正在山东。不及看见了。

翊强闻已于 28 日动身。愿其在新地方能安心工作下去,作出成绩来。“自致隆高”,才能免于“赵孟之所贵,赵孟能贱之”。枝大根深,就将枝干全部砍了,也还会发芽的。

祝

安吉！

千帆

5月2日(1980年)

(一〇)

志达老弟：

来信收到。毛治中已将复印文稿寄来。还有一封信，因无事，不复了，望转告，谢谢他。

你可以寄点食物给我，希望寄点干豆丝，或要三夕上船时，买点豆皮、烧卖，但恐路远变坏，所以要研究一下。不行，就不要了。这是湖北风味。别的我不想要。

《中国大百科全书》约我写若干条唐代诗文及传奇条目。传奇四条：

①《无双传》②《昆仑奴传》③《红线传》④《游仙窟》(日本人在这方面有些研究)

其中《游仙窟》可长些，其余千字以内。我想约你合作，由你写出初稿，我再加工。用两人名义发表，不知你同意否？交卷时约三月底，亦可略延长。不知你有无时间，是否同意。如认为可办，当将详细要求及样本等等寄上。但这事不要对任何人谈及。

我现在一般学会都谢绝参加了。黄冈恐怕也不会去。因为我发现还是吃、游，然后按资封官。也就是说，将学术活动纳入封建官僚主义轨道。不如闭户潜修，写出些像样的东西，以贻子孙。当然，我绝不反对正常的科学交流活动。我的《古诗今选》已修订完成交出版社，选诗600首，约60余万字。又改订《文论要诠》重印，亦即完成。此则可奉告者，然亦不足为外人道也。

匆复，即贺

全家春节欢乐！

帆

陶芸附候

2月3日(1981年)

(一一)

志达：

刚才挂号寄出《涉江词》《诗》及《古诗今选》上册各一本，收到望复。

戴望舒文，他逝世后收入了《小说戏曲论集》中。此书是薄薄一本，吴晓铃编。我卖给武大图书馆了。找马克昌一定能找到。如万一没有，我再寄给你。我藏的就是巴大本，是望舒死后其夫人给我作纪念的。我至今留着。此外卞孝萱在《社会科学战线》79 年 1 期上有一文，补充戴文，想已看见。

我近来太忙，以致心脏出了一点问题，总支考虑了，将研究生的课移到下学期去了。

武大令人气愤的事，仍时有所闻。但我们努力，是为了社会主义祖国，为了我们的后代。任何历史时代，总有各种面貌和各种灵魂的人。和我们一样，他们也在表演。时时看当代作品吗？替他们录的像已不少了。随它去吧！

伯慧一信，望即转。

专复，即颂

新春安吉！

千帆

2 月 17 日(1981 年)

请回忆一下，56 年秋季，听祖棻讲宋词的，除你们研究生外，还有哪些人。她的《宋词赏析》中有那一次讲授的讲稿，想各送一本，作纪念。此书，已付型，非久可出版。又及。

(一二)

志达老弟：

前次来信早已收到。大百科稿寄去后，昨接王元化先生函，对你所写各条，评价颇高。

《史通笺记》已出版，曾寄给你和一中、耀先、大璞各一本，谅已收到。

向阳预考得470分，高考录取当无问题，但亦不可掉以轻心，或求胜太急。休息好，吃好，到时以冷静、清晰的头脑去应考，必然会得到最好的成绩。今年高考是先填志愿，后考试，这样就不能根据成绩来报志愿了，但这样也有好处，可以真正按自己的志愿报考。不知武汉今年是否也是如此。在未考以前，各系录取分数线当然无法先确定。最近听到这里理科的一些教师谈论，天文系、物理系毕业生不易分配。天文系因全国只有几个天文台，当然不易分配。物理系则因分专业太细，有些专业如理论物理等和实际工作对不起口来，只能在高校和研究单位。目前化学系、生物系、地理系等还吃香。向阳填志愿问题我们很难提出具体意见，有些边缘科学如生物化学、经济地理等新的学科都是缺门，非常需要，最好不要选纯理论的，因为我们国家正在搞“四化”，学实用的科学出国的机会也多些。我们这些意见都只供向阳参考，还要以他自己的志愿为主。

我正忙于看校内外研究生的毕业论文，七月份可能要去北京开会，没有时间给你写信了。

天气突然大热，已如盛夏，很不好受，武汉想亦差不多。即颂
近好！

千帆

陶芸代笔并附候

6月21日(1981年)

(一三)

志达老弟：

三夕来，带来所赠蜂乳，极为感谢。昨寄一中拙文两篇，希与一中同阅。关于区松盛事，在与一中函中已提及。我不拟回信，请弟与一中酌复。

《唐代传奇》已大致阅完(因头昏不能详读)，大体较为妥善。问题在于艺术分析深度不够。在这方面要多看外国人分析小说的文章，最有效的方法是拿作品和论文对照看。譬如说，看克雷诺夫的寓言，同时就看他的评传。五十年代的《译文》(后改名《世界文学》)载过很多篇作家作品

论，我曾用对照法仔细学习，极为有益。希望你不要认为这样做迂远不切实际。你对于“漫裆”二字的解释可能是错误的：“漫裆”就是“满裆”，古人都穿开裆裤，男女老少都一样，古人席地而坐，坐时以臀部靠脚踵。《礼记》说“坐毋箕”，就是说不要臀部着地两足前伸如箕口而不雅观，防止女子丧失贞操，就穿满裆裤，谓之穷裤，穷即尽，亦即满之意。男人是不穿的，所以欧阳询嘲笑长孙无忌穿满裆裤是怕肚子受凉腹痛。

即颂

近好！

千帆

9月3日（1981年）

（一四）

志达老弟：

三夕回汉，托带字一幅，或不久可收到。

不久，将有一日本学生（现为讲师，今年四月可升副教授）坂田新来汉游历，已作函要他来看你，他想见见耀老。望你先和耀老一谈。他在南京师院进修，从孙望教授研究《诗经》学史。

博老《简园日记》中有纪念黄季刚师的《师门忆语》一篇。《简园日记》我已无有，望在耀老、系资料室或他处抄寄，大要三千字，请核对无误。因中华书局之《学林漫录》要纪念黄先生的文章（此事乞费心办妥）。

我身体仍不好，但稳住了，未恶化。三个硕士生已毕业。82年春又带两个硕士生，一个博士生。暑假后也许再加几名博士，因此很忙。不多及。祝

好！

千帆

1月10日（1982年）

（一五）

来书及三夕带来食物均收到，谢谢。寄上各种文件望细阅。条目均

中、小者。少则500,多亦不过千余言,故必须① 精炼无任何废话;② 言必有据(有歧说则取其可信者);③ 以通行之说为本,不必过分着重个人创见。因此系一般读物,非研究论文也。可以鲁迅及汪先生书为基础。比日为诸生改作业,甚疲。不多及。此复

志达足下

帆顿首

(1982年9月3日)

(一六)

志达:

来信及所寄《小说选》收到。选亦不恶,但此类者不宜多,因无大学术价值。要以自出机杼,从事评论及考证为上。行政事可为而不可为。如党委支持改革,而又有人为之辅翼,则可。否则一傀儡子,何足贵乎?柯某渺无音信,迄今只寄来重写结论一纸,他无所闻。看来只是能拖就拖,毫无诚意。我本对当局不抱任何幻想,故听之任之,从不过问。近因发心脏病,住院检查。不复多及。即颂

近好!

千帆

10月9日(1984年)

(一七)

志达弟:

手书及清单都收到。提问答如别纸。此纸及弟文评稿(未删者)望用后均交章子仲,以备其为祖棻作传时采择。

武大学报纪念事,我不便表态,一切只能听之任之。

弟书斋额,所当书,惟偶忘其名,幸示知之。复印事,已告张杰君,弟即不必费事过问。边某掠去小说数十种,即印还其一,亦不过象征"人间正道是沧桑"而已,不足深校也。

我近因事太忙,又时发早搏,心跳过速。幸近暑假,得小休耳。

弟近著述如何，深为念切。

复颂

俪安！

帆顿首

6 月 16 日(1985 年)

① 祖棻生于宣统元年(1909 年)正月初八(据历表推算为一月二十九日)。入学校时，怕学校嫌年纪大不收，改报 1911 年生。所以有的文件记载为 1911 年(即宣统三年)。

② 学生时代的师友(主要是在中央大学时期)如下：

A 老师 汪 东(旭初) 授文字学、词选

吴 梅(瞿安) 授词、曲

胡光炜(小石) 授文学史、文学批评、古文字学、唐人七绝诗

汪国垣(辟疆) 授目录学、诗选、唐人小说

宗白华(哲学系教授) 授美学

B 同学 尉素秋(女) 国民党要员叶青之妻，现在台湾

杭淑娟(女) “文化大革命”中被迫害致死，中学教师

章 璠(女) 石油公司职员，今不详所在

游 寿(女) 现哈尔滨师范大学历史系教授

曾昭燏(女) 著名考古学家、南京博物院院长，“文革”前自杀

(以上系中央大学同学)

高 文(男) 河南师范大学教授

章荑荪(男) 上海师范学院教授，已故

萧印唐(男) 已退休，曾任各校中文系教授

(以上系金陵大学国学研究班同学)

以上，老师，举受影响较深的。同学，举私交较密的。其余不备列。

③ 1937 年秋，我与祖棻在安徽屯溪安徽中学任教，后日军进逼宁国，由学生四五人同祖棻先走，我继续授课。他们由屯溪到安庆赴汉口转长

沙。她住同学龙沅(女)家。约一月后,我才由屯溪经南昌到长沙,然后同住天鹅塘孙望家。

④ 她于1975年夏秋之间奉退休之命,故《优诏》诗写于1975年。但退休证正式发下,已在1976年春,故我在词集目录后记中写为1976年。

(一八)

志达弟:

昨承邀于初四日造府欢聚,适遇湖北大学当事者,请其到时派车,据云初四日仍在假期中,司机不易调派。因此初四不能应约,至为抱歉,请转告三夕。待稍过时日有便车时,当来拜访,不必费事设筵,随意谈谈即可。

专此,顺颂

阖府康吉!并祝

新春大禧!

千帆、陶芸

1月25日(1987年)

(一九)

志达弟:

寄书及信收到,当即去信,望释念。我日内住医院,去休息一些时,不多及。祝

好!

千帆

10月17日(1987年)

(二〇)

志达弟:

我因心脏欠佳,住院治疗一个半月,现已大致稳定,明日即出院矣。所云东湖疗养院之事,甚好,但按制度江苏教授恐不能在湖北报销,则亦

画饼而已。且我手头有博士生六人，仅论文一项，即极烦重，亦不可能长期颐养也。弟治学有进，闻之甚慰。但着力点似应少写通俗性文字，而集中时间撰写专门论文及书。如编纂、注释之类，皆不足为弟增重于学林也。（与某君合作，尤无聊赖，彼不过剥削弟之劳动而已。）职称事不知已否解决，念念。即颂
双安！

千帆

12月4日（1987年）

（二一）

志达弟：

大百科稿费100元由邮局寄上。可优惠购《中国文学卷》上下册一部，弟得通知否？如未收到通知，可按附上地名去索取。祝
好！

千帆

12月23日（1987年）

（二二）

志达老弟：

信和汇款均已收到，深感厚意。看来你的职称可望解决。但是教授也有很多等，希望你坚持不懈，做出成绩来，成为一个既教书又育人的名符其实的教授。要使人感觉到教授队伍中有了你而光荣，不要自己觉得当了教授而光荣。

《明代文学史》能写出是件大好事，因为现在还没有比较详尽的。要特别注意诗和文两部分，八股文应该占一章（文学史的研究应该注意到反面现象，不能尽说好的）。在历史背景上，要注意明代是专制主义的高峰，官方哲学严密统治思想界的时代。从总体把握这一点，许多问题才能搞清楚。

我的身体还可以，在医院住了一个半月，通身都检查过了，主要问题还是冠心病（偶发房颤和频发房早）。脑血管硬化和血脂高，不严重，医生

认为是老年人一般都有的。医生嘱咐要少工作，不生气，特别是任何事都不要坚持。现在《全清词》行政工作和系里的行政事务均已摆脱，只剩校一级教授的职称评定和几个博士研究生的培养。趁换届之际，我又辞去了省政协委员和省社联副主席职务，这样，以后开会的时间就要少得多了。但带博士生还是很费心力的。下一届招过以后也不拟再招了。这一两年还有四五个博士生要毕业，审批论文费时极多。目前还不能定下心来做气功，等完全摆脱工作后，一定向尊夫人学做气功。谢谢她的关心。专复，顺颂
双安，并祝新年快乐！

千帆

元月四日（一九八八年）

（二三）

志达弟：

十三日来信收到。你现在学问渐趋成熟，精力未衰，正是用功的时候，大量出成果的时候，有夫人担当家务，更应珍惜这一段时间，论文印出后，望寄来。

我今年特别忙，有两三个博士生要毕业，明年起，想不招生了，就可能好些。但目疾仍未痊，只好慢慢养。

你两个孩子都很努力，这也是值得安慰的事。现在社会风气很坏，仍然要注意他们的成长。祝
好！问候一中。

千帆

（1988 年 6 月 25 日）

（二四）

志达：

来信收到。《目录编》是三夕送交的。此书《版本编》已完成，在出版社，余正编撰中。这是我最后的一部书，不再写什么了。

你的职称问题已解决，很好。现在更主要的是写出几部有分量的著

作来。我说的是指有创见的著作，不是你和李某合搞的那种编选。那些东西，学术价值是很低的，不值得把宝贵的时间花在上面。

老师对于学生，只能教导，不能强制。代有代沟，很难强求一致。每个人的路都是自己走出来的。不必难过。（指某生被拘留事。）

文生久无音信，大概不会回来了。

我身体一直不好，经常发房颤（一月五六次），现在还有四个博士生，将分别于 90 及 91 年毕业，我便可以诸事不管，带病延年了。从今年起，我已不再招收研究生，也不再从事新的研究。

我一直希望武大，特别是中文系，能够振兴起来，在全国学术界崭露头角，愿你尽一分力。

祝

全家好！

千帆

8 月 25 日（1989 年）

（二五）

志达弟：

得书知下月能来晤，甚喜。武汉有一家老毛笔店名邹紫光阁者不知尚在否？如尚在，乞代购所产“五紫五羊”小楷笔四支，或有能书寸楷之此类兼毫，尤好，亦请买数支带来也，此间笔极劣。奉托奉托。即颂

俪安！

千帆

9 月 12 日（1989 年）

（二六）

志达：

你因开会改期不能来，甚怅。笔买不到，在意中。好笔都外销日本等国了。我也是随便问问的，不要买寄了。

我正整理《涉江词本事》。1947 年“六一惨案”，有数事已记忆不真，

望到武大校史办公室(如有此类机构的话)一查见告。

① 被特务枪杀三位学生的姓名、系别。哪一位是从台湾来的?

② 被捕七教授姓名、系别。

③ 解放后被缉拿归案在珞珈山枪决的,此案凶犯、诸特务姓名,及正法日期(年月日)。

如果他们不想告知,你可请吴于廑、陶德麟两先生帮助。这并非机密,应可以公开的。

祝

好!

千帆

10月13日(1989年)

(二七)

志达老弟:

转月不相闻,时以为念。但年衰手懒,未执笔耳。

近状仍乞告知。夫人退休后,弟或更有暇能专心治学耶。

我除仍偶发房颤外,他无所苦,尚有四学生在作论文,明年下季,当可完全逍遥。著作数种,正排印中,其中二种,今年或可问世。

今夏苦热,学校照顾,暂移有空调之招待所中,秋凉后,仍返旧寓矣。一中久无信,是否仍在成人学院?便中望告。即颂

近福!

千帆

8月4日(1990年)

(二八)

志达同志:

数月未得来书,极为系念,顷读八日信,始悉因病住院,幸炎症已控制住,又有董医生精心照料,谅不久即可康复。但医生既检查有高血压、冠心病等症,自需好好休养,绝不可自恃体质好,不当回事。再说你已不是

青年人了,工作虽烦重,还要有张有弛。希望不久能得到你完全康复的消息,以免我们悬念。

今年夏季延续高温,绝对温度虽不如前年之极,但延续时间之长,是多年来所未有。我们虽在有空调的中美文化中心住了二十多天,虽很凉爽舒适,但千帆频频发病,幸不很严重。我怕是因为房屋是全封闭型的,供氧不足所致,遂于立秋前回家,后来医生也肯定是这个原因。谁知这几天又连续高温,又发过一次病,只好静卧少动,不出门,我想再过几天温度终会降下来的。从电视上看,武汉高温更超过南京,希望你们多多保重。

《中国文言小说史》即将交稿,千帆很高兴,也颇愿为之作序。但健康情况如何,很难逆料,请先将目录提要寄来,如年内身体好起来,定当完成此愿。另外,千帆意见,《明清文学史》可以分为两部书:《明文学史》与《清文学史》,不必合为一部。但这只是他的意见,如出版社已定妥,也不一定要动。

向阳、曙光成绩都好,为之欣然。

十月间如能来宁,极为欢迎,盼董医生能同来,南大招待所离我家很近,食宿一切都很方便。

顺颂

俪安!

陶芸、千帆

1990年8月16日

(二九)

志达弟:

寄来校史、手书及论文都收到,非常感谢。我现住院治心脏,什么都不能写,材料也不急,对你夫人因此受过,甚以为歉。现在病状只是稳定,出院恐需时,不多及。祝

双好!

千帆

11月28日(1990年)

有人要搜有关八股文书籍,弟如往汉口花牌楼旧书店时,请问一问,

能开一书目价格最好。又及。

（三〇）

志达老弟：

病中荷过存，虽匆匆一晤，亦足释相念之情。白头师弟，相见不易，别后仍惘然也。

兹有一事奉托。去岁12月28日，忽有一青年自称为武大原中文系毕业，现为哲学系研究生朱桦，来医院访问。我正不适，未与交言，陶芸在旁，应酬数语。不久，遂去。陶芸不久亦返家，而此朱桦者，竟在门口等候，云钱包遗失，在无任何证件情况下向芸借去五十元。至今既无一封道谢之信，亦未将钱汇还。我不知道此人究竟系江湖骗子，并非武大学生，还是毫无教养，不懂礼节。武大哲学系有无此人，亦不可知。望便中查问明白见告（不要多人皆知，使其丧失面子，但组织上应教育之）。

我已出院，仍孱弱。塞向墐户，枯坐斗室而已。

专此，即祝

安好！并贺春节！

千帆

1月19日（1991年）

（三一）

志达：

12月3日函早收到。

寄上诗稿五册，一本赠，其余请转徐鸿、李涵、张广明、一中。“金”书尚未寄来，听说还有一点字画，又黄季刚先生书件等三幅，或许他们将会派人送来。

望夫人多保重。医生的职业是很辛苦的。祝

新年全家好！

帆

1月2日（1992年）

（三二）

志达仁弟：

今介绍日本友人上野隆三先生过访，请接待。上野先生系日本京都大学选派来南京大学之高级进修学者。专门研究《三国演义》及其对历代戏曲的影响，如有可提供之材料，亦望惠与。其论点则不妨互相交流，彼此有益也。

专此，即颂

近安！

程千帆

1 月 16 日（1992 年）

（三三）

志达老弟：

来信收到。听张宏生说，你们寄给他的书，他已收到，想已有函答谢。你要我写一鉴定性质的意见，本来亦无不可，但要有正式机关学校的公函，私人是不能向私人提出要求的。即使写了，也不能生效，甚至反而起副作用，被认为公开走后门。这方面，我是有经验的。武大出版社似乎全不了解，甚奇。反正，这事已过去了。宏生说，他要仔细读两位的书，如有心得，就写一篇学术讨论性质的书评。至如发表的刊物，那是毫无问题的。欢迎你和夫人今秋来南京玩。至于祝寿，我已提出范围越小越好。钱锺书说，有些会是请不三不四之人，用不明不白之钱，说可有可无之话。其言可谓切中时病，闻之可哀。我只想与老朋友借此聚聚，不想劳民伤财如钱所云也。顺颂

俪安！

千帆

5 月 20 日（1992 年）

（三四）

志达老弟：

旬前以所草《文言小说史》序文奉寄，迄未得复，不知收到否？望告。如信遗失，可别寄一复本也。

又耀东久无信来，以数事询之皆未复。不知是否出差，或有他故延阁，今具一书，望即去面交，感感。望即复，顺颂

安吉！

千帆

12 月 6 日(1992 年)

（三五）

志达老弟：

前奉手书，方图良觌，乃忽闻以不慎折足，遂不得见遇，怅怅。《文言小说史》已定稿，可喜。惟引书似当注明卷数，其不甚通行之作，则当出其版本或藏弆所在。前读《明文学史》于此等处，殆未及措意，有欠严谨，意颇惜之。《小说史》于此等处若能改进，当更增其学术价值，愿少加之意也。武大事复杂，弟宜闭户勤修，笃志著述，以期有益于文化建设，其他不必计较驰骛也。望多保重。顺颂

双好！

湖北医院骨科甚佳，不知在彼就治否？

千帆

5 月 28 日(1993 年)

（三六）

志达弟：

前得《小说史》文又手札，适为前列腺增生所苦，后入院做手术，旋又迁居，纷扰数月，致未能作复，歉歉。今宿疾虽略好转，而病变未消，尚待检查，已复郑传寅、陶德麟二君，不拟前赴鄂渚矣。所云足疾未痊，心情亦

颇抑郁，闻之恨不得造鄂一谈。外伤非至时难痊可。我往在沙洋为斗牛断其距骨，做手术后，卧床几一年，后学步亦近半年，弟之所遭，犹未为酷也。故当以欲速则不达自解。既名志达矣，何乃不达乎？至于伉俪死生之戚，彼此所同，但要乐乎天命，随顺世缘，如渊明之得所，不宜强自苦也。平居常以为缘之一字，圆通广大，足以祛疑，足以解蔽，亦足以忏情。放得下则心自宽，所谓有容乃大也。我在南大十五年，只是在退休后三年，乃分得一劣宽之屋，亦不如弟今所舍，乃周鲠生故宅也。先贤有云，退一步想则心自安，幸善自葆爱。我耳甚聋，眼亦昏瞀，每咏东坡诗云"山中老宿依然在，架上《楞严》已不看"，亦殊坦然。弟少我二十岁，当然不能如此，惟愿略去忿懥耳。顺颂

全家好！

有子成龙，亦天道好还。

闲堂

11月13日(1993年)

（三七）

志达老弟：

两函均悉，校样已改好，附上，请查收。

病已愈，不日即可出院，勿念。

你看后记去掉一些多余的话，文字就漂亮了。有人问米克朗琦诺，什么是雕刻，他回答说，将一块石头中你所认为多余的部分去掉就是雕刻。这话真好。

顺祝

全家安好！

千帆

4月7日(1994年)

近与台湾一出版局有些联系，他们愿出一些大陆出版过的书，你和唐富龄合撰的《明清文学史》及唐的有关《聊斋志异》的书如愿再在台湾出版，可将两书各寄一本来，当交付对方审定，能否出，他们会有答复。又及。

（三八）

志达：

我想交一个重担子给你。你认真考虑一下，能不能组织班子，挑起来。

我想向中央推荐你担任《中华大典·文学典》明清分典的主编。

现在这部空前的大型文献资料汇编带头人如次：

主　编　任继愈

副主编　程千帆　戴　逸　席泽宗

文学典主编　程千帆

先秦两汉分典　董治安（山东大学）

隋唐五代分典　卞孝萱（南京大学）

　　这一编已开始开稿

宋元分典　曾枣庄（四川大学）

你仔细看看寄来的材料，估量你可能约到的参加人员。（一定是要十分认真的，勤奋的，实干的。）时间大约两年，待遇文件上有规定。

主编负责制。内容负责，经费包干。（文件上均有。）

文件已由江苏古籍出版社别寄上。不必急于回信，多考虑，并作一些调研工作（人员由你约，不限于一校一地），再回信。祝

好！

千帆

4 月 20 日（1994 年）

（三九）

志达老弟：

4 月 25 日来信收到。你能挑起这副担子，我很高兴。江苏古籍出版社已将有关文件寄上，不知收到否？细看后，当知“大典”是怎么一回事了。

有几点想和你说明白，以便你考虑进行。

① 此事，是国家重点系统文化工程，以学者为主体，分级个人负责，当然要取得学者所在单位的支持，但与其所在单位无组织关系、隶属关系。如我主编《文学典》，南大党政领导当然知道，支持，但从不过问。而我要他们支持时，再出面。

② 因此将来约人，收支经费，均由主编负责。钱来了，自己开账号存银行，收支自己决定，与组织的财务处无关。（这样，也免交一大笔保管费及烦杂规则。）约人，除稿费有统一规定外，双方权责可用书面或口头规定，也由主编决定。（要有效率又不要太细，才便于执行。）

③ 南大研究生中分不出人来，你只能以武汉大学为主，再约可靠的他校他所之人。莫砺锋等人在三五年内早已满负荷了。而且我们明清不强。

④ 曾枣庄已出宋元分典样稿，可并唐五代样稿细看，曾后出，似更细密些。我已要他寄一份给你。

⑤ 你在武汉各方面有些整体想法，并取得陶等当权人物的支持后，可来南京一趟（最好有一二个得力助手，如传寅、富龄等），与我及古籍出版社会谈，并去苏州、扬州，并在南京看这些人的实绩及做法。如武大有电脑，而且准备用来工作，则并要去成都川大看看，以便有感性知识，开启工作。

⑥ 武大中文系不景气已久，现你们有决心重振旗鼓，大好。博士点、博士导师、重点学科，不久还有文科院士（原学部委员），有很多层次有待学校及个人拼搏。首先要拿出东西来，如个人高质量专著。（要合乎世界性的规范。我看《明文学史》引书有些不注卷数，有异本有文字异同的不注明版本，都会为人指摘。没有引用书目及索引亦是阙漏。教材或可，专著不行。）其次就是负担大项国家级文化工程，如《全宋文》《全宋诗》之类。我这次约你参加“大典”，也是为了武大在这个大工程中占一席之地，为武大中文系争博士点、重点学科创造条件。此意当向陶校长说明，给予支持，不可等闲视之。

你们的书在台湾重印，报酬及规定如何？能复印一份合约给我作交涉时的参考否？

我身体还好，好在事不多。祖棻词笺本已在印刷，至迟6月可出，并告。顺颂

俪安！

千帆

五月二日（一九九四年）

（四〇）

志达老弟：

上级已同意，由中华大典编纂工作委员会聘任你担任《文学典》明清分典主编。

今天江苏古籍出版社《中华大典·文学典》编辑室的黄希坚编审已打电话到武大中文系办公室或校长办公室转告你，出席本月三十、三十一日在南京的《文学典》宋元分典样稿的论证会。

你可提前三数日来宁。行前电话告知交通工具及到达时间，我可派车派人来接你。

郑传寅昨有电话来，言拟近日来宁，商量博导及黄先生遗著出版事。如能同行，则可列席这次会议。

我住处距南大教学区的后门不远。地名为南秀村25号101室（一般人称博导楼）。电话6637651、6637551（南大总机）—2790（家分机）。

其他诸事，可面谈。

祝

俪福！

千帆

5月12日（1994年）

（四一）

志达老弟：

《中华大典·文学典》宋元分典的样稿审稿会推迟至六月七八两日在南京召开，六日报到。你可四或五日先来，可以由我和你谈谈情况。会

后，你可在南京、苏州、扬州去亲自了解一下唐五代文学典的工作情况，以便立即着手。

经费，你和出版社签约后，可即领取40％。这40％中有20％(如总数的40％为十万元，则为2万元)是工作费。你此次用的钱除出版社负担部分外(如在南京会议期住宿伙食)，可在工作费中开支。能在武大你掌握的经费中开支当然更好。

你先来两三天，可通知我派人派车接你。你在南大住几天，再迁入出版社安排的地方。

武大长途因改七字号，未能打通，望即来信或来长途告知武大总机及你家中电话号码。我家电话宗福邦、郑传寅均知。祝
你全家好！

千帆

5月19日(1994年)

(四二)

志达：

两封信均收到。(今日收到16日的一封。)你有一些基本问题没有搞清楚。

① 程千帆是以《中华大典·文学典》主编的身份聘你为明清分典主编，是个人之间的法律行为，与武汉大学毫无关系。(你是武大教授，只以个人身份请校长支持。)前信已写得较清楚。不知你和陶是怎么说的，居然要财务处管我们的账了，这是绝对不行的。你自己弄个账号，钱汇到你存款的银行，据大典办公室的财务规定用钱。

② 讲课可请假，以后或以前补足(这种方法极普遍)。此次会(6月6、7、8三日)你参加了，许多事情自然明白，否则很难很快弄清。还是来的好。

③ 两个包干：任务包干，经费包干。(每千字18元，按比例如主编得5％之类分配)。辑录费即稿费，主编可视情况调整(只要不超过总数)。

④ 主编负责制。像你问我的2、3、4、5等问题，不应你问我，而是应当由我问你，再由专家审查你处理得是否恰当，加以论证。(无《民间文学

典》，只有一个《文学典》。戏剧文学归《文学典》，艺术部归《艺术典》。）

⑤ 主编负责制，人由你聘请，不干预。似不必先组编委会，有人，先试点某一部分。

⑥ 两年完成是最理想的，不行，可放宽一些，多一年也行。订得宽些，提前完成更好。

⑦ 拟加一理论典，专收作家、流派等以外不针对具体的人和事的理论等。

这次你若不来，恐要花很多时间精力才能弄清楚一些问题。所以还是来的好。当然，也不勉强你。祝

全家好！

千帆

5 月 21 日（1994 年）

（四三）

志达：

来信及致黄信复印件收到。

签约等开学后，黄来武大看后再订也很好。凡事与其“退有后言”，不如一切先说清楚。

我要了解《语言典》的情况：① 谁主编？② 挂靠在什么单位？③ 经费是湖北省委宣传部资助还是全部担任？④ 湖北省委宣传部与北京大典工作委员会是什么关系？⑤《语言典》负责人向宣传部提出后，反应如何？

此间酷热，幸已装空调。我尚好，勿念。祝

双安！

千帆

7 月 22 日（1994 年）

（四四）

志达老弟：

9 月 7 日来信收到。

我已将来信中《语言典》所得湖北省例外优待那一段复印，分别寄北京大典办公室、江苏出版社、山东董、四川曾、南京卞，引起他们注意。

高赴北京已回，他与大典工委会、文化部、出版总署负责人都谈过了，得知现已上七个典，四川、山东、江苏、上海、浙江、辽宁各省都有，但只有湖北办法特殊，其余都照18元千字签约。因目前物价正涨，中央已不准涨价，当然也包括稿费。所以现在提出（无论向地方或中央）都只有碰钉子。

据说，在唐五代分典正式出版后，才有可能有所调整，但也不会多，不可能向湖北那样。连我最初的想法加百分之二十，另配一资料员，在江苏也绝无可能。我估计，能在96年以前提高到20元千字就很好了。现在隋唐五代典已将完工，宋元典已走了一段，情况与明清不同。正在物价高涨时，加入这项工作，恐吃力不讨好。但米三年之中已由三四角一斤涨到1元5角一斤，大典将来恐也非调整不可。高对此也有同样的估计。因此，我现在向你征求意见，是现在按18元千字同江苏订约，然后大家一齐调整好呢，还是暂不签约，等明年唐五代出版，报酬由合理调整后再定签约与否？我是赞成后者的。因可避免你目前面对《语言典》的巨大压力。你约的二十位学者与宗福邦约的一批人，相比之下，待遇悬殊过甚，事情不好办。我是主编，有权力将明清分典留给你主持，到唐五代出版后，条件好时再签约。你到那时如认为条件仍不够好，还是可以不签，再由我找其他的人。这样，你就进退自如了。反正这是一项大工程，一个分典，能早出一年当然很好，迟一年，也无太大关系。此事，不能勉强你约的那些人的，强扭的瓜不熟（不只是不甜）。你认真考虑一下，与其他主要伙伴仔细权衡一下，回我一信。

关于大典样稿，你们暂停或先搞起来均无不可。不必寄我看了，要你主持，就是信任你。体例只能大同小异，不可能一刀切，但在一分典之中，各部分体例则要力求一致。有变例无妨，但要有说得出、站得住的理由。

中秋、国庆即将来到，祝

全家快乐！

千帆

9月17日（1994年）

（四五）

志达老弟：

昨接武大讣告，惊悉唐长孺先生归道山，极为哀痛。请务必代表我去唐长孺先生家向唐夫人等家属致以亲切慰问。因讣告收到太迟，不能发唁电，请他们原谅。

我因偶然受凉，又发肺炎，前日已住进医院。病不严重，挂了两支水，已基本好转，请勿念。

余俟出院后再谈。顺祝

俪安！

千帆

1994.10.22

（四六）

志达：

希坚先生返宁，带到《文言小说史》及信，知签约大略。他们认为武大甚重视此项目，招待又极热情，很满意。这，我就放心了。大约二十三四日，我曾写一信，告拖延甚久的实际情况，廿八日你写此信时，似尚未收到。如遗失，望告知，可重写也。陈望衡先生乃德麟校长新从浙江大学请来之哲学系教授，在中年学者中，治美学颇有名。他曾要我介绍武大朋友，我开名单，其中有你。得暇可往访之也，你现系退休返聘，此后数年中，望集中精力，团结诸公，编好明清分典，即是平生最大最后之事业。我风烛残年，犹冀见《文学典》之完全出版，勉之勉之。顺祝

新年俪茀！孩子都好！

闲堂老人

95年元旦

（四七）

志达：

6日信收到。汤、黄两位返宁后，也给我说了一些。总算是把“馊主意”所产生的负面影响消除了，值得欣慰。

16、17日在宁开了隋唐五代分典编委会，将发稿校印等事一一落实。力争在今年十月前印好此一分典，四巨册，一千万字。作为国庆献礼。

如何处理一些编校问题，已由卞孝萱先生集中众见，由我批准，写成文字，将发通报。这一份通报很重要，望你复印分发，大家参照执行，以免一上来方式规格不同，以后要改，白费劳力。以后一些具体问题，多与黄商。黄会将他不能解决的问题向我汇报请示的。

我建议你把《文言小说史》及《明文学史》赠送给下列各位，一为联络感情，二为显示学力。花点钱，值得。

1. 山东大学古籍研究所董治安
2. 四川大学古籍所曾枣庄
3. 南京大学古文献研究所卞孝萱
4. 北京图书馆任继愈
5. 北京中央宣传部李彦
6. 江苏古籍出版社汤敬昭
7. 江苏古籍出版社黄希坚

我将银行账号别纸抄上，以后寄钱，可由银行拨汇，以省手续。

今后分典事，你自己多拿主意。只要牢记：① 质量第一，兼顾速度。这个轻重不能颠倒。② 力求不漏不误，不误比不漏更为重要。这个轻重也不能颠倒。

现在看来，隋唐五代当然先出。其次是宋元，因为川大有全部电子计算机设备。你按签约先后排第四，人们也不能责备。如能与董较量一下，就很出色了，至于魏晋南北朝及理论两个分典，大概还得迟一二年上马，因为编辑力量来不及。

你与陈望衡交往中，可观察其为人是否踏实厚重？我未见过，读他的书和信，觉尚不错。祖棻集，舒芜、黄裳都写过评论，但皆从主题（政治社会）、传统词学等方面着眼，还没有从纯艺术即美学角度进行研究的，不知他对此有无兴趣，你可以便中问问，不必着迹，更不可勉强。祝
全家好！

千帆

1月18日（1995年）

据我估计，武大目前设古代文学博士点甚难。

（四八）

志达：

三月三十日来信收到。主编费迄未收到，已近半月矣。（不知上信有无写错，请查核。余存款银行是中国工商银行南京市分行城北办事处南京大学储蓄所，账号5574。）书序别寄二百元则早收到。序，齐鲁已寄六十元，实无须再惠，但已寄下，亦不便退还，反见生疏，只好谢谢了。明清典努力为之，实为传世而不朽。力争① 少误，② 少漏，③ 少重复，④ 与他分典体例力求一致，是其要点。体例方面，隋唐五代已发排，黄希坚方拟草一套较简要的编纂及校点通则交各分典试行。过去已有过两种，但都太繁琐。弟进行工作时，如有所疑，望随时与黄希坚多联系商讨。此人尚笃实，学问亦可，可信赖也。武大中文系的前途，只要努力当然有望，不是说不必努力，而是要将困难估计大些。因为你在跑，别人也在跑，而你起跑迟了些，不免吃亏，如此而已。陈望衡先生上次曾来电话，要我给萧萐父写信推荐他为武大中哲史专业博导，我要他寄点材料来，他未寄，想已解决了。其评沈文如成，望其在高档次学术刊物发表，如《中国文化》《文学评论》之类。他和刘梦溪（《中国文化》主编）、侯敏泽（《文学评论》主编）有无来往，便中一问，不必专门去谈。能否径寄？（不经我手为好。）祝
俪弗！令郎一切顺适！

帆

四月十三日（一九九五年）

（四九）

志达：

4月29日来信及附件收到。各事奉答如次：

① 我已将望衡先生稿提了一点意见后挂号寄回，他什么时候改好，如何改，怎样寄敏泽，以由他自己出面为好。因我和陈先生无深交，理应对他很尊重。我信中措辞也是如此。

② 昨天我接你信后，即打电话问黄希坚，他说出版社还没有收到《简报》等件，不知已寄出否？此后，望我处及社中同时寄发，以免信息发生隔阂。

③ 关于卡片及欠经费事，望再和出版社磋商解决。我若任何事都为你出面，他们会认为我特别偏袒你。因对山东、四川我都只管大政方针，不问具体事务。再者，一切对各分典来文所提问题作出答复，我都是与出版社大典编辑室，亦即黄、汤二人，共同商量，从不单独发出个人意见，这样，好相处，也可共同负责，此意，望弟知之。来件，因黄未收到，我已将内容告知，并特别嘱咐他收到后，注意他所作出的各种规定，与目前正在排印的隋唐分典的一致性，不要各搞各的。

④ 隋唐五代分典的第一册百余万字，即隋文学部、唐文学部一（初唐）已陆续发排，如无特殊情况，六月中可出校样，我已要出版社将此样分寄山东、四川及湖北作模式，使全《文学典》尽可能保持一致性。北京李彦、任继愈等约五月中下旬来宁开会，对《大典》以及《文学典》整个安排作出决定，如凡例、名单等。这些重要情况，以后当随时告知。

出版社想今秋先秦及明清两分典的样稿论证会一同在武汉开，那你们就走到山东前面去了。

祝

好！

帆

五月四日（一九九五年）

（五〇）

志达老弟：

得书知太夫人仙逝，高寿弃养，而时际承平，子孙皆卓尔有立，亦差可无憾，幸节哀也。大典款已寄上，稿纸正交运，卡片则已用罄，正重印中。印就即寄上。卡片用途与稿纸异，希坚当相告。闻定九十月开先秦、明清两典审样稿会，望弟与治安约好，向出版社提出，必须同时交付应付之百分之三十。如不能付，宁可推迟，俾免如此次百分之四十长期拖欠也。隋唐分典已在校印中，争年底出齐。九十月开会，或可见第一册样书。文新擢升教授，可喜。今后应加强宋元明清文化方面研究。就小说本身研究小说，恐难“广大”。也应加强理论特别是美学方面研究，只重文献学，不重文艺学，恐难“精微”。文献学与文艺学之高度融合，斯文学研究致广大尽精微之光大坦途也，幸便中告之。顺颂

双弗！

千帆

六月廿七日（一九九五年）

（五一）

志达：

七月卅一日信收到。

样稿会望与治安先商定，统一行动。特别是要以高拖欠经费之事为戒，要他保证样稿通过，立即全部付出应付之款，不得任意拖延，否则宁可延期。此点，前事可为鉴也。

所提序中二事，甚当，但文字轻重，尚需细酌，余人亦小有意见，要统一细酌。总之，此是官书，其意见在于平正通达，无毛病，不在于议论之精警独特也。

退休好，好在自由，要做什么便做什么。难道一个月连两千字都写不出么？即此足抵返聘所得矣。老年戒之在得。心平气和，与人无竞，此匪惟修业进德之道，亦长年之术也。若弟能明此意，极善。

《文言小说史》似可找内行写点书评。陈望衡评《涉江词》文，闻将在《文学评论》发，舒芜评沈集笺本文或发在十月份《读书》。

雨后秋意，可稍休暇，想武汉亦然。祝

全家好！

千帆

八月廿日（一九九五年）

（五二）

志达老弟：

你好，感谢你们的祝贺，也向你们祝贺，并预祝你们乔迁之喜。你们夫妻是老实人，好人应当得到好报，希望优游学术，安度晚年。

完全同意董治安的三条意见，主张立即向出版社提出，并将副本挂号寄与工委会和我。文字中可暗示论证会可能无限期推迟，也就是甩担子了。高纪言已决定下台，他这一摊子可能直属江苏省出版局，四川就是这么办的。细情如何，我们不必管，到明年春天自然有分晓。看样子，论证会今年不一定开得成，我们目前可按部就班将样稿做好，印好，放在那里。什么时候条件改善了，可以开论证会了，就立刻拿出来，一切现成。此点望与治安协调一致。

现在的关键问题在于：隋唐五代分典这第一批五本书何时可以一起推出，在北京举行首发式，开新闻发布会。这样做到了，中央电视台（也许是海外台，记不清楚了）愿意投资七千万人民币给《中华大典》，其中四千九百万归工委会支配，那情况可以立即大为改善，但对方不见兔子不放鹰，不将像《辞源》那么厚的五本书放在桌上，人家不签字。所以现在黄希坚他们正在认真拼命工作。当然其他各种问题还很多，例如：四川大学把曾枣庄古籍所所长撤了，当然也会影响宋辽金元卷的进行。很多事情因为隔得远，无法同你细谈，你也不要过分着急。你大致知道这样一个轮廓，心中有底就行了，这些消息未成事实，也不必多告人。

天气热得要命，我们尚未生病，真是上帝保佑。我的选集大概十月或十一月底可以出版，精装两厚本。虽是旧货，倒也包装得辉煌，你也会高兴的。早早胡乱写了一部四十万字的言情武侠小说，也可在贵州出版，你听了也会高兴的。我们都老了，只希望后辈好。在火焰山修行，望多保重。

祝

全家安乐！

帆、芸

9月8日(1995年)

(五三)

志达：

来信及附拟函均收到。函中表示老学信心，阅之极慰。弟目前及今后，自己所研究的项目(课题)档次要高，要有所发明，不在数量，厚积而薄发，则能自致隆高也。

江苏古籍无权改变北京规定于十年前之稿费标准。故仍要向北京反映。估计他们得弟与董此函后，会转到李彦处。弟致高等函中，要请其向北京提出强烈要求。(此点稿未重点突出。)

出版社对此项目本身并不投资，故稿费低，出版社本身不能提高，只能要求国家提高。高的过失是挪用了一些大典专款，以致应付之启动费也不能及时发出，如对弟款一拖半年。其次则瞒上欺下，对下面蒙混，如卡片对我说早寄出，对北京报喜多，报忧少。我已径函北京，将高的行为及你们分典主编的愤慨捅了一番，挂号寄出，且看其复信如何。审稿会提出推迟，另一面积极准备样稿，这是正办，既未耽搁时间，又可对出版社及工委会增加压力也。祝

全家好！

千帆

9月25日(1995年)

(五四)

志达，并请即复印转治安兄：

前上一函，谈样稿经费问题，想已收到。出版社高等拟在春节前分赴

武汉、成都、济南，了解情况，并准备三月间在武汉开先秦、明清两典审稿通过事宜。他们准备黄希坚先到武汉，同志达商量开会事，高、饶先赴成都，再回武汉，商谈后三人一起赴济南。现在你们要准备的事是：准备一个十万字的样稿，要各种体例俱全，都有样板，可参考隋唐、宋元的已有样式。字数十万就够了，需多少份可问黄。样稿印刷费用已明确由出版社出，准备好发票。出席审稿会的人除出版社的人外，我、卞和分典负责人，即曾、吴、董、张参加，另外先秦两汉、明清两分典的专家各二三人，可由你们各自提出，请关系较好肯提意见的人，商定后再发请帖。

最近工委会实际负责人伍杰同志到了南京，高等在上级的压力下已表示对过去行为，如挪用专款、供应物资及拨款时间不守信用、对学者不够尊重等，当着伍杰和我的面表示歉意，并要向你们当面道歉。此后办事当较易进行，例如：他也说明此次如不能拨经费的 30%，此会即暂时不开，现在的工作重点是今年内能将隋唐分典出版，其余接着来。出版后就可以亮相，并取得有关方面的赞助，经济也可有所改善。

我的眼睛还是不好，视力模糊，写和看都有些为难，只好暂时随它去了。

顺颂

撰安！

千帆

1996.2.2

（五五）

志达老弟：

二月廿七日信收到。已复印二份送周勋初、黄希坚二位，请他们向你和郑传寅直接答复。我对武大请什么人讲学，如何请法，毫无意见。弟似亦与此事无直接关系，让郑妥善处理之可也。

匆匆复，即颂

俪安！

千帆

3 月 4 日（1996 年）

（五六）

志达：

返后一切安好，但颇疲，要休息一段时间。饶钦珩来告，稿费 30％即寄（会计在考职称，故拖延数日），其中 4％的主编费，治安已请饶直接交我，以免往返多出汇费，如弟同意，可通知饶亦如此办理也。匆匆，即颂

双安！

千帆

（1996 年 5 月 24 日）[①]

（五七）

志达老弟：

小聚大是难得。观家庭祥和，子弟长进，尤为欣慰。像片数张留念。前为汇款事，曾寄一函，想已到。

明清分典工作报告，要转寄北京，其中首段所谈与出版社矛盾之事，似以不宣之于外为妥，故已由我删去（第一页“尽管在编印过程中……都是想尽力把样稿编好”），幸谅之。

郑传寅函及照片（讲课时摄）已收到，望转告。并请他选印几张送张叙之。祝

全家好！

千帆

5.28（1996）

（五八）

志达：

来信收到。得孙，可庆。弟忠厚老实勤恪一生，宜有佳子孙为报。晚

---

① 吴志达按：这是 5 月 5 日至 11 日到武大主持先秦两汉、明清两个分典样稿论证会后，又到湖北大学住了几天，5 月 17 日才回南京，故有“颇疲”之感。

年勉成明清分典，亦是文章报国，足以自慰自豪。卞编隋唐五代，是我任主编前，高所约。其人虽同事，但不深知。近来似有“你不加钱，我就不交稿”之意。扬言交也在两三年后，且拟串通各路诸侯共同行动之意。卞既非我请，即有别于曾、董及弟等。我意可以要钱，但不能扣稿，不能停工。此关键分寸所在，愿弟及治安于沟通声气时，审察之也。（不能害国家文化工程，此为要点。）胡乱改动样稿事，我已报知李彦、伍杰及任继愈，于函中毫不客气，痛斥高纪言，高现在说这事他不知道，全是黄希坚干的，我当面说这是胡说。他不再开口。今后如再发生与此有关之事，可以再提出。暂时即只能如此。以后对这些人要当心。款收到。祝
全家好！

千帆

6 月 10 日（1996 年）

（五九）

志达：

前后两函又先室履历表俱收到。费神，谢谢。对工委会关于经费的要求不能算高，且已有《语言文字典》的成例。问题是你不要一个人提出，最好与卞、曾、董合提，同时又将你等有完成此项工作的决心表示出来，要巧妙地表示：一方面，待遇应增加，另一方面，同时有措施有决心完成工作（如所签约）。这也让北京感到安慰。卞孝萱近因腰伤休养，他就就势一歪躺在地上，不肯起来，本应近月交稿（隋唐五代卷），就无限期拖下去，甚至背后说还要两三年，这样，就使北京觉得没有想头了。这种做法，自己处在无理背信的地位，决不可取。如今年十一月曾能交宋元第一册，而卞仍不动，那就会为人所共指摘了。卞是高纪言请的，与我无关，交情上也不够深谈，只好听其摆着。我以上意见望与曾、董适当地交换。

眼不好，不多及。祝
俪安！

千帆

7 月 28 日（1996 年）

黄进德已允任魏晋南北朝分典主编，至此六典皆定。

（六〇）

志达：

来信收到。

① 听说吴文治辑明代文学批评资料已在江苏古籍出版，我尚未见。你如要，可托希坚，打折扣。

② 各典字数都超出，工委、编委为了全书平衡，先秦两汉及明清两典拟各压缩100万字，魏晋南北朝及理论两典各压缩200万字。如此可符《文学典》5000万字之数。高等将和你等商议。请与同意。

我意：你可同意将明清缩至1100万字，但已付之70%则不退，而将其拨给武大计财处，其数为12600元。先付此数，能讨价还价，只付此数最好（因恐出版社最后所付30%，只肯照1100万字计）。如万一不行，则将明清分典再压缩50万字，就差不多了。目前如此做法先要保密。你打报告给我与高（当然在黄、高等来函给你要求压缩100万字之后），详陈取得武大承认为国家项目之必要，同时又强调这只是就已发经费的内部调拨，并不是另外拨钱（他们最怕另外拨钱）。此函寄给我与高。我据此，可直接向李彦、伍杰写信，表示赞同。

这样做，行不行，有无困难，望仔细考虑，详细告知。又应否要与董治安采取统一行动，亦望研究见告。

我目力极差，书不成字，乞谅。

祝

全家安好！

千帆

10月9日（1996年）

（六一）

志达：

12月5日信收到。黄希坚、高纪言胡乱删改样稿事，完全错误，我已告知北京。李开金先生处，仍望你做工作化解。至于提遇未通过，则我无能为力，但望安慰之而已。委以分典编委事，弟可作主。目前各典做法还不一致。弟先安排，将来总有统一办法。（至少《文学典》如此。）

进德处想在今年内签约，还有张伯伟的理论典。97 年以前，都上马了。匆复，祝

全家安好！

千帆

12.12(1996)

（六二）

志达：

久未得书，想安适。《文学史》稿已由程章灿寄冯天瑜三章约 3 万字。冯收到未复信，似疏忽，望打一电话问之。此刊何时可出创刊号，亦望见告也。《大典·文学典》4 个分典已全面启动。宋辽金元争取 98 年初五册出齐，次则为隋唐五代四册。希望湖北、山东之明清及先秦两汉在 98 年有成品。魏晋南北朝由黄进德，理论由张伯伟主持，数量合共一千万字，远比宋唐篇幅还小，仅一半或不及其半。如在 2000 年竣事，我或者可以看到。（当然，多看到一册也是好的。）我现在耳极聋，白内障也颇不轻。近月来，在农场因牛斗折左脚距骨旧伤引起的风湿又忽发，以致不良于行（已 25 年过去从未发过）。幸经中医及女婿张威克气功治疗已有轻减。总之，身体问题越来越多，但精神方面甚好，一切放得下，看得开。著述经在宁弟子帮助，成果丰硕。仅略述如次，俾弟知之。

①《程千帆选集》，已寄弟。此书已送江苏社科评奖，其校编皆得砺锋之助。

②《校雠广义》，其第一编《版本》，已得教委教材一等奖，国家教学教材成果二等奖。四编 1《版本》、2《校勘》、3《目录》、4《典藏》，共一百余万字，今年可出齐。分中国传统文化丛书本及南京大学古典文献研究所专刊本。

③《程千帆沈祖棻学记》，约二三月后在贵州出版，已发排，巩本

栋编。

④《程氏汉语文学通史》,已由我写成初稿,程章灿补充修改,估计98年结束。寄武大发表者,即其样稿。将在辽海书社出。

⑤《俭腹抄》,是我生平著作的摘抄,巩本栋在编,或三四月后可交上海文艺出版社。此丛书已出四册,有金克木、饶宗颐等,弟想见之。

⑥《诗文合抄》,散发后,许多人觉印得太少,因已改为正式出版,已校正笔误,补充篇幅,增编目录,寄东北矣。或者年内可出也。

其情况大致如此,故有事做,亦不忙,虽老亦非废人,是可奉告也。武大换长后,情况如何?南大亦换,尚无动作。即颂

双安!孩子们好!

千帆

5月18日(1997年)

(六三)

志达:

6月14日来信收到。这次复你的信,对《大典》进行很重要,请注意。

我的主要想法和做法以及目前情况,有如下几点:

① 以高度责任感保质保量按时完成各分典工作。

② 在未完成各分典工作之前,不以中途"撂挑子"(罢工)相威胁。卞孝萱的做法不可取,故屡次失败,反贻人以口实。

③ 我们承认按劳计酬的社会主义原则。承认"专门利人,毫不利己"这种共产主义美德,但不认为人人可以做到。反之,认为力争合理的稿酬并取,认为目前的稿酬不合理有待提高(这一点,工委会、编委会领导,以及中央主管部门如出版总署均无异见)。

④ 目前,宋辽金元分典已届交稿期。曾、高正交涉中。如不能合理地适当地提高,则曾断然拒绝交稿,直待有合理解决方法为止。

⑤ 我完全支持曾枣庄的要求。并在必要时向北京提出辞去职务,退还5%的酬金。

⑥ 这样做法,我们已尽责任,官方不加稿费,其曲在彼。我全力支持

各分典主编，内心无愧。各分典届时均已完稿，分典及《文学典》编辑之责亦尽，即上法庭，也有话说也。

现在你应做的事，仍在紧抓编辑工作，保质保量按期进行。曾即如此，故占先着，此外可将我的想法及目前情况告董。黄进德、张伯伟才开始，问题不大。又目前除抓进度、质量外，不宜另出主意，节外生枝，如上次传寅两次办法均不妥，望注意。

望考虑后复信。我一切均好，惟耳目不行如故，足稍瘥。

祝

全家好！

千帆

6 月 20 日(1997 年)

(六四)

志达老弟：

上次写一封信谈《大典》的事和我的态度，要你回信，尚未收到。现在快要出书了，双方讨价还价争论激烈，我为同人的利益，必要时恐不得不以去就力争，所以先给你打一招呼。但在摊牌以前，日常工作还要抓紧进行，以免耽搁进度，至要至要。

这封信谈的是另外一件事，望你调研后，详细告知。50 年代末或 60 年代初，黄季刚先生次子念田曾将黄师遗稿捐赠武大中文系，当时似曾办有正式捐赠手续，但我是右派，未曾参加。去年我到武大时，听说黄先生的幼子武大物理系教授黄念宁申言，这批遗稿并非捐赠，而是寄存，现要收回云云。我曾受武大中文系委托整理黄先生的日记(原稿遗失，据武大保存的抄本整理)。当时由武大抄本日记寄给我，我曾打有正式收据。这项抄本整理完毕已有多年，现得黄师孙女婿杨克平资助，预备在南大出版社印行。就在此时黄念宁突然出面，说整理的日记稿应由他取去出版。此事我们事前无所知，也不反对黄念宁另找出版机构，但是① 我们不知道武大党委、校长、中文系意见如何，因为日记是我向武大借的，不是向黄念宁借的，要还也只能还给武大。② 现在武大领导究竟认为黄先生在中文系的遗书是黄念田捐赠的，抑或是委托保存的？这在法律上有根本的区别。我在黄念宁手上看到黄先生手批的《文选》和《尔雅》，确是黄师的亲笔，又好像武大确实将黄先生的遗稿退给了黄念宁。是否真是如此？如果是由捐赠改为保管，那么这种改变，是否经过法律手续，我也完全不知。黄先生的遗书是国宝，所以我在弄清楚之前，不敢轻举妄动。想请你向武大校系两级党政领导将此事弄清楚。（王庆元虽不是负责人，但他一直参预保管黄先生遗书的事，应当知道一些情况，也可以向他调查。）黄先生的日记手稿已失，抄本经我们整理后，也只具有文物和版本学的价值。我希望能够妥善处理黄念宁和武大之间的纠纷（据黄念宁说他又和武大打了官司，详情不知），将日记从速印出（不一定在南大印），以有利于学术界。你是我的学生，也是黄先生的再传弟子，对于此事，想能理解和谅解。收到信后，望即进行调查并作复。来信辞语望明确，不要模棱两可。

祝

好！

千帆

1997.7.11

（六五）

志达：

上周有信给你和王庆元君一函，因黄先生日记即将付印，需要一张坟墓及墓碑照片，闻蕲春尚有黄先生纪念馆，也望寄一张。此二张估计念田、耀先家中或武大中文系档案馆都有，望能复制，从速寄下。如实在武昌找不出，能专人去蕲春拍摄否（费用由南京出）。此事望从速一办。

《大典》事，高要出版后售书得款始能每千字增 12 元（总 30 元），我要其先付一部分，此事暂僵持。十万奖金他承诺，我要其在宋元典发布会以前落实，尚未敲定。

（1997 年 9 月 15 日）

（六六）

志达老弟：

前寄冯天瑜教授的《文学通史》中八股文一章原储程章灿电脑中，现遍觅不得，以至无法往下写。请即费心与冯先生一商，复印一份挂号寄下。

又王庆元先生来信收到。他将于近日去蕲春拍黄先生墓、墓碑及纪念馆照片，不知已办否？

又黄念宁前急催出版日记，近二月突然默尔，其与江苏教育协商出版事，恐有变，弟知其详否？均望告知。

又前寄来念田所交武大书稿目底稿早收到。匆匆，盼复。即颂
双安！

千帆

十月八日（一九九七年）

（六七）

志达弟：

十六日来信收到。

电脑容易坏掉，上次章灿已发生过一次。冯先生设法复印，以免重写，可感，望谢谢。《通史》明年暑期可完工交于景祥付印。如武大刊物愿续印三数章，望冯与程章灿联系，如不甚赞许，则作罢，不可勉强也。

黄念宁昨来电，月内来宁。此间日记插尚少黄墓照一张，故托庆元去拍，如念宁家中有则最便。请打电话一问，托其月底来宁时带来，最便。虽有矛盾，亦不至扣照片不给也。望即尽快询问办理，比去蕲春方便省钱省事。

守湘可能参加《大典》，想其人较可靠，给一编委我看可以，由你给高纪言去一函，告知我已同意。各部之间的平衡，要看他部是否也死了人，如死人亦可加一编委也。无理要求，可以顶住，不必理会。你作为主编负责制的执行人，该顶住，就顶住，我会支持的。

关于三个人挑一部五千万字的《文学典》的事，我与高纪言谈过多次，他们为利益所在不肯加人，我也就撒手不管。希坚要黄进德多校一次，这不合规则，进德已断然拒绝。现稿费已加至千字 30 元，所加每千字 12 元，虽要在出书后半年付清，但总加了，你们是复印还是手抄，可由自己决定。高的办法是每典与编辑部订合同，到那时，可多考虑，多和我通气，以免上当。

匆匆，即颂(勤来信)
近好，合家安！

千帆
10 月 21 日(1997 年)

(六八)

志达：

信收到。你应该还记得，数年前在南京初步会商，某君出了一个馊主意，谎称班子未搭好，以至出版社心存疑虑，签约拖了好几个月。此次，此君又再出一个馊主意，幸吾弟早觉悟，及时更张，不然又是无事找事，节外生枝。愿引此二事为戒，先保质量，次求进度，将明清大典编好，不必旁务。某君正在少年得意之时，如果神厉九霄，志凌千载，不纳忠言，专横独断，必致失败。弟与之有师生之谊，也只能如先圣所说："忠告而善道之，不可则止，无自辱焉。"

治安已同意削减一百万字，此事涉及总体规划，望明清限在一千一百万以内(即再减五十万亦无妨)，可将此意告诸位副主编，共同遵守。理论典是纯理论，具体的作家作品评论概不收入，故不致与他典复重。

明年初要公布一下全部进度，目前高纪言正去扬州与黄进德商谈也。宋辽金元明年可全出，隋唐五代后年可全出，二分典初稿已大致齐备也。目眚，不多及。顺颂
俪安！

千帆
十月二十四日(一九九七年)

（六九）

志达老弟：

电话中因我耳背，听不清楚，关于《大典·文学典》报酬，内部已增至千字30元，除原千字18元外，另加之12元，等出书后在售书价中支付，估计出书半年后以售书所得一次付清。虽不尽如人意，但较原安排略好。大概今年可出宋辽金元（枣庄），明年初可出隋唐五代（孝萱）。希望治安及弟支持之两分典能循段交印耳。

冯天瑜先生主编大型杂志，迄今未见踪影，看来武汉方面比北京、上海尚缺乏条件。北大《国学季刊》《唐研究》稿费千字皆在80元以上，不知武汉如何？

甚念毕奂午先生，前寄《学记》慰其寂寞，不知已交与否？盼复，即颂双安！

千帆

2月8日（1998年）

（七〇）

志达老弟：

前接来信，知两世兄均已赴美，学业事业均有成就。弟夫妇将来亦可出游，但因《大典》事将稍缓再作打算。我对弟于公于私如此安排，非常感谢。

《大典》事搞了七八年，现在《文学典》总算开始有了一些眉目，曾枣庄的宋辽金元分典，卞孝萱的隋唐五代分典，均可在今年上半年交稿付印，宋元可能今年出版，共五巨册。待遇已增加到每千字30元，具体办法是原来的每千字18元照旧按期发，不动；加的12元在各分典出版发卖后半年，一次付清。江苏省委和出版局已经接过此书的出版工作，即不再是江苏古籍出版社的事，而是江苏省出版局的事，这样比较可靠。现在高纪言要到各地跑一趟，一是与各分典订约落实交稿日期，二是宣布增加稿费的办法。他要与分典主持人订约，以取得双方的法律保障。他在近几个月内要亲自到武汉来和你谈这两个问题，要我先通知你，在编稿交稿日期认真考虑，和各部认真商讨后作出准备。不久，要在南京开魏晋南北朝分典和理论分典样稿审查会，如果这两个分典样稿通过，那么全部《文学典》都启动了。《中华大典》是开国以来跨世纪大文化工程，《文学典》正在和四川的《医药典》竞争，看谁最先拿出来。如果顺利，我们师弟今年冬天可能出席中央召开的《中华大典·文学典》的新闻发布会。那时报刊会有比较盛大的报导。我离开武大已经二十年了，但还怀念着武大。你这一辈子就在武大，如果我们在《文学典》上作出了成绩，就是俗话说的“不蒸馒头蒸口气”。我想你一定和我一样愿意把这件事作好。

还有一件事告诉你，你听了也会高兴的。河北教育出版社已同意出版我和沈祖棻的文集。沈祖棻的四卷，我的二十卷。沈祖棻的早早编，我的莫砺锋编，最迟后年可以出齐。祝

全家安好！

千帆

1998年3月21日

（七一）

志达老弟：

四日函收到已久。因为要彻底弄清楚，稿费究竟是18元，30元，还是36元，向各方面作了详细了解。现知他们（包括江苏省出版局及北京）最后的决定是18元（原定）＋12元（出版后半年一次补清，即为30元）。至于36元之说，是有人吹风，经追究旋即因恐追究法律责任而矢口否认，从此不提。现在各典包括曾枣庄在内，均接受此一方案。弟所听到的信息，不知如何。至高拟来汉准备各个击破之说，高云绝无此事（北京亦否认）。曾现在台湾讲学，三个月即返，届时可以对质（包括36元尚不满意之说在内）。此事，大概目前只能如此。

调整明文学部结构之事，我意原定是一般习惯，多数接受，以不动为妥。你拟文新二人将“部二”接下来分担，完全可以，各任其半，而无须取消“部二”，署名亦可署二人之名也。以为如何？

高为表示对明清分典同人之善意，故拟来汉，但读弟函后，深恐反而引起误会，效果适得其反，且忙于隋唐五代及宋辽金元二分典之发排，也较忙，故拟少缓，在魏晋南北朝及理论典审稿会再晤面。

我近日忙于为沈文集四卷本发稿，亦较忙，先扼要作复。即颂
俪弗！

盼复。

千帆

四月十七日（一九九八年）

（七二）

志达老弟：

二十七日手书收到，说赠联之意甚得我心。人总要有点精神，郑板桥所谓“咬定青山不放松”，今天所谓拼搏也。郑传寅失在太聪明，不肯吃亏，故难成大器。（当然，不必告之。）98年《中国社会科学》载徐公持一长文《论古代文学之现代化进程》（第二期），其中涉及下走与钱默存，弟与一中有暇可以取而观之。程章灿可完成《文学通史》，故虽耳目皆越来越不中用，亦无大关系。99年总可出版也。弟所言武大情况似一时难有突破，也只能尽其在我，将《大典》编好，即是功德，一时只能如此，也难强求也。弟年事亦渐高，虽健壮，仍要多注意。我现在只能说不更坏就是好耳。祝
全家好！

千帆

5月31日（1998年）

（七三）

志达老弟：

天酷热，安否？

前南师大陈书录来，此君亦我门下，所著博士论文《明代诗文的演变》，颇佳，要其寄一册与弟，不知已收到否？

近闻武大出版社已出黄先生日记，其全体转抄本在此间，故疑是潘石禅藏手稿零种。如确有此事，望买一本，挂号寄下。至要至要。

我文集在河北排印甚速，已排略有一半。99年当可印出，亦可喜也。匆匆，即颂

全家好！

千帆

七月二十日（一九九八年）

（七四）

志达老弟：

9月29日来信收到。守湘辞世，良用伤戚。觅人替之，实为急务。郑传寅人不踏实，不是任重致远之才，早日发现，早日分手，不见得是坏事，看事要有辩证观点也。整个《文学典》速度甚好。最重要的是此次北京编委常委会议，已批准给与付印权，即各分典定稿后，只要高纪言和我认可，即可付印，无须再由上级组织专家审查。这就省事多了。如一切顺利，曾枣庄那个分典99年初可出五册。卞孝萱那个分典99年10月可出四册。你那个分典希望争取2000年初付印。这将有正式批文，不久分发。（附上曾、祝二人文件三页。）

孩子上进努力出国深造极为可喜，但望以“一年土，二年洋，三年不认爹和娘”（指祖国）为戒。南大许多教授，孩子在外国大有成就，但可都变了洋人。父母老病，留在国内无人照应。不只是入了外国籍，心都变了。陶芸姐夫张钰哲是我国大天文学家，儿子父母死了不奔丧，女儿嫁了洋人。陶芸姐姐老病无依，住在养老院，凄凉死去。我直言无隐，希望令郎为祖国学好洋人的科学，切莫变洋人。

我与章灿书已交辽海出版社付印。每千字70元，两个月出书。同时在河北教育出版社印另一个版本，照样付稿费。武大恐无法照此办理，特别是时间（只要看《人文论丛》就知道了）。故请代为致谢他们的美意。

高校科技成果奖事，不必介意。这种事总要有两手准备。得既欣然，

失亦可喜。你的名山事业在《文学典》，希望尽全力为之。我曾劝你多买些书，准备送人。现在书重印极困难，此事今后可注意。黄先生日记，江苏教育出版社已开印，如见王庆元，可告之。另致阳海清先生信及来信望转致。望与一商，阳信看了退回。

帆

十月三日（一九九八年）

（七五）

志达老弟：

前得一函，知近体不适，甚以为念，不知近日转安否？现住在哪个医院，如晚间打电话到府上，可有人接？《文学通史》已在辽宁排好，五月中可出。高纪言赴成都，并转赴北京向李彦、任继愈报告国庆五十周年出版宋辽金元分典之事。渠云拟将吾弟身体情况报告，请大典工委会向武大党政领导关照，对弟患病医疗情况特别注意，或者能引起重视，有所补益。我仍衰弱，恢复甚慢，但平稳耳。匆颂

俪安！

千帆

四月十九日（一九九九年）

（七六）

志达老弟：

得书三纸，知在美大略及《大典》准备情况，极喜。我近年极衰，耳聋目瞀，又患糖尿病，行动不便，小便大便又多，健忘。幸陶芸差健，可以在生活上相助，服食尚可，余则殆废人。人生到此亦可哀也。《大典》已决在五月中旬开魏晋南北朝分典及理论分典审稿会，届时将请弟出席。李彦、任继愈及《大典》北京负责人均将参加。望弟作准备报告明清分典工作进度，大约二小时即可。唐五代及先秦两汉二分典由卞孝萱、董治安二先生负责者，卞典已完工，正作最后修订，今年可出版。董典年底可交稿。若五月之会最后两分典获准，则只待明清及此两分典

完成,全书告成矣。我著书已由河北教育出版社编为十四卷,沈四卷,正陆续发排中,由莫砺锋、张伯伟、程章灿诸弟子理其事。或者今年可出书。诸门弟子想出一九十寿辰论文集,亦不知残年能赶得上否。武大合并有所扩充,亦是喜事。王兆鹏来,望其招到一些好学生,否则也是孤掌难鸣。我在南大留下了七个学生,今其中六人皆已为博导,成为中文系骨干,故成为一种力量。若只我一人亦无能为役也。我写字较困难。匆匆奉复,即颂
俪安!

千帆上

4 月 11 日(2000 年)

致沈辰宪、汪文英(一通)

沈辰宪、汪文英,沈祖棻先生之堂侄、堂侄媳。

辰宪、文英:

寄来的信和钱早收到了。这一个月,我们是在非常痛苦、忙乱和昏沉中度过的,小婉怀了孕,反应强烈,早早又得流感。小婉一抓笔写信,就大哭起来,无法写下去。我右臂骨折,撞伤多处,许多地方淤血。昨天才拿下石膏,勉强抓笔写一点。

祖棻受伤太重,颅骨都碎了,不过一小时,就在手术室逝世。在殡仪馆停了四天,用了一千多磅冰块保护,所以到三十日火化时,一点都没有变化。昨天,安葬在石门峰武大公墓。坟做得很好,骨灰坛外,砌了砖,加了很厚的水泥。坟前立了一块很大的水泥碑。这都是小婉厂里的同事义务劳动,尽心做的。等明年春天,再到坟上种树。很悲伤是我负了伤,不能走远路,小婉也不行,没有能和她作最后的决别。我的吉林赶回的大妹妹,从黄陂回来的二妹、妹夫和威克去了。

我们上次来你们家,看到你们两个人身体都不好,很难受。因为怕你们请吃饭,过于操劳,中间就没有来。原说临走时再去看你们,因为托人

买票，行期提前，又没有来成。早知如此，怎么也要会一面的。

祖棻一直对你们的身体不放心，特别对孩子们在乡下没有抽上来，感到焦虑。希望你们体会她的意思，保养好身体，想些办法，让孩子们的问题早日解决（她在回来的船上，还谈起这些）。

我和她四十年的患难夫妻，感情极好。她这么善良的一个人，死得这么惨，我永远也想不通。孤孤零零一个人活着，有什么味道？能够早点去和她在一起，倒好些。

一边哭，一边写，也写不下去了。祝
双好！孩子们乖！

千帆

七月二十七日（一九七七年）

致上海古籍出版社（十五通）

（一）

俊民、寿荪先生：

前些时，收到章荑荪兄来信，转达尊意，十分感谢。我虽然已经六十五岁，又退休了，但身体还好，如果能够在你们的协助之下，为社会主义文化建设事业添砖盖瓦，聊尽绵薄，以赎旧愆，是非常愿意的。

我没有机会看到出版社的选题计划，因此也无从考虑自己勉强能够做点什么。现在，我手头有两部已完成的稿子，《史通笺记》和《古诗今选》，前者比较专门，后者则是一本普及读物（由亡室沈祖棻和我合作的）。今各写简介一篇寄呈。如两位愿意看原稿，当即邮奉。

自己感到非常惭愧的是，虽然摸了一辈子的书本，而涉水行猎，暮齿无成。细数起来，还只有对几部唐宋诗集如杜甫、李商隐、温庭筠、王安石、苏轼、陈师道、陈与义等略为熟习一点，如出版社选题中有这方面的选注，或许可以试一下。

我有一个朋友张月超先生，曾在湖南师范学院及武大讲授英国文学及欧洲文学多年，中英文都好，曾出版过《歌德评传》及《欧洲文学人民性传统》等书，现在也已退休，想做点翻译工作，不知道出版社计划中有无这方面的选题，是否有即需翻译的著作？（不一定是文学方面的。）

我现在忙于为亡室整理遗稿，她写的《唐人七绝诗浅释》及《宋词赏析》都有成书，略加清理，即可付印。我自己也还有一部《宋元文学史稿》要重写一遍。另外，黄季刚师的遗书中也还有一些应当整理付印的。山东大学殷孟伦兄给他整理的《尔雅郝疏订补》，有六十多万字，已完成三分之一。我很想把黄先生批的《文选》整理出来。如果我们这些受过黄先生亲自教诲的人都过去了，将来整理起来就更加困难了。

我和两位先生都还没有见过面，初次写信，就这么拉拉杂杂扯了一大篇，希望见谅。此致

敬礼！

程会昌上

十月二十二日（一九七七年）

通讯处：武汉大学九区三十号。

《古诗今选》简介

沈祖棻　程千帆　选注

这是一本适合于具有中学文化程度的读者的普及读物。其内容大致如下：

一、选注了八代、唐、宋五七言诗（附有部分杂言及六言）约二百首。其中八代及宋代约各占四分之一，唐代占二分之一。

二、选录标准，首先注意其思想内容，其次也注意其艺术手段，力求介绍给读者的，乃是思想健康、艺术完美的篇章。

三、注意了主题、题材和风格的多样化。

四、注意了读者的文化程度，古典太多、内容艰深的不选。

五、突出重点作家，也顾及次要作家的一些精品。

六、每篇都有详尽的音、注。注释吸取了历代注本及学者们的研究成果，但不作烦琐考证。

七、注释中注意了与当前现实有关的一些问题，作了相应的提法，如

对于历代民族战争 的评价等。

八、每篇都有简要的解题，说明其思想或艺术上的特征。

九、前有引言，简要地介绍了古典诗歌的思想内容、艺术形式、创作方法及八代唐宋诗的发展大势。

《史通笺记》简介

程会昌　著

前人对于《史通》的研究，大体上可分为注释及校勘两个方面。

注释方面，清浦起龙在明代郭孔延等人所从事的草创性工作的基础上，继续研究多年，写成《史通通释》，对读者提供了很大的方便。近代陈汉章作《史通补释》，杨明照作《史通通释补》，彭仲铎作《史通增释》，对浦书又作了补充和校订。

校勘方面，何焯、顾广圻、卢文弨诸名家都对此书作过比较认真的文字校正。

但是，前人所做的这些工作，在今天看来，还嫌不够。这部《笺记》的用意就在从上述两个方面再加补充和校订，并在更广阔的范围内采集有关资料，为读《史通》的人进一步提供方便。

《笺记》用札记体写成，按篇分系，引用书籍二百六十余种，全书共二十余万字。其主要内容如下：

一、对前人注释及校勘更无异议的，不再涉及。所出各条，多数是前人所未及，少数是对前人论点的订正。

二、凡是其他古书中涉及《史通》本文或与《史通》所论及的问题相关的资料，均加采录。

三、凡是清代及近人所著有关《史通》的专文，一概附录(介绍性的概论不收)。

四、特别注意近代史学家的研究成果，其与《史通》有关者，均加采录，使读者便于了解其中某些同题，在今天已经解决到何种程度。

五、《史通》论点，常有自相矛盾的地方，《笺记》注意其异同得失；又常有可以互相证明的地方，则注意加以疏通连贯。

六、《史通》以前的史学理论，是零碎的，甚至是残缺的，《笺记》尽量加以搜集，以明《史通》理论的来源。

七、历代评论《史通》得失的资料，也加采录，以见《史通》之影响。

八、所用资料，均出自第一手，后附书目，注明板本，以便覆核。

以上二至七点，是已出有关《史通》著作较少或全未涉及的。

（二）

古籍编辑室负责同志：

二十六日来示敬悉。

《古诗今选》已脱稿，现寄给师大章荑荪同志，请他大致审定一下，即行转交。

祖棻遗著两种，虽有成稿，但系写在双面练习簿上面。要重抄一遍。有的地方，需要作些技术性的整理，书证方面，要进行覆核，以期完善。这些工作，正在积极进行中。预计在明年三月以前，可以将有关词学的一种送请审查，六月以前，可以将《唐人七绝诗浅释》呈教。

最近，将她的遗稿仔细清理了一遍。觉得在词的方面，还有两种可以公开于世。一是双白词的批语，另一是几篇有关词的作家和理论的专文。她手批词集多种，我拿来和近人已发表的著作加以核对（如周、吴词，就与《海绡说词》核对），觉得所批白石、白云二种，虽非全批，而已详批者，颇有可取。因此也准备将其辑录出来。这样，就想把（一）宋词赏析、（二）双白词札记、（三）四篇专题论文，合为一书，暂时定名为《学词记微》。我暂且这么做着，将来你们看了全稿，再行定夺好了。

极其感谢俊民同志的吊唁，并请转致问候。此致

敬礼！

程千帆

十二月五日（一九七七年）

再顺便说明一个问题。

《古诗今选》，原曾交北京青年出版社。该社请文研所余冠英同志审查后付排，已出清样。后来因我犯了错误，就解除了出版契约，并退回了预付稿费，手续已全部了清。这次我们重新增改，为了节省钞写时间，就

用了清样作底子，原来的引言，则完全重写了。

千帆又及

（三）

编辑同志：

亡妻沈祖棻的遗稿《学词记微》，已请唐圭璋、吴白匋、章荑荪三位先生审阅，现由荑荪交上，请查收，并赐复。红笔是吴先生批的，铅笔是唐先生批的。我都还没有看。想等你们看了提出意见，认为可以出版时，再集中各方意见，一起修改。

《唐人七绝》的稿子，在继续整理中。因为编辑她的诗词，准备油印，所以耽误了一点时间。但估计比原来约定交稿的时间（五月）也不会延长很多。六月或七月可以交给你们。

此致

敬礼！

程千帆

三月廿四日（一九七八年）

（四）

编辑同志：

亡室沈祖棻的遗稿《学词记微》在三月底整理毕功后，即寄给南京友人唐圭璋、吴白匋审查。你们一定知道，他们两位在这方面是专家。现已看完，即将转荑荪。他看完后，即奉上。

《七绝诗》已整理了三分之二，现在没有稿纸了，又买不到，能否请你们支援几百张？在荑荪处曾看到你们给他写宋词选的一种大张的，较好，因我现用的也是大张的。我眼力差，不能写细字。

如果同意，请快点赐寄（最好航空），以免耽搁时间。此致

敬礼！

程千帆上

五月四日（一九七八年）

(五)

编辑同志:

(78)古字470号来信收到。

我的地址是“武汉大学9区30号”,你们来信写成了“武汉大学中文系9区30号”,邮局便送到中文系去了。隔了几天,才由系中转来(我已退休,从不去系),稽复为歉。(稿件因要本人签收,已于两日前送家中收到。)以后来信,请勿写中文系字样,以免延误。

拙稿承审核,并提出宝贵的中肯的意见,非常感谢。现将来示中各点奉商如下,请研究。总的来说,你们提出的要求都有道理,但我恐未能完全照办,则主要有两点理由,一是时间问题,二是学力问题。

先说时间问题。一年来,我集中精力整理亡妻遗著,拿年龄来说,可算奋勇工作,现在还有一个月,可以完成。但就在这时,南京方面要我去讲学,说不定以后就要由临时工转正,连《七绝诗》最后的20%能否赶完,都无把握,但我一定要搞完交出,否则,不仅对不起亡妻,也对不起你们。以后能否有较多时间来修订补充《古诗今选》,不敢预期。你们可以想到,教一门课,再带上若干研究生,不会宽松。

再说学力问题。朱自清先生是一位温厚长者,我和他很熟。他对我说过,有的选本,不是选本,是“碰本”,即并未看过全部或较多材料,也未作过相当研究,“碰”上了,随手拈来。这话我至今记得。我应当坦率地告诉你们,对宋以后的诗,我读得极少,全无研究,随意“碰”上几十首,有点自欺欺人,这事我不敢做,虽然也可以做到。交青年出版社时,周振甫同志当时是此书责任编辑,也有和你们同样的想法。后经我当面陈述理由,他也同意以我的所学习过的东西为限了。这一点,是你们所提的意见中我最无能为力的一点,其余好商量。

原则上同意抽换一部分选诗。但我想指出,我们夫妻这个选本在注释及解题上有它的特色(同贵社《一百首》、文研所《唐诗选》及钱氏《宋诗选注》比较可以看出),不单是入选的问题。另外,“名篇”“避让”反而较难。如果《古诗今选》没有《长恨歌》《琵琶行》,怎么行?所以,我的想法是

“避让”以不破坏本书的完整性为前提。不知你们觉得怎样？事实上，读者不一定同时读《一百首》和《古诗今选》，现在书的印数如此之少，何能必其都能买到？

也可以适当补充一些家数，如潘岳、张协、郭璞、刘子翚、姜夔等。这好办。

汉字注直音，现在并无可用的标准字典，我看过用直音的选本，毛病很多，如声、韵、调等，往往都不很准确，又夹上注者的方音。还有些字，无相当的直音可注。我的语言学知识极差，做这项工作，没有把握。如果你们认为应按照通行体例加上，不知是可请编辑同志代加，或请社外专家代加。

重出诸词，重复注释，可以照办，但恐不能保证没有遗漏。

序文，你们提的意见我还没有吃透。好像说前一半可以不要。文学史式的写法和非文学史式的写法的区别，我也不够清楚。大体上说，我的意思倾向于保留原状，如果没有极大的毛病的话。我可以告诉你们，这是根据祖棻生前一个关于古典诗歌的通俗讲演稿改写而成的。她对一般群众讲过几次，效果很好，所以我认为移作《古诗今选》的引言是适当的。如果你们认为非改不可，可否即请你们就原稿不客气地动笔，先将它按照你们的意思改了，我再来研究。这样，行不行呢？

我认为，一部书必须由作者与编辑部密切合作，开诚布公地交换意见，才能提高质量，更有益于读者。（随意选些元明清诗，使读者以为即系三朝诗精华或代表之作，恐非对读者负责的态度。）因此，我的说法可能是错误的，但都是无保留的。请指教。

又，如果以上各点能够取得一致的意见，你们希望什么时候交稿呢？请考虑见告。这便于我将这事在我今后的工作时间中作出安排。

最后，谢谢你们惠赐的《一百首》。

此致

敬礼！

程千帆

6 月 5 日（1978 年）

签注的个别意见，除《长信秋词》一条外，全部同意，已照改。

（六）

编辑同志：

收到(78)古字470号来信后，即回了一封较详的信。想已收到。

昨夜做完日课，灯下又将来信及两个《一百首》前言、选目及注释、解题细看了一下。我捉摸你们关于序文的意见，可能就是要写成《一百首》那个样子。这，我不认为是唯一的方式。即两个《前言》，照我的看法，过于抽象。基本上以背景性叙述为主，然后讲一些总的特点。你们掌握读者方面的情况当然比我多得多，也许这种写法对于《一百首》是合适的。但是否也容许我们那种写法在读者面前试一试？介绍古典诗歌在内容、形式及创作方法上的基本情况以及由汉至宋诗歌发展的历史情况对于读者未必无用，似乎不一定非要紧扣主题不可。

选目是有些可加，可换。但有一些作家的代表作，似以不抽换为宜，如高适的《燕歌行》、岑参的《走马川行》《白雪歌》、李白的《蜀道难》《梦游天姥》等。杜甫的三吏三别，是作为一组诗入选的，也不能拆散。有些诗，《一百首》和我们的解释有出入，如果我们觉得自己的说法可供广大读者参考，也以保留为宜。如《渡桑干》，我们不认为是贾岛的作品。《出塞》，我们认为龙城当作卢城，此外还有一些类似的情况。大概唐诗这种情况多些，宋诗少些。初步考虑一下，可以换掉一半左右，即三至四十首。

以上序文的问题也好，选目和注释的问题也好，我总的想法是要保持这本的完整性和独特性，既不希望雷同，又不希望残缺，而是希望读者看到以后，获得它是一本有系统、有重点的，同时又有些特色的书的印象。

关于"避让"问题，是不便形之笔墨，向读者公布的（至少我是这样想）。试想，如果读者念到的诗，竟然发现没有《长恨歌》《琵琶行》，他们会产生一种什么样的想法呢？这，真是无法悬揣了。

这，只是作为前信所申述的一点补充，谈得很直率，请原谅。经过详细交换意见之后，再行修订，肯定效果要好些。

顺致

敬礼！

程千帆

六月六日（一九七八年）

（七）

编辑同志：

78古字540号来信收到。现将我关于《今选》的意见写在下面。

1. 关于入选断限，即仍照原稿，由汉迄宋。这一点，你们已同意。

2. 关于避让问题，照此次你们来信的意见办，即在保持原书的系统性、完整性与选注者见地的前提下，尽量避免与《一百首》重出。

3. 关于直音，同意你们的办法，即由编辑同志在加工时，以《词海》（未定稿）所用的直音为准，加上去。如无直音字，是否应加反切，请你们决定。我手头无《词海》，自己发音又不规范化，不准确，深恐有错，贻误读者，因此，这项工作由你们担任更适宜。

4. 交稿日期，我想尽可能快点交出，希望不妨碍你们的出版计划。但算了一下，如抽换一部分，增加一部分，大概要新注六七十篇，另外还有点零星加工工作。打宽一点，想在十月底以前交给你们。（说不定我要搬家到南京，要耽搁一些时间。）

5. 序言，同意你们的"不拘一格，但总以精当为好"的提法。我准备走一下群众路线，将此文先交一个刊物发表，写个附记，说明刊出就是为了征求意见，准备修改。刊出后，多拿些刊物送给各方朋友，请他们提意见，作为修改时的参考。如一时不能印出，或大家没有表示意见，也无关系，可由我们"俟全书定稿后再进一步研究"，如来信所说的。如果我到了南京，就方便了，可以到上海来住几天，共同将此序言改好。

另外，《学词记微》两册，约十八万字，已在荑荪兄处。他看后，会交给你们。

《唐人七绝诗浅释》三册，约二十二万字，已整理完成。我还是想先找老朋友们看看，但现在大家都忙起来了，不容易。如找不到人，就先寄上请审核。

至此，你们77古字600号来信所要的三部稿子都完成了，只待审核后，看是否接受，再进一步考虑修订。

此致

敬礼！

程千帆

6月21日(1978年)

你们支援的稿纸，对于我这个老眼昏花的人来说，真是大有帮助，谨再一次表示感谢！

（八）

编辑同志：

由于你们建议增加《今选》作家数，我近来将它的选目通体研究了一下，感到它所反映的汉——宋诗坛的面目不够完整，主题、题材和风格也还不够丰实，有时，只注意了诗的思想内容，而忽略作家的风格特征，等等。

因此，我想索性将它扩充一下，将原有的二百多篇加一番，变成四百五十多篇，现拟一目录送上，请研究。其中，也考虑了你们提出的“避讳”问题。(退还时，请挂号，以免遗失。)

手中书不够，将来动手加注，还可能要抽换一些，这只是初步搭起的一个架子。

原来只以初中程度的读者为对象，现在想略为提高一些，变为“中间读物”。

我已经决定到南京大学中文系任教，我和来接洽的系党政负责同志谈到了一些未完成的工作(包括《今选》在内)问题，他们答应给时间，所以可以安排在我的工作计划之内。

要你们对每诗是否入选提具体意见，可能有困难，但至少可以“望气”。如能提出具体意见，当然更好。

《唐人七绝诗浅释》已完成，交“文论选编写组”王文生同志带上，他可能交给李老。《学词记微》已由章荑荪同志交上。

两稿收到后，请来一信。

我大约七月下旬去南京。七月十五日以前来信，可寄武大，以后，请交荑荪收转。

此致

敬礼

程千帆

6 月 28 日(1978 年)

(九)

编辑同志：

来信(78 古字 656 号)及诗目都收到。

非常感谢你们对《今选》扩充计画的支持。此事，并非我在斗室之中，忽发奇想，而是半年来和许多大中学教师、大学生及社会上许多爱好古典诗歌的人接触，并征求他们的意见之后，向你们提出的。总的来说，他们希望诗篇多些，主题、题材、语言、风格更广泛一些。很多人不满足于只反映阶级斗争的诗篇，虽然大家一致承认，那是最重要的、基本的。他们也不满意，作一个比喻，只有腰鼓、秧歌，而希望还有芭蕾舞。

我也想到：为什么"排律""联句"就应当排斥在各种选本之外？等等。

你们提的具体意见都很好，绝大多数我同意。只是张文昌的五律代表唐人五律的一派，前人多未注意。至李石桐《中晚唐主客图》出而后明。《蓟北旅思》则是其代表作，作者自己也认为是"得意语"(见《诗总》)。我倒是不想去此一篇，相反，还想再加五律一篇。选梅都官殇女一诗，是因为反映亲子之爱的作品少。梅诗选的偏于现实斗争，故此一篇亦可调节。用意与你们提的关于方岳等人的意见相同。当然，这些意见也不一定对，还可讨论。

将来，还要细酌。总希望基本上做到：为什么选这一篇，能讲出一个具体道理来。即不沦于"碰本"。

什么时候完稿，我现在还不能很具体计画。因为这要等八月中到南京大学以后，了解了他们分配给我的工作，才能判断。我已提出过，要有部分时间做这种事，他们也答应了。我想，从现在算起，半年以外，一年以内完稿，是一个恰当的估计。我的性格比较急，做事情，不喜欢拖拉，也不喜欢轻诺寡信，打得宽点，能够提前交出，更好。

亡妻两部稿子，词的一部，请圭璋、白匋两兄看过，诗的一部，没有来得及找人看（大家都忙）。我在整理时，是尽量保留下了她的意见的（除了牵涉到一些敏感问题如少数民族等）。有某些地方，我的看法不同，但也没有动她的。因为她已不幸亡故，这是遗稿，如果没有大错误，就希望能够保存她的“一家之言”，我想，也是符合“双百方针”的。现在，提出来，希望责任编辑同志考虑。

我本拟七月底迁到南京去，但天气太热，想少缓一下。也许八月中旬再动身。

我如动身，当函告。

此致

敬礼！

程千帆

七月廿二日（一九七八年）

（一〇）

编辑同志：

（78）古字1053号来信收到。非常感谢你们对祖棻的遗稿作了认真仔细的审读，提出了许多宝贵的意见。

对于所提出书方案，我的具体意见如下：

① 同意将书名改为《宋词赏析》。

② 第一部分改名为《北宋名家词浅释》。因为她另有一部《唐人七绝诗浅释》，性质相同。“浅释”之名，是她自定，较好。

③ 同意将二、三部分改为《姜夔词小札》和《张炎词小札》。

④ 同意将苏词二论作为附录，但想再加清人比兴说（即只去掉论元词一篇）。理由：此文是她用力之作。看了近来一些论比兴的文章，更感

到此文有重印一次的必要。其中也分析了好几首宋词，如东坡《卜算子》、黄孝迈《湘春夜月》之类。放在一起，也还合色。（此文对读南宋及清人词很有用。）

⑤ 还是用《后记》为好。因为只是将各部分内容略作介绍，话不宜多。对自己的妻子的作品，更应当实事求是，不能吹嘘。

关于所提具体修改意见，大致看了一下。其中多数可据以修改，有些书证要覆核，但有的意见（如嫌分析太略），则作者已亡故，我不好代她大作文章，只好不动。

我现在不比在武汉，“闭门躬耕”，南大总有些事要做，所以不能很快地寄还给你们。我想在十二月以前，十一月下旬交卷，不知对你们的工作有无妨碍？

我还有两个想来你们可以答应的要求：

① 你们排校后，付型以前，将大样寄送我再校一次。

② 出版后，除赠书外，请代我买一百册，送朋友作纪念。（我和新华书店不熟悉，现在书不容易买到，所以想事先和你们约定。）书款及寄费或在稿费内扣除，或另寄奉。此事，务请惠助。

《古诗今选》正在断断续续地作注。八代快做完了。什么时候能注完，现在还不敢说，总之是尽力而为。还是质量第一，不能害人。

请对上述各点，赐复。

顺致

敬礼！

程千帆

十月十四日下午（一九七八年）

（一一）

编辑同志：

今将《宋词赏析》原稿二册寄上，请查收，并赐复。

对唐、吴二老及你们所提意见，有所取舍从违，是因为作者已故，在百家争鸣的方针下，希望做到既不负死者，又不误读者。二老意见之取舍，已和他们面商，对你们的意见，则在浮签上简单加以说明。

所取二老补充意见及书证等，均标明姓氏，庶非掠美。

对于词学，我非专家，只是略具常识而已。这次整理遗稿，幸得你们大力协助，得以保证质量，非常感谢。

为了争取早日付排，我将手中其他工作推后了一部分，故得以早日寄上。

专此奉达，顺致

敬礼！

程千帆

（收信日期：一九七八年十月二十七日）

（一二）

编辑同志：

79古字556号来信收到。

① 对拙稿标题及字句的改动，除一两处外，都同意。非常感谢你们费心审阅。

② 书名仍旧为宜，制科及后人沿用行卷之名者诚有，但行卷之风只与进士科举紧密联系。举子行卷时，正是进士，及第后，则为前进士。（请看P42引《摭言》。）

③ 关于行卷对诗歌发展所起作用，部分材料已写在第三、第四两章中。这要与第六章联系起来看。此稿写成已数年，数年中，我读书时也常注意这方面的材料，但所获甚少，有，则多半是相同的，似无须屋下架屋，都抄进去。

④ 我现在正尽全力从事《古诗今选》的注释工作，在南大排印的征求意见稿已排完上卷，正校对中，希望早送你们请教。现无暇及此书，因先寄还。以后如增补，也不会多，看大样时，来得及的。

此致

敬礼！

程千帆

5月12日（1979年）

唐人杂记，差不多全部看过，搜采过。遗漏的材料不敢说没有，但不会多。

(一三)

古籍总编室：

来信早收到，迟复为歉。

1.《章太炎国学讲演录》，版权归其子章导所有。章现居苏州锦帆路老宅(号码记不清，但在上海社科院汤志钧先生处当可打听到)。如你们征得他的同意，我可托人校点加符号。

2. 文化史部分，南大中文系已同意你们出版。但中国青年出版社及科学出版社等要请你们疏通。个人方面无问题。如出，仍可由南大中文系编校。

3. 黄侃先生《量守庐日记》校点事，由武大王庆元等四人担任，他们约我总校，前曾奉告，你们未予答复，此事贵社意见究竟如何，望明白表态，以便我安排工作。

此致

敬礼！

程千帆

4 月 8 日(1985 年)

(一四)

总编室：

85 古字 593 号来信收到。我说的要向中国青年出版社、上海人民出版社(前误为科学出版社)疏通，是因为《中国古代史常识》是由前者出版，《中国大文学史》是由后者出版。你们出书，用了他们出版物中部分资料，涉及版权，应否取得他们同意？望研究考虑(我们的那份讲义，特别说明“内部交流，非卖品”，即是打招呼)。至于个人稿件发表在期刊上的，或原系手稿，那我都联系过，只要你们出版后付给稿费，赠送样书就行了。

（各出版社，我们没有事先联系过，只是出版后曾送给样书，他们没有反对，也即表示了谅解，对用了你社材料，也是如此。）

我想如果你们出版后，付给中青等一点稿费，大概就不会有什么问题吧。

我编此书，全为研究生教学用。自己并不要得什么报酬。如果你们出了，给南大中文系一点编校费就可以了。编者仍用南大中文系名义，不用个人。

黄老师日记，唐文、许惟贤、王庆元、吴永坤四位在业余进行。你们既同意我担任总校，将来或由我写一后记或序，以表负责。

祝

工作顺利！

程千帆

4月21日（1985年）

（一五）

上海古籍出版社总编办公室：

（92）古字574号来函收到。《两宋文学史》各处（包括贵社邮购部）久皆售缺，上次我买的有一本有缺页，请责编邓先生调换，他也只能在私人处暂借一册寄我，至今未还。今得来信，知“还有不少存书”，不禁大喜过望。现我想再买100册，不知仍能给与优惠否？书款应寄何处（不能寄贵社邮购部，因他们说已经无存书了）？盼速复。各处新华书店也无此书出售，不知贵社能否与他们通气，将现有存书通过一定渠道送到读者手中？很多不相识的人也纷纷写信给我，我只能请他们向贵社邮购。这些情形，想贵社亦有所知。

麻烦你们，谢谢。顺致

敬礼！

程千帆

十一月十八日（一九九二年）

致吴白匋(七通)

吴白匋，曾任南京大学中文系教授。

（一）

白匋先生尊监：

前奉手札，以无多事，未即作复，甚罪。先生有意再写剧本，此甚盛事，未悉已着手否？子苾诗词，前已由子强设法付印，又以无组织介绍信作罢。方谋油印，尚无眉目，然终必努力成之。其遗著两种，由荑荪说项上海考虑印行。《学词记微》一种，已由会昌整理完功，谨寄呈审核。务恳垂念与逝者数十年交往之情，勿存客气，其有不善，即时改定。会昌虽尝受词学于先生及瞿老，而于此道实无所知，故除核校书证、补缀文字之外，未敢辄为改动。祖棻生前于海内词流，不轻许可，而独佩先生，此亦先生所知，故以重托，想蒙垂许。（其文字不妥或解释有问题者，均可就原稿改之。其须大幅度改写者，请别纸录之。）先生阅毕后，仍祈交圭老一阅，然后寄荑荪转至出版社。会昌当另函圭老。经二老阅后，或可寡过耳。专肃，祇颂

道安！

会昌敬上

廿七日（一九七八年一月）

师母前请代致候。

五字律实有意味，惜昌未听报告，然亦可想象得之耳。

（二）

白匋先生尊鉴：

日前托自强转呈寸笺，又祖棻遗稿两种，或已得达左右。

比翻阅其另一部谈诗之稿，于燕子楼事，已据宋陈振孙《白香山年谱》贞元二十年条，订正《丽情集》以张尚书为建封之误。据陈谱，建封官司

空,非尚书。尚书乃其子愔。会昌此次整理《学词记微》,于清真〔解连环〕一首“燕子楼空”句,仍其旧稿,误以关盼盼为张建封爱妓,敢请先生于披阅时代为改正,以免贻人口实,兼误读者,不胜铭感。余已详前函,并请自强面陈,不缕述。专叩

道安!

会昌拜上

二月一日(一九七八年)

张孝祥〔水调歌头〕《汪德邵作无尽藏楼于栖霞之间,取玉局老仙遗意,张安国过,为赋此词》下片有云:“一吊周郎羽扇,尚想曹公横槊,兴废两悠悠。”可证宋人也以“羽扇纶巾”是指周瑜。

以上一条材料,亦系在子苾札记中检出,请费心补入其《宋词赏析》苏词〔念奴娇〕中,在适当地方插入。(文中专有一段驳以“羽扇”句为指孔明之说。)

(三)

白匋先生道席:

昨承赏饭,食德饮和,感不可言。垂询柳翁诗事,检班《汉》卷六十七《朱云传》云:

> 少府五鹿充宗贵幸,为梁丘易。自宣帝时善梁丘氏说,元帝好之,欲考其异同,令充宗与诸易家论。充宗乘贵辩口,诸儒莫能与抗,皆称疾不敢会。有荐云者,召入,摄齍升堂,抗首而请,音动左右。既论难,连拄五鹿君,故诸儒为之语曰:“五鹿岳岳,朱云折其角。”繇是为博士。

又《佩文韵府》卷一百上引《后汉书·戴凭传》云:

> 正旦朝宾,百僚毕会,(光武)帝令群臣能说经者更相难诘,义有不通,辄夺其席以益通者,凭遂重坐五十余席。故京师为之语曰:“解经不穷戴侍中。”

范《汉》卷七十九上《儒林·戴凭传》但云:

> 习京氏易。年十六,郡举明经,征试博士,拜郎中。时诏公卿大

会，群臣皆就席，凭独立。光武问其意。凭对曰："博士说经皆不如臣，而坐居臣上，是以不得就席。"帝即召上殿，令与诸儒难说，凭多所解释。帝善之。

知《韵府》所引盖它家如华峤、谢沈辈之词也。手边无姚之骃《后汉书补逸》，仓卒不能定《韵府》所引出于何家，为愧。

据上资料知，柳诗盖用五鹿为朱云所折事以自况，亦兼用诸儒为戴夺席事。侧闻开国时，柳求为国务院秘书长不得，因赋此诗，则其言盖自谓，非五鹿其席不当为戴凭所夺耳。鄙意如此，未审有当否。天寒伏乞珍摄，少暇仍当谒候。专上，祇叩

道安！

会昌拜上

一月三十一日（一九七九年）

师母前乞代致意。

（信封背面：前□代送装池书画，未审已交付否？）

（四）

白匋先生：

手谕敬悉。各图书馆均有专门接受赠书、登记，并填写印好的收到书籍复谢信件的专门人员。他们多半文化较低，写成文章，反而看不懂。且书寄到后，信即同书分离，书转编目组，信存收发组（交换组），馆中其他人是看不到的。因此似只能写一便函，谨草拟奉呈，不知可用否？

上月心脏病频发，近廿余日略好，百事皆废，亦难造谒，怅恨之至。

专叩

道安！

千帆敬上

七月六日（一九八九年）

易言之，即宣传胡先生诗学及健中义举，采用赠书附启事之法，为无效劳动也。

（五）

白匋先生侍右：

手谕奉悉。其致瘦竹者，即托周勋初兄转去，以周、陈对门而居也。先生所忆旧事，多准确无误。高年强记，福寿之征，可欣贺也。先生三七年底至长沙（来示误为三六，次年始抗战也），千帆未克奉谒，当缘其时千帆尚在屯溪，祖棻到长沙先于千帆约二十日也。千帆之去武汉，盖在三八年四五月，祖棻仍留长沙，稍迟（已届初夏）始同商锡永先生入川。独此数事，与千帆所记略有出入耳。又先生过乐山见访时，千帆方与刘丈弘度结邻雪地头（本当为学地头，以其为学宫弃地也），因陪先生谒刘。先生在千帆处，先写《入川》〔卜算子〕八首为贽，刘丈激赏。先生退而语千帆："刘于相为鹤形，有寿征。"思之犹昨日事。又文学院各系于三三年新增之必修课当为高等作文 Advanced composition（中英文皆有，分设两课），非高级散文选，谨并奉闻。千帆自去年八月始服中药，坚持五月服一百五十剂，未尝间断，心脏病始则略有减缓，近二月已未发。又于年底退休，虽尚小有葛藤，然精神负担已大轻减。颇思胡先生"成仙惟一梦，俟死养残年"之句，觉其时先师才及艾齿，而有此深识妙悟，真不可及。近海上友人（亦八十余）辄云："天下兴亡，匹夫无责。"又医告千帆云："贵恙一时死不了，永远好不了。"其言皆甚妙而可思。胡乱写呈，以博一笑。未能造府贺年，死罪死罪。敬叩

道安！

千帆叩头

初二日（一九九〇年一月二十八日）

（六）

白匋先生道席：

天候转凉，伏想杖屦安适。兹有一事求教，亟盼示知。一九三九年，汪精卫叛国后，返南京筹建伪组织时，曾作一词，咏落叶以自喻。起数句云："叹护林心事，付与东流，一往凄清。犹作流连意，奈惊飙不管，催化青

萍。"而结以"寒蛩夜月愁秣陵"。其后吴稚晖依调和而斥之，结句云"斩荆投海下金陵"。年代太久，既不能背诵其全篇，并忘其词牌及发表之准确年月，不知先生尚能回忆及之否？《涉江词》中咏时事者数十篇，时序迁流，解人难索。比因多暇，辄拟就其本事，略笺数语，而记忆绝艰，恐不免失误，将来成文后，仍当奉呈审定。专肃，敬叩
吟安！

千帆敬上

九月二十五日（一九九〇年）

（七）

白匋先生道鉴：

请朱书记代呈拙著两种，计达左右。此皆前若干年所为，今已无此精力，幸先生颐养余闲，俯赐披览，有以迪诲之也。尊著笔记一则，顷文史馆来人言，其中曾沅浦出督两江，乃攻克天京两年以后事，因据年谱，沅浦克金陵后，复剿捻军，未克奏功，遂贬任它省巡抚，两年后始复莅江南耳。又咸丰上谕封王事，查档案无文字记载，或系口谕，或出传闻，一时尚难确定。此二处，已略作更动。谨此奉达，伏冀亮之。本拟专谒奉陈，而心脏病日剧，不能出门，怅怅。专叩
钧安！

千帆拜上

四月廿七日（一九九一年）

附程、沈致吴白匋诗

（一）

《岁暮怀人十六首》

湖边携手诗成诵，座上论心酒满觞。肠断当年灵谷寺，崔巍孤塔对残阳。（曾子雍）

悲风飒飒起高台，云鬓摧残剧可哀。空与故人留后约，江南魂断不归来。（杭淑娟）

殷勤别意托诗筒，歌酒秦淮感旧踪。一曲池塘清浅水，白杨萧瑟起悲风。(杨白桦)

高步词坛三十秋，风情垂老谱红楼。歌云散尽无消息，纵得重逢早白头。(吴白匋)

花市青溪旧酒垆，故交谁似老相如。三年楚客魂消尽，喜得山东一纸书。(殷孟伦)

天际重云乍卷舒，雁来先得白门书。酒痕浣尽青衫破，犹记当年绿柳居。(金启华)

元白交亲迹已疏，寒江烟浪阻双鱼。金陵旧事难重理，空向旁人问起居。(孙自置)

少年按曲醉琼钟，老病申江几度逢。八载沧桑离别意，书来失喜未开封。(章荑荪)

声党刘班数若人，词坛毛郑亦功臣。半塘已殁彊村死，犹喜江宁接后尘。(唐圭璋)

早侍蕲春治典坟，晚从蓟汉亦精勤。释名解注刘成国，转语还追扬子云。(徐汉生)

早筑诗城号受降，长怀深柳读书堂。夷门老作抛家客，七里洲头草树荒。(高石斋)

巴峡畸人忆旧狂，千金散尽始还乡。匣中草圣依然在，何处春风问讲堂。(萧印唐)

真堪传业继中郎，典籍蓬莱日月长。记共临濠羡鱼乐，江湖廿载未相忘。(柳定生)

闽侯才调旧知名，口角锋芒四座惊。牢落孔门狂狷士，一编奇字老边城。(游介眉)

板桥流水碧萦回，十载秦淮两度来。漫想他年重访旧，黄垆冷落笛声哀。

巴山自碧蜀江清，千里枫林入杳冥。莫拟乘舟上三峡，鹃啼猿啸不堪听。

《寄衡如先生四首》

江南名德经时尽，北国灵光一老存。朝市宣阗门阒寂，暮年心事共谁论？

天禄雠书仰令名，谈玄辅嗣每倾城。谁知皓首穷经日，不畏前贤畏后生。

赏理敷文两未能，门墙数仞愧传灯。惟余一样江南梦，犹趁回潮向秣陵。

白下追陪集胜流，故交零落感前游。纵来燕市重呼酒，师弟相看总白头。

祖棻呈稿

癸丑三月

老厌京尘自闭关，还将肠胃绕钟山。长怀寂寞刘夫子，广座春风梦寐间。

争关梦觉叹何曾，敬业传薪愧不能。未死白头门弟子，尚留孱魄感师承。

右寄衡翁二首，其于先生亦大体同之也，因附录纸尾，以博一哂。

会昌并记

（二）

结褵卌载一飞梭，雪海炎山取次过。玉貌锦襦余白首，残年饱饭老东坡。项强未始牛衣泣，目瞀远愁马足讹。犹喜齐眉逾花甲，凤雏引吭已成歌（客春丽儿生女）。

《子苾乙卯生日，长句为寿》写尘白匋先生诲正。前呈四律，托自强转上，不审已达左右否？尊撰寄子苾五律，以灵均、昌谷之奇情艳采融入近体，生面别开，不胜钦服。春寒犹重，伏维珍摄。

会昌谨白

二月十八日（一九七五年）

（三）

《子苾乙卯生日，长句为寿》

结褵卅载一飞梭，雪海炎山取次过。玉貌锦襦余白首，残年饱饭老东坡。项强未始牛衣泣，目眢长愁马足讹。犹喜齐眉逾花甲，凤雏引吭欲成歌(客春丽儿生女)。

《雨中为子苾求药，时议游湖》

转烛飘蓬损少年，相思相对雪盈颠。酸辛避死曾无地，怅望来书每各天。好雨渐催山翠活，神方从乞宿疴蠲。行春莫怕攲危步，袖底东湖绝可怜。

《感旧寄子苾》

伤别伤春绝妙词，灯前红袖写乌丝。巴渝唱遍吴娘曲，应记阿婆初嫁时。

歌云酒雾趁飞光，理鬓熏衣语笑香。看碧转朱朱转碧，女孙今已解扶床。

《读庄五首》

田成亦可儿，窃国并圣智。侯门仁义存，轩冕乃肆志。诗亡春秋作，妄欲赓美刺。定哀多微辞，固是贱儒事。

道隐于小成，言隐于荣华。是非非所是，簧鼓徒矜夸。与物相刃靡，疲苶逐无涯。夏绿凋秋霜，对之益咨嗟。

韩非距显学，亦欲拯世乱。刑名原道德，史迁一笑粲。阴柔伏杀机，何由免冰炭。蒙叟独逍遥，飞鸿戏天半。

惠施过孟诸，庄周弃余鱼。濠梁虽共游，踪迹亦略殊。穷达与贫富，夜旦相代居。争关梦觉中，一枕遂蘧蘧。

桁杨者相推，殊死者相枕。离跂桎梏间，儒墨浪驰骋。先生六十化，宁复此悲哂。坐忘或未能，姑请循其本。

《怀白匋先生》

空潭落照犹萦梦，曲沼寒波不响蛙。声党灵光遗一老，长留妙句压江淮。

今年作诗数首抄尘，伏冀视为课卷，进而教之。谨上白匋先生。

会昌录稿

比荷恩准休致，年内当可返武昌，来岁当可东游矣。并以奉闻。

（四）

廿载沉吟直至今，故人风义敌兼金。吴淞白浪秦淮月，识我徂东一片心。

苦读阴符少壮年，相逢休诧各华颠。何人解向苏秦说，六印难如二顷田。

诸老凋零极可悲，门生后死亦支离。石桥布厂经行处，历历春风侍坐时。

土星诗屋久烟埃，童子雕虫也费才。莫厌鸡鹅恼邻里，此生无复踏莓苔。

竹林古寺响钟鱼，琼树葳蕤照影初。落尽碧桃飞尽絮，尚留残梦绕南徐。

山岚冉冉毵毵柳，湖水沄沄簇簇荷。细数荆吴诸窈窕，风流终让莫愁多。

龙云豹雾几寒温，重到江南合断魂。持教李斯赢一著，漫笔黄狗出东门。

《江南故人闻余将休致，咸劝东游，辄赋小诗以为息壤》

白匋先生教正

会昌尘稿

乙卯十月（一九七五年）

（五）

《孝章因病止酒经年，客岁又以车祸折手，犹力疾作诗三篇，左笔书之，以答子苾见忆之作。余反家度岁，乃始见之，辄赋尘长句》

折手酬诗真倔强，攲斜左笔亦轩昂。遥知私燕难倾碧，乍觉官杨又弄黄。肝肺槎枒今视昔，云龙离合海生桑。沉吟三十年中事，独愧余生足稻粱。

《得彦邦书，却寄》

白头师弟正相望，新岁驰书到武昌。老去辛勤付沟洫，少来诗笔驾钱郎。三年赤脚生重茧，万亩春风动绿芒。蜀道山川行踏遍，羡君忧乐系农桑。

《答白匋先生》

荆吴一苇忆初杭，弱岁经筵接耿光。君特传灯夸量守（蕲春黄君题灵琐词云“洛诵新篇喜不胜，君家君特有传灯。论词突过王僧保，始信清才在广陵”），尧章知己迈辽阳（辽阳陈慈首草创白石年谱，先生作白石词小笺，勾稽史实，精实远过之也）。无成素业劳湔祓，不辨遗书孰在亡。何日北湖同一笑，尚余风月可平章。

顷奉手教，诲谕殷拳。复承赐以鸿篇，尤深感激，勉和一章博笑。并近作写上，敬请点定。春寒犹厉，伏乞珍摄，不宣。此上

白匋先生

会昌顿首

二月二十日

（六）

（以上缺页）一灯。

江南风景梦魂间，世法拘人竟不还。锦障步春三月雨，玉骢嘶雪六朝山。少年好事浑如昨，衰鬓逢辰忍闭关。若共盼英征故事，也应憔悴泣红颜。

右《免冠后寄江南故人四首》录呈止畺老兄正律，并乞转尘白匋先生，以博一笑。

会昌贡稿

甲寅腊月

附《祖龙》

发冢诗书一炬灰，祖龙当日亦惊才。栖皇没世龙蹲叟，枉费微辞记定哀。

（七）

徐娘老泪覫罗巾，梦逐多情入海身。半面作妆卿底事，九夷沽酒彼何人。

波罗小技亦风流，三度油场夺状头。夜半瑶华宣密诏，忽惊身拜辟阳侯。

亲敲檀板抱云和，独眷红灯一曲歌。纵传伶官遗面首，始知欧史阙文多。

窃窥神器炫榴裙，祸水焉能覆六军。云雨虽亡新日月，解人终数郑台文。

《咏史》四首录呈白匋先生哂正。

会昌

丙辰嘉平月

致黄焯（一通）

黄焯，字耀先，黄侃之侄。曾任武汉大学中文系教授。

耀先尊兄先生道席：

前翊强来，备审杖履安适，良以为慰。顷孟伦兄来信云，夙闻博平先生晚年曾将其所著《声韵学表解》重加修订，辄拟由山东大学重印，作为研究生教材，不知敬黄姊妹能惠允否？弟思此举得使章黄之学沾溉后生，亦是美事，谅为敬黄等所赞同，以不悉敬黄地址，特恳吾兄转达此意，若以为可，请其即将稿本挂号径寄山大殷兄，且可索取复本若干册，则武大治小学诸青年教师及研究生皆可有之，似亦甚善也。弟在此粗安，苦忙碌耳。专上，祇颂著安！

会昌顿首

二月七日（一九七八年）

致周采泉(一通)

周采泉，曾任杭州大学教授。

采泉先生道席：

顷奉手书，又张著一册，敬悉一是。舜徽先生系在华中师范学院中文系，往尝在其业师席鲁思先生家中见过，但无来往。席先生原在武大中文系，已在“文化大革命”初期病故。故弟与张先生亦多年不见矣。先生欲与通问，似不妨径函华中师院也。友人萧君能文章，尤工草圣，以年老多病，久已退休渝州。并谨奉闻。专复，即颂

春禧！

弟程会昌顿首

二月八日①

致张超美(一通)

张超美，程先生的表侄女。

超美：

因为我在“文化大革命”时就离开了武大中文系，后来又因老病退休，你寄到中文系的信，很久才转到。

祖棻已于去年六月去世，你的充满热情的信，她已经无法看到了。

得知你爸爸的问题已经解决，全家团圆，为你们十分高兴。如果以后爸爸能够调到一处，可能更好些。

你想考大学，只要努力准备，希望是很大的。关于一些实际问题，因为我已离开学校很久，完全不知道。终日一人坐在家里，也不出门，也不

① 整理者按：年份不详，疑为 1978 年，姑系于此。

和人来往，真是天聋地哑，糊里糊涂。但我想，今年的题目即使难些，但名额也可能多些，因此，录取的机会可能不比去年小。

丽则已经结婚，有两个女孩，在附近工厂当机械工人，大概隔些时回来看我一次。谢谢你的挂念。祝
学习进步，并问
全家都好！

千帆

三月十四日（一九七八年）

致常任侠（四通）

常任侠，诗人、东方艺术史学家。二十世纪三十年代，曾与程、沈二先生同在诗帆社。

（一）

任侠老兄左右：

五三年在北京饭店匆匆一晤，转瞬二十余载，契阔之感，何可胜言。数年前曾作小诗奉怀，而无由达，近始自京友处获悉尊址，为之欣然。弟自数年前免胄，迫于情势，旋即挂冠，比惟闭户读书，以尽残年而已。紫曼客岁以车祸逝世，想兄或已知闻。文章知己，患难夫妻，而今已矣，夫复何言。倾方遗董其遗书，诗词六七万言，论述三十余万言，方谋付印，以永其传，亦不知能有成否耳。武汉交游，殊鲜旧知，惟季刚师之侄耀先，共事多年，前数日过谈，尚及吾兄，举先师谓兄有乃祖开平之风之语，以为笑乐。子强尚在南京师范学院，衰而忙，可叹。友人顾学颉先生学识甚博，唐人歌诗，元代杂剧，治之颇久，皆有成书。久耳兄名，极愿纳交，今特具函为介，望延接之。兄素强健，想杖履康吉，老学不倦。无缘把晤，幸锡还云。专颂
著安！

弟千帆顿首

四月八日（一九七八年）

（二）

任侠老兄：

惠书敬悉，极慰畅想。马年新作，逼近玉溪，比兴深微，想见学道有得也。紫曼如此下场，真出意外，太史公所谓“倘所谓天道，是邪非邪”，今乃味其言之沉痛也。象片一张奉呈。拍后四日即逝世，乃最后之象也。其诗词稿在宁印，约秋冬间可成，届时当寄上。顾君住小南乡春松胡同十三号，以血压高，难常出门。得弟书后，定当奉访，惟不知何日耳。尊集是否已在印中？甚盼早日流布。海内胜流，存者无几，能读尊作者，恐亦不多，故以早刊为是。旧诗数绝，作于前年，别纸抄奉，乞教。铭竹已于解放前移居香港，滕刚二十年前闻在杭州，今则皆不知存殁。土星人惟孙望、兄及弟尚相知闻，又各在一方，无从晤面，思之悒悒。专复，即颂

吟安！

弟会昌顿首

四月二十日（一九七八年）

（三）

任侠兄：

在京晤谈甚快，恨时间太短耳。

为《诗帆》写回忆录事，已商之孙望兄，渠可将全部刊物奉寄，兄不妨与之联系。

致章含之一函，请兄打听地址，挂号转去，感感。

即颂

吟安！

弟千帆

3.8(1983)

兄处如藏有辟师诗稿，望悉录寄。

(四)

任侠吾兄：

在宁匆匆一晤，未得畅叙，极为怅惋。

顷得寄示铭竹象片，与此公不相闻者数十年，托港友打听，亦未得其踪迹，不知尚在世间否？多慈佳人而所遇屯蹇。闻安治言，在台患癌，赴美就医，甫抵西岸，逝世机场，凡此皆深可感忆。不独兄之情有独钟也。

《诗帆》闻望兄已有复印本奉寄，希兄据以选为一集，如能付印，亦是三十年代诗坛小花一朵。嘱为文，当商之望兄。渠近因家务，心情亦不甚舒畅，严冬不敢出门，容当访之。兄高龄，伏冀颐养。顺颂

吟安！

弟帆顿首

二月廿二日(一九八八年)

致吴代芳(十一通)

吴代芳，曾任湖南郴州师专中文系教授。武汉大学中文系研究生毕业，师从程先生。

(一)

代芳同志：

惠书敬悉，任教专科，当可一展骥足，良用欣慰。

语云：五十年代之大学生乃今之国宝，况研究生乎？古诗云："努力崇明德，随时爱景光。"昌虽疲苶，固愿观足下之奔轶绝尘也。专此奉复，即颂

教安！

会昌顿首

4月16日(1978年)

（二）

代芳同志：

久未通问，诸想安善。初任师专讲席，必甚忙，望劳逸结合，循序渐进。

我已决定到南京大学工作，大概八月半以后迁居。今后来信，可寄“南京汉口路南京大学中文系”。

此间酷热，达四十一度。

匆匆不得尽意。即颂

著安！

会昌

8月5日（1978年）

（三）

代芳老弟：

适草一短信，未发，得三日惠书，甚慰怀想。数月来，上海、南京、芜湖及成都诸故人相邀复出，随顺世缘，因有南京之行。蚁驼一粒，尽其绵薄，非谓能为诸少年开发头角，有补于明时也。

德荣英年早逝，殊可伤悼，足下从何处知此消息？往事不值更论，但如今人所言，朝前看可耳。又及。

（1978年8月）

（四）

代芳老弟：

手书欣悉，书签写上，不知能用否，或可任择其一也。闻能晋升正职，甚以为慰。我已于90年5月退休，老病侵寻，不复能有所述作，但勉力完成旧稿，颇似老牛拉破车，叹叹。垂暮无成，岂敢言寿，承远注殊感愧耳。顺颂

近好！

千帆

6月18日（1992年）

（五）

代芳老弟：

来信及附件均收到，此前曾得培坤寄来之《绝句艺术谈》，曾作复，不知已转告否？《艺术谈》甚有思致，评为正教授，亦实至名归也。我已多年不出席各种学会，故在学会相逢之机会不多，今冬闻武大将有百年校庆，如我身体尚可，或应邀前往，如吾弟届时能来或可相见。我自九〇年退休，去年九月最后一名研究生毕业，即更无教学工作，惟以整理旧著自娱，每日工作不过一二小时，故身体视前转健，此足告慰者也。翊强久无信来，不知其近况，如有所闻，见示为幸。专复，即颂

教祺！

千帆

九月二十一日（一九九三年）

（六）

代芳贤弟：

承示新撰《唐绝艺术谈》，殊有意味，读之患易尽也，昔魏武以老不废卷为难，谓惟己与袁伯业能之，愿以此共勉。秋风又起，辄深蒹葭之思，何时方得长觌邪？怅怅。即颂

清佳！

千帆白

十月八日（一九九三年）

（七）

代芳老弟：

来信收到，《世说新语》一书，近年常用者亦惟余季豫、徐声越及香港杨勇三家笺本，谅弟皆已见之，至论文散见各杂志者甚多，未能遍阅。要之，弟既有意于此，则当一一细阅之，恐立论与人或有重复，或立论不如他作之精审，皆当屏弃，庶乎厚积薄发，为学林所注重也。

自厦门92年唐代文学会议后，我已无任务职位，下次之会，闻将在浙江某地开，详情亦所不知。厦门之会，花去十余万元，会务费等皆巨，弟欲与会，容徐打听后奉告。

此间近日天候殊劣，人极困乏。匆复，即颂

近安！

千帆

五月三十一日（一九九四年）

（八）

代芳弟：

来信收到，所需沈约新刊本寄上。我前列腺做激光手术后已根治，然各人体质病情皆不同，未可以此例彼也。退休后，身体好，可以放手工作而无世事之干扰，此最佳事。我65岁重出，77岁再退休，以每年出书二册之速度为之。今则体气思力皆衰，但能将未成之作勉力完成，不复能开辟新领域矣。一中时常各处走动，故有缘得见，然亦不过数次而已。弟多年教学之余，从事著述最是佳事。若资料缺，但勤求之，当有所获。明清之交吾省王船山窜身苗峒，亦成书二百余卷也。顺颂

著安！

千帆

5.23(1995)

（九）

代芳老弟：

得函知已休致，今后可从容读书，此是人生极佳境界，愿珍惜之也。旧与弟函中作何语已尽忘之，印出后，愿示复本。我患耳聋白内障，不能看书，惟幸眠食尚好耳。冬寒，望葆爱。复颂

近好！

千帆

十二月二十二日（一九九六年）

（一〇）

代芳老弟：

奉书知所患做手术后大有好转，极以为慰。我近目瞀耳聋又甚于前，医云不宜手术，因恐引起如心脏等并发症，保守疗法为妥。反正无事闭门静坐，亦姑听之。去年底河北教育出版社约出愚夫妇文集，已签约，计我集 20 卷，沈集 4 卷。近已陆续发来校稿，估计 99 年内可出齐。虽是已陈刍狗，但如汉赵佗称王，聊窃帝号以自娱耳。我约 500 万字，沈约 80 万字，亦无力再校，皆令门人校之。足下老学不倦必多心得，如有单本，幸见示也。连日苦热，近有雨略凉，草此奉候，不一。即颂

夏安！

千帆

7 月 18 日（1998 年）

（一一）

代芳贤弟：

春节前夕来函收到，知近状为慰。老年身体互有得失亦事理之常，愿静以处之也。我自去冬以来，心脏供血不足，不慎饮食，有轻度糖尿病，即古人所患消渴也。住院四十余日，比始反家，而疲软未能恢复，静养而已。近湖南师大颜雄见过，张实亦一通闻，均多年未作书者也。老人今年八十有六，耳目颇差，不能工作，幸南大留有学生数人可相助理，托侪辈编“文集”二十卷，或能在九九年底印出，一辈子弄文墨所得亦只能如此，可笑也。天仍寒，望多珍卫。顺颂

安吉！

千帆

2 月 21 日（1999 年）

致董每戡(二通)

董每戡,戏剧家、戏曲史研究专家,曾任中山大学教授。

(一)

每戡老兄:

一别二十余年,海内故人相望俱老。偶从舍弟处得知尊况,良慰所怀。数年前蛰存书云,旧友均通消息,所不知者每戡耳。不审其后亦尝相闻否? 其地址仍为愚园路一〇一八号。如与通问,亦可聊破岑寂也。弟甫于客岁休致,旋即悼亡,斗室栖迟,遂如退院老僧,惟易诵经为读诗耳。友人曾约东游,而余悸余生,惧成蛇足,迄未定夺,不悉兄自何处闻之? 孤居伏处,亦随顺世缘,偶著短书,以消长日。闭门所造,但可自娱,未足焜耀明时,与时流较优劣。它日有便,当呈教益。寒燠不时,伏冀珍摄。专此,即颂

道安!

弟千帆顿首

四月廿九日(一九七八年)

(二)

每戡尊兄:

五月十日手教早奉悉,稽复为罪。文旆南旋,与弟之东下,皆属余生意外之事,虽不欲相贺,不可得也。尊著亟盼早日寄示。弟顷欲搜求寅恪先生遗诗,不知美延(寅老幼女,在中大化学系)处有存稿可转钞否? 幸便中询之。在成都时常与相见,其时渠方十四五岁,恐早忘之矣。尊函已转蛰存。专复,即颂

著安!

弟帆顿首

六月三日(一九七九年)

中凡先生住南阴阳营三十八号。

致戴自中(一通)

戴自中,书法家,师承沈尹默。

自中先生:

客岁内人不幸逝世,远荷赐唁,心绪既劣,未即复谢,良以为歉。顷承寄示新词三阕,壮怀逸气,诵之神竦,微觉政治术语多耳。近人以新事入词曲者,惟赵朴初为善,盖比兴之语多于直陈,故有回味。先生试于此消息之,则思过半矣。专此布复,即颂

吟安!

千帆敬白

五月二十日(一九七八年)

致章子仲(八通)

章子仲,湖北大学文学院教授,曾撰写沈祖棻先生传记《北斗七星》(后更名为《易安而后见斯人》)。

(一)

子仲同志:

承枉过,失迓为歉。

在京开会,不知耽阁多久?如过济南,似可去访殷孟伦先生。他住在利农庄山大家属宿舍三号楼一〇四室。可先函约。

南京大学见邀,我已同意前往。大约下月底动身。你到济南时,大致可以知道我动身了没有。

祖棻遗稿,已清出初稿,交出版社审核,知注谨闻。也正因此事已告一段落,我才有可能东下。

也许你会想到为什么我不回原单位，那真是一言难尽，只好有机会面谈。即颂

双安！

千帆手上

二十九下午（一九七八年六月）

（二）

子仲同志：

离武汉时，天气很热，又行色匆匆，未能晤谈，极为怅惋。我到这里已三月，生活安定了下来，工作正逐步开展。南大领导，敢作敢为，框框条条较少，能以礼以诚相待，大概可以老死于此了。

湖南师院郴州分院讲师吴代芳是我在武大指导的研究生。他目前教的课和你相同，特介绍给你，可以互相切磋，并交流资料和讲义。现将其来函附上，请考虑处理。此上，即颂

教安！并问

昭正先生好！

千帆

十一月十九日（一九七八年）

（三）

子仲：

来信收到。上海匆匆一晤，又多年不见了。《武师学院学报》每期都送给我，因此知道您近年来的学术工作很有进展，可喜可贺。

我来宁后，获得了与自己诚实的劳动相称的尊敬，因此工作效率较高，出了一些书。今将最近印出的一种奉寄，请您与昭正兄指正。

武大迟迟不给改正，改正了，又拖一长尾巴，扣留中央明令退还的“文革”时所写材料，拒不发给少数中央明令退还的款子，更奇怪的是，我调南大已六年，仍将人事档案扣留。（以上包括祖棻的和我的。）至于武大副校长到南京约我参加校庆，纯属谣言。我接到一份校庆请帖，未与理会，却

是真的。

我年逾七十，也懒得发脾气了。也只能如鲁迅所贬斥的，将刽子手的凶残化为一笑罢了。

您有那么好的一个小女儿，真不错。我的丽则，调南京后，就在中文系当教务员，现在在上夜大学，三年后，有张文凭罢了。至如传学，只能求之于研究生。现在我有一位博士生，六位硕士生，都还努力。

我将于明年三月来武汉扫墓，顺便探望亲友。也许就住在武师，届时定当奉访。

祝

全家快乐！

千帆

十二月十二日（一九八三年）

（四）

子仲：

前奉上拙著一册，想收到。周振甫先生转来《浙江画报》约稿意见。此事，想请你办。照片由我准备。如何？希示。祝

俪福！

千帆

4/8(1985)

如武大吴志达来要材料（我交给你的），可复印一份给他。

（五）

子仲：

你寄来的文稿，我已转请周振甫先生交《浙江画报》，也许他们要作些修改，我已要其直接与你联系。

现寄上祖棻表侄梁世传的回忆记录，请妥善保存备用，无底稿。梁已老年，重写也不易。今后有关这方面材料，我将陆续集中你处。

附上致刘道玉函，望往访，并将祖棻档案内自传材料复印一份，则其

幼年许多不清楚的地方均可知道。

我也许十月上旬从四川下来，到武汉住十天左右。望便中告知诸友。

《涉江词本事》的录音稿，你可加以研究补充，先试写一章“沈祖棻的政治词”（或其他标题）交《新文学史料》发表。祝

俪安，并候诸友！

千帆

6/9(1985)

致刘信，你看后，再封口，送交。

(六)

子仲弟：

久未奉闻，诸维安吉。

兹寄上有关《涉江词》论文一篇。又别有一篇评其《七绝浅释》者，载《古典文学知识》第三期。此杂志湖大当有，可复印一份存参（如找不到，可告我，当印寄）。

近三年来，每逢冬季，辄感畏寒不适，心脏病亦屡发。如湖大招待所入冬有暖气，颇思来住数月，也可为中青年教师或研究生做一点具体工作。此事，不知可行否？望与祖延先生便中谈及，听其意见如何，再说。手此，即颂

俪安！

帆顿首

5/6(1986)

(七)

子仲：

来信并《珞珈行吟》稿收到。稿子，我暂不发表意见。想等您全书完成后，再校核一下事实，如何评论，则不置一辞，以表客观。

评审意见已另寄人事处。

我上月曾寄上一份祖棻材料，又一信并附致祖延先生信，来信未提，

不知收到否？信中提到想在冬天到湖大住一阵避寒（专家楼有暖气），亦不知现人事有无变动，有无困难，望来信告知。祝
好！

千帆

6月18日（1986年）

（八）

子仲：

半年以来我一直心情不好，因而也影响了身体，房颤时时发作，虽然常常想念你，但也总懒得写信。近两三个月来，改服中药，发病的间隙比较长，算是一种进步。我这个病，医生说，永远好不了，一时死不了，只有带病延年了。（以小喻大，想起来心里都发痛，但我们只是空城计城下的那些老兵，莫可奈何。）得到你三日的信，知道你和你的孩子都好，心情也安定，并且预备出国探亲。这使我们大为放心。在不幸的境遇中，能自我挣扎，摆脱出来，你毕竟是坚强的，我们为此感到欣慰。从张三夕、王兆鹏那里了解过你的情况，昨天李成文又来过，他们也补充了你来信中所说，我们更加放心了。祖棻的材料都已收到，你保存得很仔细，非常感谢。你的传记基础很好，一是需要在文字上再加点工，其次是要在她的创作方面的论述再扩充一些就行了。所以我很希望你能带到美国去，继续完成它。关于出版的问题，目前确有困难，但这只是暂时的。据成文说，湖北大学批准成立出版社，很有希望，那么，我们不妨设想这也是一条渠道。《随笔》今年第五期有顾学颉一篇回忆祖棻的文章，你可以找来看看，这是和她没有见过面的朋友凭想象写出来的。你当然比顾先生的感性认识要深得多。我从今年起已不再招研究生，到1991年夏，把手上的四个博士生送走，我就逍遥法外了。陶芸除操持家务外，还给两百多卷的《骈字类编》编了一个汉语拼音的索引，已完成百分之八九十。当然，这也是一时绝对无法出版的。不过是老年无事，聊以自娱而已。我的著作方面有一本杜诗论文集和一本宋文学史（都是和人合作的）即将在上海发排。另一本版本学在山东被卡住了。我和你谈这些，也是想告诉你，在个人生活方面也

完全和你一样,“没有什么可抱怨的”,你可以放心。祝
你生活得愉快!

程千帆、陶芸同上

11 月 17 日(1989 年)

致吕永(四通)

吕永,曾任《湘潭大学学报》编辑部编辑。程先生任教武汉大学时的学生。

(一)

吕永老弟:

收到寄来的学报和信,很有兴趣地读了,像看到顽强的花草在荆棘丛中挣扎出来,又在阳光的抚爱之下,春雨的滋润之中,长得更欢了。

既承下问,理无不答。但“弟子不必不如师,师不必贤于弟子”,我现在处于长期荒疏之后,也许谈放牛比谈文学更内行的具体情况之下,所说未必有当,仅供参考罢了。

说神思一文,阐述原著,基本正确。好处在指出形象思维与抽象思维的不可分割性。但如更进一步用文学作品的具体分析证明之,也许更有说服力。现在,一强调比兴,形象思维,就好像赋与抽象思维跌价了,甚至不值一谈了。真正搞学问的人,应当从实际出发,以求有益于风气,而不应揣摩风气,脱离实际。一分为二,实事求是,永远是不可动摇的准则。

以下回答一些具体问题:

1. 风骨,照我看,就是风格(派头)和骨架,它是人与文的一表一里的不可分割的两面。风有多义,但此处含义不包括那么多。风骨也可一分为二。有刚峻的,也有软媚的。《风骨》所要求的,当然是其好的一面,所以《赞》云:“蔚彼风力,严此骨鲠。”风骨要依靠语言来体现,所以也强调藻采。

2.“风趣”及“体式”的解释，似仍当依黄老师之说。风趣即风力、风气等，指作者精神状态的表现，如刚柔、高低、阔狭等。“体式雅郑”之下，即连八体为说，似不容别作一解。文体固亦可别雅郑（如传统观念看不起民歌词曲），但非本篇所指。

3.“淫巧朱紫”，郭先生说是。你提的省略说，不合古汉语的词例。（你应当抽空将俞樾的《古书疑义举例》等书读一读，大有好处。）

4.“间色屏于红紫”，似亦复词偏义，与“淫巧朱紫”意同，偏用紫义。

5.《声律》校字，刘先生说是。看下表自明：

1(do)	2(re)	3(mi)	4(fa)	5(sol)	6(la)	7(si)
宫	商	角	变徵	徵	羽	变宫

低 ——————————————→ 高

6.“月生西陂”之“生”字，可以直接断为错字，不必别生解释。但是作者笔误，还是传抄之误，则不可知。以前者可能性为大。以《上林赋》为证，似当为“月入西陂”。古人读书很熟，引用时常常不复查原书，因而致误，这种事例很多。

7.“献替节文”你说的对，不必改动。但节文之义，非为你所说。两字见于《礼记·坊记》及《史记·乐书》。（怎么讲，自己去查一下。我有这么一个倒楣脾气，总想留一点事让问者自己去做，希望他们从实践中得到的东西更牢靠一些。请原谅。）另外要补充一点，就是在刘彦和的时代，骈文还不如唐宋人写的那么精巧，处处非对不可。所以“献替节文”不一定非与“含华布实”对得铢两悉称不可。（可读《后汉书》中论赞之文，尤其可见。）

8.恐还是以“风通”为是。风通言十三国风习有相通之处者，则其所赋亦同，因而易解。反言之，则风不同者，所赋亦不同。这，请看《汉书·地理志》。

我乐于回答你的问题，因为你没有把老师当字典使用。有的同志，自己不大肯动脑筋，却把老头子当类书、字典翻，使人啼笑皆非。

祖棻的遗著，已经清缮完毕，约四十万字，寄到上海去了。苦战了十个月，总算完成了夙愿。

我已应南京大学中文系之约，准备七月底移家到南京去。到那里，不上课，继续写点什么，并经常和年青人谈谈。

关于武大的情况，一言难尽，我也不想说。

希望你继续努力下去。要有韧性，不求近功。我在放牛的时候还写了三十多万字的东西哩。你现在的条件当然好些。

累极了，要休息一个月，再干。

祝为

把生命献给伟大的社会主义祖国而努力！

千帆

6 月 30 日(1978 年)

(二)

吕永贤友：

姜老九旬大庆，理合为祝嘏之文，奈近年耳聋目瞀，久废笔砚，幸代我登堂，面致书简贺词，以申微意。姜老老学不倦，著述不辍，环顾学林，无几人也。匆颂

近佳！

千帆白

11 月 5 日(1996 年)

(三)

吕永老弟：

信及附件收到。

邓韶玉文亦领，谢谢。他很热心，为《宋代文学史》写了好几篇书评。

我最近心脏病常发，不能工作，乞谅。匆匆。

千帆

4 月 29 日(1998 年)

（四）

吕永老弟：

书文收到，适案头有纸笔，聊作一幅，不能佳，唯不拘绳墨，似可取耳。

千帆附言

2000年春

致余树基（一通）

余树基，程先生在金陵中学的同班好友，1936年毕业于金陵大学电机系，后任贵州省水电厅电业局总工程师、副局长。

树基兄：

几十年不相闻问，彼此均垂垂老矣。弟于今年八月由武汉调到南京大学，会晤老同学多人。话旧之际，极以兄为念。因此，决定先写一简信探听一下，如能回信，当再详告一切。祖棻已于去年逝世，弟仅有一女，已适人，顷仍在武汉。弟一人在此，逍遥而又寂寞。兄情况，但于数年前闻外调人员说了一句，每月拿十五元烧锅炉而已，其余尽在不言中。想现日月重光，天地清泰，一切均成陈迹矣。望复，即颂

双安！

弟程会昌顿首

十月三日（一九七八年）

致程丽则、张威克（七通）

程丽则、张威克，程先生与沈祖棻先生之女、女婿。

（一）

小囡：

廿八日寄一信，想到。

今天王伯伯买了大鲫鱼，约我去吃晚饭，得见未君家信，知你约其元旦吃好东西，她全家都感谢。她大哥大嫂从内蒙古最近回来探亲。

杨翊强约十日后动身回鄂，带回肉脯一斤（难得，芸送）、鸭肫二十个（如咸，可煮而不蒸吃）、肉松一袋、年糕四块（不太好）。要他送到厂里，不敢带盐水鸭，怕坏。

你说要未君将早早带来，也很好，但仍极希望你能来。如和未君同来同去，带小燕困难或许不大。

殷伯伯从福建开会回，路过南京，住了三天，讲学一次，整整陪了他两天半，很累。他力劝你考研究生，因正麐已考上北大古汉语研究生，带工资学习。如你考，可考南师，较易，又有孙伯伯等从中为力。今年南师有一初中生考取，其外公是一教授，有点家学。

殷伯伯要我到山大讲学，系主任同意在六月。这样，我四月去昆明，五月在南京开本校科学讨论会，六月去济南，下学期就差不多了。每周还要上课三小时（诗选），如缺课六周要补，就更没有办法。我已将一小书（很专门）寄上海出版，作为国庆三十周年献礼，他们答应十月一日以前印出。

希望你们都来，极希望。许多事都可面谈，详细研究。

我近来疲倦极了，事太多。祝

全家都好！

爸爸

十月七夜（一九七八年）

（二）

囡：

14日来信收到。

1. 我的大衣在南京做不成，动手太迟了。大衣呢料缺货，现成驼毛的没有，已写信给仁英，要她们在上海想办法了。

2. 香皂，是想送人，想送孙妈妈、孙小妹、原平夫人、原安夫人各一块，陶芸阿姨和她女儿各一块，共六块，自己留两块。所以说，要质量好一点的。南京还和去年一样，买香皂为难。如买到，倒可托未君带来，如果你不来的话。

3. 如果你能请假，还是极其希望你来一趟。如能和未君同来同去，就将两个小东西都带来，让我看看。光是早早一人来，还是不能使我满意。

4. 说给未君送点吃的，也是随便说的，不一定非要那么办。

5. 你棉衣薄了，当然要做。暂不要做丝棉的，要年年翻才暖。还是新厚棉花暖和，改皮袄也行。前些时这里有羊绒（精梳羊毛，和驼毛一样），我因无所用之，未注意。如你要，可托七姐去买，就是不知现在还有没有。将来调来，每年都会去上海，要翻丝棉容易，那时再做丝棉。箱子大概还有点丝棉，这东西也好买。你决定了，我好办（如或将皮袄寄来，或买羊毛）。

6. 我现在很忙。《古诗今选》已将上册稿件交出，赶写下册，等着排印。是否能去上海，现在还很难说。我去上海并无多事。如你来，或我同去玩几天。

7. 山楂片是托孙小妹寄的，可能她在包裹皮上写得不清楚。总算是拿到，就好了。

8. 系中党组织和我谈话，说寒假中要派人到武汉办（1）我的户口档案，（2）接洽你们调工作的事，（3）根据55号文件复查57年的事。关于第三点，我说：（1）我当时在结论上签了字的，在道义上不能翻悔。（2）武大现在还是坏人当权，在“落实知识分子政策办公室”办事的，还有在“文化大革命”私设公堂打我的人，和这种人打交道，不会有好结果。（3）我现在工作努力，积极性也高，不需要什么改正来调动积极性了。书记说：“程先生不申请，我们也还是要调查的。”那就随它去吧。

9. 姆妈的词集已刻好，正由孙伯伯校对，然后由赵伯伯和我二校三校，再印。《宋词赏析》已经发排。《七绝诗浅释》年底年初发排。我在北京的稿二种，中华书局久不处理。现也决计要回，在上海印。另有一种，可能在江西印。

10. 取暖器是一个长方形的铁东西，上有铁丝网，中间是陶瓷像电炉那样盘成圆形，约一尺长，七寸宽，四寸高，有一根橡皮管道通向煤气铁罐。煤气开后，即在陶瓷盘上烧燃，火焰从铁丝网中冒出。火力极大，二十分钟即可满房暖和二小时。气温降低再烧，不用一天到晚烧。所以虽可烧开水，但并不适宜当炉灶用。（图略）

11. 你的腰痛如何，这次没有提，是否好了。你常发这病，说明不适于作工，调南大后，在图书馆或资料室，就可以按时上下班，不累一些。威克也不一定要开机器，可以随便做点什么。你们都受害，没有较高文化，也不可能补偿得很多，只有认真培养两个孩子了。

12. 游阿姨来此讲学，到上海去了一次，已回东北去了。

13. 你实在要驼毛，可托曹阿姨，北京好买。

祝

全家好！

爸爸

12月16日夜（1978年）

（三）

丽则、威克：

今天收到你们寄来的户口各件，已交给系中，先作为集体户口登记，等分了房子，再立正式户口。今天朱书记又主动说起你们调工作的事，说是手续很多，因隔省，又是工厂调学校，但学校一定要办，恐怕最后还得请匡校长亲自出面才行。又问到关于右派改正的事，我并无消息。只是听到张伯伯说，斐岚的爸爸写信来，说：有人认为，如果程某都改正了，岂非武大都划错了。看来，这些人因我没有心甘情愿地留在武大当一辈子的奴才，要趁此机会进行报复了。张伯伯则已得到通知，正式改正。系主任要我在其决定不改后，告到中央去。我则准备请其对不改作出书面说明，再看情况。或者通过民主党派来解决。不改，也没有什么了不起，名义早就恢复，至多少拿点钱，我又不少钱用。

凌苹苹昨天来看我，送了一罐自己做的油焖笋，比罐头的好，谢伯阳调南大中文系，可望成功。苹苹把早早那张调皮提手包的照片拿去了。

原平大概可以调到南京艺术学院当资料员。原安大胖子本要考研究生，血压太高，不准报考，甚为晦气。

白家三兄弟，皓、峰很用功。小强进了汽车修理技校，马马虎虎。汝安终日出差不已，刚回就走，到处开会。七姐才去连云港一次，带回高级山楂酒，极好。连云港据说是孙悟空的家乡，有花果山、水帘洞等名胜，但有名无实。

我的《诗选》上卷已排完，正校对中，现赶写下卷。希望在暑假中写好。下半年研究生入校，就更忙了。血压仍是低压高 10 度，未变，但不头昏，医生认为不必吃药，但要吃素，这一点无法做到。因为小吃部都是荤菜。另外，气管炎变重，因说话太多，已经将香烟每天一盒改为四五支，过些时，或可戒掉(有效)。眼睛仍然不很好，但控制住，不过分用。

我又搞到不少中英文学习材料，因你们不要寄，所以没有寄来。

祝

全家好！

爸爸

四月五日(一九七九年)

(四)

丽则、威克：

前得八月五日信，因正在全书完成的最后紧张阶段中，故只写一简信，告以学校已发信来调你们，望到厂中有关部门接洽，想收到。今日上午完成了《古诗今选》下卷，全书选诗 552 篇，约共 45 万字，至此全部完成。下卷只待付排。上卷不久可出。

我已于本月二日搬到北京西路二号新村四幢二〇七号。因只二人，不能分三间的新房子，四间二家合住的又太挤，故分的去年建的一小套，两间朝南正房，共约二十五六平方，一小厕(不通风，不见光，坏极)，约一平方，一过道兼厨房，约五平方。房子质量差，但光线空气不错，已讲好，你们来后，另外安排，换大房，或另派。现可有一间工作室，好多了。此次分房，甚多争论，我都未介入。

搬时，总支及办公室作了安排，派教师三、学生五、大汽车一。买了西瓜及高级烟招待，一趟搬完，但清理了五天。

电视机，托了多人，搞到东欧的及苏州的、无锡的，详加研究后，已买了一个苏州孔雀牌 12 寸的。此牌上半年曾评全国第一，大概不错，价 400 元。已由白皓去取。现在要问你们，还是立即托人带来，还是等你们来了再看。这，有利有弊。运带，容易碰坏。目前只能托王未君，她出门经验不多，不保险。立即运来，立即可看，小孩大喜。望快来信决定。未君二十四左右走。

木柄小刨子，买不到。

你的腰痛如何，到南京调一工作，再打金针，当可好转。我埋耳针，血压已下降到 90°，如到 85°，即算正常。现在家中吃饭，胃病不发了。也不吃猪油了。

何翔如通讯处，望告。《诗选》要送哪些人，要几本，也望告。（上册九月可印出。）

关于你认真学习之事，我十分赞成。第一步要调到资料或图书室。（孙原平已调南京艺术学院图书馆，原安考研究生未取。教授看不上眼，这次一个也不取。）然后加强中外文水平，在爸爸指导下读书，做点资料研究工作，即使考不取研究生也还是可以提升。现资料员、图书员也分四级，和教授至助教平行。来后家务可由保姆做。我们现请一走做，每天买菜，月三元，每天做事一个半小时，七元，三斤粮票。总共十元，三斤票。就轻松多了。现我所有校对、抄写工作都由陶阿姨代做，我就空出手来了。

妈妈的词，已印好，由她再细校一遍，又发现 20 个错字。要一本一本用毛笔就原字上仔细改正，才能发出。此事，全由她做，共五百本。《诗选》上卷也由她校四次。

又妈妈在上海的两本书，均已付排，约今年内可校稿。

我研究生只取了三个。内一个专业很好，但英文只三十分，教育部要五十分，至少四十分。因以后研究生要出国讲学，要考博士，外语不好不行。

我买了一个大衣橱，150 元，两张沙发，130 元。

张月超来信剪下有关部分附上一看。武大中文系中有人如此倒蛋，究竟是谁？反正也算过去了。

望即来信告知如何处置电视机。

祝

全家好！

爸爸　陶阿姨附候

八月十五日（一九七九年）

（五）

小囡、威克：

今天是 22 号，未君明天乘船回校，正愁不知如何处理电视机，恰好收到 19 日来信。王伯伯很热心，为此事来了两次，昨天来，留了他午饭，饮酒一杯。虽未带去，但见到未君时，仍要致谢。

电视机是 18 日由白皓送来的。那天，七姐带三个孩子，九姐带最小儿子都来玩，很热闹。九姐在上海住了二十天，过宁又留两天。中午请她们在新街口大餐厅同庆楼吃饭，有鱿鱼、兔肉等，用十三元。又买送两家青笋各一篓，每篓二元七角。晚上，在七姐家吃饭，后送九姐到汽车站，当晚回济南。

电视机经白皓及邻居物理系老师帮助调好，性能很好，光线柔和，图像清楚，声音响亮。404 元值得。但我不常看，因没有时间。

我自《诗选》搞好，就忙于回积压的信（三十封左右）及各方请我看的稿子（约十余万字），但已不像以前那样急于星火了。舒服多了。人老了，不中用了。以后，决不能再写这种几十万字的书，只能写论文。南大对此书极重视。

南大原先不知武大会给我改正，所以已经由匡校长及第二书记、第一副校长章德写信给江苏二把手惠浴宇，要求给我和张伯伯在江苏复职。信写得非常扎实，说我和张是中外驰名老学者，如不快办，上海、安徽即将来请云云。惠是张伯伯中学同学，“文革”前省长，现是副书记、革委会副主任，你们的事，由他向劳动局打招呼，不会有问题。当然，公文旅行半年，是少不了的。谢伯阳调南大，他是校友，有著作，又在本地，仍然搞了几个月，要下半年才能定局。谢对我很照顾，电视机插头就是他儿子南大计算机系学生来装的。

以后决不可贪睡竹床，来此后，可设法理疗。工作今后虽尚未确定，想来要比工厂适合。小燕肚子好了没有？小孩睡时，要系肚兜。

祝

全家都好！

爸爸

22 日下午三时(1979 年 8 月)

(六)

小囡：

相片和信都收到。相片，可由我寄曹姨，我要送《诗选》给她的。

由于身体不好，系已同意给研究生讲的校雠学推到下期开课。山东(很对不起殷伯伯)、淮阴、无锡各地来请讲学，一概拒绝了，要到南大我处进修的各校老师也推了，也许略好一些。

我吃了一种药叫“心律齐”，已转正常，又吃“刺五加丸”(自己买的，每瓶 2.65 元，一个月要四瓶半)，大约如不过劳，不会发展。烟、酒都不吃了。你们可以放心。

但今年要做的事还是不少：

(1) 每周上课四小时(诗选，毕业班。学生 65 人，旁听三四十人)。

(2) 每周辅导研究生一个下午(有部分时间陶辅导其英语)。

(3) 修改《史通》，年底交印。

(4)《诗选》下册 25 万字，要校四次(陶先校，我再改动稿子)。

(5) 另外开会、会客、复信，各种想不到的事还多，我今后不再出席文联、政协各种会，除非点名要去。

电视机效果一直很好。今后有彩色的可买。这里也有日本524元的，但坏了不能修。因是日本装配，直接进口的。（它们坏了就扔掉，根本不修，电子表乃至汽车都是如此。我们还不具备这种条件，所以不要为没有买日本原装的而懊恼。）

我们没有挂帐子，因房间小，现在还点蚊香。帐子这里大小都有。如你们要卖（或送）掉，也无妨。

今天国庆，陶阿姨的姐夫张钰哲（紫金山天文台台长）和姐姐陶强请吃中饭，下午七姐、七姐夫及小峰来玩，送大苹果八，大蟹四。我送了小峰一本大的英文字典。此字典极难得，是从分配给南大教师的50本中硬扣下的，所以他很高兴。

南大已通知，从去年十月补发工资，大概可补900多元。武大不知补了没有，因为韩伯伯借我400元，一直未还。（也许他欠债太多，要先还别人，后还好友。）

我现生活比较安定，吃饭吃药都有定时。只是太忙。要慢慢改善。身体，只是初步发出警告，并没有特别坏到那种程度。（万放有时每分钟停跳十六次，就动也不能动，只好住医院，几个月才出来。我非如此，可放心。）

妈妈的诗词寄发后（只是国内），收到如雪片一般的回信，赞扬满口，更使人感到难过。但无论如何，印出就不致埋没了。两部书，在上海卡在印刷所（出版社早发稿了），不断地催，还没有结果（还有我的一本6万字的小册子）。现真已印出的，只有《诗选》上卷。十日内，当先寄五本给你们。

我准备在下个月先将妈妈的诗词选寄美国及加拿大各一本，等到叶、周两教授确实回信收到后，再成批寄出去。估计还要花二至三百元（每寄一份，大约要三至四元）。听说蒙代尔上次来，曾提到我们对文化交流不大敢放手的事，也许今后要好些。

祝

全家安好！

爸爸

10月1日夜九时（1979年）

（七）

小囡、威克：

来信收到。

两个小孩爬在地上的放大照片以及我在石林没有戴帽的那张放大照片，都连同妈妈的放大照片送给九九了。望威克放大时各放一张。上次忘说了。

你们调动事，大体顺利。最近，张伯伯又和惠浴宇通了电话。但既有加薪及奖金（特别是提级），自以拖一下为好。新到这边来，是不可能提级的。

关于你们的工作，我和张伯伯研究过，只宜暂各提一人，即你和静园。威克的事，只好等以后再说。而且来南京后，各方面熟人多，也非一定要在南大不可。

木器的事，南京现只有陈列品（六百至一千），但并不出售，所以搬家仍要带来。太破的衣物（包括家具）则可处理。此地无方桌买，但有方凳及我买的那种桌椅。新木器将来也许可在上海买。杰杰在木器厂，可设法运来。也许再过一二年，就有整套木器出售了。

已将妈妈的诗寄汝常、翔如各一本，未寄词，因他们不懂，而诗集中则有寄陆伯伯及翔如的诗。已分寄国内公共学术机关及私人约三百二十份，仅邮票即去数十元（每份一角五，每个封套五分）。还想寄欧、美、日各大图书馆及汉学中心数十册。一因地址还未调查清楚，二因不知寄出是否无阻（想先试寄一部给加拿大一教授），三因费用大（每份寄费大约要三元），四因近极忙，所以还未进行。

《诗选》，除寄你五本，给你留五本，同时寄小平，不误。大约月底可出书（上册），下册年底出。

我现在只有两间十四平方左右的房，你们来后，有二法，由学校给一套四间的，或另给你们安排。因三间的，就和我现住的一样，只多一个六七平方小房。厕所有抽水马桶、浴缸，厨房很大，可在内吃饭。是表示“高级”之意，并非能住多人。要是四间，则三大（十四平方的）一小（六七平方的），加上好厨房和卫生间，可以住下。又听说，在二三年内，四间的都要住两家，我们也可算两家，就不知他们是否承认。总之，这事，要等一些时，才能决定。若你分在中文系，则系办公室当有一个分配之权。若他处，又困难些。煤气灶有了。在南京，此事不难，差不多绝大多数人都有。不敢用高压锅，怕出事。

我的两间房的摆法如下（图略），已塞满，若再添书，书架无处放。

我也非常想念妈妈，特别是最近一段，校改她的词集错字（发出前，又校一次，发现16个错字，均由陶阿姨一一逐本改正，计五百本），又按名单发出，想到一代才人，如此下场，不独夫妻感情而已，更为伤痛。盛静霞已回信。南大副校长范存忠也回了信，对妈妈评价极高，认为“有奔放的热情，飞腾的想象”。想来还会收到更多的信，更使我难过。

我因备研究生课，血压突然升高，上压由130突升至160，下压由90至96。160和96并不算高，但突升则不正常。已开始吃降压灵。

（以下缺页）

（1979年10月）

致张实（二十五通）

张实，字君实，曾任长沙水电师院教授。程先生任教武汉大学时的学生。

（一）

君实足下：

一别廿余载，死生契阔之感，何可胜言。每从友生侧闻动定，遥寄平安而已。顷奉手书，备悉哀乐，为之一慰。会昌忧患残年，以此间主者之邀，聊厕讲席。而旧学荒落，典册飘零，空腹高谈，实惭礼遇。幸秣陵乃少年歌哭之地，山川云物足以怡情，或可老死于此耳。祖棻去岁不幸遇祸，悲酷至极，远承慰谕，铭感无已。小女已婚，现任车工，稍待或可东调。武大诸老存者博平、耀先而已。回忆昔日讲论之乐，真如梦寐也。假时当希通问。专复，即颂

俪安！

会昌顿首

十月十五日（一九七八年）

（二）

张实同志：

来示收到，诗一册奉上，乞收。

归队事，各地都有阻碍，要慢慢来。仍可就近在长沙设法，比较容易（人才不出省）。再说武大也不是理想的地方。剪寄来函二纸供参考，看后毁去。我已改正，但武大是出于全国学术界及中央政策的压力，并非出自本心。这也随它去了。小女大约年内可调来。匆匆，祝

好！

千帆

10.27(1979)

（三）

张实老弟：

有点事，请打听一下见告。同事吴翠芬先生条子附上。

大概是美国有一所大学要和湖南几所大学进行文化交流。不知道校长姓名，所以托在校的中国老师打听，他们转托了我。

如暂无校长，就请告知代理校长或第一副校长。

匆匆，即颂

安吉！

千帆

十一月八日（一九八二年）

（四）

张实老弟：

八日来信收到。我没有见过严先生，只为询问一个问题与他通过一

次信。但我仍然从旁设法通了通气。据说暨大情况因涉及侨务，且系新办，故他校不能援以为例。仍然要湖南方面松口才行。广州，生活高得吓人，如无侨汇，生活水平将大大下降，所以我也认为不宜去。不知你是否愿意去湘潭大学，我倒是可以问一问羊春秋先生。望考虑。

即颂

俪安！

帆

11.26(1982)

（五）

张实同志：

来信收到。杭生事，请随时留心，能在下期开学之前办好为妥。

代培研究生事，南大可以接受。但接受多少，哪些专业，要由您院研究生处（如无研究生处，则为教务处）函南大研究生处，提出要求，然后商量决定。

现南大中文系有以下研究生专业：

甲　博士学位

1. 中国古代文学　导师　程千帆

2. 戏剧创作及理论　导师　陈白尘

乙　硕士学位

1. 中国古代文学

2. 中国现代文学

3. 戏剧创作及理论

4. 戏曲创作及理论

5. 文艺学（文艺理论）

6. 现代汉语

7. 外国文学

教育部规定，南大每年招研究生，自招 90%，代培 10%，也有三四十名，您院早来接洽，大概可分到几名。

我近年年高(71了)体衰,事繁,有时要发心脏病。但也不严重,时发时愈而已,可放心。祝

近佳!

千帆

6月11日(1983年)

(六)

张实老弟:

前函,想收到。

我的唐宋文学研究生张宏生,将于今冬获硕士学位毕业。现教部即将召开研究生分配会,如你处有意延揽,似可分别函教部及南大争取。张为人笃实,业务上中。不要提是我推荐的。

舍妹夫胡杭生是否能调你处教数学,请向领导汇报后及早决定,如不行,可作他图。我已函胡,要他直接和你联系。(他未升副教授,是当地特殊情况,其实早该升了。)祝

好,盼复!

千帆

一月七日(一九八四年)

(七)

张实老弟:

十一日来信收到。

胡杭生事,我已托刘涤源先生(武大经济系教授)向张远达先生推荐,希望张先生能同意任用。因我与张不太熟,以转托刘先生为宜。他两次调到中学的问题,舍妹夕佳顷来一信,有所说明,今转上。有必要时,不妨据其所陈,向贵院领导说明。

张宏生是江苏徐州人,26岁。徐州师范学院中文系毕业。82年春考入南大古典文学专业,为唐宋文学研究方向研究生。今年冬天可毕业。其父原系徐州地委领导,早已在60年代逝世,依其姐成长,故诚恳朴实,

无衔内习气。他尚未结婚，如来，当系单身（闻近谈一女友，但未定局）。

此间日前大雪，深近二尺，为三十年所未有。

祝

近好！

千帆

一月廿二日（一九八四年）

（八）

张实老弟：

前寄一函，并舍妹家信，谅达。

顷得刘涤源先生信，说他已与张远达先生面谈，张先生说："一定尽最大的努力帮忙解决。"刘先生并专门写了一封推荐信，是写给李声金院长和张先生两人的。也许张会将此信转给李。

这情况，希望你去先了解，以便与系主任某先生谈时更方便些。祝好！

千帆

一月二十八日（一九八四年）

（九）

老弟：

前曾寄杨翊强论文一篇，托你转交，不知杨已到校否？

胡杭生事，张远达、刘涤源先生均已举荐，据云有望。请从旁打听一下，是否可发调令，情况如何？

我近患尿道结石，幸剧痛已成过去，仍较弱，在服药中，不多写。盼复，即颂

近好！

千帆

2 月 26 日（1984 年）

（一〇）

老弟：

二月廿九日手书已悉。胡杭生事承费心，甚感。吉林农大已同意调离，大概他收到你的信后，就会立刻回信，请水电师院办手续。

南大两个研究生，夏先培的可能性较大，因他是长沙人，父母妻子都在长沙。今天，我要他来谈了一次。（他是徐家婷副教授的研究生，原来和我不太熟。）详细问了他的家庭学习各方面情况，观察了他的谈吐气宇，印象很好，认为是一个有培养前途的人。他的姨母秦文兮在湘潭师专，前已将他推荐给湖南师院马积高先生，但师院人多，现要定员，似不易进。你如识积高（我想一定认识），可与一谈。夏先培愿教古汉语及古代文学的先秦两汉阶段。我已告诉他，看目前趋势，今后每个人要教两门课。

张宏生是江苏人，不想离开去长沙。同时，广州暨南大学唐宋文学研究室也在争取他，所以不如夏之可靠。

我本月十日左右，去武汉到师院讲学十天，并扫墓。21 日去北京开社科院"六五"规划文学小组会议，约 26 日返南京。

我前些时患尿道结石，病了一场，幸现已转好！祈释念。

祝

好！

千帆

三月四日（一九八四年）

（一一）

张实老弟：

杭生事极承为力，今年上半年当可完成调动手续。舍妹事可相机安置，无多条件也。

借教师事，已与此间当事者商量。适值改革，定员调动，引起一系列连锁反应。一开口，则人或疑为驱逐、排挤等等，故负责人不敢开口。但这同时是一调进人之好机会，似不妨由你校函一些邻省学校，请求支援（江苏太远，本省人无愿意去湖南者）。同时，可与湖南教育厅商量，请其推荐要退休或已退之年近六十或逾六十之中学老教师（他们的教学效果远胜于大学毕业不久之人），过渡三五年，再徐图招聘合格人选。此种想法较现实，不知弟以为何如？

不尽，即颂

近安！

千帆白

四月十二日（一九八四年）

（一二）

张实老弟：

久未通信，诸想安善。

舍妹夕佳随其夫胡杭生由吉林农大调到贵院事，前因夕佳转干材料规定不合，未能成功。刻已由吉林农大重新按湖南省规定补办，并已寄长沙。此事，不知尚有可能成功否？望吾弟就有关方面打听，协助进行。如实绝对无望，也请告知，以便胡杭生另行设法南调。

盼复，即颂

近安！

千帆白

九月七日（一九八四年）

（一三）

张实老弟：

各函均收到。杭生事有曲折，世情所常有，与你无关，完全用不着不安心。你在将系事筹办大致就绪之后，就要认真上一门课（行政人员不上课，是一种恶习，且无法树立威信），而将日常工作委托给一位品德既好能力又强的副系主任。慢慢物色，总有这样的人，品德第一要紧。一二年后，再选定一两个题目，从事科研。当然，我将竭力帮助你。近因“快速房

颤”心脏病突发，住院休息，不能多写。即祝
全家安好！

千帆

十月四日（一九八四年）

（一四）

张实老弟：

连得两函，极感殷拳之意。然截至昨日为止，未收到四校中任何一校负责同志（校长、系主任）正式邀请之公函，使我不便正式答复，又来函所排日程，亦非七十四岁之老翁在8—10日内所能完成。考虑再三，惟有托词巽谢，因发出昨电，想早收到。此种内情，务请不必告知任何其他人，至幸至幸。数年来帆到各校讲学十余次，未有不得正式邀请而成行者。此似亦今之通例也。

闻弟已卸去系主任职务，今后如能抽暇，望来江南游赏，作数日盘桓。常闻人言，老年是靠回忆打发日子的，回思昔日游踪，殊可念也。

书件二纸，托一中弟转交，想非久可收到。来书可寄南京。即颂
著祺！

千帆白

三月十二日（一九八七年）

（一五）

张实老弟：

来信收到。一中只告诉我有四个单位邀我到长沙讲学，并没有说是你和易扬同志私人邀请。如果是你接我，作为您的客人，那我一口就答应了，因为那就没有权利义务问题。我是到长沙来玩的，爱怎么讲，就怎么讲；爱在什么地方讲，就在什么地方讲；不愿意讲，就不讲。现在人还没有来，就提出要如何如何，这就是要别人出旅费、出住宿费的毛病。而且四个学校都出了钱，都得讲，不然就摆不平，这就不能不卖命了。我以后要来玩的，愿意自费，看看老同学们，却不想接受这种提条件的邀请。我在

湖北大学住了近四个月，他们没有提任何要求(除了要我在高兴的时候写几张字)，讲什么，讲多久，一切都由我。你说湖南学术风气不浓厚，可能是事实。因为这种霸王请客的方式是会使人(特别是年高体弱的老头子)望而生畏的。

宛敏灏先生，字书城，安徽人，现任安徽师范大学教授(校址在芜湖)，现年近八十，曾著《二晏及其词》等书。文章当然可以写，只是语气要谦和，因为宛先生是前辈。

古代文论可讲的材料很多，备课当不太困难，但要讲好，就不能只传授别人的研究成果，而要自己进行一些独立的研究。

附上新出的小册子两本，其一请转致易扬同志。

祝

好！

千帆

三月二十三日(一九八七年)

(一六)

君实老弟：

来稿及信都收到。稿看后，再将意见奉告。长沙还是要来的，但要“逍遥游”，不作“大宗师”，来看看亲戚、老朋友、同学，玩几天，在小规模范围内讲一两次还是可以的。你们上一次那种设想，把我吓跑了。祝

好！

千帆

五月二十七日(一九八七年)

(一七)

张实弟：

你的稿子，我已函询施老，今将复信转上。我看过此文，但不太仔细。觉得有些问题不大，琐屑一些，可以不提。前面引言，不必那样写，几句话就完了，无需三页之多，语气还算和平，并不尖刻。

你如愿交《词学》，可缩成万字左右(即删去次要条目，引文中亦大有可删处)，将前言换过再寄给我。但《词学》出版很慢，要拖一两年。如在你院学报刊登则快得多，要你自己决定。

祝

好！

千帆

六月二日(一九八七年)

(一八)

张实弟：

来信收到。周先生和我友谊不错，可写信推荐，什么时候写合适，望来信告知。

你的稿子，据施老来信，可望在《词学》上发，但此刊出版极慢，也许要两年以后才出版。根据评审情况，说有稿将在某刊发表，以编辑部信为证，是不过硬的(有时成为嘲弄之资)。我意，不如你快加修改，即在本院学报发表，可以争取时间。此稿内容充实，而行文不精练，总同练习太少，不常动笔之故。

南大及各校均有“提退”之说，即提升一级后退休。比较地不严格，有照顾之意。不知湖南亦如此否？如亦如此，我劝你走这一条路。

由于你在医史组时间长，中文系时间很短，可否在校内申请由中医学院参加评审？这样，也许在省内也可换一组。

祝

好！

千帆

六月五日(一九八七年)

(一九)

君实老弟：

周先生函已发，文寄沪或即在《求索》《水院学报》发，你自己决定。附

致《求索》张瑞洁同志一函，你不妨试试。我极忙，不多写。祝
好！

千帆

六月二十九日（一九八七年）

（二〇）

张实弟：

顷得张瑞洁来函云，弟稿已向《求索》推荐。前得弟告知，其稿已可在某刊刊出，则应告知张君抽回。一稿两投，致引起两个编辑部的纠纷，乃学术界大忌，望慎之。祝
好！

千帆

七月十四日（一九八七年）

（二一）

张实老弟：

来札及像片均收到。念旧情深，极为感动。

退休后身体好，是极难得的工作机会，自己独自从事研究，也是难得的自由。许多人的重要成果，都是晚年写出的。你至少还可写十年，勉之。

我身体不好，三年前即已“金盆洗手”，不再写任何文章，至于为一部完全不了解的书及其作者担任顾问作序，更是欺世盗名之举，想你一定也不赞成的。

极希望你和翊强明年秋天来玩，也许南大有一小规模活动。另外出一本纪念论文集。

我心脏病一直不好，“俟死养残年”而已，但去年出了两本书，今年还可出两本，差可告慰。祝
全家安乐！

千帆

二月二十二日（一九九一年）

（二二）

张实老弟：

诗札并收到。诗清婉可诵，想见退休后读书有得也。

我今年八十五，耳重听，目白内障，写作困难，幸弟子辈能相助，著述未成者皆陆续印出。今奉《学记》一册，略有生平。弟无事时可一循览。顺贺春节之喜！

千帆

一月二十九日（一九九八年）

（二三）

张实老弟：

奉到珍品四味，甚感高谊。我年前住院四十余日，前不久始反家，仍极疲软，此亦老人常态也。闻翊强亦病，久不与通问，不知近况如何，幸便中告知。

顺颂

俪弗！

千帆

二月五日（一九九九年）

（二四）

张实老弟：

复信娓娓数纸，详言养生之道，具见故人相厚之意，其中有简捷易行者，当试行之。惟生性卞急，或不能如彼老中医之持之以恒耳。翊强前数日有电话来，亦以神经性病为苦，此可能与性格有关，惟愿其自我解脱耳。近检查血糖，已降低符合度数 7.8(原为 11)。今后仍当注意饮食，可无虑也。春寒仍厉，亦望保爱。顺颂

阖府安吉！

千帆

三月九日（一九九九年）

（二五）

君实老弟：

承赐佳茗、莲实、枸杞诸珍物均收到。在远不遗，感荷之至。过了新年，就算八十八岁。耳聋目眢，走路亦差，幸退休已久，无日常必做之事。所主编之《中华大典·文学典》已开始出版，如无大阻碍，2003年可以出齐，斯足慰耳。字一纸奉呈，聊表微意。即颂

俪安！

千帆

二月二日（二〇〇〇年）

致周勃（六十二通）

周勃，曾任教于武汉师范学院（今湖北大学）。程先生任教武汉大学时的学生。

（一）

老弟：

收到来信，很高兴。既然在大学教书，就本着天理良心去干吧！二加二到了金星上面也不会变成三的。珞珈山的老爷们费了许多事赶我走，而不知我就是穷得当裤子也不会再到武大当教授。把我当做眼中钉，实在是过蒙台爱了。人之不相知，远胜于企鹅不了解狒狒，可悲可叹。我在这里得到了我应当得到的尊重，七十老翁何所求，斯亦足矣。二十年来，放牛割稻之余，也胡乱写了一点东西。如果纸张供应好转，或许可与世人相见。当然，这是不值那些张铁生的伙伴、白卷教授一笑的。说给你听，也不过相与一笑罢了。武师除朱祖延外，章子仲也是旧识，见时希为道念。我仅一女，在武汉已适人。南大分到房子后，当可调来。现暂时一人在此，朋友多，不寂寞。但是越来越忙了。我现在六十六，如果再活二十年，可能将损失补起来。五十年代的大学生是国宝，望“努力崇明德，随时爱景光”。祝

好!

千帆

12月5日(1978年)

(二)

老弟:

知已获改正,真高兴。词条一定写,但要等些时候。才回来,各事猬集,心闲不下来。这种事,又忙不得的。我,武大如何发落,似有异闻,因并不过分容心其间,也就听之任之。请代问雪垠、祖延、子仲好。祝为学日益!

千帆

四月十三日(一九七九年)

(三)

周勃同志:

来信收到。

《长江文艺》编辑部有信来,要稿,又要朱自清先生的材料。朱先生的手稿,我已没有了,倒是以后有暇时,可以写一点文学回忆录之类的东西(关于与朱先生在成都的一段交往)。但现在没有时间,只好以后再说。稿子,有一篇现成的,现寄给你,请先看看,行不行。如有要改的地方,你就动动手吧。"弟子不必不如师,师不必贤于弟子。"如果《长江》要,希望发表在第一期。现在还是淑耘在管事吗?希望和她谈谈。为什么,你以后会知道的。

今年6月27日是祖棻逝世两周年。她在武大工作整二十年,最后以① 排斥、② 侮辱、③ 陷害三部曲告结束。而且,现在似乎还没有了结。有人来信告诉我:讨论改正时,有人竟说:"如果程某某都改正了,那么反右岂不是全错了!"真是妙得很,好极了。辩证逻辑万岁! 文艺界还想到要纪念她,真是使我感慨万端。

字给你写了,不成样子(又写了一张小的,备选择,已另寄上),留作纪念而已。

关于她的为人,你如果想感性知识多一些,可以去武大采访:① 杨翊强,② 吴志达(中文系讲师,听过她的课,又长期和她合作教课。我的研究生),③ 李涵(女,历史系讲师),④ 徐鸿(女,图书馆负责人)。李、徐在57年后和她有来往。不必找老爷们。

以下提供一些材料,当然不可能也无须都写入文章里面。

浙江海盐人,苏州出生和生长的。(1909.1.29—1977.6.27)。1934年毕业南京中央大学中文系,1936年毕业金陵大学国学研究所。1937年和我结婚,1942年起,在大学教书,先后在金陵大学、华西大学、江苏师范学院、南京师范学院、武汉大学,1976年被迫在武大退休。

大学生时代,即创作新诗、短篇小说。后出有新诗集《微波辞》,她写的历史短篇小说如《辩才禅师》(肖翼盗兰亭帖的故事)、《茂陵的雨夜》(相如、文君故事)、《崖山的风浪》(陆秀夫、张世杰抗元朝侵略故事),三十年代都曾受文坛重视。

当时中大教授有词学专家吴梅、汪东等。在九·一八事变后,她曾写了一首小词,引起了老师的重视,此后便特别与以培养。词如下:

浣溪沙

芳草年年记胜游,江山依旧豁吟眸。鼓鼙声里思悠悠。

三月莺花谁作赋,一天风絮独登楼。有斜阳处有春愁。

末句以象征手法表现出对日寇压迫之下的祖国命运的无限关怀。在这以后,对于民族国家的安危,一直是她所关怀的,经常有反映。

反映国民党剥削压迫的、政治黑暗的词很多,抄于另纸,略加说明。

"四人帮"垮台后,她写了一首咏桃花的词,对江青加以讽刺(这也是她最后一首词),也另抄上。这些和歌颂党领导下的新社会的《踏莎行》,形成强烈对比。她还有一首题长江大桥的载57年4月《文汇报》,手中已无,如要看,可去查。

她为人温柔、忠厚、处处替人设想。但另一方面,却又有原则,临大节而不可夺。有一位词学老辈,想和她见面。她因其人曾在汪伪政府做官,坚决拒绝了。

她的著作(已成书的)

创作:《微波辞》新诗集(独立出版社)

《崖山的风浪》历史短篇小说集(稿本,“文革”中被抄去没收了)

《涉江诗稿》(油印,自印本)

《涉江词稿》(油印,自印本)

研究:《宋词赏析》上海古籍出版社排印中

著作:《唐人七绝诗浅释》上海古籍出版社排印中

《古诗今选》(与程千帆合作,南京大学排印中)

她是一个非常谦虚朴实的人,从不自炫所长,也不求人知道。退休后,住在渔村附近,人家从不知道她是一位有名的女教授。夏夜,和邻居的孩子一同猜谜语。渔民站在旁边听,说:“看不出,这个婆婆还有点文化。”

绍裘的工作,我已在这里为他进行,成否不可知。他想当编辑,《雨花》或《南京文艺》看有无可能。

这封信,以及附上的材料,等你的文章写好之后,全部退还给我。

祝

好!

帆

四月二十五日(一九七九年)

引用词句,校对请特别注意。错了就不好办。

(四)

老弟:

来信收到。如果要登祖棻的诗词,以你来选为好。诗中多偏于个人,只有《早早诗》很特别。朱光潜先生来信,大为赞赏,并题诗云:“独爱长篇题《早早》,深衷浅语见童心。谁说旧瓶忌新酒,此论未公吾不凭。”似可刊载。词有许多写旧社会的丑恶,揭露国民党蒋介石统治的。上次已抄寄一些,似可考虑。另外就是国庆两首、桃花(江青)一首。

承你关心,武大党委已通过改正,报省委了。据庄果(武大第二书记,主持日常工作)告诉张月超先生,此事迟迟,是因为中文系有人坚持反对,因此之故,党委做了许多工作。其实,这些老爷逆天行事,有何好处?有何益处?江苏省委已批准我和张先生复职(三恢复)。他们卡住,也是徒劳。

诗词已寄雪垠一份(青年出版社转),淑耘一份。你知道宋谋玚现在何处?望告知。也想寄他一份。

张三夕成绩还好,又比较年轻,我因此录取了他。(南大取研究生,全由导师作主。)但入学之后,功课是繁重的,要求是严格的。他要有思想准备。你可以将这意思告诉他,如果他还没有走。

你谈的武大的情况,我很清楚。别的没有什么,就是害了学生。(看到《学术月刊》上的文章吗?)祝

好!

帆

9.13(1979)

(五)

周勃同志:

你上次抄给我的祖棻解放后作的两首词,稿子不知放在什么地方去了。请你费心再抄示一份,航空寄来。

她的诗词出版后,反应很好,最近北京和香港可能都要登一部分。也可能全部正式付印。

匆匆,祝

好!

千帆

12.18(1979)

(六)

周勃同志:

来信,又《长江》及《武师学报》都收到,甚感费心。

《文汇报》一首,是题长江大桥的,其时间约在57年4月。

《长江》办得很活泼,比《钟山》强。第一辑如能弄到,望赐寄一份。

《诗刊》也来信要涉江词，已抄了七首给他们。香港再发一发，造成声势，也许可以正式出版（在香港）。

她的第一本学术专著《宋词赏析》已在校中，想明年上半年可出。我的话应验了：她是在用自己的著作纪念自己，悼念自己，而不希罕那些老爷们给她开追悼会。

我们的书，出一本就会寄你一本。已交出的有六本，大约二年内都可出来吧。

祝

好！

帆

12.26（1979）

（七）

周勃老弟：

廿八日来信收到。涉江词的发表，可按您的意见办。诗，涉及近十余年，要谨重一些。《诗刊》邹荻帆来要，也给了几首。香港《文汇报》大约也要发一些。纪念文的事，可慢慢地来，不急。

她的《宋词赏析》已付型，非久可出。又《古诗今选》上下册一月内可出。届时均当寄奉。

《芳草》收到，不错。我看武汉文艺界还是比较活跃的，比江苏强。

关于白尘工作事，听说过一些，但不详。我现抓一个研究室，比较省力。局面太大，不合适。

唐异明很有前途。曾卓介绍给我的。我介绍张三夕和他见见，交个朋友，也是"以文会友"之意。这两人您都认识，可居间。

祖延先生一函，乞转。

顺颂

近安！

千帆

二月六日（一九八〇年）

（八）

周勃老弟：

《长江丛刊》一辑、《芳草》二期及稿费都收到，谢谢。

转上莫绍裘一文，看武汉有无地方发表。文略长，又有点从领袖观点出发，以先圣驳后圣。但意见不误，思想也解放。如能更多地从文艺现实出发来谈，就好些。值得修改。故此推荐。请与淑耘等一商。

绍裘命途多舛。我介绍他到南京师范学院（系已同意），因 6 号文件，暂不能进人了。他是武大和武汉出来的。多年不执笔，又僻处高邮，声气不通，努力也不免打折扣。还是要拉他一把。（望你收到后，给莫去一信。）

莫绍裘通讯处：江苏省高邮县运输公司。

我近病了一场，高烧了三天，尚未痊复，不多及。祝

好！

千帆

3 月 2 日（1980 年）

（九）

周勃老弟：

得信知夫人患重病，转危为安，极为欣慰。病后要多休息。良性瘤，关系不大，取出，就解决了。

武大要我去讲唐诗事，无所闻。只是最近要去上海为王文生等办的文学批评史师训班讲几次，或即由此误传。但去冬在湖北文联开会情事，我前两周在此开江苏四次文代会，闻人言之甚详。且闻 H 君被喝倒彩时，Y 君递一条，上书“顶住”二字，故 H 君就顶了 90 分钟云，此亦辰州符也。

我想他们不会请我去。去了，大放厥词，对于凡是公园之宁静气氛，大有影响。若去讲诗，必从批判某公始，而在人人在真理面前平等之大旗下，又不能再扣右派帽子，乃是大杀风景之事也。

我5月10日左右去上海，约十天，转济南，为山东大学研究生讲一个月。返宁当在六月下旬了。

《古诗今选》曾寄朱祖延、章子仲各一部，不知他们收到否？

请转告张国光先生，他寄来的文及信都收到了，因即将离校，不及复，请代致感谢之意。

专复，即颂

俪安！

千帆

5月2日（1980年）

（一〇）

周勃同志：

我现在上海文学批评史师训班讲课，二十二日去济南，为山东大学研究生讲。

临走前，遇到程一中，知道你们情况都好，甚慰。曾托他问你们要一本载《女贼》的刊物，如尚未寄南京，请寄济南。

在此听朋友说，雪垠兄在香港发表了一篇谈文学的文章，涉及祖棻。此文，我未之见，不知能请你函雪垠，问他要一个复本否？（如无原报纸，请用静电复制一份。）此间黄裳同志亦拟在港发表一文，论祖棻诗词。

在一个月写信给我，可寄济南山东大学中文系殷孟伦教授转交。祝好！

帆

5.19(1980)

（一一）

周勃老弟：

来信收到。朱先生的信也收到了，请转告谢谢他，无事，不另复了。

我近一个月来身体差。动脉硬化，缺氧，中气不足，不能多说话，医嘱静养，又发了痔疮，看来，武汉来不成，但还未作最后决定。

中华书局出版《学林漫录》(第一辑已出),希望有一篇关于祖棻的文章,想来想去,还是希望你来写。吴志达可能现在愿意谈谈了。杨翊强已离开,当无顾忌。如你抽得出时间,望和他们联系,提供一些材料,把它写出来。

文学史稿(特别在注子方面),希望朱先生能仔细审定一下。你整理时,望多向他请教。

张三夕在这里学习很不错。看来,获得硕士学位的希望很大,如果他不拟继续攻读博士学位,武师能通过某种渠道将他要回,将是一把好手。这事,可密与朱先生一谈。

匆匆,祝

好!

千帆

10 月 25 日(1980 年)

(一二)

老弟:

来信及稿件收到。极感你的辛勤及祖延先生校订之劳。请代向祖延先生申谢,并请继续如此办理。

分四次在 81 年登完,很好。你们陆续整理校订,然后寄来。我随时看后寄还。这样,用多用少,你们可以主动。当然以章为单位。共 12 章,则每次三章为宜。但这次寄来的,只两章,或以后再设法调整。我无意见。

我希望每期刊出后,能抽印 50 份,送送人。如不可能,则请多赐几份学报(10—15 份即可)。请酌。

排版,提出下列意见,仅供参考。

① 通栏排。② 大标题(章)用三仿或黑,小标题(节)用四仿,排在中间,章占两行,节占行半。③ 正文用四或五宋,注文用五或六宋。

请仔细校对,尽可能减少误植。

稿在校订中,在一个星期之内寄还给你。

祖棻纪念文,请按照自己的思路去写,不必管中华的要求,但不宜过长,也不要求全面。《新华月报》文摘版本年 10 期黄裳文可参看。雪垠文,又《山花》本年×期李荒芜、朱光潜诗,可引用(不一定)。写好,请寄我一看。

我仍然中气不足,体力视数月前差了,仍在奋战中。祝

好!

帆

11.24(1980)

(一三)

周勃老弟:

校订稿早挂号寄上,想收到。其中“焉”字,你原来抄得不错,我误记已简化为“舄”,校对时,请改回。(我主张简化字,但反对不规范化的简体。)此稿校订时间不够,较粗糙。第二期起,能早点寄来最好。仍请祖延先生先行审定一次,庶免差错。

第一期何时出?能给几份否?能自己再校大样否?均望告知。

请转告章子仲先生,她托胡若定先生带给我的茶叶已收到,谢谢她。

祝

好!

千帆

12 月 9 日(1980 年)

(一四)

周勃老弟:

来信收到。华师历史系张舜徽教授争取三夕到他所主持的“古文献研究室”去,但三夕的名额闻在武师。听说教部 78、79 届研究生的具体分配会议在武昌开,请祖延先生与院方研究落实一下。三夕跟我治校雠学,有成绩,论文很突出,所以舜徽先生要他。他本人无一定意见,到华师,可跟张先生继续学,武师是母校,也当然会继续得到培养。

去年曾推荐研究生徐有富的一篇论文《诗与政治——读四库提要札记》,《武师学报》已答应刊用,但因稿挤压了一年,不知能在今冬明春刊出否? 盼便中一询。

我脑血管硬化,时常头昏,工作效率很差,也只好且战且走。祝好! 并候祖延先生。

帆

10 月 19 日(1981 年)

想问雪垠要一份他的发言稿,请转问行不行。

(一五)

老弟:

信收到。徐有富的文章,《武师学报》编辑部已有信来,答应明年发。

张三夕大概决定到武师了。华师力争,未能取胜。请告祖延,这个孩子是很好苗子,要好好继续培养。照我看,如营养丰富,成长迅速,5 年以后就可以成材,现在立即上阵,也不会出多大错。但要少夸奖,多严格要求。

雪垠想仍在汉,请见时为我祝贺他入党,为我道念。据说,他那个有些反应,也是意料中事。

《武师学报》81/4 应给我 8 册,至今未收到,请一催,谢谢。此颂近好!

帆

12.16(1981)

(一六)

周勃老弟:

新春好!

雪垠不知返京否? 近得其历史小说三下,尚未及看。如通信,幸便中转告,亦颇以其处境为念。

有两事,请和《武师学报》编辑部一谈:

① 将我的原稿全部要回。

② 还要 81 年 4 期一册(寄来少一册),以便配套。

请弟取得后,即代挂号寄出。他们办事很拖拉,交与,又不知延至何日也。

我近病未发,但仍忙,不如放牛之清净无为也。祝
好!

千帆

1.28(1982)

见到张国光先生,请代致意。他所送《水浒》论文已收到,谢谢。无事,不另复了。

张三夕已返汉,见之否?大致仍在武师也。

(一七)

周勃老弟:

我于旬前来西安参加唐诗讨论会,并讲学数次,现已结束,准备明天回南京。

得三夕信,知他想考张舜徽先生的博士研究生,但武师不同意。详情我不了解,三夕要我给祖延或者其他人说说。这事,我不便直接开口。请考虑一下,如学校能让他试试,就准许他报名,亦不见得就能录取。如实在不行,就要对他做思想工作,免得青年人为此闹情绪,影响工作。望适当处理,并回信。祝
好!

千帆

四月七日(一九八二年)

(一八)

周勃老弟:

两函都收到。王先生也见着了。但这种当面交材料请提审查意见的方式,显然对我独立提出意见有所妨碍。因此,我觉得以将材料直接寄与

另一位审查为宜，已将其退回武师人事处了。请转告有关通知，曲予原谅。祝

近安！

千帆

8.14(1982)

你们也许并未感到（但愿如此），这样做，我除了将王先生的著作赞美一番之外，别无选择。我之所以退回，是认为这种方式很不合适，丝毫不涉及对王先生的学术有所褒贬。又及。

（一九）

周勃老弟：

29日函收悉。乔木讲话已收到江苏文联印本，闻也是经过反复争论才作出的，很心平气和，有理不在高声，因此反更有说服力。武大问题，主要是大家不种，而只想摘。吴志达前过宁，适我去北京数日，未见。闻其能评上，因他有一小册子，而别人则连这个也没有。此亦廖化之命运而已。

词集一册寄上，印得还可以，校对好，几无错字。诗集已由福建人民出版社印，大约明年才能出。

我五日去上海转厦门，大约九月中均在福建。十月初可返校。匆复，即颂

著安！

千帆

9.2(1982)

（二〇）

周勃老弟：

我大约十号左右乘船来汉，同行有妻、女和一小外孙女。票定后，当电告行期。

21日要去北京开社科院“六五”规划会，要先定飞机票。同时，请先

为陶芸和丽则买回南京的船票。

想在讲习班讲一次大课，为武师研究生作两次座谈。已将材料寄张国光先生，请其事先打印，效果要好些。

在武汉十天，想看骆文夫妇、曾卓，这请你陪同。去武大一或二次，看大约五六个人。请师院提供汽车。

整个时间，希望你仔细安排一下。

修墓事，已由舍妹等在汉借重她们工厂的力量办理，如果有困难，当再请武师设法。对此我深表感谢。去扫墓也还得请设法借部车子。

别的事，到后再谈。

祝

好！并请代候各位先生。

千帆

三月六日（一九八四年）

（二一）

周勃老弟：

信、书、照片收到。我的单人照希望各位摄影家在用过以后寄给我，还想放大几张，不急。

已问过南大研究生院，代培博士，每人每年 8300 元；硕士，每人每年 6300 元。如不住南大宿舍，可减 1000 元，不要南大支付助学金，亦可减 1000 元。（博士生生活费略高，也许可多减一点。这，未弄得十分清楚。）目前，南大已招代培博士、硕士多名，都是此价。所以如一个一个地谈，恐难优待。如提出两校合作，如何如何，也许有点商量余地。

国家教委已决定，将南京大学与南京工学院两所委属重点大学合并，又加新创医学院，成为“中国联合大学”（尚未最后定名）。以此为试点，成为中国第一所名副其实的“综合大学”，文科亦将大发展（理工科本强）。如湖大与南大建立某种关系，或对将来发展有益。

以上，请酌情向李、徐二位报告。

祝

好！

千帆

四月五日（一九八七年）

（二二）

周勃老弟：

惠示底片及茶叶均拜领。所谈事，亦在意中，弟宜借此脱离旋涡中心，静下来写点东西。文坛事，北京来信云，作协一片检讨声。想来外松内紧了。

祝

好！

千帆

五月二十七日（一九八七年）

（二三）

周勃老弟：

得书知以肝病住院，不知究竟如何，极为系念。大概这种病，休息非常重要，你也只好既来之则安之，住一阵再说。

丽则等已于四日去四川，游了峨眉、乐山，现正在九寨沟，准备二十日离成都去重庆，是否还有时间玩小三峡，不可必。如在重庆乘直达轮回南京，就不会麻烦道葵弟了。

前两个月，湖大人事处忽然来信，要我给李先生作补充鉴定，李先生之子并来要三数日内办，又不将材料、表格寄来（如说李为悲喜剧集定稿，而并无原稿及李所改定之原始材料，只有已印之书，什么也看不出。又无正式表格，这样，就不能请校方正式盖章），我只好用写信方式说明情况，并表示同意其升等。看来，中文系及人事处似乎是有意这样做的。他们想为难李先生，却又把恶人给我做，简直岂有此理。如果并非有意，则办事人简直是混蛋官僚。事情早已过去，你知道就是了，无须对任何人说。今天无事，忽然想起，就告诉你一声。

祝
痊好！

千帆
8/18(1987)

(二四)

周勃老弟：

新岁吉祥为颂。

此间因开会需要大批拙著《古诗考索》，上海已售缺，请弟费心去交通路古旧书店了解，尚存若干？希望有 60 册。如有，请即使垫款代购妥寄(可寄给我收)。其中十册开我发票，50 册开南京大学古典文献研究所发票，如不够此数，亦请尽量买下。此事重要，务请拨冗一办。

我前因心脏不适，住院四十六天，已于半月前出院，冬寒惟"塞向墐户"而已。衰年逼人，真可叹可惊也。

诸友均乞致意，不另。

即颂
全家安乐！

千帆
新正二日(一九八八年)

(二五)

周勃老弟：

久不通问，前告以病住院，不知已好转否？甚念。我近年身体大不如前，近又患眼，久之不愈，甚烦燥。子仲丧偶后情状如何，湖大一切均在念中，如不太费力，可来一函略告也。专颂
双安！

千帆
4 月 24 日(1988 年)

（二六）

周勃老弟：

惠新茗又函均收到。茶味甚厚，虽非绝品亦自可饮。弟身体仍要特别注意，胆结石此间盛行以芥子做耳针，然后服蹄膀将其裹出之法，然太大则不行，至爆炸法，但见报载，或京沪有之。似不妨托人打听，然后联系往治也。

国事系事多不堪言，亦不仅某一学校如此。现在政治“艾滋病”是党风不正，已沦肌浃髓，“上下相蒙，上下交征利”二语尽之矣。我数十年来，总是希望免疫，但个人免疫又如何。独善其身，似清高实可耻也。大著何日脱稿？如精神好，自应勉力一序也。顺颂

阖府安吉！

兄帆

6月1日(1988年)

（二七）

周勃老弟：

惠示又书稿、茶叶均收到。谢谢。勉成一序奉呈，幸酌之。收到乞复。

南京大热，当局照顾老人，置之有冷气设备房屋中（芸亦在），得免一厄。南京老人中暑死者，报载盖三百余人云。

近日转凉，冀其不再升温耳。顺祝

阖府安吉！

千帆

7/28(1988)

雪垠与再复之争，大可不必，屡说不听，可叹也。

（二八）

周勃老弟：

王生昨来，收到珍贶，感感。稿件已于前数日挂号寄上，想收到矣。

其中注释或尚有可商处，能请朱夫子看一遍最好。天气近日转凉，想弟体亦可转健。张叙之近带运动队来宁过谈，稍悉鄂事。刘、姚之争则未之闻，便中亦能略以见告否？手此，即祝

阖家安吉！

千帆

八月二十三日（一九八八年）

（二九）

周勃老弟：

承赐新茶，极感。一个月来，我一直生病，时好时坏，大约心病难医也。东坡诗云："人生万事足，所欠惟一死。"真不知道活这么长是为的什么也。叹叹。不能覼缕，幸恕疏略，惟冀他日得面罄耳。复颂

著安！

千帆

五月廿七日（一九八九年）

（三〇）

周勃老弟：

前得百番，似是序文稿费，然过奢，殊不安也。又得名茶，亦所素嗜，为惠多矣。数月来为心脏宿疾所苦，近一月改服中药，始略轻减。秋寒亦易中人，老病不斟，如何如何？近况想安适，仍冀赐数字也。顺颂

安吉！

千帆

9/28(1989)

（三一）

周勃老弟：

兆鹏来，带到茶、酒，感谢感谢。我去冬因连服中药百五十剂，心脏病未甚发作，又以恩准退休（口头，至今未办手续），亦便于老懒，故视 87、88

年之偃卧医院者为胜。吾弟闻之，亦当一慰也。老妻亦安。闻太夫人已仙逝，未得致赙，甚感不安也。

春寒，望保重。祝

阖府安吉！

千帆

二月十四日（一九九〇年）

（三二）

周勃老弟：

托张书记带来茶叶、皮蛋、豆豉及书稿均受到。食物均我所喜，感荷感荷。

书稿已于今晨亲送南京大学出版社社长面收，并作书面推荐。一般审稿要三个月左右，如有消息，当随时奉告。其他出版社亦有可推荐者，但我在南大较说得起话，如不成，再他图可也。

托张君带上香肚、肉松，均南京土产，又湖笔一匣、茶叶一包。茶叶乃出南京附近之捺山，颇有名，似可，愿一尝之。

近暑，冀稍安息，勿过劳。即颂

全家安好！

千帆

六月十六日（一九九〇年）

（三三）

周勃老弟：

惠赐冬菰、茶叶收到，感谢之至。

我 10 月 12 日入医院，住整三月，近始反舍，然犹孱弱，不能做什么事。幸已退休，余三研究生，今年夏间大体可了结，今后只混混日子养残年而已。

平生著述，得友生之助，近印出两册（明年可续出二种），俟运到后，当奉寄。

弟稿，补充部分，寄来时我在医院，由陶芸亲送交，想近已审毕，不知是否有信与弟联系。如无,当由我再从旁促之。

曾卓详细地址望告。

祝

安好!

千帆

一月二十四日(一九九一年)

(三四)

周勃老弟:

昨发一函,计先达。

南大允出版,实不易。并非全是我的面子,实亦此书有一定质量也。照一般情况,今年内当可出。又书二册寄上,另当寄祖延兄等,因大批尚未到,容续邮,此二书,平生精力(理论方面)所萃。我谈理论,是从具体上升到抽象,与一般不同。此弟所知。弟有暇,愿通读之,能写一书评更好!(如作,谈点实际问题,不必夸张。)

帆附告

(1991 年 1 月 25 日)

(三五)

周勃老弟:

三月七日来函收到。新书二本,可算我治诗数十年的代表作。你能写一书评(不必急,慢慢地写),甚好。七八千字以内最合适。写好后,可径寄 200062 上海华东师大宿舍二村三十号徐中玉先生(我的老友),请其在《文艺理论研究》上发表,或者 100732 北京建内大街五号社科院文学院蒋寅(我的学生)交《文学评论》或《文学遗产》发表。文中不必提师生关系。我近仍常发小病,不大做事,读闲书遣日而已。祝

安!

千帆

三月十五日(一九九一年)

（三六）

周勃老弟：

4 月 21 日收到手书，27 日收到包裹，谢谢。茶叶甚好，惟另一种并非蚝豉，而系一种果实，略如花生，炒食之亦尚可口，或寄时误放，亦无妨也。

题签寄上，因有小标题，不大好布局，对付用着吧。

南大出版社近三年已办出些成绩，出过一些好书。弟此书尚是未开拓领域，理宜出版，非下走之力也。

年齿日增，心脏亦日益衰竭，子曰："君子居易以俟命。"故亦安之。曾以《诗世界》一册寄雪垠，未得复，想此老或亦不及前数年之兴高采烈，逢人辄道一片大好而且越来越好也。古人云："殷忧启圣，多难兴邦。"说空话，吹牛皮过日子，岂能打倒贫穷落后，超过东西洋鬼子乎？荒唐老悖，出言无状，想必莞然也。即颂

俪茀！

帆顿首

四月廿七日（一九九一年）

（三七）

周勃老弟：

友人饶德和先生在办中山自修大学函授部，想请贵校教师去兼授秘书及行管方面课程，已另函作介，不日将来奉谒，请在可能范围内支援之。我近月身体尚好，希释念。

即颂

著安！

帆顿首

7/2(1991)

（三八）

周勃老弟：

友人饶德和先生，乃湖北中山自修大学函授部主任，该部现颇需秘书及行政管理等课程之教师，拟请湖大方面给与支援，特此函介，尚乞费心与以协助，不胜铭感。专此奉达，即颂

著安！

程千帆

七月二日（一九九一年）

（三九）

周勃老弟：

熏肉及手书均收到。故乡风味使老人大快朵颐，殊欣然也。大作已于十一月九日交印刷厂发排，估计明年春季可看校样。他们本说今年发排，可谓能践其言者。惟因事忙，未及及时奉告为歉耳。饶老之女，系丽则同学好友。此老亦因冤案沉滞多年（因此成为高级油漆工），犹能贾其余勇，亦殊不易。弟鼎力助之，甚善。我今年身体似较去年为好，未住医院，即其一证。大概耳聋因而少所知闻，亦殊有帮助也。顺颂

安吉！

千帆

芸附候

11 月 30 日（1991 年）

（四〇）

周勃老弟：

承惠新茶，感不可言。我月前因气候恶劣，心脏颇为不适，幸近已转趋缓和，注意保养，当不致恶化也。武汉出版社拟出版我与陶芸编《骈字类编音序索引》，约二十余日前，该社编辑潘长胜君来宁将稿取去，即杳无音信（本说到后即将稿件收据及合同寄来）。此书承祖延先生允赐序，亦

不知该社已与祖延先生洽谈否？如早晚相见，幸一询之。三夕与该社亦熟，不知吾弟有友人在该社工作否？此书原交南大出版社，因该社言已由省出版局批准作重点书出版，故索回交与，而办事如此拖拉，真令人气短。(原定十二月底出版，似已无望。)弟稿在南大出版社者去年十一月已发稿到厂，不知已送校否？如需我询问，可来函相告。

专此，即颂

阖家安好！

千帆

四月十四日(一九九二年)

三夕闻将赴海南，已确定否？

(四一)

周勃老弟：

武汉出版社已将合同寄来。此事算告一段落，谢谢。

你那本书，大约三季度，至迟四季度出。南大出版社的出书进度还可以。我觉这个题目，至今国内尚无专著。出后，应找人写点书评(讨论性质的，也可赞扬，但非吹捧)。如三夕就合式，但听说他要去海南，不知有空否。祝

全家安乐！

千帆

五月二十日(一九九二年)

(四二)

周勃老弟：

承惠佳茗，感感。大著在南大印行者，前闻人言年底可出，因少出门，亦不知确否，故未奉闻。我近大体尚好，老人身体不恶化，即是好也。祝

阖府安吉！

千帆

九.十三(一九九二)

祖延近况如何?

(四三)

周勃老弟:

来信收到。你的《永恒的困扰》已出版,南大出版社送了我一本。印得很不错(就是照片差)。你要买多少,望径函该社,大约打八折(或七五折)。我近由学校分了一套四室一厅的房子,冬天要作搬家准备,因此无法来武汉了(年老体弱,不免蜗牛化)。我想明年四五月来小住,因华师大办一黄季刚先生的学术讨论会,武大又校庆。武大崎岖,华师只开几天会。要盘桓,还是住湖大好。兆鹏不知道我从来不肯作应酬文字(尤恨作应酬诗),婉辞之函望转交,并告知悭悭自守之意。祝
全家安好!

千帆

十一月一日(一九九二年)

(四四)

周勃老弟:

马蓝婕女士转致200元收到,辛苦钱乃令老人分享,受之滋愧矣。近患骨殖增生,行动不便,殊觉麻烦,心脏尚可,他无所苦,知注特闻。天寒,善自葆爱。顺颂
著安!

千帆

一月七日(一九九三年)

(四五)

周勃老弟:

今年五月华师大开黄侃先生学术讨论会,想借此机会来湖北小住。湖大仍能托足否?弟现不在中文系,我又不能为行管系做什么,有无困难?望直告,不可勉强也。上次在中文系虽说上课,恐实际上无效果,甚

愧。这次，如选少数青年教师愿从事研究者，每周个别谈谈，或更有益。这只是想到，随便谈谈。因我四五月间要迁一新居，不知届时能否成行。承惠腊味等甚佳。老人胃弱，不能多进，今日犹蒸食之也。中文系涂先生编《毛诗鉴赏辞典》，前有书来，未及复，晤时望致意。顺颂

著安！

千帆

3 月 11 日(1993 年)

（四六）

周勃老弟：

惠赐新茶，因邮局拆屋搬迁，迟迟始收到。色味均佳，不殊往岁，老怀欣然，近日之快事也。武昌黄先生会，消息殊不能令人满意，已推病谢绝。近日学校分得一套房子，在平地，可免老人日夕上下之劳，但要自装地板，因此其后搬家又要忙一阵(当然只能由门人辈动手)。如完工迁入过迟，已臻炎热，则上半年恐不能来汉矣。另一事，请转祖延先生，烦其打一电话与武汉出版社潘长胜先生，询其《骈字类编音序索引》可否如预约在 6 月底出版。如不能，大约至迟何时可以见书。得确信后，望告我也。谢谢。顺颂

近好！

千帆

四月二十六日(一九九三年)

（四七）

周勃老弟：

寄武大联，已查出系十月九日由邮一一〇一(即南京鼓楼区南京大学邮局)寄出，收据为〇八八二号。不知已收到否？今再寄上学术报告文本一份，如我届时不能来，即乞代读。其中所论，皆系旧说，《诗世界》以及《程千帆诗论选集》中皆有其全文，如弟代讲，可先取全文阅之。连日南京大风且雨，甚有秋意，惟终日蛰居矣。手此，即颂

近好！

千帆白

十月二十八日（一九九三年）

（四八）

周勃老弟：

武大贺联重书寄上。纸有损伤，仓卒不能出购，别裁小幅，乞嘱裱工补之，师傅们都有此本领也。恐前挂号函又遗失，再附上讲稿一份。顺颂

近安！

千帆顿首

三十日（一九九三年十月）

（四九）

周勃老弟：

转上代发先生及刘昌钊先生函各一封。请费心转告代发先生，我已81岁，我，还有他和洪源先生、昌钊先生恐都不想叫人背后说，程千帆真是老胡涂了，连起码的逻辑思维都丧失了。因此，我对“中国话本小说史”这样的书名，就没有勇气落笔了。这，真是无可奈何，抱歉得很。顺颂

著安！

千帆

1月4日（1994年）

（五〇）

周勃老弟：

照片二张收到，谢谢。其中多人合照者，模糊不清，除弟及福邦外皆不审辨，幸示知之。日刊书评一纸，请转敏徊。顺颂

全家安吉！

帆白

三月一日（一九九四年）

（五一）

周勃老弟：

惠茗拜登，甚感在远见忆也。我近尚安，惟目苦白内障，昏瞀日甚，又尚不能做手术，姑俟之耳。复谢，顺颂

阖府安吉！

千帆

五月三日（一九九五年）

（五二）

周勃老弟：

吴芸真女士来，带到咖啡（不必）、茶叶（甚好），故人在远不遗，真可感也。

吴先生盛意，本已拟要她找二三老学生采访，找一文笔好的人凑一篇，但看了所留下《名流》三册后，仔细考虑，仍以不踏入这个“花园”或“污池”为宜。一介寒儒，岂能与女皇帝、国际明星之流为伍？纵自己不怕上帝、马克思之流所笑，岂亦不怕撒但、阎罗王乎？“道不同，不相为谋”，不是一条道上跑的车，不必放在一处为妥也。

老而愈顽固愚蠢，不识时务。吾弟可大笑一场，对身体不无益处也。

秋仍热，望

葆爱！

千帆

9月17日（1995年）

（五三）

周勃老弟：

潘长胜约一个月前来电话，告知在武汉出版社印的《骈字类编音序索引》已印好，寄北京样书被野蛮装卸的人弄得破损。我于11月1日复挂号信，详告① 稿费结算，② 拟购数，③ 包装方法。隔了三四天，又打电话

告以开国际会议拟购此书，请其速寄，迄不作复。前十日，又去一信，仍不理。

潘平日为人尚认真，忽然如此，甚以为奇。吾弟得此函后，了解一个究竟。此书已拖了近四年，希望年内将账结清，书寄到(样书 20 册，购书 20 册)。稿费已支付五千，购书 20 册，还要代南大垫约千元，故付现不多。亦决不致因此为难也。(此书朱夫子作序，或已见。)

近日天气转寒，我甚注意，故尚无恙，可释念。

弄清楚后请电话告知，较快。

祝

全家安好！

千帆

11 月 26 日(1995 年)

(五四)

周勃老弟：

前命早早前来拜谒问候，回来后知一切均好，甚慰。

顷闻知曾广开弟离开河南大学时，他所保管的该校一部照相机未曾归还，同事中颇有间言。此事对他的信誉有影响，也妨碍他的前途，决不可因小失大。请弟便中嘱其从速归还为盼。如果遗失，照价赔偿。

今冬我身体很好，虽气候一直寒冷，因除在附近散步外不出门，所以也未感冒。只是今年来白内障加剧，看书是一片模糊，写字则只能写核桃大字，甚感不便。又未到可以动手术的程度，只好听之。五月间或可来汉，届时当可晤谈。

顺祝

新春全家大吉！

千帆、陶芸

1996.3.2

此事说小很小，说大也可很大，要他放明白一些，不要断送了前途。

（五五）

周勃老弟：

九月十四日两函均悉，一直搁置未复，一是《校雠广义》最后一卷定稿，忙了二十多天，昨天才寄出；二是一直在想你那本书，如何更加深入一层，想来想去，想不出好主意，所以耽搁了。现在我想文学与伦理的关系这一命题似乎不在于作品主题所表达的伦理思想，而在于作者所体现在人物性格成长当中的彼此之间的冲突以及冲突中所形成的复杂多变的情节（如果不是公式主义的，先想好的高大全之类的话）。只有作者通过人物性格以及性格冲突中形成的情节所表现的伦理道德观念，才是真正存在于生活中的。如果你仔细研究一些古典戏剧和小说（不要多，只要几部），作些深入的研究，我想可以较好的充实你的课题，例如代表新兴城市市民阶级的《金瓶梅》和代表明清儒林的《儒林外史》就有极丰富的伦理道德观念的体现（包含正反两个方面）。《红楼梦》也是如此。《西厢记》《牡丹亭》《桃花扇》各自写了一个侧面。《金瓶梅》中对封建道德的背离和疏远，是前此小说中所绝无的。例如，这个商人非常爱财，但他的经济活动从不与土地剥削沾边，这个淫棍非常好色，但书中从不写到封建士大夫的处女嗜，他的社会秩序观是建立在金钱的基础上，只要有财有势，诱奸了嫦娥，强奸了织女都无关系。这反映了完全不同于封建地主阶级的新兴市民阶级的观点，如果你要研究伦理道德与文学的关系，《金瓶梅》可以提供前此所无的全新资料。《儒林外史》显示了明清两代八股文文化笼罩下儒林的生活和思想。他们那种以极其真诚的愚昧来体现对传统道德文化的驯服，也是空前绝后的悲剧（你看过祁阳独角戏“祭头巾”吗？那是《儒林外史》的简单的说明书）。《红楼梦》中贾母对林妹妹可以算是极其疼爱了，但老太太知道林妹妹爱宝二爷以后，居然极其凶残的说：“这孩子如果有这心思，我就算白疼她了。”这句话真是掷地有声。我每读到此处，就觉得一位目露凶光的悍妇站至我面前，再不是一位头上有福寿窝的慈祥老外婆了。

我是 1913 年 9 月生的，前几天才过了 83 岁，现在是吃 84 岁的饭了

(拿老百姓的话说),一辈子教书,总希望有几个好学生。你这个命题搞的人少,过去还有忌讳,另外就还有左派大师,所以对于你不能无厚望。眼睛虽非全瞎,但已无力看报,几篇书评读后记不住,也不能仔细考虑他们提出的问题(好像他们也没有什么要紧的话),所以我就只能请陶芸写上这么一点,可惜远隔千里,行动为难,不然能聚首十天半个月,零星漫谈,或可较为深入。回信迟了,甚觉歉然。祝
全家好!

千帆

10.5(1996)

他讲得太快,我只好潦草写下,不知能看清否?

芸附候

(五六)

周勃老弟:

月前曾以《诗文合抄》一册奉寄(另一寄朱老),久不得复,甚以为念。曾以之寄广开、兆鹏,均收到,故知非遗失也。

徐迟轻生见报乃知,剪寄,想弟知之更详。我耳目更差,已不能读信看报,幸眠食均好,顽固度日如旧耳。盼复,即颂
双安!

千帆

四月六日(一九九七年)

(五七)

周勃老弟:

得书知身体健康,反乡省亲,甚以为慰。我常常觉得退休以后身体还好,可以做自己想做的事,不爱做的就不做,是人生最好的境界,你现在就是这样,要好好珍惜。我就太迟了。幸而有几个好学生留在南大,我要做的事他们代我做了。96、97两年可算是我的大丰收年。现在向你"汇报"一下:我挑了六种有代表性的著作在辽宁出版了一部《程千帆选集》,精装

上下两集130万字,因曾将单行本都寄给你了,所以没有再寄给你。其次,完成了《校雠广义》四册,系与门人徐有富合作,大约也有120—130万字。再,《诗文合钞》,和武大出版的《新诗集》一样,是我的创作,陶芸精抄,反响极好,出版社先是内部发行,现已决定公开出版。另外,我和一个名叫程章灿的学生合写了一部《汉语文学通史》,不知98年是否可以交印,约60万字。已经有三章寄给了冯天瑜,想在武大办的一个大型学报上先发表一下。《程千帆沈祖棻学记》搜集了生平与学术有关资料,已在贵州发排,估计年内可出。又上海文艺出版社要我出《俭腹抄》一种,约20余万字,系由一个学生把我的学术论文、谈话等选抄其中有思辨性的一部分,如果顺利,今年也可出。看起来颇有"春蚕到死丝方尽"之势。以上是讲工作,笔锋一转,要讲人生。我始终是个儒家,也信马克思主义,但儒家是本体。我相信人与人之间的关系是一切的根本,人活着就得做一点对人类有益处的事。就凭这一点,我在十八年的右派生活中活了下来。老子主张守静,庄子主张达观,我不羡慕荣华富贵,也不想和别人计较(虽有时也不免)。我同陶芸结婚后生活得很安静,根本的一条是知足,我刻了一方图章叫"残年饱饭"。这是我生活的全体,如果伸出脑袋到大街上去看看,那些混浊的情况也会叫你气死。苏东坡被皇帝充军到惠州,他便说:"譬如惠州不第秀才,有何不可?"有时生病,缺医少药,又说:"不知京师国医手中死人更多。"老弟,希望我们彼此互勉!能成立文学院,把湖北大学办得好一点,是我所愿意听到的。武汉大学至今仍在徐懋庸后遗症的弥罩之中,所有的著作、文章至今都只能在湖北发表,达不到一个高的档次。我也曾在可能范围以内给他们一些帮助,但效果很小。古德说:"在一个桑树下面睡过三天,就会产生留恋。"我也不免,但也无可奈何。陶芸今年也83岁了,难得她今天精神好,请她帮忙写了这封长信。我们难得见面,白头师弟这样谈谈也好。

祝

全家好!

千帆

97.4.20

（五八）

周勃老弟：

前由老伴代写一长信，想到。昨得茶叶甚佳。老人无他享受，此即珍品也。近来南京电话换了号码，舍间已改3592790（不由校转，直拨家中），特奉告，又请转告武大吴志达及舍妹程小佳为感。

吴：782712—4652。

程：3830834。

顺颂

合家安乐！

千帆

4月29日（1997年）

（五九）

周勃老弟：

丽则的好友饶小平的儿子高帆要考湖北大学自动控制系的硕士研究生，想请你敦请一位老师辅导一下。小平曾在我最困难的时候帮助过我，此事务请推爱一办，谢谢。我《学记》已印出，非久当奉寄。耳聋目瞀如故，其他尚可。三夕已返汉，想已见之。顺颂

近安！

千帆

十一月二十七（一九九七年）

（六〇）

周勃老弟：

久不通问，近得书始知入院做手术，已到老年，幸甚平安，可喜。我宿疾愈甚，耳近全聋。左目患白内障，不能读细字，而医云，年事甚高，又有心脏病，整个体弱，不宜动手术，故惟有保守疗法，终日枯坐时为多耳。幸南大所培养研究生留校多人，均愿助我整理未完成著作。除《学记》已呈左右外，尚

有三四种，一二年内可次第出版，聊慰寂寥耳。耳目虽差，眠食尚可。书问合家安吉！

千帆

一月十七日（一九九八年）

（六一）

周勃老弟：

承惠新茶甚精，极感。我去年病后恢复甚慢，主要的是心脏缺血宿疾，加以糖尿病。每日精神短少，偃息时多。幸无事可以从容。程沈文集在河北教育出版社陆续出，今年或可毕功。又《中华大典·文学典》，将在国庆出一分典作为国庆献礼，可奉告耳。匆匆，即颂
安乐！

千帆

6 月 3 日（1999 年）

（六二）

周勃老弟：

承赐新茶，不胜感激。每年尝到弟所惠新茶，总不免引起对武汉之总总怀念。诸亲好友固在念中，即各种小吃如豆皮、烧卖等在回想中亦使我馋涎欲滴。前些时陶敏从上海开过会后曾来我处见访，略谈了一些武汉的事。最近李成文先生和夫人回乡扫墓，亦枉道来宁，畅谈了湖大的一些事情。知弟已迁新居，一切均好，我深为欣慰。只是听说王兆鹏和另一位先生已调往武汉大学，又闻曾广开眼疾较为严重，读书困难，深以为忧。广开还很年轻，请转告必须认真治疗，不要麻痹大意，留下后患。我这一两年来越发衰老，助听器已一换再换，若靠近我左耳说话，还能听到。眼睛则更糟，书籍几已完全不能阅读，报纸则仅能看大标题，如想知道内容，则由陶芸读给我听。朋友来信亦如此。看电视也是做做样子，半懂不懂，聊遣时光而已。行路亦困难，在室内走动，现亦扶杖。所以虽屡次想回武汉看看各位亲友，但医生不赞成。他说目前状况尚好，血压稳定，血糖亦

不过高，因此心脏亦较稳定，一定要维持现状，不可过多活动。只好听医嘱在家静养。好在目前手头无工作，《全集》由莫砺锋负责，大约年底可出版。在上海古籍出版社印行了一本《桑榆忆往》，是张伯伟整理的，据说六月底可出版。至于我负责主编的《中华大典·文学典》，除去年出了宋辽金元分典外，今年可出隋唐五代分典，以后每年可出一分典，2003年底希望可出齐。此事我也只过问一下，出出主意，并不亲自操作。所以生活还平静，眠食亦佳，堪以告慰。朱祖延先生闻亦迁新居，见面时乞代问候。顺颂
俪安！

千帆上
4月22日(2000年)
陶芸附候

附致章子仲先生函，请代转。

致葛杰(一通)

葛杰，曾任上海古籍出版社编辑。

葛杰同志：

前上一函，索《古典诗歌论丛》第三次印本，不悉可得否？《行卷》一稿，遵示寄呈，请予审处。如荷采用，拟在编排印刷方面提下列两点建议：

(一) 正文用四号(或新四)，引文用五号，注文用六号。因此书字数少，可以编排得醒目一些，不太费纸。

(二) 将后面附注剪贴一下，改为每页脚注。因所注不仅出处，其中有校勘、考证及对正文之补充，与正文对看较便。

这是一本资料性较重的书，有人嫌材料太多，觉得“难看”，我却惟恐搜集未全，以致由构想到写成，断断续续，搞了近十年。现在贯彻“双百方针”，我想写作方法也可以争鸣的，因此就“顽固”了一下，没有改动。不知您看后怎样？

收到后，祈复。

敬礼！

程千帆

12月30日(1978年)

（附奉简报一册。）

致马騄程(三通)

马騄程，曾任西北师范大学中文系教授。1944年毕业于中央大学中文系，师承汪辟疆先生。

（一）

騄程尊兄：

契阔多年，忽奉瑶札，喜慰何似！弟于客岁移研白下，旧地重游，况同梦幻。而昔时从游耆宿，凋零殆尽，感慨尤深。曾得句云：

诸老凋零极可悲，门生后死亦支离。石桥布厂经行处（霜崖、量守师寓大石桥，方湖师寓晒布厂），历历春风侍坐时。

回想闻方湖先生娓娓谈李云章父子学术，岂可再得耶？雨亭先生夫人近况，候有所闻，当再奉告。旬日后，弟赴昆明。返宁当在四月中矣。北地春寒，仍乞珍卫。专复，祗颂

著安！

弟程千帆

三月七日(一九七九年)

（二）

騄程兄：

手教及大作收到。

尊意已转达，当由主管办理，想非久将可收到邀请函也。

承询先世事迹，谨略述如次：伯祖名颂藩，字伯翰，著有《程伯翰先生集》。叔祖名颂万，字子大，号鹿川田父、十发老人，著《十发居士全集》，与

曾广钧、易顺鼎，在光宣间合称湖南三诗人。先君名康，字穆庵，号顾庐居士，著《顾庐诗钞》。伯祖、叔祖之集，均有刊本。先君之作在史无前例时期，为狂童所毁。方湖师《光宣诗坛点将录》中列先叔祖及先君之名。弟祖籍宁乡，宁乡属长沙府，故寒家或亦称长沙人。

《宋词赏析》，顷已由上海古籍出版社重印。如甘肃到书太迟，可径函上海瑞金二路该社函授部购买。

匆复，即颂

著安！

弟千帆上

三月一日（一九八二年）

（三）

录程兄：

《飞天》、稿费及 12 月 12 日[①]信都收到。因去厦门勾当，不久始返，稽复至歉。

先师遗文，又得郑祖慰学长寄示一篇，极好。望即复印挂号寄超伯，俾编入。

超伯于半月前不慎被汽车碰伤，骨折。虽不严重，但亦须偃卧数月乃能起床。亦不幸中之大幸耳。

拙著承留意。《论文言文习作》及诗无存稿，请复印赐寄。《文心论》则尚有之也。

兄函即时转超伯。乞释念。

专复，即颂

教安！

弟帆上

10. 16(1982)

---

① 整理者按："12 月 12 日"疑有误，据《闲堂日记》1982 年 8 月 24 日有得马騄程函之记录，疑此处或为"8 月 12 日"。

致杨明照（四通）

杨明照，字韬（弢）甫。曾任四川大学中文系教授。

（一）

弢甫尊兄先生：

别来想安善。所患比不审何如？极为念切。南京图书馆所藏《文心》善本，但有二种，别纸录奉。闻之主事者，北京图书馆有七种，想均过目矣。已商之南图，如欲复制，可照办，惟略须时日耳。匆此，祇叩

道安！

弟会昌顿首

四月廿七日（一九七九年）

（二）

弢甫尊兄：

前得柳大姐复书，即拟告知，又想稍候，看其复印机已否修复，遂致稽延，甚歉！现在看来，只能由川大用公函，请南京图书馆拍显微胶卷（由南图请江苏文化局批准）。今将原函奉上，请考虑办理。吴女士已返，极荷照拂。专上，即颂

道安！

弟昌顿首

六月三日（一九七九年）

（三）

弢甫尊兄著席：

损书奉悉。文旆东下，食宿方面可由南大解决。校录《文心》事，南京图书馆古籍部负责人系柳翼谋先生之女公子定生大姐，前已初步接洽，当无不可。何时来宁，千祈见示。弟或将于十月去济南小住，来示可写弟及

吴翠芬女士二人之名，以免延误。专复，即颂
大安！

弟会昌顿首

九月二日（一九七九年）

（四）

弢甫尊兄：

秋来伏维安善。

昨阅《光明日报》载记者访徐中舒先生事，提及徐老有《论〈蜀王本纪〉成书年代及其作者》一文。数十年前，朱逖先先生尝就此事有所考订，不知与徐异同若何？弟笺《史通》，曾引朱说，故颇思一读徐文，不悉吾兄能否代向徐老索一副本。（或代钞、复印亦可。）弟顷正修订旧稿，拟付手民，因妄有陈恳，或蒙徐老矜恕也。

专上，即颂
著安！

弟程千帆顿首

79.9.27

致宋谋玚（三通）

宋谋玚，曾任教于山西大学中文系、晋东南师范专科学校（今长治学院）中文系。

（一）

谋玚兄：

大函及诗收到，也是一粒铜豌豆也。诗奇好，恨相知不尽，或向日所作，亦不逮此耳。

兄事，关键恐在晋南。如彼方能释手，则南大未始无望。此间多方调人，常常碰壁，故近亦已慎重出之。弟之来此，乃匡某聘一街道居民为教

授，非调武大放牛娃为南大教授，更非调武大教授为南大教授，故与诸公不同，而其顺遂亦在此。倘所谓戏剧性，是耶？非耶？

所欲言者多，非面谈不得尽意，故此打住。今后行迹望示知。

振甫一笺乞转致。

即颂

著安！

弟千帆顿首

5 月 4 日(1979 年)①

(二)

谋玚同志：

五月十五日信早收到，未能即复，是因为想作一番努力。但现已宣布调整，概不进人，就没有办法了。你先设法调北京，以后再说吧！南大调曾卓事，我完全不知。因我新来，天聋地哑。《红楼》之学我未入门，但觉近来未免陷于烦琐。在这种风气支配之下，搞的不是红学，而是曹之人之生活细节学了。祝

好！

千帆

六月三日(一九七九年)

(三)

谋玚兄：

久不通问，得书，知研学不倦，意气如昔，真叔夜俊侠，兴高采烈也。弟于红学本外行，多年来就是旁观者，今年八十有二，耳聋眼花，岂敢胡乱发议论乎？但窃以为雪芹为《红楼》作者，脂砚斋为与雪芹关系密切之人，似不容易推翻。画人不成乃画鬼以自致隆高，终非治学之正道也。红学

① 整理者按：原落款时间为 4 月 5 日，系程先生笔误，据信封邮戳及《闲堂日记》当作 5 月 4 日，径改。

与曹学自是两途，相通而不相同，不宜以彼易此，或互相菲薄也。尊诗甚佳，我不作已四五年，理屈而词穷也。顺颂
著安！

弟帆顿首
9.18(1994)

致郝延霖（七通）

郝延霖，曾任教于新疆大学。武汉大学中文系研究生毕业，师从程先生。

（一）

延霖同志：

来信早收到，事冗未能即复为歉，你在边远的条件下，能够坚持科研，真不简单。很希望读到你一系列关于脂评的论文。《学报》何时寄来，甚盼。顺祝
安健！

千帆
6月3日(1979年)

（二）

延霖老弟：

奉书又近作两种，甚喜。

自客岁秋冬以来，因心血管有病，身体殊不及以前，故各处均少写信。前整理讲稿一篇附上。祖棻《宋词赏析》，记曾奉寄。其七绝诗论，非久可发行，亦当邮上也。

新疆生活不知有所改善否？此间三数年来，物资丰盈，惟价略昂，而农村则极兴旺也。

吴志达在武大，吴代芳在湖南郴州师范专科，不知曾通问否？

匆复，即颂

著安！

帆顿首

2 月 19 日(1981 年)

（三）

延霖老弟：

寄书及手札均收到。谢谢。

代芳、天望能到新疆工作，很好。男儿四海为家，何必故乡？

我因心脏病住医院已一月有余。不严重，但年老，恢复慢。嘱书之件，待体健有腕力乃可为之。（十二月以前或可出院。）

舍亲白皓，仍乞随时照拂。即颂

著安！

千帆

11 月 6 日(1984 年)

（四）

延霖老弟：

介绍我的研究生张辉同志来见，望洽谈。如有需协助处，望推爱。

请查一下新大及新省图清代诗集，托人抄一目见示。如南大有缺者，可请你代印或抄。

祝

近安！

千帆

7 月 4 日(1985 年)

（五）

延霖老弟：

函悉，白皓带来的人参蜂王浆亦已收到。深感你在万里之外还怀念我之情。

你信中所提申报新大古典文学专业学位授与权的问题，写得不很清楚，是申报博士点还是硕士点？你说你们已招过三届研究生，不知是否已取得授与权？我个人的看法，如果是申请博士点，那是极为困难的，因为今年基本上不拟增加博士点，除非是一些特殊的学科。即使是已有博士点的学科要增加博士生导师也不容易，因为第三批稍稍放松了一些，学术界颇有意见。最好是不要申请。如果你们尚未取得硕士生授与权，那可以申请。我因为年老多病，不再参加评审会，但南大中文系叶子铭先生是参加的，请你把你们古代文学专业的较详细的情况写来，我可以向叶先生介绍。请回信。

我去年秋冬因心脏病在医院住了两个月。回家后不做多事，只批改一些博士生的论文，身体还算好。上个月因饮食不慎，忽患肠胃病，疼痛难忍，23 日又进医院治疗，经多次检查，排除了胰腺炎、胆囊炎等病，大约还是急性胃炎，现已痊愈。再复查一次，即可出院。而心脏则房早仍不断，有时也偶发房颤，医生认为不要紧，也无法治疗。所以这封信是由老伴代笔。

专复，顺颂

教安！

千帆

1989 年 4 月 6 日

（六）

延霖老弟：

得书知一切均好，极慰。我首次招收研究生四人，苏德云不幸以情孽早逝，吴志达在武汉大学，吴代芳在郴州师范学院，与弟均育材多年，以迄休致，亦良足慰老怀。不知弟与二君亦常有音书否？我与志达以有科研合作项目信件较多，代芳亦数月一相闻也。所要书签写上（亦曾作隶，自视不佳，故未寄）。

顺颂

阖家安乐!

帆

9月28日(1995年)

(七)

延霖老弟:

去年弟枉道来宁晤谈甚欢,不知何时能再欢聚。弟近来身体谅必健康,念念。昨得新疆独山子热电厂程军玲来函,她毕业于南京动力学院,现工作于电厂,但却热衷于文学。我和她并不相识,但观其信及所附作品,颇有文采,确是一个文学苗子。但我远居南京,又极衰老,无法予以帮助,不知弟能否为其另择一相当工作,或指点她一个进修之路?今将其来信及所附报纸寄上,并另复她一函,嘱其前来晋谒或致函,望酌办。如有困难,请勿为难。我这一年来越发衰颓,耳几全聋,靠助听器之助,在耳边大声说话,才能听到,眼也昏花,已不能读书,报纸只能看看大标题而已;两脚发麻,行路也困难,但又不能不走,天晴时可在附近散散步。幸已没有多少工作要做,平生著作已得学生之助编为全集,今年年底可望出版,只有主编之《中华大典·文学典》尚在编纂中,去年出版了宋辽金元分典,今年底可以出版隋唐五代分典,其余可望于2003年底出齐,我也就了却心愿了。顺颂近安!

千帆

2000年5月9日

老伴代笔,望谅之。

致《新文学史料》丛刊编辑部(二通)

编辑同志:

《史料》第三辑有两处似于事实有出入,请进一步查证核实。

① 一六六页右8行说胡适认为编译所长待遇不如北大校长高,未去就任。按胡适任北大校长是抗战胜利以后的事,当时他是北大文学院长,

不是校长。

② 一八一页右19行说闻一多在武大任文学院长兼中文系主任。按闻一多在武大是外文系教授，并不在中文系，也不是主任，虽然当时他已开始研究唐诗，并发表了《少陵先生年谱会笺》。旧的《国立武汉大学一览》所载该校《大事记》可考。（武大中文系有一任系主任是刘赜教授，一位文字音韵学家。）

可能我也记错了，所以，此信不必发表，至少在查证核实之前不要在贵刊登出。

此致

敬礼！

程千帆

七月十三日（一九七九年）

（二）

编辑同志：

读了西彦在《史料》81年1期发表的纪念吴承仕先生的文章，深受教育。其中个别事实略有出入，谨为订正如下：

(1) 192页左16—17行："他是一代儒宗章太炎四大弟子中的'东王'。"案：汪东先生《寄庵谈荟》云：

> 先生晚年居吴，余寒暑假归（汪先生三十年代任南京中央大学文学院院长兼中国文学系主任，假期就回苏州），必侍侧。一日戏言：余门下当赐四王。问其人。曰：季刚（黄侃老师字）尝节《老子》语"天大，地大，道亦大"，丐余作书，是其所自命也，宜为天王。汝为东王（汪先生原名东宝，后改名东，所以章先生说汪先生是东王）。吴承仕为北王。钱玄同为翼王。余问：钱何以独为翼王？先生笑曰：以其尝造反耳。越半载，先生忽言：以朱逖先（朱希祖先生字）为西王。今先生与诸子后先殂谢，一时诙嘲，思之腹痛！絸斋（吴承仕先生字）久居北地（吴先生一直在北京各大学任教），逖先为浙西人（朱先生是海盐人），故名号从之。

据此，西彦说吴先生是章门中的“东王”，乃“北王”之误。

（2）192 页左 17—18 行，又 196 页右 3 行，都提到“三礼”“名物”。案：三《礼》指《周礼》、《仪礼》、小戴《礼记》。名物一词，屡见《周礼》，据郑玄《注》、孔颖达《疏》的解释，系指各种自然界事物如禽兽、山川的名称和形态。三《礼》名物就是《周礼》等三部书中的名物，是吴先生专门研究的一个方面，所以不应写作“三礼”“名物”，这可能是抄写时的涉笔之误。

（3）194 页右 25 行提到吴先生开的课程有《经典序录》，199 页左 18—19 行提到吴先生的著作有《经典序录注疏》。案：《经典序录》应作《经典释文序录》。《经典序录注疏》应作《经典释文序录疏证》。吴先生讲授先唐经学流变，即用陆德明的《经典释文序录》作教材，几经讲授，终于写成《疏证》。这是一部经学方面的杰作，我曾有幸详细读过。

（4）195 页左 23 行，王正延，当作王正廷。王曾任国民党政府的外交部长。此系误植。

我知道西彦是吴先生的学生，也听他谈过一些情况，可没有这篇文章这么详细。这些订正，西彦想会赞成的。此致
敬礼！

程千帆

三月六日（一九八一年）

致丁灏（二通）

丁灏，字浩夫。南京大学地质系研究生毕业，曾从高二适学习书法、诗词。

（一）

浩夫先生：

前承以大著及人耘先生诗集见示，直到最近，才有时间拜读，极以为歉。

对于书艺，我毫无通解，循诵尊著，等于上了一课，获益匪浅。微觉文

章前半侧重于历史叙述，与题目不完全相应。若分成两篇，似更完整。又书艺的基本手段是线条，即古人所谓点画，一字之结体，一幅之分行布白，皆以线条为基础，文中对线条何以能够反映生活之美（由自然美到艺术美），若更加发挥，当更有益于读者。

人耘先生诗功甚深，近年所作五言短古尤兼具洒落沉咽之致，捧卷微吟，不忍释手。龟堂云“老见异书犹眼明”，真是说得不错。

原件谨随函奉上，乞察收。顺颂
吟安！

程千帆敬启

八月二十二日（一九七九年）

（二）

浩夫先生左右：

顷奉手教，又黄翁佚诗一篇，至纫存注之谊。数月前曾到图书馆进谒，始悉台从卧疴，良以为念，今睹书迹，知所患非剧，甚可慰也。《蒹葭楼诗》如已阅过，幸挂号寄下，萧辰寒夜，辄思一温习之耳。匆匆不尽，即颂
著安！

程千帆顿首

十一月二十八日（一九七九年）

致人民文学出版社古籍室、杜甫全集校注组（三通）

（一）

人民文学出版社古籍室：

来示及杜集校注体例收到。我非常赞同你社大作家全集出版计划。体例大体好，现将想到的一些意见写在下面：

1. 宋本杜工部集，当即王洙编无注本（洙注系伪作）。此本为今传各本最早者，用作底本，合适。

2. 供校勘之底本，以宋元为主，甚是。（所谓十注本，当即郭知达九家注本。）但钱东涧注所据吴若本，虽经洪煨莲发其覆，其中似不无可采处。以此类推，则他本虽不用以通校，设遇疑难，仍可参阅，以定是非。

3. 洪煨莲在檀香山大学所出杜甫研究（英文本）二册，未细阅，但觉地图甚精。或其参考书目中有善本，研究成果可资摄取，又杭州大学周采泉著杜诗书目，已将竣事。关于此类材料，不妨询之海内外学人。抗战前《艺文》（夏映庵编）连载《杜园说杜》，未完，不知今能得其全否。

4. 用编年和诗文分编，是合适的。不能编年的诗，可以宋本及宋注意见为主，按旧说斟酌附入各册。杜集开运即有刊本，源远流长，其旧次非确有证据，不宜更动。如《大云寺赞公房》是一时作或先后作，今人有歧见。今谓只宜将新说载入备考，而原诗则不必分系两年。

5. 历代传抄或刊行的批、点（主要是批），是研杜重要资料。校注分五项，似无批语地位，此事如何处理？解放后，批点这种传统文学批评方式，不知何故，竟被开除，这也是冤案之一。

6. 校勘体例，“一作”要慎重。底本上的“一作”要和它本上的“一作”分开，要标明何本。凡有数本相同者，可以最早出现之本为据，但标明此本即可。

7. 年谱，似可与诗目合并，如任天社、浦二田之所为。但事迹宜稍详。年谱有二十余家，新编以何为据？闻谱少作，实多未精。（四川文史馆谱考杜生日甚确。）

8. 散见于历代笔记、文集及近人论文中可采之见解，希望能广泛搜集。

9. 索引，如有人力，应有① 分类索引、② 诗题索引、③ 首句索引、④ 地名索引、⑤ 人名索引。（洪氏《杜诗引得》全做了，据以改编和简化，并不困难。或者出全集时，出版社考虑重印《引得》。）

10. 要有一幅或多幅地图，包括作者游踪、安史战乱，等等。

11.《杜诗论文》《杜意》《杜诗言志》及《杜园说杜》这一类分析评论一首全诗的著作，如何收入全集。或取其精要入注（如仇之于王），或附集评中（如钱仲联之注韩），或全部不要（可惜）。

以上说法，恐多谬误，请鉴谅。

此致

敬礼！

程千帆

八月二十三日（一九七九年）

（二）

负责同志：

惠示敬悉。

杜诗之会，因此间工作忙，无法分身，未能出席，乞谅。

顺致

敬礼！

程千帆

4 月 10 日（1984 年）

（三）

杜甫全集校注组：

承询各点，谨陈管见如次：

1. 整理内容分五项，甚好。全书以详备为好。这可使读者得此一书，即备众书。目前许多杜集、杜注已罕见，不能遗略。这部书应注意提高，不必顾及普及。

2. 撷取旧注，应采异说。是者，入“注释”；可商者，入“备考”。其甚荒谬者，亦不妨在“备考”中提一二句，提供读者以进一步考查之线索。

3. 径引比概述好，尽量保留原文。加按语以见编著者之意见，很好。

4.《镜铨》编法可取。对不能编年之作，另附于后的办法，不一定好。似可① 据某一旧本酌附，② 据编注者意见酌附而加说明。

5. 请查一下日本旧注旧刊本，吉川幸次郎注有所征引，惜不全。十三种今日有代表性，以王洙本（《续古逸》本）作底本，好。但后人注释、讨论中涉及校勘之材料，也应当用。

6. 如能将所有材料汇为长编，然后加工成《校注》，先出《校注》，将来条件许可时，连长编一齐印出，则更大有功于杜学。此事，贵组现在进行，并不困难。其次，将罕见而质量高之旧注，选一二十种，编以《杜集(旧注)丛刊》，略加标点，交出版社发行，也是功德无量。如黄白山《杜诗说》，今日已很难得了。五十年前，尚颇易购也。

以上意见，恐多谬误，尚请涤非、仲安及诸先生指教。

匆匆，即颂

著安！

程千帆

四月二十三日(一九八四年)

致徐有富(七通)

徐有富，南京大学文学院教授。南京大学中文系文学硕士，师从程先生。

(一)

徐有富同志：

我已代你们在大馆借到《旧唐(书)》一至十册。我问过大馆人员，研究生每人可借十册。那么，其余部分三人去借，就可全部借出。到了期，可去续借。(已借出的十册，交给了系办公室许邦政同志，请去取。)此外，我还想另外想办法再找《新》《旧》各一部，但现尚无把握。祝

大家好！

千帆

9 月 28 日(1979 年)

(二)

徐有富同志：

已与资料室汪越老师商妥，借出《文选》一套(可以自己去借)。新、旧

《唐书》按规则不能出借,但有复本,可以三人同时看。你们三人可以白天看《唐书》,将晚上时间留着看自己有的书。将来这种书你们都应该自己有,慢慢买起来。

帆

9 月 28 日(1979 年)

(三)

特别注意:

① 引文前后是否空了行(应空的)。

② 每段首行是否低二字(有的正文是不应空的。要看文义决定,这是指在引文之后的第一行正文)。

③ 中缝(阴阳面)小字有无错误。

④ 版本的版字,一般不作板,但如原书作板,则不改动。

⑤ 款式要与《目录编》一致。

⑥ 特别注意容易混淆的繁简体字。

⑦ 注意引文前后要空行,但另一页开头不空。

(1990 年 8 月)

(四)

有富贤仲:

看了三分之一,费时半月,看来四月初定可毕功。但视力模糊,精力也不济,不能如前此之磨勘,亦是无可奈何。但望弟多费点力,颇惭愧也。

千帆

3 月 4 日(1996 年)

(五)

有富老弟:

我已将手中的书清了一下,除南师大中文系要 22 套,本校图书馆要 3 套外,已无全套。因此今天发一挂号信与周晶,请其再配齐 100 套,以后就只卖全套，每套 80 元。要周晶配的如下：

①《目录》100 本

②《版本》99 本

③《典藏》34 本

④《校勘》36 本

寄发票。已告周要他先发书，我们收到书及发票，即汇款。至于《典藏》稿费是另外一回事，请其快汇下。

千帆

（1998 年 7 月）

（六）

有富老弟：

你代撰《我与校雠学》一文已在《学林春秋》刊出，中华寄来稿费 365 元的收据。如果你要书，可请编辑张世林同志代买一册寄下，如只要留文章底子，则复印此文即可，望酌告。款尚未到，来后当奉呈。

千帆

6 月 28 日（1999 年）

（七）

有富老弟：

得电话知在韩国已习惯，一切均好，甚慰。弟出国后，此间颇有可奉告者。

① 曹虹已提升教授，甚顺利。② 宏生已替伯伟，出任基础学科学院副院长。③ 许志英等反对杨正润任系主任，杨控诉，在打笔墨官司。闻人言与许志英、赵宪章等人拿一级待遇有关。但程门似未卷入。后事如何，尚不知也。④ 我的文集由伯伟、砺锋相助处理，在河北教育出版社出版，一切顺利，大约今年可出。⑤《中华大典》唐五代分典今年可出。五月份要开魏晋南北朝及理论分典审稿会。武汉大学吴志达所主编的明清分典亦在准备中，如顺利 2003 年可以出齐。此亦弟之所乐闻也。我身体

不好，耳目皆差，幸眠食尚可耳。近以《唐宋诗名篇》一书分赠诸弟子女，见徐旸甚温厚有礼，为之一喜。客中望保重。我90生日，诸君想出一论文集为纪念，但未成议。今年弟千万不可为我生日返国至要。即颂
著安！

千帆

4月16日(2000年)

致蔡厚示(十八通)

蔡厚示，曾任厦门大学中文系副教授、福建社会科学院文学研究所研究员。

(一)

厚示先生：

手教及新著一篇并拜悉。尊文颇有新义，已转文生，请其考虑编入丛刊，想当有函径达也。弟近月来略有小恙(心律不齐)，不宜远行，承邀与会，但有怅叹而已。先生言辞倜傥，风采照人，自隔清波，时深洄溯，不审何时得以重晤，但有驰系而已。专复，即颂
著安！

千帆顿首

10月3日(1979年)

(二)

厚示同志：

久不通讯，伏想安善。

前闻尊处进口了一套台湾影印的《四库全书珍本》，请费心查一查，有无下列两书：

① 方回《颜鲍谢诗评》四卷　总集类(四集四期三八七)

② 何溪汶《竹庄诗话》二十四卷　诗文评类(初集六期三九九)

如有，能否代为用静电复印各一部，需价若干（请两书分开算），乞示。渎神之处，深以为感。

弟九月当到厦门开一会，如因缘适合，亦可八月先去小住。附闻。盼复，即颂

著安！

千帆上

7 月 17 日（1982 年）

（三）

厚示兄：

复示奉悉，极感热情相助。此事，迟三五个月无妨，届时仍请先生计算一下费用，再行复印。复印地点，可看印的质量，这方面好坏相差很远。

九月中如无特殊情况，当可在厦门见面。离厦时，想到泉州、福州打一转。若不能在厦相晤，亦当争取在福州奉手。兄当盛年，正应写出一些高质大量的东西来，闻讯，所欣快也。谨复，即颂

近安！

千帆

7 月 26 日（1982 年）

（四）

厚示老兄：

弟顷来厦门勾当公事，约二十四五可了。争取来福州奉谒，然后转车返宁，不知能如愿否耶？匆匆，敬请

著安！

弟程千帆顿首

9 月 11 日（1982 年）

白云在天，沧波无极。

言念君子，我劳如何。

（五）

厚示先生：

厦门匆匆把晤，未能畅谈为憾。别来作何胜业，想佳句定盈奚囊也。《颜鲍谢诗评》及《竹庄诗话》已觅出极好，惟复印之费，院内外差距颇大，似仍以静候院中机械安置妥贴再进行为宜。总总渎神，感谢不尽。顷得林英同志来函，知亡室诗集即可发稿，亦可慰也。谨并奉闻。冬寒，缅思南服之燠，不胜企想。专颂

著安！

程千帆

2月1日（1983年）

（六）

韩驹《陵阳集》四卷	三集三期 263 有《陵阳集》
洪朋《洪龟父集》二卷	初集五期 267
洪刍《老圃集》二卷	别集四期 301
洪炎《西渡集》二卷补遗一卷	九集二期 238
谢逸《溪堂集》十卷	别辑三期 293—294
谢薖《竹友集》十一卷	
李彭《日涉园集》十卷	别辑三期 295—296
饶节《倚松老人集》三卷	三集三期 241 有《倚松诗集》(二卷)

厚示我兄：

别后诸想安善。比有研究生写论文，欲知台湾影印之《四库珍本》中有无以上八种。如其有之，或求兄代为复印。敬烦查示，不胜铭感。盼复，敬请

著安！

弟程千帆

4月22日（1983年）

（七）

厚示先生：

前奉手教，知有皖行。其后勋初归，备悉淑况，极慰。

前托代印《四库珍本》江西派诗小集数种，荷慨允，感感。此书冀能速得。倘所中复印机不便，可于坊肆为之，但清晰完整即可。发票请开南大中文系。依市价无妨也。

琐琐屡渎，惭惶惭惶。

即叩

著安！

弟程千帆

5 月 28 日（1983 年）

（八）

厚示先生：

得广州书又邮寄复印二书，极以为感。弟自五月中旬心脏病发，少愈后，复染感冒（心脏病最忌感冒），几经翻覆，中西医药兼施，近日始起坐。故不特文论会不克参与，即近教育部召集之学位授与权初审会议亦不能参加。重劳故人相念之雅，聊为言之。

复印事渎神，甚愧。质量不能算差，惟不均匀耳。《竹庄诗话》末数页有不清晰处，已嘱门下补描矣。续印之事，诚如尊言，不免有困难，已再细核，看有无别本可代替。或者将来仍须烦先生设法印一二种，惟不如前此之多。此事未定。谨先奉陈，幸垂察之。

复印费四十余元，尚乞转请社院开一发票（抬头写南京大学中文系）挂号寄下，以便办理汇款手续。

此次盛会，想多引人入胜之处，亦有富文，可饱枵腹。暇中幸示一二，亦过屠门之嚼也。

谨此布谢，即颂

著安！

弟程千帆顿首

6 月 16 日(1983 年)

(九)

厚示先生：

前奉到先生自广州寄代复印《四库全书》二种，又奉手示，谈及续印有困难事。当即拜复，请先生将已复印二种发票寄下，以便报销，未荷赐复，意者先生或尚未返榕城耳。其余各种，可就近往杭州阅读，即不必远行，惟先生关怀弟门下之雅意，则深为感谢，不敢忘也。

发票仍乞挂号寄下。屡渎清神，愧愧。广州之会，闻开得甚好，亦能见告一二否？

谨上，即颂

著安！

弟程千帆

6 月 27 日(1983 年)

(一〇)

厚示老兄：

承赐新著，吐属名隽，分析入微，甚佩。福建人民出版社于三月前出版沈祖棻《涉江诗》，弟迄今只见样书，所购百册(款早付清)至今不见寄下。此书责辑为林英女士，想兄熟悉。不知能费心往得贵巷该社一查，敦促其早日发出否？

严仪卿讨论会不克与，至今怅然。入冬以来，宿疾复发，塞向墐户，遥想光仪，深感寥寂，如何为何！

此颂

吟苇！

程千帆顿首

12 月 9 日(1985 年)

（一一）

厚示尊兄先生：

前者匆匆惠过，未罄所怀，殊怅怅也。门人程君章灿，闽中秀士，暑假归省，谨介见左右，伏冀进而教之。拙书一纸附献，尚乞惠纳。专此，即颂著安！

千帆顿首

7月8日（1986年）

（一二）

厚示吾兄：

久不奉候，诸想可善。顷得手毕，知有武夷诗会，此事勋初兄昨已谈及，极愿借此把晤。如无特殊情况，当力谋携老妻作南服之游。《诗刊》之谬，实非意中所及，已告知该刊杨金亭先生矣。专此，即颂
吟茀！

弟千帆顿首

1月29日（1988年）

（一三）

厚示尊兄：

来示奉悉。顷又收到武夷诗词会正式请柬，届时当偕老妻前来，游览武夷山胜景。余待面罄。

敬颂
吟安！

千帆敬上

4月14日（1988年）

日程安排不太紧，甚妙。回程仍拟乘316次车，请通知执事者代购软卧两张，要两张下铺，因二人均爬不动上铺，极感。

（一四）

厚示先生：

武夷别后，又已月余，武夷诗会后又是福建省诗会，先生必定忙上加忙，最近气候已渐炎热，望多加休息，为盼。

在邵武沧浪阁前同拍之照尚可，兹附上一张，以为纪念。

附上弟武夷纪游诗一纸，兄如印武夷诗集，刊弟拙诗时，则请以此为本，因已略有更动。

回来后各种事务丛集，眼睛仍不甚好，不能多看书，身体则粗安，请放心。

顺颂

吟安！

千帆、陶芸同上

6月17日（1988年）

（一五）

厚示兄：

惠示敬悉，壮游新咏，甚佩甚佩。客岁以来，健康极差，百事俱废。领导哀其老病，已准退休，医生加以警告，不许动笔。吾兄相待甚挚，想知此情后，不更以文事见委也。敬复，即颂

吟安！

千帆

6月12日（1989年）

（一六）

厚示尊兄：

大集拜领，酷暑中得此，真胜得一服清凉散也。弟老病闭门，追念昔游，每如梦寐。何时得再聆足下高睨大谈朗诵耶？闻刘蕙愔老人仍健在，近且梓其诗文，真八闽人瑞也。《七发集》想见之，亦极可诵，想文酒之会

不寂寥。专此复谢,顺颂
吟安!不一。

弟千帆顿首
7月13日(1994年)

(一七)

厚示先生:

枉过匆匆,未能细谈,甚怅。承示悼亡诗,哀思宛转,非个中人不能为,较之他篇,尤见警策,知先生诗功之日进也。近偶于《中华读书报》得见福建人民出版社有某君著《扬州瘦马》专著,颇考扬州风月旧俗,颇思读之而不能得,不知可烦台从便中代购一册赐寄否,倘荷惠允,不胜铭感。专此复谢,并颂
吟安!

弟程千帆上
5月23日(1999年)

(一八)

厚示先生:

小聚匆别,殊难为怀。复承赐寄雅什及《瘦马》一书,极感高谊。衰朽不能出门,每念昔游难再,惆怅不能自已也。兄风采如昔,仍能高睨大谈,不胜欣羡。谨此复谢,敬颂
吟安!

弟千帆上
6月23日(1999年)

致刘茂舒、皮公亮(十一通)

刘茂舒、皮公亮,武汉大学教授刘永济先生之长女、长女婿。

（一）

茂舒同志：

弘度先生的遗著出版事宜，一直搁在我心上。如果你不认为冒昧，我想知道你的打算。我所知道的他老人家著作已成未出的有下列各种：①《词集》、②《诵帚堪词论》、③《屈赋音注详解》、④《屈赋释词》、⑤《屈赋定本》、⑥《唐人七绝诗选》、⑦《诵帚词筏》（曾在重庆一刊物上连载）。你是否愿意，通过各种不同渠道（包括作为内部发行的出版品，因而不一定有稿费），使老人家一辈子的心血得以广泛流传，嘉惠来学？武大的情况你当然熟悉，不用我多说了。上海友人想恢复《词学季刊》，词及词论，可以在该刊发表。其余的，再想办法。我蒙弘度先生饮食教诲，得有今日。而现在，我又在学术界获得了发言权，这才对你提出上述问题，当能得到你的谅解。盼复，即祝

近好！

千帆

10月7日（1979年）

公亮同志附此致意！

（二）

茂舒、公亮同志：

前接公亮兄信，知弘度丈遗著整理出版情况大略，极以为慰。现接《词学季刊》负责人上海师大教授施蛰存先生来函，想将《诵帚堪词论》全文，先在《季刊》登载，不知你们意见如何？我的想法是：① 如将《词论》全文刊载，恐要先商得“古籍出版社”同意。② 可将原在《读书通讯》上连载过的《诵帚词筏》交给《季刊》。③ 将《词集》（听说已由湘生先生的孙子印出，但我也未看到）的副本也交给他们，择录发表。④ 寄点照片、词稿的复制本去作插图。（我们藏了弘度丈的词稿手迹近100幅，都被小土匪毁了，真令人痛心。）如何之处，请酌定赐复。即颂

俪安！

程千帆

十二月十六日（一九七九年）

（三）

茂舒同志：

得十五日手书，感念存殁，悲怆不可为怀。我年近七十，也稍有阅历，但对武大诸公之于老师之冷酷刻薄，投井下石，也觉得十分罕见。你们将老人家的著作要回，自行接洽出版，是完全正确的、正义的。陈邦炎同志前不久曾来南京，我们比较详细地谈到弘老遗著问题。他说：老人家曾提到著有屈赋学五种，但现在只有四种，即：

1.《屈赋通笺》}人文已合出
2.《笺屈余义》}

3.《音注详解屈赋定本》

4.《屈赋释词》

其第五种不详。我仔细回想，记得原有《屈赋定本》一种。武大老讲义即印《通笺》之后，乃《音注详解屈赋定本》之前身（或老底子）。若所记不误，则本只四种了。请研究一下，并便中告知邦炎。

《词论》交《季刊》事，我当向该刊主编上海师大教授施蛰存先生商定再告。（付印时当重抄，并仔细看过才发出。）《诵帚词筏》，我记得有六篇，而非仅你寄下之第一、第二两篇。请你再找找。我已经写信到成都，要过去的学生到四川省图书馆及川大图书馆去找《读书通讯》（1941）抄齐。但这种土纸杂志，不知尚有无合订本。你也可以到武大找找。如你不便，我可托人。总之，要将老人家的心血都保留下来。将来出书后，我当自己同时也组织人加以介绍。

我在这里受到一个老知识分子应有的尊敬，最近并获得优秀教学质量一等奖，在武大，是不可能的。我在学术一点成就，饮水思源，都不能忘却老人家的教导提拔。祝

双安！

程千帆

二月五日（一九八〇年）

（四）

公亮同志：

子兆同志带来的稿件已收到，谢谢。

反驳席文，请寄下一看（如系手稿，请找人抄，要细加校对，因万一遗失，损失太大）。如很完整，可单独先在刊物发表（如果你和茂舒同意的话）。

《词筏》后四篇，我已托学生在成都及武汉找，不知结果如何。土纸杂志极难保存。祝

双好！

千帆

二月十二日（一九八〇年）

（五）

茂舒同志：

14 日信收到。写一篇弘老治学经过及经验、方法的文章，在今天，我感到责无旁贷。你相信我，委托我，我也很感激。

这事，只能在下列的条件下进行：① 时间要宽一点，一方面我很忙，另一方面，我理所当然地要把老人家的著作全部细读后才能如实反映一个精深博大的学人真实的一生。② 我手边只有《屈赋通笺》和《文心雕龙校释》，其余著作，有的本来没有，有的也被掠夺了。希望你尽可能地寄给我。（其中包括像《文心雕龙选定文录》这类讲义。）此文如年底或明年初交卷，不知行不行？

《诵帚词筏》多方托人，也未找全，现只好将仅有两篇先交《古代文学理论丛刊》先发表。约明年上半年可出。祝

旅安！生活困难，望多保重！

千帆

8.22(1980)

（六）

公亮、茂舒同志：

弘老词集及你们十月六日来信都收到。我将词集又细读了一些，真是前尘影事，历历在目，感慨万千。

我近来血管有些硬化，呼吸缺氧，中气不足，医嘱少说话、少开会，因此，十一月在武昌有个古代文学理论学会，也不准备参加了。但有关弘老这篇文章，一定要写好。可能少迟一些，请原谅。

我需要的材料当然越齐备越好，但考虑弘老的学术博大精深，要逐门叙述，恐反而不突出。我想重点谈四个方面（其余也加叙述，但不求详）：

1. 词、词论　2. 楚辞　3. 文心雕龙　4. 文学史

因此，我想要下列材料（最好能有复本，不必打乱出版社的计画）：

1.《诵帚堪词论》《唐五代两宋词简析》　2.《微睇室说词》　3.《刘舍人选定文录》《文心雕龙征引文录》　4.《十四朝文学要略》　5.《屈赋释词》

我等材料齐后，一两个月，当能写出初稿。

另外，你是否能将弘老的生平，大致写个年谱，其中应包括师母的部分，特别是她早年从女师大毕业在湖南办教育的一段。我听过两老说过许多佚事，可惜当年没有笔述，现在都记不真了。

这是初步想法，仍望酌定。

匆匆，即颂

俪福！

程千帆顿首

10.29(1980)

（七）

茂舒、公亮同志：

弘老的传，拖延了很久，总算是写成了。虽然是 try my best，但限于水平，仍以未能发潜德之幽光于万一而深感惭愧。其中一些往事，你们未必知道，但正是这些细节，可以见出老人家的人品和学术。

请仔细看一下，如事实有不准确或其他问题，望来信商量。4 月 10 至 25 日来信请寄广西南宁广西师范学院中文系王戈丁主任转。此前此后，仍寄南大中文系。

将传寄晋阳，一定要挂号。要留一个副本，以防万一遗失。（最好复印，可免错误。）

已将《十四朝文学要略》交王滋源，他将和你们面谈。一些条件（如删去叙论）不妨答应，争取早日重印。

我近因太忙，身体一直不好（心血管病），最近又要去广西短期讲学。能在行前将传写好，总算了了一件心事。只是太慢、太不充实，不生动，对不起你们。匆匆，即祝

俪苐！

千帆

四月六日（一九八一年）

原稿 23 页，开追悼会的年代请填入。

可寄弘老相片及手迹各一幅，要他们随文刊出。

《唐人绝句精华》不知已出否？以后先生的遗著出版，请每种见赐一份，以作纪念。（不是买不到。）又及。

（八）

茂舒同志：

在南宁得寄件后，曾复一信，想收到。

① 所寄《传》的勘误表，务请仔细一一改正。

②《学衡》问题，我写《传》时已考虑过。你的原材料提到的一些地方

(如“社员”),我都未写。现能从《传》中看到的,只是在该刊上面发过文章。当时在该刊发表过文章的人可多呢!对吴先生,也只是说他介绍弘老到大学任教,并未涉及《学衡》。对梅先生,只说是清华同学,也未涉及后来的《学衡》。而且即使茅公批评吴、梅,也与弘老无关。(现在连胡适、徐志摩、新月派、现代派、张恨水鸳蝴派都适当肯定,何况《学衡》,不过这是另外的问题了。不能详论。)所以,我觉不必过虑。

③ 我过长沙,已将词集及《传》的复印本交湖南人民出版社的黄起衰同志。该社已印出夏承焘的词集,祖棻词集亦在审处中,也许可以接受。已留下你的地名,便今后联系。

才回,不及多写。望回一信。祝

全家好!

千帆

五月十七日(一九八一年)

(九)

公亮、茂舒:

前得茂舒信,知《刘舍人选定文录》的序例及目录,又《文心雕龙参考文录》未能印出,我想在刊物上发一下。适值我的学生张三夕同志(他现在华师读博士学位)也想参考这份材料,因此,我就请他来向你们借去复印一下,望即借与(当负责保管,用后即交还)。

《微睇室论词》及《默识录》出版的情况如何?茂舒办的刊物未见,亦在念中。

我从去秋起,一直生病,心脏(房性快速颤抖)、眼睛(结膜炎)、头部(发昏),近来才略好些,还不大能工作。

你们忙,有什么话,可要三夕转告。

祝

全家都好!

千帆

3 月 2 日(1985 年)

(一〇)

茂舒：

4 月 22 日信早收到，因许多事压在手边，未能即时作复，乞谅。

我深以你和公亮的身体为忧，不知公亮近来已有所好转否？你们年纪也大了，要多注意。我今春还不很好，但四月中转暖之后，就好得多，看来，是怕冬天。

弘老的遗著，古籍出版社原已列入计划，但不知已整理完毕发稿否，望函陈邦炎一问。论《楚辞》一文，在我手边，想刊在“南京大学古典文献研究所丛刊”的创刊号上。今年可编好。

《幸福》的事确实令人怄气。后出的一期，气味很不对头，不过，你现在应以身体为重，不必多计较。

祝

身体早日转健！

千帆

5 月 19 日(1985 年)

张三夕来了信，不久会来拜访你们。

(一一)

茂舒：

收到寄来的台版弘丈遗著，你费了几十年心力，此事总算告一段落。殷正慈很有良心，和她的妹夫久受师恩而一见局势发生变化就变脸者不同。弘老遗著出版，武大竟未尽一点力，诸公凉薄，诚可入《儒林外史》也。我已吃八十岁的饭，身体不好，是自然现象，无可非议，且战且走而已。昌松来信，说贤夫妇过得不错，甚慰。即颂

全家安乐！

千帆

10 月 13 日(1992 年)

致叶嘉莹（十九通）

叶嘉莹，曾任教于台湾大学、哈佛大学、加拿大英属哥伦比亚大学等，现任南开大学中华古典文化研究所所长。

（一）

嘉莹先生：

数月前得面聆清诲，旋又得读所撰论花外词文，深叹持论精卓，并世所希，良用钦佩。今谨别寄奉先室沈氏所著《涉江诗稿》《词稿》各一册，帆与沈氏合注《古诗今选》上册（其下册在排印中，容当续寄），又帆所撰论唐人边塞诗文一篇，至希察收，并予教正。自四凶乱政，艾历岁年，文化交流，濒于断绝，比方拟与海外学术机构及学人加强联系，想先生久居西海，于情况或较熟悉。辄条陈所欲知晓各事如别纸，幸就所知见示，至幸至感！北国早寒，诸希珍卫。专上，即颂

著安！

程千帆顿首

十月十二日（一九七九年）

一、欧美著名汉学中心（包括图书馆、研究所及大学亚洲学系）之名称、地址及主持人。

二、欧美著名东方学（汉学）学术刊物之名称、出版地址及主持人（此项旧有者多知之，乞详示近二十年新出者）。

三、研究汉语古典诗歌及中国古代文艺理论之学人（特别是华裔学者）及其主要著作（专书或论文，发表刊物及出版书店）。

（二）

嘉莹先生：

我在十月十五日寄上航空平信一封，同时寄上挂号印刷物一包（计《南大学报》79 年 3 期，《古诗今选》上册，《涉江诗稿》《词稿》各一册）。今

天遇到赵瑞蕻先生，他说您有信给他，托他问候我，而并没有提及收到我的信，看来，我给您的信是已付之洪乔了。（我还同时给威士康辛周策纵先生写了一封信，他都收到了。）但印刷物是挂号的，您应当可以收到，希望届时见示。

我那封信里，主要谈了两件事，一是希望得到您出版的著作，二是希望您告知欧美各大学的中文系（或汉学中心）的地址及其主要负责人，著名汉学或东方学刊物的名称，编辑部所在地及刊物负责人。还有，希望您能介绍几位研究唐宋诗词的海外学者。这些，都不应增加您的工作负担，便中谈谈就可以了。

听说您明年将再回来，我们热烈欢迎您。您的报告，您在大公报文集上谈碧山的文章，都使我们感到很大的兴趣。

专上，即颂

俪安！

程千帆

12 月 7 日（1979 年）

（三）

嘉莹先生：

十二月七日写上一信，没想到几天之后就收到了你四日来书又论文四篇、诗稿一卷、教学资料三种，真有点王元之诗中所说的贫儿暴富之乐。

你去岁回国讲学，颇有影响。耆宿如俞平伯先生，最近在一篇短文中还引用了尊说（《文学评论》五期），想已见到。希望八〇年之行，能成事实，就可多向您请教了。

祖棻遘逢车祸，学林所共伤痛。幸而她的著作在浩劫中损失不大。现已次第付印，将陆续呈教。《诗选》误植不少，亦有疏谬处。现正校下卷，非久当可寄上。正式出版前，还要仔细修订一次。您是过奖了。

谈北美汉学情况一文，对国内学人颇有参考价值。我们正企图通过各种渠道多了解一些这方面情况，以供工作上的参考。希望您继续支持我们。

寄上胡小石先生文集、范存忠先生文集各一册，都是南大印的，又李清照资料一册，是我在武大工作时主持编的。也许书店买不着，聊备参考。另拙作两篇呈正。

读了您的诗，知道您是从多么坎坷的道路上经历过来的。您不只是一位博雅敏锐的学者，而且是一位勇敢坚强的人生斗士。专复，即颂
著安！并问
赵先生好！

千帆顿首

2月7日(1980年)

如果《迦陵论诗》及《迦陵谈诗》还有存书，极希望拜读。

（四）

嘉莹先生：

一月二十三日手教及所赐尊著《迦陵谈诗》二册早收到。近阅报知参加国际红学讨论会，想见高谈雄辩惊四筵。憾不能亲聆音旨也。

前者侧闻钟荪先生须在暑中施行右腿静脉炎手术，不知顷已住院否？西方医学发达，此症当易痊可。甚冀来年暑假贤伉俪能返国一游。周策纵先生前申请来南大讲学，匡亚明校长已复信表示欢迎，或可于秋间成行，不知贤伉俪亦有意于此否？

先生前所赐寄北美洲汉学研究情况一文，因索观者多，已代为在南京师范学院出版之《文教资料剪报》1980年3期发表。由该刊致送稿费30元人民币。以按国内制度，内部刊物不能寄出国外，故所赠刊物数期，暂存帆处。稿费亦暂代保管，或存银行俟先生明年返国时，连刊物一并面奉，或代为转致国内亲友，尚乞指示，以便照办。

国内研治文学批评史及古代文学理论之学者，组织中国古代文学理论学会，出版有《古代文学理论研究丛刊》，每年二册。该会日常事务，由秘书长王文生主持，王先生系武汉大学副教授。月前帆到上海讲学，值王先生在上海与上海师范大学徐中玉教授受教育部委托，开办文学批评史教师进修班，因亦参与。王先生久慕先生之高文硕学，希望能为丛刊撰

文，以光篇幅，曾由帆请其将已出丛刊第一册寄呈，想达左右。但国内出版刊物，稿费不能用外汇支付，于海外学人，殊有不便，为无可如何耳。此事，极希望先生支持。

尊函询及需要何种西籍作为参考，并允赐寄，极以为感。帆在此为研究生开设唐宋诗歌专业文献选读一课，其中亦包括英文文献，俾可了解今日西方研治此学之情况，有时亦令诸生翻译其中一部分。先生如能就英美加各国所出汉学刊物中研究古代诗词及古代文学理论之文章，择其研究方法不同于国内传统而见解精辟者，复制若干篇赐寄（可陆续见寄，不必急也），则真为馈贫之粮矣。（当然，首先欲求得先生大著，如发表在HJAS中论常州词派之文。）其余通论唐宋诗歌之书籍，可择其精善者赐寄一二种，若选本则无需也。

春间曾以书数册，论文数篇呈教，想已收到。亡妻沈氏《宋词赏析》一书近已出版，又帆所著《唐代进士行卷与文学》及《史通笺记》在校印中，约九月可出，届时当连同《古诗今选》下册一并寄请指教。

专上，即颂

俪安！

程千帆谨上

6月30日（1980年）

（五）

嘉莹先生左右：

六月三十日奉寄寸笺，告以尊著北美汉学情况一文已在此间一内部刊物发表，有稿费人民币三十元，以不能买外汇，故暂代保存，希即示知处置之法，久未得复，良以为念。自加及港所惠书籍五册，均已收到，极感馈贫之粮也。论静安尤极全面而精辟，前所未有，甚佩。惟论静安死因不及陈寅恪挽词之论点，或先生未见《国学论丛》挽王专号及香港所出陈先生文集，否则当不致不一齿及。今别钞一本，随同拙作数种另行寄上，祈审酌之。七月中在长春开古典文学座谈会，得晤郭预衡教授，语次知与先生同学。谈及学林旧闻，诸老轶事，良可玩味。周策纵先生应南京大学之请，来校作短期讲学及研究，已在月初抵港，小作勾留即可来宁。前闻先生拟以来岁休假之便东旋探亲，跂予望之。《古代文学理论研究丛刊》主持人王文生副教授前曾函请先生为该刊撰文，闻已荷诺，甚善。此国内唯一研究古代文艺理论之专刊也。专上希复，即颂
俪安！

程千帆顿首

9月19日(1980年)

附寄上书目：

一、《古诗今选(下册)》一册；二、《宋词赏析》一册；三、《唐代进士行卷》一册；四、《读诗举例》一册；五、《观堂挽词》一册。

(六)

嘉莹先生：

香港中华书局寄下尊著《古典诗歌评论集》及王静安《人间词话》二书，又九月九日手教及在国际红学会议宣读论文一篇，均收到，谢谢。

即在同时，帆亦曾寄上一函及书数册，想此时信已收到，书或未耳。

先生从美洲寄来材料，迄今收到者如次：

一、《迦陵谈诗》二册，

二、《迦陵说词》中抽印论文一篇(从《人间词话》看四家词……)，

三、《抖擞》月刊抽印论文四篇，

四、柳先生《文学概论》、林顺夫论姜词及诗多义七式共三册(一次收到)，

五、此次随函附下之红学论文一篇。

独先生此次来函所云在《哈佛学报》所发表之历年论文共二十六篇(对训练研究生来说，此次材料特别需要)，则迄未收到。如或工作人员不慎遗失，则至为可惜，不知当初寄出时，曾挂号否？(帆每次奉上书件均挂号，亦由恐遗失耳。)如挂号，或烦一查询。

梁丽芬君请代致意，《文教简报》当留数册奉赠。其稿费三十元，或先生明年来华用之，而按牌价以加元拨还梁君，亦可。前南开大学王双启先

生来宁，曾与晤言，知文旆仍将于来年东返，或有缘相晤。客岁先生在南大谈陶杜诗，意新而理密，给师生印象极深，甚盼返国后，能再来宁施教耳。

专复，祇颂

俪弗！

程千帆

10月25日(1980年)

（七）

嘉莹先生：

10月25日曾上一函，计已先达。承惠材料一批，计《哈佛学报》抽印本26册，博士论文目录二册，载有尊著论文之文集二册，均已收到。馈贫之粮，感荷实深。

前因不知先生所寄两批书籍相距二月有余，故恐遗失其一。今细审此次寄出日期，乃八月三十日，收到乃十一月五日，不过二月，即不为迟矣。至希释注。

近来国内所出学术水平较高著作有钱锺书《管锥编》及《陈寅恪先生文集》。辄拟奉寄，以酬高厚。据出版社云：陈氏文集分八册出版（其中包括旧已出版之《隋唐制度渊源论略稿》《唐代政治史述论稿》及《元白诗笺证稿》三种），现已出版者为《寒柳堂集》一种，年内或可再出《金明馆丛稿初编》一册，故当俟其出后，一并奉纳。

先生赐寄之哈佛论文，其中有 Victor H. Mair 所著唐代行卷一种，与鄙著范围相同。所引日本及台湾学人论文，有鄙著所未及者，所论亦各有侧重。因拟寄赠鄙著一册，以资切磋，不知其人亦为先生所谂否？又据威斯康星等三校所刊英文版中国文学，有台大 Charles Hartman 教授撰写介绍台湾古典文学研究情况，述及有罗联添从事韩愈研究，颇著成绩，其《韩愈研究》一书，已在学生书局出版，又于《书目季刊》二卷三期发表《唐代文学史两个问题的探讨》，认为唐人不以传奇行卷。此文及罗君书，不知先生尝寓目否？倘荷以罗文复印本见寄，固所愿而不敢请者也。

前函曾以尝在长春与郭预衡教授晤面，该次座谈会全体发言已在《社会科学战线》80年4期刊登。闻此刊海外可以见到，幸先生一披览之，可见国内古代文学研究之动向也。

先生所需研究资料如国外所无，请即赐知，当尽力设法觅寄。

金陵秋色佳，正十月小阳春。玄武湖方举行菊展，淡紫冶黄，动人心目，墨菊、绿菊，尤为名贵，惜不能与贤俪同游赏耳。

专上，祇颂

著安！

程千帆顿首

11月6日(1980年)

(八)

嘉莹先生：

十二月十二日手教及惠寄罗先生书一册、文一篇都已收到，非常感谢。

您要的《社会科学战线》八〇年四期，我得信后，立即函其编辑部，要其径寄温哥华，以免周折，想非久可以收到。今后您需要何种国内资料，请即示知，我应当尽量设法办到。

你在上海出版的《迦陵论词丛稿》，后序精极，他们已寄了给我。精义深旨，目不暇给。连同香港所出二种，已列为我的唐宋诗研究生的必读书。您的与台湾诗人论治诗方法一文，与拙见极合，读后大生欢喜心。

我写了一信给 Mair 先生，寄到哈佛亚洲学系，居然转到了费城。他收到后，回了一信，也谈到他在最近五年是在研究变文。他将其行卷论文的中文本寄了给我，尚未收到。

罗先生文否定行卷与传奇有关，是因为他忽略了《南部新书》及《国史补》中两条直接史料，见拙著八十三页，与吴庚舜同。不知先生是否认识罗先生，如能便中告知，亦交流之一道。其《韩愈研究》于退之生平考订甚勤，而于文学部分反言之甚少，诗则毫未涉及，殊为可惜。

寅恪先生《柳如是别传》亦文亦史，妙趣横生。俟出后当即奉寄，旧已出者，即遵命不更奉上矣。

冬寒，伏维珍卫。即颂

著安！并问

钟荪先生安善！

千帆顿首

1月18日(1981年)

亡室沈氏别一遗著《唐人七绝诗浅释》，非久可由古籍出版社印行，容更寄呈。又及。

（九）

嘉莹先生著席：

连奉手示，至感高谊。本月十七日国务院古籍规划小组召开会议，本拟出席并过尊寓谒谈。乃周前因积劳痔疾突发，医师为做手术，禁止旅行，遂不得不作罢论。西安四月初有陕西师范大学召开之唐诗讨论会，五月初旬有各校发起之唐代文学研究会成立大会，先生所拟参加者，当系后一会，南京大学是此研究会发起单位之一，届时当有人参加。帆虽被邀出席，而以须准备五月二十日南大八十周年校庆及教育部召集之古典文学学科硕士、博士研究生工作会议，故只能参加四月初之会，或者先生返国一年，竟无缘奉手，何憾如之。小文数篇呈博莞尔，以视先生惠赐之滇南高唱，固不可同日而语也。令弟法书极有晋贤风格，棠棣之华，珠联璧合，欣羡欣羡。先生假期何时届满，亦能于回加拿大之前重游江南否，便中幸垂示之。专此，即颂

吟茀！

程千帆顿首

3月16日(1982年)

（一〇）

嘉莹先生：

惠书敬悉，尊撰词说，旧已读其数篇，树义既精，兼之情韵，极为可宝，

甚盼早日脱稿。至所为诗词，尤为深美（此次所寄词风格似又与旧作不同），似可公开印行，不必仅为少数人枕中秘也。清词集承允代为搜集，极感。其下限可延至一九四九年，即人民共和国开国以前，以期全备。所有费用当由南京大学偿付，惟外汇申请不易，或仅能凭复印发票，按外汇牌价折合人民币耳。

数年前承惠《哈佛亚细亚学报》（HJAS）抽印本，以供研究生练习翻译并了解西方汉学（主要为中国古代文学）情况，极为有用。惟所赐至四十卷一期（八〇年六月）止，不知先生今年返国时，能续将其后各期中有关古代文学论文之抽印本见赐否，企望之至。若有其他学术刊物载有此类文字，连茹及之，亦所深幸也。

国内情况日新月异，问题虽不少，进步尤可喜。《诗》云："周虽旧邦，其命维新。"先生今岁重来当可目睹，如能陪接谈艺，则幸甚矣。

专上，即颂

著安！

程千帆顿首

3月29日（1984年）

又友人张月超教授诵尊诗，见李祁教授之名，不知其人四十年代是否曾在湖南师范学院任教。若然，则是张君旧识。张君甚愿知其工作地点及住址，仍乞便中示知为感！千帆又及。

（一一）

嘉莹先生：

八月十四日瑶札敬悉。此书到时，适帆在北京开会，二十九日始返宁，故未能即时作复，极歉。

赐示哈佛燕京社藏词集目录，已与清词研究室所得者核对，其中十六种为此间所无，不知能由先生转商该社复印挂号见寄否？

困难在于研究室无外汇，不能以美金偿付复印费及寄费，倘荷先生代为支付美金而由南京大学以人民币偿还，则其事易举。幸先生酌之。（此款或暂存国内，俟先生返时取用，或代购先生所需书籍奉寄，均无不可。）

别寄上拙撰《闲堂文薮》及友人屈君所撰《白雨斋词话足本校注》(帆主编之《明清文学理论丛书》中之一种)请指教。惟海运缓,约三月乃可达左右耳。

专此,即颂

吟弗!

(附需印词目三纸。)

程千帆

9 月 3 日(1984 年)

(一二)

嘉莹先生著席:

损书拜悉,旋又得尊撰《论诗丛稿》,当是令弟所寄,欣荷之至。承示拟于明年返国时来南京小住,经与中文系主任郭维森教授及外事办公室联系,极表欢迎。即决定请先生到敝校作学术交流访问一周,其食宿及市内交通,由敝校免费供给。届时或请先生作报告、座谈。因驾临时或在暑假中,其次数及规模当临时决定。请哈佛复印词集之事,极承关注,现正交涉,拟与哈佛燕京社建立长期交换关系。先生前后所寄台湾及美国所刊词集,亦已拜领。清词经年余搜求,已得别集二千余家,不成集者尤众,争取八五年底编出顺康卷,知注并闻。小文论《八仙歌》一篇呈教,凡所撰述,较之尊作,皆落凡近,姑博万里一笑而已。来访事,请先生在返国前二月赐告,以便安排。近月心脏不适,方住院疗养,不尽欲白。即颂

吟安!

程千帆

11 月 22 日(1984 年)

(一三)

嘉莹先生吟席:

去岁十二月手教早已奉悉,以病目久,未克即复为歉。心脏病近已少缓,知注并闻。兹有恳者,唐圭璋先生顷为江苏古籍出版社主编《唐宋词

鉴赏指南》一书，广征海内外学人共同撰写。先生词坛健者，评论名家，辄拟奉求，借光篇幅。其具体要求，当由出版社专函相告。如先生事冗，则就旧作中论某词者删繁别裁为短文，亦无不可。圭璋老病，故由千帆代达，想荷惠允也。前以小文呈教，匆遽中误致门人之作，愧愧，今仍寄上，幸为评议。近年脑力衰退，求如王仲任所谓精思著文，联缀篇章，盖亦难矣。暑中来时，望先函示，以便迎候。不尽，即颂

教安！

程千帆顿首

3月4日(1985年)

(一四)

嘉莹先生吟席：

三月七日发自温哥华手教已奉悉，欣闻台从将于五月上旬莅临我校讲学，我系系主任郭维森教授及千帆均深感荣幸。周幼琴(策纵)亦将于四月中来，并闻。当即与有关方面联系，谨将安排奉告如左：

(一)联系人：南京大学外事办公室仇伟同志、赵曙明同志，电话33074。

(二)讲学内容初步拟定二次。一次对全系师生讲唐宋词，其范围及内容可由先生自由酌定，另一次用座谈会形式由古典文学教师、研究生参加，请先生概述北美西欧汉学研究现状(动态及方法等)，并回答一些提问。以上安排，如有不妥，请来函见告，以便酌改。

兹别有二事奉商：

(一)哈佛燕京社图书馆所藏清人词集，客岁承钞目见寄，并告以联系办法。遵即由南京大学图书馆国际联络部将所需十二种目录打印寄去，要求建立交换关系，迄今数月，尚无回复。不知先生此次重到哈佛，能向吴馆长说明，促成此事否？(邮件务请挂号，以免遗失。)如有困难，则请先生代为复印，其费用亦请先行垫付，容后在先生来宁时偿还(请保留发票)。印件如不便携带，则可挂号海运。《全清词》工作顺利，今年可交出顺康卷，想先生闻之，亦当欣然也。(请求复印目录一纸附上。)

（二）先生前寄 HJAS 中有关中国古典文学论文抽印本，对千帆教学极为有用。惜仅至 40 卷 1 号为止，近数年该刊中必有可供搴采者，仍乞代为选购，其费用当按前条办法奉还。

种种渎神，诸希厚宥。相见匪遥，诸维珍卫。专上，即颂

著安！

程千帆顿首

3 月 22 日（1985 年）

前寄一函，代江苏古籍出版社约稿，不知收到否？

（一五）

嘉莹先生：

损书，知安抵成都，极慰。此次承枉驾来校讲学，并指示清词编纂工作，感谢之至。先生过谦，尤使帆惶恐也。

兹谨奉上顺康词人姓氏录等三件，敬请指教。海外采访之事千乞留意。

敬上，即颂

旅安！

程千帆顿首

6 月 5 日（1985 年）

彦威先生前乞代致意。

（一六）

嘉莹先生：

前奉瑶札，知安抵成都，续成词说，良用佩慰。兹谨寄呈先生前在清词室参观时所摄照片七张（别有数纸不甚清晰未寄），伏维存念。沈尹老手书词稿四种，已由齐鲁书社出版，因恐邮致损坏，拟托便带至令弟君谋先生处。天候转热，尚祈珍卫。祇颂

著安！

程千帆顿

6 月 28 日（1985 年）

（一七）

嘉莹先生：

两奉手教，敬悉一切。南京今夏酷暑，稍凉又忙于最后完成与吴新雷教授合撰之《两宋文学史》，以致前书稽复，歉甚。《两宋文学史》全书五十余万字，断断续续八年始就，然何时能出版，尚不得知，诚可慨也。

承示海外学人拟召开词学盛会，实为佳事。先生所举外，杭州大学吴熊和先生亦可考虑。杨海明先生执教苏州大学，乃唐圭老高弟，吴则出夏瞿翁之门。此三人英语程度，皆所不悉。然议论超卓，于词心确有体会，则杨君似胜。狂瞽之言，聊供参酌而已。

返加后幸时惠教言，不尽一一。

祇颂

吟安！

程千帆拜复

8月26日(1988年)

（一八）

嘉莹先生著席：

秣陵晤对，倏忽经年。自隔汪波，时深洄溯。前承以新书见赐，适在病中，久乃忘复。近得贺年卡，因而忆及，疏阔衰督，惭愧之至。哈佛勤研，谅多创获。置身风波之外，尤可庆也。近岁已来贱躯多病，去岁之末已得休致，其未了诸事，如清词等亦已由学校另委他人。今惟理董旧作，以遣余生，然出版极不易，不知何日方能呈教耳。小词二阕呈正，其本事谅先生知之，不更奉渎。春寒犹厉，尚希葆爱。敬颂

教安！

程千帆

2月15日(1990年)

萧公权先生今尚健在否，如能示其住址，感甚。

（一九）

嘉莹先生撰席：

二月中旬曾上一函，并附小词二首，计达左右。南京大学、南京师范大学及苏州大学与中国唐代文学学会定于今年十一月在宁举行唐代文学国际会议，东瀛北美群彦响臻，而前时寄呈请柬，尚未荷赐复，良以为念。比来大陆局势稳定，学术活动日益繁荣，先生神解博识，众流仰望（会后拟为天台、雁荡之游，及郑广文所谪台州而止。先生有济胜之兴，或所乐闻），倘蒙命驾，实所欣幸。临颖不尽，即颂

吟安！

程千帆顿首

3月22日（1990年）

致周策纵（四通）

周策纵，字幼琴，号弃园主人。曾任美国威斯康辛大学东方语言系和历史系教授。

（一）

策纵先生著席：

数月前孙树宜女士访宁，盛称懿美。又得读尊著《破斧新诂》及论文与道之关系诸篇，精严邃密，得未曾有，无缘陪接，但深驰仰而已。今谨别奉寄先室沈氏所著《涉江诗稿》《词稿》各一册，又帆与沈氏合撰《古诗今选》上册（其下册在排印中，容当续奉），又帆所作唐诗论文一篇，至希察收，并予教正。自四凶乱政，艾历岁年，文化交流，濒于断绝，顷方谋与海外学术机构及学人加强联系。先生久居西海，总持一方，于情况或较熟悉，辄条陈所欲知者数事如别纸，幸就所知见示，至感至幸！萧公权先生四十年代在成都时，尝相唱和，闻之孙女士，萧翁颇与先生过从，不知能以其地址见告否？北国早寒，伏冀珍摄。专上，即颂

吟安！

程千帆顿首

10月12日(1979年)

树宜女士乞代致意，已别寄赠《诗选》一册。

一、欧美著名汉学中心（包括图书馆、研究所及大学亚洲学系）之名称、地址及主持人。

二、欧美著名东方学（汉学）学术刊物之名称、出版地址及主持人（此项旧有者多知之，乞详示近二十年新出者）。

三、研究汉语古典诗歌及中国古代文艺理论之学人（特别是华裔学者）及其主要著作（专书或论文，发表之刊物或出版之书店）。

（二）

幼琴先生左右：

客岁五月在上海讲学时，曾上寸笺，又附呈四十年代与萧迹园先生诗一首，想早察及。国际红学会议先生主持其事，备极辛勤，亦于报刊及返国代表处阅之。旋闻将于客岁九月来宁，师生均翘首以望，后乃知以事改期，今确知将于四月莅止，幸甚幸甚。《读〈红〉》一首用意超妙而风调沉咽，以诗代书，杜老家法也。同门友潘石禅先生多年未通音讯，顷由其在港弟子马力转来短札，弟已作复，因知先生与石禅亦系挚交，今后如有交流著述及书问或请先生代转或蒙惠诺也。弟在此指导研究生治唐宋诗词，深苦于海外学人（尤其华裔学者）之研究成绩所知太少，前曾请叶嘉莹教授等代为搜集，已得若干，今将其列目陈上，倘有其他论著方法新颖、议论精辟、足供诸生学习者，幸为代觅若干种，以复印单篇论文最好，专书亦可，内容以诗词为主或文学批评，费用当于尊驾来华时以人民币偿还，不知可否，尚乞裁定。近作论唐人行卷小册子，又亡室沈氏《宋词赏析》各一册，已寄呈教正，别有数种在印刷中，先生来时当面呈也。先生此次来南大讲学，当局极为重视。白尘先生因专力创作，近又成《阿Q正传》电影剧本，已辞去系主任，新任主任叶子铭副教授乃现代文学专家，于茅盾研究尤精，渠于亚明先生出示尊函后，即请古典文学教研室主任王气中教授

(散文专家,尤精《史记》)及弟负责协同外事办公室,准备招待各事,其细节当别有正式函件奉达,想不日可收到也。南大因无医学院,南华夫人讲学事已由南大向医学教育部门联系,其详尚未及知,容更奉告。照片二纸,小诗一篇附呈。即颂

俪茀!

弟程千帆顿首

1月19日(1981年)

闻先生为祁阳人,弟则宁乡,亦同乡也。先叔祖讳颂万,字子大,晚号十发老人(非今之画家松江程十发),曾佐张文襄幕,先生或知之也。又及。

英年妙誉海西头,故国重归卅二秋。旧梦沉浮余白首,新文哀怨话红楼。榴花灼灼明堤岸,莲叶田田入钓舟。莫负青衿吟赏地,待君把臂后湖洲。

闻贤伉俪将回国讲学,喜成长句,即呈

幼琴先生、南华夫人正律

程千帆拜稿

一九八一年一月

(三)

幼琴先生著席:

客岁十二月所赐手札,由陈广才教授邮致,未克相见,以其时适因病住院也。旋闻有返国讲学之讯,已而不果,不得不叹会合之悭缘也。大作二篇极富创造性,读之实开思悟,续有著述,仍乞惠赐,以启颛蒙。近印行小书一册,辄因友人去美之便呈上,幸于讲贯之暇指点之。专此,敬请

俪安!

弟程千帆顿首

5月23日(1985年)

（四）

幼琴先生史席：

陈广才教授来宁，转到所赐著述三种，又和杜八篇，洛诵欣快，胜得清酒三斗也。论《卷阿》穿穴经传，树义精卓，知公所得于《诗》深矣。论王词札记似即以《人间词话》手眼论《人间词》，而柢基深广，经涉二西之书，抑又过之，观堂有灵，固当惊知己于地下。论联语集句，颇足解颐，因忆数事，钞录如次：

（一）帆与子苾初婚，间关入蜀，汪旭初师集词联为赠（沈尹默书今存寒斋）

素娥宝镜圆时，不负心期，记晓叶题霜，秋灯吟雨；

东海青桑生处，暗敧客帽，看残山濯翠，剩水开奁。

（二）汪先生集斋联

故山更好，看鹤飞深谷，猿啸高崖，愿同往从之，老子平生无妄语；

客路相逢，仗酒祓清愁，花销英气，所未能忘者，男儿西北有神州。

（三）易哭庵集李杜

瑶台月下，群玉山头，飞燕新妆，李吟亭北；

崔九堂前，岐王宅里，落花时节，杜在江南。

（四）三十年代，北大浴室圮，学生有死者，林公铎挽之

重压之下，安得不死；

洁身自好，何以为生。

相距万里，陪接无缘，聊贡所知以资谈助耳。尊诗微婉顿挫，感慨深至，读之令人不可为怀。帆于此道无能为役，偶尔操觚，便为恶札，谨写旧作十数篇奉呈，幸为点定。诸篇皆成于四凶擅国之日，时方承乏武汉大学讲席，而倚席不讲，故多忧患之音，想荷洞察也。所询事承允赐教，极感。专上，即颂

著安!

程千帆顿首

11月11日(1985年)

致姚雪垠(六通)

姚雪垠,著名作家、小说家。

(一)

雪垠兄:

岁月易得,别来又十多年。关于你境遇之变幻,创作之神勇,时时传入我的耳中。看来,你活到八九十,写到八九十,没有问题。应该送你一付对子,其文曰:

寿登大耋,勇冠三军。

我被武大驱逐出境,又被南大当作旧货收了进来,一些情况,周勃想都和你谈过,最近一年,当了马二先生,选注了一部诗(原有与祖棻合作的底子,作了较大的补充修改),上卷已印出,今寄上,也许可供你的孙儿女辈念念。恨新头巾气犹未尽除。下册待明春可出,当续奉。(诗集大致按年月编辑,题中有干支可寻,惟未列总目,是一疏忽。)

何日南来,企望之至。

专复,即祝

椽笔日健!

千帆

10.12(1979)

(二)

雪垠长兄:

诵论文学史,大作精思卓识,今世无第二人也。齿及亡妇,感喟尤深。其遗著将次第刊行。近出一种,辄呈左右。别有论唐人七绝一种,或来年

可出，当续呈耳。造次不能尽意，伏谨珍卫。祇颂
著安！

弟千帆顿首

六. 二十五(一九八〇)

(三)

雪垠兄：

收到你百忙中写来的详信，直谅多闻，感激不尽。我刚从长春开完古典文学座谈会回来，回信迟了，乞谅。(这次会还开得不错，发言及纪要将《社会科学战线》四期发表。)

你所提的许多意见都是审慎的、精确的，而且有些是笼罩全局的。我正准备修订这一部书，在古籍出版社正式出版，所以你的信来得很及时，可谓“馈贫之粮，拯乱之药”。我想尽量吸收你那些宝贵的意见。

近年来除了那部长篇外，我还陆续读了你不少的文章，关于农民战争，关于《圆圆曲》，关于文学史，关于稿费，觉得很有意思。古人的才、学、识或义理、考据、词章兼备为难。方今一流向尽，你可以算得灵光巍然了。而且你还能挺身而出，纠绳那些文坛诗苑的夸比之风，就更加可贵。

最近可出一两本书，一本是《唐代进士行卷与文学》，一本是《史通笺记》，容更尘教。祖棻还有一本《唐人七绝诗浅释》，也在排印中，谨此附闻。

匆复，敬祝
老健！

弟千帆上

七月二十二日(一九八〇年)

(四)

雪垠兄：

暑假中因事到北京住了四天，曾给你打过电话，知道你到外地避暑去了，没见着，怅怅。

今天读报，知道你荣获第一届茅盾文学奖，高兴之至。你的坚忍刻苦，你的信念，都是朋辈中所少有的。你获得这一崇高的荣誉是完全应当的。

有人告诉我（对北京来人，我必问到你的消息，有人知道，有人不知道），你已经开始写卷五了，是吗？又有人说，你是先写卷五，而将卷四先放一下。无论怎样，你是胸有成竹的，看来。

拙注《古诗今选》将在明年上半年出书，你提的许多条宝贵意见我都尽量采用了。到时将再呈教。我很想打破框框，校稿时，又觉还打破得不够。

祝

安善！

弟千帆

十二月十六日（一九八二年）

（五）

雪垠兄：

非常感谢你的鼓励和指正。将绵作棉，来说春秋时事，实在是不应有的疏忽。“友直友谅友多闻，益矣”，这话实在不错。

中更世变，老学无成。只有努力为祖国文化的发展作一点贡献的愿望，还可向故人述说。到南京后，想在古典诗歌的研究方法方面，作一点新的开拓。写了几篇文章，大都收在《古诗考索》中了。此书，明年可出，一定呈教。最近又写了一篇谈《饮中八仙歌》的，现随函附上。其中有一段排印有错落，也不改了，你看了会明白的。

我最近心脏病住院，不严重，但要详细检查。我身体远不如你。

暑中曾来京开一会，远住香山。开完即走，又没有能来看你，怅怅。

《李》写得怎样了？盼早日完成，转《洪》。

祝

好！

千帆

10.4(1984)

（六）

雪垠兄：

小书呈教。我非常想请你将自己得意的诗写一横幅见教，可悬寒斋，如见故人，不知能拨冗为之否？

弟千帆附言

致陈贻焮（八通）

陈贻焮，字一新。曾任北京大学中文系教授。

（一）

贻焮先生：

非常愉快地读了您的新文，有"周虽旧邦，其命维新"之感。这个问题谈的人可多了，但尊著穿穴群书，博采众说，而又能于原诗无所牵附，实是突过前人。事实上，唐代女冠中的一部分，确曾具有倡伎性质，《三水小牍》上所说的"炼师欲求三清长生之道，而未能忘解佩荐枕之欢"，是很简括的论断，我在四十年代所撰《郭、曹〈游仙诗〉辨异》，于此亦有论列。义山敢直接以月夜寄宋华阳姊妹入题，可见并无顾忌，他将爱情生活的记录出之以象征比兴手法，是事实上须要隐蔽呢？还是一种艺术趣味？也许兼而有之，后者或许还是主要的。像李洞赠庞炼师不是公然提出"若能携手同仙去，皎皎银河渡鹊桥"吗？具体情况可能不同，只是读了尊文，略抒所感而已。组缃、静希先生想常相见，镇淮先生前有函来，无事就不另复了，均请代为问好。专上，即颂

著安！

程千帆顿首

11 月 5 日(1979 年)

您对王摩诘下过很大的功夫，是否继续在研究？念念。

（二）

贻焮先生：

前得赐诗，风调清深，诵之倍增乡关之思。顷又荷寄示《北师学报》大文，知有少陵评传之作。承植先生之传，但及行迹，鲜论诗篇，尊作则一是以诗为重点，有类前人学案，当更有补益于学者也。又承告别有一书，挂号赐寄，而迄未收到，不知收据尚存可一查否？颇以先睹为快也。静希先生夙有喘疾，入冬以来，不审何如，良以为念，见乞致声。专此复谢，即颂吟安！

千帆顿首

11 月 28 日（1980 年）

（三）

贻焮先生：

别来诸想安善。兹谨绍介研究生张三夕同志晋谒，张君青年好学，久慕清德，伏冀进而教之。又其所撰硕士论文为《宋诗宋注纂例》，颇有资于善本，辄欲阅读贵校所藏若干种，虽具南大正式介函，犹恐或有扞格，至乞推爱为言于守藏诸史，感同身受。新秋未名湖畔菊秀兰衰，定多佳什，能见示一二，幸甚幸甚。专此，祇请

著安！

弟程千帆顿首

9 月 15 日（1981 年）

小诗附后博笑。

（四）

贻焮先生：

顷奉雅什，意态高远，五律尤胜，佩服佩服。

张三夕君晋谒，想荷赐见。此子勤劬，假以岁月，当可有成，愿先生少拂拭之。

有一生写论文，引黄白山《杜诗说》云：“读唐诗，一读了然，再过亦无异解。惟读杜诗，屡进屡得。”而南大无此书，乃从他人著作中转引，既不知其卷第(似出引言、凡例之类)，亦不知文字有无讹夺。不知先生能就北大藏本为注明卷第页数并校正文字否。琐琐渎神，极罪。专上，祇颂
吟安！

弟程千帆拜上

10月3日(1981年)

(五)

贻焮先生：

前承检核杜诗材料，极感。属书恶诗，所不敢辞，但顷事冗，少缓乃可贡拙耳。

白华先生暑中尝允以《美学散步》一书见赐，顷见广告，知已出版，恐老人健忘，甚盼先生走取挂号见寄，俾快先睹，欣荷欣荷。专此奉渎，勿罪。祇请
著安！

弟程千帆顿首

10月31日(1981年)

(六)

一新先生：

大著拜收，已零星读过数篇，今得一口气读下，当是一种愉快。夹叙夹议，施之长篇，实为创体。静希先生一序，极隽永，可宝也。

以热心人而游热带，无怪新篇若宝焰之然也。

三月中或去京有一会，冀能奉谒。专此复谢，即颂
著安！

弟程千帆顿首

2月5日(1983年)

（七）

一新先生：

大著《评传》中下卷收到，喜慰无伦。老学如袁伯业今世无几人也（传而兼注，汉师遗响，衍为巨帙，又汉师所无）。葛跋甚好，尤见薪传。先生提命多年，功不唐捐矣。弟久患心脏病，住院二月，昨始出，尚未完全复元。冬寒愿珍重。敬复，即颂

著绥！

弟程千帆顿首

12月7日（1988年）

（八）

一新先生：

惠示敬悉。年来白内障甚剧，书不成字，勉为尊集作签，遂忘其丑，幸恕之也。早早妄渎尊严，极荷垂注。忆七十余年前尝侍先十发翁在沪上遇散原、石遗诸老，童稚无知，但叩头呼太老伯而已。若早早恭谒，则已略具知识，知陈爷爷为何许人，视我为幸也。一笑。敬颂

双安！

弟帆顿首

（1991年12月27日）

致何芳洲（七通）

何芳洲，沈祖棻先生之表妹夫。

（一）

芳洲尊兄：

白门快晤，旋又奉新诗八章，老当益壮，健笔凌云，至为可喜。弟近心脏略有不适，亦略见肺气肿现象，凡百废置，惟上课如旧而已。江南秋色

正浓，想奚囊必多佳句，便中可抄示一二也。专复，即颂
双安！

弟会昌顿首
十一月五日（一九七九年）

（二）

（前缺）

太华与华亭，窈窕两朱阁。士女熙攘间，繁香自开落。谈谐方冶融，语论挟棱角。凌夷二十载，稍复得此乐。春云有卷舒，吾意不可夺。

蔡生何慷慨，王老温且文。归来贾余勇，纵谈至夜分。颇续儒林史，亦诵蟹行文。心危世教衰，感激前未闻。余悸与余毒，于我如浮云。

游滇诗四首，写乞
芳洲老兄教正

会昌于南京
（一九七九年）

（三）

芳洲兄：

多年不见，得晤言数次，极慰。

祖棻诗词，发行后，文艺学术界反应极好。友人拟为之设法排印。兄前云其中尚有错字，不知能于便中拈出见告否？如得据以改正，俾免贻误读者，甚是佳事也。

想兄伉俪已返苏，故此信未寄至惜三处。

专上，即颂
双安！

弟会昌顿首
12月18日（1979年）

（四）

芳洲尊兄：

惠示及校记均收到，极感。元旦本拟进谒，因天气太坏，遂作罢，为歉。其诗稿误字，仍乞惠示。弟顷须因公去徐州一行，倚装匆匆，不尽欲白。专上，即颂

双安！

弟昌顿首

一月十四日（一九八〇年）

（五）

芳洲尊兄：

小书二册奉上。其中讹谬处甚多，尚乞于优游之余，为之订正，俾便改正后正式出版。涉江诗词承详校，极感。

小女丽则夫妇已调宁，即在南大工作，谨此奉闻，亦足慰也。

专上，即颂

俪安！

弟会昌顿首

3 月 20 日（1980 年）

（六）

芳洲兄、三妹：

在苏叨扰，兼得叙谈，极慰且感。

照片四张奉上，乞收。

冬寒，伏冀珍卫。

敬颂

阖府安吉！

千帆、陶芸

一月十六日（一九八四年）

（七）

芳洲兄、三姐：

来示收到。祖棻遗著发表后，在国外国内都有好评，引起较大反响。最近，《浙江画报》《武大学报》及《光明日报·文学遗产》均将写文、发表照片纪念她。她的学生，湖北大学章子仲副教授（女）想为她写一本书。所以，兄所写各文，以及见到的他人所写之文（《江南诗词》，弟未见），均望挂号见寄，为章提供材料。我感到困难的，是她幼年和青年在上海、苏州的家世情况、家庭生活与学习生活。楷亭已逝，只有贤伉俪能道其详。希望不拘格式，想到一点写一点，越多越好，越详越好。如记忆不真，不妨和四妹、格留等印证一下。（可惜肖友也去世了。）辰宪兄弟等未必记得，年纪小了一些。但瑞侄、美宝是可能知其详的。关于家庭、亲友、经济，乃至与弟结婚前的婚事拟议（听祖棻说过一些），只要可供传记之用的，均望笔录，不必有任何拘忌。祖棻一辈子可以“才丰命啬”四字尽之，史公“天之报施善人，为何如哉”之叹，对她也极适用。我能做的，就是将其遗稿全部整理出来，并托人写一好传记传世，其他也无法了。小婉很好，这也很使她安慰。她的遗著，除《宋词赏析》《唐人七绝诗》《涉江词》已印外，《涉江诗》及《沈祖棻创作选集》（包括新诗、小说）均在付印中，出后当奉寄。弟年来心脏欠佳，不能劳累，故很少出游。宁苏咫尺，亦不能常见，为可叹耳。

专复，即颂

俪弗！

弟千帆

4月9日（1985年）

致傅璇琮（二十九通）

傅璇琮，曾任中华书局总编辑、清华大学中文系教授。

（一）

璇琮先生：

24日手教敬悉。拙著《史通笺记》系以书头批校为基础补充而成，当时住在成都，战事方殷，得书不易。60年代逡写成帙，而已废史学，也就增益无多。其中疏谬之处，定复不少，极希望守俨先生、您以及其他同志仔细敲打一遍，以免出版后贻误读者。

承代购《魏书》，极感。想再要《读杜心解》一部，仇氏《杜诗详注》三部。又闻《全唐诗》重版（附诸家补逸）已预约，不知办法如何，至恳便中赐知。

谨寄奉20元，祈察收。诸渎清神，非常感谢。

专复，即颂

著安！

程千帆顿首

11.28(1979)

《管锥编》已得，学林艺府之渊椒也。

（二）

璇琮先生：

离宁前曾寄奉《禅学与唐宋诗学》及巴金《随想录》各一册，想已收到。弟在上海住十一日，已于周前来济南。家家泉水、户户垂杨之泉城已由地脉、泉脉之破坏，大不如传闻，然犹自秀丽可观。济南二安之纪念堂亦尚未恢复，惟距此百余里之大灵岩寺之古木及彩塑历代高僧像为深可宝爱耳。在此将讲至二十日南返。客中无事，校读近出《老学庵笔记》得数事，谨录如次，以供参考：

1. 29页5行“尽言方养觀”，觀似当为親。

2. 104页5—6行“东京石朝议女婿，乐驻泊乐铺西蜀”，“费先生外甥，寇保义卦肆”，似当为：“东京石朝议女婿乐驻泊乐铺”，“西蜀费先生外甥寇保义卦肆”，又乐铺疑为药铺。

3. 124 页 4 行“谓之‘太师错’；摺样第中……”，似当作：“谓之‘太师错摺样’；第中……”。

4. 129 页 6 行“今归小读书堆取勘，此刻……”，似当作：“今归小读书堆，取勘此刻……”。

《史通笺记》不知可于近期付印否？近出新书消息，幸示知之。

祗颂

著安！

千帆顿

4 月 1 日（1980 年）

（三）

璇琮先生：

十四日手示奉悉。奖饰逾恒，兼有扬榷，仰见大君子不以老而废学见弃也。长马之说，诚为妙解。倘他日于唐人故籍更得一二证，即可为定论。我国古代人、地、官职之缩写简称，至今尚无人谓之辑录研究（独俞理初尝略涉人名，然亦粗略），此亦一可惜之事，年事骎衰，所为不及其所欲为，浩叹而已。

尊示当转示勋初兄。此公孟晋可畏爱，弟东下金陵得友之，殆如张茂先之利获平原也。

欲求书数种，别纸条呈，不知中华尚可得否？如有，尚烦一结算，不敷之数，当即奉上也。

敬颂

著安！

弟程千帆

4 月 21 日（1980 年）

（四）

璇琮先生：

顷奉惠赐《丛考》，欣感欣感。前已于杂志读过数篇，今览全书，乃知美富远甚。序文论材料与论点，及文学史之结构，极中时弊，且与夙昔鄙见不谋而合。大历诗自具异彩，不独反映现实为元和先驱，惜今之人未能赏会，而有抑之。今先生为之发扬幽光，十子有灵，亦当惊知己于千古矣。

前命小女将《史通》下册副本奉呈，想已收到。

祖棻遗稿《宋词赏析》及拙稿《唐代进士行卷与文学》交上海者，前者已出，后者在印刷中，容当呈教。

《史通笺记》出书后，除出版社赠书外，尚请代购若干，以便赠呈诸友乞教。其总数为七十本即可，此事幸先生费神代办。书价可于稿费中扣除之。

不日返宁，赐教请寄南大。专颂

著安！

千帆上

6.16(1980)

（五）

璇琮先生：

昨日返自长春，奉四日手书，又《履园丛话》《诗学与禅学》及《史通笺记》草稿等三种，甚以为感。嗣后续有新书可用者，仍祈代购。（夏先生词论及俞先生词选均已蒙惠赐，故可不再劳神。）

《史通》大样，尚未赐下，或者因出书限期迫促，不送作者校勘，亦未可知。谨别疏一纸，以供参酌。所涉多关形式，至于一文一点之误，则尚未细校。如有可能，仍盼自校一遍。（日内即赴匡庐逃暑，大样可仍寄南大转。或到庐山后，再将住址奉告。）

南大管雄教授，旧从先师季刚先生治《汉书》有年。所撰《唐以前〈汉书〉注考》一文，翔实可据信，颇合《文史》之用。不知先生愿一披览之否？弟可为绍介也。专此，即颂

著安！

程千帆

7月20日(1980年)

下列各书如出，请代购各一册：

①《古诗源》

②《龚自珍乙亥杂诗注》

③《宋诗话辑佚》

④《唐集叙录》

⑤ 刘叶秋《笔记概述》

⑥《古典目录学浅说》

⑦《王粲集》

（六）

璇琮先生：

离宁前曾上一函，并附《史通》稿校记一纸，想收到。弟于廿三日启程，昨日登庐阜，预计在此有一月句留。《史通笺记》如需校大样，请按下列地址赐寄：江西牯岭庐山广播站招待所转南京大学程××收。此书原稿系楷书，小样误字即不甚多。如印刷厂急于付印，则弟不校大样亦可。惟有关格式前书疏记者，仍乞改正。诸乞酌定为感。

专上，即颂

著安！

弟千帆顿首

7.25(1980)

（七）

璇琮先生：

入冬惟安吉为颂。

近数月来，贱躯略有不适，书问遂疏。不审中华近日曾出何书，能以书目赐寄，便选购否？

又拙著《笺记》约何时可出，亦恳告以大略。想有书 100 册，以供分赠。如样书有 30，则恳代购 70。其分赠京友者，不知中华能为代寄否？亦乞示知。

专上，祇颂
著安！

千帆

12 月 9 日(1980 年)

守俨、振甫先生均候。

(八)

璇琮先生：

前承代购《辍耕录》，早已收到。其《龚定庵己亥杂诗注》又宋人笔记《东斋记事》等二种不知已出否？又绍虞先生之《宋诗话辑佚》闻亦出版，请代购两部。前存尊处之 30 元，似仅余九元，如略不敷，请代垫付。非久即别寄 30 元，仍存尊处备用。琐琐渎神，不胜惶恐。

前拟求允贵局复印苏诗，不知有无可能。(此书不知在香港可购得否，须港币若干，如蒙打听告知，尤感。)又拙著《笺记》，不知何时可以出书，均恳赐示。专上，祇颂
著安！

程千帆上

二月二十一日(一九八一年)

(信封背面：先生所编诚斋、石湖资料，不知顷尚可得否，幸示知之。旧有一册，乱中失去矣。)

(九)

璇琮先生：

上次收到代购《宋诗话辑佚》两部，尚未致谢，顷又得《笺记》样本，品质精善，感谢不尽。

《笺记》除样书外，请代购 90 本。附上致京友名单一纸，敬请代为分致，以免周折。其余 98 本，请费心寄南大。

《龚氏己亥杂诗注》，已在此间买得，其《东斋记事》如出，请代购二册(如续有唐宋人笔记出版，亦希代买)。

仍乞在稿费内拨30元存尊处备用，旧30元，似尚存4.20元，不知是否，乞示知之。

弟所带研究生，有张三夕，以《宋诗宋注考例》为硕士论文题，其文大抵仿援老《通鉴胡注表微》。先生精于宋人文献之学，辄妄拟恭请为该生答辩委员（时间在秋季），不知能俯允否？如荷同意，当再上报。谨先奉商，乞示知之。专上，即颂

著安！

程千帆

三月十七日（一九八一年）

4月将去南宁讲学一月。

（一〇）

璇琮先生：

所寄《史通》赠书及购书，又旧开赠书名单均已收到。此书从始至终均在先生大力支持之下，得以迅速出版，十分感谢。少年涂抹，垂老无成，又深感惭愧。此种心情，先生当能亮察之。

勋初先生昨枉过，知先生欲弟写一小传，并开列著书目录，不敢违命，别纸录奉，至希察收。先生家寓北京何处，弟下月可能来京开会，如能抽暇，当造谒。

比日为研究生论文所困，不得详陈，乞恕。

敬颂

著安！

弟程千帆敬上

六月十四日（一九八一年）

（一一）

璇琮先生：

代买书收到，谢谢。

纪念黄先生文，只能说，努力为之。近来忙于研究生答辩，又常发心

脏病，故不敢必。

闻周予同注皮鹿门《经学历史》中华即出，幸为代买三册，感感。

专此，祇颂

著安！

弟程千帆

12.9(1981)

（一二）

璇琮先生：

前数日写好纪念季刚师文，为了慎重核实起见，除了和圭璋兄交换意见外，又寄与孟伦兄请其改正，庶为“实录”。此件及刘博老文，想不日可由孟伦兄自济南转达尊览。

拙撰《史通笺记》，不知中华尚有存书否？如有，请再代购十册，其中五册请开南大中文系发票。（今年南大八十周年校庆，欲以此书赠外国汉学家。）余五册则弟自需，可无需发票也。感感。款当即汇。

古籍之会，何时可开，幸先示知，以便屏当他事。专此，即颂

著安！

程千帆

二月九日（一九八二年）

（一三）

璇琮先生：

前上一函，想达。忱石先生来函，云拙稿十一月可出校样，即不必复印了。

有一个情况想了解一下。过去出版社请人外审，大体按字数计酬。五十年代弟在武汉时，每千字由一元至二元，视工作轻重而定。目前中华或其他出版社对这类工作如何计酬，尚乞示知。因有人要我担任一点这方面的工作，如荷示以现行通则，则较易洽谈。

录音带希便中寄下。

费神极感。专上，即颂

著安！

千帆敬上

10月10日(1982年)

想买《池北偶谈》及新出尊著《唐代人名索引》、《古典文学论文索引》。存尊处款当然不敷，请代购后示知，以便补寄。

（一四）

璇琮先生：

近来心脏不好，躺在床上休息了几天，读先生校点《香祖笔记》，稍有献替，别纸抄呈，祈教之。

毅中先生寄下《玄怪录》校本二册，其一致谢伯阳君，已遵示转去。谨请转告致谢。

匆匆，即颂

道安！

弟帆

5.22(1983)

（一五）

璇琮先生：

弟来京开学位评审会，寓羊坊店路1号京西宾馆405号，电话86·6501专2405。18至25日在京。白天开会，如夜间先生能枉过一谈，幸甚。勋初托有一二事奉商，面罄为得也。

祗颂

著安！

适打电话554751，无人接，故草此函。

弟千帆拜上

9.17(1983)

(一六)

璇琮先生：

手教(附守俨先生札)及尊著均收到，极感。如中华能重印《笺记》，自不宜亦不愿在其他出版社再出也。尚乞转达下忱是幸。欲明中晚唐政治史事、文学变化，当首先注意李文饶，此说实是巨眼卓识，佩服。文饶之于词科集团关系不浅，亦即虽以其出身高门，又有《文选》“不根艺实”之说，三世不置萧书之传说而无视此种错综变化。寅老之说，似不免忽略各种政治派别无不争取词科集团此一新兴力量之事实也。(地方军阀与进士之关系，亦极可研究。)衰晷废学，偶述鄙见，冀先生之教之也。托勋初带上连语，殊不能为工，愧愧。敬请

著安！

千帆顿首

七．二十(一九八五)

(一七)

璇琮先生：

迪昌归自长沙，备悉近况佳胜，极以为慰。《全清词》之编纂出版诸问题，非久拟在南京开一小会，届时务请拨冗出席指导。

《史通笺记》经先生大力支持，或将在明年重印一次。南大古典文献研究所规划，拟将文史各系单行专著，悉列入“南京大学古典文献研究所专刊”，故亦拟乘《笺记》重印之便，在① 封面(右侧，直行)、② 内封面(书名上，横行)、③ 版权页(书名上，横行)加上此十三字，今寄上样子一份，至乞先生惠允，并转知执事者照办，不胜铭感。

专上，即请

著安！

程千帆顿首

11 月 4 日(1985 年)

（一八）

璇琮先生：

勋初返，备悉佳胜，闻将赴美讲学，甚盛甚盛。前寄小诗数首，想已收到。《朱子语类》不知可得否？如京中无之，当求之沪上也。乞示。敬请

著安！

千帆

二十二日（一九八七年七月）

（一九）

璇琮先生：

前承枉存，匆匆不尽所怀，良耿耿也。拙编日本汉诗及方湖先生文集，辄蒙推介，幸甚幸甚。近日得读王仲镛先生《唐诗纪事校笺》，以为此书与尊编《唐才子传校笺》及勋初兄《唐语林校证》实为近年整理唐代文史文献之三大杰作（孙望兄之《元和姓纂》未出，然恐体例不同），其功力及成就当已度越劳季言、岑仲勉辈之限于襞积细微也。闻《唐才子传》第二册已出版，如尚可得，幸为致之，感激不尽也。冬寒，伏冀珍卫。祇颂

著安！

弟千帆

一月十七日（一九九〇年）

（二〇）

璇琮先生：

久未通问，伏想安善。前呈《两宋文学史》，幸于披阅时指其谬误，感感。近检该书第 80 页，竟将嘉祐五年（1060）王荆公四十岁误作皇祐二年（1050）荆公三十岁，荒率可惊，务请代为改正。《校雠广义·目录编》前数年曾呈教，近《版本编》已出样书，缀辑旧闻，并无新意，但可为初学略示门径而已。先生治学精严，于著述中体现对目录版本之学极

为精通，其不著为文学，殆古人所谓“善《易》者不言《易》”，不知能亦于百忙之中为拙作拨冗写一书评刊之《中国文化》《古籍整理与研究》或《文献》等类刊物中否？然不敢强求也。偶作小诗，附呈一粲，“将诗不必万人传”也。顺颂

著安！

弟千帆上

十一月十二日（一九九一年）

(二一)

璇琮先生：

勋初携致尊著新编，精诣神旨，孚尹旁达。多年来常诵先生论文辄有沾益，今则灿然皆在目前，大贝明珠，高明光大，始叹为当今之世无第二家也。文运迁流，或数十年，或百年，必有挺生出而担当主持之者。罗、陈二序，既发先生为学之道之蕴，更愿招呼坛坫，弘扬学术。鲰生老而废学，犹愿执鞭櫜以从之也。前数年偶共老妻作《骈字类编音序索引》，以为休息时调适脑经之用，积之岁月，居然印成，周前曾以两部分赠先生与逸民先生，闻近日邮件寄送极迟，尚未收到。专上，即颂

俪安！

弟程千帆

十二月廿六日（一九九五年）

老态日增，书不成字，谅之谅之。

(二二)

璇琮先生：

奉书感愧不可言。忧患余生，忽已八十三岁，总觉所为不及其所应当，面对先生等之宏扬学术，自至隆高，不禁瞿然而惊，色然而喜也。承示《音序索引》应有评介，不审能乞中华或古籍小组同人为之否？先生幕下青年学士亦有垂爱及于愚蒙者，或无妨求之也。无以为报，当赠书一册耳。近日白内障大发，视力模糊，乞老伴代笔，伏望谅之。敬颂

俪安！

千帆敬白

1996.1.22

（二三）

璇琮先生：

托人带上《骈字类编索引》，请代赠写书评之人，想收到。此文成后，幸以复本见赐，因近有人欲为弟编一资料，或可收入也。（因此，刊于何处，亦乞告知。）

张世林先生所索一文发言稿已寄去，一月十八日与张函附稿，并请其补赐《现代化》95 年 1、2、6 三册，未见复（杂志亦未寄下），晤时乞一询之。

弟白内障甚剧，写字读书皆困难，草草乞谅。敬颂

双安！

弟千帆

二月十二日（一九九六年）

（二四）

璇琮先生：

前上一函，又托人带《骈字类编索引》一册欲请代求书评一篇，不知可否？《闲堂学记》想在四月中发稿，书评最好能收入，幸酌之。贱躯粗适，惟目力殊无好色，无可奈何。顺颂

著安！

弟千帆顿首

三月十二日（一九九六年）

（二五）

璇琮先生：

刘先生书评及尊函并拜悉。文极有分量，微觉过誉，惭感交加也。已

复印，原稿送上，可编入《古籍简报》，并请预先示知出版期数及日期，俾便转载时可标志于文尾也。弟身体尚好，惟白内障不能视书为苦。幸得徐有富君之助，《校雠广义·典藏编》近亦脱稿，在采纳群言，学术独创性不高不强，但将向歆父子创立之中国独有之校雠学作统一而全面之表述，则自此书始，世之君子或有取焉。先生知我，故敢狂肆其言，念亦惟先生可恕之也。敬颂

著安！

弟千帆

4月1日（1996年）

（二六）

璇琮先生：

闻勋初言，先生近患骨刺，极以为念。此间亦有人患此症，服壮骨丸可缓解，寄上药盒。如未用，可试服之。

专此，即祝

痊可，并候

双安！

弟千帆

11月4日（1996年）

（信封正面：写字困难，不必回信。）

（二七）

璇琮先生：

20日手示收到，拙作幸蒙认可，荣幸之至。先生学术可谈着多，而弟衰惫，不能为长文，故但能不阿好，不虚美，举其大端而已。

原作未留清稿，希审定后复印一份赐还，所空数字，亦乞补上。

又前呈与王淡芳君书20通，荷收入《学林漫录》，如方便，亦乞复印一份寄下，如即将出版，寄刊本亦可。

宏生处已转告。敬颂

俪安！

千帆上

十月廿五日（一九九八年）

（二八）

璇琮先生：

拙序复印、打印本均收到，今就打印本细酌后，应改处如次：

① “傅先生所作出的成就是卓著的”改为“傅先生的成就是卓著的”。

② “善于人同”改为“善与人同”（有数处）。

③ 最后一段，前数日景祥来开赋学会，亦望去其名而专提出版社，即请先生酌改，仍以见示。

《学林漫录》所载与王淡芳书，若《漫录》近期即出，可以不必复印寄下。如迟到明年，则望寄下。因想收入一文集也（尊序亦同）。匆匆，敬颂

著安！

千帆

十一月三日（一九九八年）

（二九）

璇琮先生：

收到14集《学林漫录》甚感。风格依旧，颇有佳文，知文运方兴也。请代为购寄一册，挂号寄王淡芳先生。其地址如下：（610072）成都四川省人民医院放射科曾朝贵转王淡芳先生收。书价请在稿酬内扣除为感。

又前求先生致函齐鲁孙言诚先生，请酌减所收《校雠广义》在河北教育出版此书之费，尚未得复，不知能见允否？又此书曾厕国家图书奖提名之列，尚无下文，先生如有所知，亦盼见告。弟主编《中华大典·文学典》，其宋辽金元分典五册，正赶印中，争取在国庆五十周年献礼，谨闻。贱躯病后仍衰劫，不甚能工作。盼复，即颂

俪安！

弟千帆上

七月十四日（一九九九年）

致缪钺（十二通）

缪钺，字彦威。曾任四川大学历史系教授。

（一）

彦威先生道席：

顷荷赐寄小杜年谱，感谢之至。尊著初刊浙大学刊时，昌即从弘度丈处拜读。今数十年矣。沧田反覆，何可胜言。弘度丈于浩劫中含冤逝世，忽已十余年，幸其遗书十数种，将分别由上海、北京出版。又，其长女茂舒来函，属昌为作一传，责无旁贷，行将起功。先生与弘度丈相厚，如荷以其轶事最足感人者见告，采入传中，当更可使读者想望其风采，幸甚幸甚！又，先生历年所为文史论著、年谱事辑之属，皆极精审，散在报刊，难窥全璧。三联所出一册，入选太少，远不足以见先生之学，不悉有意裒集刊行否？若《遗山年谱汇纂》，今即极难得，其一例也。中舒、明照诸先生见时恳代致候。专此布谢，敬请

著安！

程会昌顿首

一月二十二日（一九八〇年）

（二）

彦威先生左右：

奉诵手札，知河清目明，不禁狂喜。瑶章深至，惜诵帚翁不复能赏之，感叹何极。荷允疏其轶事，还望以时命笔，如篇幅多，可单独发表，以申潜德幽光也。亡室遗文及小著各一种呈教，别有数种，容更续上。春节迫于贱事，不及覙缕。专上，即叩

道安！

会昌顿首

二月二日（一九八〇年）

(三)

彦威先生左右：

久未奉候，然友生自蜀中来，每从得知杖履安善，目疾经手术后大有好转，辄深以为慰也。顷唐圭璋兄为江苏古籍出版社主编《唐宋词鉴赏指南》一书，欲广征学人，共同撰写。以先生词坛尊宿，辄欲奉烦，略出绪余，以光篇幅。兹谨为绍介，伏冀赞成之。其具体要求，当由出版社奉告也。小文一篇呈教，又别有《古诗考索》一书，非久可出，亦当寄上。年来思力减退，徒污上雅之目为愧耳。《灵谿词说》，嘉莹皆尝见寄，惟《冰茧庵集》未见，或尚未出也。春寒，伏惟珍摄。

敬颂

著安！

弟程千帆顿首

三月四日(一九八五年)

(四)

彦威先生左右：

所赐《冰茧庵稿》及序文一通，又《川大学报》，次第拜领。去冬以来，心脏宿疾屡发，终日偃卧，迟答，幸勿见责也。新书中文颇有已读者，今兹重温，弥叹精审。昔侍弘度丈座，丈尝云：先生之学简约得其英华，不以夸多斗靡为能，可谓深识。近与诸门人共学杜诗，将陆续撰文发布，谨以二篇呈正，幸加纠绳，不胜翘企。谨上，即颂

吟安！

程千帆顿首

三月六日(一九八六年)

(五)

彦威先生侍席：

顷承赐寄新印《序跋辑存》，其中旧尝拜读者不少，今重温之，数十年

师友踪迹，乃往复于胸臆，为感恻者久之。王君昭琛（瑶），夙从朱佩弦治中古文学史，建国后改研现代文学，胥为侪辈钦服。而以家难积痛逝世沪滨，辄成小词悼之，今以复本呈教，想亦为之一叹也。冬寒，千万葆爱。敬叩
吟安！

程千帆顿首

十二月廿七日（一九八九年）

（六）

彦威先生侍席：

近作小文，寄呈教正。《殷铭》更不作序，以徐复先生别为之碑，故略仿任彦升《刘夫人墓志》之体，不知有当否？幸督正之。首夏清和，伏想安善。敬叩
著安！

千帆谨上

五月廿九日（一九九〇年）

（七）

彦威先生道席：

顷奉手教，知陶尔夫先生意欲参加今冬举行唐代文学国际会议，已将尊函转主事者审夺，当有函径复也。弟自退休后，即百事不问，因心脏病最忌忙碌与恼怒，只有饱食终日，无所用心，乃能延年。平生所惭今不耻，诚可笑也。近为赵少咸先生遗著作一序文，亦不能工，谨呈乞教。暑热，伏冀珍卫。敬烦
著安！

千帆敬上

七月三日（一九九〇年）

咏陶一律，深挚有味，弟久已不著一字，深有感于朱古老理屈词穷之言。

（八）

彦威先生左右：

赐书及大作均拜悉，先生所言人生道路，大较言之，亦即中国数千年来知识分子之悲剧历程也。四十年代旅居成都，偶作小诗云：

沉痛出诙嘲，奇倔纳平淡。古来惟阮陶，其道差一贯。窈窕千岁人，盘胸只冰炭。短檠照遗篇，晤言用永叹。

盖亦略符尊旨。惟《浣溪沙》一首，幽怀清怨，寄托遥深，以视近作附呈绝句，真伧父矣（歌舞升平，环哥儿语，非杜撰也）。秋凉，伏冀以时自珍摄。敬颂

道安！

千帆敬上

九月五日（一九九〇年）

（九）

彦威先生道席：

顷弘度翁女公子茂舒以其先君所藏友朋书札见示，其中有先生诗词手札数十番，因属其复印，今谨寄呈。虽不无阙失，要是谢傅碎金，至为可宝也。肃此不尽，即颂

吟安！

程千帆拜上

（1990 年 9 月）

（一〇）

彦威先生：

前得手教，又诗二篇，均拜悉。辱荷奖饰，但增惭悚。近作一小文纪念𪨶叟，以先生亦其故知，敢以奉呈。又感夷洲近事，偶成一律，并乞教正。心澜不平，亦世缘未尽之征，可叹息也。尊作淡而弥旨，愧不能步后尘也。先生往年与诵帚翁往返函札中，多论学衡文之语，如能整理付印，

颇有益于学林，不知能由门生辈排比钞正之否？此间或可刊出之也。拙著《两宋文学史》第八十页误嘉祐为皇祐，五年为二年，一〇六〇为五〇，荆公四十岁为三十岁，鲁莽疏漏可笑，乞代为刊正之，感谢不尽。专上，敬请
道安！

程千帆顿首

十月十七日（一九九一年）

（一一）

彦威先生道右：

立冬日赐书及仲荦诗序拜悉，先生学林尊宿，于拙作通俗性讲义奖饰逾恒，不胜惭愧。着笔时亦实有纠正近来学风之微意，虽不能至，心向往之，不图先生誉之若此也。仲荦早年习文，转而治史，其学笃实醇正，一如其为人。逝前数月，千帆适在历下，曾往病院探之，气色不恶，且为拙作《治学小言》作一短序，不意未久即归道山。今日老辈无多，而如仲荦之文史兼通者尤鲜，实为可惜。先生之序虽简，而概括其大处无遗，足慰其夫人及后嗣矣。先生与弘度丈论学书札，整理后，不知能交南京大学《古典文献研究》刊载否？此刊已出第一期，昨请执事者寄呈乞教，其第二期已付印。书札如荷见赐，可刊第三期。（第二期有寅丈致弘丈短札，中述途经越南所遗稿件之内容。蒋秉南《编年事辑》所未及。刊出后，或可为寻访提供消息也。）近作数诗一文，谨呈教。天寒，千万保爱。敬叩
著安！

程千帆拜上

十一月二十五日（一九九一年）

（一二）

彦威先生：

手教及与刘丈论学书札五通，感荷之至。书中所论，皆前人所未言，今人所不知，极可宝重。且见二老交情，足以垂范后生也。《文献研究》二、三期合刊为纪念胡小石、汪辟疆、陈钟凡先生百年诞专号，已发稿，故

尊札当在第四期刊出。目前出版书刊甚慢，尚不敢预期何时可奉呈，想先生可谅之也。天寒，伏冀葆爱。敬叩
吟安！

程千帆上

十二月二十三日（一九九一年）

致朱祖延（十二通）

朱祖延，曾任湖北大学中文系教授、《汉语大字典》副主编。

（一）

祖延先生：

大著拜读。您将先辈学人如杨遇夫先生的事业发展了，而且现代化了。这，真是大好事。

您写的东西不算多，但谨严扎实。在数十年靠吹牛皮、发空论的学风之后，是多么需要像您这样的文章和书。我祝贺您。

我复职以来，如蚁旋磨，也只好且战且走，但年齿日增，所为远不及其所欲为，徒呼负负而已。请代我向章子仲、张国光诸先生致意。顺颂
著安！

千帆顿首

2 月 6 日（1980 年）

（二）

祖延先生史席：

久未奉候，伏维安善。兹有启者，武师三年级学生张三夕君，自前岁考入南大为研究生，在弟指导之下，专攻唐宋诗学，兼治校雠，其硕士论文《宋诗宋注考例》，勘比精详，颇可观省，将于秋季举行论文答辩，通过之后，即当授与学位，分发工作。目前各方需人者已多向南大接洽，惟张生以老亲家室均在武汉，颇愿回母校工作，武大亦有延聘之意，但未定局。

因不特可照顾家庭，亦可继续向旧日业师学习也。

先生培植后进向极热心，不悉能为之向院党政领导同志绍介否？弟指导研究生前后多人，求其如张生之敏而好学刻苦钻研者，实不可多得，该生每日步行数里至南京图书馆读书，风雨无阻，故不惮烦为言之。专上，即颂

著安！

弟程千帆顿

3月24日(1981年)

（三）

祖延先生：

此次来鄂，极承先生及武师党政领导同志厚待，感不可言。尚乞转达谢意。

徐馆长嘱书之件，勉成奉上。恶札贻笑，尚乞转达歉忱。

一氓先生适在养病中(出医院才一二日)，未能面谒。已将省馆之函，托其秘书沈锡麟先生转去。想李老少健复时，即可命笔也。

别有介绍省馆情况之件，其中提及该馆藏有名家所批《史通》。此于三夕作博士论文极有用。(弟旧抄不全本，已交三夕。)将来拟请先生为绍介，以便过录，想必莞尔许之也。

相片一纸，呈上留念。

复印费五十余元，以主管人出差，须少缓乃可寄还，乞谅。

专上，敬请

著安！

弟程千帆

三月二十八日(一九八四年)

（四）

祖延先生：

昨上寸笺并附件，计达左右。

在京晤李一氓先生秘书沈锡麟同志，据云：黄季刚先生诗词稿或亦有骈散文稿子，现存湖北省文史馆，系黄师母委托整理。明年为黄先生诞生百年纪念，拟约海内外学人为文，研究黄公学术，其诗词自应加以研究。不知先生能为商之主事，将黄公诗文词稿复印一份见寄否？（费用由南大支付，发票可开南大古典文献研究所。）不胜企盼。敬请

著安！

弟程千帆

3月29日(1984年)

（五）

祖延先生：

前函久悉，事冗未复，幸恕！文史馆不愿出示先师手稿，亦不能相强。但明年将举办黄公诞生一百周年学术讨论会，不知文史馆中有人能就所藏诗稿写一专文否？例如《黄先生早年的诗歌创作》之类的题目。如文史馆无其人，亦不妨与武师合作，前用湖北省文史研究馆、武汉师范学院中文系联合署名，后写×××执笔。如武师无其人，或文史馆深闭固拒，则亦只好作罢。但仍希先生就黄师之学术（无论哪一方面）写专文一篇。因想编一《黄先生学术研究论丛》，湖北方面，如严学窘、杨潜斋诸公亦拟商请，故颇冀得尊作以为光宠也。交卷期明年六月，故时间尚充裕。幸勉图之。祗叩

著安！

弟千帆顿首

6月24日(1984年)

（六）

祖延先生：

承赐《成语大词典》一部，且佩且感。此编收罗既富，书证亦坚实可信，洵有功于学术之要籍也。当常置案头，以资参考。尊恙闻已稳定好转，欣慰之至，仍祈保重。专此布谢，即颂

著安！

千帆上

6 月 15 日(1986 年)

（七）

祖延先生：

惠示敬悉。属作书签，谨奉纳，老瞀不复能以毛笔作细字，印时可缩小也。如不喜渴笔，幸示知之，可别作一纸也。子仲乘桴，聊可娱老，我辈受戒阅世，亦是一番因缘，亦惟居易俟命而已，然为丛驱雀者谁邪？是可哀也。贱躯孱弱，亦已不甚能工作，更不能远游。惟仲华兄或将于今年十一月来宁出席一唐诗国际会议，阔别四十余年，如能把晤于殆尽之前，亦足慰耳。(其妹达，在南京医学院任教，先生或知之。)祇复，即颂

俪茀！

弟帆顿首

6 月 6 日(1990 年)

（八）

祖延先生：

惠示敬悉。尊论极畅，古有将天下兴亡之责归之妇人而斥为祸水者，今则提升一级而归之学子，此亦进化论之一端也。近为少咸先生遗著作序，为石臞铭墓，已具稿谨寄呈，幸为定之。暑热，千万自爱。即颂

著安！

弟千帆顿首

6 月 20 日(1990 年)

子仲独爱曾蕾，依以为活，大有可能。

（九）

祖延先生：

久未通问，诸想安善。

85年以后，弟于教学科研之余，与陶芸共编《骈字类编音序索引》，艾历岁月，卒底于成。现武汉出版社愿意接受出版。该社拟请先生审定，甚盼多加指正，以此虽机械工作，但音读之厘正，亦非易事，甚愿方家有以教之也。

因念此书与《韵府》相辅相成，而流行较少。近年始得重印。如荷先生为拙编《索引》作一序言，将其价值加以介绍，并及音序方法之得失。日本及国外学人每自编索引，不视之为琐务而不为，用是推动工具书乃至整个学术之发展诸端，加以论列，则拙编或可借此增重，何幸如之。专肃，即颂
春节大吉！

弟程千帆

2月26日（1992年）

（一〇）

祖延先生：

久未起居，伏想安吉。弟夫妇以授课余闲，编成《骈字类编音序索引》一书，已决交武汉出版社刊行，欲求先生一序，以为光宠。该社编辑潘长胜先生将于三月上旬来宁取稿，呈请审正，谨先奉闻。此书近年已有北大同人所编四角号码索引，得《音序索引》与之并行，当可使此成于《韵府》之后，于《韵府》条目书证有所补充，编辑方法有所更易之作，读之用之更便。又日本学者极重视工具书之编制与应用，故其为文举证每全而确，弟等以髦年余热从事于此，亦有提倡重视工具书之意。先生素关注及此，所编《成语词典》，蜚声士林，故欲以此事奉托也。

肃此，即颂
著安！

弟程千帆

2月26日（1992年）

（一一）

祖延先生：

孝萱先生返宁，奉到所赐《引用语辞典》，补吾国字典学一空白，老学

益精，钦服曷极。每与周勃通话，知杖履亦适，更欣然也。《骈字类编音序索引》，据潘长胜先生云，曾由湖大古籍所诸公校订，俾免讹误，感荷之至。潘又云，今年决可出书，不知究竟如何。倘荷便中打一电话询知见告，尤铭感也。敬肃，祇颂

著安！

千帆上

9月21日(1995年)

(一二)

祖延先生：

承赐《尔雅诂林》全部六册，拜收极感。此三世学人相承之业，足为儒林佳话而传诸不朽也。弟今年极衰，耳全聋，目半盲，基本上已不能工作。幸《中华大典》之宋辽金元部分五册已毕功，可作为国庆献礼，差足慰耳。专此复谢，敬颂

道安！

弟千帆上

9月10日(1999年)

致张文勋(十四通)

张文勋，云南大学中文系教授。

(一)

文勋先生：

日本波多野教授以其滇游之文见示，得睹手写长律，如见故人。岁月易得，相别又近一载矣。

偶从友人处得知，故刘叔雅(文典)先生有《杜甫年谱》一书，在云南出版，弟所未见，未悉能为代购一册否？甚盼。

兹寄上大纲一份，敬请审核。南大有三位同志从事此项工作，欲于正

式撰写之前，多听取海内专家之意见。先生或就原件批示，或书于另纸惠下，均无不可。

此间正祁寒中，弥念南天之燠热可爱也。

专上，祇颂

著安！

程千帆顿首

二月七日(一九八〇年)

(二)

文勋先生：

赐书及尊著均奉悉，极感。尊著容当细读。(其一册已交咏祁矣。)

叔雅先生《杜谱》出版之说，乃得之传闻，今既无之，但增惆怅耳。

李家瑞先生旧有《五花爨弄图说》，未能拜读。闻李老尚健在，不知能请就其原稿复制一本见示否？

小书奉呈，极不成熟。幸赐正之。

厦门之会，甚望能与也。此颂

著安！

千帆顿首

3.21(1980)

(三)

(上缺)久未通问，偶忆昔年南天之游，辄深弛系，遵奉大集，喜可知也。粗读一过，近数十年兴衰悲愉之迹，宛在心目，又欣然矣，齿及亡室，致纫高谊。惟其姓二处均误沈为许，殆钞胥偶误，幸于再印时订正之。(下缺)

(1984年2月19日)

(四)

文勋先生：

承惠新著，感谢感谢。闻尚有巨著在排印中，甚盼先睹也。年来衰顿，各处之会，皆未能参与，因而亦无把晤之机缘，殊为惆怅。文生自法返后，意气弥盛，著述不休，深为可喜。其近况，兄当知之也。

专此，即候

著安！

弟千帆顿首

三月十七日（一九八五年）

（五）

文勋吾兄：

久未奉候，正驰系间，忽得新著，喜可知也。前蜀中传言，兄自本年度起，移砚四川大学，与杨弢甫共事，今乃知其不然。弟月前以心脏宿疾，住院治疗，已一月有余，近略稳定，或者非久可以出院。衰顿日甚，所为不及其所欲为，慨叹而已。暇时仍盼惠我好音，不尽欲白。（文生久无消息，其近况兄知之否？）

即颂

著安！

弟千帆上

十一月三十日（一九八七年）

（六）

文勋先生：

奉书知抵蓉讲学，甚盛甚盛。成都风物人情皆美，讲贯多暇，诗囊定溢矣。又知大集即将出版，尤所乐闻。惟才非皇甫，则不敢妄序三都，但冀早日拜诵而已。贱躯仍时时不适，近又患眼疾二月有余，衰顿可惊也。书不成字，伏冀谅之。敬复，即颂

吟安！

弟程千帆顿首

5/13(1988)

（七）

文勋先生：

顷奉赐书，快同觌面，知老学不倦，仍负西南学术之重，钦幸何极！又承示拟出诗词刊物，此甚盛事。拙作如荷采用，固所愿也。此间以久雨成灾，东南各省歉收已成定局，天心人事，如何可言，叹叹！小诗词数纸寄呈博笑。专复，即颂

著安！

弟千帆顿首

七月四日（一九九一年）

（八）

文勋先生：

前以小著奉赠，曾得复示，奖饰逾恒，愧愧。顷又得《云南诗词》，琳琅满目，中亦多故人之作，如施子愉先生乃武大旧同事，一别数十年，见其诗恍同觌面也。

拙作殊不足观，先生认为有可采用者，自可随意挑选，惟附骥增惭耳。

文生去国，忽已数年，其现时地址未详，如先生处有其最近地址，幸示知之，感感！

近年已退休，惟尚有三研究生未毕业，俟今冬后，当可脱然。但心脏宿疾，颇难根治，年将八十，于此亦不值得过分考虑也。先生主持天南风雅，声光日显，瞻望随时而相晤无日，殊惘惘也。专此奉复，即颂

大安！

弟帆顿首

7.29(1991)

晤晓雪乞致候。

（九）

文勋先生：

赐教拜悉。老衰无笔力，率题八字奉呈，伏冀谅之。晓雪兄想佳胜，见时乞道念也。专此，即颂

著安！

弟程千帆

三月卅一日（一九九二年）

（一〇）

文勋先生著席：

云和先生来宁，颁赐手札，又大集、名茶，感荷之至。弟月前以前列腺增生做手术，顷尚在休养中，病榻以佳什作伴，亦已疾之良药也。如见晓雪，幸为道念。敬复，顺颂

吟安！

弟程千帆顿首

九月十八日（一九九三年）

（一一）

文勋先生：

《云南诗词》收到。旧作滥竽其列，愧甚矣。目白内障愈甚，书不成字，乞谅。复颂

吟安！

弟千帆顿首

三月三十一日（一九九五年）

（一二）

文勋先生：

惠赐文存及诗词集，何其美富若兹。读文集知主持南天文运，总领风

华，尤为故人事业庆也。晓雪共居一城，想常相见，乞为致声。即祝
合家安乐！

弟千帆顿首

四月三十日（一九九七年）

（一三）

文勋老兄先生：

奉书知将出文集，甚为欢喜。以弟所知，滇中学人出文集者，并世唯昭通姜亮夫先生，兄乃继之，诚可贺也。并作签，写呈乞教。年近九十，手腕不听使唤，还乞厚宥。此只是说明友朋交谊，非敢论书法也。专上，即颂
著安！

弟千帆上

一月十五日（二〇〇〇年）

（一四）

文勋先生：

惠赐《古今诗人咏大理》一书收到，甚佩对乡邦文献搜集之努力。尊集非久可以出版，闻之欣然，亦见先生数十载教学研究之努力，非苟焉已也。近亦偶印旧作，容当寄呈乞教。匆匆不尽，即颂
吟安！

弟千帆上

二月十四日（二〇〇〇年）

致《社会科学战线》编辑部（三通）

（一）

编辑同志：

前承惠《工作日志》，又《社会科学战线》80年1期，极感关注。

今寄上一稿，乞审处。如采用，在排印时，请注意其中必须用繁体字处。（如第十页五行，“而欲举与大同争者”，举、与二字当从繁体作舉、與，否则无以见其形似之迹。）原稿悉写为繁体，亦可不必，但视需要可耳。

专上，即颂

著安！

程千帆

4.15(1980)

（二）

之满同志：

来件又大札都收到。稿校毕奉上。其中有几个字，“趙”“與”“舉”等不能简化，请告印刷所。其余仍请细校，以减少错误。

想用此文去参加一个学会，请代为加印150份，费用自理，在稿费内扣除，请费心代办一下，谢谢。

关于古籍论丛稿件，当代留意。敬礼，并问

编辑部诸同志安好！

程千帆

12.24(1980)

（三）

马兰、万忱同志：

你们寄来的杜诗论文样稿，因我去武汉讲学，未能及时校好奉还。（看到时早已逾期，只好算了。）

今寄上博士研究生张宏生同志的《史记》论文一篇，颇有新意。（他已有数文在《文学评论》《中国社会科学》上发表。）希望能采用。

盼复，敬颂

著安！

程千帆

（1987年4月13日）

致陈邦炎(二十五通)

陈邦炎,曾任上海古籍出版社编辑。

(一)

邦炎先生:

在沪承枉驾,失迓极歉。

日昨小女已将《赏析》样书数册及尊函托人带至济南,敬悉种切。

稿费事承关切,甚感。以何时结算为方便、合适,请视情况代为决定。弟顷不需用钱也。(目前稿酬制度,确有不甚合理处,而以印数与报酬无关之规定为尤甚。)

封面题字及印章不甚理想,诚如尊论,如书获重印,当思所以易之。

前者淑娴先生游宁,曾至南大见访,适已去沪,遂至相左。如相见,恳致歉道念。

在此将讲至二十日,即返南京。

专此奉复,即颂

著安!

程千帆

6 月 8 日(1980 年)

(二)

邦炎先生:

《古诗今选》已修订完毕,分订九册(860 余页,约 50 余万字),将命小女丽则在周后专程送上。

因比铁路拥挤,拟乘飞机来沪。渠道路不熟,不知能由出版社一位同志到航空公司接其到出版社否?敬请赐复。如荷惠允,届时当先发一电报。

此书迁延多年,总算毕功。覆看一遍,亦尚有其殊众之处。数十年攻治诗学,亦大略见于此书。幸赐教正。

书单一纸，幸请执事先生代购寄，书款请在稿费中扣除。专上，祇请道安！

千帆上

1.20 夜(1981)

(三)

邦炎先生：

惠示敬悉，承允请一位同志来接小女，以免迷路，极感。

现因机票买不到，决定在 28 日上午 6 时 44 分乘 227 次车来沪。其座位为 6 车厢 38 号。

小女三十四岁，携一七龄女孩，手提一网袋，袋内为一大包牛皮纸包封的稿件，容易辨识。(稿子很重，能进站接，尤为感谢。)

她准备在春节前返宁，希望您费心给她买机票或车票。(恐一到就要买，或收到此信就代买——一张全票，一张半票。请代为了解决定。最好是二月四日的票。最好是机票，车票则须对号有座位的。)

许多费心，感同身受。

稿收到后，请赐复。敬颂

著安！

程千帆顿首

1 月 25 日(1981 年)

(四)

邦炎同志：

小女此次来沪送稿，备承煦拂，极以为感。

《诗选》根据最近所得材料，有数条须删益，别纸录上，请转交葛杰同志。

谢伯阳同志在完成《清人散曲》后，即续辑《明人散曲》。近闻中华编辑周妙中君言，中华在三年前即请关德栋及路工两君从事此项工作，而迄今不着一字。伯阳之意，如明曲辑成，仍想交古籍出版，不知古籍是否愿意接受。如愿，可否同中华函商，作内部调整，以免一方则按兵不动，而另一方则恐怕重复而不敢努力进行。这对学术是一损失。故冒昧为先生言之。如觉不便,亦可不必与中华商讨也。幸与酌夺。

章荑荪君稿闻已退,其家属嘱弟为另设法。此稿内容质量何如,想已有责编阅过,希望先生以大略见告(保证不外传),以作弟向其他方面推荐之参考。

《七绝》初版及《赏析》重印何时可出,便中示知,感感。专上,祇请
著安!

弟程千帆顿首

二月十九日(一九八一年)

(五)

邦炎先生:

久未奉候,伏维兴居佳胜。兹有数事奉商:

(一)《宋词赏析》前闻拟重印,不知顷已着手否?书中淮海二词,近有一大学生对其时地提出修正意见,甚有理据,应接受改正。如来得及,最好能重排此数页,如已过迟,则惟有俟诸异日。此点,请先生酌定。

(二)《古诗今选》前据先生及责编葛杰先生函告,谓年底可审毕发稿,不知能实现否?据《古代文学理论丛刊》第五辑由编辑到出书时间看来,周转期已大为缩短。拙作甚望先生大力支持,能在八二年上半年出版,不知可能否?

(三)弟函购古籍出版各书,原请葛杰先生办理。近来葛先生事冗,疲于津梁,故已不敢多烦。近知南大中文系同事王立兴、吴翠芬夫妇有同班好友竺少华先生,在贵社工作。因托王先生伉俪绍介,今后邮购各事,拟即请竺先生办理。其费用拟仍在弟账户下暂记,俟发稿费时一并计算。此点,拟请先生对财务科关照一声,不知可否?若不便,亦可用其他方法解决。盼复,祇颂
撰安!

程千帆顿首

十二月二十日(一九八一年)

（六）

邦炎先生：

14 日手教奉悉。

① 稿费及《文史论丛》已收到，谢谢。《论丛》希望今后能按期代购，长期赠送，实感惭愧。

②《微睇室说词》，原稿久存人文，拖延不与处理，因先生曾考虑出《刘永济文集》，则此稿自以由古籍印，排版一律，为宜。已要茂舒将此稿要回，非久当送到。

③《西厢记·哭宴》所载杂志，未查到，或有误，今将助手条子寄上。请再告。

④《牡丹亭赞》载在《东方》31 卷 7 期者，即系“之一、之二、之三”，而不只是“之一”。俞先生写文，随他高兴。故 1—3 甚短，而 4 则大跑野马，长得要命。

⑤ 很想知道《古诗今选》大约何时校稿，我暑中也许离宁，而此书篇幅较大，需要事先安排，否则怕赶不出来。另外，请照以前之例，给我两份校样，一份校后寄还，一份留在身边，随手翻阅，以便发现问题。又，此书能印点精装否？请考虑。

⑥ 邓韶玉先生说，也许《古诗考索》能在今年三季度发稿，冀先生留意。题记写了作为南大 80 周年校庆献礼，总希望在 81 周年，即 83 年 5 月前印出来。

诸作烦读，乞恕。

祗请

著安！

千帆

5.30(1982)

附谢伯阳致程先生函

程先生：

今天我去校图书馆查《文学集刊》(1943，第一辑)，没有找到有这样名称的期刊。

是否您给陈邦炎先生去一封信问问刊名？出版单位？地方？然后我再去找。顺致

安康！

伯阳敬上

5.21

（七）

邦炎先生：

十七日手示敬悉。拙稿承鼎力主持，俾与初衷违异处减至最低限度，感何可言。二校不知何时可寄下？弟七月二十七日至八月十一日将到连云港小住，九月中要去厦门主持一供外国学生用之古代文学教材会。二校之稿，能在八月中旬寄下最好。当然仍当看具体工作进行如何。复谢，敬请

吟安！

千帆上

七月十九日（一九八二年）

（八）

邦炎先生：

手教敬悉。

校样奉还。

其《浅释》勘误一则奉上。盖并州若指州治，则由并州返咸阳，无须经过桑乾，是以知其当指今大同一带，即桑乾北岸之地也。弟夫妇皆不精舆地之学，此等处往往有误，可恨。

汪先生遗文，因情不可却，拟抄少量与钱仲老及《文遗》，决不会超过全集的十分之一（二处最多约二三万字）。其家属亦无借此多得稿费之意也。

《宋元文学史》，弟意先成上册，即送审，以免耽阁时间，然后统一发

排，尊意如何？新雷比日阅卷颇忙，容更商之，想无大问题。匆颂
著安！

弟千帆

7.12(1983)

五月中因工作过劳，心脏颇不适，比幸减轻。承注至感。又及。

（九）

邦炎先生：

前两天奉上一信，想收到。今有两事奉商：

① 故凌景埏教授，曲学名家，其《清人散曲》及《海浮山堂词稿校注》，经其婿谢伯阳君协助完成，古籍已允付印。谢君顷又交来景埏遗文集目一纸，拟出一文集，不知贵社能接受否？其前四篇，工力所萃。董西厢前言，在董西厢校注出版时，有“阴用其言，显弃其身”之情况，故思再刊之，或易一题目，以免引起不快。自余皆论弹词，亦颇有可取也。诸文皆有印本或抄本。如需一看，可由伯阳送上。

② 湖南师范学院中文系何泽翰教授近有整理其所藏名家批渔洋集之美志，而希望先得一出版社承印。今将其来函转上。请酌定。将来将处理意见径函何先生或由弟转均可。

即颂
著安！

程千帆

8月22日(1983年)

（一〇）

邦炎先生：

先师汪辟疆先生文集已全部编好，请在三月六七八三日任何一日来取。(弟住汉口路52—1丙楼四号。我十日去武汉转北京，要月底才回。)一些细节当与来人面谈。

希望责编作风民主，有改动处彼此协商。这是遗稿，尤其不宜径自动

手删改。

其次徐有富同志钞写、标点及代标书名号的工作，已由他另开一单，今附上。钞写，您原说过，按千字一元计算，打书名号，可酌给。他是我的研究生，现在南大图书馆古籍部工作。这是他给太老师办事，不会争多论少的。但我有个要求，即想请您和总编室商量一下，将他应得的报酬，先结算，预支给他。因为他很穷，急需钱用。将来校对工作，我也想要他负担大部分，这就不用另付费用了。

北京书目文献出版社想印《光宣诗坛点将录》（合校本），我已将尊意转达，并请他们和您直接联系。

我想购买①《宋诗纪事》、②《洪宪纪事诗》二种各一部，请您要来的同志带来，钱即交他带回。（如《唐诗纪事》有存书，也要一部。）

《古诗考索》，有无可能把装帧弄得好看一点？如精装或平装勒口。此书平生刻意之作，希望体面一点。

敬请

撰安！

弟千帆顿首

三月一日（一九八四年）

《七绝浅释》《行卷》及《今选》都有需修订处，想在重印时，在不移动版面的前提下，使其完善一些。所以，希望在要重印前告知，俾得及时处理。这无法预先奉闻，因要改的地方是随时涉猎，陆续发现的。又及。

（一一）

邦炎先生：

惠示及书款均拜领，谢谢。

兹有一事奉商，请考虑。

南京大学顷正式成立古典文献研究所，由弟任所长，勋初副之。我们想将南大这方面已交各出版社刊行之专门著作，一律加上“南京大学古典文献研究所专刊”字样，今后续出，亦复如此。不要求统一在一个出版社出（因古籍内容复杂，很难做到为某一出版社所全部接受），也不要求出版式一律，但在封面、内封及版权页三处加印此一行字即可。此事，已与其他出版社商妥，不知古籍亦能俯允否？（此于出版社虽无好处，亦无损失，对南大说，则好处甚多。）尚乞与领导一商，如以为可，即请在弟之《古诗考索》、勋初之《九歌研究》二书上率先加印。闻《考索》已排版完毕，加此一行，想无大困难。谨以奉商，尚乞赐复为幸。酷热，诸希珍卫。即颂
著安！

弟程千帆

8月13日（1984年）

敦煌之会，兄亦去否？

（一二）

邦炎先生：

十九日手教及大文俱拜领。弟于上月二十八日突发心脏病，立即入院，迄今仍被囚系。（时有早搏，心律不齐。一用脑即转剧。）医生禁止工作，故撰文之事，颇感为难。亦不知何时集稿？如要门人具草，弟为修改，不知可否？（不敢在真菩萨面前烧伪香。）长沙之会，实无法前去，有负湖中诸公盛意。留美学人周策纵有论《人间词》札记，不知先生曾见之否？敬复，即颂
吟安！

千帆敬上

十月十三日（一九八四年）

（一三）

邦炎先生：

手示先后拜悉。词绝妙，仿佛苍虬遗韵也。周策纵（威士康辛）有论《人间词》小册子，似先生未见，然其书系随手札记，不如尊文之系统也。

九月底入院，忽已一月有半，贱恙时有反复，一时无法工作。深觉老杜之“一卧沧江惊岁晚”能写寥寐之情。

嘱为文事，细思，找人写亦不妥，拟只写稼轩词一篇。其王少伯《从军

行》，幸另委他人，或由弟转请南大同事为之，望告。

莫生论文，前为齐鲁取去。然近闻此社贴补削减，不大想出不赚钱书。已去询问，如有可能，当索回呈教也。

周勋初兄近裒集所为论文，拟出一集子。今将篇目送上，不知古籍能考虑否？其文皆有新意，能解决问题，中年学人中所希有也。渠近已由教部特批升教授，又任南大研究生院副院长、古典文献研究所副所长。非久当来沪开《文心雕龙》会，如相晤，祈径与洽谈。（此会弟本拟参加，亦因病作罢。）

匆匆，即颂

著安！

弟千帆

十一月十二日（一九八四年）

（一四）

邦炎先生：

勋初兄返宁，转达尊意，极感。

《古诗今选》改本寄上。所有改动（大者不过二三处），均仔细算过，无一须移动版面的。即移行者亦极少。务请商之工人师傅照办。普及读物，销售量大，一有误失，害人不浅，是以心常忐忑也。

《宋元文学史》，宋代部分，86 年暑假前可脱稿。弟及新雷之意，先行付印，不必待辽金元。因我们都极忙，宋代部分，即写了三年。要等全书，则还要拖三年。且复旦《文评史》，即分册出，可见贵社亦有此例也。如荷同意，望列入 86 年发稿计划。幸赐复。

辟畺师文集，阁置既久，海内殷望，闻年内可发排，甚以为喜。刘先生二种明年能发，已足告慰茂舒，当转知也。

专此，祇颂

撰安！

程千帆顿首

11.17(1985)

（一五）

邦炎先生：

奉书知清恙有待痊可，深以为念，仍乞珍摄。

《古今诗选》改稿已交三编室，甚荷。如能将负责重印之编辑同志姓名见示，以便随时将续有订正之条目直接寄与，则更便捷，幸考虑示知。其日前寄上一条（李儋字）想已转达矣。

《宋元文学史》分成两个独立部分出版，有较大困难，一因本将宋元作一整个历史阶段考虑，其导论部分兼及两朝，二因小说戏曲部分事实上很难按宋元区分。但先生所提上下册出书距离过远，使读者担心亦系事实。当与新雷再行研究有无妥善解决之法，然后奉陈。

弟之博士生蒋寅，六月间曾以《戴叔伦集校注》寄贵社，此稿有无采用之可能性，乞便中见告。（附蒋君便条。）

《汪辟疆文集》不知何时可以付排，殊为念切。前闻勋初言，年底可交工厂，不知确否？长风先生惜墨如金，不敢多询之也。

专上，即颂

痊安！

弟千帆

十二月一日（一九八五年）

（一六）

邦炎先生大鉴：

十一月廿五日来示欣悉。关于《宋元文学史》分期出版的事，经我们再三慎重研究，决计尊重你社和您本人的宝贵意见来办。即不必分上下卷，而是作为断代文学史各自独立成册。因此，我们决定分别撰著《宋代文学史》（代字要不要，请按贵社设想的整套断代文学史决定之）和《辽金元文学史》，各自独立出版。至于原计划宋元合稿的章节，可作适当调整修订，反倒眉目更清楚分明些。

现将首先可以完成的《宋代文学史》“要目”一份奉上，以供审核。此书全稿预计可在1986年9月1日以前寄给您转编辑部。为了加强计划性，特此奉达，请能否将本书的出版事宜纳入1986年下半年的出版计划中。麻烦你了。先此致谢！盼复。

专颂

编安！

吴新雷、程千帆

1985.12.5

勘误表一份，务请转交三编室负责修改拙稿之同志，过录入改本上。

附《宋代文学史》“要目”

宋代文学史

程千帆　吴新雷　著

上海古籍出版社出版（请列入1986年计划中）

要目

导　论

时代特征　文艺思潮　文学概说

第一章　宋初文学的因革

第一节　白体诗与王禹偁

第二节　西昆体、晚唐体与太学体

第三节　宋初的散文

第二章　欧阳修与北宋中叶的诗文革新运动

第一节　欧阳修和第二次古文运动

第二节　欧阳修、苏舜钦和梅尧臣的新诗风

第三节　王安石、王令和曾巩的诗文

第三章　柳永和宋词的更新

第一节　五代词风的延续——晏、欧

第二节　承旧启新的词人——范、张

第三节　发展长调慢词的专家——柳永

第四章　苏轼在中国文学史上的地位和影响

第一节　苏轼的家世生平和创作道路

（一七）

邦炎先生：

钱林森先生过存，因悉殷拳之意，感何可言。此次避寒鄂渚，一住近四月，全由湖北大学专家楼有暖气，弟得以假洋鬼子身份厕身其间，心脏病遂得以未大发。思之亦未免可笑而又可怜矣。

祖棻二书，前发现有当订正者，已悉加挖补，顷未续有发现，如重印，可即照纸型。

《宋文学史》，如顺利，今年可毕功。责编邓韶玉先生（似已定）欲看样稿，将来或先呈一二章，或干脆交一半（六章）。此书印成一册，太厚，非印两册不行，故亦可先交六章，算上册也。

《诗歌辞典》事，有先例可援，南师大在唐圭璋指导下编《词学词典》，已进行有年。先生不妨向之了解。约弟承乏事，要看具体要求如何。大约只能挂名，不能担任实际工作。此事仍须从长计议，不敢轻诺寡信也。

汪辟疆先生文集定稿已一年，尚无排版消息。此事，始终是弟一件心事，觉得如不能见其出版，则无以见先师于地下。尚请先生多加之意。明年可能举行汪先生诞生百周年纪念，学校、家属及弟个人，均极望此书能于今年或明春发行。此事曾屡以奉托，实属情非得已，伏冀谅之。

韶玉先生一函，乞转致。

敬请

著安！

世小弟程千帆顿首

3.29(1987)

（一八）

邦炎先生：

惠书敬悉。《诗典》事，弟因年衰事冗，恐不能负实际责任。此间同事亦均有任务，细思仍以由出版社专人负全责，弟则就其所知贡其愚拙为宜。江苏之《唐宋词鉴赏辞典》，圭璋兄即系如此。尚乞酌之。

汪先生集，甚盼在今年能出清样，愿垂意及之。

敬请

著安！

弟千帆拜上

四月十日（一九八七年）

《两宋文学史》十二章，约五十万字，今冬明春定可交稿，或秋季先交前六章。并及。

（一九）

邦炎先生：

久未奉候，伏想安善。前者邓长风同志来宁，曾托其送上南大钱林森副教授编译之《法国汉学家中国古诗论文集》之简介一份，拟请考虑，是否可由尊处出版，想已惠览。钱君与法国汉学家交往颇多，此集所选诸文，颇有代表性，足资借鉴。贵社倘能接受，亦是美事。

今谨重申，尚乞研究后赐复，感谢之至。刘弘度遗著，尚有二种在贵社，不知今年可纳入计划否？《两宋文学史》方着手定稿，已写好一章，仅十二分之一。看来要到年底，或能交出。《黄侃日记》初步整理已近尾声，弟需细校才能送呈。或在明春也。

专此，即颂

著安！

弟程千帆

6.9(1987)

（二〇）

邦炎先生：

手书拜悉，《苍虬老人集》亦于日昨收到。（若干篇页，板稍漫漶，然大体无碍，亦属幸事。）他心之通，足征世谊，信可珍也。其续集，寒斋尚存沈兆奎先生铅印本，今亦难得矣。拙撰《诗选》重印极为费心，前曾请代购三十部，不知可打一折扣否？幸与执事先生商之，费用可在稿费内扣除，如不足，当补上也。谨上，即颂

著安！

弟千帆顿首

六月二十七日（一九八七年）

（二一）

邦炎、镇远先生：

邦炎先生赐寄手札及刘老遗著刊本、稿本均收到，谢谢。刘老论文集，要我自己慢慢去找，我事本极忙，近来身体又很差，只好推迟一点。

《宋文学史》已有九章定稿，余四章：① 晚宋诗文，② 四六、小说、诗话，③ 话本，④ 戏剧。已写好戏剧一章，余者新雷在经营中，看来交稿要到明年下半年。（此书虽不敢自是，然非已出者比，故进行亦慢也。）

我与博士生莫砺锋（已得学位）、张宏生合写的杜诗论文集，原拟名《杜诗共学记》，继思此名太老实无吸引力，拟本王黄州诗"子美集开诗世界"意，改名《被开拓的诗世界》。此书虽只论文十余篇，全书约二十万字，而实弟毕生研杜精力所萃，口授要旨由诸生执笔者，亦经弟反复研究修改。此书写作进行较顺利，刻已完成定稿大半，只有三篇在修改中，估计今年内定可交稿。因此，希望① 能列入明年上半年发排（稿子规格统一，书写均正楷，极易作技术处理），② 指定一责编与莫砺锋联系。此书有弟批《镜铨》，又有拙作诗存作为附录，以有一老学人审稿为宜。不知邦炎先生肯屈尊阅稿否？倘荷金诺，为幸多矣。

专上，敬颂

著安！

千帆敬上

9 月 23 日(1987 年)

（二二）

邦炎先生：

承赐新书，感感。前读尊撰诸文，皆详慎赡雅，不为今人吊诡之论，今作亦必尔耳。至于复重处，单篇行文每难尽去，不足为病。《两宋文学史》及《美国学人论古典诗歌》二书，估计九十月中均可送呈镇远先生及先生审阅。近闻出版业困难日增，亦未悉能按计划安排否？（印《四库全书》岂不远愈于印色情武侠之作乎？京客并欲一棒打杀，且竟煽动订户退订，其用心殆不堪问也。亦不知影响如何？）杜诗论文集前闻已送印刷厂，或可在三季度校稿，顷有无变更，亦祈便中示知为幸。敬叩

道安！

程千帆顿首

八月十六日（一九八八年）

（二三）

邦炎先生史席：

久未奉候，诸想安吉。近理行箧，得数十年前先德苍虬老人为先君所书一纸，沧桑屡变，典型犹存，弥觉可珍。谨以寄呈，想先生亦必欣然藏之也。拙著二种（《诗世界》及《宋文学史》），闻韶玉先生言，或将发排，仍乞便中垂注。九〇年文科教材目录已见报，上古诸书中无《宋文学史》，或者此书之出将俟之来岁乎？弟年来日就衰尪，更无法著书作文，惟有数研究生尚待毕业，仍随缘乐助而已。冬寒，伏冀珍卫。

敬叩

道安！

弟程千帆上

十一月廿七日（一九八九年）

（二四）

邦炎先生：

赐书并大作《论草窗词》文（容当细读）并拜悉。欣悉将有北美之行，不特可饱览异国风光，兼有天伦之乐，可欣贺也。小书二种承允关注，至所感纫。《文学史》已定为教材，不识仍可精装部分否？甚愿先生便中为当事诸公一言之，幸甚幸甚。

《全清词》历时七载，幸已将顺康卷编迄，由中华书局发排。此卷字数五百万，词人二千余。大略与《全唐诗》全部相当。估计二三年内可见书。（十朝共分五卷，估计字数当在二千万至三千万之间。）雍乾以次，尚待续编，弟因年事已高，奉教委之命休致。今后由国务院古籍小组委托何人主持，尚不可知，而物价腾贵，昔日复印一页仅二角五分至四角者，今乃需二元至十元，亦不知国家财力能负担否？此点如与异邦学人谈及，可含胡言之，所谓“不足为外人道也”。

冬寒，伏愿善自葆爱。敬颂

吟苐！并贺

新年！

弟千帆顿首

十二月三十一日（一九八九年）

（二五）

邦炎先生：

奉书又纪念俞老文字，齿及下走，仰见盛德，人即有小善亦不忘也。先生年事亦高，仍应节劳，如俗所云“细水长流”者，想以为然也。

《诗世界》出后，颇有好评，此皆缘先生及韶玉先生为之奖借。近《江海学刊》91年5期又刊出长篇书评一篇，此刊易得，想二公已见之矣。（《杜甫学刊》已寄韶玉，想收到矣。）

亦有友人拟为《宋史》书评，尚未发表。容更奉告。

顺颂

著安！

程千帆

10月29日(1991年)

致陈祖美(一通)

陈祖美，曾任中国社科院文学所研究员、《文学评论》副编审。

祖美同志：

七月二十二日寄南京的校稿，因我已离校来庐山，迟至今天才转到，早已超过限期。在此会见敏泽同志，已将情况向他说明。

此稿后半，因发现新材料，所论有问题，现决定删去(333—335页)。不过，这样一来，不免移动页码，增加你们的麻烦，请原谅。(或者，找点札记作为补白填上。)

顺致

敬礼！

程千帆

八月四日(一九八〇年)

原稿不在手边，个别缺字请代补校。又及。

致张白山(三通)

张白山，曾任中国社会科学院文学研究所研究员、《文学评论》编辑部主任、《文学遗产》副主编。

(一)

白山同志：

来信收到，承谬奖，但有惭愧耳。是想写那么一篇文，但什么时候能动笔，不由自主。如蚁旋磨，兄所知也。

南大周勋初副教授所撰《陆机〈文赋〉作年新考》，去年由弟寄呈，幸便中披览，此文不差，可入选也。因兄询及中青年，故及之。匆复，即颂
著安！

千帆

8.21(1980)

（二）

白山同志：

惠示收到。拙著请暂存尊处，俟若愚先生之姊返国后再转寄为妥。兄亦可略介弟情况也。《文学遗产》第二期看不到，兄能嘱有关人员每期赐寄一册否？正写一篇文章，题曰：《相同的题材和不同的主题、风格——四篇桃源诗之研究》，写成打印，当呈教，如可用，即以塞责。十一月武汉有一文论会，兄去参加否？论王诗文，有单行本，亦恳见惠一册。匆匆，即颂
著安！

程千帆顿首

9.30(1980)

（三）

白山我兄：

前闻卧疴住院，深以为念。上月初到京开会，以时间极迫，未及趋候，然闻已少痊可，颇慰。但冀安心休养，俾全康复耳。

春节将届，弥忆故人，手此奉候。即祝
新正万福！

弟程千帆上

2月5日(1983年)

致王绍曾(二十一通)

王绍曾，曾任山东大学古籍整理研究所教授。

（一）

绍曾先生：

前在长春，曾为尊文事询《社会科学战线》编辑部，据复当查询径告，不知得来信否？

顷得文选编目，甚佩。鄙见略述如次：

有若干标题，应求完整，如《原始》前似应有“校雠学”字样，余可类推。

释道目录，如全无原著，似不好，可保存《出三藏记集序》及《阅藏知津序》。

藏书部分全缺，似于校雠之义不全，如不独立成卷，附第一卷后亦可，叶氏《十约》后出，似可节选以备一格。

帆学行无似，辱蒙下问，谨告所知。

校勘记一册附呈。即颂

著安！

程千帆谨上

9 月 25 日(1980 年)

（二）

绍曾先生：

大著论文及手教均奉悉。先生高年病起之后，立即从事著述，老学不倦，不胜钦服。胡适论校勘，与援老笙磬同音，未可厚非。从政治问题而抹杀其学术，非所谓以公心辨也。

倪序所云，窃意即当以叶话证之。因虽名儒著作，不“赖”版刻，亦不能“传”。此语正所以说明各路刊书之重要，而无损于诸公者。至何许二家，若于诸家版刻书目中尚无实据，则其为何人，但有暂时存疑。拙见如此，未悉有当万一否？

拙文《校雠目录辨》载《文献》七期，近始出版，先生或已见之矣。

初秋寒燠不时，伏冀珍摄。祇请

著安！

弟程千帆顿首

9月19日(1981年)

（三）

绍曾先生：

手教又讲义一本奉悉，得知杖履日适，续有述作，良为钦慰。所询各事敬复如次：

一、《校雠学略说》草草成稿，讹误既多，编次失当，今荷先生加之理董，感谢之至，别无意见也。

二、关于商先生在长沙看到帛书摹本时间系三八年春（三七年肯定错误），其时商师及弟均在长沙，在蔡季襄处见之，其原件已被美国人盗走。商先生于三八年五月去四川，四二年在成都，不可能看到在长沙蔡季襄手中之摹本帛书也。若商师从蔡处摹一本，则不可知。《文物》之文弟未见。商先生现在广州中山大学，先生亦可去函询之。

三、合本子注事请阅陈寅恪《金明馆丛稿初编》中《支愍度学说考》，拙著《史通笺记》《补注》篇。

四、《吴骚合编》似在《四部丛刊》三编（或二编）中。

专复，敬请

道安！

弟程千帆顿首

7月24日(1984年)

（四）

绍曾先生史席：

得赐书，敬悉杖履清健，著述不辍，佩慰之至。弟年来心脏病加剧，已不甚能工作，前贵门人王君过访，以其远道相咨，勉强酬对，逮其离去，即偃卧不能动弹矣。文献学盛会，虽欲躬逢，而贱躯孱弱，思力日损，实病未能，勉撰一联，以赞宏业，张之素壁，或可鼓学者之气也。敬复，即颂

著安!

弟程千帆拜上

10 月 7 日(1987 年)

(五)

绍曾先生左右:

赐书及附件均拜悉,老学不倦,钦服无已。属为尊著作序,本不敢辞,奈年来心脏病日益严重,七月中即发三次,百事皆废,尚乞宥之,勉题一签,亦不成字,聊答高厚而已。专复,即颂

著安!

弟程千帆拜上

8 月 7 日(1990 年)

(六)

绍曾先生:

《渔洋读书记》及手教并拜悉,又承示新著将陆续刊布,规模宏远,曷胜敬佩。辄勉成一序,文词芜陋,尚冀怜其衰钝,进而教之。北国早寒,千万保爱。专此奉复,即颂

道安!

弟程千帆顿首

10 月 26 日(1991 年)

(七)

绍曾先生左右:

欣奉手教,敬悉方将以菊老正史校记若干种付刊,此是千秋大业,关系种姓文化之延续,愿先生以颐养余暇尽力而为,然不要过劳也。拙撰《版本编》今冬或可出书,容当呈教,此高头讲章,不能与先生之专门著作相比。前函所云,非故为谦抑也。承询"宗贤"之义,弟即指西庄,以先生与之同姓,犹宗兄之宗也。《越绝书》作者袁康与校订者吴平皆会稽人,故

康称“文辞属定自于邦贤”，见《四库总目·越绝书提要》，“宗贤”之称盖由“邦贤”类推，或有不妥，幸教定之。天寒，伏冀珍卫。敬叩
著安！

弟程千帆拜上

11月16日(1991年)

（八）

174页寒山子诗条：独不扫门，时相所居……

谨案：当以“独不扫门时相”为句，刘禹锡答牛僧孺诗“后为丞相扫门人”，为相扫门，事见《史记·齐悼惠王世家》。刘诗及王氏《居易录》均用此典。

顷读《渔洋读书记》，偶见一处标点误植，谨写呈，俾再版可校正也。

天寒伏维安稳，千荷珍卫。

敬颂

绍曾先生道安！

千帆拜上

12月12日(1991年)

（九）

绍曾先生左右：

承赐大作又手书，备论古籍整理，言皆精审，欣佩之至。惟当事诸公考虑学术问题，并非纯从学术角度出发，亦如明成祖之纂《大典》，清高宗之修《全书》，执此以求，亦可爽然贯通矣，不知先生以为如何？贵友苏先生嘱学生书局所寄刊物，并未收到。此刊是否可以进口，亦不得知。此细事，无劳廑注也。比来忙于琐事，迟复为歉。祇叩
道安！

程千帆顿首

10月1日(1992年)

（一〇）

绍曾先生道席：

承赠《山东藏书家史略》，乡邦文献，赖公网罗论次，献唐先生而后，一人而已。弟背井数十年，于三湘学术整理，毫无贡献，视公真愧杀矣。有富一册已转去，当别有函谢。敬颂

冬安！

程千帆顿首

1月12日（1994年）

（一一）

绍曾先生著席：

手教及勘误表收到多日，事冗稽复为歉。“《清志》版本知见录”如能与《清志拾遗》并行，实学林之盛业。艺风老人一代文献所系，著述刊行者多，友朋书札保存完好，撰年谱长编条件具备，尤盼能鼎力主持及时完成之也。伊同兄三二至三三年尝与弟同学金陵大学，抗战中渠一度任职金大中国文化研究所，时弟亦承乏金大中文系讲席，故得与其交游之末，自渠赴美，乃未克相闻耳。伊同治学极勤苦，有令闻于师友间。壮岁所著《五朝门第》《北朝门第》已有声于海内外。惜未能一读其近数十年作述耳，致书时仍乞道念。敬复，顺颂

春节安康！

弟程千帆上

2月15日（1994年）

（一二）

绍曾先生：

四月廿一日手札拜悉。伊同兄敦笃故谊，在远不遗，深为可感，已专函奉复矣。承示著述不辍，光辉日新，欣佩之至。弟耳聩目昏，已难多事笔砚，惟尚有旧稿未完者一二种，方嘱及门诸子为补成之，《校雠广义》之

《典藏编》即其一也。其《校勘编》已在齐鲁书社排印，冀年内出书，当呈教耳。敬复，顺颂

著安！

弟程千帆

4月29日(1994年)

(一三)

绍曾先生：

承赐《山东文献书目》(有富一册已转去)，感佩无既。齐鲁文献，献唐先生纂之于先，由公继之，此亦古礼乐之邦之幸也。弟年来日益衰勼，《校雠广义》幸得有富之助，其《校勘》一编，已排竟，皆在校中，或者明春可出，当以奉呈也。秋凉，伏冀珍卫。敬颂

著安！

程千帆

8月28日(1994年)

(一四)

绍曾先生：

手札敬悉。两丛书之争似有背景，非局外人所知，亦非纯粹学术问题。弟意公款吃喝旅游年耗国帑一千余亿，即使书呆子印古籍有重复，因而不无浪费，较之贪渎之徒，竭民血汗以供享受者，似尚未可相提并论，且两书印数恐皆不能多，听其同出，亦无大伤国民生计之元气处。听其二家争鸣，前台论学术，后台弄权术，我辈则凭轼而观之，乐观其两成，殆无不可也。先生以为何如？命寄《纪念文集》，今别邮上。青年人好热闹，不能扫其兴，只可任之。又寄上拙作一纸，诗字皆奇劣，以思力腕力目力皆差也。诗作于数十年前，若今日则并此亦写不出来也。闻《清志》将出，千秋盛业，欣忭曷极。敬复，即颂

道安！

弟程千帆顿首

4月17日(1995年)

（一五）

绍曾先生：

新岁拜诵新书，知精力康强，老学不倦，欢喜无量，尤钦风义卓然，发潜德之幽光也。

论百衲本是一篇大文章。① 前此非无谈此书之文章，未有如先生之能见其大见其全者。中华本固有功，然百衲不先出，则中华诸底本亦无以植其基也。

频年弟已甚衰，不更能为思辨之文，但南窗冬暖，看闲书度日耳。

谨此复谢，敬颂

道安！

弟程千帆拜上

1月7日（1996年）

有富一册已转去矣。

（一六）

绍曾先生：

奉书敬悉。目盲手战，作字点画皆不中程，勉书呈教，幸恕其劣。先生老学不倦，著述日富，实为海内学人所罕见，欣佩之至。

《清志拾遗》当此物价踊贵之时，仍得印行，亦是功德，可庆幸也。匆匆，敬叩

道安！

弟千帆

3月24日（1997年）

---

① 王绍曾按：书中所云“论百衲本是一篇大文章”，系指拙作《近代出版家张元济》商务1995年增订本《张元济先生校史始末及其在史学上的贡献》一文。

(一七)

绍曾先生左右：

日昨寄呈命作书签一纸，想已收到。比有沪友读董授经《书舶庸谭》中有云：在日本太仓图书馆收《衍波蓉渡》一册，闻沪上南洋中学亦有零本，殆随刻随印也。王士祯有《衍波词》，今与“蓉渡”连文，未悉其义，友以见询，亦未能对。先生多识清代艺文，或能见示，琐事奉渎为歉。专肃，即叩

著安！

弟程千帆

3 月 27 日(1997 年)

(一八)

绍曾先生：

手教敬悉。承示《蓉渡词》情况甚感。授经先生所见之本，今已不可得知，但有存疑。然重劳清诲，亦感激不尽也。专肃，祇颂

著安！

弟程千帆顿首

4 月 18 日(1997 年)

(一九)

绍曾先生：

奉书奖饰过当，愧悚极矣。老年筋骨自多病痛，惟望善于排遣。《校雠广义》闻已将校样由周晶先生送呈左右，蒙允为一介绍之文，不胜铭感，拟将其送《中国文化》刘梦溪先生，因该杂志量大，可以一次登完，不知可否，幸示知之。祇请

大安！

弟千帆

1 月 10 日(1998 年)

（二〇）

绍曾先生：

手教敬悉，已函周晶先生，请其将《广义》样稿速送尊处，以便从容审阅，倘荷赐与月旦，实深铭感。（尊体近日欠佳，必量力而行。至要至要。）敬复，匆颂

著安！

千帆叩

1 月 21 日（1998 年）

（二一）

绍曾先生：

前得详函，适在病中，已嘱徐有富君代复，想收到矣。《广义》出后反响尚佳，先生多年鼓励指点之功，感谢不尽。敬颂

秋安！

帆上

10 月 1 日（1998 年）

致李易（四通）

李易，曾任人民文学出版社编审。

（一）

李易同志：

惠寄稿纸，谢谢。

拙稿承教，极感。凡是能改动的，都照尊意改了。有些，彼此看法不同，这在诗句的理解上，文章的写法上，都有，就没有动。这都一一用红笔注明。如觉不合用，即请赐还。

林东海同志函收到。我的工作太忙，在一年以内，再也不可能挤出时

间来写这些零碎稿件，请代为转达，表示歉意。

拙稿再寄呈乞教。

即致

敬礼！

程千帆

9.30(1980)

（二）

李易先生：

惠书敬悉。鹤颈虽长，短之则怨，拙文实难削足适履，伏冀谅之。唐温如实元人，弟粗疏不学，遂有此误，甚惭愧耳。敬请

大安！

程千帆

11.15(1980)

（三）

李易先生：

示悉。

古诗今译是一大难题，我对此完全是外行。现在与我的学生徐有富合作，试译了一首，勉强交卷，请审查。如不能用，即作罢。其他二首实在是无法应命，请原谅。

朱自清先生日记出版后，务请代购一本寄下，谢谢。

我明后日即将离宁，出去讲学一段时间，附闻。

顺颂

撰安！

程千帆

三月六日（一九八四年）

译诗一首附上。

望　岳

程千帆　徐有富　译

呵，泰山，你是多么高大！
山南山北，一碧无涯。
大自然凝聚着神奇秀异，
阴阳向背竟像有早晚之差。
极目追踪暮归的鸟雀，
胸中涌起重叠的云霞。
我定会登上你的顶峰，
看群山都俯伏在脚下。

（四）

李易先生：

仆年逾七十，兼之多病，已无余力担任本职以外之撰写文字、阅读稿件、回答问题等各种工作，承嘱之事，愧难如命，敬请原谅。顺致
敬礼！

程千帆

1月15日（1986年）

近年心脏宿疾日剧，已很难按题作文，恕之。

致张舜徽（七通）

张舜徽，曾任华中师范大学历史系教授。

（一）

舜徽先生著席：

前者学根先生率门下诸彦过访，得悉老学不倦，述作日宏，幸甚幸甚。顷又得手札及文献集刊，益见辛劳，不胜佩慰。方今朴学凋丧，得先生起而振之，其于国本所系实重。余杭章君有言："假令生长印度波斯之原，自

知建国长久，文教浸淫，而故记不传，无以褒大前哲，则必发愤于宝书，哀思于国命。”窃意此即先生微尚所存矣。弟于史学无所通解，无以仰副盛意。谨以新著一卷呈博一笑。盖刘子骏所谓“人间小书，其言俗薄”者也。专此，即颂

道安！

程千帆顿首

11月10日(1980年)

（二）

舜徽先生道右：

顷奉手教，敬悉种切。惟弟早定于四月中赴广西讲学，与文献学会会期适相冲突，遂未克趋前请益，良用怅恨。门人张三夕二年来随弟治诗学及校雠学，尚属勤奋，其学位论文题为“宋诗宋注考例”，盖取法《春秋》五十凡以迄陈新会之《通鉴胡注表微》，以考论宋贤之治本朝诗集，不无排比整齐之功。张生卒业后，将至武汉工作，夙仰先生经术湛深，向歆之学海内罕对，辄愿追随杖履，更求精进。弟意张生如不愿治校雠则已，欲治斯学，则当今之世非先生固莫与归。张生之意，想当荷首肯也。谨先布达，容更专函绍介。近为刘弘度先生作一传，聊发其潜德之幽光于万一，非久可刊出。人之云亡，邦国殄瘁，回首前尘，真可哀也。伏冀为道为学珍重，不宣。

弟会昌顿首

4月5日(1981年)

（三）

舜徽先生：

尊札及新书拜领。大著捧读一过，觉洞烛隐微，实发前人所未发，谈迁父子崇道之义，得先生之阐明，乃冰释理顺，真有余杭所谓“睹辨析之论，则悦怿随之”之感。东友波多野教授年前尝赠所著《老子道德经研究》，其中所引彼国古本及硕儒校释亦不无可采处。不悉先生曾见之否？

倘需参考，当即寄上。专上，敬叩
著安！

弟程千帆顿首
2月10日(1983年)

(四)

舜徽先生：

惠示敬悉。文献盛会，本应趋前承教，以心脏不佳，医劝少行动，兼本期研究生有课，恐难参与，极歉。旧作一种，近得重印，敬呈一册，伏冀正之。祗叩
道安！

弟程千帆顿首
9月26日(1983年)

(五)

舜徽先生道右：

一月廿二日手教敬悉，承命参加三夕同志论文答辩会，极感盛意。惟入冬以来，心脏宿疾时发，不知转暖后情况若何，因不敢轻诺，伏愿谅之，于评语则自当写呈敬正也。祗敬
著安！

弟程千帆顿首
1月30日(1986年)

(六)

舜徽先生道席：

承赐新著《笔记考辨》，此书当与《文集别录》并传千古无疑，独惜自序惜墨如金，未肯畅论清儒勤于笔记之道理，及其不可替代之作用。此今日少年所未及知，不审它日重印时，能别为一跋附后否。近有一俗薄小书出版，敬呈一册，聊博大匠之一笑。不尽，即颂

著安！

弟程千帆顿首

五月二十二日（一九八七年）

（七）

舜徽先生撰席：

前者杖履过宁，以病失迓，殊歉歉也。顷奉大札及新书，佩慰无似。此书盖合杜马郑而一之，兼实斋所云圆神方智之长，有俾种姓文明者非浅。昔余杭先生云："假令生长印度波斯之原，自知建国长久，文教浸淫，而故记不传，无以褒大前哲，然后发愤于宝书，哀思于国命矣。"回顾近日小生，胡心甚炽，殆有甚于陈鸿祖所忧者，则先生此作，固不独以学识诏告后生，亦将有以利于培扶国族之元气也。寒天寥寂，书此以当面谈。复颂著安！不尽。

弟千帆拜上

1月5日(1989年)

致钟敬文(一通)

钟敬文，曾任北京师范大学教授。

敬文先生左右：

岁月易得，未接清光忽已二十余年。数月前与预衡教授把晤长春，始悉杖履康强，良用欣慰。顷荷以《文丛》见赐，得以拜读尊集，数十年家国治忽之迹，友朋生死之情，悉在其中，真令人欣慨交心也。又荷刊载亡妻二词，曷胜铭感。其人赋性㧑谦，生前殊鲜自见。今先生为之发扬，固当惊知己于地下矣。专此布谢，敬请

道安！

程千帆顿首

十一月十日（一九八〇年）

致卞孝萱(二通)

卞孝萱，曾任南京大学中文系教授。

(一)

孝萱先生：

前荷为陶敏君答疑，极见关注后学之至意。顷又得微之新谱，不独煌煌巨制，且体例亦有新创矣，年代学之丰碑也。梦得事迹不少于元，刘谱增订本何时可出，盼切盼切。专谢，即颂

道安！

千帆顿首

十一月十日(一九八〇年)

(二)

卞老：

复曾先生函，依据尊见作了一些修改补充。今抄呈审正，如有批改，请写在旁边。看后，放在我信箱中即可。敬颂

双安！

弟千帆顿首

(1993年12月)

致刘世南(二通)

刘世南，曾任江西师范大学文学院教授。

(一)

世南先生：

惠书及尊著诗文，并已拜读。我因多病，已无精力细为推敲，只能提

出下列一点意见，请考虑。

（1）不必提及致陈信。

（2）将致陈信发表后学术界有关此问题文章都看一下，然后分别是非，加以讨论。据我所知《武大学报》有苏者聪文，上海《学术月刊》有杨廷福文，张志岳《诗词论析续编》（黑龙江人民出版社近刊）有论宋诗文，《陕西师大学报》有霍松林文等。如此，可深入而不重复。

（3）写成后，似可考虑寄给吉林《社会科学战线》，听说他们想组织一组研究宋代文学的文章。

（4）一切引文，最好详细核对，逐一注明出处，书名，卷数，或页数，不要用“×××语”之类，以表明确系原始材料，并非展转引录。

尊稿谨奉还，敬希原谅。石帚先生久归道山。知注并闻。

即颂

著安！

程千帆顿首

12.8(1980)

（二）

世南先生：

十一月赐书及放歌数章收到已久。弟自去秋即患中气不足，血压波动，时感昏眩，故于殷勤下问缺然久未报。嘱寄亡室遗词，年老昏忘，亦不知已寄奉否？如尚未收到，乞示知，以便奉呈请教。

先生所论宋诗特点，极有理致，阅报，似已为文刊于某杂志，甚盼见赐，以便诵习也。

《微波辞》是亡室少作。石帚先生已去世多年。顷承齿及，不胜怆恻。

尊诗苍劲斩截，似翁石洲，可喜也。

不能多写，乞谅。专颂

著安！

程千帆顿首

1.16(1981)

致蒋寅（七十六通）

蒋寅，华南师范大学文学院教授。南京大学中文系文学博士，师从程先生。

（一）

蒋寅先生：

来信及文章收到。我因年衰多病，完成学校交与的工作已有困难，实在没有精力旁及其他，所以不能对大作提出什么意见，敬请原谅。不过，我想，从事科学研究，必须在前人已取得的成绩的基础上向前发展，所以必须从掌握已有文献开始。关于绝句源流衍变问题，除以前旧说外，孙楷第、罗根泽、李嘉言、傅懋勉等多人都有专文，而你只看到王引孙文，其余似未见。这样，就不免重复或走弯路了。你还很年轻，能否考虑多读书少发表呢？要读，必须读基本书，即文学作品。评论之类，只能帮助而不能代替你对作品的理解。

匆匆，祝

好！

千帆

12 月 12 日（1980 年）

（二）

蒋寅老弟：

来信收到。《遗产》未刊你文章的附表，如无底稿，可向其索还以备他日如收入论文集时，可补足。

你所选新诗，我未寓目。赵瑞蕻教授及其夫人杨苡都是诗人，不知你选了他们的诗没有？能否考虑先请他们看看。我明年回来后再看，不然恐说空话，也不算负责。

论文要抓紧进行，综谱等可少缓。刘再复没有回信，文研所不一定有

希望。(我当然还要问一问。)你还有其他什么打算,望告知。祝
好!新年愉快!

千帆

12/30(1986)

我不在南京这段时间里学习和工作多向周先生请教请示。

(三)

蒋寅老弟:

近得刘再复同志复信,寄上一阅,仍盼寄还。他们磋商到决定,恐还需要一段时间。等我三月中返校后,再和他进一步联系。此事,暂不必告知许多人,因尚无十分把握。

诗笔挺拔。惘惘不甘,便是诗情。古之嫠妇有不恤其纬而忧宗国者矣。要当慎之耳。

论文要注意整体结构,要清实不要冗长,一上来就要有个总的打算,切忌想到哪里写到哪里。祝
春节好!

千帆

1月20日(1987年)

(四)

蒋寅弟:

已查过日记,戴跋是在1986年5月22日挂号寄给傅璇琮先生的。傅先生现在国外,非久可回,你到北京后可去看他,当面问问。(说话要谦和,注意!)你的文稿看后如无大问题,想转给吉林《社科战线》。祝
好!

千帆

3月4日(1988年)

上信未付邮,适得十九日来函及在圆明废园所摄照片,甚慰。

论文望加紧修改,诸家之意仍望有一章简论一下诗人(过长可分两

章),以便展示个体风貌(全书为整体风貌)。望考虑。

徐先生处当去信询问。

《金瓶梅》,齐鲁已出张竹坡评本。此书若用作材料(不专门研究“金”书),仍以用人文新排本即词话原本为好。齐鲁亦系排印本,精装二册有删节,价约20元。现有无存书则不可知。如定要张评本,望来信,以便转询齐鲁,或可命其直接寄北京也。

帆又及

(五)

蒋寅老弟:

得来信,知已初步安顿。才到一个地方,总有一段由不适应到适应的过程,我相信,这过程对你来说一定是很短的。照目前看来,你的生活住宿存在着一定的困难,这要有一些书呆子气才能抗得住。孔夫子说:“士志于道,而耻恶衣恶食者,未足与议也。”除此以外,只要处理好前辈和同辈的关系,便是海阔天空的学术世界了。希望你好自为之。

校学位委员会将于本月内讨论通过你的学位,但根据国家学位法的规定,通过以后,还要等三个月才能发给你正式的博士学位证书,所以总要到七月份才能寄给你。现在先取得学位办公室证明书一纸,随函附上,看有没有用处。文学所接受过施议对等同志来所工作,看他们是怎么办的,你就怎么办好了。如果人事处采取的办法不合你的意,千万不要和他们争执,切记切记。才来一个单位,要给人事部门留一个好的印象。

我眼疾尚未愈,故未能亲自执笔,但已在逐步好转,勿念。

祝

日进无疆!

千帆

4月4日(1988年)

（六）

蒋寅弟：

来信收到。诸事初步妥帖，闻之甚慰。工作当然要与各方协调，只要心中明确安身立命之处，在于高精尖而不在于普及，则从事普及工作（或所谓大路货）亦自无碍。要在不可使人感到什么都会什么都不精，是一盒万金油，斯可矣。

论文得王镇远书已初步表同意。但按制度要三审通过。望即从事认真修改。勋初先生认为要加一二章论作家，此议亦善，望注意及之。

欲购人民文学出版社出阮阅《诗话总龟》周本淳校点本，望代买寄。如书店无之，可去人文拜访刘文忠先生请其协助。附函必要时可交与也。

近病眼久之未痊，不多及。

王瑶（昭琛）先生住北大校园内镜春园75号，电话北大总机转3590，祝好！

千帆

4月26日（1988年）

（七）

蒋寅弟：

推荐书填好寄还。我近月来一直生病，住院三周后出来，亦未完全恢复。写稿事一时谈不上。宏生等论文均已写好（或大部分写好），咸有可观，不妨与商择其可单行者布之。匆复，即祝

安好！

千帆

5月1日（1988年）

（八）

蒋寅老弟：

所寄诗话及征稿条例均收到。砺锋来京，嘱将所书一诗卷携赠，此较

称意之作，愿爱赏之。

书费六元，随函寄上。

近方从武夷山回，造次不及缕缕。

即祝

安好！

千帆

5月13日（1988年）

（九）

蒋寅同志：

昨寄一函想达。三联书店最近出版古籍漫画系列，此间买不到，不知北京可得否？望一访之。如有望每种购二份寄下为荷。顺颂

著安！

千帆

5月14日（1988年）

（一〇）

蒋寅老弟：

七月十七日来信，又初版《要诠》一本均收到。知工作近状为慰。文学所是一良好读书环境，尽可能少问与己无关之事，认真再读十年书，然后出其所自得与世人相见，则善矣。戴叔伦碑文跋不知已在傅先生处询得下落否，念念。东坡诗云："煌煌帝王都，赫赫走群彦。嗟汝独何为？闭门观物变。"观而不问，似亦难，姑妄言之耳。手此，即问

近好！

千帆

8月8日（1988年）

（一一）

蒋寅弟：

八日手书收到。文可选寄《学报》蒋荫楠先生收，由我再从旁为言之，较径由我交为妥。但过长亦恐有困难，姑试之耳。

抄寄闲堂杂文一卷，弟看后可试交议对先生，如刊用，则请全部刊出（不过二千余字）。如有困难，则作罢，不要勉强，因尚有他刊愿全刊并可抽印也。（与言时，词气须谦抑，但期婉达鄙意而已。）

论装饰美不知如何着笔。装饰非徒为美，亦有颇大之实用性，似应注意及之，往读李思纯先生《江村十论》（上海人民出版社五十年代出版），中有各民族发式考一篇，论各族发式皆与其生活形态相关，立论颇善。弟观之，当有启发也。

顺祝

安健！

千帆

8月12日（1988年）

唐代文学年会九月在太原开，你只能由文学所方面提出，望与领导一谈。

望代购中华新出《癸辛杂识》（周密）一册寄下。又及。

（一二）

蒋寅弟：

近南大公布你为新星奖获得者，甚可喜慰。致伯伟书渠已略告。前携京拙著，不知已送毕否？舒芜及绍良二处去过否？未得其信，甚念之也。望告。即颂

著安！

千帆

九月五日（一九八八年）

（一三）

蒋寅弟：

我将于14日来京开社科院文学所“七五”规划项目审查会，望有空来谈谈。地址附上。

如能通知张晖，也好。祝

安善！

千帆

9月10日（1988年）

（一四）

蒋寅老弟：

十一月四日来信收到，知为学日益，诸事顺遂，甚以为慰。《大历诗风》闻已修订，极慰。帆当题一笺，其序似可请璇琮或宗强先生为之，较为妥当。望更酌之。

老僧本应参禅悟道，绝圣弃智，而乃与俗人一样谈世情（即人情冷暖、世态炎凉、富贵穷通之类）、物价（即近日通货膨胀，白菜萝卜也买不起之类），此所以亲切自然有人情味。郑谷云“爱僧不爱紫衣僧”，岂非以紫衣僧乃僧中之官，一副和尚老爷的架子乎？

见邓先生时，请代致意。上次他寄下《杜诗别解》，因正病得较厉害，故由陶芸回信。邓先生对杜诗读得很仔细，立言有本有分寸，极见功力，可佩也。

我大约还要住至少一个月，现正进行第二疗程，不多及。祝

好！

千帆

11月17日（1988年）

（一五）

蒋寅弟：

来信收到。我已于四日出院，经休养治疗后，颇有好转，唯仍当留

意耳。

序可先请傅先生，如谦谢，亦可找昌平，惟不必一书二序耳。

能兼课亦好，大要在出词简洁有条理，讲得慢些，能让学生记下即成有条理之文章，斯为善矣。切忌兴之所至任意发挥（基础课与专题课之别在此）。

手复，即颂

著绥！

千帆

12 月 7 日（1988 年）

（一六）

蒋寅弟：

书签写好，附上。

上函已收到，我虽已出院，仍在休息，以后再详谈。

寄上《日本汉诗选》一本，已收到否？此书系我与孙望先生合评。邓绍基先生与沈玉成先生，因孙先生已先寄赠此书，我不再重复寄送，请转告两位先生。

祝

好！

千帆

12 月 18 日（1988 年）

（一七）

寅弟：

得书示都中风谣，想见公道自在人心也。古人云："乱世之音怨以怒，其政乖。"又云："士大夫无耻，是为国耻。"幸哀思亡国之音尚未出现，而今日之士他日又或不尽转化为大夫耳。帆久患心脏病，近改请中医治疗，始略痊可，然仍甚虚弱。来信当转告诸同学，当别有信致也。此复，即颂撰安！

千帆

5 月 12 日(1989 年)

又及：

《大历诗风》一书，因已列入社科“七五”规划之“唐宋诗歌流派研究”项内，规定以“南京大学古典文献研究所专刊”名义出版，弟前想已知之。今附上致上海古籍出版社王镇远同志一函，并盼吾弟同时作一函证明，一同发出，望即办理。

(一八)

蒋寅弟：

我四日打一电报给你，似未收到。其后史梅又打一长途，嘱其友到宿舍问你情况，亦似未联系上。她十分记挂你。你 4 日信我们都已看到，就放心了。我近仍常发病，有时三天一次，最近是相隔八天，又发了，幸已知如何对付。发了，睡在床上不动，过几小时(或十余小时)，就好了。据说，这种“房颤”中西医均无良法，幸亦不至有危险。行年七十有六，死不为夭，有时反而觉得活得太长，不免有羲和快着鞭之想，为可喟耳。在符安否，甚念切也。

祝

好！

帆

6 月 10 日(1989 年)

(一九)

蒋寅老弟：

来示及附钱默存信均收到。

《梁肃年谱》已与勋初先生谈过，亦认为《文史》拖延过久，不宜投寄，考虑编入南大文献集刊第二或三期。集刊第一期已校稿，再过半年尚可出。如弟同意，可寄周先生(留底以防遗失)。每年出一期，则至迟 1992 年可问世也。李女士诗词旧有自印本(在美刊)见过,俊才也,今亦老矣。南京近已转凉,先到悲秋之候,宋玉岂真悲秋哉,亦不平而已矣。复问近佳!

帆

7月29日(1989年)

(二〇)

蒋寅弟:

10月24日信收到,总算找到房子,安顿下来了,单独有一间,就可"躲进小楼成一统",在北京,不容易了。

北京的文化生活比较丰富,对一切真美善的东西,要尽量吸收。吃牛肉不会变成牛。广甄博采,将大有利于你的诗学研究。

我希望你写文章时集中一点,请考虑,是否应抽出部分时间来编《大历诗人年表》及《大历诗人资料(传记及评论)汇编》,以完成与你博士论文配套的系统工程。(砺锋仍将完成《江西诗派总集》,宏生将继续搞江湖派年表及资料汇编。)我希望你被学术界首先承认是大历或中唐诗的专门名家,然后才是别的。如果你愿意这样做(这是我希望的),可写一个计划,再向南大文献所申请一点钱(不会多,一两千)。(我想说:真是新的、突破性的、创造性的,皆来自自己的"心潮"而不是举国逐狂的"新潮",当然,并不排斥应当受到的"新潮"的影响。这和你上次信中所说"看不懂"问题不是一回事。)

《李祁诗集》收到。此书有美国印本(内容或不尽同)我已见过。诗甚佳,难得,不可与国内赵雪斋之类的大吟坛比。看了近日"要人玩诗社"之风,我惟有"断手"而已,不敢复出一语也。

王玮同志的意见很好,汪先生集即寄出。

我身体近因专服中药,略有好转。医云:此病好不了,死不了。妙极,不妨以小喻大也。但今年已不招生,再过两年,自然脱然无累矣。

近应山西人民出版社之约,由伯伟编了一本我的诗论选集,专选能体现某种方法论的。伯伟作了一长跋,颇能发明鄙意。约二十万字。并附年来所作文言序跋文三十余篇,长者数百字,短者数十字而已,颇为好玩。

平生酷嗜苏黄题跋，恨不能仿佛其万一。与砺锋、宏生合著之杜诗论文集《被开拓的诗世界》，与吴新雷先生合著之《两宋文学史》，均将在上海古籍发排。（你的论文，不知有消息否?）《校雠广义·版本编》则被卡住，不知何时才可与世人相见。

闻整顿出版社，砍掉25%，或许对正派书籍出版创造较好条件。闻再复暂不作返国之想，重灾区之社科院前景如何？前些时玉成来，询及足下，云尚称平善，足慰远怀。总希望隔些时来一封信，老人寂寞，终日非静坐即打瞌睡。东坡诗云：“山中老宿依然在（岂非所谓老而不死者邪），架上《楞严》已不看。”鄙人近日光景颇似之也。

今日精神好，故写一长信，不能经常如此也。即颂
安好！

千帆

11月7日（1989年）

（二一）

蒋寅老弟：

来信及照片均收到。行踪未定，可以坦然处之，争取时间多做些事，不可“皇皇如也”也。前些时上古李国章先生来宁，周先生曾询以弟所著书，云尚未定。盖得失取舍之间不无犹豫，亦但能待之而已。近见《中国文化》第一期，似较现行诸杂志为别具一格，高出一筹。惟不知能坚持否？思买湖南人民出版社朱正注本《散宜生诗》增补本一册，不知北京能觅得否，望便中留意。手复，即颂
安吉！

千帆

3月3日（1990年）

（二二）

蒋寅老弟：

2月27日、3月18日两函俱收到，略悉近况。今日事，一只能尽其在

我，二只能万法随缘。山阳乃古贤闻笛之处，弟如暂旅其地，可发思古之幽情，亦仍旧可读书作文，未为失也。

所谈渔洋诗论，窃谓当一则与渔洋自己之诗作，二则与渔洋所选之诗（如《三昧集》《古诗选》《唐人绝句选》），参照而观之，必有悟入处。批评不能纯是理智活动，此意屡为诸弟言之。即来书所云“远足”亦是佳趣。理趣总是通乎诗意也。

附上近年将陆续出版各书清单一纸，请转交令妹夫，俾以时留意。同时亦望弟将令妹夫姓名、工作地址告我，以便转告各出版社责编，俾彼等拟订时即直接告令妹夫。如此办理，不知可行否，幸斟酌见告。

前惠捺山茶场茶叶一包，饮之奇佳，初不知仪征乃有此妙品。辄拟烦尊翁于今年新茶上市时，代购二斤寄下（绝不可赠送），如何？

目前出版界仍未走出低谷。弟论文及诸君子所译美国汉学家诗论集，上古仍未松口，幸亦未退稿（他出版社颇有如此者）。《中国诗学》似亦不甚易，姑图之耳。

我日益衰颓，已不更作文，但愿能有精力认真看完四位研究生之论文耳。

近应北大之约，写一王瑶先生纪念文，而意思苦涩，仅得二千字，真是似乎还没有开口便已完结也。

望下去前及到后均来一信，老人极念切也。

即祝

近好！

闲堂

3月24日（1990年）

（二三）

蒋寅弟：

3月31日来信收到。

最使我高兴的是《大历诗风》终于可以发排。当然，与世人见面，还须承受各种磨难，犹如西游之81难，但总算迈出第一步了。《诗世界》初校后，已近两月，二校尚未送来，据云，工人将要改版（大约不到十处），拖下来了，真是无可如何。

在闲隙中，仔细读几页书，亦是难得。我曾于放牛之余，通读晋隋八史，今已大半忘却，然如精语如“耳后生风，鼻头出火”“向车中闭置如新妇”，至今犹记之也。

托书店事，亦只能随缘，复印若干份托令妹夫分致其友，甚妥，不必再安排矣。

我旧嗜烟、嗜酒、嗜茶，以心脏病戒酒，肺气肿戒烟，犹存茶癖。如尊公能代谋少许，已甚感谢，赠送则不敢当，此意幸转呈也。

近日天气异常，北方晴暖，而南方反而多雨，气温亦低，老人殊不适。近购得“场效应仪”以治喘咳，似尚有效。

匆复，即祝

安好！

千帆

4 月 5 日（1990 年）

（二四）

蒋寅老弟：

诗二首略点定寄还，写得太少，故机杼不熟。

滞留事，姑听之，万法随缘可也。聶事少谈，《易林》云：赤口烧城，可戒惧也。

现新雷先生合写之《宋文学史》已排出初校样，想无论如何今年底明年初可出矣。与宏生、砺锋合写《诗世界》则非久将校大样，今秋可出必矣，退休后能了却旧稿，亦差足慰耳。

复颂

安好！

千帆

4 月 28 日（1990 年）

附：遣怀寄宏生伯伟金陵

报国平生轻自许，
沧桑梦觉壮心阑。
公卿有位皆尸禄，
竖子无心自苟安。
四顾昏茫谁与语，
一身寥落独凭栏。
赖有七字差堪慰，（剩有相知共濡沫，）
暂对菱花开醉颜。（放歌犹可破愁颜。）

七句或作“长怀郑伯千秋论”。盖“多行不义”一句也。

此首完整，然浅直无深婉之情。

代书寄胡年兄大雷桂林

所思在八桂，欲往山水遥。（g）
一别逾五载，长想梦魂劳。（o）
适有山阴役，待罪姑滞淹。（平—不能押）
处之以泰然，随缘任舒卷。（上）
已疏音信久（音信疏已久），故人今安否。
南风起天末，拂拂（披拂）阶前柳。（此为乐府体）
蛰居玩故籍，颇悟第一义。（去———不能押）
惜无暂（把）晤缘，杯酒西窗夕。（旧入，今平）
方闻有校庆，乃在九月间。
冀附群髦后，共往尽一欢。

六朝迄中唐短篇五古转韵者多从乐府演变而来。四句转，必欲断欲连，似断似连，乃尽其妙，此体不易作也。

（二五）

蒋寅老弟：

尊公近托人带赠掠山茶四包，使我大为欣悦，此意不敢忘也。幸于家报代致谢意。

能改变环境，读书一年，安知非福，饮食不惯，稍久则习之，不必介介。

参考文献缺乏，写文章可能有困难，但仍可写出大体框架，以后再设法修改。这一段时间可能完全由自己安排，得之不易。我劝你读一部经典著作，仔细玩味，深入体会，由此触类旁通，再读他书便可于不知不觉中跨越了过去的自己。（培养审美情趣及能力极重要，只能循此途。）如何将博涉与专精、广泛的知识与独特的见解融汇起来，恐为你今后值得求索的问题。

默存先生，当世无双，你就所知认真写去，必有可观。但他的体系几乎完全体现（非建立）在其非体系的表现方式之中，因而往往能博不能约。他是无锡人，但却近乎（我只说是“近乎”）“深芜穷其枝叶”的北学，而非“简约得其英华”的南学，这也是非常有意思的。

我的几本书，《诗世界》已校过清样，古籍已发征订单。《宋文学史》校过初样，估计今年出不来。《选集》已发到印刷厂，如赶一下，也许年底可出，因字数仅二十万也。

孙望、陈瘦竹二老于六月一日晚及二日晨归道山。我与孙先生交谊尤密，首尾五十八年，从无间言，真昔人所谓“痛心拔脑”者，奈何！

前寄汪先生文集与《文遗》，望其发一介绍，不知已办否？便中见告为感。

复颂

旅福！

千帆

六月七日（一九九〇年）

（二六）

蒋寅老弟：

寥寂中又苦热，得七月二十五日书，甚慰藉也。

论东坡思想甚是，对个人恬淡，对国事诚挚，此即数千年士大夫顽强抵抗一切不合理的黑暗势力的精神支柱，而其抵抗又非文天祥、于谦式的，而是东坡式的，即以夷然不屑或嬉笑怒骂出之。刘融斋指出东坡凡事俱不甚用力（当然也有八九分），此点了解东坡甚重要，所谓如行云流水，所谓如万斛泉源不择地而出，即其个性与艺术手段之恰如其分的巧妙结合。此为东坡以前所无，东坡后亦少，晚明小品偶有近者，便可惊众而名家，即此知其不易与。弟但见其取譬之巧，觉此外无独绝处，盖尚凝眸于个别特征（此种巧譬，多从佛书中来。在彼法中乃常用手段，今忽移植入诗文，遂颇突出耳），而忽其个性与艺术之高度结合也。此前亦惟有太白。故古今诗人学李、苏者少，学之亦难大成。（如黄仲则学太白，仲则寒乞与太白之豪迈相去万里，乌能似之？）

以上说法是随感，不严密，破绽必多，所谓闲话者也。

南京酷热二十余日，幸逃于中美文化中心有空调之房中，近已迁回。

弟能到《文遗》作编辑甚好，亦可多与人接触，惟亦易招怨，望慎处之。

《诗世界》《宋文学史》及《选集》均已排就或在排中，今年或可出《诗世界》及《选集》，届时弟或已返京与？

"楼外阴晴未定，尊前哀乐难排"，《涉江》旧有此句，今日似之。祝好！

千帆

八月七日（一九九〇年）

（二七）

蒋寅弟：

上次复一函，略论东坡。旋即得 8 月 7 日来信，搁置未复，忽已四旬余，流光如驶，真可惊也。

刊物编委事，我很赞成以年青人担任，但这些人，在目前情况下，又难以掌握出版及稿酬实权。最佳方案，恐只能新老结合。西哲云：历史往往是妥协之产物。此言大概不假。其实，无论谁办，在老板看来，总是一样，即有利（包括名）可图即可。江苏古籍未曾与我商讨，故一切皆不知也。

十月底返京，亦可谓"小谪"矣。论文如打印有问题，可寄来，与宏生等文一齐打，不费事也。

当编辑亦是一种磨炼，但恐不如研究室之优游。然可增识力、耐心，熟习学术动向。此则其好处也。

复颂
安善！

千帆
九月二十一日（一九九〇年）

（二八）

蒋寅弟：

病中得函，久久未复。《文遗》也收到。评钱文，有中肯之言，也有搔不着痒处之处。因原作精深博大，兼而有之。加以作时尚在盛年，矜才炫学（亦实值得矜炫）往往有，故弄玄虚亦有，非一短文所能概括。弟能谈出数点体会，即是难得也。（以上不足为他人道，乃师徒间之私房话也。）

有许多想法，都想写出，此少年才气汹涌之表现。一手不能持数枝笔，则勤于札记，可以先将一些奇情妙思，有用材料，用语言固定下来，放在那里，再写成论文，不必不宜东涂西抹，精力既不集中，成果遂难于壮硕也。

我住院三月，旬前始反舍，然仍孱弱不能做事。弟何时南下，甚盼过谈。

书评很难写，别人的看法更无从改起（除文字技术）。我曾劝各学术刊物多刊书评（如洋学报之例）而效果不佳。因今之书评已多成为“交际”手段，甚至为关系学之工具，捧场之手段。（国内刊物惟《读书》中偶有可看者，然又多为外国书之评论，因论洋鬼子不会引起人事问题也。）然可哀者亦不仅此也，奈之何哉。

祝
安吉！

千帆
1月25日（1991年）

（二九）

蒋寅弟：

3月14日及4月16日来信都收到，因身体一直不好，又赶一点工作

（为辽宁少儿出版社编一本辞赋选，由曹虹、章灿作注，昨始脱稿寄走），所以一直未能复信。

论权德舆极有见地。大凡一个作家，一个流派，一段历史，总有其前进中的转折点。而这些转折点，又往往不立招牌，暗暗地在不知不觉中出现，又沉默地站在那里，后人逛文学之街，只注意虹霓灯下的大橱窗，源流、起伏、正变便都被忽略了，欣赏者固无妨，研究者就不可，历史家更不能这样。你已经从实践（读书）中看到此点，就比他人已高一筹，望将权作努力而不急躁地完成，忙中总有错，写好后，放几个月再寄出，是个办法。

斌及你职称事（还有赴日进修等），因为我们的制度之奇妙，法则若有若无，势则忽左忽右，术则或有用或无用，虽韩非再生，亦难左右逢源，况书痴如我辈乎，亦惟居易俟命，相信船到桥头自然直而已矣。如我为三级教授，从建国至前年，岿然不动，乃退休之后，忽又连升至一级，可谓匪夷所思，只有认为乃执行“奖懒罚勤”之政策而已。

权年谱可寄周先生，不行再别设法，第二期还未编也。

如《大历诗风》不能标文献所专刊在封面上，则只有在前言或后记中写上一笔，周先生之《唐语林校证》即用此法，亦无妨也。

今日寄上书两包，望代为分送。别有数人已另寄，故未在内（如默存）。其他英秀有当送者否？望告知之。

匆复，即颂

著安！

千帆

5 月 7 日（1991 年）

（三〇）

蒋寅弟：

前复一书，又寄拙著二包，祈分致所中同人，想均收得。

今寄为议对书小词一卷子，亦乞便中交与，诺之已久，欠债所当还。四十余年前作，思之恍如隔世矣。

《诗世界》及《选集》，舒芜已作一书评，将在六月号《读书》发出。弟处有无能写诗论文章者乎？盼注意，能在《文评》或《文遗》刊载此类文字否？不要一般介绍，更不要吹嘘，而要评其得失之学术性文字，今日亦难得也。

顺颂

安好！

千帆

5月11日(1991年)

(三一)

蒋寅老弟：

七月七日来信早收到。因赶审徐有富等编《中国古典文学史料学》(五十万字)，天气又坏，精力很差，迟迟未复为歉。

来信所见甚是，无论研究、考证、批评、创作，若不力求开拓创新，又何必拾人牙慧。又，研究工作并不是机械化的，也有幻想、爆发，激动人心之处。第一流学者必是诗人，若太炎、王观堂、陈寅老是也。弟有天分、悟性，望以此自勉。此非可执任何人之手而谆谆以告者也。

文物出版社近出宋兆麟著《生育神与性巫术研究》，其价七元。此间无买处，望设法代购一册，挂号寄下。

又人民文学出版社社长(或总编)陈早春，是我武大学生。祖棻选集，即由其经手，在人文出版。前经查询，云尚有七十余册，曾去函要全部(当然除人文留作样书的)买下。迟迟未见复，或是事忙。望弟去一电话问之。亲自去一趟最好。你也可借此认识这位老学长。附介绍信一封，可酌办。

祝

好！

千帆

8月2日(1991年)

我近身体尚好，但不能劳累和生气，已力戒矣。

高华平的书评，副本由砺锋等在看，有意见当会告诉你，作编辑部修改的参考。望你和砺锋接洽。

（三二）

蒋寅老弟：

两函及书均收到，还未看完，粗浅无深旨。书价七元，随函附上，以省去邮局领取之烦，或不致遗失也。陈早春处，不知继续联系否？系中已决定沈祖棻奖金给大学中文系学生，每年一等一名，300 元，二等四名，各 100 元，我拟再各赠书一至二册，以作纪念，如选集弄不到，只好看上海古籍《宋词赏析》等有无存书。但选集似最合适。这些情况，甚望与早春一谈（电话或面罄均无不可也）。

书已得初样，可喜，至于款式不尊重作者意见，大抵皆然。《宋文学史》曾说好一律用脚注，而样稿来时，注出处者均被勾入正文，仅留其有考证或必须说明者。然亦没奈他何！我的书且如此，你的书就更不必说了。他们要将其列入《中华学术丛书》，也好。但有一事，望在后记中提一下，即《大历诗风》为国家哲学社会科学基金“七五”规划项目“唐宋诗歌流派”的成果之一，这个项目系南京大学古典文献研究所程千帆、周勋初两教授负责组织进行。这样，南大才好向社科院及国家教委交代。

《宋文学史》虽搞了多年，仍在大结构方面不很满意，小地方出纰漏。80 页倒数 5 至 4 行，皇祐应为嘉祐，二年应为五年，1050 应为 1060，三十岁应为四十岁。当时记材料，只记下公元，而又记错了十年，写时未查年谱，因此出现一连串的错，这些地方，想来还有，如看出，望随时告知，这书是教材，可能重版的。

上海古籍赵昌平、扬师黄进德、南师大郁贤皓诸先生均愿为此书写评，但书的字数太多，一时看不完，文也尚未写。反正不急，学术是要讨论的。筱云看后有何意见，望告。如能写出，亦佳。不必大块文章，随感式也是一体也。

高津孝曾带日本学生队来宁，见过。在南大留学的日本学生对南大均有感情，最近村上教授又介一东北大学博士生来，京都也有一人，由砺锋、伯伟辅导他们。曹虹已去日本，为期一年，想你已知。

我最近还是在看学生论文（三博士生延长），余时则继续《校雠广义·

校勘》一编。《版本编》年底可出，因有图版，每册定价高达 15 元，好在我还有一分工资，著书不全为稻粱谋也。祝

晓斌好，你好！

千帆

9 月 25 日（1991 年）

（三三）

蒋寅老弟：

陶先生要的书，今寄上，望转交。回忆师友文，要等沈氏诗词集笺交稿后，才能执笔。我一天只能做一二时的事，多了就生病，希望原谅。这事，要干 3 年了。如贱躯可远行，当于厦门相见。顺颂

双弗！

千帆

11 月 14 日（1991 年）

（三四）

蒋寅老弟：

4 月 9 日手书早到，因近忙于赶一小册子，未能即复为歉。江苏古籍嘱选一本宋诗，名为品评，我则借此写点随笔。既无轨辙，聊可称心而谈，避免流行之“赏析病”也。弟近日造述颇富，甚慰。未抛外文，尤好。今人每以作家协会领取工资办法，施之古代作家，孰为一流（级），孰为二三，按此以入职官名册。文学史遂莫不陈陈相因，无所开发。弟能注意中唐诸子，真发潜德之幽光也。敏泽先生返京，托其带上新出《版本编》（兼致玉成、道衡、绍基），想已收到。婚后探亲机会少，南下想亦希矣。顺祝

俪福！

帆

5 月 12 日（1992 年）

（三五）

蒋寅弟：

我与周先生本月 24 日至月底在北京香山饭店开古籍规划会议。下午休息，望你能来谈。城内办事处在中华书局内，可联系，也许有便车。

“宋史”专评，赵昌平写了一长文，约 15000 字，二月前已由张宏生寄徐公持先生，不知何以李伊白先生竟不知，请查。

施议对要散文，请你在《诗论选集》中附《序跋文抄》选抄数篇寄去。

余望能面谈。祝

俪茀！

千帆

5 月 22 日（1992 年）

（三六）

蒋寅老弟：

贱辰务乞来会，费用可解决，不须过虑也。

闻吴宓雨僧丈日记已由清华大学出版社出第一册，幸代购寄来（或带来），续出者亦希留意。感感。即颂

著祺！

千帆

9 月 5 日（1992 年）

（三七）

蒋寅老弟：

你两次寄来的《诗风》及义山诗索引均收到。职称事各处为难，曹虹、章灿至今尚是讲师。惟有看机会而已。

选一本论文出版是可行的，但要注意，宜精不在多。我看近人文集往往精采之作与牵率之文并存，降低了品格，深为婉惜。附上一致社科出版余顺尧编审，试试看。（送他一本《诗风》。）还可找陈早春（人文）、舒芜，但

一步一步来为好。

我藏的北图出的《文献》缺总号5、6、19,又1991年4,92年1、2、3。1993年起,他们不送了,我又忘订。要下半年才能补订,所以今年的1、2期也要想法子买到。不知你能抽出时间来到文津街北图找一下该刊编辑曹月堂先生设法补购配齐否?(当然是能配多少就配多少。)款请代垫。我近无他患,惟耳聋眼昏,此是必然,无可奈何也。祝

双好,并贺春节!

千帆

1月21日(1993年)

要你打听漓江出版社盗名欺世之事,已办否?我想得到他们印的宣传品或已出之书。此事傅璇琮先生愿意斡旋,但出版社置之不理,似乎盗用名义的侵权行为是应当的。

(三八)

蒋寅老弟:

2月16日信收到。

《新诗集》另一本请代赠文学所图书资料室。

我和南大出版社初步谈了,他们愿意接受我推荐的一本书(不管是谁的书)。任天石现任总编,他对我说的话,应当作数。你可选一本(要少而精。我看到一些时人文集,好像自己写的篇篇都是好文章,即颇有时名者亦不免。弟等方开始登坛,要注意塑造自己美好的形象)给我寄来。今年订入计划,则明年可出也。

能换一个地方也好,但要慎重。只能拆了茅屋盖瓦房,不能由一座茅屋搬入另一座茅屋也。如清华能以教授相聘,则可就。否则,又何必去另一市场排队邪?国外去玩一年可以。若浮海居夷,仍可商量。祝

双好!

《文献》已收到,是我为徐有富配的,他将写信给你致谢。多少钱,望告知。

帆

2月26日(1993年)

（三九）

蒋寅弟：

2 月 20 日函及篇目收到，《涉江诗》能买到十余册，大不易，今后凡遇到以前出版的祖棻及我的书，请都代购下。许多人要，我穷于应付。有此，庶稍缓解也。

《新诗集》再寄三册，其一请赠福春先生，其二由弟处理。论文集篇目太杂。舍不得割爱，不行，如清诗著作简目、装饰美、侯方域变节之类，皆与主题无关或牵涉很少。你再仔细考虑一下（排列的次序，如何连串，如何展现、较有秩序地展现文化透视，也应再想想），写一篇较有发挥的前言或后记，你看如何？

我想推荐一次就成功，不想牵丝扳藤也。

《文献》望留意，我想代徐有富配全。祝

好！

千帆

3 月 16 日（1993 年）

（四〇）

蒋寅弟：

收到你半封信，看信封上邮戳日期，是 3 月 22 日发的。看来，你生活太匆忙。如不注意会影响你治学（浮躁必难精进），望今后注意改正。（信附还。）

我在 3 月 11 日寄上《新诗集》三册，又信一封。其中有对你论文集篇目的意见，你 22 日发此信时，似尚未收到，希望不致遗失（可到收发室查查）。因是平寄，遗失亦无可追查，只好算了。顺尧先生有信来，对你很赏识，愿意助你出版著作。你可等待些时，如不成，再找南大。

晓斌没有长辈在一起，关于孕期应注意的事项，要多请教医生，千万不可大意。

盼复，即祝

双好！

千帆

3 月 28 日(1993 年)

（四一）

蒋寅弟：

寄下的《吴宓与陈寅恪》一书，前曾向人借阅过，今又承赐寄，甚感。《涉江诗》，望寄十册左右以备送人，因其印刷精美，人多欲得之也。余存你处有值得送者送之。(包扎要厚，或护以硬纸板，免损坏。)

涉江诗词集笺本已交江苏出版社，约一年可出。印刷闻将力求精美。此书一出，亦可了却晚年一桩心事。

论文集篇目，要仔细定去取，在精不在多。要使人看出思路、家数。认真写一篇有心得体会的前言，新人的形象就可显示了。切忌以多为胜，什么都写，好像什么都知道。老氏云："良贾深藏若虚。"荀卿云："狂生者，不胥时而落。"此言可终身佩之。

漓江事，我已要李立朴通知其社长，不愿担任其任何名义，只要他们不再滥用贱名，也就算了。祝

好！

帆

4 月 24 日(1993 年)

（四二）

蒋寅老弟：

五日函收到。晓斌身体尚好，闻之大慰。要十分注意。同事家中如有对胎产有经验之太太，要多请教，定期要做检查。出版事初有眉目，甚好。目前一切难办，走一步是一步也。前要弟寄《涉江诗》十册，已收到，谢谢。近患老年性前列腺炎，甚惫，不多及。顺颂

俪安！

千帆顿

6 月 12 日(1993 年)

（四三）

蒋寅老弟：

寄上我写给前中宣部副部长李彦及中宣部干部局局长伍杰同志的信复印本。内容你看后自明。

我除了已写信给国家版权局外，还给中国作协作家权益保障委员会去了信，请求他们对诗词一行是一句还是一行是多句作出解释。这个会在沙滩北街 2 号，电话 4012255－382，邮编 100720。

我不清楚他们是否有解释稿酬条文的责任和权利，如果它牵涉到作家权益的话。

我想请你打听一下，他们是否受理，是否可以回我的信。

此间天气极坏，我心脏不好，极不适。

晓斌身体怎样？多保重。

祝

双好！

千帆

6 月 29 日（1993 年）

（四四）

蒋寅老弟：

来信及新著子目收到。

晓斌身体要特别注意。能否请令堂来京小住？有许多事，你不懂，不是靠小心勤劳可解决的，要经验。先联系好一家妇产科医院（要知道她病史的），以免临时措手不及。

我刚出医院几天，一切都好。排除了癌症，甚幸甚幸。

子目有些提法要斟酌，如称戎昱为杜甫的传人，太抬举他了。似可易为“闻杜甫之风而悦之”。以送行诗专家称郎士元，亦不妥。独孤常州有些特殊，要注意，下编戴容州先考作品，后考生平，而权载之则反之，似亦当统一。又年谱已成系统，应列前，生平考证则年谱所从出，宜在后。故二三四章之次序应为年谱、事迹考、作品考。

未见原文，只凭臆断，未必有当。幸酌之。即颂

双福！

新文或有惊人语，但不要伤人。至要至要。又及。

千帆

8月18日(1993年)

（四五）

寅弟：

信及照片收到。葱葱极可爱，好将养之，稍长，除正常生活外，要特别注意独生孩子在成长中由于父母过分爱护而产生之各种偏差。我近年于此看得很多。青年夫妇往往不甚重视爱与害之间的辩证法，故甚冀贤俪重视之也。(孩子在家中为霸王者，在门外往往变为孱王，诸如此类。)清代诗学著作提要，即清诗学史或清诗史，兹事体大，或先作纯粹记录，评论部分，以摘录前人之语为主，以备他日综观全局，再为某书定位。否则恐非一稿可成也。沈集笺已排出初样，方由门下诸子校之，此亦可喜，如戴容州集之问世也。顺颂

双茀！

千帆

1月12日(1994年)

（四六）

蒋寅老弟：

一月十五日函及论卢刘诗两文均收到。葱葱健康成长，老人极高兴。论文都好，文房一篇视野开阔，在唐诗坛中为其定位，尤佳。但大历一些苗头在开宝时即出现，实系于文房，渔洋以文房出于摩诘，似尚可商也。渔洋不甚考据，谓刘乃王之后辈。此点如全书尚未论及，似可在校字时于后记中略及之，或他日别为专文论之也。沈诗词笺非久可出，今寄部分，聊见一斑。即颂

春节全家安乐！

千帆

2月15日(1994年)

(四七)

寅弟：

3月10日信收到。

职称大战，此间亦正热烈展开。世态百相，真吴道子画鬼趣图也。若旁观不介入，则有读《死魂灵》之乐。

我自数年前自觉思维减退，为文不复能跨越自己，即决心断手不为。自己且不能跨越，况跨越他人乎？若不能跨越，写之何益？欧公告夫人云"不怕先生责，但怕后生笑"是也。

前贵友借去祖棻手稿，务请早日妥为寄还。祝

全家好！

帆

3月23日(1994年)

日本《大历诗风》书评，望寄我复印一份。

(四八)

蒋寅老弟：

来函知夫人及孩子都好，甚慰。对孩子，总得作出一些贡献(或者说牺牲)，才能获得做父母的快乐。

书评甚好，当保存之，亦是南大的教学成绩也。

致刘福春书望转，此公何以言而无信耶？祝

全家好！

千帆

4月9日(1994年)

（四九）

蒋寅老弟：

5 月 13 日信收到，知已迁新居，且大致安定，甚慰。临街噪声大，只有由忍耐而习惯，久之则雷车若蚊飞，此亦庄子所述飞卫习射久则虱如轮也。古高僧有名弘忍者，盖谓细忍还不行，非弘忍不可也。一笑！

葱葱安稳顺利成长，尤慰。孩子们的理解力往往较成人对他们的估计为高，所以素质、气度的培养，要从小起。父母的生活习惯、言谈举止，尤其是活教材。此种营养决不在牛乳之下。望注意及之。

刘福春借去祖棻手稿二纸，数次索还，均置之不理，似无理亦无礼也。弟能代我一言否？盼盼。此对他人毫无价值，而我珍之若球璧也。祝

全家安好！

《大历诗人研究》，文研所贴中华多少钱，望告。

千帆

5 月 19 日（1994 年）

（五〇）

蒋寅老弟：

介绍刘新风先生来晤。

刘先生有一个撰述一部新体的古代文学史的计划，想请你参加。望根据你的工作情况决定。即使不能参加，你和刘先生交个朋友也是好的，祝

双福！

千帆

5 月 22 日（1994 年）

（五一）

蒋寅老弟：

刘福春先生一函，请即交与。

我新居在南大教学区西边。“210008 鼓楼区南秀村 25 号 101 室”。

以后有信，直寄家中亦可。但中文系距家仅10分钟，取信亦极便也。

余冠英先生之外孙女婿名刘新风，原在首都师大中文系任教，近调入中宣部文艺局。日前由其妻侯明（在中华书局工作，旧识也）来告，欲写一文学史，要我门下一人合作，我荐你与一谈。多识一人亦无坏处，但参加写书事多半不行，因观其编写计划，自视极高，言大而夸，所拟章节，亦难切实理解其涵义。所谓道不同，殆难与谋也。

要真正有所贡献，要从深入研究专题，切实写成论文入手，由扎实工夫自致隆高。浮夸雕绘，终无是处，荀子云："狂生者，不胥时而落。"此言至今犹不易之论也。所幸及门诸子，均无以变戏法走江湖手段做学问者，此可为老人大慰也。

新居以为平房（底层）故，虽光线略差，而有一数弓之园，已杂植竹木花草之属，巡游其中，自得其乐。何时南归，一共赏之。即颂

俪福！

帆顿首

5月25日（1994年）

（五二）

蒋寅弟：

来信及附件都收到。

葱葱可爱极了。夫人看来也很健康。不容易，要注意平日生活的条理化。平静的日常生活可使神志澄明，于身体、学问都有益。

容州集收到。十年前有此功力，也是难得，编纂义例谨严可观。如欲吹求，则数典求原始出处或尚有可补充处耳。《大历诗人研究》能速出，闻之极喜。（近宏生《江湖诗派研究》亦出少量，备升等之用，花去小费若干元。）开宝以后，贞元、元和以前，得弟详加疏理，此唐诗国中一件功德也。我老年性白内障日益增剧，不甚能视书。幸《广义·校勘编》已出校样，有富在校，《选集》或可速出，砺锋、宏生等校之，《涉江诗词集》十月可出，乃严杰、章灿等校，真杜老所谓"穷途仗友生"也。近与诸生对话二小时，应《原学》之请，不知何时可与世人相见耳。不尽欲白，即颂

俪安！

帆顿首

8月14日(1994年)

(五三)

蒋寅弟：

容州诗校注已收到，前函曾略申鄙见，想已察及。清诗大有可为，幸注意及之，其可开拓之境，或远过唐与先唐也。

十一月唐诗之会，当可来，得良晤。我欲思一游名山，但不知届时贱躯如何？

孩子将来干什么，恐不但有环境影响，亦有种种缘法。只要培养其健康、善良、好学，不必预计其所学为何也。

我没有收到《遗产》今年四期(即有你的短论者)，请一询主事人，能补寄一份否？如已停止赠阅，即不要索取。因已不能作文，于刊物无贡献也。

伯伟为《文汇报》写一介绍我的短文，或不久可刊出。章灿整理了同学们的访谈，将在《原学》刊，则不知何日也。

沈集笺四季度可出，想找女学者写一二篇书评，陈祖美、王筱云合适否，请代酌定。祝

合家安乐！

千帆

9月10日(1994年)

(五四)

蒋寅弟：

这是怎么搞的？我怕你们或孩子有点不舒服，没有来得及办此小事，心中很急，望速告知。

附舒芜致程千帆函

千帆兄：

奉12月4日手教后，又待数日，而书不至，乃发函往询，今又逾十

余日,仍无音信,甚奇。函中开列敝寓电话号码,打电话甚便,不知何以无消息。或者患病乎?出差乎?其他意想不到之事乎?书上写的是“重禹兄”,他不知为何人乎?(我既有信去问,他也该想到了。)我信上说相距太远,不敢劳他亲送,请他由本院交换站送杂志社,此法轻便,而迄无消息,甚怪。闻舒諲、吕剑、谋玚诸兄均已陆续收到,而我至今未能捧读,数也,命也。兄托人分送,本以图速,而反不达,亦乘除之数也,一笑。

顷问之许觉民兄,他说文研所人员,星期二例必到所办公,届时可打电话到办公室一询。兹先将情况奉告,星期二询问后,再作函奉告,恐兄怪我久无复信也。专此布复,顺祝
新年康乐!

弟方管上

1994 年 12 月 18 日

(五五)

蒋寅老弟:

数书均悉。舒芜先生来信云沈集已收到。他特别急着要看,其余少缓无妨也。闻北师大各册,亦弟转交,可请聂石樵或郭预衡先生一人分致,不必一一送也。

《元龟》校点,大家都忙,但能为此书出一新本,亦极是好事。宋四大书,今后皆有通行易得之善本矣。

葱葱、晓斌想安善,甚念之。

我在 8 日至 16 日小病,今已愈,眠食如恒矣。

手复,即颂
俪安!即贺
年禧!

千帆

12 月 30 日(1994 年)

（五六）

蒋寅老弟：

3月4日函早收到。我近月在整理朋交信札、诗词之可存者，贴之纸上，交南大档案馆保存。体力差，数月始就。故稽迟未复，幸近已毕功。

葱葱如此可爱，恨不得见之（老妻尤甚）。孩子未正式入校之前，在父母及祖父母身边轮流住住，对其生长教育宽严有互补性，且可培养其伦常天性（此正今日所乏，余每见报端不孝虐待尊亲之事，恨法律无教孝、罪不孝之条也）。

清代文学大有可为，近人惑于代胜一往之见，以为唐宋以后诗文不足言，惟小说戏剧是主，其实皆耳食之见。弟能以十年二十年之力寝馈其中，必能大有所获也。

张奇慧早已将沈集笺本索去，其来信只一句“我多么想要一本啊”，可谓言简而意赅也。刘先生则并不见告，故亦不便径寄之。或将来吾弟南旋时带去也。

我身体尚好，惟日衰，耳聋愈甚，亦善忘（生活方面）。于景祥为印选集收《史通》《文论十笺》《行卷》《考索》《诗世界》《诗集》等六种（《广义》《宋文学史》篇幅太大，不能收）。平生精力，略尽于此。近要章灿为补充重写往岁所为文学通史，此书若成，即真袖手矣。顺祝

合家安喜！

千帆

3月28日（1995年）

（五七）

蒋寅老弟：

8月2日手书收到。

评《选集》文，约而能要，以相处之日长，故能亲切言其所致力之所在也。

清诗乃至整个清代文学可致力者极多。梦苕先生博览，遂以此名家，

然仍囿于字句笺释、文献纂辑。以现代史学、美学深入钻研，明其源流正变，则殆非所能任，此时代限之，非先生之咎也。弟能以数十年之力，锲而不舍，必能大放光明。然研清不能目光止于清，就清论清，恐亦不能通观历代，否则很难说明清为什么是清而且只能是清也。（此是一个方法论命题，展开可写成一文。）

章灿已赴哈佛，访学一年。我有一本文学通史，他已携去，冀于客中加数章完成之。此书外无他矣。辽宁《选集》，景祥云九月中当可出，当即奉呈也。

早早在北京《光明日报》实习，不知已来奉看否？祝
全家好！

千帆、芸

8月19日（1995年）

（五八）

蒋寅弟：

1月3日信收到。

《大历诗人研究》能如此快出版，实堪庆幸，望速见寄。要用硬纸板妥包，以免损害。

关于晋升的事，主要靠实力，也要看“缘法”“关系”等等，并不完全是本领问题。竹子总要冲出墙的。所以要抱“成固欣然，败亦可喜”之态度，不必学习贾长沙、李长吉也。

古诗声调论，刘大白有一书曰《中诗外形律详说》，抗战中印于上海，稀见，见之否？可参考也。1928出版的李氏《诗史》我未见过，无以奉告。

南大45岁以下升教授不占指标（宏生今年或可通过），我想社科院也应如此。报载社科院近年内要解决院士问题，弟有所闻否？然闻工程院院士与科学院不大同，多为“官”，如部长之类，则亦不过赐同进士出身，如大款之买硕士，没有什么意思了。大概钱能通神，势能得钱，有钱有势，攸利，古今一耳。

我们身体尚好。只耳颇聋，眼睛白内障亦发展。看尽世事，听尽市

声，现在不闻不见，倒也罢了，不必为我忧也。此问
双好！葱葱好！

帆、芸

1月19日(1996年)

(五九)

蒋寅弟：

新书收到。我近月白内障急剧恶化，视力模糊，已不能看书，然得之仍大喜。喜弟之能光大师门，强弓硬弩，足以折冲御侮也。近感文献学与文艺学之高度融合乃文学论著之妙境。虽不能即至，然心固当时时向往之。弟此书亦可谓“其心三月不违仁”矣。善哉善哉！

看《光明日报》，知白内障新药曰“麝珠明目滴眼液”，乃福州卢镜明眼药厂出品，安定门内大街96号，北京医药公司有购，望即代购二瓶，妥包航空寄下，款请先垫付。感感。

近来清书，有数种晚清人诗集，可奉赠，容稍暇检寄。

职称已否解决，念念。

祝

俪安！

千帆

3月4日(1996年)

视力不佳，书不成字。

(六〇)

蒋寅老弟：

顷来鄂开会，遇武大陈顺智先生，得读其著述二种，甚有华采理致。弟熟于大历诗，能为其《刘随州研究》作一书评否？亦文交之嘉事，不胜愿企。

顺颂

俪安！

书已别寄。我五月二十日左右返宁。并告。

千帆

5 月 12 日(1996 年)

(六一)

蒋寅老弟:

5 月中旬我和陶芸到武汉开《中华大典》先秦两汉及明清两分典的样稿论证会,遇到武大陈顺智先生,看到所著《刘长卿(诗歌)透视》,觉得不错,曾写一信给你,希望你能推荐一下,不知已得知否?

敏泽数月前曾写信给我,希望我写一本自传,我答以老瞀已不能写,但可编一资料集,名《程千帆学记》——附《沈祖棻评论辑》。后由巩本栋编成寄敏泽,复信云即可付排。他来信极简单,连出版社何名也不知。责编姓名更不晓。今天我得勋初电话,告知敏泽近已查出患贲门癌,《文评》主编改由钱中文担任。我的《学记》是否照常进行,不知。望弟了解,能知此事是何出版社出,何人为责编,工作是否做下去,最好。如作罢,也要将稿件保存好,不出则妥退。(他来信说书希望 25 万字左右,我编了 30 万字,不想删节。故本未作最后决定。)我视力差,许多事都本栋代做,你将详情了解后,可直接给本栋写信。如谈不妥,也不一定在北京出,与张岱年、邓广铭、季羡林诸公等比(敏泽来信云有诸公自传)。盼复,顺颂
俪安!

千帆

6 月 21 日(1996 年)

敏泽的病情、治疗等亦望告知,如你识王芳夫人,亦望代为致慰。又及。

(六二)

蒋寅弟:

来信及新文收到。这类文章难写,但多考虑这类问题,对学术才有总体把握。太炎先生《五朝学》及《国故论衡》中多篇,季刚先生《汉唐玄学论》,卓绝处在此,拟交诸同学看之。前两天给你一函,询侯敏泽健康情况

以及巩本栋编《学记》的事。如敏泽确诊，此事当然不宜再麻烦他，但要和出版社及此书的责任编辑接上头，以及决定是如何安排。敏泽勤恳，如真得此病，可惜，上帝保佑。

陈顺智书内容完成先后不详，但愿他是诚实的。这，以后仍可看得出来。新疆文如发表，望即寄。我看文字已极困难，但你们的，无论如何也要大略看过。删掉，只要有底子就行，将来出集子可以补上。过去我的文章就曾用此法补全。鲁迅亦多如此也。

葱葱长得好，甚慰。独生子女，有他们的特别问题，鸽子笼封闭式住宅又强化了这方面。要注意。祝

双安！

千帆

6 月 27 日(1996 年)

（六三）

蒋寅老弟：

得书知将有东邻之行，喜慰之至，京都学风谨严，为海外之冠。交接胜流，必多补益，所愿谦冲自牧，毋负此行。敏泽兄所患闻不轻，又闻所内易主编有异议，皆不知其详。聋瞽老人亦但愿病人少病少恼耳。如有所闻，便中可略告也。复颂

俪安！ 葱葱好！

千帆

7 月 9 日(1996 年)

（六四）

蒋寅弟：

《书品》文前已见，写得甚好。谈我平生为学得力处与致力处，甚内行，可喜之至。(识师之家法，乃能突破成规，自为家法，发之于章是也。)

葱葱极可爱，望善将护之。

敏泽与我七九年在昆明相识，交往多年，觉其虽半路出家，旧学不深，

但为学勤劬，颇可敬重，不知何以颇不理于所中众口，此或因历史原因，非外人所知，亦不足深究也。

其索去《学记》，因篇幅过巨（有30万字，还想加2—5万，而出版社只能收20万），又宗旨不合（敏认为应以事迹为主，评论不重要，甚至拟不收评论，我则认为当代学人评论乃《学记》之主体，已收者决不能删），因此已请其退回另作处理矣。如相见，仍乞谢其厚意也。

酷暑，目力不佳，不多及。宏生秋间将去哈佛，章灿下月返，砺锋秋间亦将去朝鲜一年，想均知之。

即颂

双茀！

千帆

7月28日（1996年）

(六五)

蒋寅弟：

信收到，温习（口与笔）一下日文极有必要。译文最好有重要而集中的主题，南大文献所编印过两本译文集《神女之探寻》《牧女与蚕娘》，你的一本也可收入，上古出。章灿返后将出任文献所副所长，你可与商洽，他和曹虹、王长发均懂日文，也可合作。东一篇西一篇，出版社较困难。

去日前，应省亲，或能南下小聚，甚盼能实现。

默存石遗翁语未见。能动笔，想已痊愈，可慰。祝

全家好！

千帆

8月14日（1996年）

眼昏不成字，谅之。

(六六)

蒋寅老弟：

景祥代为经营之《选集》，近殆出版，已寄上一套。皆旧作又定价贵，

故未能普赠友人。青年学者除门弟子外，独赠陈尚君、陶敏、陈平原、王小盾、林继中、赵昌平六人，皆我所畏者也。

《文学遗产》今年6期载有我题字一幅，而此期独未收到，或已遗失，请代购一册挂号寄下，感感。《程千帆沈祖棻学记》已寄立朴，明年上半年云可出版，附闻。即颂

双安！

千帆

12月27日(1996年)

(六七)

寅弟：

手书到，知近状顺适，甚悦。《程千帆选集》挂号寄文学所，来信未及，不知收到否，甚念。望告知。匆匆，即颂

双福！

去日本，夫人孩子是否同行？到日本后请即来信。

千帆

1月10日(1997年)

(六八)

蒋寅老弟：

收到你的长信，非常高兴。你读书有进步，有心得，可喜之至。信中所提的情况、问题很多，都可以详谈，只是一时来不及，我希望你回来时，八十五岁的老人还很健康，可以交流。我现在先谈两点，我认为特别重要的：一是关于清代文学。一头一尾，社会背景，理论创作都具特色，近人为“一代有一代之胜”之说所误，对清代往往不加重视，你现在抓王渔洋，这很好。由钱牧斋到王渔洋是一个阶段，一个整体。渔洋不但开风气，而且交游极广，清人集中他的材料非常多，笔记中也不少，回来要细检，不要以为“差不多”了。第二是清朝末年龚定庵到陈三立、朱祖谋乃至南社诸子又是一段。抓住这两头，中间就好办了。还有你有志研究诗学，这是“一大事因

缘”,要发奋学作诗,不能说起来非常内行,动起手来不像样子。这要用苦功。要学会用感情去体现自己。我很少向学生提这个要求,又要知,又要能。对你是特殊。我对你有不同于一般人的要求。我七十岁以后,才遇到你这个学生,你又跟了我十年,我对你有这要求,也不是随随便便提出的。

关于韩孟联句,日本学者想把它仔细弄清,这很好。但不知你注意到一点没有?二人联句,如是韩愈开头,孟郊接下去,那孟郊往往模拟韩的风格,以求一致。反之,如孟首唱,韩也追随他。胡翔冬老师讲韩诗首先提出这个问题,统观二人全部作品,虽不敢说完全如此,但至少有部分作品是可以从这一角度去考虑的。现在看来,这是韩孟联句迄今尚未被人发现的秘密。你不必先和日本学者讲,自己先将韩孟两集认真阅读,加以比较,看此说是否能够成立。孟郊诗现有新出注本,不知你见到没有?先谈这两点,你好好思索思索,前一点是宏观,后一点是微观。就算给你出两个题目吧。

最近横山弘带学生来华,我托他带新出《诗文合抄》(前已寄北京,晓斌函中想已告知)。我第一次将所作古文公布,反响尚好。出版社预备正式印行,自觉有几篇还好,但总的说,水平不高。

又我的《学记》已交李立朴排好,在最后校订中,约八九月可出,其中收有日本朋友的书评、书札,按规定应付给他们少数稿费,到时我想通知你将人民币折成日元交给他们,然后我再将人民币寄给晓斌。这事不困难,我想你可以办到。

我的身体很衰老,耳朵几全聋,助听器无甚用处,必须对准耳朵讲,才能听见。眼睛白内障日益加深,又不到成熟,尚不能动手术,看书极困难,报纸只能读标题。腿也不行,走路困难,但仍旧勉强每天走走,还能走到学校大门口。但脑筋尚可,也还乐观。今年除《学记》外,巩本栋代编的《俭腹抄》(就是我的一些著作的摘录),已编好交上海文艺出版社,如顺利年底年初可出版。历时数十年的《校雠广义》四卷都已由徐有富协助写好,交给齐鲁出版社了,年底也许能出版。我和程章灿合著的《程氏汉语文学通史》,章灿仍在写作中,我事业上总算大部完成了,我的心也就安了。

莫砺锋、张宏生八月底都将回来，适接张伯伟电话，他昨晚已返宁，曹虹同回，曹虹暑假后还要去。

晓斌和葱葱都好吗？葱葱暑假后可以进小学了吧！颇念。匆祝
旅安！

千帆

8 月 1 日（1997 年）

（六九）

蒋寅老弟：

得函，知所托交日本学者款已办，甚感。大作获奖，吾道之光。社科院来了新院长，又值政府裁员，不知弟工作有无变动。望随时见示。老人眠食尚好，但体力日衰，耳目不灵，此亦自然之理，委心俟命而已。顺颂
俪福！

千帆

3 月 26 日（1998 年）

（七〇）

蒋寅老弟：

收到寄来文章和信，很高兴。我写字困难，想多写几句，所以请陶芸代笔。看起来，你十分努力，孔夫子说："四十、五十而无闻焉，斯亦不足畏。"你正是争取有闻的时候，而且的确已经有闻。自己又还知道不够，所以可喜。你的学术环境很好，应当注意谦虚谨慎。骄傲自满，害人害己，千万做不得。年五十始衰，到时为学也大体有成。如果五十还不骄傲，那就可以做到终身不骄傲。保持学术的个人风格，使别人认为你是靠自己的工作赢得声誉，而不是靠吹牛过日子，就会比较容易地获得成功。我今年九月就要吃八十六岁的饭了。就是写这封信，不靠老伴帮忙，都写不成这么清楚，所以希望你收到信后认真想一想。

我说这些话不是认为你已经骄傲了，表现不好了，不是的，而是希望你百尺竿头，更上一步。我已经看到徐公持先生的文章，请你认真代我向他表示感谢。我没有什么值得肯定的，只是放羊的羊倌太多，死蛇缠腿的

蛇就显得有些特殊了。好学生首先是自己好，老师的帮忙是有限度的，但如果认为学生是不可能由传授而得，那也似乎太过。锺书先生的成就是了不起的，但他似乎认为无人可以传授，所以终生不收弟子，恐将形成“仲尼没而微言绝”，实在可惜。我幸得在南大诸生的帮助下，虽然既聋且瞎，著述已逐步完成。《校雠广义》四卷徐有富帮助，齐鲁已出版。《程氏汉语文学通史》章灿帮助，今秋可在辽海书社出版，《俭腹抄》是由本栋整理，《桑榆忆往》张伯伟录音整理。现《程千帆文集》二十卷、《沈祖棻文集》四卷已与河北教育出版社订好合同，估计99年底可以出版。如果没有劳改十八年，也许成绩略强一些，但是先王既然如此安排，也就只好遵命办理。砺锋担任了全集的编辑工作，应《文学评论》的要求，写了一篇文章，题为“通识文心成圣解”，也许你比我还先看到。

匆祝

好！

千帆

7月10日(1998年)

（七一）

蒋寅老弟：

寄上《校勘》《典藏》各一册，想已收到。

收到一函，已忘其人。他要解决一个王渔洋问题，我近身体甚差。如弟有兴趣可与通一电话。如不想过问此事，则请将原件寄回。祝

好！

千帆

9月10日(1998年)

（七二）

蒋寅贤弟：

接来函知近日多有撰述，非常高兴。弟单名，似可有一号。我想到“文虎”二字，意谓今后在文学上更可大有成就，并与“寅”相应，弟意如何？

文中虎乃古人典故,弟当知之。

河北教育出版社为我出全集,由砺锋主编。除与章灿合作《文学史》、《桑榆忆往》、《俭腹抄》尚未交稿外,其余多已校过一遍,有的已寄来二校样,《校雠广义》则由河北和齐鲁直接联系。兹附上文集目录一纸。《沈祖棻文集》校样也已寄来,正由春晓校阅。《文学史》也已写完,寄给辽沈于景祥先行出版后,再交河北。《俭腹抄》还要补充一些。《桑榆忆往》则将略迟,因伯伟工作太忙,他担任了一些行政工作,辞又辞不掉,很恼火。我主持编辑的《中华大典·文学典》宋辽金元分典已编好付排,唐五代分典亦已编好,明年可相继出版。我现在虽已不能工作,但能看到这些书的出版,亦稍慰。

近因心脏功能差和肠胃不调,暂住南大校医院,无大碍,望勿远念。

令尊令堂能长住北京吗?葱葱好动,又好动手,今后可能成为工科人才,亦大好事。匆复,即颂

近安!

千帆

12 月 7 日(1998 年)

(七三)

文虎老弟:

四月九日来札又文集目均收到,极慰。文集诸题多能从广阔视角着眼,与弟旧作相配合,其必有补于学界也。文学所有大改革,应能展示一番新气象,愚虽老朽,亦望其有成也。此间亦有数事,可以奉告:① 章灿已提升为教授。② 我旧稿由章灿补充修改已在于景祥处排就,约五十余万字,五月中可出书,定名为《程氏汉语文学通史》。③ 我及祖棻文集由河北教育出版社付印。沈四卷,程大约 14 卷,沈已全排就,程约今年底可出,今附上目录一纸。④ 你的《立雪私记》,已由伯伟统一整理连同巩本栋的,统名“书绅录”,已寄四川大学《新国学》发表,三人约二万字。⑤ 本栋新著《稼轩评传》、有富新著《郑樵评传》、章灿新著《世族与六朝文学》及《石学论丛》相继出版,诚可喜也。我仍衰弱,然比前略好。匆匆,即颂

安吉！

千帆

4 月 17 日(1999 年)

(七四)

文虎老弟：

得京都书，知新得女婴，母子平安，极慰。研究工作亦安排妥当，伦脊秩如，皆可喜也。我自去冬一病，住院数周，现虽略痊可，而恢复不易。主要是心肌缺血，又有糖尿病。幸无做赶做之事，可以逍遥度日耳。文集可14 卷，幸砺锋、伯伟、章灿诸子为助，可以陆续付印。沈集则较少，仅四卷，已交稿矣。又所主编之《中华大典·文学典》，其宋辽金元部分已付排印，争取国庆五十周年献礼。共五册(全部《文学典》共 22 册。南大卞孝萱、张伯伟各任一分典主编)。书出众手，难以精密，然或可略胜《古今图书集成》耳。又我旧稿由章灿完成之《程氏汉语文学通史》已由辽海书社于景祥发排，一二月内当可出书，约四十余万字，此稿写于解放初，迄未理董，今幸章灿为助乃得印行耳。弟何时返国，仍望时以行止见告。衰退不能多写，顺颂

俪安！

千帆

7 月 16 日(1999 年)

(七五)

文虎老弟：

收到 12 月 18 日信甚喜。又知旅日工作不太忙，可以从容治学。夫人近亦得晋升，孩子长得好，均是喜事。你所撰我学述知已寄《人物》杂志。该刊最近一期发表了武大历史系李涵教授纪念沈祖棻的文章，不知你见否？李是沿革地理(尤精江汉流域)专家石泉的夫人，自己的专业是元史。我估计此文可发表。似以略待再去函询之为好。你所拟题均鲜人涉笔，严格地说，乃是空白，可次第从容为之。开辟一新天地，殊有功于学

术也。我事近可奉告者:① 所著《校雠广义》四卷,历时十年(若计全程,则自40年代初至90年代为60年),得徐有富君之助,已在山东齐鲁书社出齐,并获得第四届国家图书奖。(整理古籍奖仅三种,另二为《尔雅诂林》及《郭店楚墓竹简》,《尔雅诂林》作者朱祖延,乃殷孟伦教授弟子,亦是章黄学派之传人也。)② 我主编之《中华大典·文学典》,其中宋辽金元分典由四川大学曾枣庄主编者,已由江苏古籍出版社印出作为国庆五十年献礼,得到中宣部及新闻出版署之肯定表扬,闻最近《中国教育报》将出专刊,如出当以奉寄。以上两种,《校雠广义》四册,120万字,宋辽金元文学分典五册,200万字,闻已销日本,不知吾弟见之否。如有褒贬之论,幸见告也。③ 我的文集,已由砺锋编为14卷,决定河北教育出版社出,另《沈祖棻全集》四卷,大体可在2000后出齐。

近来教育部体制改革行岗位制分级评定,待遇提高。弟同门砺锋、伯伟、宏生为二等。章灿、有富为三等。曹虹(副教授)四等。大约一等为年薪五万,以下酌减。我早已退休,故不与其事,然亦荷授与"优秀学科带头人"之称(此举仅中文系有之,共叶子铭、周勋初、董健及我四人),各送一万元以示鼓励,亦赵佗聊窃帝号以自娱耳。我耳目均欠佳,走路亦不大行。胡乱写此,以当面谈。即颂

俪福!

千帆

1月6日(2000年)

(七六)

文虎老弟:

得书知已返京,一切安定,甚慰。短期讲学足益见闻,与夫人聚首,亦是目前必要,但为久计,仍以能在北京定居为好,望妥善安排。知在京治学,收获甚丰,亦颇及下走,甚愿早日见之。五月中旬此间要开《中华大典·文学典》魏晋南北朝分典及理论分典审稿会,为期13日至15日共四天,与学校明清会议正好衔接,只需早来两天。不知弟能有时间参加否,如有可能,则可借此一晤,望与所中领导一商,并告我。友人中砺锋、伯伟

在此参加，亦颇有全国京沪学人可相见也。我身体甚差，耳聋目瞀，亦不良于行。幸《中华大典》全部已大体安排，可在2003年出齐，虽是官书盛世之点缀。（其宋辽金元分典想已在北京见之。）我全集已得砺锋、伯伟为助编成14卷，在石家庄河北教育出版社出版，在陆续印制中，希望今年秋天可以出齐。又有《桑榆忆往》一种，由伯伟记录，则六月中可在上海古籍先出单行本。诸子意气风发，著述甚多。章灿将我少作修订补充印成《程氏文学通史》，弟或亦可在所中见之。又与徐有富（现去韩国讲学一年）合作《校雠广义》，已得国家图书奖，其新印本齐鲁书社已出新版，想亦见之。我来南京二十余年，自己所成，微不足道，但弟等成绩斐然，为学术界所称，亦差足慰也。字迹潦草，文字不谨，谅之。盼惠复，即颂
安吉！

千帆

4月27日（2000年）

致荒芜（一通）

荒芜，作家、诗人。

荒芜兄：

不悉能为《宋词赏析》及此书作一书评否？闻《文学评论》要实质性的书评。

闻北京已转凉，诸想安善。即颂
著安！

弟帆

（1980年）①

① 整理者按：此信时间不详，疑为1980年秋作，姑系于此。信中“此书”指《古诗今选》（征求意见稿）。

致周本淳(八通)

周本淳,字蹇斋。曾任淮阴师专(今淮阴师范学院)中文系教授。

(一)

本淳先生:

新诗深美闳约,有冯正中、欧永叔之风,惟一结少嫌直致耳。瞽说幸勿罪也。所惠《活页文史丛刊》至100期,均收到。惟细检独缺1—15期合订本,不知能补赐一分否?感感。即颂

著安!

千帆顿首

5月17日(1981年)

(二)

本淳先生:

顷荷寄赐新著,极感。《统签》至今日仍有重印之价值(闻台北已将故宫所藏季振宜《全唐诗》印出,不知先生曾见之否),惜有心者无力,有力者又无心耳。比值学期结束,尊注未能即时悉心拜读,如有愚见,容更缕陈。即颂

吟安!

弟会昌顿首

12月20日(1981年)

(三)

本淳先生:

承赐新作,适患感冒,卧床读之,精神为之一爽。先生非徒有性情,亦有济胜之具,使弟羡慕不已。写黄山景物数首尤好,少加谐趣,便到诚斋矣。前些时审定外国学生教材,过于疲累,一直未恢复元气,近又偃卧,嘱

内人代笔，不恭不恭。敬请
道安！

弟程千帆
6月4日(1987年)

附致北山先生函，请转致为感。

（四）

本淳先生：

收到《札记》新书，颇有前此未尝拜观者，深幸炎夏得此可以益智消暑。友朋中老学不倦如袁伯业者，先生而外，无他人也。弟年来日益衰眊，目瞀耳聋，虽仍读书而已无所发明，对新作不能不增愧矣。令郎想已安抵东瀛，念念。敬此布谢，即颂
道安！

弟程千帆
6月30日(1990年)

（五）

蹇斋先生：

承示新诗，具见游兴吟兴两俱不浅，笔力雄健，老寿之征，尤可欣庆也。久不作诗，偶应友人之嘱撰二序文，谨呈左右。未尝学文，故无法度可言，博笑而已。专上，即颂
道安！

弟千帆顿首
9月21日(1990年)

（六）

本淳先生左右：

赐书敬悉。《全清词》前任编者之校理实多讹谬，幸得先生为之纠正，或可达到出版标准，已将尊函转送勋初先生，仍乞先生续事校订，不胜铭

感。专肃，祇颂
吟安！

弟程千帆拜上
1 月 23 日(1992 年)

（七）

本淳先生：

《全清词》顺康卷第一册校样已出，谨呈阅。此书之校对工作，已与中华商定，由该局任之。兹送呈左右，乃欲先生略加披览，俾校其后部分时，在体例诸方面便于衔接而已。若发现有应订正之处，随手注明，自所铭感，但不敢烦劳耳。五月底或六月初请将其直寄徐俊先生至感。专肃，即颂
著安！

弟千帆上
5 月 4 日(1992 年)

（八）

蹇斋先生：

手教又新诗二篇均拜读，知老健北游甚快。弟年来衰惫日甚，耳聋目瞀，举步亦艰，已不能读书，枯坐时为多，任运而已。相距虽非遥，然仍惜不能谈麈也。敬颂
吟安！

弟千帆顿首
3 月 27 日(1997 年)

致王利器(二通)

王利器，字藏用。曾任教于四川大学、北京大学等，后任职人民文学出版社，兼中国社会科学院特约研究员。

（一）

藏用尊兄先生：

前承赐寄《文心雕龙校正》及《颜氏家训集解》，曾复书致谢，计达左右。兹绍介研究生张三夕君奉谒，张君有志校雠之学，其毕业论文《宋诗宋注纂例》尚有条理，伏冀推爱，进而教之。又张君拟到北图查阅善本，虽持有南大正式介绍函件，犹恐不免扞格，吾兄于该馆当有熟人，幸为陈说，俾获诵习之便。不胜铭感。新秋戒寒，敬祈珍摄。

祗敬

著安！

弟昌顿首

9月15日(1981年)

（二）

藏用老兄：

卧病中忍奉新著，大有枚叔《七发》之功，1000万字富翁，视白石有过之无不及矣。风闻在香港中文大学出一论文集，遍觅不得，不识尚有存书能见惠否？近日亦偶出一二小册子，虽小巫仍不敢不拜见大巫也，稍缓当寄奉。现在正是金陵好秋时节，惜不得与君共游，怅怅。又有友人欲搜集八股文集，不知旧书店有无存书。兄乃多宝道人，或能知存佚也。盼告。专此，顺颂

道安！

弟千帆

11月29日(1990年)

致姚北桦(一通)

姚北桦，曾任《江海学刊》主编。

北桦兄：

寄上徐有富同志文一篇备《江海》用。此文弟修改过二次，不算太好，但是专门讨论风格继承的专文，目前很少，在方法论很可取。值得提倡。请酌。（我现在指导研究生写文章，很重视在方法论上的革新。）

谨上，即致

敬礼！

弟千帆

10 月 28 日（1981 年）

收到乞复。

致林继中（五通）

林继中，闽南师范大学文学院教授。

（一）

继中先生：

顷奉大教，奖饰过情，所不敢任。惟过去治文史多粗线条，此风似应改变。此是另外一种历史问题，倒是宜细不宜粗也。尊文已拜读，所考论极有意思。桃花源是何等境界，大概因时、因地、因人而异。弟尝撰一文载之《文学遗产》80 年一期，亦略涉此点。谢宣城云："既欢怀禄情，复协沧洲趣。"则唐人之想法与实践，六朝人已为之先驱。大概有文化的地主老爷们此种思想总有之，而土地制度经济情况则不断变易，而其生活（仕隐）方式则亦随而适应之耳。周祖譔先生，弟所旧识，前时来宁，尝得把晤。明年春初，或将赴肇庆开会，或乘便来厦门，因得奉手请益于足下，亦一快也。

专复，敬请

大安！

弟程千帆顿首

十一月十二日（一九八一年）

（二）

继中先生：

上海古籍出版社转来尊著《杜诗赵注辑校》，感不可言。近人治杜多空谈而鲜征实，如此书之如乾嘉诸老治经者，盖未有第二家也。欣佩何极。弟休致有年，耳聋目瞀，已不大能读书作文，然幸得此异书，固当从容含咀之耳。

专此复谢，敬颂

大安！

程千帆

五月三日（一九九五年）

（三）

继中先生：

瑶札拜悉，拙著别寄，甚愿有以匡正之也。白内障颇剧，视力模糊，凡百皆废。友人赵昌平（《文遗》）、黄进德二先生曾作书评，谅见之。

匆复，即颂

著安！

千帆顿首

十月二十八日（一九九六年）

（四）

继中先生：

赖兄返宁，得所赐名种水仙，寒斋得以增色，感不可言。小集荷奖借，徒愧赧耳。谨此布谢，即颂

近安！

弟程千帆顿首

一月十日（一九九七年）

（五）

继中先生：

惠示敬函。命作签，适在病中，殊不能工，然极喜新书将出，得先睹也。近得门人之助，亦勉成《文学通史》。此乃数十年前旧稿，十月中或可在沈阳印出，当以呈教。《大典》宋辽金元分典亦大体可出，然大书又是官书，甚难保其精善，幸先生督教之。弟今年八十有七，臣精消亡，已难工作，瞻望骥足，但有愧叹而已。

顺颂

著安！

弟帆上

九月三日（一九九九年）

致宗白华（一通）

宗白华，美学家、诗人。曾任北京大学哲学系教授。

白华先生道右：

顷承文孙送下尊著，感谢之至。其文有数篇三十、四十年代已读之，今重阅，大有当年荷耳提面命之意，颇生欢喜心也。北国冬寒，伏冀摄卫。专此，祗叩

著安！

程千帆上

十二月六日（一九八一年）

致唐圭璋（二通）

唐圭璋，曾任南京师范大学中文系教授。

（一）

圭璋老兄：

我觉此文写得不错（文字要稍润色），仍请法眼审定。敬叩
道安！

弟千帆

十二月八日（一九八一年）

（二）

圭璋兄：

周策纵托人从香港带来照片一张，奉上。

又《江海学刊》转来一稿，我看不错，可用，仍乞审定。看后，请签注意见寄给姚北桦兄。

顺颂
著安！

弟帆顿首

二月六日（一九八二年）

致黄葆树（一通）

黄葆树，黄仲则六世孙。

葆树先生左右：

华翰敬悉。陆平原云："咏世德之骏烈，诵先人之清芬。"先生有笃《两当轩集》重印、《资料》出版，定当拜读。谨复，即颂
著安！

程千帆顿首

十二月十四日（一九八一年）

致张三夕(三十七通)

张三夕,华中师范大学文学院教授。南京大学中文系文学硕士,师从程先生。

(一)

三夕老弟:

前后两信都收到,知工作大体顺利,甚慰。生活中免不了有这样那样的葛藤,只能逐步解决。

教学为主,行有余力,则事科研,很好。三项次第安排也合适。宋诗宋注考何时着手?我近得海外材料一二种,前所未见,你动笔时,可寄给你抄录。

上次复印之陈寅恪文集零篇,系公物,望检出寄还。又林顺夫论姜词书在译文校订后,亦望寄下。叶迦陵谈诗第二册,莫、徐处细检无有,亦希留意,然未必能寻得。姑妄言之。

我近来身体大体尚可,但近到出版局开了一周会,忙了一阵,痔疮又发,不知三月中旬国务院古籍规划小组之会能否参加。

住房事,我当了解一下。

谢谢寄来的豆丝。

即祝

双福!

千帆

3 月 1 日(1982 年)

(二)

三夕:

收到来信及所寄学生论文,甚慰。

《文学遗产》编辑部寄来刊物及中华寄来稿费,均已转上,望收到后回信。并将收据寄回中华。

《全唐诗》补逸共三家，已由中华书局印行，非久可出，我可请孙老送你一册，不必找了。

《社会科学战线》的抽印本，只给作者，编辑部不留。如你要，只能去函购一全册。

你半年来成绩不错，但不宜铺得太宽，可先以一两个题目为主，其余则暂时只遇见材料即不放过，即可。同时，一定要把教学放在第一位，教然后知困，而科研就必然会跟上来。唐代文学要教好，文学本身，要注意① 散文、② 骈文、③ 诗、④ 词、⑤ 传奇、⑥ 变文各方面的知识，而历史、哲学也要付与足够的注意。细读高氏《唐宋文举要》，在骈散文方面补一下课。（历史，特别要在文化史方面补课。哲学，特别注意儒学，还有佛道对当时现实生活的影响。）

英语决不可丢，以后还会用得着。报考博士生，国家可能以行政手段支持。

我很忙，主要是教育部委托一些事。李柳论文，以后有空再看。

近来患眼底出血（轻微），不能多看书写字。

张韵可爱极了，希望她健康成长。你们是否分了房子，望告。

有富要在图书馆上大一语文，现在在研究方志。

砺锋在读《诗经》。

新招两个硕士生，有一位程度太差，退学了。“才难，不其然乎！”

祝

全家都好！

千帆

7 月 16 日（1982 年）

信及文刚要发，收到七月十四日函。你们三人的学位，已在校、系两级学位委员会通过，已报部，想非久可得正式通知并收到学位证书。南大事多，可能迟些。硕士研究生特别优秀的可直接定讲师，你不争，是对的。

（三）

三夕：

译稿及推荐书寄上。

林顺夫消息报章所载都已看到。

张韵可爱极了，陶芸非常喜欢。

考试，还是要认真准备，因为博士生如不合格，可以一个也不取的。

我心脏不够好，但还勉力工作。

匆匆祝

全家好！

千帆

11月2日（1982年）

附致华中师范学院研究生处函

华中师范学院研究生处：

张三夕同志系南京大学中文系古代文学专业研究生，于一九八一年毕业，获得文学硕士学位。

该同志品质优良，学习勤奋，所著硕士论文《宋诗宋注纂例》，曾获得校外专家段熙仲教授的好评，以全优的成绩在答辩委员会通过。其英语具有阅读专业文献的能力。适合于继续攻读博士学位。

该同志已征得其工作单位武汉师范学院同意，拟报考贵院张舜徽教授指导的历史文献专业博士研究生。特此正式推荐，希予照察。

此致

敬礼！

南京大学中文系教授程千帆

1982年11月2日

（四）

三夕：

我去北京开会，遇见张舜徽先生，他告诉我你已录取为他的博士研究生，回宁后收到你的信，知已接到正式录取通知书，极感欣慰。我在暮年收了你们三个研究生，对你们是寄予很大期望的，所以在欣慰之余，想给你提出几点我的想法：

第一，你的年龄还很轻，在目前的情况下，也许是太年轻了，因此我特别要向你提出“戒骄戒躁”四个字。骄就是满足于已取得的成绩，就会阻碍进步；躁就急于求成，就会不踏实，不能一步一个脚印地前进。这虽然是老生常谈。但要做到，却也不是很容易的。

第二，张先生治学的范围和治学方法和我是不一样的，你能从两个老师学习，很幸运的，比起莫砺锋一直从我学习，你的条件更好。你一定要把张先生的学问和治学方法学到，张先生所有的著述，你都要很好地读，认真地学。

第三，你一定要认真处理好几个关系：品德和学术、考据和词章、文学和史学、中文和外文、理论和材料。这几方面要一起抓，不可有所偏废。特别是外语，不要丢掉。作为一个现代的博士，英语不能达到四会，是不行的，这你在将来的工作中必然会感到。我对莫砺锋的外语，一直抓得很紧，他一直和一位加拿大籍教师互教互学，包括口语和书写，这学期学校又为研究生开设了口语班，他也参加了这个班。日文他也在继续学习，期望能达到看专业书的目的。对于你的外语，我也和张先生谈了，他会对你这方面关心的。

总之，任重道远，希望你努力克服困难，不断进步。

寒假中托人带来的信和食物，都已收到，谢谢。小张韵已能背诵唐诗，很聪颖可爱。徐有富的爱人已调到南大财务科，全家都已搬来，他很高兴，工作也很安心。他所写的《李清照》已出版，想他会寄给你的。

我刚从北京回来，旅途劳累，心脏有些不好，所以不能亲自给你写信。

代为问候朱祖延、周勃、张国光等老师。

祝

全家好！

千帆

3 月 9 日(1983 年)

（五）

三夕弟：

论文样张及手笔俱悉，条例经舜徽先生审定，自属妥善可行。考证之学，要在不误不漏，愿力行之耳。英文无大进，以练习之时过少。砺锋经与加拿大人布鲁克斯君共学二年，遂非复吴下阿蒙。如华师有此机缘，宜效之也。资料一编供参考。即颂

双好！

千帆白

9月17日（1984年）

（六）

三夕弟：

来信收到，我身体一直不好，不甚能工作，但负担仍很重。本期招了三名博士生，由周勋初、郭维森两先生协助。

你要的材料，我认为可由我介绍相识，直接索取，现附上两函，并告情况如下：

① 松冈荣志，日本东京学艺大学（即师范大学）讲师，《行卷与文学》的日译者，地址如下：KO日本东京都新宿区高田马场3－29－5。

② 刘茂舒、皮公亮，刘弘度先生的长女、长女婿，现在《长江日报》工作。

如给松冈寄文，要当信寄，并挂号，否则易被海关扣留。用航空信封，邮费平信八角，约十日可到。顺问

全家好！

千帆

3月2日（1985年）

你另写一信给松冈。刘先生的材料望印两份，一份寄给我（挂号）。

附致松冈荣志函

松冈荣志先生：

前接贺年片，病中未复，乞谅。

尊译拙著今年可出版，闻之甚慰。此一不成熟之作品得因鼎力以就教于贵邦学人，殊感荣幸。

张三夕君，前曾在南京大学取得文学硕士学位，现正在华中师范学院张舜徽教授指导下，攻读博士学位，其论文是为《史通》研究。仆曾以尊撰《史考》二篇相示，甚佩缜密，颇思得其续篇。今谨为介绍，甚冀互相切磋。先生弘达，当乐于与之往还，结此文字胜缘也。

专此，即颂

著安！

程千帆

3月2日(1985年)

(七)

三夕弟：

前寄上祖棻诗集、选集，又与有富合撰之《校雠广义·目录编》，想均收到。《目录编》望抽空看一遍，如有异同，望告有富，以便酌改。砺锋已经哈佛面试及"托福"考试，现只候美方通知。

你的答辩我不能参加。当在会前将评语寄给张老。望转告。

《史通》过毕后，暂存你处，俟有妥人带回。

复颂

安好！

千帆

2月7日(1986年)

(八)

三夕弟：

来信收到，工作既确定，便可安心下来，努力从事科研教学。张老和我的学术不同，你先后采获，机会比他人为好，望古今中外新旧兼综渗透，从事史学批评史这一开拓性的研究，对文学也不放弃，要注意对人处事谦和忠恕(少年得志，每难戒骄)。"言忠信，行笃敬，虽蛮貊之邦行矣。"我不

愁你的业务不长进，而担心品德修养不能同步发展。千万注意及之。想到湖北大学过冬，一切还可详谈。祝

双福！

千帆

7月3日(1986年)

（九）

三夕、小邵：

前函早已收到，知工作已定，甚慰。因事冗未能即复，歉歉。《史通》放在子仲处，很好。

以前在成都金陵大学任教时的老同学刘彦邦同志夫妇来沪宁一带旅游，回途拟从武汉转道重庆回成都，兹介绍来访，希协助购买上水船票，为感。

如无其他事故，十一月中旬后拟往湖北大学讲学一段时间，到时可详谈一切。希勿张扬，以免来邀请讲学者过多。

砺锋到美国后已有信来，一切均好，附上其住址一纸。

匆祝

俪安！

千帆、陶芸

9月20日(1986年)

（一〇）

三夕老弟：

上月二十七日信收到。今夏酷暑，几不能堪，幸校方照应，在有空调房中度过二十天，得免于厄，可告慰也。国步艰难，大约“上下交征利而国危矣”，“上下相蒙，难与处矣”二语足以尽之。目前出版业困难极大，出论文集不易，似可先在华中师大图之，本校出版社当较他校为易。俟有眉目，当为题一签也。伟民夫妇南归当更有发展，过迟则不免受年龄限制耳。手复，即颂

俪安！

千帆

8 月 8 日(1988 年)

丽则女长者已将入初三，小者将入小学五年级。有富女徐昕有望入南京师范大学古文献。

(一一)

三夕弟：

女婿张威克来汉，托其带上近著书六册，一册奉送，其余五册请分致(又汪先生文集一册，祈交朱祖延先生)。仆近月身体甚差，已不甚能工作，但悠忽度日而已，甚可哀也。

匆匆，即颂

双茀！

千帆

(1989 年 7 月)

(一二)

三夕弟：

兆鹏来，带到豆丝，质佳，非凡品也，甚谢。闻生小病痛，望安心治理，泰然处之。《易》遁初六之象曰："遁尾之厉，不往何灾也?"上九卦辞曰："肥遁，无不利。"幸以暇玩之。

我去冬连服中药百余剂，心脏病远较 87、88 年冬为平稳，可以告慰。砺锋与我合著杜诗论文，已排出清样。有富与我合著《校雠广义·版本编》亦发排，惟究何时出，则难预计耳。祝愿

全家安好！

千帆

2 月 14 日(1990 年)

(一三)

三夕：

来信收到，知安善，甚慰。我88年9月在北京出席“七五”规划会议。突发心脏病，几濒于危，幸抢救得全，从此不再出席各种会议，亦不离南京一步，已两年矣。此会办事，尚属公平，弟等项目，如确有价值，或不致遗珠，惟款数不定能多耳。今年5月，我已正式退休，待明年四位博士生毕业，即可优游。如身体平适，或再到武汉小住，惟今年不行。年内可出《诗世界》及《选集》二书，当以奉寄。皆旧作，无新文也。手复，即颂
全家快乐！

千帆

9月19日(1990年)

唐会事，周先生及砺锋等甚忙，我不问也。

(一四)

三夕弟：

去岁十二月二十二日信早收到。我延至一月十二日才勉强出院，仍孱弱不能做什么事，幸亦无必要的事要做，惟清积压信件，择应复者作复而已。

现在一切，诚如王言，我们只能选择一些：① 相信现在或将来于人有益者；② 自己能做者，咬紧牙关，排除阻力，做一些。至于是否能达到目的，那还是看缘法的。

寄上近出书二册(另一份直寄张先生)，都是与同学们合作的。(如他们也寄了，可送别人。)

张韵想日益可喜爱。对孩子不能过于严厉，要容许她们有一个自己的不同于大人的小天地。

祝
全家好，春节快乐！

帆

1月26日(1991年)

（一五）

三夕老弟：

豆丝已收到，谢谢。在远不遗，每岁不忘，风义之笃，今亦罕矣。

所寄两书，乃平生诗论之差足存者。足下与我讲诵有年，甚望暇日为文阐述之。如《江汉论坛》等刊物可刊载，即以付之，寄来南京亦可。文不必长，七八千字可矣。《诗世界》实即当日讲稿，宏生、砺锋为充实之，遂成长文耳。顺颂

俪茀！

千帆

3月17日（1991年）

（一六）

三夕老弟：

七月廿六日来示收到。请你首先代我向张老致意。我收到那本随笔，正无事，就全看了，然后（在收到约十天后）就回了信，很赞赏他这种介于通与专之间的写法，又佩其博学于艺事多通，不知此信何以竟未收到，似颇失礼，望为我说明一下。

你评《诗世界》一文，《江海》告我只去约千余字，且毫不损及本意，他们已付印，想非久可见。希望不致失言。又寄蒋寅转《文遗》一篇，莫、二张都在看，看后也许将意见由蒋整理一下，交《文遗》参考处理。（此事我不详，大概如此。因砺、宏均已去四川出席宋代文化国际会议，约周后方返也。）那文也写得不错，但文笔自不及老弟之洗练。我已函谢作者高华平同志，然此文最后能否刊登则不可知也。

我近来身体尚好，夏天还是按老办法住在“中美文化中心”有空调的屋子里，近方在看徐有富等所编《中国古代文学史料学》，执笔者程度不齐，似虽加修改，亦难成为好书也。对我来说，则“尽心焉耳矣”。亦消遣长夏之一法也。我家亦装一小空调700W，1600大卡，但只装一室，并不能终日伏处其中（陶芸有家事，尤然），时冷时热，易患感冒，故仍移居中心

耳(如此则芸不做饭,可休息一个时期)。此间前数日甚热,近已降至34度左右。

廿二日寄上与吴新雷先生合撰之《两宋文学史》一册,虽列为教材,但不似教科书,随意为之,不中规矩,恐必有赞之者,亦必有责之者,姑听之可也。

与有富所合撰《校雠广义·版本编》,大约今年秋冬间必可出版,《校勘编》材料大致齐全,希望92年能具初稿。现在工作,皆收拾摊子,更不进新货,开新店,不敢如张老之老当益壮也。

武汉出版社,吾弟有无熟人,有一位编辑名潘长胜者,知其人否?便中可相告也。

手复,即颂

双茀!

千帆

7月31日(1991年)

张韵眼睛要多加注意,目前可能是假性近视,可以治好。以后不要看书时间太久,还要让她多玩玩。今天《报刊文摘》有一段与视力有关的报道,剪附信中,请参看。

芸

(一七)

三夕老弟:

来信及附件均收到。

请代我向张老表示慰问,这种事,他人的慰问是无从发挥什么效力的,我只是想劝他为祖国文化着想,珍重自己而已。孔子五十而知天命,乐天知命,故不忧。张老服膺儒术,八十高龄,必知此意。

宋文学史如何写我是有想法的,(比如说,坚决不要一般文学史的那种第一章绪论,那些谈什么上层、基础之类的抽象空洞,生拼硬凑的宏论),但我心中有底又无底。说无底,怎么写出一厚册来呢?说有底,又似乎只能通过实践表现出来,而不能自己明明白白地叙述出来。因此,我非常希望有人合作，对它——两宋文学史这一客观存在——进行解释（包括肯定和否定）。我收到一些回信（包括你的），对我好处不少，有几位还想写讨论性的专评，经过大家的帮助，或许我可以提高一些。

武汉出版社文史编辑潘长胜先生来信约稿。先是谈一本他们想出的程沈诗词选集，仿古直排。我主张加上新诗，横排，没有取得一致，也没有再谈下去。二是我建议将我和陶芸合编的《骈字类编音序索引》交他们出版，他们同意了。潘长胜来信说“敝社经过反复论证，拟出”此书。三是我推荐徐有富等编《中国古典文学史料学》给他们，他们也有兴趣，但南京大学出版社已与徐有成约，无法交给他们了。

你在武汉出版社中有熟人，望通过其介绍，去和潘长胜先生谈谈下列三点：

① 如《索引》该社决出，就订一合同，或至少先用社的名义（不仅用个人名义）通知我，我可以拿了这信去辞掉其他本还在商量的其他出版社。希望此信盖公章，有法律效力。

② 程沈选集，他们商谈后，现在具体意见如何？他们原只提了两点：1.旧诗词合集名珠璧集，2.数量为500首。我意“珠璧集”自吹太过（以名“沈程诗词选”为妥），不加新诗则不全（如他们坚持，可不加新诗），又自作诗自注亦有轻视读者之意，所以一般不加注为好（加一集中人名简介则无不可）。还希望与潘先生研究后告知。

③ 徐有富书已不能交该社。

写张老文甚好，惟追踪而又发展清儒之学这一点似尚强调不够，略加数百字即可更增其学术价值，并说明其学术渊源矣（张学近顾）。

附致潘君一函，可面交也。

祝

俪苐！

千帆

8月21日（1991年）

（一八）

三夕老弟：

回信早收到，谢谢你费事和出版社联系。但迄今他们未来人，也未来信，不知意向如何？不知你能打一电话问问否？成否当然不能必，也无需勉强，但我要早点知道他们最后的决定。

你的评《诗世界》文已在《江海》刊出，我再看了一遍，的确很好，细微而且准确。《纪念论文集》周内可发稿，是砺锋刚才来说的。

盼复。祝

俪安！

千帆

10月22日（1991年）

（一九）

三夕老弟：

来信收到，《索引》事承代向出版社询问，甚感。我亦于收到你信的前一日去问该社此事。我仍望其有着落，因交南大出版社本可，但这一折腾，由八月到十一月，他们明年计划已定，就无法列入92年出版计划，要推到93年了。

出诗词合集，本非我意，是该社主动提出的，那当然以不再提为是。

我的八十纪念论文集已下厂，江苏古籍出版社争取明年八月出书，又南师大《文教资料简报》想为此出一专栏，伯伟在编。同学们想写一点“千字文”，用随笔形式谈些往事，以增加趣味性。你如有空愿写一点，可在一二月内撰成交砺锋。

旅游文学研究会，我简直不知道如何成了会长，因老病且无济胜之具，这次还是不敢去，仅写了一张字（宋楼钥《攻媿集》中咏雁荡石门洞诗句），聊表微意。吴翠芬、郭维森两先生听说要去的。如你能在回程时，在南京盘桓数日，极所希冀。又《音序索引》如能在武汉出版，能否请舜老作一序，俟定局以后，能叩之否？幸酌。匆匆，即颂双好！

千帆

11 月 9 日(1991 年)

（二〇）

三夕弟：

三月二十六日函收到。

我很赞成你去海南，当然，对自己来说，有个适应过程，而对事业来说，也是一个发展过程。伟民、玲玲是你旧识，只要自己善处，是可以有作为的。砺锋已升教授，有富未升，但担任副主任，都招研究生，砺锋还是周勋初先生的博士生副导师。看来，华师不甚识人，而张老恐已被供起来，成为不显灵的菩萨，你大可南行。

来鄂小住，也只是那么说说罢了。我正写一本关于宋诗的札记，类似诗话，一天写一千字。如身体好，能在秋天写好，再和周勃联系。

你何时走？大概在暑假后吧？望随时告知。祝

双好！

千帆

4 月 3 日(1992 年)

（二一）

三夕弟：

收到前次来函后，即于四月四日作复，谅已收到。弟去海南事已否定妥？南大陈瘦竹先生之两博士生阎广林、赵康泰已去海南，弟去后当可有一番作为。

兹有一事相托：武汉出版社潘长胜同志于三月中旬来宁，携有该社介绍信，将我与陶芸合编之《骈字类编音序索引》原稿拿去，三月十九日临别前言明抵汉后即将收据及合同寄来，双方签订合同后，先付稿费二千元。但迄今一月有余，收据与合同均未寄来，亦无信函。该稿本已交南大出版社，因武汉出版社连来二信，表示决定接受此稿，并于今年内出书，因此将

稿交与该社。不知何故杳无音信，请于便中了解一下见复，为感。

据说该社总编辑是洪源先生，刘绶松先生的研究生，弟识之否？

祝

全家安好！

千帆、陶芸

4 月 22 日（1992 年）

（二二）

三夕：

望速将新著完本寄来，以便读后作鉴定。

前将缺本寄还（挂号）想已收到矣。

祝

好！

千帆

11 月 21 日（1992 年）

（二三）

三夕：

寂寞中得八月二十九日信，甚慰，随笔，很愿意看看。我没有写严格意义的论文已五六年。为了理解古文，也常写一些文言文字，主要是序跋，因此对唐宋文的气势情韵比以前知道得略多一些，平生诗功略具，文术甚差，现在只是补过罢了。志达一辈子在一个闭塞的学术环境中，少良师益友箴规琢磨之功，因此成就晚，又不大。武大太坑人，现有理解，想改变，但要费大力气。我为此书作序，亦是有感而发，但不彻底。将来，你有我可以借题发挥的书，我也愿意执笔作序的。去年写过一本《宋诗精选》，已出，大约不久可购得奉寄。祖棻词笺希望九四年上半年出。另外《汉语文学小史》《校雠广义・典藏编》，由章灿、有富整理中，恐出版要到九五年了。我做手术后，恢复得很好。但出游难，身体是一本，钱又是一事也。顺祝

安好！并候

伟民、玲玲、康太、广林诸兄。

千帆

9 月 11 日(1993 年)

(二四)

三夕老弟：

有富返宁，得手书，又厚赐，感感。书评可徐徐为之，亦不必执着于本书，能从近世学风着眼，不重视入门奠基，故多无根之谈空疏之说，则尤可药今人之病也。张老著述札记能见其大，若能从湖湘学术渊源着眼发挥之，则更善矣。我近因无工作压力，但偶为留校诸生改文，殊为悠闲，故顽躯转健，然究竟衰年，但冀其难老，而非不老也。即颂

著安！

请代问伟民夫妇、广林等好！

千帆

12 月 27 日(1993 年)

(二五)

三夕老弟：

古人云：死生亦大矣，可不惧哉。又，夫子对子路死之问，云：未知生，焉知死。可见死一问题，自来为人所纠缠困扰，吾弟此书独立探索，与周勃《永恒的困扰》，皆开辟鸿蒙之作，非依傍门户者所能望其项背。今日方大雪，小窗微明，秃笔作复，意欣如也。顺颂

著安！

帆顿首

3 月 9 日(1994 年)

(二六)

三夕：

久不相问，诸想安善。近年王元化教授办一刊物曰《学术集林》已出

四期，甚有质量，不知吾弟见之否？此刊颇载先贤遗稿，我因想请你将《史通削繁》纪批及杨守敬、向承周之批语辑出刊布。写有一小引，能否用，望酌。我眼白内障厉害，细字全看不见，别人也不内行，故只有托你也。

如你可办，请注意下列各点：

① 格式按《史通笺记》，《史通》原文节引，作正文，顶格。三家批校分条写，以［纪］、［杨］、［向］分别，均低二格。

② 繁体，横排。

③ 钞成后，挂号寄上海吴兴路246弄3/1001王元化先生，或上海复旦大学中文系博士后傅杰先生（邮码200433）。

我身体尚好，今年83了（即是没有太坏下去），因已无必须完成的硬性任务，故心境较轻松。耳朵极聋，配一助听器花了近二千元，但只是略强。人工终不能胜天然也。一些未了之事，赖诸门弟子相助，慢慢完成（如此次请你整理《史通》旧校公之于众）。有富助我整理《校雠广义》，今年底或可完工。委心任运，聊以卒岁。弟不知又成家否？甚以为念。有富迄今未升教授，其人老实，每被排挤，近调入中文系，任副主任，或者可稍好。盼复，即颂

安吉！

千帆

11月19日（1995年）

（二七）

三夕：

看了你的信，我心里很难过。小韵儿时和徐旸在饭店里把凳子搬来搬去的欢声笑语似乎还在眼前，那时她多么活泼、天真！86年我们在武汉又见到她两次，一次在湖北大学，一次在你们家里，她已是一个循规蹈矩听话勤快的好学生，我甚至觉得她太乖了，有点抱怨你管得太严。我们在你家里吃饭，她一个人躲在另一间房里，不声不响，已经开始有些内向了。记得那时小邵在汉口进修，一个星期你们才团聚一次，小韵享受到的双亲家庭的温暖太少了，难怪她性格内向。不过十几岁的孩子就患上哮

喘病，太可怜了。这是一种很难完全治愈的慢性病，一定要尽早治疗。我真舍不得她。不知她现在祖母那里还是在妈妈身边？治疗条件好不好？

你提到你有复婚的意思。对这个问题我本不该谈什么看法，但我从小韵的角度出发，还是希望你们能够复婚。一个完整的家庭对孩子来说太重要了，看到同学们都有爸爸、妈妈，而她只有一个，她心里会怎么想呢？就说治病吧，一个人又要上班，又要料理家务，再抽出时间经常上医院，简直不太可能，如果两个人分工，就好办多了。我和小邵相处时间不多，不敢说对她有多少了解，但她是一个很要强、很努力上进的人，这是没有问题的。就说她从初中毕业的水平，学到大专毕业，成为一个有专门知识的人才，也是大不易的。既然是要强的人，必然在各方面有她的看法做法，这些你应该是能理解的。夫妻相处，一定互相谦让，不能固执己见。就说我和千帆吧，我们是六十多岁才一起生活，性格、生活习惯等哪能都是一致的，但家庭生活方面，他都是随我的习惯，但对他的特殊爱好，我却经常考虑到，对他的健康，对他的事业，我总放在最重要的位置，这样当然就不会有多少矛盾了。我讲了这么多，给你参考，希望你有一个幸福的家庭，对你的事业也会有很大的好处。

下面是先生回答你的问题：

许多学者一致认为寅老之文不工（有时还涉及王国维），其实这是一种误解，应当说，现代文献学或考据学要求文章细密周衍、网罗详尽的文献，这就使文章无法简明扼要。加上文献中文言白话古今中外无所不有，都引在一篇文章之内，其风格自然无法统一，按照古人传统的办法，引文可以节要，可以概括，也可以改写。这就可以使之与作者的文笔形成一体，从而避免上述之病。前人名作，如汪容甫的《荀卿子通论》、章太炎先生的《五朝学》（不但《太炎文录》《国故论衡》《检论》皆然，真是大师）、黄季刚先生的《汉唐玄学论》即是如此。这些文章都条理细密，证据确凿，文风雅健，兼有思辨与艺术之长。王、陈重在考据，所以在资料的引用方面，宁可使文章拖沓，而不愿有所遗漏，即风格不纯，亦所不顾。即宁可失其美，必须求其真。因为王、陈更加接近，或者已经入资本主义学术之流，而距离传统的义理、考据、辞章并重的标准，更远些了（二人之中，陈为尤甚）。

你只要看《静庵文集》中的某些文章以及陈的《王国维挽词序》以及他的《冯友兰哲学史审查报告书》，就可以知道他们并非不能为文，而是在某些文章中，他们所追求的，放在第一位考虑的是另外一种东西，而不仅是文章之美。再譬如陈先生说“寅恪平生为不古不今之学”，汪荣祖竟然认为这是指他专攻中古史，即魏晋六朝、隋唐五代。这不但与事实不合，也完全不解陈先生的微旨。“不今不古”这句话是出在《太玄经》，另外有句话同它相配的是“童牛角马”，意思是自我嘲讽，觉得自己的学问既不完全符合中国的传统，也不是完全跟着现代学术走，而是斟酌古今，自成一家。表面上是自嘲，其实是自负。根据他平生的实践，确实也做到了这一点，即不古不今，亦古亦今，贯通中西，继往开来。你读他的书，不但要接受他的有详密的论证而获得的结论，更要注意论证过程中所显示的方法。这是非常重要的，否则你所得到的终究有限。我到南京来收了十几个弟子，晚年得此已是厚福。你能够在海南传学，便是我门下的南宗，我对你是有厚望的。

刘知幾的札记可以慢慢整理，只要缜密无误就行。

我近几日感冒又拔牙，未能亲自执笔，只好口述，请陶芸记录，故字迹潦草，盼仔细看。

顺祝

近安！

陶芸、程千帆

12 月 9 日(1995 年)

(二八)

三夕老弟：

上月六日来函收到，备悉近状态为慰。整理《史通》三家校记公之于世亦是一件功德。圣言善与人同，是也。海大苦留亦是吾弟为人治学有为人重视之征，亦当善处，不宜破裂也。我近来白内障甚剧，耳尤聋，已完全废学，幸赖有富之助，上月已完成《广义》，第四编《典藏》即将由齐鲁书社发排。又巩本栋助我编学术资料(巩九〇年博士，在南大思想家研究中心工作），亦就将在贵州出版。又早年有一文学史稿，程章灿君拟订补完成之。此外更无他事，默坐终日而已。小邵南游，想甚愉情，老人夫妇，惟祝幸福和谐也。无事望常来信，老人苦寥寂也。目力差甚，不成字为愧。

顺颂

著安！

千帆

10 月 14 日（1996 年）

（二九）

三夕：

信收到，谈近年研究工作及设想，很有意思。舜徽先生晚年著《人民通史》，与钱宾四之《国史大纲》用意有相似相同之处。为学由专而通，由多而一，由小而大，势所必至，理有固然。表达方式则不一。我这方面无成书，最近巩本栋为编《学记》，搜集谈话不少，印出后当寄上。上两周为学生谈了一次，有学生抒其听受所感。今剪寄。弟选题均有价值，甚愿照此发展下去。我目疾如故，不坏即是好耳。祝

安好！并问广林好。

千帆

11 月 8 日（1996 年）

（三〇）

三夕老弟：

来信和三篇文章都收到，写字困难，请陶芸代笔，请原谅。

《马桥词典》没有看过，故不能胡乱发言。其余两篇大致看了一下，电脑可代替记诵之学，事不尽然。对于用翻书来代替读书的人，自然是如此，如果将古今杰作反复钻研，使其精深命脉，溶于骨髓，则非反复涵润不可。这决不是机器可以代替的。杜甫即使有毫无错误的软盘，也达不到所说的“熟精文选理”的境界，请看翁方纲《复初斋文集》中“熟精文选理”的“理”字说。这位十八世纪学者的学说值得你参考。

关于“刺客”问题，是东周以至西汉这一特定历史时期的社会现象，他与游侠有异中之同。太史公以独特的眼光看出了他们的同异，故均为立传。先秦显学，道家阴柔流为刑名的残忍，故《史记》老子与韩非同传，故刺客、游侠与法家不无关系。孔门认为仁者必有勇，勇者不必有仁，认为子路好勇过我，无所取材，以智仁勇为三达德。墨子兼爱非攻也要有一定的勇气才能实行其主张。抗战时期浙江大学出版的杂志《思想与时代》某期载有刘永济先生《贵侠篇》一文，对此有所论列，海南恐不易见到。你的文章就事论事似乎还可以。发掘一些历史根源和思想根源，进一步找出刺客或游侠作为一个社会手段在什么条件、什么思想制约之下兴起而又消亡，或者更使读者获得启发。老病废学，离群索居，笔谈如同相见。

又凡学者治学必各有其悟入处，得力处，所谓“和尚进庙门，各修各的行”。吾弟所讲诸家皆是通人，而其所通各异，此言极是。我到南京后，十多年来，思想比较开阔，感情亦较平和，逐步有许多理解和觉悟，这勉强不得，要慢慢来。辩证法所谓突变，佛家所谓顿悟，但想得多，说得少。这次巩本栋编《学记》，也只收了部分较为踏实而无害者。古人称以学术杀后世，为害最烈。八十余岁之老人至少也不想害人的。书已寄贵阳，如果快，明年上半年能出来，届时望吾弟读后将得失相告。傅杰已收到弟稿，正拟付排，我劝他一次印完，不知能做到否。顺祝

近安！

千帆

12 月 7 日(1996 年)

傅杰顷来函，告《史通校记》已编入《学术集林》十一期。

（三一）

三夕弟：

得书知平善，可慰。长文放一放也好，可以进一步修订。冯天瑜在武大办一巨型刊物，可容三万字长文，弟如欲发表，可寄之。此外，则王元化《学术集林》亦可也。衰朽日甚，不能多及，谅之。

大安!

帆顿首

3 月 25 日(1997 年)

(三二)

三夕弟:

得书,娓娓如相晤言,极慰怀想。陶芸抄诗文寄发后,颇有爱此抄本者,或加以复印,故辽海书社已决重印出版(加目录又新作诗文数篇)半年后或可再奉呈也。如今我国文学界有一怪现状,即论诗文章之作者,不特不能作诗,其文章本身亦毫无文采,推之论词、曲、骈散文皆然,不特不能用古体,即今之白话文也不能写得漂亮动人一点。如朱光潜、梁实秋、宗白华诸人其文学论文本身也是文学。其人往矣,今也则无,亦可叹也。我尝有志于此,而力有未逮,弟独思虑及此,真可嘉也。舜徽先生学术广大精微,独惜亦不甚能文,惟此但可与弟言之耳。我耳目愈衰,近旧日脚伤又发风湿,不良于行,幸《校雠广义》得有富助,约年底四卷可全出,又巩本栋助我为《程沈学记》,七月或可印出,当奉呈。匆匆

祝好!

帆

6 月 12 日(1997 年)

(三三)

三夕老弟:

得信知赴欧开汉学会议,去日美易,游欧难,去匈尤不易,可为欣贺。弟前评《广义》文,已收入《程千帆选集》,近寄到少数稿费,已转寄海南,或俟南旋乃可取得也。《史通》评亦有消息,今将傅杰书寄奉,俾知之。顺颂

暑安!

千帆

8 月 7 日(1997 年)

（三四）

三夕老弟：

来函及论国学文收到。石遗在清末诸遗老中最为通达，论政论文皆然。当时钱默存在他面前是一少年，或曰大孩子，《石语》照实而记，故不免有不当之处，不必深究也。

国学是个大问题。我已无精力评述意见，简言之，则是炎黄传统学术在受过严格近代资产阶级学术训练的学者头脑中的反映。清华国学研究院、北大《国学季刊》是国学的两块牌子。你看其主持人：

① 吴宓——哈佛出身，白璧德高徒。

② 王国维——留学日本，深受叔本华、黑格尔影响。

③ 梁启超——早年从事资产阶级立宪活动，留日接受资产阶级学术。

④ 陈寅恪——出身维新派世家，在哈佛、巴黎、柏林接受西方比较语言学。

⑤ 赵元任——纯西方语言学。

⑥ 李济——纯西方考古学。

⑦ 胡适——杜威实验主义。

⑧ 傅斯年——与陈寅恪经历略同。

他们决不是汉学、宋学或传统的经史子集之学，而是这些传统之学的现代化即资产阶级化。它从另一方面与五四运动结合，疑古与反传统，使国学穿上时髦外衣，又为新文学所容。今人言五四为马列思想，但从国学看，似与马列无关（包括鲁迅在内），如熊十力、马一浮皆不谓之国学。书不成字，聊供参考。祝

好！

千帆

8月28日（1997年）

（三五）

三夕：

得书知已返鄂，可在华师暂住一年，我想，恐对学业及家庭情况都有所改善。古诗云："新人不如故。"弟鳏居数年，既无新人，小邵可取处亦不少，如能复婚，亦是佳事，幸努力为之，老人所望也。《学记》非久可出，当由立朴直接寄上，收到宜告知。我盲聋如故，幸头脑尚清楚，惟已不能正式读书，学问有退无进耳。《广义》明年一月可全出，届时当奉寄。祝
安！

千帆

11 月 12 日（1997 年）

（三六）

三夕弟：

手函及纪念张老小册子都收到。

《学术集林》颇有误字，也无从更正，只好算了。

基金的事似较难。子贡太少，颜回太多也。我倒是想在 90 时印一本论文集，不取老人，全收新秀，此事或可做到。我今年 86，还从容。

祝
好！

千帆

4 月 21 日（1998 年）

（三七）

三夕贤弟：

友人从海南来带到所赐珍物，甚谢。知一切安适，尤慰老怀也。此间一切均好。砺锋、有富均颇受领导重视，已逐渐升到系中骨干及领导地位，但均能不骄不躁，以平等待人，故能相安。弟闻之当亦喜也。与陶芸闲时常考虑吾弟婚事，似以能早日复合为佳，但不知实情，亦惟祝祷而已。

无事望能来函。即颂
安吉！

千帆

1月15日(2000年)

致谭优学(二通)

谭优学，曾任西南师范大学(今西南大学)教授。

(一)

优学先生：

客岁荷赐大著，谨即复谢，谅达左右。顷得傅璇琮先生来函，欲与先生通问，以收琢磨之益，谨将原函携奉，尚恳惠允。尊著傅先生未见，如蒙赐以一册，固所望也。翠芬女士或将赴美讲学，附以奉闻。即颂
著安！

弟程千帆顿首

四月十三日(一九八二年)

(二)

优学先生道席：

承赐新著《随笔》，适以病住院，未能即复为歉。尊著不独博学通识，冠于侪辈，文才妍妙风趣，尤为难能。读后恨不能造都请益也。顺颂
秋祈！

弟程千帆顿首

八月十三日(一九九三年)

致村上哲见(十四通)

村上哲见，曾任日本东北大学教授。

(一)

哲见先生左右:

五月二十日手教奉悉,适有公务待理,稽复为罪。

先生于吾华学术研究颇深,所赐有关宋词及科举史话之作,读之略见一斑,而书辞谦退,具见涵养之有素也。

拙著有关唐人行卷之小册子,虽资料略备,然于李唐一代科举与文学之关系,尚未能穷极研几。先生为之绍介于《东洋史研究》,必使我得改错之益,谨先致谢。

顷者,得东京学艺大学讲师松冈荣志先生来函,谓将与其友町田隆吉先生译《行卷》小册为日文,在东京凯风出版社出版。我已告知松冈,先生于此书有评介,并嘱其请益于先生。如能荷先生之指教,俾译笔信达,则拙著之厚幸也。

亡室遗著,辱荷奖饰,感不可言。

专上,即颂

著安!

程千帆顿首

6月6日(1982年)

(二)

村上哲见教授左右:

连奉《东洋史研究》所载尊撰拙作书评又大札,欣愧交并。尊评推许过当,实感荣幸,而指出便面之出班《汉》、《世说》之语不误,尤见卓识。孔子云:"益者三友,直谅多闻。"于先生见之矣。即函松冈荣志先生,请其于日译本中照尊见改定,仍标明所自,不敢掠美。弟近偶读贵国汉诗,觉历祀颇多佳作,惜于其源流正变,独有所未详。神田喜一郎教授于日本填词史论之甚详,不知亦有日本汉诗史一类著作否?倘荷赐教,并在可能范围内提供一些资料,不胜欣感。专此,即颂

致村上哲见

道安！

弟程千帆顿首

11 月 30 日(1982 年)

附《唐代进士行卷与文学》日译本序

一九四七年余方承乏武汉大学讲席，偶说王摩诘《送綦毋潜落第还乡诗》，并及沈确士“反复曲折使落第人绝无怨尤”之评，及门诸子苦沈语之难于深会，因稍稍涉猎李唐一代科举制度与其习俗，撰跋一篇以示之，然未暇详也。其后续加探究，历时十稔，始于唐代进士行卷之风，及其与文学发展之关系，略悉梗概。于时适以非罪获严谴，叱犊埘鸡，取薪择米，四序非我，俯仰由人。既而狂童肆虐，神州丧乱，逢掖之徒，避死无地，憎命文章，更无暇顾及之矣。及夫天象昭回，群凶就殄，余亦蒙恩起复。一九七八年，移砚南京大学，乃取旧稿残存于焚坑之余者，损益写定。又二载，卒得印行，以求教于海内外学人，盖距初属笔时忽已三十余年。乌乎，何其难也，又何其幸也！顷者，松冈、町田二先生不鄙俗薄，译之为日文，仍命作序。既不获辞，辄忆成此戋戋小书之难、之幸，染翰报之。一九八二年秋九月，程千帆序于南京，时年七十。

村上哲见教授教正

程千帆呈稿

（三）

村上哲见教授左右：

台札收悉。当即与敝校中文系代理主任包忠文教授、主管文科之副校长徐福基先生商谈，一致表示欢迎先生于今年秋天访华时，光临敝校参观访问。千帆并希望先生能来舍间作客。届时请再来函联系。专此奉复，即颂

著安！

程千帆顿首

4 月 26 日(1983 年)

（四）

村上哲见教授左右：

前得北京教育部通知，悉尊驾将于八月十六日至十月十六日来复旦大学、华东师范大学及敝校访友论学。敝校有关各方面对先生来访，均表示欢迎。惟不知逗留金陵之具体时间，尚乞示知，以便安排食宿及讨论之细节为幸。尊著陆游一书，已于昨日收到，容当仔细拜读。一朋之锡，感荷实深。又去岁町田隆吉、松冈荣志二君，曾着手译拙著唐人行卷小册子为日文，其书不知已出版否？尚乞先生便中赐知，不胜感幸。又夙闻贵国平安朝大江维时编有《千载佳句》二卷，系中国诗之句图，意者其中或有唐诗佚文，如方便幸为复印一份，如何？专上，即请

道安！

程千帆拜上

7月6日（1983年）

（五）

村上教授左右：

顷奉手书，知已抵沪，深以为慰。闻将于九月下旬光临敝校，弟及系领导均极表欢迎。关于住宿参观阅览图书拜访学侣各事，已由南大外事人员进行联系安排，尽可能最大限度地满足先生之要求。由沪来宁时，请早一二日发一电报（说明车次、车厢、何时到达）至南京大学外事办公室，当派车到站奉迎。金陵秋色颇可览观，六朝旧迹亦供抒发。冀旅情顺适，幸甚幸甚。施蛰存先生前以直肠癌做手术，久住医院，不知能见客否，幸一询华东师范大学中文系马兴荣副教授（马其弟子），如此老精神尚好，无妨一谈也。专此，即颂

著安！

弟程千帆顿首

8月23日（1983年）

（六）

村上哲见教授：

前奉手札，当即作答，想已收到。弟顷得北京国务院学位委员会函，命十七日去京参加一重要会议，适与先生预定来宁时间冲突，不知先生能将来敝校时间提早两日否？若能于十五日命驾，则十六日可与先生盘桓一日，足慰相思之忱，尚乞斟酌，如提前有困难，则仍按原定日程前来，弟当属周勋初、严迪昌两位副教授妥为招待也。希复，即颂

旅安！

弟程千帆顿首

8月31日(1983年)

（七）

谨詹十六日(星期五)下午六时三十分在南京大学留学生食堂敬备菲酌恭候台光。此致

村上哲见教授

程千帆、陶芸

9月15日(1983年)

（八）

村上哲见先生左右：

前奉手札，知以曲园《东瀛诗选》见赐，顷已收到，开箧灿然，胜得清酒一斗也。弟与孙望教授等数子合编《日本汉诗选》，顷方在努力进行中，俟其成书，当寄呈请益。专此复谢，敬请

著安！

弟程千帆顿首

(1984年7月)

（九）

村上教授左右：

七月廿三日手教及先后惠赐两文均拜读。陶枕词考，似为前人屐齿所鲜及。论陶之作，适获我心。真人心之所同然，虽隔千万里而自通也。幸甚幸甚。承示《东海渔歌》流传情况及书影，亦极感荷。此书，清水教授已将其全部复印见赐，实人间之秘笈，甚饱眼福也。兹有恳者，夙闻铃木豹轩博士《支那文学研究》第一卷中收有《顾太清之天游阁集钞本》一文，不知先生能复印一份见赐否？又闻吉川幸次郎博士文集亦陆续出版，千帆甚盼能读其研究《世说新语》之作（偶从他人著作中见其鳞爪），如荷一并复印见赐（如邮寄，请挂号，以免遗失），尤所欣幸也。南京今年气候较往往稍好，达三十三摄氏度以上者，不过数日。然仙台却是洞天福地也。拙书一纸乞正。专上，即颂

著安！

弟程千帆顿首

8月20日（1985年）

（一〇）

村上哲见教授：

收到贺年片，甚为感谢。承询杨君，已了解是北京社会科学出版社文艺组编辑主任，家住北京西城区惜薪胡同内西岔21号。所译尊著非久可以出版。此亦中日文化交流一佳事。弟近与友人合选贵国名贤所作汉诗数百首略加注释，待出版后，当呈教也。

谨复，即颂

著安！

程千帆

1月10日（1986年）

（一一）

村上哲见教授赐鉴：

四月手教敬悉。和田英信女士如能分到南大，自当妥为照顾安排，不必介意。

尊著译本尚未出版。此书前荷以日文本见寄，览其大略，颇叹精识，如得译本，当更细绎也。

近与门人辈共读杜诗，撰文数篇，今并其他小文小诗，寄呈教正。又写一条幅奉贻，乞附纳。

奉望延伫，伏愿安吉。

顺颂

教安！

程千帆顿首

5 月 19 日（1988 年）

（一二）

村上哲见教授左右：

得八月中手示及大作论《漱玉词》罕传本论文，甚慰怀想。见知为道为学日益，良用欣佩。

成田静香女士已来见，娴雅有风范，美材也。因赠以弟近年所著书数种，并命程章灿讲师为之辅导。程君新在南大获得博士学位，治魏晋六朝及唐宋文学，颇有根柢，或可于成田小姐之进修有所裨益。

马齿于今七十有七，已不甚能精思，又复多病，每以作字自遣。新秋试笔，辄以一纸呈教，蛇蚓不足换羊，聊表下忱而已。

顺颂

著安！

程千帆

9 月 23 日（1989 年）

29 日寄出

（一三）

村上哲见教授阁下：

今以成田小姐归省之便，托其带上沈尹默先生手书词稿影印本及拙作一卷，伏乞哂收教正。十一月唐代文学之会，文旆倘惠然西来，当得良觌，企予望之。成田在此进步颇速，汉语尤然，亦尝周游各地观风察俗，于其所学亦殊有益也。匆上，即颂

著安！

程千帆顿首

6月12日（1990年）

（一四）

村上哲见教授撰席：

大集《文人论》拜领，又承示已移砚奥羽大学，教泽广被，学子之幸，欣贺欣贺。弟今年八十有一，已不能精思著文，前年偶为先室沈氏诗词作笺，一二月内可以出版，容更乞正，亦聊遣有涯之生而已。瞻望大雅老学不倦，曷胜钦佩。专肃，即颂

道安！

弟程千帆顿

6月19日（1994年）

致周培源（一通）

周培源，著名科学家、教育家。曾任清华大学教务长、校务委员会副主任，北京大学教务长、副校长、校长，中国科学院副院长。

培源先生：

尊撰《自学成才要有文史知识》一文发表后，各报竞相转载，足见意见

正确，影响巨大。

正由于此，我想对您提一点意见，所谓“春秋责备贤者”。

您引用竺可桢先生“考证”王之涣诗，认为今本“黄河远上”当作“黄沙直上”，作为“把自然科学引入版本校勘学的领域”的证据。而根据您的复述，竺先生不过指出，玉门关一带实有“黄沙直上”之景而已，其他并无论证。连此诗的异文“后来不知在何时……便被改成……”都举不出版本学上的证据，这算什么“考证”呢？

其实，这重公案，从清初到七十年代末，不断有人讨论（其中包括您多年的同事林庚教授）。您对人所共知的有关这一问题的许多文献置之不理，却单独举出竺先生的“考证”作为定论，这种态度和方法似乎都不能认为是谨严慎重的。用有争议的问题作为例证，也缺少说服力。

您是教育界和科学界久负盛名的领导人，不知能切实研究一下您自己文章中举出的例证，加以澄清否？

孔子曰：“丘也幸，苟有过，人必知之。”

顺颂

著安！

程千帆上

六月十七日（一九八二年）

致傅杰（二十八通）

傅杰，浙江大学马一浮书院特聘教授。

（一）

傅杰同志：

来函奉悉。我说的是黄老师精通的八部书，周书说的是“他所信奉的经典”八部，二者相关而不全同。我是在一九三四年（或一九三五年）跟黄先生学习时听他老人家亲口说的。老师当然不会自己说“精通”，只是说“平生得力于……”（假如我没有记错的话）。至于知堂的话根据如何，则我不知。

此复，即颂

近好！

程千帆

7 月 15 日（1982 年）

（二）

傅杰先生：

惠示收到。请代向元化先生问安，祝他早日康复。

我为您有缘做元化先生的弟子而感到高兴，希望您珍重这一十分难得的机遇。元化先生是当今真能明天人之际，通古今之变，成一家之言的极少数通人之一。

《清园夜读》及《思辨随笔》已先后收到。（《思辨》是我请带书转致的人交与师大陈君的，因为他很忙，这样可少跑我家一趟。故王先生不知。）至于上古吴曼青女士所寄《学术集林》等二种则迄未收到。何时寄出，由邮政还是托人？邮寄是否挂号？《学术集林》外还有一种是何书？均不知。由于对元化先生著作的爱重，希望你费心打个电话给吴女士问清楚告知。确已遗失无法追查，则想请先生代为重买各一份，挂号寄下，费用若干请示知，以便奉寄。琐琐相烦，极歉。顺颂

大安！

程千帆

5 月 7 日（1995 年）

（三）

傅杰先生：

惠寄《学术集林》一、二两册，已收到。谢谢。略一翻检，真有“老见异书犹眼明”之叹，今夏虽酷暑，有此二卷，可从容度过矣。

元化先生所苦已略轻减否？极念，幸晋见时代为致意。

抗日战争中顾颉刚主编《文史杂志》，中载《缅铃》一文，引用外文材料，

所说视施老远为翔实。当时复旦大学迁渝，其书或者复旦大学图书馆今尚有之。弟旧藏此志已毁于“文革”矣。(忆其文为李安宅作，不知误记否?)顺颂，

著安!

程千帆

7月25日(1995年)

(四)

傅杰先生：

《黄侃文存》，已属武汉大学王庆元教授寄上。纪晓岚、杨惺吾、向宗鲁三家《史通》校录，已托海南大学张三夕教授整理，要过一段时间方能奉呈。此二事，已由春晓函告，想已转呈元化先生矣。

承允以《学术集林》第三册见赐，尚未收到，幸即惠下，以快先睹。专此，即颂

著安!

千帆顿

12月6日(1995年)

(五)

傅杰先生：

收到《集林》第四册，又尊著论文一章，甚感。论文视野开阔，极得元化先生家法，甚佩。叙傅钱异同，极扼要(一直延伸下去，读后有势如破竹之乐)。我出身儒学传统家庭，少年时代又受章黄影响，读过先生论文，仍左袒宾四先生(不论其政治立场如何)。治人文科学终不能与治自然科学一致。《国故论衡·原经》云:“假令生印度波斯之原，自知建国长久，文教浸淫，而故记不传，无以褒大前哲，然后发愤于宝书，哀思于国命矣。”可哀的是不要等“然后”，现在的有文化的青年既不会“发愤”，也不会“哀思”。国家规定，研究生要通过六级英语考试，而中文文理不通，错字连篇，则听之任之。现代化的进程，在某种意义也将成为传统优秀文化消亡的过程。

一方面，实施提倡京剧以弘扬保存古典艺术之手段，另一方面，却是“三无世界”（无社会科学院院士，无社会科学科委，无社会科学科协。且闻自科学院与社科院分家，北京科学会堂即不许社会科学家入内活动）。诸如此类，实所不解。因见大文，想到尚有青年学士留心此关系国运之大问题，不竟悲从中来，发其狂悖之论，幸恕之也。

海南张三夕教授已回信，允整理《史通》三家笺记。又我近与友人通讯，辄询其手中有无先辈学人未刊遗稿，如其有之，则请录副交《集林》酌刊，此或亦元化先生及先生之所乐闻也。

目眚，不能多写字，今日晴朗，遂得三纸。匆匆，顺颂
著安！

千帆上

12 月 18 日（1995 年）

（六）

傅杰先生：

写给我和早早的信又《学苑英华》二种均已收到，备见关怀，甚为感谢。早早现在还在求学，她的主要精力应放在写好硕士论文（她外婆的作品研究），而且给我的书作摘要，知识面不够宽，所以拟请我的学生巩本栋担任这一工作。巩先生是南京大学文学博士，现任南大思想家研究中心副教授，中国思想家评传丛书副主编，著有《唱和诗研究》《辛稼轩评传》等书。所编《程千帆沈祖棻学记》已在贵州付印。再编拙著驾轻就熟，希望先生及上海文艺出版社同意。拙著初步拟名为《俭腹抄》，交稿期不迟于 1997 年六月底，其余按照已出各书办理。我有两件事托你办一下：

（一）施蛰存先生前两年在上海某出版社重印过他的小说，请代购一册。他住在愚园路 1018 号楼上，如无处可买，请代我向他要一本。五十年老友，不方便写信就不写了。请代我向他问好，就说我又聋又瞎，其余尚好。（二）去年十一月曾寄汇一百元给上海古籍出版社邮购部，请代购拙著《两宋文学史》5 部（可打七五折），余款购《被开拓的诗世界》（据该社

二编室主任高克勤先生来信云此书可打四折)。迄近两月，未得寄书，亦未回信，我怀疑是否高先生来信云此书可打四折写错了，所以为难。我现在要的是书，书价无关重要，请打一电话问问高先生或函购部，电话号码为62810990。又先室沈祖棻遗著《唐人七绝诗浅释》和《宋词赏析》据云1996年12月可重版，亦请代问一声是否已印就出版。最近上古忙于筹备该社四十周年纪念，想高克勤、赵昌平诸先生及邮购部均忙于此事，我几次去信均未回复。有些事也不很急，但希望将邮购之书寄下，并请顺便问一下我寄给昌平先生的《选集》，他已否收到。(我打长途须外出，家中电话不是程控，天寒不敢外出，所以麻烦先生。)盼复

顺颂

大安！并问候元化先生及夫人。

程千帆

陶芸代笔

1997年1月9日

（七）

傅杰先生：

手示收到。您给早早买到她要的书，非常感谢。这孩子初入文苑，目迷五色，闻见皆新奇。像您这样的前辈及时指引，对她是极有益的。

高先生已同意用《俭腹抄》这一书名(其实一点也不生僻)，其实我也是如实立名，并非矫情标异处。如选堂、克木均是知友，方之二老之博学多闻，则我诚为俭腹也。

旬日前曾函高先生询三事：① 稿费标准，② 编选者报酬，③ 交稿后约经多少时间可出书。未得复。高先生大概不爱写信，上次向其商略书名，四个月之后才作复。或由您询问后见告。这套书已出四种，诸事尚有成规可据也。

《诗文合抄》系门人在出版社工作者免费印赠，故数量不多，且无目录，封面亦草草。不料印出分赠海内外友人后，颇有见赏者。大概现在写本书很少之故。又许多人喜欢文言小品，亦我以前所不曾想到者也。

匆匆，敬颂

安吉！

千帆

3 月 26 日(1997 年)

（八）

傅杰先生并请转呈令师尊元化先生：

今送上庞石帚先生《养晴室遗集》一册，庞先生门人成都大学教授白敦仁先生手札二通，请与审览，并设法出版庞氏遗集，庞先生孤贫力学，由私塾师成为当世蜀中硕儒，兼通考据词章，而遗文迄未编辑成书。数年前白敦仁曾刊其诗文集，而绌于经费，数只 500，又仅及其半，外编迄未付梓(目见目录 34 页以下)。先生现正大振学术研究之风，若就白君所以辑录者正式印行，俾得流布，或非难事。千帆数十年前入蜀，得与庞先生并事四川大学，深知其人学富而品高，如任其著述湮没，深为可惜，故敢为之一言，幸与图之。又庞氏曾为太炎先生《国故论衡》中下卷作疏证，有华西、四川两大学印本。自谦不精小学，故未注上卷。其弟子川师大教授郭诚永及苏州铁道师院教授唐文皆尝为补注，亦皆未正式出版。如先生能取二家中之善者合为全书，实亦儒林盛事。千帆尝受庞先生教诲，数十年来不敢忘德，谨此陈情，尚乞斟酌。目瞀书不成字，乞谅。敬颂

崇安！

弟程千帆顿

3 月 28 日(1997 年)

（九）

傅杰先生：

丽则母女此次游沪，承贤俪夫妇款待，诸多麻烦，非常感谢。

石帚先生遗著，如荷先生及元化先生鼎力，介绍出版，更是一件大事。古人云：蜀学沉冥，声闻每不彰于世。此又其一例也。已函白敦仁教授请其计算庞先生外集字数，如寄沪，则要先印一复本以防遗失。又《国故论

衡疏证》最好也能择郭诚永教授或唐文教授补作上卷之本一同印出，俾成全书。郭、唐两本孰愈，我未见过，如都觅得，不妨请南京师范大学徐复教授择定。徐老在太炎门下执事多年，当可信其抉择也。又先生言所印《国故论衡》庞氏注颇有脱误，此当是四川大学印二次本。其初印乃华西大学出，庞先生亲校，版式亦宽阔，似可据也。凡此皆已告白敦仁先生，请其与先生共讨论商榷进行。估计白先生虽老病，此大事，必当力疾作复也。

所请先生询出版社高国平先生诸事，敬请便中告知。又此丛书尚有庞朴、李亦园二种，拟请代购寄下，以便巩君编辑时参考。渎神乞谅。

匆匆，再次谢谢。即颂

双安！

弟千帆

4月1日(1997年)

（一〇）

傅杰先生：

《蓉渡词》作者已由巩本栋先生代为查出，今将所记奉呈，前函详陈石帚先生遗著出版事谅达，白先生著有陈简斋及郑子尹诗笺，绩学老儒，且笃于师门风义，诗笔尤佳，默存先生极赏之也。庞朴、李亦园书幸代购寄，《学苑英华》情状，幸便中告知。匆匆，即颂

双茀！

弟千帆

4月3日(1997年)

（一一）

傅杰先生：

转上山东大学王老先生来函一件，请参考。

前奉上两信想收到。白敦仁先生想不久会有信来，到即奉告。高国平先生处如有回音，亦请惠示。即颂

大安！

千帆

4月7日(1997年)

(一二)

傅杰先生：

四月三十日手示，又李、庞书各一册均收到，感感。

金、饶、李、庞四先生书各有特色，已请巩本栋先生仔细阅读，探索其义例，当有补于拙著之编摘。

四书合计约需80余元，如应付款，拟请出版社在稿费内扣，以省汇款之烦。如承出版社赠送，则请代为致谢。

来示告编费每千字为5或6元，因有改笔，不甚清晰，仍乞见告。其付费与目前各出版社大致相等，增加之说，谣传已久，姑妄听之，未必可信也。

白先生已来信，对元化先生及先生拟印行庞石帚先生遗稿，极为感谢，白先生所印仅500册，恐传流不能出东西川，最好能将已印未印者合为一书。(其文集中学术著述及史料，并非全是应酬之文。)仍望先生主持之。又庞《国故论衡疏证》，弟已函中华傅璇琮先生，请其设法付印(郭诚永君恕上卷，庞中下卷，所交中华稿庞亲笔校过，当无脱落之弊)，如中华一时不能印，不知可由先生向元化先生推荐，亦交《二十一世纪国学丛书》。

已与汪越先生联系，即日当奉复。其中有一数字，汪老属稿时抄错，已校正，请据改。又《唐人小说》，陈寅老校已由包敬第先生整理发表，先生当见之。汪先生于《东城老父传》主名，沿《全唐文》旧说之误，以为陈鸿，寅老指出乃鸿祖之误，如有机会重印，亦望酌删其误文也。《俭腹抄》巩先生在进行，已抄7—8万字，完成后要复核分类作跋，祈高先生及先生商正。目眚，文字不恭。即颂

著安！

千帆

5月7日(1997年)

（一三）

傅杰先生：

昨上一函，计达左右。弟年老善忘，昨日言汪师书中有错误数字，经再乞徐有富先生核对，始发觉汪先生书并不误，乃弟撰《校雠广义·目录编》时引用汪师著作，不慎发生错误。谨此奉告。又先生前函告以拟附加汪氏文集中有关文字三篇，亦已转达。谨此致歉。匆匆，即颂
著安！

千帆敬上

5 月 8 日（1997 年）

（一四）

傅杰先生：

赠书收到。庞先生遗著得先生大力安排妥贴，进行顺利，此实对学术界大功德，曾受教于庞先生如千帆者所当稽首以谢也。拙著《俭腹抄》，高国平与巩本栋两先生合作甚好，目前高先生已初审完结，正由巩就高提意见商酌中，问题不大，想易达成共识也。《学苑英华》皆摘抄自已出各书，涉及其他出版社权益，不知上海文艺有无统一规定办法，幸示知之。伏热，望珍卫。即颂
大安！

程千帆

8 月 6 日（1997 年）

（一五）

傅杰先生：

大函敬悉。庞先生集题签奉上，年老手战，能否用幸酌之也。先生拟收拾近贤遗文，用意极美。鄙意尚可增张荫麟《素痴》一集，其人史哲兼擅，其《国史大纲》未成，而至今无出其右者。以富学霸才，在二三十年代为诸老所称，不幸早世，其后人似未能承业，抗战中在浙大逝世，北京各学

报及浙大刊物均有其遗文，搜采或非难也。命作字，所不敢辞，俟有兴会时作一二纸承教。以白内障为虐，恶札时多，不敢辄奉也。顺颂
近安！

弟程千帆上
8月14日(1997年)

（一六）

傅杰先生：

贱辰远承函贺，愧不敢当。又知素痴先生遗文已有人为之收拾，益审有心人多，明珠大贝终不至为尘埃所掩也。《遗产》丛书计划极佳，所定五家皆海内学林重望，惟以序相委则不敢当，不独近月精力日衰，艰于构思，亦且在学林本未尝主持风会也。窃意令师尊元化先生学术文章兼擅，殆合王渔洋、阮伯元而一，而主持中外学术，承先启后，士类景从，如丛书能得尊师为之序首，当更有广大之影响。鄙意拳拳，甚望于侍坐时宛言之也。

千帆
(1997年9月23日)

（一七）

傅杰先生：

久未奉候，诸想安吉。

前闻京友言《学术集林》已出至十辑，不知仆与张三夕君所辑《史通》三家校记已全部印出否，甚盼示知。

元化先生前以手写读《黑格尔》见赐，极叹精勤，竟忘致谢，见时乞代申鄙意。

庞先生集在杭州或已发排，亦甚冀得其消息也。盼示。即颂
著安！

千帆
11月8日(1997年)

（一八）

傅杰先生：

惠示敬悉，《史通》稿少缓刊出无妨。惟张三夕教授顷已由海南大学应聘到武昌桂子山华中师范大学历史文献研究所任访问学者一年。此稿刊出时，请费心寄张先生样书各一册，如有稿费亦请分寄一半，以免由弟代转，至感。

《学苑英华》拙撰《俭腹抄》由巩本栋君代编者，上海文艺已收样稿排好寄来，经与巩先生商量，略有增删，俾臻完善，顷亦寄还，冀其能早出也。

弟入冬以来，贱躯每不适，衰病使然，不足深异。

元化先生想安，见时乞代致意。顺颂

著安！

庞石帚集进度如何，亦念。

千帆白

12 月 6 日（1997 年）

（一九）

傅杰先生：

《集林》二册又赐书及汪先生遗著重印跋尾俱收到。《史通》校记荷安排在十一期，甚好，已告三夕矣。

汪书增附录三篇，对读者有益。此书排印时，因病住院，校勘颇有疏失，得先生为之订正，感幸之至。所校正皆安，帆无异言。跋文亦朴实省净，合作也。

昨晤汪超伯先生，已将先生已出版《目录学研究》及拟推荐《唐人小说》事告知，如与联系，可径致函也。

匆复，即颂

著安！并请代向元化先生问好！

千帆

12 月 12 日（1997 年）

（二〇）

傅杰先生：

新年好！

《史通》三家校（上部）已在《学术集林》刊出，稿费亦已寄下，但样书始终未见，或系执笔者遗忘，尚乞一催。又《俭腹抄》早已排校迄事，而出版社迄未订约，亦不知何时可以出版，不知先生可打一电话问高先生否？匆匆，即颂

著安！

程千帆

2 月 6 日（1998 年）

（二一）

傅杰先生：

二月七日曾上一函，想达左右。函中曾询：① 关于《史通》三家校记在《学术集林》刊出事。此文似已刊出上半，已寄下稿费，而始终未见样书。② 拙撰《学苑英华》已在上海文艺排版，但似尚未定约。何时出版，更所不详，希望示知。③ 庞石帚先生集进行情况亦所关心。函寄一月，迄未得复，极为念切，谨发一挂号信。专上，即颂

大安！

千帆

3 月 8 日（1998 年）

（二二）

傅杰先生：

手示两通，《学术集林》二册均收到，谢谢。知去京参加古文字编纂，极是好事。此事甚难，鉨文泉文尤为琐碎，不易理董。弟少时尝从商锡永师学，略涉其藩，今则皆还给老师矣。上海文艺高先生有信来，告《俭腹抄》已付型，或可六月左右见书，届时当呈教。《学术集林》颇多好稿子，惟

校对差，似可改进。缅铃事，顾颉刚抗战时在重庆所出《文史杂志》有一文颇详，与此文有出入。言台湾尚有其遗俗，则未之前闻也。庞先生集承费心，极感。老辈学者殚精每在其诗文创作，白敦仁印其师集，用意亦在于此。若先生为之别图，不知有机缘将庞先生内外集合为一书(或分内外集上下册)，得陇望蜀，恃先生之相知也。近日目力尤衰，书不成字，谅之。近河北教育出版社约印文集20卷，或明年可出，谨并奉闻。敬请
著安！

千帆白

4月2日(1998年)

(二三)

傅杰先生：

《俭腹抄》估计不久可出版。上次曾和高国平先生商谈买书打折扣的问题，高先生答应七折。后我了解，辽海书社65折，齐鲁书社68折，相差较多，不知先生能和上海文艺一谈否。此书至今未订约，亦望一商。谢谢。

敬颂
著安！

千帆顿

4月26日(1998年)

(二四)

傅杰先生：

约在一月前曾以拙著《校雠广义》四册奉尘左右及元化先生，非久巩本栋又以校编《俭腹抄》一册寄上，均未得复，但外孙女张春晓以考博事曾函求教，得指示。知台从未曾离沪，或事冗未及赐书也。《俭腹抄》荷费心介绍，顺利印行，甚感。但上海文艺结算稿酬时对国家规定诗歌以每十行(句)作千字算未与照办，又合同明文规定致样书二十册(其中巩本栋得五册、弟得十五册)，但出版社只给十册。巩因此函高国平先生询问，高回信告诗的稿费可以重算，但少寄样书五册则未理会。弟因此又于十月二十

四日写一挂号信致合同签字人郝铭鉴先生，请其按合同及国家稿酬规定办事，迄今十余日尚无回音。不识先生能于百忙中打一电话给高或郝先生，一询究竟，俾早日了结此事否。早早甚慕复旦学风，欲在尚君先生门下学习，其所编《沈祖棻全集》已在河北教育出版社排好，在校对中，并谨闻。盼复，顺颂

著安！

千帆上

11 月 5 日(1998 年)

（二五）

傅杰先生：

两奉手书，敬悉种切。拙著《广义》，前后六十余年始毕厥功，问世之后仍多阙陷，乃荷奖饰，益增惶恐，所论卷帙较重，不宜用作教材，自是情实。有同事武秀成君是杨明照(弢甫)弟子，亦任此课，已与商榷，允写一简本，约二三十万言，即拟为教本，而用《广义》为参考书，或可两便也。外孙女春晓思拜尚君先生门下，夫子之墙数仞，不知有此造化否，但努力赴之。千帆四十年代初在武大承乏，即荷东润先生拂拭，至今不敢忘。若春晓得为朱老之小门人，亦是一因缘，为老朽所希冀也。国平先生承告寄宁书到之事，甚感。如遗失而又未挂号，至不能追查补寄，亦但有听之，不敢多烦高先生也。寒潮相至，诸维保重。敬颂

著安！

千帆拜上

11 月 16 日(1998 年)

叶、周二先生集词皆荷赐寄，装订有殊，亦如尊说。河北偶然见约，遂亦诺之。今亦唯有任之而已。沈集已全排，弟集已成其半，知注并闻。又及。

（二六）

傅杰先生：

手教敬悉。默存先生曾通过信，但无深交。先生所示，未之前闻。倘

能寄示一册,固所愿也。外孙女近日归省,曾告弟云:“我现在才知道要补的课太多了。”弟觉其能说此语,可见读书有进步,只要知难而进,必可自得。弟近为尚君、玉明及先生三位各书一联,已付装池,俟春晓下次反宁,当可命其送呈。不足换羊,表意而已。元化先生赐书,已专函致谢。匆匆,即颂
俪安!

弟千帆

12 月 8 日(1999 年)

(二七)

傅杰先生:

久未通问,诸想安善。顷得成都大学白敦仁先生函,询旧寄庞石帚先生《养晴室集》下落。此书曾荷转介某校出版社,后因故未能印行,如无结果,似可寄还白君以了此事。幸酌。外孙女张春晓受业门下,尚知努力,但距治学门径尚远。仍恳先生以时提命,俾得成材,不胜感激。弟所编《中华大典·文学典》,历时十年,顷已出其宋辽金元分典五册,不知先生曾赐览否?幸与指点,幸甚。弟今年八十有八,精力就衰,已难有所作为,饱食终日,惶愧而已。专颂
著安!

弟千帆上

2 月 8 日(2000 年)

书联数付,分呈尚君、玉明及先生乞教,并闻。

(二八)

傅杰先生:

张春晓返校,知已谒见,诸承温煦,感荷不尽。此子尚有好学之心,而根柢甚差,但愿在诸公门下略窥门径耳。闻其有志从事宋代汉族政权与西夏、辽、金、元、南诏诸族建立之政权在文化文学各方面之比较,似较原正从事南宋遗民文学者为困难,亦较有意义。曾拟在汇报时面陈尚君、玉明及先生,聆听教言,以定可否。此题今世尚少从事,攻之数年,或可略得

其概，幸先生等代为考虑。弟自十年前退休，即不遗余力从事《中华大典·文学典》之编纂，历时十载，其宋辽金元分典已借海内同仁之力，勉出五册。苟天假之年，或可于2003年出版全部22册。《大典》全部21典，约400余册，则但期其有成，而非所敢望也。

千帆上

2月28日(2000年)

致周祖譔(五通)

周祖譔，曾任厦门大学中文系教授。

(一)

祖譔先生：

南来极承眷顾，感荷靡既。大作读后已寄出，精审之至。拙作一册遵示寄呈，不尽，即颂

著安！

弟千帆顿首

9月28日(1982年)

(二)

祖譔兄：

奉九月十八日手示，即裁纸作一诗幅呈教，以赎忽忘之愆。近草一文，已刊出，辄拟将抽印本一同寄上，乃廿八日忽发心脏病，住入医院(迄今已颇平善，惟尚待检查，祈释念)，遂致延阁。

《英华》改正删补事，尊意极是。此项材料，陆续发现收到若干。已嘱立兴统一处理。(有疑问处再共商酌。)兄之所有，乞并转立兴处为感。

《读书》上已发一短评，对图象不精，颇有意见。雪娟见之反大喜，以可借此向社施加压力，改进版面也。金克木已别为专文评介，闻亦将刊之《读书》。

又雪娟言,已由有声图书公司组织人力,灌录音带,先制朗读录音,再制吟诵录音。亦可喜也。

兰州事亦略知。汪辟疆先生有句云“微闻乌鹊噪延秋”,似为此辈发也。

病后腕弱,书不成字,聊当面谈。即颂

吟安!

弟千帆顿首

十月五日(一九八四年)

(三)

祖譔先生:

八月手谕敬悉。昔有比丘,赴贵家作法事,问师,如见后台女乐,则如何?答曰:且莫安排。萧涤非尝问顺德先生,诗如何方工?先生曰:勿勉强。此二说皆妙。今日之事,似亦可取此法,向会员全部摊牌,民主讨论,投票产生方案及人选,乃廓然大公之道也。如何如何?此个人意见,未与任何人商量过,亦愿视此函为私书,但仰答尊问也。专肃,即颂

著安!

弟千帆上

十月十四日(一九九二年)

(四)

祖譔先生道席:

奉手书,细字至三纸,极道近状及所怀持,甚矣,故人之见厚也。冬郎诗弟旧极推重,而治之者少,震钧偶为年谱,而颇有疏失,陈义宁尝论之。公如能以退休余闲,为之考订,其有功学术何可估量。甚望能以副本见赐也。亡室诗词集笺本,已遵命寄呈,想达左右,颇详今典,此亦陈寅老所提倡也,愿大家少评亭之。天寒,幸葆爱。敬颂

吟安!

弟千帆

一月十九日(一九九八年)

（五）

祖譔老兄：

奉书，娓娓道近事，高怀老学，如对晤言。先德旧闻前所未知，论荆公诗选，亦甚精卓。此书，弟旧考唐人行卷，亦曾引用，不知兄曾见之否？

韩偓自是唐人高手，弟素所钦仰。兄近年致力于此，若有成书，当可补注家一阙。谨书陈苍虬一诗奉赠，惜目眢手弱，不能成字，聊张吾军耳。

年来耳聋目眢，不能读书，终日枯坐时为多，衰朽非复与兄相见之我也。

敬请

著安！

弟千帆

一月二十一日（一九九八年）

致杨廷福（一通）

杨廷福，字士则。曾任上海教育学院、华东师范大学教授。

士则尊兄：

手教雅制及定戡、广洋先生词并拜悉。先生于《全清词》事商榷周详，良用铭感。南大方面，最近由负责人出席社会科学院及教部召开之社会科学规划会议，规模颇大，清词编纂之拟议，亦在其中，一切尚未具体化，故如何办法，弟目下尚不知其详。然如征集陆夫人藏词目录等事，尽可先做。弟久废吟事，今得拜读诸老佳作，真如听仙乐耳暂明也。匆复，敬请

教安！

弟程千帆敬复

十一月四日（一九八二年）

致杨克平（十三通）

杨克平，潘重规先生的女婿，黄侃的外孙女婿。曾捐资设立南京大学文学院黄侃奖学金。

（一）

克平先生：

从广州寄来先师遗墨已收到，谢谢。

目前南大已同意按照二千三百元之价格买先师遗书一部，财务部门询问：此款如何支付？并说明汇款只能公对公，即汇至公司（书店之类），不能汇给私人，要有正式发票。

凡此手续，谅先生所熟悉。故除请将遗书立即挂号寄到南京大学中文系外，并告知汇款方法。（因系人民币，故不能直接汇港。）

顺问夫人安好，此颂

冬安！

程千帆

一月十二日（一九八三年）

（二）

克平先生：

在宁快晤，得知石禅兄及诸老友近况，极慰鄙怀。

谢立清先生代寄之先师季刚先生遗书十四大册，已于上月收到。并立即由图书馆编目，陈列以供众览。师生见此珍贵资料，莫不赞赏石禅兄及先生殚力耗资发扬先师绝学之苦心，而于先生主持之环宇公司慨赠巨款以支持南大之购进此书，尤深感谢，已由中文系肃函鸣谢，想已收到矣。

实收书款人民币二千三百元，已于日昨由南大财务部门开出支票，当即由千帆代为存入人民银行，先生何时需用，立即可取。

旧年阅香港图书目录，知别有《量守庐日记》及《文选黄氏学》二书，不在遗书之内，不知仍可得否？如夫人作家书，幸一询之，倘荷赐寄各一册（挂号），实所深企。

前所云千帆纪念季刚师之文，早已校印，想非久可出，容当以数册奉寄。

专此复谢，即颂

双福！并候

石禅兄及夫人。

程千帆拜上

五月廿九日（一九八三年）

（三）

克平先生：

先后惠赐《文选黄氏学》《量守庐日记》及《文心雕龙校记》均收到，非常感谢，并请代向石禅兄致谢。

我回忆黄老师的文章，最近才印出，已挂号寄上六册，如不够，望示知，以便再寄。

我近整理了汪辟疆老师的遗著《光宣诗坛点将录》晚年残稿，内有论黄老师的部分，又《光宣以来诗坛旁记》。此二种将于日内挂号寄上，请设法转交石禅兄。

附上彩色照片底片若干张，请在港按需要张数代印一下，有便带回或寄回。费用可折合人民币寄在尊账上。

看了台湾书目，知道黄老师还有《李义山诗偶评》一种，也希望得到。

专此，即颂

双福！

程千帆

十二月十三日（一九八三年）

（四）

克平先生：

前得六月廿一日手教，当即于廿八日函复，用挂号信寄出。想已收到。

承示即将《李义山诗偶评》及《蕲春黄氏古音说》寄下，迄今尚未收到，甚念。今后寄下各种文籍，务请挂号，以免遗失。专上，即盼赐复。

顺颂

双福！

程千帆

七月六日（一九八四年）

（五）

克平先生：

电报已收到。两处纪念会，我很赞成，因更足以光大季刚师的学术成就和影响，希望两方面能互相协作支持。

十月三日曾寄给您一封挂号信，缕陈各项必须迅速处理的事情，想已收到。敬希惠予斟酌办理。

我自九月廿八日入医治疗后，心疾已基本上平服，现正在作全面检查，出院尚需时日，故仍由家人代笔，请原谅。

此颂

大安！

程千帆

十月十日（一九八四年）

（六）

克平先生：

自上次在南京别后，迄未收到来信，想你一定很忙。十二月廿八日收到北京图书馆寄来四千六百元，没有附言，大约也系寄给你的款项，已存入你的账内。武汉寄来的八千元，已由丁邦生先生于元月三日取去，留有一收条。他是和小诺一起来的。现在你的账内尚存八千七百元。（包括北图寄来的四千六百元。）

以下将黄先生纪念会筹备诸事奉告：

一、已正式由发起六单位开过一次筹备会议，奉上《纪要》十份，请分致你认为应当致送的各个方面。特别希望你用妥善的方式，送给石禅和仲华。

二、筹备会决定请你当筹备委员，奉上邀请信，请正式回答是否同意。如果港台各方面学者能够赴会，或虽不能赴会而可提出论文，都希望及早见告，特别是愿意来参加会议的人，因入境手续很繁，迟了就办不妥。上次同你面谈，希望一月份提出名单，现已过期。

三、先生愿意捐赠万元，在南大设立黄先生奖金事，我曾向领导汇报，他们很欢迎，并表示感谢。你上次面允回港后即将致南大曲校长正式表示捐赠意见的函发出，此函亦迄今没有收到。此事经与南大财务处，科研处，中文系各单位联系，始知接受捐款，制定奖金保管及发放条例以及决定得奖人员名单，都需要一定的时间，而这些工作必须在财务处收到捐款，建立专门账户之后方可进行。如果先生愿意在今年十月的纪念会上亲自出席授与此项奖金，则务请在八月中旬以前将捐款基金及85年度奖金(预计为500元)寄下。此点是否可行，务请示复，以便安排。

四、关于开会日期先生曾建议在今年十二月，但经各方磋商，认为此次与会人士多系有威望的学者，年高体弱，将会期放在冬天，势必许多人不能参加；如邀请国际友人，亦将与圣诞节及元旦冲突，因此未能按照尊意办理，谨表歉意。

五、关于《量守庐学记》你上次说要在香港购买一部分，我已和北京三联谈妥，届时可在香港购买，没有问题。

以上各点，请务必研究后函复，特别希望潘、高诸老有文寄来，署名随便。

顺颂

俪安！

程千帆

二月十二日(一九八五年)

(七)

克平先生：

三十一日从连云港回家，知您已打来电话，未能接谈，抱歉之至。听说您身体不好,正住院接受治疗,甚以为念,祝您早日痊愈。

南京大学帐号为“南京人民银行汉口路办事处 2489005 号”,所汇之款,请即径寄该处。

在汇款同时,请嘱人将前代拟之致曲钦岳校长函根据具体情况(如数字)修改后钞写签发,以便学校据此进行一系列安排。此函,以寄千帆代转,较为方便。

又如拟在今年黄先生纪念会上宣布成立此项奖金,同时发奖,则八月至十月两月之利息,不足资用。目前利率,二万元年约息一千五百元,不知能在先生南京存款中拨出此数作为今年奖金否?否则今年成立奖金,明年再行发奖,亦无不可。但请早日决定,赐知,以便安排。

先生存南京款项,顷尚存 5806 元正(包括利息),并此奉闻。

对于先生宏奖学术之盛意,千帆及南京大学同人均极为感谢。

专复,即祝

安复!并候

夫人好!

程千帆

八月一日(一九八五年)

陶芸同此奉候

(八)

克平先生:

上次您打来长途电话,值我在连云港,未能洽谈,回来后,即写一航空信,本月一日发出,不知收到否?十三日又发了一个电话,应已收到。

黄公纪念会,已于本月 12—13 日在南京开第二次筹备会议,一切细节都已定妥,非久即发出正式邀请书,于十月先后在武汉及南京展开纪念活动及学术活动。

因恐上次的航空信遗失,特将此信内容重述如下:

① 款二万元请即寄:

南京人民银行汉口路办事处帐号 2489005 南大财务处转程千帆

② 与此同时，请写一正式函件给南大曲钦岳校长，表示捐款之意。此信，前已代拟稿，略改动(如数字)即可。信可由我转交。

③ 奖金只能在先生捐款利息中支付。二万元定期一年为 1440 元。要明年才有。如先生希望今年成立奖金，又在今年发奖，则拟请在帆处存款中支付此数，否则，今年宣布成立奖金，明年正式发奖，亦无不可。请先生酌定。但要很快决定。因有一系列制定条例，选定得奖人等工作，是很细致，很费时的。(尊款在我处者尚存 5806 元，利息在内。)

上次闻在住院，已痊可否，极念。

即颂

俪安！

程千帆

八月十四日(一九八五年)

(九)

克平先生：

14 日寄上一函，旋得电复，知以前函电均到，款亦汇出，甚感。惟电文简略，汇出日期及汇款人地址姓名，承办银行均未说明，在南大财务处查找，尚未清出(暑假中人手不全，或在他人手中，亦未可知)。

大会正式邀请信近已发出，因恐遗失，特再寄上一份，并附筹备委员及特邀代表名单呈教。亲属中，武汉纪念会邀请较多，南京学术会拟请念宁及念田夫人。甚盼先生身体早日康复，能够参加。

千帆将于九月十四日去成都开宋代文学会，在四川住至十月五日左右，到武汉，参加十五日之纪念会，然后到南京参加二十日之学术会。不在南京时，先生如有事需与大会联系，请函南大中文系副主任许惟贤先生。

已详前函事，不重复。专上，即颂

俪安！

程千帆顿首

八月三十一日(一九八五年)

（一〇）

克平先生：

昨日挂号寄上邀请函，想即可收到。

旋即得财务处通知，尊款二万，已如数收到。因暑假工作人员休息，遂致稽迟耳。

《量守庐学记》已在北京三联书店出版，样书一到，即当寄奉一册。先生所需，可径向香港三联书店洽购。

谨上，即颂

双安！

程千帆

九月一日（一九八五年）

（一一）

克平先生：

《量守庐学记》出版后即由《人民日报》发表长篇书评，今特复印二份寄上。希便中将一份转石禅兄。其书想已由先生在港径购。我现在成都开会，下月十五日前到武汉，希望在武汉见到您。此请

大安！

程千帆

九月十九日（一九八五年）

（一二）

克平先生：

别后想已安抵香港。您身体还未恢复，望多注意调养。

学术讨论会开得很成功。论文各件，已嘱人寄上。今再将南京各报消息复印寄上一阅。

专上，即颂

俪安！

千帆

十月三十日（一九八五年）

（一三）

克平先生：

近与徐复先生已分别向南大及南师大外办申请办理明春来港事宜。惟港大致弟之邀请函并无陶芸名字，不知申请发照时有无问题，请考虑。又闻办理手续非常麻烦，兄如在南京在这方面有熟人，也请介绍拜托协助为幸。匆匆，即颂

俪安！

程千帆

十一月廿九日（一九八八年）

致黄裳（十一通）

黄裳，散文家、高级记者、藏书家。

（一）

黄裳同志：

江苏出版社将新书到处送人，以作广告，所以我有幸先读了尊著。除了快解放那一段时间我不在南京之外，您所写的，我完全可以在脑中对起号来，不过冥顽麻木，多已忘却。今读《五记》，遂有拾梦之感。

《板桥杂记》只是一种想法，一副笔墨，《五记》可是复杂得多。这实在是一本有意思的书。欧永叔橄榄之喻，可以移赠。

《古诗今选》在出版社折腾了整两年，先是放着不看，继又不得作者同意胡乱删改，然后提出严重抗议，要求改回，然后又因已经排版，成立妥协，改回其非改回不可者。总之，以其昏昏，使人昭昭，有权不用，过期作废。最近，才算校完付型样，告一段落。至于出书，当在中秋重阳之际。

此即先生所询“胜业”也。叹叹！

杨苡夫妇已赴京度假，并闻。

即颂

著安！

弟千帆

2.5(1983)

（二）

黄裳同志：

惠书敬悉，寂寞之感，彼此所同。大概世界本来是寂寞的吧！《诗选》初稿尝蒙印可，改稿略胜。然注中见个性处，为妄子所删，发现后但能恢复大部分，为可恨耳。今辄呈教，幸赐披览。廿二日拟来沪小住旬日，或能奉谒。专此，即颂

万茀！

千帆

十一月六日（一九八三年）

（三）

黄裳同志：

奉书值心脏宿疾复发，稽复为愧。承示词集三种，独余缙《大观堂文集》所附无之，不审能费神复制见赐否？集中如有涉及其生平文字（序跋传志之属），亦求同时复印，可供撰小传用也。辄拟于三四月中开一编辑会议，不知公届时能出席指导否？盼盼。冬寒，伏维保重。敬叩

俪安！

程千帆

1月20日（1986年）

（四）

黄裳同志：

承赐《清代版刻》新著，欣感之至。清世治版本之学者，每矜百宋千

元，而于当代精刻或不之重。尊著虽仅就斋中所藏择尤举例，而尝鼎一脔，已足补诸家图录所未及，足以丰富版本之学矣。（如能注明每书版框尺寸及刻工姓名，尤佳。再版时似可列表附末也。）颓龄八十，又有心脏病，已不甚能工作，只望未完残稿能完成耳。《广义·校勘编》已成初稿，惩于《版本编》所引或非权威之说有可商者，兹编拟以《读书杂志》为主，再以他家补充之（特别是文学方面，王书之例颇少），或能比较严谨，此亦先生之惠也。近拟重印涉江诗词，就其中有关时事之作，略笺数语附入，或使来者不致有无人作郑笺之叹。期以来年毕功，想亦先生所乐闻也。

专此布谢，祇请

著安！

程千帆白

五月十二日（一九九二年）

（五）

黄裳先生：

好久不见你的新书，收到《河里子集》好欢喜，又有点悲凉。老懒相连，犬齿今年八十有一，右耳益聋，左目老年性白内障发展颇快，真成副统帅之“不读书不看报”矣。想要如过去之得尊著后狼吞虎咽，一气呵成终卷，竟不能了，此所以不禁喟然也。幸诸门人相助，《校雠广义·校勘编》已排印完毕，95年上半年或可出，出后当即呈正。或者略胜于《版本编》之无目验之能，遂多援引不善，无知妄言也。又为亡室诗词作小笺，今年内可出。数十年生死深恩，了此一事，或可告慰重泉耳。近年尚能时出游否？弟则虽过街亦怕莽小子自行车，何况“大路人”乎。先师胡翔冬先生句云：“成仙惟一梦，俟死养残年。”今年始证此境。庚辛旧诗奉教，伏愿秋日多祜！不尽欲言。

弟千帆上

八月二十三日（一九九四年）

（六）

黄裳先生：

读尊著偶有可献替者一事，别纸钞呈，幸酌之。又积微翁以罗叔蕴说甲文前后不相应为疑，静安弟子吴子馨其昌亦同。其载于武汉大学抗战前出版之《文哲季刊》长文《殷虚书契解诂》论及此事，结语云：或流言所传不为无据欤？其时王已任石，罗尚健在也。沈集笺本仍有三误字：页一四五/五行，“陈丈”误“陈文”。页一九二/二行“幽愤”误“幽情”。页三三〇/六行共“四百”有二首误“三百”（此原稿之误）。此书凡三人九校而仍如此，真无如之何。尊著《春夜随笔》误植亦较多，幸先生亲为斠正，感感。前呈《雍庐书话》一册，想收到。目瞀手战，书不成字，谅之。敬颂

著安！

千帆上

二月十七日（一九九五年）

（七）

黄裳先生：

酷暑中静卧读尊著《随笔》及顾颉刚代朱骝先作九鼎铭文事。时弟在成都，颇多传闻。未见顾谱（方将求而读之），不知载其文否。据云，其时老辈能为传统堂皇赋颂之文者，尚不乏人，然闻以寿蒋，则皆敛手，故委之顾。顾本不长于文术，不能为扬马之文，勉成韵语，其卒章云：“我士我工，载歌载舞，献之九鼎，保于万古。”朱之政敌某见之，谮于蒋曰：此四句取首一字横读之，乃“我在献宝”也。川语献宝乃出丑之意，蒋见之果然，乃大怒，云云。其文顾作，书则沈翁尹默为之。闻有人询沈以此事者，沈答曰：“文责自负，书责亦自负也。”此亦善解嘲。五十余年前事，聊为先生陈之。钱默存赞君文，虽考据，亦能满纸烟云，可谓笃论。

无事聊作闲谈，即颂

起居安吉！

毕奂午解放后一直在武大，已退休，尚健，并闻。

程千帆

八月三日（一九九五年）

（八）

黄裳先生：

检行笈得十余年前台北潘重规兄代印“中央图书馆”藏朱竹垞《眉匠词》，及日本清水茂教授代印日本某收藏家藏太清春《天游阁集》足本。今《全清词》顺康卷已付印，将陆续出版。弟藏此复本无所用之，谨以奉贻，或可供清赏，惜复印不精耳。近日大雨，略可酣寝。简斋诗云：一凉恩到骨，万事世多违。诚有味乎其言！门人程章灿，佳士也。将游哈佛，幸延见之。手软目瞀，书不成字，乞恕。祗叩

道安！

千帆敬白

八月十日（一九九五年）

（九）

黄裳先生：

年来日益衰朽，遂阙起居，仍荷赐示新出书话，感愧曷极。前寄《河里子集》，已因白内障读之已艰，今则更同屠门之嚼矣。数年来初患耳聋，继以目瞀，言谈诵读之乐，渐被剥夺，枯坐遣日，遂成日课。所幸旧作得及门之助，陆续完成，其中《校雠广义》四卷、《汉语文学通史》一卷，是大路货，《诗文钞》一卷、《闲堂学记》一卷，尚有一二自得之语，已次第付刊，当陆续呈教也。（又《选集》二卷，皆重印旧作，故未奉呈。）冬寒，伏惟葆爱。敬颂

著安！

弟程千帆上

12 月 23 日（1996 年）

（一〇）

黄裳先生：

抗战前梁众异在沪上作寓公，不废冶游，因争一舞女，与杜月笙大弟子某闻人忤，其人欲剚刃，梁乃避居杭州。其时先君任文书职于杭州中国实业银行，与梁旧为少年诗友，因亦有唱和。此八诗初存即以写示先君，此八诗外，尚有《哀女嘉》七律一首，忘其起句，其余七句云："可知而母痛摧肝。我亦苟活身如寄，家不能全国更残。父女廿年缘遽了，彭殇一枕事非难。虫沙十万皆新鬼，何只孤雏骨未寒。"其后不久，梁即返沪，其后世变，更无书札。想梁写示此诗之人不多，弟偶存其稿于匣，四十年代初，作一跋文，连原诗载之金陵大学所办《斯文》半月刊上，此次辑录旧文，忽得之，其以奉陈，似其类汪双照之《落叶》也。目病无起色，又不到开刀程度，书不成字，谅之谅之。敬候

撰安！

弟千帆上

2 月 26 日（1997 年）

（一一）

黄裳先生：

承赐选集，亦有未曾读者，虽患白内障，亦勉缓缓读之，以素嘉尊文，难释手也。弟亦素重蒹葭楼，故不以石遗之说为然。然在遗老中文学观、政治观皆最现代化，亦是可佩。二窗词客有《吊陈沅墓》散曲，公抗战时曾游昆明，或匆匆军旅，不及见之，故尊文亦未之采。今属老妻抄呈。又近有门生为编有关资料成书，不久当由贵阳径寄上海，聊博一笑。近年耳全聋，目半盲，又右足不良于行，终日闭门枯坐，幸门生相助，尚可整理旧稿，将来可续有呈教也。海内故知高年辍笔者多，惟公及舒芜、克木砚耕不休，文思愈新，真可羡佩。书不成字，乞谅。敬颂

著安！

弟千帆上

11 月 4 日（1997 年）

奎垣名鲁，亦川人，数学名家，兼精诗词。公或知之。

致《文学评论》（一通）

编辑同志：

《评论》1983年2期载祈欣先生有关近年唐诗读本的文章，认为高步瀛先生的《唐宋诗举要》乃是继马茂元先生《唐诗选》之后出版的提高读物。此系就新版《举要》的出版时间言。实则《举要》早在抗日战争之前，已由高先生自费出版，与所撰《唐宋文举要》甲、乙编皆用作其在大学（主要是北京师范大学）授课时的讲义，由北平富晋书社代售。年龄在七十左右的古典文学研究工作者，没有读过此二书的人大概是很少的。

高先生名步瀛，字阆仙，河北霸县人，是晚清著名古文家吴挚甫（汝纶）主讲莲池书院时的学生，久任北师大教授，抗战期中逝世。其弟子俞敏教授曾有纪念文字，载于《国文月刊》。他和刘永济先生是同辈，而马茂元先生及亡室沈祖棻则比他们晚一辈。

祈欣先生将四人著作排为：马氏《唐诗选》（普及）→刘氏《精华》、沈氏《浅释》（提高性的普及）→高氏《举要》（提高），似与事实有出入。尚请转告。

顺致

敬礼！

程千帆

三月十五日（一九八三年）

致霍松林（六通）

霍松林，中央大学中文系毕业。曾任陕西师范大学文学院教授。

（一）

松林兄：

圣昔先生带来大著二种收到，极感。《文艺学》旧本在浩劫中失去，今睹新版,如对故人也。

尊词一往情深。昔人以为诗人填词,易坏诗笔,观大集,殊不尽然。酷暑中得此,亦是一服清凉散也。弟于倚声绝无通解,故不敢佛头着粪也。贱躯仍不适,偃卧时多,看秋凉后如何。率复,敬请

俪安!

弟千帆上

8 月 11 日(1983 年)

(二)

松林道兄:

前上一函,敦请兄于三月初来宁,担任博士生蒋寅论文答辩委员会主席,计荷台察,仍恳惠允见复,不胜铭感。弟行能无似,乃荷不惜齿牙余论,宣之异邦,惟有感愧而已。

尊集油印本尚未收到,命作序,不敢辞,然当细读,乃可着笔。兄命抄旧报诗文,遵即到南大图书馆办理,始悉近日内部整理,暂停开馆。此事,只有俟一二月后再打探办理。

天寒,伏维珍卫。

敬颂

俪安!

弟程千帆顿首

1 月 16 日(1988 年)

唐代文学会能在太原开甚好,弟无意见。惟日益衰顿,能出席否,殊不可知。

(三)

松林老兄:

谨送上聘书,伏冀金诺。闻南师大曹济平先生言,圭老研究生答辩,亦请兄参加,渠拟请兄于南大事毕后移驾南师大,其归程诸事,即由师大办理。弟当随时与曹联系,谨此并问。敬请

双安！

弟程千帆

3 月 2 日(1988 年)

（四）

松林老兄：

承赐大集，尽三日力通读之，始叹相知不尽，盖往日见兄诗，七言近体为多，今见五七言古诗，为数既夥，且风格雄浑古朴沉咽兼而有之，咀嚼玩味，流韵不穷也。独惜版式横行，不甚合色。然此今日通病，又不能责出版社也。

超伯近数月遘家难，其叔父、弟媳先后去世，心情不舒，故先师文集虽已出版，而迄未奉上。昨日晤之，云已寄呈，想非久可以收到。

《唐代文学年鉴》，兄偏劳主持，多历年所，极有定闻于中外学术界。扫黄以后，纸价已降，一二年内，出版界或可走出低谷，甚望兄能继续为之。弟两年以来，心脏病日剧，不仅不能出游，与诸老友把晤，且策杖巡游，亦只限在住宅周围五百米内，盖于校内外诸事皆已无能为力。尸位而尚不能退，此下衷之所惴惴也。（今年起已不再招研究生。）兄知我者，聊复言之。即颂

俪福！

弟千帆

11 月 11 日(1989 年)

（五）

松林道兄：

尊集钱、刘二序，似皆以为兄诗之好，乃在智过其师，此实昧于方湖设教之旨。先师诗虽若近宋，而门庭广大，初不断断唐宋之争，故多士响臻，各尽其才其性，此非胸中先有一唐宋畛域者所可知也。拙文粗为辨析，亦不知有当否。忆兄曾以于钱序此类议论不甚以为然见告，今于尊集台版增弟一序，或者可使海外故人知头白同门友尚欲阐扬师说，亦犹行古之道也。衰病不甚能运思，文实平弱，无足观采，尚乞谅之。敬颂

俪安!

弟千帆白
(1990年4月27日)

(六)

松林兄嫂:

瑶札、新诗并拜悉。故人情重,远别益亲,感何可言。弟自数年前退休,耳益聋目益瞀,写字甚难,看书亦艰于持本,近复筋力衰迟,行走困顿,终日枯坐时为多,每忆东坡在惠州时自比退院老僧,尚能在折足铛中,罨糙米饭吃,其健康情况为可羡也。近设法在上海重印先师《唐人小说》《目录学研究》二书,此事或堪报慰。敬颂
双安!

弟千帆顿首
(1997年)

致程一中(三通)

程一中,曾任武汉大学教授。程先生任教武汉大学时的学生。

(一)

一中:

九月廿八日信收到。您要的两部小说,此间也没有。孙子书先生的目录大都根据北图、大连两馆及他自己的收藏。看来,只有在北京探访,可能性大些。

这些都属罕见善本,其借阅手续一般为:

1. 由大学(研究所)一级办公文,呈请国务院古籍整理小组批准,要说明理由。

2. 由国务院古籍小组出其正式介绍信,由校持介绍信请求图书馆批准拍照(借出及复印都绝无可能)。

3. 馆同意后，约三四个月后将胶卷寄校，收费。

个人无直接借的可能。此事，您恐未办过，故答应下来了。如李悔吾先生有门路，或可从速。一般，陕西出版社应当供给原始资料，无要作者自找之理。

看来，除了特殊办理，十一月交文不大可能。

张婚事，此间亦有知者。均不甚谓然，以其人行为颇多可议也。

您搞《异苑》《述异志》甚好。近人所校小说有佳者，如《搜神记》《博物志》均不错，可以为式。天助自助者，愿您奋发成功。

近可见《文论十笺》及《古诗今选》二书，容到后奉寄。

张实事，看来民族学院并无诚意，就留长沙也好。

我刚过七十，中央近闻有退休文件下来，想力争一下。如退休，就可以多写点东西。但不一定能做到。

祝

好！

千帆

10.8(1983)

（二）

一中、志达：

得志达信，知某生得宽容。有容乃大，宽柔以教，古有明训，甚愿肉食者稍稍留意之也(指某生得释事)。

可奉告者，我已正式退休。先室在时，每以“见好就收”“喝采声中下场”相戒，今兹践诺，亦足慰英灵于地下。附上致南大当局信，可共阅之。久不得一中信，想行政事冗。目疾不知能耐繁剧否，念念。祝

好！

千帆

12月12日(1989年)

附件望转周勃一阅。

（三）

一中老弟：

函悉。因正卧病医院，先简单复数事：

一、贷款可延期一年，本息均延。

二、《沈祖棻诗词笺注》大约今年六七月间可出，届时当再奉寄。

三、宗福邦带陶德麟亲笔信来，邀我去武大小住，讲学数次，时间不拘。我本拟去，以释前隙。但体力又似不足，不宜奔波。君意如何？请衡量利害，以及校内各方意见。

这次生病是外感，肺部感染，发高烧引发心脏不适，现已退烧，心脏亦已平稳，不久当可出院，请勿念。顺颂

双安！

千帆

3.29(1994)

致吴功正（四通）

吴功正，曾任江苏省社会科学院研究员、《江海学刊》主编。

（一）

功正先生：

惠书又大著并拜悉。尊作博综今古，诚有补于学林，容当细读，以实枵腹，先此布谢。敬请

大安！

弟程千帆顿首

十月八日（一九八三年）

（二）

功正先生：

承赐大著，感荷之至。此是开拓新领域之作，学林重视宜也。弟尤赞

成从作品本身抽象出理论之方法，如此作自异于亦教条皮傅者。先生方富于岁年，成就若此积之充之，复何可量，欣贺欣贺。严杰君文承刊出，亦甚感关注。天寒，不克踵谢。手此，即颂

著安！

弟程千帆

二月廿二日（一九八八年）

（三）

功正先生：

承赐鸿篇，洋洋六十万言，纲目周密，议论精辟，乃我国美学史研究中之一里程碑也。欣佩何极。所憾颓龄目眚，未能快读，但能日二三十叶细咀嚼之耳。专此肃谢，敬颂

著安！

弟程千帆顿首

十月十日（一九九五年）

（四）

功正先生：

奉读新书，真有奔轶绝尘之感，穿穴史料，判断精卓，交游中无几人也。弟年来颇衰，耳聋目瞀，已不甚能工作。拜观大作，惟有愧叹而已。专此致谢，敬叩

著安！

弟千帆上

十月三十日（一九九九年）

致陈早春（四通）

陈早春，曾任人民文学出版社社长、总编辑。

（一）

早春同志：

舒芜兄来信备述尊意，极感。事情是这样引起来的：我已将祖棻的旧诗词、论著，都已整理出版，只剩新文学创作了。想也搞出来，了一件心事。上海《新文学大系》续集编者来函，想收进她的小说，而《文研动态》报导，至今台湾还有人提她的诗，更促进了我从速整理的决心。经过仔细挑选，抄了这两本。人文门槛高，我原不敢存此奢望，承您美意，就冒昧寄上了。收到略翻后，请回信。

还有一件小事，想奉托：人文所出俞平老《唐宋词选释》，不知有无存书。如有，请代购五册挂号寄下，供研究生用。有十册更好，但请开两张发票。另五册抬头写南大中文系。种种渎神，请原谅。即颂

编安！

程千帆

廿二日（一九八三年十月）

您收到此稿，请告舒兄，我近身体不好。

（二）

早春同志：

寄上沈祖棻选集中的(3)诗、(4)旧诗、(5)小传。其(1)小说、(2)新诗前已寄上。现只寄上扉页，请粘上。

什么时候全部交舒芜，请他作序，由您决定。

要不要作者的手稿、相片作插图，要多少页，都请告知，以便准备。

想请您和叶子铭同志研究一下，要不要他对韦大姐介绍这部稿子的情况。因我不认识韦大姐。如接受无问题，就不用了。

您看如何？

盼复。祝

好！

程千帆

五月十一日（一九八四年）

（三）

早春同志：

寄上祖棻相片二张，手稿三张，以供选择。

（1）棻单人相，已在其诗词稿中用过。

（2）棻及女儿丽则。

（3）汪旭初先生批手写词稿，要制铜板。

（4）旧诗稿，可直接制锌板。

（5）新诗稿，可直接制锌板。

用哪四张，前后次序如何排定，统请考虑。手稿似可按内容，即（1）新诗、（2）旧诗、（3）词。

专上，即颂

编安！

千帆

6/7(1984)

（四）

早春同志：

沈祖棻照片一张奉上，乞收。

《涉江词本事》，我考虑以不附在选集后为好。她的词集已印一万四千册，看来没有因为“比兴”而影响读者。《本事》也可发，但以放在另外的地方似更妥些。从前其芳同志老写文章解释自己的作品，也有人不以为然。

这只是我个人的想法，供参考。（亦请与舒芜一商。）祝

好！

千帆

9/12(1984)

致周晶(十六通)

周晶,齐鲁书社原副总编辑。

(一)

周晶同志:

来信收到。

照片很好,可用。后寄的另外一张,即希寄还。

《文薮》稿已于7日挂号寄上,并附《梦秋词》跋的写本,想已收到。

拙作一册乞教。

顺致

敬礼!

千帆

十四日(一九八三年十一月)

《文薮》除样书,我自购100册。

《文薮》封面,希望像《十笺》一样勒口。

(二)

周晶同志:

我于月初来武汉小住。在行前曾给您写信,托办并询问如下各事:

1. 以《曲石精庐唐志》题签稿费20元,买《墓志》及《闲堂文薮》数册,交南大出席殷老祝寿会之南大代表(多半是许惟贤先生),带回南京。

2.《治学小言》何时出版?如在二月半以前能出(我住到三月初),则请寄数十册到湖大(100册寄南大),稿费亦可寄下。

3. 我的《校雠广义·目录编》及莫砺锋、尹志腾等人的书进度如何?《目录编》要用繁体直排较麻烦,但现有许多人都在写这方面的书。此书印成讲义,已流传各地,出得太迟,可能发生一些使人不愉快的问题。故希望特别抓紧。《版本编》也已有初稿,也许87年底可交印。此事,望与赵、任诸公一谈。

盼回信(寄武汉市宝积庵湖北大学专家楼),即颂
大安！不一。

千帆

12 月 22 日(1986 年)

(三)

周晶同志:

来信收到,各事多承费心,非常感谢。

稿费还没有收到,请向财务科一查,何时寄出,由银行还是由邮局,并告知。

《小言》,前请寄 30 册来。如能在 2 月 15 日前取到寄出就寄武汉,否则,仍寄南京为妥。因我在三月中旬就回南京了,而上次的 20 册,在路上走了二十几天,2 月 15 日以后寄,难以保证我在武汉收到。

请转达赵总编,感谢他亲自担任《广义》的责编,并请他设法早日开排。《版本编》有几十幅书影,将来要制版(少数彩色,多数黑白版),也是个麻烦,不过,我相信贵社能处理好。

祝
春节愉快!

千帆

一月二十二日(一九八七年)

(四)

周晶同志:

久未奉候,想一切安好。

拙著《治学小言》手中已无存书,而仍有人求索,不知出版社尚有否?请一查,如有,拟购十册。请即寄下,并示知书价,以便立即汇还。

暑热,千万保重。顺致

敬礼！

程千帆

七月九日（一九九〇年）

（五）

周晶同志：

收到您寄来的《艺苑卮言校注》三册，甚为感谢。

又知《说诗乐趣校注》已在征订，甚慰。

《明清文学理论丛书》曾得教委古委会资助，但该丛书出版时，均忘在扉页或内封面上注明，因此该会不无意见。

现在请您费心在《说诗乐趣》书的内封面反面以四号字印上下列字样：

全国高等院校古籍整理研究工作委员会资助项目

此事，务请费心办到，否则我们会很为难。十分感谢。祝

好！

程千帆

9.25(1992)

（六）

周晶同志：

九月廿九日手教敬悉。《说诗乐趣》《艺苑卮言》二书已由贵社邮购部于日前寄到，故无须再以奉烦，承注至感。《校勘编》能由孙总担任责任编辑，甚以为荣。弟等不敢自矜精于此道，然以其后出，差能掩有诸家之长，迄今言校勘条例，未有详密过之者也。又第四编《典藏》搜集资料、制定大纲，略已迄事。现已由有富撰写初稿中，尚乞转告孙总。余不尽，顺颂

著安！

弟程千帆顿首

十月八日（一九九三年）

（七）

周晶同志：

久未奉候，诸想安善。

想托你买两本山东版的书，不知能代办否？极盼。

① 朱德发《中国五四文学史》，山东文艺出版社。

② 郭延礼《中国近代文学发展史》，山东教育出版社。

费用请示知，便即奉寄。

问候言诚先生。祝

好！

程千帆

11 月 6 日（1995 年）

（八）

周晶同志：

惠赐书两种共四册，又大函，均拜领。我在完成一文学通史，写到现当代，此二书极有用，感谢不尽。

《广义》承孙先生及贵社作妥善安排，我及有富一定作良好配合，争取明年出全两种版本。

最近国家教委在南大召开第三届教材评比会，《版本编》得一等奖，大约非久可在《教育版》公布。前《目录编》得过江苏省社科著作二等奖，此皆可作为宣传材料也。顺告，即颂

著安！

千帆

12 月 6 日（1995 年）

（九）

周晶先生：

前承费心觅得鲁版现代文学著作二种四册，极为感谢。

今有一二小事欲奉商，知言诚先生事烦，不敢冒渎，谨闻左右，伏冀酌办。

(1)《四库存目丛书》对其学术顾问小有报酬，向由该编辑直接按月寄与。自96年1月份起，改由齐鲁寄发，但齐鲁执事先生或因事忙，至四月底，仅通知二次，寄款则仅一次，不知能加以改进，仍按旧章按月准时寄发否？

(2)《校雠广义·目录编》修订本及《校勘编》全文，据言诚先生说，早已排校完毕，因节约印费，故拟全书四编同时出书，此法甚善，有富先生及我均极赞同。但这样一来，则无法早日结算及支付稿费。如齐鲁经济效益尚可，不知能大体估算一下，先付此二部分，至《典藏编》出书时，再统一结清否？当然，这要以不引起贵社经营上的麻烦为前提。此区区之意，想先生及言诚先生能洞悉而与以谅解也。

《典藏编》正努力整理，非久当可寄上部分。

《目录编》曾获江苏社科二等奖，《版本编》曾获国家教委第三届优秀教材一等奖，想先生等已并知之。

我患白内障甚剧，书不成字，乞谅。敬颂

大安！

程千帆

四月二十四日(一九九六年)

(一〇)

言诚、周晶先生：

近印得《诗文抄》一册，谨分呈左右，以博一笑。关于《校雠广义》获奖情况，已由有富先生奉告，想达尊览。关于全书进度，近月不详，仍乞示知。《版本》虽新出，而印数颇少，《目录》虽先出而有增补，故皆可视为新书，幸留意印数也。其增订本《目录编》如可视为新书，则与《校勘》《典藏》皆可获得样书二十册，何时可出版寄下，幸酌示。其传统丛书本封面一律，恐只能平装，但亦由此可降低书价，未恐无利也。旧有出台湾版之议，不知进行若何？弟目眚愈甚，书不成字，千万谅之。思得旧作《闲堂文薮》

十册，如有存书，幸赐寄，书款当即汇呈也。琐琐盼复，敬请
著安！

弟程千帆上

二月二十日（一九九七年）

（一一）

周晶先生：

久未奉候，诸想安善。侧闻将出任副总编，必能使老资格、卓著成绩之出版社更上层楼，欣贺欣贺。任笃行先生受贵社委托，校《广义》一卷，甚精细，校出误字，提高质量不少。因思此书撰述艾历年岁，其价值逐渐为人所知。其《版本编》曾与教委及国家级之评奖（评奖已结束，教委级获一等，国家级尚未公布），今后全部出版后，此全面表述古代校雠学之惟一著述，必更为世人所重。所惜弟撰此书已届衰年，有富虽努力相助，而兼系副主任，又教本科及研究生，琐务甚忙，于校勘未能详审。今笃行先生之工作，适可补弟等之不足。二人互相商议，如能请笃行先生通校全书一次，必大有补益。拟请先生与言诚、笃行二先生商议，如荷同意，当奉劳务费千元，如出版社不便负担，当在弟等稿费内支持。是否可行，仍乞从速赐复。专上，即颂
撰安！

弟程千帆上

五月四日（一九九七年）

（一二）

周晶先生：

十五日手教敬悉。《广义》出版诸事，极承先生及言诚先生等精心安排，感谢不尽。此书先后经历五十载，久遭磨难，卒底于成，千帆惟有叩谢上苍而已。书不能精善，然表达吾华特有之校雠学，并略建立其系统，则略有可承。并世贤哲倘能谅其苦心，则幸甚矣。目瞀耳聋日甚，已不甚能工作，于此尤感先生及有富兄之相助也。敬颂

近安!

千帆顿首

五月廿一日(一九九七年)

(一三)

周晶同志:

前得函已复,想收到。此书费时近十年,经先生鼎力卒底于成,十分感谢。

《典藏编》校样寄还。我目病已无法校对,故此样是有富兄及其毕业南师大文献专业之女公子合力完成,虽很用心,仍恐有误,请先生指教。全部何时可出,南大专刊本四册各印多少,传统文化丛书四册一套(恐不零售)印多少,望告知,我们大概要各买一点(除赠样书外还要一些),请将定价、寄费等,均大略估计见告,感感。

有富明天去成都开会,10 日可还。顺颂

大安!

弟程千帆

6 月 1 日(1997 年)

(一四)

周晶先生:

昨上一函,附王绍曾先生函,请先生费心将《广义》校样送一份给王先生,请他写一书评,想已收到。

今天在《光明报》上看到山东文艺出版社出版《二十世纪文学史》上下册,我很想读,请先生代买一部寄下。书款示知即汇奉。专此奉托,敬请

大安,并贺新春之喜!

千帆

一月廿五日(一九九八年)

（一五）

周晶先生：

已遵示写一信给黄永年先生（书想已寄出，如未寄请速），但天热，书又太大，不知他愿写书评否，姑待之。《藏书家》题字亦勉写上，如不能用，请弃去。近日病甚，写不好也。寄书事有富已详说，请速办，感感。即颂

大安！

弟昌

八月一日（一九九八年）

附徐有富致周晶函

周先生：

今将程先生写给黄先生的信抄录于下，认不识的字以墨钉代替。

永年先生道席：

久疏□□□想安善。弟与门人徐君有富旧治校雠之学，艾历年载，近始由齐鲁书社印行。责任编辑周君以先生于此道，夙推海内名家，若荷拂拭，必能增重，商之于弟，极以为然。除由周君以原书一套四册径呈君存外，谨再函达。尚之于披览之间，略事评论，何幸如之。衰朽之□已不能复于学问有所增益，惶愧之至。谨肃，敬颂

道安！

弟程千帆

八月一日

顺颂

编安！

徐有富

八月一日（一九九八年）

（一六）

周晶先生：

得电话，又赐寄乔幼梅先生所著《宋辽夏金经济史研究》，非常感谢。

《校雠广义》承书社诸公努力，幸获国家图书奖，值今年考研人多，凡考文科者，都购此书作为参考，故各地均已售缺。如尊处情况略同，加印一些以应急需，亦是正办。但《版本编》增加一章，以更为完整。如将来河北教育出版社之横排本出版，或两种版式并行，仍乞酌定是幸。敝外孙女张春晓现在上海复旦大学攻读古代文学博士学位，想研究汉族与非汉族政权（如西夏、辽、金、元、南诏）统治下汉族文化文学的发展，故托先生代为留心这一方面的资料，今既无有，亦但可置之。今后如有此类材料仍乞见示。弟今年衰龄已进入八十八岁，颇甚衰惫，幸所主编之《中华大典·文学典》已开始出书，如一切顺利，或可在 2003 年将《文学典》全部 22 册出齐。但欲完成全部 400 余册，则为时尚早，只能走一步算一步而已。专此复谢，并贺
新禧！

弟千帆上

一月三十日（二〇〇〇年）

致金克木（十四通）

金克木，曾任湖南大学、武汉大学、北京大学教授。

（一）

克木兄：

在《读书》上发表的文章都读了，好得很，还应当多写一些。

我近心脏不好，讲课极费力。看来，侯宝林真圣人也（套用宋人赞范六语）。系人事在改组，不知能半退否？九月中曾到京，太紧张，未能奉看为愧。祖棻纪念集一册送上，当然有人不舒服，那也只好由他。

托中文系张少康先生送你拙撰《文论十笺》一册，送来否（时在月初）？祝
俪弗！盼复。

弟帆

十九日（一九八三年十一月）

（二）

克木兄：

二月八日函收到。煦良逝世，未发讣，沪友亦未告。兄函来始知之。他卧病华东医院多年，在此之前，因其子与越剧名伶之女相爱，老夫妻大不谓然，故家庭生活亦颇不愉快。兄诗包罗往事不少，然今日可谈者已不多。长孺一目已盲，另一视力亦大减。弟本月 9 日至 21 日在武汉探亲扫墓，虽往访之，龙钟殊甚。或因适患感冒之故，季雍不必担心。前尘如梦，转眼四十年，可叹也。

1985 为黄季刚师百年诞辰，诸友拟仿《励耘书屋（问）学记》之例，集录其传记悼念追忆文字为《量守庐学记》，初步搜集，得二十余篇，不知兄能向三联介绍否？想争取在 1985 年 8 月前后出书，则 9 月在南京或蕲春举行纪念会时，可以分发。如初步有成议，当将篇目寄三联一观，然后确定。盼复，即颂

著安！

弟千帆

84 年 3 月 28 日

（三）

克木兄：

读《读书》四期兄文，恍如听娓娓之谈。兄独特之思维方式与表达方法，老而弥笃，信可乐也。

三联有信来，愿出《量守庐学记》。此书集稿，经各方协助，进行极顺利，已全部编好寄出。唯一条件是：要他们肯定在明年八九月间出书，以期在开百周年纪念会时分发出席代表。此事，仍望兄与当事者一谈，促进之。

纪念黄先生，准备开一纪念大会——学术讨论会，出三本书：

1.《量守庐学记》（生平、论学大旨、逸事、著作目录等），三联出。

2.《黄侃论学杂著续编》（正编已出，单篇论文正编未收者悉入之），

武大出版社出。

3.《黄侃学术论丛》(纪念会论文选篇,包含大陆港台海外之文,古音分部之争论将有所深入。林语堂、张世禄、王了一诸公与黄先生、曾星笠诸公之学说也许获得更细致之讨论。黄先生学术其他领域亦将有专门论述),出版处未定。

看来,可能比已举行之陈援庵、吴检斋诸老纪念会略扩大些。

以上,望便中告知三联主事者。如该社愿出《论丛》,弟等亦可考虑交付。

关于高级知识分子退休事,此间径拖着不办。国务院文件说得很清楚。闻人民大学已于四月份执行,确否?

弟近年体力日差,不能太累。累则发冠心病,故各处约请开会之事虽多,然极少出门。论文集二本,其一六月可出,另一已二校,也许年底可出,仍当呈教。湖南“师公”,老则收刀检卦。如此如此。

敬颂

双福!

弟千帆

5 月 21 日(1984 年)

(四)

克木兄:

前几天寄上一本杂文,想收到。实无是观,然不敢隐。或者刘黄二老传记是增怀旧之念耳。

季刚先生《释佚书武观文二条》一文,载《雅言》一卷十一期。此杂志,查联合目录惟北大图书馆有之。顷方为黄编《论学杂著续编》,幸兄属一妥人代为从速复印一份挂号寄下。(如抄,则要繁体正楷,并仔细校对。)

重托重托。敬颂

双安!

弟千帆

9 月 14 日(1984 年)

（五）

克木兄：

手书及抄件拜领，感谢之至。尊恙不审近略痊可否？弟上月廿八日心脏病（云为心快速房颤）突发，住进医院。事过即好，而医云要大检查，故被囚，迄今未能放也。论清诗已读，兄近年文皆能从宏观着眼，从比较文化着眼，从源流着眼，此正弟所最缺少者，故读后虽不能效法，而深觉有益，以其可药拘挛之病耳。煦良逝后，不知其哲嗣能否搜集刊行遗文。旧闻其一子与袁雪芬女恋，而老夫妇不以为然，遂至龃龉。其后鲜通音问，晚景似不甚好，可哀也。小文附呈。敬颂

俪安！

弟昌顿首

1984 年 10 月□日

（六）

克木兄：

仔细读了你的书评，觉得极好，好在说到了点子上。选目，我曾调查了美加港台，又知洋人之反左远胜我辈，故妄将若干禁品入选。而对洋人如何通过注释了解正文，则实在一无所知，故终不免牛头不对马嘴也。然以其较谨严，硬伤较少（不是没有），在日本反响不坏。总之，乃无牛狗耕地也。呵呵。集平生论诗文字可存者 30 篇（其中一半在《古典诗歌论丛》中印过）近已出，约一个月后可得样书，容当寄呈。弟自去岁九月底患心脏病，住院二月有余，顷亦未复元。此次作协代表大会，江苏有一名额相与，亦惮发病告假，遂不能相晤。闻教育部数月后仍有一会，或少健能过谒耳。不尽，即颂

俪茀！

弟千帆

1 月 6 日（1985 年）

（七）

克木兄：

前上一函，谈书评事，想收到。关于《量守庐学记》三联已发稿并征订，有些事，进一步与之商量。去二信，均置之不理，不知何故。想再写一信去问，又嫌唐突。今奉上，不知兄能打电话与之一谈否？如有特殊情况，可由兄转达，则此信亦无需转了。乞酌。敬请

俪安！

弟千帆顿

1月15日（1985年）

附致三联书店函

三联书店编辑部：

去年曾为《量守庐学记》事两度寄信与贵社，其中第二信系十二月十七日挂号寄出。迄今不见回答，不知何故？在作者与编辑部的联系上，这种情况不太正常，还请作出回答和解释，感谢之至。此致

敬礼！

程千帆

1月16日（1985年）

（八）

《庚午仲秋，出席敦煌国际研讨会。会毕，主人留客，予欲趋南京候老友程千帆教授，先日自敦煌乘陇海车离去。过武威后，瞥见雪岭打窗，俯视黄河，回环相送，物若有情，为之感赋》 潘重规

雪岭敲窗惊掠鬓，黄河垂带欲牵裾。流沙惜别匆匆去，故国良朋正待予。

《余以病入医院，而石禅枉道过存，出示新作。奉酬六首，兼寄仲华》 程千帆

西风破睡入匡床，斗室孤呻亦自伤。失喜故人归故国，不遑颠倒着衣裳。

八十犹堪事远游，敦煌访古气横秋。前身未必梁江总，重到秦淮也黑头。

戴（东原）钱（晓征）屐齿未经过，石窟灵文入网罗。独发校雠千古覆，俗书非雅亦非讹。（君论敦煌卷子字多俗体，若以为误而改之，则转滋讹谬。其说极精创。）

颇忆平生高仲子，英年橐笔共征西。行吟每作伤时语，好事偏耽打劫棋。

蕲春学派绍余杭，骆（绍宾）陆（颖民）刘（博平）殷（石臞）并擅场。休怅一流今向尽，海隅犹立两灵光。

蟭螟鲲鹏各一天，梦中占梦转茫然。人生只合随缘住，流水征蓬四十年。

金克木正之

千帆

（1991年1月）

（九）

克木兄：

昨寄上近出书两册，由贻焮转，想已收到矣。忆四十余年前，同教珞珈山时，兄尝于弟谈诗小文，有所指点评论，此次嘱门人结集，尚念及之。友朋谈艺之乐，今日殆如隔世。如兄精力尚可，祈再为雌黄臧否之，甚所愿也。

悼王之作，仅寄二三人，且嘱不可传，乃借转传写，最后竟不知为何在港捅出。当时有人告弟要作些准备，弟亦无此本领，只好以东坡“平生开口不在徒二年以下”答之，而后来乃无下文，此或亦痴人有呆福，蒙周安之休之阴也。

尊文一篇已在政协报读到，另篇谈平老则始得见，以于该刊已久违雅教也。平老自是绝代佳人，其于文艺之赏会，闻、朱皆所不及。所赐词卷，今幸得保存，而“遥夜”由佩弦先生抗战中寄自昆明者，则已遗失，可惜之至。（又其夫人手写《古槐书屋词》亦遗失。）

现每日仅能做事一二小时，大书亦难通读，笔记之类尚能终卷，忽集古句得一绝云：

书犹能读足忘穷，老在人间百事慵。安得此时江海上，不妨一笑寂寥中。

老兄见之，当为一笑也。心脏病为游击队，神出鬼没，忽来忽去，亦不明所以，然而愈来愈差了，胡翔冬老师诗云：

成仙惟一梦，俟死养残年。杯底诗魂黑，悬知坐嗒然！

如是如是。顺颂

俪苐！

弟帆

5月9日(1991年)

（一〇）

克木兄：

最近买了吴雨僧先生的日记，1948年有关于兄在武大情况，也连带回想起很多旧事。昨在《中华读书报》看到有人谈你的诗，更加想念。我今年已87岁(好像你还大一岁)，很少通问，不知你身体如何？嫂夫人及孩子们近况都很想知道。今年以来我身体很差，耳朵已完全聋了，眼睛也不好，字小了就看不见，基本上已不能工作。老兄著述勤奋，除了上次寄给我几本新旧诗集之外，还出了哪些书，都希望寄给我。我最近整理了出过的书，集成文集十四本，将来出齐以后再看哪些忘了寄给你的，可以补上。又弟主编的《中华大典·文学典》，今年国庆也许可以将宋辽金元分典出版，作为献礼，如果有可能，也许到北京来一趟。所以希望将你及周一良先生的电话号码告诉我们。一良夫人邓懿和陶芸是同学。我和你不谋而合，也是把旧诗和新诗合成一本(还加上一些文言文的散文)，希望今年能将文集印出一些。《中华读书报》载有广告，也许你已看见了。祖棻的东西不多，早年的已找不到，一共编了四本。回想珞珈山的旧友，现尚在的已不多，周煦良、唐长孺已过去了。刘弘老是在"文革"中被红卫兵斗昏过去，就没有醒来。我最近在顾学颉的一本书中才知道此事。这种事大概还不少，不过我们不都知道。看来有人说活着就是胜利，也不无道理。我目前的生活很平静，已在90年退休。陶芸的两儿一女，女儿在美国做外婆，儿子一个是建筑师，一个是公务员，都已五六十岁，将退休或已退休。程丽则(就是小婉)已过50岁，她的丈夫比她大两岁，是生物化学系管理药品的实验员，他们也都快退休了。程丽则的大女儿张春晓(即诗集中的早早)，今年已在南大中文系古代文学专业得到硕士学位，考取复旦大学博士生。已结婚，丈夫也是南大中文系的硕士，现去广州《羊城晚报》工作，小的女儿跟她妈妈姓，叫程雨燕，现在南大法律系，已读完三年级，还想考研，继续深造，但目前竞争激烈，不知能否如愿。我因身体不好，不能多写，所以嘱陶芸代笔，希望复函告诉我下列各事：

家庭情况：夫人和儿女，家庭电话。

周一良家的电话。

你的书希望都能寄给我(除已寄过的之外)。

我家里的电话号码是(025)3592790。

敬颂

阖府健康快乐！

千帆、陶芸

8月21日(1999年)

(一一)

克木兄：

月前曾寄一函，久未得复，极以为念，因函南大毕业生在教育部民族司工作之张辉君至北大打听兄近况，亦尚未得复，前数日忽荷以诗文集三册见赐，拜读欢喜，诚如尊句所云：第一难忘是友情也。然读此诗后半，似季雍已仙游。弟自陷刑戮，与友亲皆绝庆吊，故此事亦所不知。以此甚以尊况为念，幸便中略示数字也。弟素好校雠之学，治之五十余年，卒成《校雠广义》四册。今年国家图书奖，此事治之者少，侥幸中式，然只能糊过外行，终不免见笑大家也。近读吴雨僧日记，颇载兄初返国时在武大时事。雨老古之遗尊，不特今所未有，当时亦是凤毛也。弟耳全聋，目亦半盲，近又蒙增俸，直坐以待币也。而所编《中华大典·文学典》，居然倚仗诸公之

力，推出一分典(宋辽金元)共五册，已作为50周年献礼呈报。近小有编著，俟出版后当呈奉一笑。写字困难，不尽，即颂

著安！

千帆

9月23日(1999年)

诗是逸品，极爱之。

(一二)

克木兄：

张辉从外地出差回京见弟函，即到北大谒兄，知老懒外无病痛，大为放心。今天刚卯由武汉到宁开会来访，坐约时许，知其去年九月曾到京谒兄夫妇，一切均好，尤为可喜。再读尊诗，始注意手迹有五十八年前旧作之语，其旨甚明，而弟昏聩糊涂，妄加体会，致闹笑话，亦冀兄夫妇能宽恕之也。弟向刚卯建议，希望武大或湖北出一长孺文集。闻其云：后年拟开一纪念会，如能赶在会时出版最好。长孺在史学研究及教育之贡献决不在一良、莲生之下。而吐鲁番文书之整理尤为突出。但武大缺乏学术眼光，至今不加之意，可为叹息。兄写信困难，不必作复。(其中况味弟所深知。)但祝老友夫妇健康长寿，少病少恼而已。专上，即颂

俪安！(再一次为冒失糊涂致歉。)

九月二十七日(一九九九年)

(一三)

《寄金克木朗润园四绝句》 程千帆

周(煦良)唐(长孺)久逝金程老(余今年八十有七，克木犹长余一岁)，往迹消沉五十年。秋色珞珈容胜昔，壮心浑不似从前。

鹿苑初归意兴高，吠檀精髓敌诗骚。笔端秦梵无多子，乌尔都文亦颇劳。(兄精梵文，初自印度鹿野苑归国，译吠檀多精髓，有称于时，然在北庠，以随顺世缘，亦偶用乌尔都文施教。)

白头追忆少年文(在武昌时,兄偶说《十九首》"玉衡指孟冬"篇,树义精确,至今记之),难共诗林再策励。懒下楼知筋力异,亦知零梦乱如云。

泾阳先生古遗直,掉臂儒林半百年。晚为狂童折其胫,我欲为诉诸苍天。

克木季雍兄嫂伉俪吟正

己卯秋　千帆

(1999年10月10日)

(一四)

老病怀旧,得恶诗数章,已别寄呈,想收到。近得门人之助成一旧稿,今奉呈,望不吝拂拭也。弟体气愈差,耳极聋,目亦盲,走路亦颇困难。只是饮食终日,坐以待币(毙)耳。所寄三书,看得很慢。《通史》颇有错字,竟无力改正,只好胡乱寄上,亦可笑也。匆匆,即颂

双福!

弟帆上

(1999年10月15日)

致张国光(一通)

张国光,曾任湖北大学中文系教授。

国光先生,并请转祖延先生:

12月28日来示敬悉。

关于此次返鄂讲学诸事,承先生及武师、武大诸先生费心安排,甚感。

因近年心脏不甚健康,过劳即心律不齐,故讲学任务不能过重。除了在开幕式上和大家见见面之外(最好不讲话,因为我只会讲"学",而开幕式上的话往往溢出"学"的范围),准备在元明清讲论班讲一次。题目一时定不下来,也许是关于文学研究方法论的一些问题吧。至于和研究生,最好采取

座谈方式。有什么问题,大家讨论。不必采取讲课的方式。这样,比较亲切、深入。作报告,满堂灌,效果不大,而且近于看熊猫表演,可一而不可再也。(至于对教师,则更是不敢当,无此本领。)这种座谈会,举行一次试试。为对青年学者有少许益处,则不妨再来一次。我想,任务就只是这些吧。

离汉已数年,先人及亡妇坟墓要祭扫、修整,亲友要探视,能否出游,要看时间及体力。但对学会及讲论班、武师各方之安排,是非常感谢的。

小女此次拟随我们夫妇返鄂扫墓,一切费用由我自付。但请在我住处多支一床即可。

在武汉,我是个是非人物,这次奉召来讲学,务请不要宣传,以免为人所不满。落荒而走者流,也只能悄然而归的。

谨复,顺颂

敬礼!

程千帆

1 月 17 日(1984 年)

致张森生(一通)

张森生,曾任桐乡市教师进修学校语文教师,兼任桐乡文联副主席。

森生先生:

拜读手札,垂教周详,极为感谢。先生以乌镇人谈桑梓地形,自甚精确。小稿卤裂,非久或有重印机缘,自当随文改正,以免贻误读者也。亡室遗诗近始由福建排出校样,正式出版尚需时日,容更呈教。专此布谢,顺颂

教安!

程千帆顿首

二月二十一日(一九八四年)

致王迪纲(一通)

王迪纲,王易之侄。曾任教于湖北大学古籍研究所。

迪纲先生道席:

前得手教,又新诗词各一章,至情雅怀,洋溢楮墨。而以俗务冗沓,未能趋谒,良用耿耿。曾托祖延先生转达微忱,想荷察及矣。君家清德积学,夙所钦迟,而简盦老人在泰和时,又数有书疏,极蒙熏沐。怀贤感旧,欣戚交萦。来年重游鄂渚,定当陪接左右,借聆麈教。肃此奉复,祇叩

吟安!

世小弟程千帆顿首

三月二十九日(一九八四年)

致陈美林(二通)

陈美林,南京师范大学文学院教授。

(一)

美林先生:

小著呈教。余四册恳便中分交四老。谢谢。

即颂

著安!

千帆上

4/4(1984)

(二)

美林先生:

谨介绍门人程章灿晋谒,欲求为作一推荐鉴定。幸推爱为之,不胜铭

感。敬叩
道安！

弟千帆上
九月十四日(一九九六年)

致彭鹤濂(二通)

彭鹤濂,字松庵,晚号棕槐老人。曾任上海金山中学校长,又曾供职金山县图书馆。

(一)

鹤濂先生道席:

顷奉瑶札,又新诗数十章,灵襟丽藻,诵之忘倦,无缘陪携,但深驰仰而已。近理得汪方湖先生遗著二种,谨呈左右,燕闲之际,足以温梦,当为先生所乐睹也。

祗复,即叩
道安!

弟程千帆拜上
四月九日(一九八四年)

(二)

松庵先生左右:

两奉手教,又松亭先生诗续集,敬承一一。松亭诗平淡自然,甚得活法,洛诵殊佩。弟年来衰病,久废吟咏,题图之事,愧难如命,惶歉曷极。亡室遗诗,非久可出版,容当寄尘乞教。

春寒,所冀眠食安善。不尽,即颂
道安!

弟程千帆顿首
二月廿八日(一九八五年)

致魏之祯（三通）

魏之祯，字诚生，号心饮。书法家、篆刻家，曾为程先生治印多方。

（一）

心饮先生左右：

前得下公交下马先生治印，顷又荷手书及新制二石拓本，并精严可宝。先生之作，寓变化为整齐之中，真斫轮老手也。汉怡先生英年风发，此印有封泥之遗风，属为题赞，稍缓当报命。弟寓南京汉口路五十二号之二丙楼四号，如荷枉驾，欢迎之至。专此复谢，即颂

吟安！

弟程千帆顿首

四月十三日（一九八四年）

（二）

心饮先生：

寄呈为汉怡先生作书一纸，敬祈教正。如以为不甚悖谬，便乞转致。敬请

吟安！

程千帆顿首

五月一日（一九八四年）

（三）

心饮先生：

星堂兄来，颁到所赐刊印，感荷之至。前承命作一小题跋，已寄尘，想察及矣。专此复谢，即颂

道安！

弟程千帆顿首

五月十九日（一九八四年）

致徐孝宓（一通）

徐孝宓，曾任湖北省图书馆副馆长。

孝宓尊兄世先生道席：

前承命为省馆题辞，已由祖延先生转呈，想荷惠察。兹敬恳者，弟旧治《史通》过录纪晓岚《削繁》底本（纪批底本为黄氏《训诂补》），及杨惺吾手批本（用三色笔），惜皆不全（内篇缺《模拟》至《自叙》，外篇缺《史官建置》及《古今正史》，此盖昔年巴县向宗鲁教授录自尊府旧藏，而又偶失二册，故弟从之转录，亦不全也）。前阅贵馆简介，知藏有此二种足本，大喜过望，辄拟托门人张三夕代为补录，尚乞商之执事者，惠与方便，不胜铭感。到汉迫于讲授，未能趋谒，至今耿耿，伏冀谅之。专上，即颂

撰安！

世小弟程千帆顿首

4 月 15 日（1984 年）

致舒芜（五十三通）

舒芜，本名方管，学名方硅德，字重禹。曾任人民文学出版社编审、《中国社会科学》编审。

（一）

重禹兄：

手教敬悉。猥承过誉，虽不能至，心固向往之。于此知文心老眼，弥足贵也。询事，谨奉告如次。

1. 土星笔会成立于 1934 年，地址即设南京鸡鹅巷（59 号）汪铭竹家。主要成员有汪铭竹、常任侠、滕刚、孙望、程千帆、艾珂（女）、绛燕（即沈祖

菜)等。主要活动为出版《诗帆》半月刊,出满六期为第一卷(1934 年 9 月 1 日出第 1 期,至 11 月 15 日出满六期)。停刊二月后,改月刊,于 1935 年 2 月 15 日出第一期,至 1936 年 6 月 25 日出 5、6 期合刊(玮德纪念特辑)。出满第二卷,又停了半年。1937 年 1 月出 3 卷 1 期,至四月出第 5 期停止。前后经过四年,共出了十七期。又出了土星笔会丛书(诗集)三种:常任侠《毋忘草》,邹乃文《雨寺》,齐勬《春秋雨》。还想编新诗年选,未成。大概每周或二周在汪铭竹家中——土星诗屋集会一次,交换一些诗或文学意见。并无固定宗旨。但整个说来,诗风近于当时的现代派。因为当时只是一个不求闻达的小团体,所以土星笔会及其出版物及其诗人,很少为文坛所注意。

2. 沈祖菜的小说(历史短篇)约写于三十年代中期,36—37 或 35—37 年,诗则 35 到 42 都有。寄上的诗稿,前有一插页,写明了年代,一看便知。小说五篇,都发表在南京《文艺月刊》。诗则发表于《文艺月刊》《诗帆》《诗星火》《中国诗艺》等。后又辑成一书,名《微波辞》(取《洛神赋》"托微波以通辞")。1940 年在重庆独立出版社出版,是孙望主编的中国诗艺社丛书之一。这次收入选集的,从《期待》起,都是从未发表过的手稿。前半则选自《微波辞》。词,选自湖南人民出版社出版的《涉江词》,但增加了新中国成立后作的几首。旧诗选自福建人民出版社出版的《涉江诗》。

3. 祖菜的作品,当时的反应,似无具体文字材料,后来倒有一些,拉杂写下供参考。

(1) 范存忠前几年还写信给我,说祖菜的那些历史短篇,"充满奔放的热情,飞腾的想象"。

(2) 宗白华非常喜爱她的作品,包括小说、诗词。怎么说的,年代太久,记不真了,不敢臆造。宗老在京,如兄相识,可一晤谈。

(3) 她的新诗,在重庆有人谱成歌曲演唱,可惜已记不清是哪几篇。

(4) 据《文学研究动态》某期报导,台湾研究新诗的人,曾称引她的《水的怀念》。

(5) 上海文艺出版社编辑了五四以来历史短篇选集,选了她的《茂陵的雨夜》《马嵬驿》。新出的《她们的抒情诗》选了她的《浪淘沙》四首。

(6)《涉江词》已在长沙重版,总数 14000 册。

所能想起的就是这些。

寄上孙望编《战前中国新诗选》。其后记及选诗,均对了解《诗帆》词人有所帮助。

此序,望兄打破常规,称心而谈。

莫砺锋之英文稿,是否决定发,如发,哪一期发,大概什么时候出来,幸示知。如能在他博士论文答辩前刊出,则此文或可代替他的外文考试,故欲知其详。

敬上,即颂

著安!

千帆

6.26(1984)

(二)

重禹兄:

你为祖棻写了一篇足以使她的心迹大明于世的好文章。这是迄今为止许多口头上和文字中对她的最正确、最深刻的理解和阐发。真不知道如何感谢你才好。文字也极见匠心,求之古人,是韩文公《送董邵南序》之流亚,其沉郁顿挫,一往情深之妙,恐非浅于文者所能理会。试刊《读书》,观其反应。

我是 57 年划右,79 年才改正的,因此文中两个二十一年均应为二十二年。

我将于 21 日来京,开一个星期的会(教育部"临时……学科评议组会议"),住在香山饭店。相距太远,交通又极困难,恐不能来看你了,希望你务必十月中来参加莫生答辩会。

秋风新起,顺祝

爽健!

弟千帆

8/16(1984)

（三）

重禹兄：

久未奉候，诸想安善。得山东侯井天君函，知兄为绀弩诗注校极勤。绀弩重泉有知，亦当欣然。然侯云，找不到出版处，可叹也。弟已退休，然老病亦无所作为，惟枯坐斗室而已。小文一篇奉呈，幸督教之。谨上即颂。

道安！

弟帆

5 月 14 日（1990 年）

倾盖诸公地址，能一一见示否？弟诗集附一论文集之后，九十月间可出，欲分寄乞教也。又及。

（四）

重禹兄：

五月二十日手教及诸友住址拜悉。天仇事已有所闻。昭琛弱息，近传已有人见之英伦。旧闻其母有无衣之念，曾作小词，兼悼昭琛，今觅得一纸奉教。聂诗如能代为复印，甚感。费用若干，请赐知，便奉还也。弟今年五月起，已正式退休，然已不能出游，不能伏案，残年待尽而已。老怀寂寞，甚盼时惠德音。敬颂

吟安！

弟帆上

6 月 7 日（1990 年）

又殷君墓铭一纸随呈，因已有人别撰一碑，故略其序，仿任彦升《刘夫人》体也。又及。

（五）

重禹兄：

十四日赐书敬悉。此间复印可免费，前不敢请寄，因恐遗失。既承惠诺，有半月时尽够。惟七月十日后，学校即放假，似不妨俟秋天再赐下，彼时

井天修订之事或已告一段落矣。近为川中老宿赵先生遗著作一序，谨呈教正。此老毕生专治小学而不驰骛，故世人知者不多，所谓“蜀庄沉冥”之类。今印行其遗著，数量惊人（《广韵疏证》即三百余万字），又复精审，真足使以夸诞为业者愧死也。近读近人笔记，有记谭组庵一联云“天远已无山可隔，潮来真见海横流”，觉气象甚佳且有理致，举似吾兄当谓然也。专上，即颂
著安！

弟帆

6 月 20 日（1990 年）

（六）

重禹兄：

数月未通问，亦不知略有好怀否，殊念切也。朱注聂诗，幸赐借复印，感感。别纸录辰子诗数首，皖中有此诗人，而竟不知，但知其为名记者，工小品而已，乃大罪过也。近方为《涉江词》某些篇章作本事，相距不过半世纪，而若干事已模胡，亦可征过去历史今得见者皆胡涂账也。敬颂
著安！

弟帆

9 月 21 日（1990 年）

（七）

重禹兄：

朱注聂集收到，必妥为保存，复印后即寄还不误，请放心。慧剑诗极可喜，已属弟子复印一份寄呈，以快先睹。弟周前又发病，仍住医院，居易俟命。在榻上读陶诗及《琥珀》，二者大相径庭，然自其同者而观之，无往而非同也，混日子而已，可哀可笑。朱正兄来信云拙词缘彼被人载之港报，甚觉歉然，如兄去信，希告以毫无关系。语曰：“德之流行，速于置邮而传命。”凶德美德一也，岂我辈所能左右乎？拙诗集附一论文集后，非久可出，当寄呈。睹慧剑诗，乃觉大可不作，知陆士龙云“君苗见兄文，辄欲焚其笔砚”者，非虚言也。北国早寒，愿以时珍卫，不宣。顺颂

著安！不一。

弟帆上

10 月 19 日(1990 年)

大概好诗恶诗并存，古即有之。如唐诗亦有“蜜蜂为主各磨牙”之类。惟古之老爷少不通者，此则今古有别耳。身体差，《涉江词本事》写得甚慢。定稿好，当先呈正，乃可发表也。又及。

(八)

重禹兄：

十月二十六日手教早收到，住院无甚起色，忙于治疗，遂至稽复。主要乃“缺血”，即血不能正常流入心房，所谓心功能衰弱是也。此乃老人器官亏损，亦无良药，但能加之维护，使其少发，且战且走而已。行年七十有八，生死之际，颇能了然，斯亦不足惧也。

朱正注聂诗，凡时事皆缺，古事亦不完全，殆非经意之作，或者俟井天之为，因时移事易，能有所改进乎？原书已挂号寄还，想不致遗失。

张辰子诗，弟亦难名，惟觉其特色皆于风华之中自饶沉实，或说为风华沉实之统一体。求之前人，偶近定庵，然定庵恃其才力雄肆，或自任意乱道乃致杈枒，辰子则颇自修饰，无此病也。近世前辈诗人中胡小石先生七绝亦自名家，然终不脱唐人窠臼，其极者能令人惆怅不能为怀而已。其诗附《胡小石论文集》后，不知兄曾见之否？陈次园溘逝，倾盖同人又弱一个，为之怆然。《涉江本事》写得极慢，近一病又耽搁月余，不知何时可成初稿，写成后尚需修改一过，乃令老妻抄正复印呈教也。弟与门人莫砺锋、张宏生合撰一杜诗论文集《被开拓的诗世界》已出，又《诗论选集》月内亦可出，颇拟求教，并乞任择其一(或二书合为一评)赐一书评。俟兄看后再作定夺可耳。又《两宋文学史》《校雠广义・版本编》亦已排版完毕，惟出书则或在 91 年夏秋，因校勘烦重故也。伏愿

安宁少恼。

弟帆

11 月 11 日(1990 年)

（九）

重禹兄：

辰子诗受观堂影响，亦极是（近说是受近代“包括西方”影响）。但观堂悲天悯人，俨然有基督释迦担荷众生罪恶之意，则辰子所少。简言之，即辰子没有观堂那么“深”也，兄谓云何？

书二册寄呈乞教，又别附与潘石禅唱和一纸，乞并教之。论杜诗诸篇，平生措意，颇拟自为之，而竟无此精力，幸门人亦能略解鄙意，少粗略，大旨仍是耳。《选集》专选有特色者，一般考据及形式推理均弃置之。此二书亦可谓弟平生治诗精力所萃，附以小文小诗，既博友好一笑，亦见弟素日主张知能并重之意，然实亦胆大妄为。茫茫天下，名士如鲫，何况政协诗人乎？此所以拳拳之意欲兄一为论定也。

弟入医院已近五十日，但轻减，无法根除，亦幸无危险，可以告慰。专复，即颂

著安！

弟帆

11 月 30 日（1990 年）

附：（1）《诗论选集》一册

（2）《诗世界》一册

（3）答潘诗一纸

（一〇）

重禹兄：

惠示又燕祥诗三首敬悉。鄙著承宠评，感激之至。弟治诗数十年，方法亦数变，惟冀有所发明，不负古人苦心，则无两致。然真赏既难，识真赏尤难。兄卓见慧心，洞烛幽渺，其优劣必厘然于弟心也。窃谓近数年有所谓伤痕文学、大墙文学等等，在诗坛亦有以绀翁为首之诗派，作者不少，如荒芜、燕祥似属此派，惜未得佳名耳。弟悼王词几经传抄，落入秋耘手中，遂在港报捅出。朱正大惊，致书属留意。弟复书谓坡老“开口不在徒二年

以下”，即兴师问罪，亦只有听之任之，亦慕仰昔贤之意也。其后亦竟无事，过了数月，忽又在《湖南诗词》第十期（1990年3期）刊出，此刊办事处，设在省政协内，则为半官方矣。或者能文网疏密因时，亦安定团结之一道欤。盖天脸无常，人寿有限，马齿今年七十有八，若再改造十八年，则要活九十六岁，亦难有此高寿也。老病仍时发，不能累，不能激动。前天有一老门生来，为之置酒。此公亦“五七”战士，怀旧感今，不免伤情，昨日遂又病，自下午一时延至十时始已。往往似此，奈何奈何。燕祥、秋耘地址能探知见示否？拟以鄙著寄之也。《选集》出后，山西办事极拖拉，至今尚未大量寄出，故诸友处大都尚未寄呈。迩冬身后如何，兄如有所知，尚乞见示一二。专此，敬颂
撰安！

弟帆

3月8日（1991年）

今天乃半边天之天，而幽晦零雨，不知《五行志》如何解释也。

（一一）

重禹兄：

比来心脏病时发，两得手教，皆未即复，幸恕之也。

宪益诗甚妙。此公可算学贯中西。英文自不必说，其论古代文史亦时有卓见，惜其所重印考辨古代文史杂著未能购得为憾。今读其诗，又叹相知之不尽耳。

史复先生赐书，迄今未能收到。兄函系七日发出，今已二十日。或者书寄出甚迟。如寄时未挂号，则将无可踪迹。幸已复印，特笨重不便披读耳。

侯注亦收到，可谓“难为他了”。至于注书义例，裁翦镕铸，恐尚不能求之此公也。

史复先生要写小幅，已别寄，因未收到所赐书，故未提，恐其不安。所写为旧日集句一首，其文云：

> 书犹能读足忘穷，老在人间百事慵。安得此时江海上，不妨一笑寂寥中。

亦忘此四句出自何人矣。拙著《宋元文学史》六月中可出，当容呈教。祇叩
著安！

弟帆
4月25日(1991年)

(一二)

重禹兄：

近年来邮递报刊亦有牛步化趋势，渴望得读尊文，迟至今日上午八时始得见，深感兄之相知，今世恐无第二人也。盖作文四五十年，中亦屡变。到南京后又再变，不复斤斤计较于是否合于主义、律令、风会，始略有自得处。古人所谓“摆落悠悠谈”者，或明至焉。然至写《读〈倾盖集〉所见》后，即断手不更作刻意文字，因衰钝更不能精思，所以“今女画”矣。

旧有一《宋元文学史》稿本，亦无力修改，幸同事吴君为完成之，近亦出版。作为教材，即难充分发挥自得之趣。非久当寄呈，幸赐披览指正。

心脏病历久不愈，近数月服“田七花粉口服液”似有效，已二月余未发房颤，差堪告慰，惟此一事耳。

某出版社建议弟与祖棻合出一诗词选集，包括新诗，如能实现，仍只能请兄作一序，或蒙惠允也。

北京闻亦苦热。江苏今年水灾颇重，菜秧每斤亦一元以上。天心人事，如何如何。敬颂
著安！不一。

弟帆拜上
6月30日(1991年)

(一三)

重禹兄：

收到《小品》，先翻了一遍，有许多似曾相识，有许多记忆犹新，还有一些生面孔。老来无事，正好慢慢地读。

祖棻诗词集十月中定可出。除了首先要寄给兄等外，也想再寄一些给可读此书之人，兄能举些否（不管我是否认识）？如罗孚和高旅，我就想寄。（其在港地址，兄能见告否？）兄交游广，或能相助。

贱躯近日尚适。过了一个艰难的夏天，亦一胜利。秋花满院，绝无奇卉，而各自横开疯长，生气勃勃，亦顾而乐之。敬颂

吟福！

弟帆

9月18日（1991年）

（一四）

重禹兄：

十月廿三日函又聂翁纪念文集先后拜悉。拙作奖饰太过，闻之愧悚不已，然亦由此更知无所感即不能诗之常理，乃至言也。近又作四小篇，晴窗颇暖，即写一卷子奉呈，伏乞教正。颇思如兄教，写些逸闻旧事，写了几篇，都是文言。要改写白话，亦不甚难，俟决心不断写下去时，再做最后决定。文言有一好处，即微文刺讥较便，容易蒙混过关也。现手头只有三博士之论文要审定，《校雠广义》待完成，余无他硬性工作。若诸圣许延其命，或者真可再搞出一本小册子来，也说不定。周序跋书话既是长沙出，则弟得之甚易，不劳兄费心代谋矣。《版本编》新得样书，谨呈一册。弟于此学，目验之功太浅，但能缀集旧闻，聊为初学提供常识而已，不值高明之士一笑也。若钱亦可称学者，则聂学更大有特色，大可研究。今古学人似较才人易得，而聂之身世、文采及对人心之观照，又恐今世无几人也。随手作此，聊当笔谈，不尽百一。即颂

著安！

弟帆

11月11日（1991年）

（一五）

重禹兄：

前得手教，嗣又得绀翁纪念文集。适忙于为两位研究生看论文，未及

即复，罪罪。文集断断续续看完了，陶芸接着看，丽则等着看，再就还有人等。看完之后，当然明白了许多事，更重要的还是那些事迹所包涵及显示的内在意义，用绀弩的话来说，就是：

最是风云龙虎日，不胜天地古今情。

世界上不知道有多少英雄儿女剑客奇材就这么被磨折而消亡了，但若无这些磨折，世界又是多么平淡寂寞，所以其是非得失实在难言也。

附上照片一张，乃弟七十九岁生日所摄，“坐惊岁月长儿童”，可叹亦可喜。贱躯近数月来居然好转，差堪告慰。近有治现代文学之门人，为弟及祖棻编一新诗集，七八月间或可出。天寒，谅亦深居，伏冀葆爱，不尽。

弟帆顿首

1月3日(1992年)

(一六)

重禹兄：

近月来为前列腺增生所苦，后做激光手术始转痊可，遂疏书问，幸恕之也。昨收到手赐论知堂新书，因方移居扰乱，不能细读，然窥豹一斑，亦见“爱知其恶，憎知其善”之旨，亦孙卿所谓“以公心辨”也。弟日益昏瞀，不能观细字书，老悖荒唐，亦不自知何以如此。因思雪堂赞文长老“山中老宿依然在，架上《楞严》已不看”体会之深，真不可及。《楞严》已不看，况非《楞严》欤？秋窗精神略好，书此以代面谈。顺颂

吟安！

弟帆拜上

9月13日(1993年)

(一七)

重禹老兄：

老与懒连，遂疏书问。今岁苦热，但能偃息，不出门者四五十日矣。日前得杂志所刊《涉江词本事》，因剪奉。错字极多，无力校正，幸以意更定之耳。近又得剪报十余纸，颇涉旧闻，谨以转呈。放翁有“身后是非谁

管得”之语，甚通达，然尚未知身前是非亦管不得。盖是非已定，在力不在理，力大则有是而无非，汉简所书，大率如是也。庄生齐物，可以惩忿延年，由今观之，兄咏四皓，弟咏徐妃，皆卮言耳。报中所说荒芜情况，不知确否？又吴孟复亦久无信，其合肥地址是否仍为安徽省社科院文学所，幸示知之。祖棻集笺，折腾近一年，已付印，大约年内可出，版式尚雅致。生死深恩数十年，此书出，我亦八十二岁，或于九渊相逢无愧耳。其书拟多买若干分致友好。兄如认为有应赠者，或便中告知。又故交住址有搬迁者，亦望复示，免误投也。兄近况如何？极念。如今出门艰难而且危险，“江湖多风波”，杜老仿佛为今日咏，晤言之机会甚难得也。弟于去岁迁新居，距校甚近。以后赐示寄家亦可。拉杂书此，亦当面谈。

即颂

著祺！不一。

弟帆

8 月 14 日(1994 年)

南京鼓楼区南秀村 25 号 101 室(210008)。

(一八)

重禹兄：

三信都收到。书托蒋带，本意速到，结果反欲速不达，劳兄企望，甚歉。

寄书海内外一百七八十本，陆续得复，多客气话，少真实语，内行实不易得。如兄能再作一篇文字，亦是胜缘盛事。黄裳赏沈词，但只是把她当成一个女作家来谈，而不是把她当成一个作家来谈，曾引起绀弩非议(此信未示人)，不似兄《选集》序之能见其大也。(如能赐文，仍望在《读书》刊出。)

目前大局，如杂技团上走钢丝之山羊，也就是过河卒子，只有努力向前，不管石头摸不着或摸得着也。至于自己，则自来就是在边缘定位。无论自我感觉良好时己饥己溺，或充满失落感时下海、拍卖，自山羊辈视之，总是一般。弟近颇有感于老所谓“和光同尘”，庄所谓“呼牛则牛”，及寅丈所云“今以随顺世缘故，不得不有所著述”，聊以遣其余年。思之可悲，亦可笑也。

王以铸兄已迁居，寄沈集退回，兄能打听到新址再告便更寄否？某某某女士复书云“千帆教授青及”，无礼耶，抑或无知耶？不得而知之，可谓异闻，聊博一笑。

天气已冷，幸电表已增容，买两个油汀，可以塞向墐户，但贱躯日益衰颓，今年小病三次，四月、十月、十二月，幸均逃过厄运，目前已眠食如恒矣。

专此奉复，即颂

著安！并贺

新年佳胜！

弟帆

12 月 30 日(1994 年)

(一九)

重禹兄：

久未奉闻，思有所言谈，而老懒，欲作书又止者屡，幸恕之也。孟复虽无大名，其学端正，诗风雅而清，今世老辈之遗型，何可多得。所出哀挽册子，能真知其学术者殆不多，此为可叹也。近勉为女弟子曹虹书作一序文，呈教。尝恨平生于古文未曾致力，近十余年，乃稍稍学之，终不能有所成就，然读古人之文，则似较之六十以前稍能窥其用心，此或即其益处，而功力思辨有关世风学术者，亦聊借此发之，盖已无力为长文矣。近偶见兄为唐女士东坡词研究序，实是佳文。妙在与题若即若离，岂所谓“终身言，未尝言”乎？京事传说纷纭，垂暮之年，但求残年饱饭，亦无意知其详。新居有一小院子，近开满虞美人、石竹、金盏，而蔷薇、芍药已含苞，十姊妹、金银花亦将大放。虽无万紫千红，亦得其什一。既聋且盲，惟此可奉告耳。有暇幸示我数行，忙即不必也。顺颂

吟安！

弟帆

5 月 1 日(1995 年)

（二〇）

重禹老兄：

新文拜读，佩极感极。谨以二成语赞之：一曰非老于文学者莫能为。一结极妙，如截奔马。二曰公知我者，起泉下人观之，亦必以为不可易也。此书经砺锋等三人校九次，仍发现手稿及排印之误数处，已由陶芸别以勘误表附上，请于尊藏本正之。复印稿寄还，如印出幸示知或见赐为感。弟有一学生在辽宁古籍出版社，欲为弟出一选集，弟觉难选，与之洽商，欲将已出诸书之稍可存者重印一次，名曰选集，实为个人自著丛书，凡《史通笺记》《文论十笺》《进士行卷与文学》《古诗考索》《诗世界》《闲堂诗存》六种，附编一种，大体仍旧，略加补正，八九月中可出。诸书虽皆已呈教，然仍愿高斋有此复本也。又承乏《中华大典·文学典》主编，实则如稷下先生不治而议论。今隋唐五代分典由卞孝萱先生主持者已付排印，或岁尾年头可出。官书庞大，错漏重复皆决不免，或因其字达千万可以吓人耳。前读兄《小品》道及徐铸成等谈掌故之书，弟皆未见，不知能赐借一阅否？暑中不宜多翻查，如不在手边，可作罢也。专此，即颂

著安！

弟帆顿首

7月16日（1995年）

兄前函及墨子题记早收到。忆弟早年读兄文，不知《论主观》与《释体兼》乃一人之作，解放后始知之。因他事搁延，未及作书奉告，后竟误记为已复。近年多有类此者，亦师丹可笑之一端也。如此说先秦诸子，也是当时一种风气。说墨或不足为墨学记录，然作为学术史料，看为特定历史时期学术思潮，则仍可说明某种文化现象之价值也。兄意云何？又及。

（二一）

重禹尊兄：

廿二日手毕及《评论选》均收到。文评多数前已拜读，现在重新前

面读读，后面翻翻，想起许多往事与旧日心情，又从中看到兄为学的总体。在很多地方，实是文学史的研究与论述举例。如果读时只是就事论事，不深探其方法论的意义，虽亦可得到知识，却不免对兄之通识、史识失之交臂也。解人难索，兄意如何？印了三千，也很不易，惟愿多播一些种子也。

酷暑中，弟夫妇但闭门，幸有小园数弓，早晚略盘桓，可避免空调病。

外孙女早早不知已来谒见否？此孩尚知读书，然读得太少。知仰慕前辈，然不知诸老之学究竟如何，此亦今日大学生通病，早早不例外也。

荒芜何时谢世，弟竟不知。外文所当有讣告，或未及弟耳。闻其访美归来后，精神心情突变，不知与否子女态度有关。陶芸胞姊强，天文学家张钰哲夫人，生前赴美探亲，其所见之儿媳孙女已皆非意想中之骨肉，旅居未到期，即抑郁而归。不久钰哲谢世，陶强亦精神邻于崩溃，去年仙游。中西文化之碰撞有如是者。不知荒芜情况有类此者否？丽则未洋化，陶芸子女对弟亦尽礼，此亦右派余生之可乐者也。叹叹！

《读书》多年订阅，去年以目力耗省，已停，当向砺锋借阅。尊文能赐复本，极感。顺颂

著安！

千帆

7 月 30 日(1995 年)

日前得见《槐聚诗存》，真“王爱好”也。打扮过于精致，似不及冒叔子诗之耐读也。又绝口不及时事，似在云端里活，天下之至慎，然造语之工，用典构思之巧，老辈不肯为，少年不能为，要是一奇。闻周振甫云，此公卧疾已久，剧时但能以滴管从鼻腔进食，亦谢绝探视，兄谅闻之。

乔以钢极有见识，近世女性治文学史者之翘楚。惜其书规模尚小，若以胡文楷、陈东原、谢无量等诸家为基础，扩而充之，新之，当可观也。如与通问，幸道此意。又前赐书，被人索去，如尚有存，能再赐一册否？

今天精神好，写了三页，近来所罕见也。

又及。

（二二）

重禹兄：

八月二日长函及《读书》七月号尊文均已拜读，为之不怡者屡日。荒兄遭际，与弟同门友高明（仲华）教授颇似（当然细节不同）。（高在台已故，治经有声。）世事有非是非、伦理、道德、法律所可评论说明者，佛家谓之缘，谓之孽，其间关系谓之报。故做白业得白业报，做黑业得黑业报，其实此亦何尝能说明，只是不了了之而已。已函粤友，想买《外集》，但出版已数年，或未易致也。

拙笺沈集只是勉做了他人所不能做之事，尊文数千言，也只是说明此点，深叹文心之契合，亦是因缘。乔女士的确有些看法想法，远高于同辈女评论家者，兄如能提携裁成之，俾能写一部像样可读之妇女文学史（最好通代，不问古今），亦不朽之盛事，这也要看机遇因缘也。早早贪玩，到京或到处乱跑，尚未进谒，然非久必来也。专此，敬颂

著安！

弟帆

8月10日（1995年）

（二三）

重禹兄：

前函及十九日函均拜悉。

吴彬大家所要笺本沈集，即与此函同时挂号寄《读书》编辑部矣。目前书籍重版困难，故弟所购近四百册，手中尚有数十册，如尊友或知音有应赠者，幸告知便呈教也。清李怀民（号石桐，乾隆时高密人，撰《中晚唐诗主客图》，胡三先生甚称之）诗云：“青山穷道路，白首役精神。独为求己，淹留万古身。”又每忆鲁迅云：“被浑蛋所称赞，不如战死在他手里。”真觉人活得累，此亦一端也。

高仲华执教台湾，原配留大陆，续娶某，颇横。禁其与家人通问及返大陆探亲。台湾教授待遇颇高，氏尽劫其所有，后竟携所生女远赴加拿大

不归。仲华竟贫老无以自存。诸弟子愤极而无可奈何，仲华遂悒郁以卒。其人经学甚深，于《易》尤长，可惜可哀也。

早早天分不高，惟性韵温淑，似得其外王母之遗，读书亦尚知用功。对京师诸位爷爷之照拂，甚为感激。近或有可能提前一年读硕士研究生，然学不躐等，早一年毕业，未必是好事，对之弟不置可否，亦万法随缘之意也。

近来刊物每载学人访谈录，未能免俗，亦应门人之请，有所酬对。今寄呈二篇，昌黎所谓"时时应事作俗下文字，下笔令人惭"，泥沙杂下，难精纯也。

马齿已满八十有二，吃八十三的饭了。一切俱不如前，耳尤聋。幸两部未完成之书，已向门人做了安顿。《校雠广义》第四编《典藏》今年底明年初可交稿。至此，四卷毕功。又数十年前有《文学通史》，虽完稿，有待修订，亦已交门人重订。冀在香港回归之日以前能刊行。假我二三年，足矣。

兄眠食如何？观为文气势，似不见老状，可喜也。

秋气渐深，伏冀

葆爱。

弟帆

10 月 23 日（1995 年）

（二四）

重禹兄：

十日手教，又十二日示及赵女士书札均收到。赵书凝重，似有得于虞永兴，大不易。其论涉江词亦殊有见，盖祖棻平生，不事博涉，读书不多，而于少数诗词别集，则玩之甚深，故比较他家为纯，赵之所说，或缘于此欤？

兄所言绀弩乡人纪念之，实可喜之事。似应得一佳传，但其生平事迹起落甚大，恐不易搜集，又周颖已逝，不能如梅志之于胡风，此则各有因缘也。西彦数十年写作极努力，评论文字亦颇可观，又从未被运动过，不知何故评论界对之殊冷落。日本生以之为研究对象，或可出一评传，然恐难精。其子晓明，钱谷融之弟子，亦任教于华东师大，文学有才气，或者能传乃翁乎！

昨日偶翻赠书记录，林锴已赠《涉江诗词集》，昨又寄一本，此亦无伤。此书印数不多，林兄可别送友人也。

舍间电话为(南京)6637651 或 6637551 转 2790，因未装直拨电话，或打出为难，接收则无碍也。

早早最近经过考核，已录取硕士研究生，96 年秋可免试入学。又妄作一武侠小说，亦三四十万言，曰《摘星记》，贵州人民出版社允为之出版。希望其不辜负诸位爷爷的厚爱耳。此子性情温厚，无时下嚣张轻佻之习，或是祖棻遗传。但望其能略有成就，然弟不及见也。

南京仍是最好的秋天，但不久即将过去了。北京想早生火，珍重珍重。敬颂
吟福！

弟千帆

11 月 16 日(1995 年)

(二五)

重禹兄：

两函均收到，其命寄项先生之书，即与此函同时付邮。孟复诗绝好，项能得此翁此等诗，知其非俗士也。

早早小说已付排，明年上半年可出，已改名为《风雨情缘》，大约为销路也。此孩于武技一无所知。据云，金庸、梁羽生、古龙之徒无一习此者，岂"君子动笔不动手"乎。盖如略知技击，则决不至驰骋想象胡说一通，毫无顾忌也。此说似有理。

林锴先生见示七律十余首，极可观，亦颇与绀弩近。林林汉俳荷赐寄。宪益无缘陪接，诗亦未见，想佳。念绀派影响颇大，而能与流者，皆非赵雪斋之徒，若能选成一本，其效果或不在倾盖之下。此事惟兄最宜，不知有意拨冗花点时间否？

老年每如师丹之善忘(记不清)，亦同叔夜之擅懒(又不查材料)，此次

《四库全书》之争，蛰存、羡林，皆以四川人所谓“开黄腔”为人所笑，即此征也。兄作点校勘工作，亦是积德。此等“年高德劭”之徒，常有人们明知其误而隐忍不言者。工程院院长，某院士，当然是科学大师，大名人，居然以鲁迅赞司马迁《史记》为“史家之绝唱，无韵之离骚”二语为赞汉代建筑艺术高超之词，真是不知从何说起，而乃一宣之于讲堂，二写之于著作。南大有一青年教师亦照抄不误。弟挂名南大文科学报主编，见而诧焉，以询责任编辑，则对曰，不足异也，以讹传讹久矣。弟本拟作一短文，有人劝不要把南大与东南的关系弄坏了，遂默然，然终中心耿耿也。

夜中无事，灯下漫书二纸，当面谈。祝
安！

弟帆

11 月 26 日(1995 年)

（二六）

重禹兄：

兄三日手札五日即到，因前已寄出徐氏三书，故拟等收到后再复，乃今日已 16 日，而书仍未到，或某个环节上出了错(常有此类事)，若到 12 月底尚未收得，则只有乞兄向邮局查询矣。(若遗失，太可惜。)

论绀弩诗语极精，非一般人所能分辩与理解。真正的滑稽与沉痛严肃不可分，惜乎世人知之者不多，为之而不失分寸则尤少。若以此权衡，则聂派诗亦无几矣，然若能精选，如元次山《箧中集》之为，则亦可存当代诗史中之一派。可以标志仁人志士在沉痛心情中所表现之滑稽与小市民将一切严肃事情化为一笑之油腔滑调认真地区别开来。以大善知识立大功德。如抄数十首，以绀弩为主，余者为客，施以无废话有微言之评点，公之于世，岂非一胜缘胜业乎？幸裁酌之。徐书到后当即奉闻。敬颂
冬福！

弟帆

12 月 16 日(1995 年)

（二七）

重禹兄：

徐铸成先生著作三册已于18日收到，白担心了。

《脂麻通鉴》看了一些，不但有见地，而且有文采，实在难得。陈四益序首先想到她是一位女作家，我亦如绀弩认为黄裳首先想到涉江是一位女词人者不尽合适正同也。兄意如何？

顺颂

著安！

弟千帆

12月19日（1995年）

（二八）

重禹兄：

现在伏案作书与兄，是一九九六年元旦晨八时半。近请一部队复员之文艺家朱寿友刻了几方图章，殊有浑朴之气，中有一方取东坡诗意曰“残年饱饭”，今即以此句祝我等老健，少病少恼（不说不病不恼，实事求是，力戒浮夸之意。又黄先生上余杭书，每以此语结尾。章黄平生之恼，盖亦多矣）。

扬之水确是难得，不知其家庭生活如何。扬州丁宁亦近世词女之后，而所遇拂逆，过于徐湘蘋。但冀其福慧双修耳。弟对兄之妇女观，素极钦佩。知堂之文化遗产，此为一大端。今之论家政主或未能过之，而实践尤不堪。子女玉帛再分配，无殊尧封禹域者，盖亦屡见不一见矣。弟近特聋，亦有一大好处，即听不见各种难听之事，然也听不见欲听之事了。

评论选，选得精，校得粗。如重印增印，可与出版社商量，找一二位退休老编辑，另外出点劳务费，请其精校。陶芸编一《骈字类编音序索引》，无力精校，即用此法，效果尚佳。兄不妨与安徽教育一谈也（此书无甚用处，故未曾寄呈）。

杨宪益先生久闻其名，甚佩其《零墨新笺》之小考据，而未见其诗。其姐妹敏如、静如则皆识。静如,南大中文系同事赵瑞蕻之夫人也。

讽刺,以滑稽为讽刺,比之政协体,则不可同年而语。但要做到聂,或希望步趋聂,则要对整个人类的爱心,要有像佛祖以身饲虎的宏愿,悲天悯人。而不是站在各种不合理的社会现象的对立面,投以轻蔑嘲弄。可以哀其不幸,怒其不争,但在立场上,哀与被哀者,怒与被怒者,又在道德上是完全平等的。聂正是如此,所以绝不承认自己是滑稽者流,或应于此悟入也。中书君亦或者具悲悯之怀,然而如上帝之照临下土,少平等观,非从悲悯出发,故与聂亦异也。妄有所论,惟兄可指教之。

扬之水先生曾代一出版社请弟担任一大型丛书之顾问,年衰无力,要判断许多古籍校本之优劣,已婉谢之。通问时乞再代致歉。

桐城文尚颇有可谈。东美先生尝从受逻辑,孟实先生则尝共事,皆前辈典型,今已不得见矣。匆匆,敬贺
年禧!

弟帆

1月1日(1996年)

附上朱寿友印谱及书展介绍,其上有弟作小文。

(二九)

重禹兄:

近数日来目疾转剧,不能看,不能写,始知陈寅老诗"杜老花枝连雾影,米家图画满云烟"之妙也。大概是白内障的扩散,据说只有长满始能以激光剥去,但不知何日全瞎后再复明,亦只有听之而已。

承兄代求,宪益先生已将其大集惠赐。此君学问既佳,又骨鲠,真有"天子呼来不上车"之概。其诗之利钝,诚如兄之所云,以此知聂绀弩真不可及。想写一信谢之,并赠以沈集笺本为报,但不知其地址,请来信告知(来信系用人民政协报信封)。

以后写信可能困难一些,但老伴甘当义务秘书,亦无大妨。庄子写先做混沌后做人,吃不消,我则先做人,逐渐变为混沌,大有如金圣叹所云"岂不快哉"之意。徐铸成三书日内当挂号寄还。叙事简洁明快,惜无

文采。

天寒，望珍重。敬颂

著安！

弟千帆

1月23日(1996年)

（三〇）

重禹兄：

得所赐新书，甚喜。过屠门而大嚼，眇者终难忘视也。目疾忽近一月，看了好几个医院，结论一致，“安心是药更无方”。勉学作草，大概只能小到如此，过此则写不出了。看则更困难，偶令芸读，亦不能多，大概对尊著也只能如此。《读书》上尊文迄未见，为何姗姗其来迟。林锴先生昨忽以丛竹二支见赐，布局颇妙，今作数十字谢之。今日此间大风，预报将雪。昏窗草此，敬颂

道安！

弟千帆

2月16日(1996年)

（三一）

重禹兄：

廿日手教敬悉。近有人为弟编一《闲堂学记》，拟三月交稿，国庆节前出。尊文定须收入，至请以复印见赐，以便付排，文尾即署载《读书》1996年5期。

陶芸为弟手抄《闲堂诗文合钞》，学生在出版社为印成线装本，六月前可出，当呈教，谨闻。扬君有可以任其买书之夫，亦足自豪。敬颂

春安！

弟千帆

2月24日(1996年)

（三二）

舒芜兄：

2月29日示悉。吴彬先生已将尊稿复印寄来，非常感谢。请打一电话给吴先生，谢谢她。

巩本栋君代弟编学记，搜得材料不少，有些是我未见过的。兄意不要收得太滥，甚是甚是，令巩本栋与张伯伟把关即可。因弟已不能细看。良友见爱之意永不敢忘。近又作一必需要作的事，即要将《校雠广义·典藏编》定稿。徐有富草稿三十余万字，仍须蚂蚁啃骨头，全部过目，加以删订，才能放心。无可奈何，勉强从事。上帝保佑，快点完工。此种做法，陈瘦竹以前即如此，不意我亦尝之也。

黄苗子之作奇拙，已在《光明日报》上读之，惜荒芜兄作一直未读，现已不能读矣。

顺颂

大安！

弟千帆敬上

3月9日(1996年)

（三三）

重禹兄：

近偶得孟复遗文一首，寄上留念。潘乃纽约卖假古董商人，却自诩其能属对写字，曾托人要自撰一联悬之南大，费用数千元全由彼出。当局见询，弟以为洋江湖不宜入南雍殿堂，可告以洋房子无地可挂对子，宛谢之。近又相扰，寄来各种材料（当然照样谢绝），却将如此这般奉寄，夏日昏沉午睡之余，或可看后一笑。又纽约楹联学会文中竟用留髡事，亦是奇谈。潘受之不辞，则其人胸中所储可知，对亦可，不对可谅也。长夏无聊，书此奉候。

寅老20年读否？闻已列入南山之列。弟目眚读之甚艰。陈学热实体现对传统文化关注之心态，非徒重其学术创见也（多数人恐亦不懂他说

些什么，但隐约感到他说的一定很重要而已）。书不成字，兄以意属读可也。敬颂

吟福！

恐理屈词穷，久不作矣！

帆

6.18(1996)

（三四）

重禹兄：

手教收到，谈吴、马两兄事甚有意思。弟原来学习环境与二老极似，只1928年灵机一动，负笈南京，遂改变了终生道路。1937年本应去美，以抗战发生及与沈祖棻相爱而止，1949年亦未去台。凡此皆似偶然。弟近年常觉缘法可补辩证法之不足，但钝根不能细辨也。

兄论寅翁，极是通识，为他家所不能。近年学术界每有某种热，无非起哄，哄过则亦已耳。陆键东书较严肃，也只是直陈其事，遂已令人不安。弟眼病如旧，看此书如蚂蚁啃骨头，但望能早做手术耳。闻敏泽近患癌，兄有所闻否？祝

好！

弟帆

6月27日(1996年)

（三五）

重禹兄：

赐早早谕又先后所寄二函，均收到。

谈茂元往事，娓娓可听，惜二人皆早世，弟与相识恨迟，孟复虽数通问，亦迄未与谋面也。或不当分左右，但当分文政耳。

文评事，看出其中问题多。弟自88年后，自惟思力衰退，所为文章，不更能跨越自己，自己尚不能胜，况能胜他人乎！遂决意断手，不复写论文。（不得已有所感发者，每以文言序跋行之。亦积得数十篇。陶芸为抄

一过，近由学生设法在辽宁印行，非久或可呈教。）因此遂与《评论》《遗产》不再有来往。今则其负责人都是新面目，几乎无所知矣。大体看来，官多作家少，学者少，空谈者多，实践者少。大势所趋，贤者不肖者皆不免也。写字费力，不能畅谈为怅。

想了解一下目前稿费千字一般几何，能否见告？顺颂
著安！

弟帆

7.9(1996)

（三六）

重禹兄：

13日手书收到，大势，打了个圈又回来了。想来想去，大概文艺之于政治似是天敌，势不两立，而又必须在一个时间空间中生存，问题就多了。慨自柏拉图氏以来，即欲逐诗人于天国之外，有志未逮，直到今天，仍有甚突出与可怜可笑可耻也。（孤陋寡闻，竟未详严昭柱是何方神圣，亦如唐人之"禅师都未知名姓，始觉空门意味长"也。幸垂教焉。）

承示稿酬大概，甚感。旧有一部文学史稿，写于五十年代。其时文研所三卷本、游泽承四卷本皆未出，闭门造车，胡说八道，至今视之，反有为人屐齿未及者。程章灿门人中最少，见而欲合作修订印行，嘉其勇，遂亦听之。章灿现在哈佛，秋间当返，可商略定稿，或年底可成，暂名《程氏汉语文学通史》，窃师章先生国学会意。然仅五十余万言，而写到开国前，亦只能蜻蜓点水而已。听不见又看不见，为打发日子学作草书，王壬秋以宋人多和韵诗为无聊之极思，今颇似之。附呈一纸以博千里一笑。天雨多日迄未放晴，江涨可虑。匆匆，敬叩

道安！

弟帆上

7.18(1996)

古人云，无暇，不及草书。初学，还写不慢，以此知其未入门也。又及。

千帆所写，有数字极不像草书，太丑，故不盖印章，如一二年后有增

进，当嘱其重写一幅，换回此幅，请勿见笑。

陶芸附笔

（三七）

重禹兄：

上月26日两纸敬悉。弄潮新贵，今乃得知，可见弟脱离现实为日已久，但不能出成品，专靠旧招牌，甚至卖旧机器，则亦无可奈何矣。

《论主观》乃是一重大公案，历史不可能忘记它。兄编集时，极盼多存文献，以备来者立此存照。闻叶永烈有一书记右，即颇抄存公文档案，因被暗禁。然如此等书，决不会淹没也。可惜东周时传媒不先进，不然有孔氏之徒所编而少正之徒增补之书传世，岂非千古美谈乎。二书似宜交相为用。兄之家世经历事业，皆是当代文化文学史之组成部分。主观一论，乃其要害核心。弟意不管它是否能立时出版，总得按自己的天理良心写去，古之所谓良直者，亦不外此也。

旧稿见赏亡友，前所未闻，滋愧。北山如存，定要请其题笺或作序也。

酷暑，伏愿

葆爱。

弟帆

8月5日（1996年）

（三八）

重禹兄：

8月8日手教及抄示绀弩翁遗札数段收到未复，忽已逾月。其书札极富个性，零璧碎金皆足传世，甚愿兄能整理而刊布之。静闻与弟去看他时，极似与中玉去看克家。出门后，臧诗人忽悟，令女佣追出，又延入谈良久，年老耳聩，往往如此。弟近年常认错人，已二次，只好道歉，幸未被责，亦恕其老也。近月忙于将拙撰《校雠广义·典藏编》作最后修订，争取年底发排，明年上半年四卷全出。乃书经营四十年，但能略具此学纲维，未能深入也。而目眚，每日只能看数千至万余字，故进行极缓，大约九月底乃可交卷。二卷本《选集》，去年十月已载书目，而千呼万唤始出来，昨得样书二份，今以其一首呈吾畏友，幸纠其谬。虽旧作，皆细磨勘，有些小小改动，有数处不同旧本也。门下于景祥，性周密而迂缓，有徐干之齐气，是以拖拉，然校勘精审，几无讹字，亦可珍也。秋气渐肃，伏维安适。敬颂

著安！

弟帆顿首

9 月 13 日(1996 年)

（三九）

重禹兄：

前得九月十九日手教，适将与弟子徐有富君合撰《校雠广义》第四编《典藏》作最后审定，故未及即复。弟撰《校雠广义》，合版本、校勘、目录、典藏而一之，发意在四十年代，中更世变，未成其书。已成部分，又为狂童毁其卡片。到南京后，弟子徐君不敏而好学，有“参也鲁”之风。邀之合作，迄今又十年，居然卷帙可观，四编约得 120 万字，虽事等抄胥，无甚精义，然向、歆建立之校雠学，自西汉之末迄于今兹，仍得较完备之表述，以 84 岁之老翁，亦聊可自慰其老而不死矣。今其书前三编已排好印好(《目录编》有增订本)，《典藏》年内可付排。其他尚有一二种，则付之门人，不再过问矣。

因连日审稿，视力转差。昨得赵丽雅女士函，尚未及复，她似乎不知陈致已去新加坡任教，故其去函尚未得复。她似可从陈毓罴先生处得知陈致在新加坡之确址(如赵与陈过去未曾通问，亦不妨请陈先生介绍)。程门弟子大多能善与人同，想相互切磋，应无问题。若竟无此雅量，则“非吾徒也，小子鸣鼓而攻之可也”。一笑。

此事如兄可打电话解决，弟即不再回赵函。其信书辞甚谨，不敢怠慢，写得工整又困难也。

玮德之逝，匆匆又数十年。其人如在，成就未可限量，叹叹。

目眚，书不成字，请陶芸抄一遍寄奉。敬叩

道安！

弟帆

10 月 2 日(1996 年)

(四〇)

重禹兄：

手教及附诗文收到，久不见尊诗，盲目为清新之句所激发，极欢喜。叔河先生文及兄所补谊，甚精辟，可算是给风派君子一鞭，然不知有效否也。世人竞选高大全之今人，祸延古贤，久已忘却“倘有取舍，即非全人，再加抑扬，更离真实”之教导，于是乎只知李白的人民性加浪漫主义，白居易则人民性加现实主义矣。封建地主阶级要其妻妾婢妓提供性服务，虽文天祥亦视为当然，且在其心目中，上阳白发、浔阳商妇固可同情，而杨枝、骆马亦当留恋，事或并行而不悖也。故白居易从不自称为现实主义的人民文学家，亦从不因有人加此封号遂竟掩盖其不伟大的一面。世人欲以高大全之帽子赠之，又拉起一块遮羞布，名曰“历史的局限性”，宜其林锴先生之呵也。目瞀，书不成字，兄恐看不清。

前属寄笺本，早发，或已收到矣。

吟福！

弟帆

10 月 5 日(1996 年)

(四一)

重禹尊兄：

五日十二日手示均收到。沈词笺本，我买了四百册，意在使赏音者多能得之，兄能屡次见告应赠之人，固所愿也。弟手中所有及江苏古籍近日皆售罄，幸其主持人薛正兴君已同意重印。此与兄在《读书》之推毂有关，此所谓伯乐不常有也。早早已正式进入研究生院攻读，少年狂妄，欲作其外祖母评传为硕士论文，弟虽鼓励之，然悬揣其或能成章，不能深入，盖无创作实践，实难不说外行话也。

陈致顷从新加坡有信来，云每周授课十五小时，极忙。未复赵夫人函，或由于此。已告知赵切磨之意，属就所知，与共商讨矣。

叔河先生文，若如尊示，实王船山《读通鉴论》《宋论》之嗣章。古人颂天声振汉，大业昌唐，亦有臭汉脏唐之诮，大概超人之私生活亦复超人。近人有以此议则天皇帝者，陈寅老叹曰，若想到她是皇帝，则自可不必如此云云。令人齿冷者要既为妓女又立牌坊，古难圆光，以欺后世耳。肇仓积学可佩，然其思路沉实而不灵通，或是邵西老人之传也。辩乐天事，弟所谓欲以文献学解决文艺学问题。尊意云何?

瞀目奉复，敬颂

道安!

千帆拜

10 月 17 日(1996 年)

(四二)

重禹兄:

10 月 28 日手教又附二件，得之喜慰。先德遗文，得付印行，尤欣庆也。兄论大师，视弟所说更为宏阔，然今日局面，似诞生大师更难。此关系国族人运，非由我辈之企望，遂能有所改变，是可悲也。林锴先生久耳其名，赵女士则所未知，"何世无奇才"，左太冲之言，岂不然哉。当即各寄一册，想近已收到矣。西人幽默，沈公警语，皆足昭示来学，弟当广为宣传，以积公德。

久不作诗，近偶得数篇，复印呈教。老去只余诗律粗，可笑也。

天已转寒，伏望珍摄。敬颂

著安!

弟帆

11 月 6 日(1996 年)

(四三)

重禹老兄:

十一月一日手教敬悉。

论绀弩诗与诸家几微之别，精确不易。故效之者虽不少，而明其诗心者实不多也。

桐城学术渊源，弟虽未能深究，然姜坞、惜抱两家著作，亦尝循诵，窃以为仍是义理考据词章并举，曾湘乡又济之以事功，非徒以文章为能，更非但琢磨文气之摇曳吞吐，于笔端回环见功力。《援鹑堂笔记》精严处可追十驾斋，惜翁《今体诗抄》，偶作小按语，亦见其于官制地理皆甚详密，令人钦服。而后之不善学者只知在虚字眼上下功夫，失之远矣。季刚先生尝举“可谓浩乎沛然矣”之句为笑，实亦令胡卢也。弟初入大学，尝从东美先生受逻辑之学，全是数学公式，今已茫然。在武汉大学，曾与孟实先生往还，其人所知，颇过于文字所尝发表者，今世能沟通中西学术少数人之一，且喜提携后进，今世不多。近数十年，屡遭攻伐，幸免于祸，得保名位以没，亦其韬晦有以致之。

得林锴先生诗，曾复一短笺，而竟被退还，不明所以。今附上，祈转并致稽复歉意。

《脂麻通鉴》颇妙，冬日拥炉览此，胜枯坐多矣。北京实是人海，千奇万幻之书出自淑灵异材之手者何限，恨无法尽读之也。顺颂
冬安！

弟帆顿首

12 月 6 日(1996 年)

(四四)

重禹兄：

数月来耳愈聋，目愈瞀，已完全不能看书报，写字亦甚勉强。幸文诗得陶芸及门人之力，为抄印一小本，印了 400 册，分送友人。但如兄言，真正识货者少。乃知寅老云“为随顺世缘，故不得不有所著述”，真盲翁膑叟之深悲也。《中华大典·文学典》经营了八年，近宋辽金元及隋唐五代两分典初步完成。宋元部分近在北京通过鉴定，准许付印，约年底可印成，五册，1200 万字，不敢言完备，略胜清代官书如《古今图书集成》耳。此书估计完成无日，《文学典》进展较快，也要跨世纪才能完成，聊便世之俭腹

懒儒之獭祭，不足言学问也。近用苏诗句托友刻一“残年饱饭”闲章，可云实录。得兄书知良友之相念，聊书二纸以申近况。祗颂

近安！

弟帆

2月27日（1997年）

方竹近况如何，忽忽想及，甚念念也。

（四五）

舒芜兄：

得《未免有情》，甚爱重之。嘱芸于家务余暇读一或半篇，亦颇能消磨时光也。恨不能与静农先生游，至今未能有缘诵其诗，今聆尊文，亦已胜屠门之嚼矣。白匋先生晚年步履维艰，弟所亲见，而弟近亦如此。谚云：“七十三，八十四，阎罗不请自已到。”妙哉妙哉。先十发翁临终绝句云：“清白吾身此去来，乾坤消息一真胎。若然便是浮生用，月自当天花自开。”先公享年六十八，临殁赋此。弟颓年八十四，好像还要活。王冬饮翁所谓不亏本也，一笑。

敬请

道安！

弟帆

3月3日（1997年）

（四六）

重禹兄：

六日手教敬悉。《百年潮》约早早写其外婆传记，恐有困难。早早确有意为其外婆写一学案，即作为硕士论文，但不是“传”。如报上所载《石评梅传》实是文学创作，虽可读性强，但其中细节，以时间推之，恐皆非实录，而系合乎情理的臆造，此早早不能施之于其外婆者也。又早早目前功课甚忙（南大中文系研究生无逍遥派，作业多），还要找课外工作（如教留学生）以维持生活，如在杂志上连载，恐负担不了。我尚未与详细研究，谨先奉告。即颂

近安！

弟帆

3月10日(1997年)

（四七）

重禹兄：

手教敬悉。《学记》在贵州印，其编辑室主任是弟学生，故一切安排尚可。凡《学记》中有文者先寄，故扬之水处尚未寄出，兄处有二本，或是经手偶误。此册即乞代寄扬之水。女人治经与考古，皆极罕见，甚可佩也。兄稿费585元(去汇水1%)，日前已由巩本栋寄奉，想非久可到。上海文艺出版社所出《学苑英华》，其中有弟一册，名曰《俭腹抄》，明年一月亦可出，亦巩君编。弟已不甚能工作，只能委之弟子，老杜所谓“穷途仗友生”也。又《校雠广义》，已出《版本》《目录》，其《校勘》《典藏》二册，岁尾年头亦可出，此书首尾经营四十余年，老而不死，终假门人徐有富成之。又《汉语文学通史》已成初稿，门人程章灿为补充写定，估计来年六月可成。至此以往，不复作任何勾当矣。老年孤寂，耳聋眼瞎，弥念故人，写字又困难，故书疏亦少。兄前函所云著述计划，皆涉及当代文坛大事，而年事尚遒，幸力成之。冬至，伏愿葆爱。敬颂

著安！

千帆

12月15日(1997年)

（四八）

重禹老兄：

顷得荒芜夫人书，特转呈一览。巩本栋与荒芜夫人似少渊源，其要求似唐突。弟意可请外文所资料室整理荒兄遗书文物为妥，如何？

顺颂

著安！

帆

12月30日(1997年)

（四九）

重禹兄：

久不通问，以耳目皆愈来愈不听使唤也。有一广东医生粗能诗，近忽寄来绀翁佚诗一卷，谨转呈，或可转交井天先生作辑补之用，亦足供为绀翁传记者参考也。

极念兄之写作情况(似报刊未见兄版数)。

弟及祖棻近应河北教育出版社约出文集。棻四册，早早编，已交。弟近二十册，莫砺锋编，要明年才可出。有时自喜，又有时想到，说这么多废话，干什么，又爽然也。写字困难，不多及。祝

好！

弟帆

4 月 29 日(1998 年)

（五〇）

重禹兄：

昨上一函，计达。

绀弩一老豪杰，虽槛凤笼鸾，而仍是生龙活虎。一瞑之后，周婆继之，则竟遗文稿费亦找不到收受之人。言念及此，悲从中来，不可断绝。枯坐斗室久之，心光一点竟不能去怀也。兄欲作自传或回忆录，不知动手否？极盼。有心史乃有信史。祝

安康！

千帆

5 月 2 日(1998 年)

（五一）

重禹兄：

早早应河北教育出版社之约，为其外祖母四卷本的文集写了一篇前言，现在呈请方爷爷教诲。如果不太谬乱，是否可以请你转到《读书》编辑

部。我这两天心脏不太好，脚也有点浮肿，不多及。敬请
著安！

弟帆

5月21日(1998年)

（五二）

重禹兄：

彼此皆病，遂少书问，亦是衰年一厄也。门人张宏生近为同门巩本栋作一书评，欲求长者转致《读书》，亦可其他刊物(似略冗)，幸酌。不尽。顺颂
近安！

弟帆

十月三十一日(一九九八年)

（五三）

重禹兄：

黄山书社寄下先德诗集一册，甚为感谢。老辈仪型，如亲风范，当细玩之。弟身体不佳，写字困难。匆匆，即颂
著安！

弟帆上

12月20日(1999年)

致徐志平(二通)

徐志平，嘉兴教育学院副教授，嘉兴市文史馆员，原朱彝尊研究会副会长。

（一）

志平先生：

六月二十九日承教敬悉。

承允提供杨煃诗集残本，甚为感谢。请即将原件挂号寄下，就本室所藏目录及版本加以校对。

无论先生愿意提供抄本或此钞本之复制件，本室均将按照国家规定，酌致报酬，以答先生重视祖国文化遗产之雅意。

谨复，即颂

教安！

弟程千帆

七月三日（一九八四年）

（二）

志平先生：

七月六日信及杨煃《蕉露词》手抄残本，甚为感谢。此集，不见于诸家目录，但它本身的思想水平和艺术造诣都不高，单刻行世，很难流传。但《全清词》以求全为目的，而不论它好不好，所以仍拟收入。关于杨氏生平，我们将查一查方志。但恐也不易查到，因他在政治、学术等方面都很一般。若查到当奉告。

您想要我们送一套《全清词》，这有困难，因为它出版期太长（估计2000年前不定能出齐），篇幅太大（约《全唐诗》的十倍，《全宋诗》的二十倍，在100册以上），价格也太高（大约要四五百元）。不过，我们可根据国家条例付给您提供资料应得的报酬。这是要请您曲予原谅的。

朱氏曝书亭诗当然在我们搜集之列。谢谢您的关心。

谨复，即致

敬礼！

程千帆

七月十日（一九八四年）

致李庆立、孙慎之（三通）

李庆立、孙慎之，山东聊城师范学院（今聊城大学）教授。

（一）

慎之、庆立先生：

惠书及大作均拜悉。

《诗家直说》已脱稿，甚好。读《札记》，知用力甚勤。书当可按出版社安排付印，然目前工作进行缓慢，不知何时可出版耳。

马柳泉不详，查明代人名工具书，旧有①《八十九种明代传记引得》（中华书局）、②《古今图书集成中明人传记索引》（香港中文大学新亚学院）、③《明代地方志传记索引稿》（东京东洋文库油印本）。然柳泉似是字。或须先从诸书先查出马姓诸人，方能逐一再查其字号。又此诸书，后二者较难得，南大即无之，不知山大有之否？

“类文见”决非书名，疑“类文见曰”四字为“艺文类聚载”五字之误。盖梁武、王筠《和太子忏悔诗》均载《类聚》卷七十六也。然无底本可证，聊备一说而已。

敬复，即颂

教安！

程千帆

9月23日（1984年）

（二）

庆立、慎之先生：

十月八日示敬悉。马柳泉事迹既查不到，只有阙疑。“多闻阙疑，慎言其余”，是我们应当恪遵的治学方法。

“类文见”，拙见仅供参考，如引用，要说明“疑作”及“并无底本为据，只是聊备一说”之意。

我从上月28日因心脏病突发，住入医院。迄今稍稍稳定，但医嘱不可用心。在较长时期内，也只能减轻而不能增加工作，所以未能遵示为大著作序。七十二了，浩劫之余，身心交瘁，想做的和能做的之间的差距，愈拉愈大，徒唤奈何。看到你们年富力强，英发力学，且佩且羡。

被囚病室，聊书数行，以当面谈。即颂
著安！

程千帆

10月14日于南京工人医院(1984年)

（三）

庆立先生：

往岁有幸得读《诗家直说笺注》，今复承赐新著《茂秦研究》，知先生于谢氏及有明一代文学，治之精且专也。近人惑于焦里堂下逮王、胡一往之见，于明清诗古文辞往往妄肆诋諆，或束之高阁，实则其中流变甚繁，亦各有所成，未容横加抹杀。先生独能于举世鄙视前后七子之时，深究茂秦之生平及业绩，庶为转移风气之嚆矢，蜀友王文才先生治杨升庵亦极勤审，与先生东西辉映，不可谓非学林之佳话也。《谢诗注》未知何处出版，尚乞告知，俾便购读。旧讲义一种捧呈博笑。专此复谢，即颂
著安！

弟程千帆顿首

十月二十七日(一九九三年)

致岳洪治(六通)

岳洪治，人民文学出版社副编审。《沈祖棻创作选集》责编。

（一）

洪治先生：

来示敬悉。近日因心脏病住院治疗，故未能及时作复，甚歉。《涉江词本事》目前自亦无法整理。敝意不拟附在书后，另作处理。请即发稿为盼。

我们没有别的要求，只希望能多印几张照片，纸张好些，照片可以较为清楚。请酌。

顺颂

撰安！并向

早春同志致候！

程千帆

10.3(1984)

（二）

洪治先生：

接奉早春同志来札，敬悉一一。我因病住院治疗已一个半月。现嘱家人奉答如下：

一、内封上可以署我的名字。

二、《悬崖上的家》一篇，早春同志意见可以不编入。我亦同意。如您认为以编入为好，那也可以，但目次第一辑“短篇小说”，应改为“短篇小说·散文”。

三、《小传》中，祖棻逝世时的情景的那句话，同意删去。

四、每篇小说、诗、词的具体写作日期已记不清，但原稿每一辑皆有插页，上面写明这一辑写作的起迄时期。最好仍能保留这插页，如不能，则请在目次中注明。她的词已在湖南人民出版社出版了。旧诗在福建人民出版社，尚未出版。历史小说三十年代曾发表过，均在《文艺月刊》。

《辩才禅师》，7 卷 2 期，1935 年 2 月。

《茂陵的雨夜》，8 卷 1 期，1936 年 1 月。

《崖山的风浪》，8 卷 3 期，1936 年 3 月。

《马嵬驿》，8 卷 6 期，1936 年 6 月。

《苏丞相的悲哀》，10 卷 2 期(未注年月，当在 1937 年)。

新诗多数未发表过。

特复，此颂

大安！

程千帆

11 月 13 日(1984 年)

（三）

洪治同志：

来信收到。《给女儿》三首，约写于 1959 年。

祖棻选集，拟校样时，在文集后以极简文字说明时间及出处。故现在亦不必立即改正。

您估计何时可校样，望先两个月告知，好安排时间。在改革中，出版周期总该有些变化吧。

祝

近安！

程千帆

12/1(1984)

（四）

洪治先生：

祖棻选集极承费心得以早日出书，感不可言。请除赠样书若干册外，另代购寄 100 册，以便分赠亲友。款项请在稿费内扣除。

人文近出《古典文学研究论丛》第一册，国星同志曾惠赠一册，不料被好之者窃卷以去。尚乞转请国星代觅一册（市上无售处）为幸。

朱自清先生日记闻将在人文出版，不知确否？亦希代为留意也。

祇颂

撰安！

程千帆

4/24(1985)

（五）

洪治先生：

收到来示，知祖棻选集已出版（样书尚未收到）。此事诸承费心，且稿费又特与优待，均极感谢。

上次张国星同志来函，希望我能在人文印一本书。此事，我在准备中。给人文的书，应当是高水平的，所以不敢造次。望转达。专此复谢，即颂

著安！

程千帆

9月1日(1985年)

（六）

洪治同志：

十八日来示又样书二十册均收到。书的设计、校勘各方面都很好，感谢之至。湖北大学章子仲副教授(女)正在写一本沈祖棻传。我已将录音材料，还有许多其他材料都交给了她。录音部分，可能成为书中一章，先抽出发表。到时再和您商量办理。

另一百册，务请要样书室从速寄下。需款若干当即寄上。(听说100册以内，有优待折扣，不知是否？)

此复，即颂

安好！

并候早春同志。

千帆

11/29(1985)

致胡佳题(一通)

胡佳题，曾任安徽省桐城市桐城中学教师，现任安徽省团校副校长。

佳题先生：

莫君江西诗派论文，已交齐鲁书社出版，估计明年始可发行，承命事，暂时无以奉报，所寄二元，随函附还。即颂

教安！

程千帆

5.31(约1985)

致孙文光(一通)

孙文光，曾任安徽师范大学文学院教授。

文光先生：

来示敬悉。近日极忙，承命为龚会作诗，竟不能就。盖才思极拙，非苦吟不能得句也。尚乞谅之。敬请

著安！

程千帆

9月11日(1985年)

致张叙之(六通)

张叙之，曾任湖北省教育厅副厅长。程先生任教武汉大学时的学生。

(一)

叙之老弟：

奉书，惊悉尊公仙逝，良用怛恻。君兄弟从政治学，皆有所成，则老人泉下优游，亦即无所憾，望体此意，以节哀慕也。小文一束，愿循览之。此假骨董，然是识真骨董之阶梯，今人不多喻也。

复颂

近好！

千帆顿首

11.3(1985)

（二）

叙之老弟：

久未通问，念念。

不知您和武汉出版社（江岸区黄埔路248号，电话501138、502027）负责人高靖华、肖德才等相识否（高为社长兼总编，肖为编辑室主任）？四个月前，他们来信索稿，我同意将我与陶芸编的《骈字类编音序索引》交其出版，并对报酬、校对等事项作了具体商谈。他们回信说，九月底作决定后，即来取稿，一拖两个月，渺无音讯。此书原可列入南大出版社92年计划（周勃的文艺理论《永恒的困扰》，由我去年推荐与南大，已发稿）。这样一来，就只能推到明年，才能列入计划，后年才能见书了。我曾去过信，又要在华中师大工作的学生张三夕去问过，他们不回信，对张面询则云未定。大概想出而又怕赔本。此书之四角号码索引印了一万，懂拼音比懂四角号码的人多，估计也不致太少。他们不印，也无关系，我也不会见怪的，但能接受，就更好了。因我年事已高，希望所著能从速印出。所以写信给你，随便问问，不知你是否与他们相识，能否与之谈谈，望告。祝

安好！

千帆

十二月一日（一九九一年）

（三）

叙之老弟：

来信悉。所托事，不必再费心了，因我已将稿子交到南大出版社。我此稿原交南大，武汉出版社颇想印。我以为这样可以快一点，不知他们一拖四个月，到现在还不决定，既不说接受，也不说不要，而是说“研究研究”，令人徒唤奈何，只好不理会它了。我一切都好，退休后，事少些，身体也好些。很想天气暖而不热的时候，到武汉小住，不知明年一切条件如何？老了，不比年轻时，拔腿就走的。武大陆耀东同志拟将我和祖棻的新

诗合编一个集子。我记得你曾在旧书摊上买到过《诗帆》合订本，如现在仍存，可算善本、罕传本了。祝

新年安善！

千帆

1991 年除夕

（四）

叙之老弟：

得长书，为之感喟。螺丝钉与个性发展自来不甚相容，将来到了大同世界，算一笔总账，两者得失如何，实难论定，如弟奉命从政，不失为循吏，然或许少了一个戴东原或章学诚，所不知也。我旧与门人合著《被开拓的诗世界》专谈杜诗，久出版，不知曾寄弟否，如未，尚有存书可补奉也。春节即临，即祝

阖家安吉欢乐！

千帆

一月二十四日（一九九三年）

（五）

叙之老弟：

为介弟作字一幅，天琴，恩施樊增祥云门别署也。如以为可，幸转去。顺颂

近安！

千帆

3 月 10 日（1993 年）

（六）

叙之老弟：

得来信知弟现参与关心下一代工作，能为后代造福，老有所为，我非常高兴。弟所缺拙著《沈祖棻诗词集》及《宋诗精选》我尚存数本，兹随函

寄上，请查收。《宋诗精选》是江苏古籍出版社出版的一套《文苑丛书》中的一本，系全套出售，故外面不易购得。《骈字类编音序索引》因系工具书，未多购，也从未以之赠人，手中也只一套。该书是武汉出版社出版，今附一致该书责任编辑潘长胜的信，请径与之联系，或该出版社尚有余书，武汉出版社地址为江岸区黄埔路248号，潘先生家中电话为2414307。此书用处不大。也许湖北省教委图书馆有《骈字类编》，则可能也有此索引。我近来耳益聋，眼益花，作书不易，只好请陶芸代笔。顺颂

近安！

千帆

1998.2.17

致平田昌司(一通)

平田昌司，日本京都大学大学院文学研究科教授。

平田先生：

前得来信，知已升任山口大学副教授，奉赠之书数种，亦已收到，甚以为慰。足下乃贵邦汉学后起之秀，真积力久，必可超越山井鼎、服部宇之吉诸老。仆虽衰劬，亦亟盼其有成也。

近闻台湾“国立”政治大学中文研究所有郑亚薇君，曾于1981年著一博士论文，题曰《南宋江湖诗派之研究》。仆适亦指导一博士生从事此项研究，甚望得郑文复本以资比较。如郑文确佳，则可不必更作。不知先生能设法在台复印一本，由日本转寄来宁否？幸试图之。余不一。

即颂

著安！

程千帆

八五年十一月三十日

致王同策（三通）

王同策，曾任吉林大学古籍研究所教授。

（一）

同策先生：

复印词集已收到，极为感谢。所需方志二种，亦与南大图书馆洽谈，似可办到。此事，曾要清词室奉复，不知收到否？弟近去外地才返，尚未及询问也。

谨上，即颂

冬安！

千帆

12月30日（1985年）

（二）

同策、成学、中其先生：

承赐校点《苏魏公文集》，极感。此书过去流传中，颇乏善本，又不甚易得，今诸先生为之详加理董，子容地下有知，亦当惊知己于千古矣。佩佩。敬此复谢，即颂

著安！

程千帆上

九月五日（一九八九年）

（三）

同策先生：

大文已拜读，谨遵命寄还。此类文字甚有史料价值，将来或当收入文网史也。天寒，足不出户，终日惟打瞌睡而已。先生闻之，亦必觉其可笑也。复颂

著安！

千帆

1月27日(1992年)

致吴新雷(四通)

吴新雷，南京大学文学院教授，与程先生合著《两宋文学史》。

(一)

新雷兄：

上次你要找词分婉约、豪放的最初出处，我现找到张綖之说，特抄上，但系转引而来。如要引用，还须找原书核对一下。祝

好！

千帆

3/13(1986)

明·张綖《诗余图谱》卷三：词体大略有二：一体婉约，一体豪放。婉约者欲其词情蕴藉，豪放者欲其气象恢宏。……大约词体以婉约为正，故东坡称少游为“今之词手”，后山评东坡“如教坊雷大使舞，虽极天下之工，要非本色”。

(二)

新雷先生：

周绍良兄丛稿中有一篇谈《宣和遗事》的，亦以此书为“话本”，与兄意同。今送上，看有无可供《文学史》参考之处。

即颂

俪安！

弟帆

10/25(1987)

（三）

新雷兄：

回来查书，知那条材料引自《宋人轶事汇编》卷十二（P547），注云《泊宅编》，细检《泊宅编》三遍，无之，知丁传靖弄错了。

田汝成《西湖游览志余》卷十六有一条，文字略同（多出数十字），当即出未得出处之某宋人笔记。弟意即可用田书。以后查得原著再改。附抄田书如另页。祝

好！

千帆

（1987 年 10 月底）

苏子瞻守杭日，有妓名琴操，颇通佛书，解言辞，子瞻喜之。一日，游西湖，戏语琴操曰："我作长老，汝试参禅。"琴操敬诺。子瞻问曰："何谓湖中景？"对曰："落霞与孤鹜齐飞，秋水共长天一色。""何谓景中人？"对曰："裙拖六幅湘江水，髻挽巫山一段云。""何谓人中意？"对曰："随他杨学士，鳖杀鲍参军。""如此究竟何如？"子瞻曰："门前冷落车马稀，老大嫁作商人妇。"琴操言下大悟，遂削发为尼。

——田汝成《西湖游览志余》卷十六

（四）

新雷先生：

记得邓韶玉先生为《两宋文学史》写过一篇书评，忘了发表在何处，如兄有之，乞告知。如亦无，则请去信上海时，问邓一下。谢谢。

弟千帆

（1991 年 11 月）

节抄四川大学缪钺先生 1991 年 11 月 8 日来信

迩来又细读先生与吴新雷先生合著之《两宋文学史》，资料翔实，考订精细，体系紧密，而识解弘通，评价平允，尤为特色。与时下流传之文学史诸书，拘泥于僵化理论模式与极"左"观点者迥乎不同。第其品格，殆与鲁

迅《中国小说史略》相近。

致赵炳南、任笃行（一通）

赵炳南，曾任齐鲁书社社长。任笃行，曾任齐鲁书社文学编辑室主任。

炳南、笃行先生：

我们近决定加聘屈兴国先生为《明清文学理论丛书》副主编，今后丛书署名，需作相应增补。除由文献所正式函达外，谨更奉闻，即乞惠允。

莫砺锋同志将于八月中赴美讲学。《江西诗派》样稿，不知能否在其出国前寄下。切盼切盼。如实来不及，望将样稿寄我，设法代校。

《治学小言》的样稿何时可见，亦即便中示知，以便安排。

我将去北京三星期，约六月十五回南京。信已仍寄南大。

丛书列入贵社八六年出版计划的共有几种，望告知。

即颂

著安！

程千帆

六月二十日（一九八六年）

附致齐鲁书社总编室[①]

齐鲁书社总编室：

由我所编辑、贵社出版之《明清文学理论丛书》，问世以来，反映良好。自去年起，已获得全国高等院校古籍整理工作委员会的认可，列入资助课题，核定经费一万元。今后此项工作，当可由于此项资助，得以广集材料，提高质量。

丛书主编程千帆教授因年高事冗，难以专注此项工作。近经我所研究，增聘屈兴国副教授为副主编，以加强集稿审阅等项工作。谨以奉闻，

① 整理者按：此信由程先生手书，故附于此。

尚乞于今后出版之丛书内封面及版权页等处，增列屈先生之名，不胜感荷。

专此，即致

敬礼！

南京大学古典文献研究所(并钤印)

一九八六年六月二十日

附内封面样子一纸：

明清文学理论丛书

南京大学古典文献研究所编

主编 程千帆　副主编 屈兴国

清人词评三种

[清]××××等著

尹志腾校点

齐鲁书社

一九八六年·济南

致徐公持(一通)

徐公持，曾任《文学遗产》主编。

公持先生：

惠示收到。门人习作荷录用，甚感。蒋生现在北京搜集论文材料，住府右街135号统战部招待所25号。先生可打一电话招其到编辑部一谈，俾面聆教益。表已代填。此生已发论文多篇，然题目及刊物，弟忆之不审，故空出，可令其亲填也。

专此，即颂

著安！

弟程千帆

6/30(1986)

致张宏生（十二通）

张宏生，香港浸会大学讲座教授。南京大学中文系文学博士，师从程先生。

（一）

宏生、蒋寅、曹虹同志：

① 收录机未到，亦无发给硕士生之事。

② 购空白录音带事，已与许主任谈妥，每人可买十盘。先打报告，许主任批准，即可支款，买后报销。

③ 资金券，中文系规定，由系统一掌握，复印件印好后，由系报销，但不得印与专业无关的材料。祝

好！

千帆

7 月 6 日（约 1986 年）

（二）

宏生弟：

十二日来信，十五日到湖大，但因传递人不负责任，直到今天（廿七日）才收到。看来，以后来信，仍以寄中文系为妥，他们有专人管送，也不过迟一两天。

《诗经》文改后寄我再看亦可，但不妨先问一下周先生，如他能考虑发表的刊物，就不必寄来了。我已写信给他，说明此点。

《火与雪》于 24 日挂号寄出，这两天又考虑到有几处文字还应改得更严密一些，另纸抄上，望照改，再送印刷厂打印。如已送，望去改一下。

莫砺锋书可航寄 20 本到美国，邮费先要文献所代付一下（报告周先生用中国邮费抵美国材料复印费的方法）。邮票收据要姚松保存。我们将英文刊物上的诗歌论文目收集（包括我房中书架上的那一部分）整理打印（如上次整理小说的样子），然后寄一份给莫砺锋，要他在哈佛多方找材

料补充，请韩南、傅汉思等研究汉诗的美国专家推荐，将我们所没有的开列目录并复印寄回或带回。他在美国所用的钱，可与将《江西诗派》寄美的费用相抵。他另外要送的书，上次开了一个单子，今寄来，望照寄（这邮费要友红支付，要挂号，以免遗失）。

我处可寄一册，并将唐宋诗派表格也寄一份来。编江西、江湖两个总集事，据北大方面来信，困难很多。是否要做，我与周先生详细商定。

听说清词第一批交的稿不理想，还要修订，看来，你一时不会去北京了。章灿、曹虹的严辑《全文》，要托人带回才好。

告诉章灿，我的一些著作，档案馆要写一简介。此事我前已托他办理，望早日完成（临上船时，我也曾说过）。

评职称事，我同意你们"尽其在我"的想法。我估计，按资排辈及平均主义等很快要过去的。

笑梅的身体要多保重。老人家具体帮助，是大好事。

望转告尹、屈两先生，① 以后来信，仍寄中文系，不要寄专家楼；② 关于清词整理的具体安排，望随时来信见告。

祝

双好！

千帆

十二月廿七日（一九八六年）

① 2 页 6 行，"从体物到禁体物"改为"由体物的巧似之作到禁体物的白战之体"。

② 14 页 3 行，"从诗来的……生命力的"增改为"从诗来的局部体物和从赋来的整体体物以及由它变化出来的禁体物等各种表现方法，都是富有生命力的"。

③ 33 页 13 行，"及颍州雪诗"增改为"及欧集颍州雪诗"。

④ 34 页 19 行"所谓形象"后增加"'言其用而不言其名'的表现方法，究其远源，可以上溯《荀子》五赋。但从它到唐宋诗，其间的传承关系是不清晰的，所以只能存而不论"。

（三）

宏生弟：

24日来信收到。

关于江湖、江西两派出总集的事，要从长研究。材料是最大的困难。我寄到香港转台向潘先生要两种江湖集的信，被邮局退回，大概是实际上不大欢迎"三通"吧。这些事的内幕是很难弄清楚的。我们可以先做①通论（即论文）、② 系年、③ 资料汇编。总集靠后，寄希望于政治改革。经费给了一万，原来文科博士点也有一万。但这点钱无法填满各大图书馆的欲壑。如中华愿担承出版义务，当然也可以做下去。这只能看着办。

许先生约稿，你可直接寄去。诗如要写，就得好些，内行些，否则宁可藏拙。我问你，就是为此。可慢慢酝酿，不必，也不可能急就。

文要补订四处，已由丽则转交，想收到。现还想在最后（31页）再加一段，请将原稿剪开增入：

> 由上可以概见，表现方法的更新虽然出于文学历史的客观要求，但使用某一新的表现方法的成败，在很大的程度上，取决于作家个人的心思才力，同时，新的表现方法的出现，并不意味着旧的表现方法的消亡，它们往往为作家们所兼收并蓄，为百花齐放创造条件。

我离校这一段时间，你们几个博士生关于学习和其他的事，多请示周先生为要。祝

好！新年愉快！

千帆

12月31日（1986年）

（四）

宏生弟：

连续有三函奉致，想均到。

请向小潘处再买《古文献学》及《校雠广义》各十七套共85册，捆成四个小包（大了不好拿）。无论由郭先生或丽则带鄂，都请你和史梅协助，

① 订汽车(自费,由我付),及② 送上船,③ 发电报给我等事,④ 书款每套 8 元 5 角,共 144.5 元,要丽则付给小潘,并取湖北大学抬头的收据。

附函望交郭先生,并将此二函均交丽则一看。我还是希望丽则能来。郭先生如能和她同行,最好。祝

双福!

千帆

一月八日(一九八七年)

(五)

宏生弟:

两封信都收到。文章送打印后,不需急催,但校对(包括封面)要仔细,因为并不急于寄出。我做事,总希望赶在前面,所谓"凡事预则立","赶前不赶后"。

校订两个诗派的总集,从目前学术文化界情况看,恐弄不成。周先生从北京返后,当可知其大略。如实无法进行,我们就没有必要参加《全宋诗》的校点工作。你在完成论文的同时或其后,可从事年表及资料汇编,砺锋也如此。能干什么就做什么,总之,要出成果。

台湾的书我仍在另行设法,成否不可知。

外文资料目录,可即由章灿办,程序如下:

① 将我有的(包括家中的,已别写一信,你们可在星期日或其他日的晚间去取,先打电话,以免扑空)材料中中国古代诗歌(包括词曲)的论文钞成卡片目录。

② 带着这些卡片去大馆找国外汉学杂志作补充(特别注意专门汉学杂志如 HJAS、CLEAR 之类)。

③ 缮写成书面目录。

④ 请史南奇先生打印(史先生住在我们住的 52 号对面南大职工宿舍 202 室),并请他记下费用,以后总付(可将我此信这一部分请他过目,或请刘蔚云先生介绍)。

⑤ 将史先生打印好的目录请文献所复印十份。

⑥ 分别寄莫砺锋、钱南秀各一份，并告知：A、请他们补充，B、请美国著名汉学家代为挑选一部分他们认为是质量高的、有代表性的文章。

⑦ 确定篇目和译者：包括伯伟夫妇、道雄夫妇、章灿、砺锋、南秀、你及其他可以合作的人，而以四个博士为主（因你们可以结合学习英文进行）。

伯伟夫妇即返南通，如有些工作一时不好进行，可先做能做的那一部分。有的事，如写信给南秀等，你可以做。

职称评定，你和曹虹的态度都很好。如成绩突出，完全有可能跳级。主要是反求诸己，“不患人之不己知”。

要史梅寄横行大稿纸300张来，要当包裹寄挂号。祝

双好！

千帆

一月十二日（一九八七年）

（六）

宏生弟：

文章油印本及函均收到。

齐鲁的书已经去函询问。

你寄美国的书，如系海运，则当然未到（一般要三个月左右才到）。如系空运而未挂号，则即使遗失，亦无法可查。如挂了号，则据邮局规定，一个月不到，可持原收据去缴费办理查询手续（新华书店经售、有国家统一书号的书是可以出口的）。

你可先做一年的工作量，但要向屈先生说明理由，并征询他的意见。

我大约三月下旬返宁。

祝

双好！

千帆

二月十七日（一九八七年）

另二纸请尹先生去办一下。

《晚年：回忆和反省》决定在社科英文版发表，我与陶芸用一个星期校

订了译文。并及。

（七）

宏生：

函悉。所要字寄上，目力愈差，只能写成这样。你在客中，饮食起居要自保重。近来一切很顺，要接物待人谦冲自牧，不独显示个人，也代表师承也。勉之勉之。即颂

旅茀！

千帆

5 月 25 日（1996 年）

（八）

宏生弟：

从弟书知不久将返，甚慰。索居亦是一种功夫，苍虬老人（浠水陈曾寿）别署耐寂可知也。我大概不会去港，听不见，看不见，以文会友又已不能文，故不如不动之为愈也。弟此次《文遗》获奖，足张吾军。在昔季刚师于余杭之学，以光大师门，折冲御侮自顾，是所望于诸君矣。匆复，即颂

旅茀！

千帆

7 月 15 日（1996 年）

（九）

宏生弟：

来信收到。访问一趟不易，除自己扩大视野外，他们的办事方法、管理条例乃至学风等，亦宜将其可为我用者，默而识之，将来可资以改进南大也。砺锋已去南韩，尚未得其来信。我仍耳聋眼花，幸有富已完成《广义》最后一编《典藏》，审定讫，不久将寄出付排。天眉一家都是老实热情之人，天眉信了基督教，更为善良。笑梅节日以珍品相馈，望家信再一次致谢。祝

好！

千帆

十月三日（一九九六年）

（一〇）

宏生弟：

9月30日来信收到。天眉一家都是老实善良的人，天眉信了教，就更关心人了。你们常来往，很可破旅途寂寞。《全清词》待访书目，已无寻处。我意，你可以叶氏《全清词钞》为据，和哈佛所藏对勘。叶氏未录，即较罕见者（或不佳，不重要的）皆可复印带回，备《全清词》之用（稿本、抄本尤其重要）。故刘若愚曾在美出一论词专著（忘其名），我托人在哈佛借过，适借出。我意弟亦可复印带回，有暇译出。（不是《中国诗学》，好像是北宋词？）

《校雠广义》第四编《典藏》（即中国古代图书馆学），已交齐鲁审稿，即将付排。如顺利，97年上半年四卷可出全（《目录编》已增订）。此皆有富之力。我目力大坏，已什么都不能做也。可告沈先生知之。

听外国学者讲课，要特别注意他们由于文化背景的不同而有独特见解处。祝

安好！

千帆

10月17日（1996年）

（一一）

宏生弟：

来信收到，并交家维、宪章两君看过，以见弟等虽在海外，而时念母校之进步，思有以促进之。如能在教学上能将"满堂灌"或皆改为"争鸣"式，则师生两方承受之压力必大为增强，水平必大为提高。此等，望多汲收，将来教学改革，大有用也。

立朴已同意出版《程沈学记》，最快明年一季度可出。我已病目，无能为役，皆本栋代编，今将目录奉寄，俾略知内容（尚须酌补二三篇）。弟清

词论集在江苏古籍者不知已发排否？念念。天眉与我们每周通电话一次，都谈到你。冬寒，望保重。
安好！

千帆

11 月 23 日（1996 年）

（一二）

宏生弟：

得长信及附件，备悉壮游及学术活动，甚善。笑梅签证顺利，想暑中当携津西征，然后小聚同归，信可乐也。近影印芸手抄《诗文抄》一卷，尚君所见，当即此种。《程沈学记》交立朴在贵州印者，亦或可于二三月内出版也。莫砺锋及伯伟夫妇刻均在韩国，曹虹将迟至年底，莫、张则暑后可返耳。我老病，耳聋目瞀如故，近又因受凉，左足患风湿，不良于行，幸及时治疗，今轻减。南大已换校长，为物理系同仁蒋树声君，尚无大动作，希望其是一位全面的大学校长，不只是一位专家耳。刘若愚曾于宋词有专著，内有令誉。砺锋在美时，拟复印，而书被借出，未果，弟可注意及之。屠海若夫妇将携丹丹于 6 月中返国小住，将入美籍矣。我等身体均好，心情亦安定，勿念。

祝
旅茀！

千帆

5 月 15 日（1997 年）

致金志仁（一通）

金志仁，曾任南通师范学院教授。南京大学中文系 60 年代毕业生。

志仁先生著席：

叠奉三月十九日、八月三日手教，又大作诗文数篇。工作烦劳，犹复钻研词学，实深钦佩。千帆年逾七十，心脏时复发病，方请退休，以延年命。学人见许，有所垂询，不能往复，歉仄之至。天候方热，不克覙缕。敬请
大安！

程千帆拜启
八月九日（一九八六年）

致马瑞芳（四通）

马瑞芳，山东大学文学院教授。

（一）

瑞芳同志：

收到新作《蒲传》，很高兴。它翔实而有文采，这正是传记文学所需要的。

不要理会那些说你"不务正业"的人。有人对生活、艺术、心灵……老想用"知"去包括，去代替，甚至去抹杀"感"，这是徒劳的。只有具有诗人气质又兼学者谨严作风的人，才能在文学研究中取得成果。你跨出了很好的，可以说是很漂亮的几步，值得祝贺。祝
好！

千帆
9月3日（1986年）

请代问萧、殷、董、袁、周、牟等先生好！

（二）

瑞芳先生：

收到见赐新作，十分高兴。其中若干篇，系写旧识，栩栩如生，尤感趣味。殷孟伦先生逝世，因病不能亲吊，至今耿耿。闻其夫人前因病住院，想现已康复出院矣。祈代为问候。此复，即贺

春节！

程千帆

己巳年元旦

（三）

瑞芳先生：

多年不见，数月前在武汉开会，侧闻治安先生言，先生近岁教学科研及创作各方面均获丰收，成绩巨大，深为钦佩，因托其转求，以大作见赐，顷收到尊著三种，深为铭感。千帆行年八十有三，近岁日益衰朽，耳聋目瞀，读书作字俱感困难，然于尊作，犹颇思诵其部分于明窗之下，以实枵腹。回思夙昔陪接，如在梦中，良可慨也。谨此布谢，顺颂

著安！

程千帆上

七月三日（一九九六年）

（四）

瑞芳大家：

手教敬悉。在文学工作中合“知”与“能”为一手，即创作与研究为一手，“感”与“知”为一手，逻辑思维与形象思维为一手，大不易也。非老拙阿其所好，齐鲁之间，大家一人而已。门下定多英杰，如能南游，甚愿与谈，惜衰朽废学，恐难以有所沾益耳。手此，即贺

新居万福！

千帆

三月二十日（一九九八年）

致张辉（十八通）

张辉，曾任职于教育部民族司。南京大学中文系文学硕士，师从程先生。

（一）

张辉同志：

两封信都收到。陈处长最近因事来宁，和我通过一次电话，告诉我文科博士点成果要通过正式鉴定，及成果印出是否要统一封面尚未决定。这事，不妨碍我们出书。出后再鉴定亦可。莫砺锋江西诗派样稿，如陈已看过（当然不是要他仔细审查，他没有时间），知道有这回事，就可寄回（挂号）。

我身体还好，最近集中精力在整理黄侃老师的日记。

陈处长对你的工作还满意，希望你谦虚谨慎，处处多想国家，多考虑全局。这样，才符合你在教委工作的身份。上次我已和你谈过，要注意。闲空时，抓一抓外文和专业。要的字，会给你寄来的。

祝

安好！

千帆

9 月 12 日（1986 年）

（二）

张辉同志：

十一月廿四日来信收到。《历史在这里沉思》能预订，很好。但只要一部。

宏生推迟到十二月中旬来北京，届时你们或可见到。

我在数日内去武汉市，在湖北大学过冬。来信可寄“武汉市宝积庵湖北大学中文系周勃主任转”。

匆匆，祝

好！

千帆

11 月 29 日（1986 年）

（三）

张辉弟：

清词室吴永坤老师到北京探望陆宗达先生的病，约耽搁一周，望你得信后，立即将程章灿、曹虹买的严辑《全文》送到北京师范大学中文系主任许嘉璐先生处，请他转交吴老师带回南京。我到湖北大学讲学，还要住一阵。此信望转吴老师一阅，不另写了。祝

好！

千帆

1月10日（1987年）

（四）

张辉弟：

致吴先生推荐信附上。

笔记出版事，已与武大出版社总编辑吴于廑教授谈过。但是否即能顺利印出，还要看事实。因为已经是最高层次了。

书交尹先生很好。费用多少，望告知。我大约三月中返宁。或去长沙一行，尚未定。

祝

好！

千帆

2月22日（1987年）

（五）

张辉老弟：

教委阎、魏二先生来，得惠书，又珍贶洋参一匣，在远不遗，愧荷！去岁以来，教界多事，弟处理得宜，殊非易事。夫人不知已结束进修否，均在念也。《宋文学史》已由上海古籍出版社排出初样，但正式出版，当在明年。我已于五月中正式退休，惟尚有四研究生未卒业，需至明年夏间乃脱

然耳。便中乞常来信，以慰老怀。即颂
双安！

千帆
6 月 15 日（1990 年）
陶芸附候

(六)

张辉老弟：

来信收到，所要字写就寄上，老年精力已衰，即不能工，愿二君宥之也。目下事太多，简直无法说起，老人行将就火，亦惟有过一日算一日耳。祝
双好！并问太夫人安，宝宝好！

千帆
6 月 25 日（1990 年）

(七)

张辉老弟：

兹有一事奉托。

北京王府井百货大楼附近某巷子内有一商店，名曰“老年保健医药中心”。此店内有“吸氧器”出售，系北京机械装备体设计部出品。每具价售为三百余元，现在当然已涨。

我近缺氧日甚，因此常发病，想要买一个备日常吸氧之用。（你在电视上看到聂卫平下棋时常用的即是。）请先去打听有无现货，并函告价钱，以便寄款先买下（买时请仔细检查，最好先装氧试用以保证质量）。然后托人带来。蒋寅十一月可能到南京开会，托他就很妥当，当然他人亦可。

专此，即颂
俪安！

千帆
8 月 14 日（1990 年）

（八）

张辉弟：

来信及复印件收到，我要的正是这种吸氧器。规格是要如下的：

① 最大充氧压力 150 公斤/厘米^2。

② 最大充氧量 250 升充气压力：15 兆帕充氧量 60—945 升。

此型大小略如一五磅热水瓶，提携轻便。过小则需时时充氧，很麻烦，过大又提不动也。弟所云 390 元一个，不知是否即如此大小或差不多者，仍望进一步了解见告，确定后，当即汇款。有便人先带来更好，否则可托蒋寅。

匆复，即颂

双弗！

千帆

8 月 29 日（1990 年）

（九）

张辉老弟：

来信收到，已寄上 390 元，请即代购一具吸氧器（找一略懂的人选一具合格的）。

十月间学部委员在京开会，曲钦岳校长、高鸿教授均将出席。他们两位均与我同住一院子。届时请你打听（问科学院），将此件托他们中任何一位带回。如不行再托其他便人。祝

好！

千帆

9 月 12 日（1990 年）

（一〇）

张辉同志：

寄款及函想已收到。南大曲校长定 10 月 4 日至 9 日在京开会，吸氧器

如能买到，请在此期间送给他，我们已托他带回。他住何处，想您容易找到。

祝

双佳！

千帆

9月26日(1990年)

(一一)

张辉同志：

信两纸均收到。

书签写上，印时可缩小，因老眼书小字，较难见笔功矣。

教科书经费事，极承相助，感感。办妥后，望通知吴先生领取。我日衰，已很少出门办事了。祝

春节安吉！

千帆

2月9日(1991年)

(一二)

张辉同志：

一月二十四日来信收到。信中所说纪晓峰，乃季啸风之误，前高教司副司长也。不过我目瞀手战，已无力为文，望转告之。《笔记研究》出版了，是喜事。我所撰沈诗词笺亦在校中，五六月可出，今寄近单发者一篇，可见一斑也。人老了，写信也困难，从你处知騄程、延霖安好，甚慰。有暇仍望常来信。祝

全家春节安乐！

千帆

2月15日(1994年)

(一三)

张辉老弟：

承赐新著又润笔百番，老人欣然，喜足下能于公余之暇，犹得使论文

充实，卒得行世也，书中尚有可拓展处，然已开门户，使世人一新耳目矣。何日因公而游，一倾积愫，望之望之。顺颂

俪茀！

千帆

3 月 10 日(1994 年)

(一四)

张辉老弟：

春晓到京实习极承照应，临行又颁珍食，感感。九三年八月教委学位委员会李丹阳、王崇东两先生来函约写“社会科学家自叙辞典”个人条目，将稿按要求寄京后迄今二年，渺无音讯。李、王二先生不知现在是否尚在教委工作，幸代一了解查询。如此辞典不出，似亦应正式告知作者，并将原稿妥善寄还也。北方早寒，望珍卫。顺颂

俪安！

千帆

9 月 23 日(1995 年)

(一五)

张辉老弟：

承赐枸杞及百宝茶，在远不遗，可感也。老人今年八十四，谚云：“七十三，八十四，阎王不请自己到。”耳聋，目有严重白内障，近来腿亦不良于行。但仍依然故我，顽强混日，可笑之至。近收辑生平学术杂文等成《学记》一书，由立朴出版，大约二三月后可出，容当奉寄。季啸风先生想健，请代致候。

顺颂

双茀！

帆

4 月 11 日(1997 年)

（一六）

张辉老弟：

远赐山珍，感谢之至。枸杞用以煨瘦肉汤，老人尤宜。我今年八十五，陶芸亦八十四。芸耳聪目明，我则耳颇聋，目亦白内障，远不及她，幸扶携度日耳。同学留校者常来往，有事可帮助，儿女亦皆在南京（惟芸长女在美），故日子还过得去耳。非久可在立朴处出一书，略载平生学术，收到后当可温梦。季啸风先生近况如何，幸为道念。专此，即颂

双福！

千帆、芸

11 月 14 日（1997 年）

（一七）

张辉老弟：

收到惠赐的桂元肉等珍品，在远不遗，感谢之至。闻教委要改回教部，不知上级对你如何安排。民族司总是要的，也许不会改官吧！我眠食尚好，惟体气日衰，此亦自然之理。诸同学在南大的，都好。患白内障，不能多写，谢谢。顺颂

全家安乐！

千帆

3 月 26 日（1998 年）

（一八）

张辉老弟：

屡承赐珍品，这次又收到张先生带来的哈密大枣，都是边疆的特产，甚为难得，极感。

前接来信，知可仍留原岗位，足见平日工作努力，甚慰。

我近来虽无大病，但体力日衰，耳聋目瞀，腿脚亦疲软，只能在学校里散散步。近日南大新建了一些住宅，正在点房。伯伟、宏生、章灿等都已点到，居住条件可以有所改善，但尚未建成，搬迁尚需时日。

顺颂
俪祺！

千帆
5月15日(1998年)

致罗宗强(六通)

罗宗强，曾任南开大学文学院教授。

(一)

宗强先生：

承赐新书，拜读感佩。仓卒不能尽其妙，然致广大尽精微兼而有之，则校然矣。居尝窃念文学批评史之研究方法，今日似已入穷途，即有从理论与理论之间架设空中桥梁，居然自成框架与体系，而其来源自创作之变化、在文化背景之差别，则弃置不以探索，诚可惜可叹也。先生之书，诚所谓独辟蹊径，扫空凡俗者。所见如此，不知有当万一否。目昏，耳聩尤甚，衰迟不能精读尊著，愧恨愧恨。略述所见，幸进教之。顺颂
著安！并贺年禧！

千帆
十二月三十日(一九八六年)

(二)

宗强先生道席：

违教忽又经年，伏想为道为学日益，时深驰仰也。门人蒋寅撰有题为《大历诗风》之博士论文一篇，拟于三月上半月举行答辩。弟意拟请先生担任论文评审人及答辩委员，不识能俯允否？倘荷先生三沐而三薰之，亦该生之幸，不独弟之光宠也。祈复，敬颂
元辰安乐！

弟千帆上
元月三日(一九八八年)

（三）

宗强先生：

客岁唐学之会，以病不能谒谈，虽近在咫尺而邈若山河，思之殊惘惘也。顷奉论魏晋士人新著，弟比岁以来，已若枯木朽株，诚所谓不知有汉，遑论魏晋者。今得大著启沃之，亦庶几死井中起微澜乎！尊著精妙，多有昔儒今彦屐齿未及之境。如此著书，不特有益于今人，且有恩于古人也。弟衰钝不复能为文，惟以整理旧作为事。近可得《宋文学史》一种，非久或可寄呈乞教，幸不吝指点之也。专肃，敬颂

著安！

弟千帆

七月四日（一九九一年）

（四）

宗强先生：

前得新书，念诵经旬，发聋振聩，钦佩何极，比想佳善，为道为学日进也。

兹有恳者，弟因整理一旧著，欲知李笠先生之生卒年、籍贯及生平、著述。雁晴先生解放后任教南开，即在贵校老终。想贵校人事处存有其档案，敢请先生命一助手将上述各项抄示（不必繁琐，百字以内可矣），想蒙惠允。琐事相烦为罪。专肃，即颂

著安！

弟程千帆

9月29日（1991年）

（五）

宗强先生：

承赐新书，知文旆已北返，想南服风物，多入画稿诗囊，而书疏压积又多日乃得清理也。弟年来耳聋目瞀，左足复不良于行，终日枯坐，几同废

人。睹诸故知为道为学突飞猛进，愧叹无已。白内障剧，读书困难，然诵尊著后记，深感老友体道之功有进，致可喜也。文字积习难忘，近得门人之助，亦勉编书一二种，数月后或可送教。幸故人恕其老迈耳。专肃，即颂

著安！

弟程千帆

八月三十日（一九九七年）

书不成字，谅之谅之。

（六）

宗强先生：

奉书知目疾为累，极念。弟来年亦苦宿疾，耳已近聋，左目患白内障，又以颓龄已八十五，有心脏病，医劝不可动手术，只有坐以待盲，故终日枯坐时多。尤盼先生能早日治愈也。《学记》承奖饰为愧，然亦深叹公之知我。盖平居最慕能开风气主持风会之前辈，然心有余而力不逮。惟先生能道破其所祈向，此所以特为心折也。天寒，千万葆爱。目眚，书不得谨，愧悚不已。敬颂

著安！

弟程千帆

一月六日（一九九八年）

致张伯伟、曹虹（八通）

张伯伟、曹虹，南京大学文学院教授。南京大学中文系文学博士，师从程先生。

（一）

伯伟、曹虹贤俪：

两信及文章都收到。热狂可以迫使历史出现某种暂时现象，但真正

的历史创造必出于深思熟虑中产生的大仁大勇。荀子说："狂生者，不胥时而落。"这已为无数次事件所反复证明。曹虹本来沉静，伯伟作了勇敢的自剖。你们显然会一步一步地成长成熟起来，究天人之际，通古今之变，成一家之言。传统的东西只会变革，不会消亡。这里面是有竞争的，但我确信，丑陋的中国人不会掌握中华民族的命运。我为晚年得到像你们这样的学生而感到高兴。人能弘道，非道弘人，愿我们互勉。祝

好！并贺新年！

千帆

十二月三十日灯下(一九八六年)

论孟课是周先生指导的，不知此文已呈周先生否，望告。

我不在南京这段时间里，学习及工作多向周先生请教请示。

附函及评《文选平点》稿挂号寄：北京朝内大街 166 号三联书店曹月堂先生。

(二)

曹虹、伯伟两弟：

别来俱想安善。《周易》作业阅过寄还，其中涉及王氏老学为多，如整理发表，不必列副题也。入夏以来，天气积阴，心脏颇不适。每日工作时少，偃卧而已。小宝宝想乖好。

即颂

体福！

千帆

七月二十六日(一九八七年)

方孝岳是舒芜先生的父亲，其《中国文学批评》不久前重印。舒芜来信，要找人写一篇书评。我想此事也许伯伟比砺锋更合适，不知能趁假中为之否？如何写法不拘。

此书颇有特点，不愁无话可说。今将舒芜函寄上，望看后复信，仍将原件寄还。

（三）

旧穿杨叶真自知，暂蹶霜蹄未为失。

小人利令智昏，窃权妄作，终当自败，无损龙渊之利，峰阳之和。书慰伯伟大弟

闲翁病榻

一九九〇年三月廿九日

（四）

伯伟弟：

勋初先生发高烧，现住工人医院高干病房五楼一号。我近常发病，昨今又发，不能往探视，意者诸弟或将去问，望代为致意。附上蜂皇浆二盒，乞转交。祝

好！

千帆

八月十日（一九九〇年）

（五）

曹虹弟：

得书已多日，事忙，又常发病，迟复为歉。但从伯伟处常常得到你的消息，知一切正常，为道为学日进，可喜。但生活节奏太快，恐怕身体吃不消，希望自己善自调节。

谈日本同行治学之勤苦，令人感叹。我们读书的时候，老师们都这样。季刚先生、辟畺先生都喜游山玩水、饮酒赋诗，但如白天耽误了功课（自修），晚上一定补足。当时作为学生的我们，也无不敬佩效法。大（锅饭）、低（效率）、铁（饭碗）不但使人变懒，变得无责任感、无能力，而且使多数中国人素质下降。现在改革开放中，又有人利用商业广告一味提倡豪华、高贵、舒适，电视上的广告画面多数以上都是美女图像。我这个即届八十的老人，真不知道中华民族向何方前进。诗云："知我者，谓我心忧；不知我者，谓我何求。"言之伤痛。

演习课，解放初学习苏联，名曰“习明纳尔”（课堂讨论），但流于形式，不久就回到老路满堂灌上去了。我有一个想法，不知你是否能录一盘“一次完整的练习课”，和平田等合作，译成中文带回，以供南大中文系乃至全校教学改革的参考。其他良法美意，也希望你多作些记录带回。我老病，已无能为力，但此心不死，深信中国人还是要前进的，尽管对前进的理解可以彼此有很大的不同。

听说你常有机会与西村富美子相见，她送我的书和论文都收到了，请代为致谢。

有感于台湾及苏联东欧近事，写了几篇诗，今寄上一纸，请为复印数份，送给日本爱写汉诗的教授（如清水茂先生）。《宋文学史》第 80 页，有一处将王安石的年岁算错了。这次平田来访，我已告诉他，请其印个更正，分致已得此书的各位先生。

异乡生活，殊格中土，伯伟又没有和你在一起，望多保重。

千帆、陶芸

十一月廿五日（一九九一年）

（六）

伯伟大弟：

我近患前列腺炎，要完全休息。函中之事[①]，均请代劳。感感。

千帆

（1993 年 6 月）

（七）

伯伟：

致高函送阅，内容时间妥否？望告。

帆

8 月 18 日（1997 年）

---

① 整理者按：“函中之事”指程先生受邀参加“海峡两岸文学创作与研究新趋势”研讨会，须填写回执。

附：致高纪言函。

（八）

伯伟弟：

蒋弟文转上。

我的想法，你所编之书似可名《文集之外》（指文集未编，若在赵昌平处出另版，则另取一名）。

大分三部分。首部分“桑榆忆往”，包括《学记》的第一部分（四篇）、你的录音、蒋弟此稿，还有我谈季刚、刘弘度丈逸事。第二部分“治学小言”，从《学记》中选。第三部分“文心评议”，包括周先生、舒芜先生、昌平写《宋史》书评及弟等文章。三部合起来，或可成一书。我思虑不周，此事即由弟作主办理，病榻属。交稿时间，《文集》问砺锋，上古问昌平。

（1998年12月）

致李立朴（三十六通）

李立朴，曾任贵州出版集团副总经理，现为贵州省文史研究馆特聘研究员。南京大学中文系文学硕士，师从程先生。

（一）

立朴同志：

来信收到。到出版社工作很好，可以余暇研究自修。近年著作甚多之傅璇琮先生，乃中华编辑，其成果悉出业余，可以为式也。

已将来信交诸位先生传阅。他们可能分别给你回信。

严杰的毕业论文《欧阳修年谱》已送专家审阅，希望能为他争取出版。但这类书，贵州恐不会感兴趣。祝

好！

千帆

8月8日（1987年）

（二）

立朴同志：

相晤匆匆，但见你工作顺利，身体也好，甚以为慰。四月廿七日来函和样书三册都已收到。全译书翻了一下，觉得体例很好，内容也还谨严。从陈云同志提倡古籍今译的事，至今不到十年，贵州条件不算好，却能毅然负此重任，坚决做这样一件吃力不讨好的事，实在值得钦佩。

关于有关问题，我初步考虑了一下，一条一条记了下来，供你们参考：

一、书目显然不完全，但目前似乎也不一定要求全，如果征询到有能力翻译而为读者或学术界所需要即可列入，例如晋葛洪《抱朴子内篇》，还有《参同契》（魏伯阳，道家类），对于道教史和科学史来说，并非不重要。但一时恐难找到合适的译者。有些书虽然并非经典著作，但历来流传很广，可读性强，也就不妨译出，《唐诗三百首》即属此类。

二、目前出古书今译的不止你们一家，对于别家所出一书异译似应考虑一些对策。我觉得如果真正译得有特色，不妨并存。即使在你社一书出两种译本，只要各有特色，也未尝不可。已在其他出版社出过，质量不错，而该社短期内不拟重印的，则不妨同原译者商量，按照全译者的体例补充修改，重排收入本丛书（牟世金译《文心雕龙》之类）。

三、所列书目，史未列二十四史，当系另有考虑。但应该给广大读者提供一部通史。建议将甲、《通鉴》《续通鉴》，乙、《通鉴续览》，丙、《通鉴纪事本末》三套书之一组织人力全译，子部：唐以前子书如王充《论衡》、葛洪《抱朴子外篇》、《申鉴》、《中论》、《潜夫论》、《盐铁论》是都值得翻译的。小说类：《太平广记》全译似太多，用《太平广记选》即可。此外，如（唐）李垕《续世说》、（清）王晫《今世说》、（宋）王谠《唐语林》、（元）辛文房《唐才子传》，乃至《宋稗类钞》《西湖游览志余》《扬州画舫录》等似都可翻译。因为这些书可读性很强，可能拥有大量的读者。

四、对于文学书，译文除了准确之外，似乎更需要优美。如何翻译这种书，就和译外国诗歌一样，不仅要使人看懂，而且要使人看了喜欢。这种译文所追求的境界，应当是可以成为一个脱离译文而独立的存在。这要大家来共同摸索，共同创造。你们不妨再译几个历代著名的选本试一试，如曾国藩《经史百家杂钞》、姚鼐《古文辞类纂》、朱祖谋《宋词三百首》等。

《骈字类编索引》尚未完成，完成还需加以四角号码索引，应用起来才方便，等完成以后再谈出版之事吧！

冠英先生身体一直不好，如肯担任编辑，亦只能挂名，但对你们也有好处。

祝你一切都好！

千帆

5 月 14 日(1990 年)

（三）

立朴弟：

缪彦威先生的介绍信写上备用。缪翁兼精文史，甚合适。

丛书主编，我不敢当。似可不必设此一职。如果在学术界五人外，加贵社社长或总编辑作为常务，则编辑委员会诸公可依姓氏笔划为序，工作亦似较方便。（均按姓氏笔划排，常务亦然，仅在其姓名后加“常务”以示区别。）这是我个人的一点看法，未必有当。天候苦热，不多及。复颂
撰安！

千帆白

7 月 5 日(1990 年)

（四）

立朴同志：

信及聘书均收到。谢谢！

张觉是南大中文系七七级毕业生（八一年毕业），后在复旦从张世禄教授学，获得硕士学位。

他在语译《韩非》，希望交你社出版。过去他成绩不错，但十年来进度如何，我不详知。如你们能考虑，则望能要他试稿，再作决定。可要他译《解老》篇看看，这篇较难，如能胜任，则其余当无问题也。

他的来信附上一阅，不必寄还。

祝

安好！

千帆

7月20日(1990年)

(五)

立朴同志：

来函及样书等均收到，条例及目录大致完善，有许多问题一时想不到的，可在实践中补充。

《史通》，我和周老师商量，想找一笃实可靠的中年人担任，不必有很高的知名度，但要有较强的责任心。如系南大的同事，则我和周可就近为他把关，解答疑难，审阅部分译稿。俟决定后，再提请出版社同意。

祝

好！

千帆

9月21日(1990年)

(六)

立朴：

函悉，编辑费300元早已收到，昨又收到挂历一幅，非常感谢。

昨天见到姚松同志，他说译作正在进行中，不日即将把样稿寄上。

上海张觉同学也有信来，很高兴接受了你们的委托，特此附告。

我还住在医院中，目前体力和精神都在逐渐恢复中，不久可望出院。

专复，顺祝

撰安！

千帆

12月20日(1990年)

（七）

立朴弟：

现介绍长沙水电师范学院中文系杨翊强副教授和你联系。翊强也是我的学生，解放初毕业于武汉大学中文系，现已退休，身体很好。除汉语方言是他的专业外，也在译古籍。某出版社全译《三国志》，他担任了五卷，非久可以毕功。想看你社有无尚待翻译之古籍，现特具函奉告，望根据杨先生来信和他具体商谈。

前寄上某君求担任《淮南子》译事信，想已收到。

祝

好！

程千帆

3 月 16 日(1991 年)

（八）

立朴弟：

3 月 21 日来信收到。丛书事有进展，受到海内外重视，极慰。

根本仍在把好质量关。如何把？找有学问同时有责任心的人，这是一。不讲情面，不开后门，这是二。提倡公开竞争，择优选用，这是三。

大部头著作(50 万字以上的)，只好集体搞，但一定要找一个有责任心、有学问的人统稿。如《通鉴》，张老领衔当然很好，但统稿就不宜。他年事已高，做学问，是自了汉，不是地藏王菩萨。

一般不宜合译。译，要尽可能保持原作风格(特别是文学)，也要体现译笔风格(如鲁迅译果戈里，丽尼译屠格涅夫)。大家译一本书，你是你，他是他，很难一致。拼在一起，是很难看的。当然，这是高标准。现在不一定能做到，但要努力去追求。

我另写信介绍杨翊强先生为你们做点什么，不知他已与你联系没有？不必因我介绍而讲情面，行就行，不行就不行，我已当面和他说清楚了的。

《抱朴子》，《外篇》较易，《内篇》难(神仙宗教问题多)。王明(社科院)

是研究道教的，注过《内篇》，不妨写信问他有无他的学生或助手可担任。

最近母校也在大胆提拔青年，砺锋已升教授，伯伟副教授，宏生以讲师任古代教研室主任。你出主文史室应无问题。谦虚谨慎，开诚心，布公道，总可以做出成绩的。

我在南大十多年，想做到两点：① 尽力提拔校内外后进，② 坚持原则，不讲情面。现已退休，更可朝这方面努力，不受某些限制了。祝
好！

程千帆

4 月 5 日(1991 年)

（九）

立朴老弟：

前得挂历又惠赠三百元均已收到。适值忙于修改两研究生之论文，致稽裁复，歉歉。

顷又得来函及《编辑业务》专刊，知章灿所撰《刘谱》，已荷贵社允与出版，甚为其高兴。章灿于诸同学中年最幼，诸学长悉援引之，甚见友道之隆，为可贵也。书目要稍空时，再细酌。选书目，选译者，选责编为这套书的三个关口。一个关口也模糊(今作马虎)不得，愿弟以正气为心志，以严格为手段，能顶住歪风，坚持出好书，假以时日，自能树立风气。久而久之，领导亦必能识人，孔子云："不患莫已知，求为可知也。"此语甚好。又云："无欲则刚。"此语尤好。愿弟勉之勉之。我今年身体尚好，但也只能做到少病而已，究竟是八十老翁，不能似少年时也。章灿得函后当别有复，此时彼尚未知此事之详也。顺颂
撰安！

千帆

1 月 22 日(1992 年)

（一〇）

立朴弟：

2 月 14 日来信及附件收到。

① 我的简历寄上。

② 要我为你写的致美国汉学家信，你试写一草稿寄来，我在此修改后，打一清本签上字，由你们复印带去。遇到合适的人，可随时填写，美国学者很多人知道我，不必一定通过信。这样，范围可广泛些。信写得具体详尽一些，用中文即可。

③ 你到美之前，先和钱南秀、关道雄联系，主要是钱。先摸一摸底。

④ 地名见另纸。

祝

好！

千帆

3 月 1 日（1993 年）

（一一）

立朴弟：

介绍信寄上。可打印或排印后，将签字装版拼上去。

有些话，不合外国国情。如说领导要书，中国以为光荣。洋人会想你觉得书好，为什么不打个电话给书店去买，分明是揩油，可见中国领导人小事也要揩油，那就适得其反了。

漓江事，请你给我写一封信给该社长，婉辞。说我已退休，对该项目也毫无了解，不想担任其任何名誉职，请他们原谅。此事就算完了，你看如何？祝

好！

千帆

3 月 30 日（1993 年）

附：

先生/女士：

兹介绍我的学生李立朴先生前来谒见，请求您对《中国历代名著全译丛书》英文版给予支持。

立朴先生曾从我学习，1986 年获得南京大学硕士学位，现在贵州人

民出版社担任高级编辑。该社近年来致力于中国优秀传统文化的普及与传播，推出《中国历代名著全译丛书》，该书遴选我国历代经史子集四部名著五十种，以用现代汉语全注全译形式整理出版。我与缪钺、王运熙、余冠英诸先生都同意担任该丛书编辑委员会委员。由于选书适当，体例审慎，译著精当，出版以来，深受读者欢迎，并被国家新闻出版署列入“第八个五年计划重点出版规划”。目前丛书已出版二十种，预计在 1995 年前全套出齐。

去年，贵州人民出版社已与台湾地球出版社达成该丛书整体繁体字本在台出版协议，年底，美国底特律文化拓展公司（CULTURAL DYNAMICS，INC. 756 Cambridge Drive Rochester，Michigan 48309 U. S. A.）董事长李乐东先生（Mr. Ledong Li）到该社洽购该丛书现代汉语译文部分英文翻译权，并已草签意向性协议（整体购买）。此次贵州人民出版社总编辑卢惠龙先生、副总编李万寿先生及李立朴先生应文化拓展公司之邀来美，即洽谈此事。

他们的这一工作，我觉得，对将中华传统文化向全世界传播极有意义，应予支持。您是汉学界的名家，如荷鼎力协助，不胜感激。

专此奉达，即颂

台绥！

南京大学中文系教授

国务院古籍整理出版规划小组顾问

（一二）

立朴：

来信及附件收到。我因前列腺增生住院月余，做了一个小手术，已于十三日出院，经过良好，尚在休养中，无力执笔，故口述请老伴代笔，希原谅。

具体意见如下，因精力不济，只好说得简单些：

一、此书似可定名为《中国古代名著全注全译丛书》或《全注全译古代名著丛书》。

二、什么该注该译，从台方提出的看来，似乎漫无标准，连书名也不标准(可能其中有些是台湾本子,我们不清楚)。所以我觉得不必在选目上而要在注和译的质量上把关。如果质量好,市场效益就好,这一点对你们是很重要的。什么该译,什么只注不译,应当有一个统一的标准。台目似不尽然。我的意思是:用古汉语写的全译;用古白话写的,全不译;小说、戏曲(剧本)不译。个别可以例外,如《三国演义》虽是古汉语写的,可以不译。小说、戏曲加出场人物简介,似不应掺和批评及艺术分析等等。如"圣上"条、"林黛玉"条都带有导读性质,导读当然是需要的,但是否应在简介中体现出来?这里有两个问题:一个是这种写法是否喧宾夺主,另一个是也涉及注者的水平问题。如"命运两济"条,下面分明写出了与有命无运相对,却全不解释的命和运是两码事。可见注者连《文选》都不熟。再如"炖鸡蛋""豆腐"之类,完全可以不注。《金瓶梅》《西游记》该注之处甚多,却是十分困难。反正这一套丛书没有十分严格的统一体例,你们不妨试作一两种,看看反应如何也可以。我还有一个想法,你们不妨另出一套《中国古典小说名著辞典》,单独别行,那就再详细些也无关系,大谈其炖鸡蛋、豆腐也不要紧,所谓离之则双美也。现在的搞法有些喧宾夺主,似乎不妥。

三、台方书目似乎是随便乱开的,有许多书名世界上是没有的,例如《晏殊父子词集》《唐人传奇小说》之类。有《广艺舟双楫》而无《艺舟双楫》,有《历代诗话》而无《续历代诗话》,都有很大的随意性。译书的底本要认真考虑。《历代诗话》中所收诗话,有很多不是足本,我看还不如就用社科院文研所选的《历代诗话选》,就请他们译,篇幅较少,选择亦较精。

魏成光先生下次来大陆,如果能来南京,欢迎他来叙谈,我和台湾出版界也有一些交往。《两宋文学史》近期将在丽文图书公司出版,《古诗考索》可能在文津或文史哲出版,我也有可能明年春天由台北"中央研究院"邀请去做短期访问讲学。

顺祝

近安!

千帆

8 月 17 日(1993 年)

（一三）

立朴弟：

来札、书目及五百元均收到，谢谢。所问各事，辄就所知，奉答如下：

（一）全译全注本由于各种主客观条件，难以求全（全，即包括古代国学要籍全部）。只能选择目下应当与可能译者先进行（全注可视全译为宽，因较易）。能不能译，有些恐要试试看。

（二）有些书，我看难译，如术数（《参同契》之类，诸家解释各异，不译不懂，又不知如何译法，要摸索）、骈俪（如庾子山、王子安文）、古白话（如《坛经》，除名相外，皆易懂，名相又不能译）。有的不必译，本来就是白话（如《二十四诗品》、宋词元曲、空谷无人水流花开之类）。五十年代，黄公渚曾译欧阳修六一词为新诗，似不成功。因译成白话诗，要好，就得再创作。不然，就成逐句诠解，而再创作就往往与原作不是一回事了。特别是失去了古代文体特有的节奏、句法、风格上的特点。当然，这也不是绝对的。可以试行，但宜慎重些。（骈文译成白话，一定不骈，即失其特色，此理易晓。）

（三）史部书，是否可加《通鉴纪事本末》，可读性强，又有闵萃祥汇刻各家续书，可同时或陆续请人译出，在正史（二十四史）、编年（通鉴）外，别树一帜，以补正史、编年（已有人做）之不足。（游记纪行各作如陆游《入蜀记》之类可择译。）

（四）集部可注意历代一些小品文字，如唐罗隐《谗书》、皮日休《文薮》、陆龟蒙《笠泽丛书》及明清文小品文集（有选集、总集，亦有专集、别集）。

（五）科技类今译，要懂现代科学又精古汉语中的专家，如古医书，译错了，会害死人的，另行处理为妥。

《唐才子传》有周本淳、孙映逵、傅璇琮三家整理本，傅本（四卷，中华出版）最可依据，应取则。近人考订，大约收入，亦有遗漏及后出者，仍宜博访。译注关于生平考订部分不必过详，但与原书不同者，似当略见注中。若另于每人之前，别为小传，则终不免重复且形成附在《唐才子传》译本中之新撰白话唐才子传也。愚见如此，幸酌之。手复，即颂

近安！

如更有咨问，亦乐为答也。

千帆

12月15日(1993年)

(一四)

立朴老弟：

元月十一日来信收到，所询各事，条答如下，未必尽当，聊供参考。

(甲) 关于丛书部分

(1) 台方每卷末载200字左右的广告，作为一种商业竞争战略，有其道理，分ABCD层次亦可行，主要是书目。(2) 这书目除已定者外，望将抗战前中华书局出版的《四部备要》仔细看一看(特别是此书又曾精选过一次，忘其名称，比较扼要)。其中总集(诗文词选集，惟阙曲及时调小曲之类)较精审者几搜罗无遗。如《文选》《古文辞类纂》《经史百家杂钞》《古诗选》《今体诗钞》《词选》《词综》皆重要。这指集部，经史子三部准此，惟经学汉以后当慎择。(3) 别集，一是难选，二是难翻。(我个人认为庾、徐、初唐四杰之文集是无法翻的，已详前信。一般散文[古文]则可，不妨先列目，精选可译原著及可靠译者数种数人，试点，再铺开，要注意译得非驴非马，被人抓小辫子。不是有同行竞争吗?)

(乙) 关于《唐才子传》

(1) 你已将各底本都掌握，译本要采用一个好底本，似以《古逸》本为好，其不同于此本者始出简单校记。(2) 时刻记住，你现在的工作是普及性的，论辨性文字不要阑入。这一切(诸如文字异同是非、才子事迹、诸校注家之是非等等)都另做卡片，或输入电脑，等全译成书付印之后，再将这些材料编排考证，写成一篇《〈唐才子传〉译余随笔》与诸公商榷。(指出异同，非为炫学，故措词宜谦。这是后话。)现在则就自己的理解处理，不必在简注中多及，否则乱全书体例。(3) 关于李贺、李益年岁问题，你再查一下《唐诗大辞典》(周勋初先生主编)、《唐代文学辞典》(中华，周祖譔主编)、朱自清《李贺年谱》(《朱文集》)及台湾王梦鸥《李益生平及其作品》

(此书周勋初先生有)。但大体上《校笺》此语是错的。我藏书已散去,无从代查。你可要章灿代查,如贵阳无此类书的话。(4) 耿沣官职,傅说之疏显然,蒋寅说为是。他的通讯地址为:100732 北京建国门内大街五号社科院文研所。(5) 传中引诗词的不少,我的意思是易懂的不译,难懂的将译文加括弧附在原文之后,然后在前言或后记中说明。这样,两面都顾到了。

我迁新居后,电表已改为 10 安培,故今冬亦装油循环电炉。贱躯粗适,甚感远念。

我前应于景祥学弟之约,编一《程千帆选集》,收入下列各书:(1)《史通笺记》,(2)《文论十笺》,(3)《唐代进士行卷与文学》,(4)《古诗考索》,(5)《被开拓的诗世界》,(6)《闲堂诗存》,(7) 附录:自述、诸家评论。约一百四十万字,本已决定由辽沈书社出版,由莫砺锋仔细加工。近月于突无音信,不知其有无变化。因该社出此书,明知非蚀本不可,但欲扬名,不大容易下决心也。如沈阳不能出,贵州可考虑否,望便中一为打听。此书所选为我在史学、文论、文学史、诗学各方面之代表作,虽均出版过,但想再重印增补本一次,以求教于海内外学人,此亦八十翁之痴心也。沈祖棻诗词笺本已由江苏古籍出版社出校样,严杰、章灿诸弟正为校对中。我昏瞀,已不能亲事勘正矣。

以上丛书、《才子传》诸事,但言其略,如有所疑,望再来函。

即颂

春节全家安乐!

千帆

1 月 23 日(1994 年)

(一五)

立朴老弟:

章灿说你的《许浑研究》将出版,可喜。嘱署签,望告知①书名,②横行或直行。

《唐才子传》样稿等寄还,想已收到。

所汇二百元,迄今未到。望询有关部门。如已寄,即向邮局查询。此间偶有遗失汇票及干没汇款之事发生也。

十日前受凉引起肺炎，入校医院治疗，现已出院返家。

望复，即问

近好！

千帆

10月30日(1994年)

(一六)

立朴弟：

晤谈甚快。别后想安善，已返筑矣。

附上一函，如能赴台，望持附上之信与徐耀环先生商洽。我希望你能将《古诗考索》附《行卷》之台湾样书(议定为20册，代我赠台学者7册，尚有13册)及我的一半稿费(以美金计，千字3.20元，我与上海古籍各得50%)能带回来。至于合同，他还要找上古签字，以后再说。

徐系林庆彰先生的学生，先作普贤出版社的大陆代表，后自创圣环图书公司。其父乃一教授。

地址：桃园县中坜市正先街137巷2弄36号

电话：(03)4926415

传真：(03)4910717

此事，请拨冗代为一办。

祝

好！

千帆

11月24日(1994年)

如书还未出，就请先将稿费拿到。大概是六百多美金。

(一七)

立朴弟：

近闻人言，你社出了一本《顾准文集》，颇见重于世，能寄示一册否？

何日赴台，望行前告知。祝
好！

千帆

12 月 7 日(1994 年)

宏生《清词论集》已交江苏古籍，列入《文学遗产丛书》，又及。

（一八）

立朴弟：

上月 14 日想已安返。

徐某迄无信来，望将其台北地址、出版公司名称告知。又与林庆彰先生是如何谈的，亦乞见示。

《顾准文集》，你走时，说要某君寄来，但至今未收到，请一询之。又《七绝浅释》及《宋词赏析》台方有无出版机会，曾谈过否，亦望示知。如无机会或别作处理也。

匆匆，祝
好！新春安乐！

千帆

1 月 5 日(1995 年)

（一九）

立朴弟：

信收到，昨天圣环出版公司驻沪代表已将台版《古诗考索》稿费送来，你可不必再向台北打电话了。书据说三月份可出。此事，费心，谢谢。

已和周先生谈了《史通》及《文史通义》译稿事。据他说，已作了安排，没有问题。我意，你仍应与姚、武多联系，催着点。宁可前紧后松。

早早写了一部武侠言情小说，质量还可以，四十万字，已脱稿。贵州有无可出通俗读物的出版社，请留意。我也托了其他在出版社工作的同学们。祝

好！

千帆

一月廿二日（一九九五年）

（二〇）

立朴弟：

《许浑研究》收到，甚喜。覆视亦颇细致，所欠者深入之艺术分析耳，然在今日，亦自居丁卯研究之首也。祝

全家好！

千帆

二月十七日（一九九五年）

（二一）

立朴弟：

小说收到，久不见此公作品，眼睛不好，只能慢慢看。对早早小说的样稿印象如何，如太坏，就不必寄上全文了。祝

好！

千帆

4 月 27 日（1995 年）

（二二）

立朴弟：

三封信写好寄上。① 要附去丛书的 50 种已出的目录，及未出的拟目。② 你自己的《许浑研究》和《唐才子传》译本，另外可赠三位先生几种译得质量高的书（不一定三人一样）。③ 附上一纸印好的回信，极简单地表明同意不同意担任，连同编委聘书寄去。（如自己跑一趟，当然更好。）④ 由你以丛书负责人的口气写一封信，谈和我的渊源，及学术的成绩（面谈当然更好）。⑤ 地址王元化：上海吴兴路 246 弄 3/1001。袁行霈：北京大学中文系（100871）。傅璇琮：北京王府井 36 号中华书局（100710）。

如仍有关此事，可来电话。

祝

好！

千帆

11 月 20 日(1995 年)

愈来愈不成字，老境日增也。

（二三）

立朴弟：

《程沈学记》能在您处出版，一切方便，何时可得领导批准，甚盼切也。

本栋为收集零散材料重新打印，极费心力。近日已作最后审视，寄你后，除要校大样外，即算已完成此书之编辑工作。

我在辽宁出《选集》，与景祥商量，付砺锋二千元编辑费，交稿时即付。后即照此办理。今拟循此法，亦付本栋二千，交稿时即付。此一因编《学记》比《选集》麻烦，二因最近学校将房子卖与教师，本栋尚欠其亲戚六千元，盼得此款填补。如弟看稿后，觉不应付二千元，则请在全书稿费中拨付部分(如只能付一千五百元，则在稿费中支五百元，以后结算再扣)，此事不知能办到否？

还有如下几点请考虑：

① 想印几张照片。能印几张，涉及印刷成本，望酌告(程、沈各几张)。

② 印平装可降低书价，精装则起眼，如何处理，望酌。

③ 弟回忆录(“师门掠影”)望早日写就(前后大体按从游年代，可酌排入)。

我人极衰，白内障剧，耳聋尤甚，徐有富已为完成《校雠广义》第四卷，交齐鲁发排。程章灿代我完成《汉语文学通史》，当在明年。本栋编《学记》希望弟能设法在明年春出版，又十年前所编校季刚师日记近亦可由南大出版。如完成此数事，也可算有所交代。

《学记》出版，我要买一批书送人，至少 300 册，望印时将此数计入。写字困难，以后各事，望与本栋商量。祝全家安乐！

千帆

10月28日(1996年)

(二四)

立朴老弟：

寄上《选集》上下册，又沈集笺本二册，想均收到。弟所惠千元又挂历一帧，亦均收得，恐记挂，特函奉告。即颂

新春安乐！

千帆

1月1日(1997年)

(二五)

立朴老弟：

不久前曾以景祥所印《诗文合抄》寄赠涤明先生及弟，计已收到。只印四百册，非其人不滥发也。《学记》当已付排，何时可以出版，甚念。近又应上海文艺出版社之约，托本栋摘录旧著中可观省者为一书，名之曰《俭腹抄》，与《学记》相辅而行。年前当可出，并告。盼复，即颂

大安！

千帆

3月9日(1997年)

(二六)

立朴：

① 我家电话已改直拨3592790，以后不再由学校总机转。

② 关于《学记》中稿取得本人同意事，前告有些已死或不知去向下落，有无变通办法(往往只是一首诗)，望告本栋。祝

好！

千帆

4月28日(1997年)

（二七）

立朴老弟：

许久未得来信，想俱安善。《学记》本栋在进行中，主要等候同意的回信，估计只有极少数人因去世或失去联系，只有暂缺，即照吾弟安排处理，不至缺少太多影响内容也。

另有个别文字安排标题，要酌改。又要增添三数篇，亦已开出，要他奉寄按序插入，排好，将来寄来清样即为全璧，可提高速度。校对要加意，现在行政部门抓图书质量，首先看误字、格式。已有不少出版机关被指摘。愿注意安排。

各方撰稿人的样书和稿费如能由本栋开具详细姓名、地址、钱数，由贵州直寄，则可省时省寄费汇费。（一齐寄南大，仍要分别再寄。）不知吾弟能代为一办否？如能，此项约七十人册，则我要买的部分 200 册左右即可。亦请酌办。

我耳目不便依旧，近来又患风湿腿脚痛，幸即时治疗，已有好转。样稿何时可寄出，望告。即颂

安好！

千帆

5 月 20 日(1997 年)

顾农书已进行否？

（二八）

立朴弟：

前信想收到。本栋已将电话内容转告。（一）《学记》决不再加新增三篇，以争取早日问世。（二）出书后请从贵阳直寄样书稿费与各文作者，其名单待与本栋最后确定奉告，稿费数请贵社按字数核算。外国另设法由我亲友在美、日者拨付。（三）我个人买书，可直寄南京。其中扣去直寄各作者部分，大概为二百五十册，确数再约定。（四）寄书汇款如要付贵社工作人员劳务费，请代办，在我稿费中支付。诸事拜托。匆匆，即颂

全家安好!

千帆

5 月 22 日(1997 年)

(二九)

立朴弟:

前接通知,知《学记》稿件由湖南寄南京,但迄今多日,尚未收到。我怀疑印刷厂根本未寄,这是印刷厂对付出版社催促常用的办法,希望你打一电话查明,以免耽搁。校稿个别稿件有抽换,问题不大,望抓紧办理。出样书后,先快函寄两三本来,同时告知稿酬标准,以便将各地作者应得样书及稿酬开单,能在贵阳办的由贵阳办,以便节省时间和金钱。我估计要买的书除赠作者的书约 70 本外,另外还要买 250 本左右,我希望你请示一下领导,能否给予六五折的优惠。景祥此次即是如此办理。但这仍是商量,你千万不可为难。

顾农的书据他来信说已寄给你,不知可否年内发排,希望告知。

收到信后,盼复,或打电话相告。

祝

近安!

千帆

7 月 11 日(1997 年)

(三〇)

立朴:

估计此信收到时,你恰返贵阳,北京此会想大有收获。多年来,你工作很有成绩,也很顺利。甚望抓住机遇,再上一台阶。

寄上顾农先生论文集的目录样稿及来信,可以见其书的大体水平。希望你能助一臂之力,接收出版。

《学记》想已或即将付排,何时可出,望告。云将寄封面样子,迄未见,想因去京延搁了。

盼复，祝

好！

千帆

7 月 12 日(1997 年)

（三一）

立朴弟：

本栋校样毕功，寄上，复视改正一遍便可付印。今将应注意事项条录于下。

① 书名用《程千帆沈祖棻学记》，不用《程千帆学记　沈祖棻学记》。封面、内封面、书脊、版权页等一律。

② 封底中间用“文章知己患难夫妻”印章作装饰，可与设计文字花纹配合。

③ 请按寄下地址名单，分寄样书，一律平邮，不用挂号航空。海外样书，一律海运。

④ 买书总数为 350 册左右，除在贵阳寄出数字外，余数寄南京。

⑤ 样书 20 册，由本栋支配，请另寄。

⑥ 请告知出版社计算字数之办法。除诗系每 10 行算千字外，其余如何算法(如每页每行等如何算法)，当有简易之法。

⑦ 上下篇各有扉页(其二人照片分别放在扉页之后，正文之前。不统一放在前面。如装订困难，则一律放前面)。

⑧ 封面用勒口，如用简单绍介，可印在勒口上。

⑨ 希望封面底设计淡雅一些。

校样本栋看过。我不能细看，有总的涉及全书的几点，第一是文章篇与篇之间空得太少，不美观，有的窄，有的宽，希望统一调整距离适度。

第二，字的号数体式不一。仿宋与五宋、四宋常混用。“友朋书札”全为仿宋，如同附录，希望改通行之体。

第三，诗词排列极乱，望一律连排，第一行也不低二字，一律比正文低二字，词另有题的，比调各低二格排。不用两句一行，一首绝句两行，每行两句，一首律诗四行亦每行两句之法。

此稿收到，望吾弟亲自抓一抓。

以上要求当然仍视实际情况。实有为难处仍由你决定也。

我日益衰老，诸事皆靠你们，所谓“穷途仗友生”也。

暑热，望珍重。

千帆

7 月 28 日(1997 年)

(三二)

立朴弟：

来信收到，已交本栋，尽可能按照你们的规定迅速处理。《学记》原稿有个别地方题目改动，另加几篇短文，校对时请连带处理，想问题不大。征求作者同意，对有的作者有困难，大约有如下情况：① 某些题词写于 60 年以前，其人已死，与其法定继承人也无来往，只有辗转托人查询。② 有些学者远至异国，函信恐需较长时间。好在都是个别情况，绝大多数都会有回信。可否请出版社订一个是否同意的函件及回答的日期，再如无答复时，可否由我负法律责任。因为这些诗词当时都是因为有较深的关系，所以投赠，一般绝无拒绝发表之理。这个法律责任我担得起。但法律是法律，你们出版社遇到这样的情况，是否有统一的办法，请斟酌。譬如章士钊先生我们并不认识，是他从沈祖棻的老师汪东先生那里看到她的词，大加赞赏，就写了两首词给汪先生赠沈。我们知道章士钊是有后人的。曾跟他的女儿章含之联系过，但她不回信，这样当然得不到她同意的答复。又如姚鹓雏先生论近代词家诗一首，是从报纸上转录，我们并不认识姚先生。诸如此类，为了使后人全面了解一位作家，能收入当然更好，这些地方出版社可否考虑通融办理。其余的事我和本栋谈了很多。我年纪大了，精神不济，希望你和本栋多联系、商洽，把这本书出好，十分感谢。顺祝

全家好！

千帆

9 月 21 日(1997 年)

顾农先生的确很有水平，其书可出版。古人云：学成而名不彰，朋友之过也。你们能促成其事，功德在学林。盼盼。

附白：

凡未获得同意的答复而文字又刊载了的稿件，一律不拿稿费，由出版社保管，这种办法是否可行？

（三三）

立朴老弟：

近来我杂事较多，目力也差，故未和你联系。

据原定安排，《学记》在10月底之前出版，如无变动，则应已印好，在装订中，不久可见样书。

我现在急于知道以下各种情况：

①《学记》印数。

② 何时可见样书，希望寄来三四本快递。

③ 采入《学记》的各家文字，因为系由出版社与各家订合同，希望知道每家字数及应付稿酬数。汇给我，仍由我处汇，但你处要将各人应得之款开列。我及沈的部分，则合在一处，扣除买书款外寄下。如买书款不敷，可告我，另行补足。

④ 以上大略情况，可打电话告知，但涉及数字，电话易误，希望书面以免有出入。

⑤ 有些学生想买《学记》除按65折给予优惠外，出版社每册应收包装及邮费若干，请另外示知。这事想要张春晓办，学生可在她处登记姓名缴书款及邮费包装费，书到后分发。

⑥ 顾农的书已否发排，望告。

即颂

安好！

千帆

10月13日（1997年）

（三四）

立朴弟：

适接张三夕来函云，已于本月由海南回武汉华师作研究工作一年，《学记》出版后，寄三夕之一份，请寄“武汉华中师范大学历史文献研究所(430070)”。

《学记》想即将出版，正翘首以待。

顺祝

近安！

千帆

11 月 4 日(1997 年)

（三五）

立朴贤弟：

样书收到，见者无不满意，本栋和我，还有同学们都向你致谢，向涤明等先生致谢。

由于我和本栋的疏忽，加上我眼睛不好，发现三处要改动，请别记下，如有机会重印，就改一下：

533 页 6 行“程千帆笺注”，“注”字不要；末行《古诗今选》下加《沈祖棻程千帆新诗集》(陆耀东编)武汉大学出版社 1992 年版。

535 页 8 行“程氏”二字应移下行“合作合撰《程氏汉语》”。

又将样书寄各地作者时，封面请加一句“收到后回程千帆一信”。

匆祝

好！

千帆

11 月 16 日(1997 年)

（三六）

立朴老弟：

承赐千元，在远不遗，感谢之至，请转告财务科。我已进入八十七岁，自去冬住院后，一直未能完全恢复，耳聋目瞀，写字亦困难，已不能正常工作。幸今年完成之《校雠广义》四卷，得有富之助，全部四卷出齐，得承乏在国家图书奖中式。此书自四十年代初着手，断断续续，写了近六十年，终于脱手，虽不精善，聊胜于无。又所主编之《中华大典·文学典》，其中宋辽金元分典五册，亦于国庆前赶出，得以如期献礼，亦可告慰耳。《广义》曾奉寄，不知是否收到，年老多忘，仍望示知。又我文集，已由河北教育出版社请莫砺锋编辑出版，共14卷，又沈祖棻集4卷，或者亦可在二千年出版。凡此皆可告慰者。全译丛书在弟主持之下，颇能自树风格，有声学林。从游诸君子在出版界者，弟外尚有于景祥、于辅仁、姚继舜，均各有建树，可喜也。匆此复谢，即颂

著安！

千帆

12月5日(1999年)

致袁行霈(六通)

袁行霈，北京大学中文系教授。

(一)

行霈先生：

承惠新著，美富难可名言，日下硕学方闻之彦，各以其能，炳耀词林，然求如先生之深通玄理、洞晓文心者，盖亦鲜矣。老瞀疲学，睹此欢快，胜得清酒三升也。读书间有所见，而衰顿难以执笔，辄命门人足成之，谨呈一篇博笑。顺颂

著安！

静希先生前乞致念。

千帆顿首

8月21日(1987年)

（二）

行霈先生：

承赐新著，适在病中，久之始拜读完毕，叹服之至。如何使外国学生对我国古代文学获得一较为完整的概念，乃一难题，需从多方面迫近其本体，先生下笔开生面，拈出若干重要方面加以论述，斯可与历史及作品鼎足而三矣。北京冬燠，伏冀珍卫。专此布谢，敬颂

著安！

《概论》非浮泛之论，乃提要钩玄、敲骨得髓之作，世有知者，当韪鄙言。

弟程千帆

3 月 9 日（1991 年）

（三）

行霈先生道席：

顷荷惠赐新书《诗学通论》，钦感交并。略一省视，深觉其体大思精，度越前辈，而叙述理论之发展与创作之变易紧密结合交叉演进，实能深究吾华诗学轨迹之真实。此前惟罗宗强先生论唐代文学颇着意于此，千帆极嗟美之，然似犹未及先生等此作之美富也。近年患白内障，一时未能仔细玩味，然终当竭力读之，不能有至宝山而不入也。一二〇八页参考文献载先师季刚黄公《诗品讲疏》，有八二年成都古籍出版社本。据弟所知，黄公虽尝为此书，实未卒业，今所能见者，惟《文心雕龙札记》中所引片断，文献目录所著录似为全书。意者或黄公北大早岁川籍弟子若曾圣言（缄）、张怡荪（煦）诸人之笔录为后学所整理印行欤，疑莫能明，幸先生有以教之。衰齿已八十有三，不复能有所思辨，勉与门人共理未成旧作二三种，容更呈教。专此布谢，即颂

著安！

弟帆顿首

9 月 26 日（1995 年）

（四）

行霈先生：

曹虹返，借悉佳胜，又荷赐北大《国学丛刊》九种十一册，略一展阅，璆琳溢目，贫儿暴富，感幸何极！年来先生宏奖风流，宿儒新秀，后先炳耀，神洲浩劫，略得敉平，文化振兴，端在今日，真所谓天之未丧斯文也。颓龄今年八十有三，犹幸及见中兴气象，辄思挥鲁阳之戈，从文旌之后，倘见许乎。专此复谢，即颂

著安！不尽。

程千帆顿首

10月27日（1995年）

（五）

行霈先生：

承赐陶集新书，多年研治，卒得结集，老学精勤，真可佩可喜也。近人治陶者古层冰、逯卓庭（亭）之新注，足以补充陶文毅。二朱（孟实、佩弦）颇有名论，惜皆未成书。今先生之作兼文献学、文艺学之长，度越诸老远矣。此衰朽见之所以欢喜也。闻公务极忙，尚乞善自葆爱。弟白内障年来愈甚，书不成字，谅之。专此复谢，祇叩

著安！不一。

弟千帆顿首

9月22日（1997年）

（六）

行霈先生：

砺锋返宁，收到惠赐《文学史》新书，美富不可言，感荷之至。弟近来衰恸日甚，耳聋目盲，亦难细读，惟当以诚敬之心对待之，缓缓吃透，庶不负先生之苦心耳。近得门人之助，略得小册子一二种，出后即当呈教。匆复，祇颂

著安!

弟千帆上

8 月 24 日(1999 年)

致钱南秀(六通)

钱南秀,曾任美国莱斯大学教授。南京大学中文系文学硕士。

(一)

南秀弟:

建国于前日交来你的信,知继续求学事已完全解决,非常高兴。我国当前的学术界是多么需要兼通中西学术的人以建设自己的现代文化,你可以而且应当担当一部分责任。继你和砺锋之后,汪应果、赵立坚、杨正润都于最近要出去了。将来必能各有所成,为祖国和全人类作出贡献。

我们准备出几本外国汉学家论文集,最好所选论文能代表外国人的观点。砺锋已与欧文及傅汉思(Frankel)谈过,希望由他们提出一些篇目。欧的已带回,傅的砺锋托车淑珊(Susan)办,但尚未收到。你现在到了耶鲁就更方便了。可问问她,如尚未寄(目录及资料),请她速寄。

除此之外,我们当然也欢迎孙先生及其他美国汉学家提意见。首先是篇目,如我们手中无此文,也请费心复印寄下。不知道你有无时间作翻译工作。这个集子中有你译的文章,当然很好。望告知。

傅汉思先生的夫人张充和是我多年友人,她前几年回国,都曾相见。现特为你写一介绍信,也许可能对你更亲热些。

你安心在美学习,读书当然是非常重要的,但身体也同样重要。调节是不可缺少的。昨天我和建国谈时,也特别强调这一点,希望你注意。

我的近况,可以用一句话概括:该做的、想做的和能做的之间的距离愈拉愈长。能够在两三年内完成几位博士生的学业,写成已经动手的几部书,就很不错了。陆放翁诗云:

汝去三年归,我倘未及死。江中有鲤鱼,频寄书一纸。

这是一个七十五岁的老人的心愿。

祝

旅居一切安好！

千帆

八月二十五日（一九八七年）

陶芸附候

（二）

南秀弟：

从你去国后，我别的都很放心，就是怕功课太重，你身体吃不消。得去年十二月寄来的贺年片，知道你还是开了刀，所幸过程及结果都还好。但还是不那么放心。我不知道你在读课时是否注意到有松有紧，不要平均对待每一门课。两只手握拳一齐打出，很难致胜敌人，为学也要有张弛、次第，要考虑某一门课是否与你一辈子的主攻方向关系密切，或反之。以此为准来分配精力和时间。门门都学得极好，是不可能也无必要的。我深知你性格好胜，恨不得每门课都得 A＋，所以有此劝告。

我手上现有八个博士生，主持两项国家级科研项目（《全清词》和唐宋诗歌流派研究）。所以仍然很忙，而身体则大不如前。因心脏病每年都要住二三个月的医院。所幸今年已停止招博士生（带完现有的为止），《全清词》也拟另由人主持，暑假后可轻松点。

国内古典文学的研究方向，主要可从《文学评论》《文学遗产》两刊物体现出来。看来，也在摸索中。

（以下内容由陶芸续写）建国和亮亮去美后，你们一家团聚，你生活方面又可以有人照顾，我想你身体一定会好起来。亮亮谅已进入高中，在美国他别的成绩不会有问题，不知英语能跟得上吗？建国是否也在读书？如果一边读书、一边打工还是很辛苦的，希望他也要注意身体。

我们这里一切还如常，南大最近颇有起色，1988 年科研论文获奖数首次超过北大。国内市场去年夏秋间波动很大，大家叫苦不已，目前已稳定下来，这次春节供应很丰富，价格也不高。我想一切会好起来的。

祝
阖府安好！并贺
春禧！

千帆、陶芸
2 月 6 日
己巳春节(1989 年)

87 年国家教委评全国各大学重点学科，南大评上 18 个，中国古代文学全国只有北大和南大获得重点学科。附告。

（三）

南秀：

我十分高兴终于收到了盼望已久的信。几年来，我断断续续、零零星星听到了一些关于你、关于你们的消息，有令人愉快的，也有令人担忧的，加之近几年国内外的风云变幻，使一个风烛残年的老人也思绪万端，和你一样，多少次想执笔，又多少次放下了。

我高兴，你的努力终于有了初步结果。论文，说难也难，说容易也容易，从国内和日本的情况看，关键似在于选题，如果它具有开拓性，是新领域(这新领域往往从新角度显示出来)，就比较容易出成果。现将我这几年带出来的博士们的论文题目列下：

1. 莫砺锋　江西诗派研究
2. 蒋　寅　大历诗风
3. 张宏生　江湖诗派研究
4. 张伯伟　古代文学批评方法论
5. 曹　虹　赋论(系列论文)
6. 程章灿　魏晋南北朝赋史
7. 巩本栋　北宋党争与文学
8. 陈书禄　明代诗文创作与理论的交叉演进

我和周勋初老师指导三个研究方向：魏晋南北朝文学、唐宋文学和古代文学历史及理论的方法论研究。上述论文，部分已出版，有的在排印中。告诉你，聊供参考。

《文献》（北图出版）1991年2期将刊出我的自传——《闲堂自述》，《瞭望》海外版将刊出我的访问记，耶鲁图书馆都可看到。

我的老学生刘彦邦（抗战中川大毕业）的女儿刘婉在普灵斯顿随高友工教授攻读比较文学博士学位，你如有空又有兴趣，可与她交个朋友，其地址如下：

Wan Liu

222E Marshall st.

Princeton，N J 08540 U. S. A

（以下内容由陶芸续写）千帆近一年来身体大不如前，特别是去年夏天以后，经常发房颤，去年十月至今年一月在医院住了三个月，也没有什么特别的医药治疗，所以虽未痊愈，还是回家了。现在时好时坏，平均每周还是要发一次。近日改吃中药，希望能有效。因身体不佳，88年以后就未再招生，去年五月已办了退休手续，最后三个博士生毕了业，就不再负任何责任了。可以好好休养，现已很少工作，所以复函拖了很久。

去年承你托人带西洋参，非常感谢你的关怀，但你和小朱同志都还在读书，经济不宽，以后不要带东西来，只要常得到你们的消息，我们就很高兴。丽则也经常怀念你。希望你多多保重，虽然要紧张地写论文，但还是要有张有弛，我们也很记挂小朱和亮亮，亮亮想已是一位高大的男子汉。

以前武汉大学教授王文生已赴美多年，你知不知道他在什么学校？如有消息，望告。寄上照片一张，近诗数首。

顺祝

全家安好！

千帆、陶芸

3月17日（1991年）

（四）

南秀：

收到你8月11日较详细的信，我好欢喜，因不但知道你已进入作论文阶段，而且身体也还好。

我很难对你运用西方文论处理东方材料将要获得的成果预先表示什么意见。不过我想提醒你如下几点：1.《世说》是“合本子注”之体，无论注出众书，即本文亦非出自一手（看陈寅恪《支磐度学说考》，我的《史通笺记·补注》）。它的“独特文体”，因此，不来自“个性”。通常情况，“独特的文体”，总与“突出的个性”相关。而此书不然。2. 人物性格分类（其实不完全是性格）它起源于《论语》四科，《史记》类传，至刘劭《人物志》而更富有实用性，涉及社会各个形态和层面的评价（看汤用彤《读〈人物志〉》）。3. 人物性格之塑造与通过塑造而形成的褒贬与东汉末年以来之社会风气（月旦评参看唐长孺《清谈与清议》等，均载《魏晋南北朝史论丛》），人物传记，即别传之繁兴（看我的《史传文学与传记之繁兴》及马国翰诸家别传辑本，陈寿《三国志传》）有关。刘义庆并不是在写传记（虽然你现在在将其作为传记文学的一种特殊形式在处理），而是通过不同人物的行事以见性格，通过某些人的性格以见整个社会风气。只有在那一特别时代，才能有此书，所以后来的模拟者，从孔平仲以下都不成功。因此，凸现它的社会背景十分重要。在这一点上，东西方参照可能很有意思。

似乎有必要严肃地考虑这么一个问题：一位中国人写这样一篇论文与一位西方人写同一题目应当而且自然会形成一种什么差异。

你们全家在美之辛苦，可想而知，我常常和陶芸谈到这一点，因为她的外孙女、外孙女婿、三岁的重外孙，还有女儿都在 Troy，女婿也在念 Dr，所幸孙女儿已工作，而重外孙还小，下学期要进 Play school，也是一种负担，但比你们要略轻松些。现在也只有劝你们“勇敢地向前走”了。

今夏水灾很大，南京幸未直接波及。我心脏病仍时发，居易俟命，带病延年而已。明年就虚岁八十了，同学们准备出一本纪念论文集，此事他们在办，我没有过问。去年我退休，曾向学校作了三项表示：1. 捐一万元，设沈祖棻奖金；2. 捐老东南大学、中央大学、金陵大学校友书画 40 件，中有黄侃、吴梅等人的作品；3. 继续负责指导已毕业而留校工作的研究生，如莫砺锋（已升教授）、张伯伟（已升副教授）等。明年学校也许会搞个小型庆祝会，我准备将自己一生批点的书（除已被红卫兵劫掠焚毁的），选出几种送给学校图书馆收藏，以作纪念。近几年来，我已将家中所藏劫余书画按诸名家省籍分送四川、湖南、江西等省博物馆。唐诗人有咏宫人入道诗云：“尽出花钿与四邻。”我之所为也就是所谓“亦知风烛难留世，便作池莲不染身”也。

如果你和刘婉通讯，可否代我打听一下王文生的地址？（不一定，看方便。）章开沅（你误作张开源）是民国史专家。充和先生不知常见否，我最近得到她手写饶宗颐先生《晞周集》影印本，小楷精绝，极可宝爱。我曾托车淑珊带给她及高友工先生各书二册，迄未收到回信，因此我近已写信给车去问了。

关于《世说》译本署名事，第一次印刷是有的，第二次印刷没有，想系巴蜀出版社之误。我国的官僚主义、不负责任的事太多了。柳士镇想会有信给你的。现先将周先生的信及第一次印刷的书影附上。

关于超过出国期限的事，我立即去问了系主任许志英先生。他说，这是上面的统一规定。据闻仅南大就有一百多人，现在是出去100人，就有100＋N个人不回来（包括夫人怀的孩子在内），所以订立了各种限制办法。此事我不关心，故不知其详。我的意思，你得学位后，如要回来工作，也是很容易找到位置的，因为政策是欢迎留学生回来。

近有诗曰：

书犹能读足忘穷，老在人间万事慵。安得此时江海上，不妨一笑寂寥中。

顺颂

全家安吉！

千帆

9月8日(1991年)

陶芸附候

（五）

南秀：

得手书及全家照，知一切顺遂，尤其亮亮勤学，在竞争中立于不败之地，可喜可贺。《世说》译名事，已弄清楚。其重印本删去你的名字，既非柳士镇做了手脚（他在接到重印样本之前，根本不知此事），也不是你有什么政治问题（你根本无任何政治问题，系中也无人无中生有），也不是巴蜀书社负责人下令如此处理（他们对版权法至少有点常识，巴蜀书社是块不大不小的招牌，该社负责人决不肯自毁名誉）。说来可怜又可笑，乃是该社一位编辑主管重印之事，他竟是一位法盲，根据"手中有权不用过期作废"的流行原则，在文件上批曰"此人已去美，可删去其名字"（这是大意，原文记不清，有手迹在柳士镇处），因此，你的名字就被轻轻抹掉了。这当然是侵权行为，是犯法的。但你远在美国，打一场这样的官司，至少要花几年工夫，用去上万美元，是不合算的。因此，当柳士镇来找我谈的时候，我就主张由他以同撰人资格去函该社，指明其错误，并要求在第三次重印时，再将你的名字加上，柳已去信，或尚未得回信（国内办事的"拖"字诀，或曰"研究研究"，一研究就几年，你对此并不生疏），故未函复。后我与周勋初先生商量，他也认为这样做比较务实。你将来会不断 publish，这种品位不高的通俗读物，无之不损，有之也不益，可以放宽松些。不知你以为何如？如你仍想详细了解该社这种做法在法律上应负什么责任，可函"北京东四南大街 85 号中华版权代理总公司"咨询。我细查过 1990 年 9 月公布的"中华人民共和国著作权法"，还没有对于你遇到的这种情况（即出版社成员抹掉著作人的名字）如何惩罚的规定。你也可用人民来信的方式写信到"北京国家版权局"投诉（用挂号，他们会回信的）。

我今年 9 月虚龄八十，去年一些学生集议出一本论文集，现已付排。你的文章已不及收入，但你如愿在国内发表，也可寄给我。你可加几句后记，表示此意，由我交学报或其他刊物发表。

我一定给你写一张字，并裱好托人带美，不必麻烦你妹妹了。我近年出书较多，其中主要的是《诗论选集》《被开拓的诗世界》《宋文学史》《校雠广义·版本编》及《目录编》等。我特别想征求你的意见的是前两种，我可邮寄给你。因不好意思托董带太多。

关于大法官一案，国内也有报道，但是从批判资本主义生活方式的角度出发的，很简单。

你是个灵心慧性的人，你用什么方法写博士论文，我都赞同，但愿你牢记一点，文学是心学、情学。高尔基说是人学，但他特别强调阶级的人，就有些地方说不通了。（你强调分析，分析，即作者与读者心灵上的“相悦以解”。）

南大蒸蒸日上，最近新选学部委员，由原 8 人增至 14 人，对国家有特殊贡献因而获得特别津贴者，由原 15 人增至 48 人，中文系有四个博士点（古代文学、现代文学、戏剧学、汉语史），导师七人。告诉你，你也会高兴的。

我心脏病仍有时发，但减轻。今年可完成《校雠广义·校勘编》，出版《程沈新诗集》。小诗五首咏近半年事，全家像片一张，均随寄。祝
全家安好，一切吉利！

千帆、芸

元旦五日（一九九二年）

（六）

南秀：

信收到。知你已安定下来，全家生活都很好，极慰。文化环境是可以创造的，安知 Rice 不由于你的努力而成为美国汉学的一个新的中心呢？

《行卷》我手边也没有了，但再过几个月，可能出新本（台湾版及《程千帆选集》版），届时当设法寄给你。国内同行竞争极为激烈，不断出书和论文，理所当然。不要说年轻人，老人也是如此，除非自愿当隐士。你说同学有书未寄给你，我想有两个原因，一是你很少和他们联系，二是邮费太贵，寄不起。（伯伟有海外关系，数他经济状况最好。）

庾信确实是一个尚未大开拓的领域，而且因为尚无人着手，出成果并不困难，如果要求不高，仅限于目前国际汉学水平的话。但要深入突破，则恐不能只限于社会学、历史学或 Text 的文化背景和个人生平、版本源流等的探讨。要真正懂得骈文律诗，要能动手，深知利弊，才有可能真的说出一些艺术创造上的道理来，那就不是靠三五年工夫，用搜集排比资料的方式所可能达到的了。这就是说，研究工作不能光靠逻辑思维、理论思

辨，更高层次的达到必须也靠形象思维、感性亲和。如你能由此致力，或可有新的思维境界。祝
全家春节快乐！

千帆、芸
一月廿七日(一九九五年)

致张充和(一通)

张充和，1949 年随夫傅汉思赴美，后在哈佛、耶鲁等多所大学执教，传授书法和昆曲等。

充和夫人侍席：

久未陪接清光，伏维兴居安吉，为颂无量。今谨绍介钱生南秀晋谒。生髫年慧异，家境寒苦，而积学蓄德，自致隆高。比岁得士，殆鲜畴匹。顷得承教汉思先生，拜托芘荫，实所深幸。尚乞时加教诲，俾得有所成就，感荷感荷。气中先生伉俪康强如昔，足慰远怀，谨并上闻。即颂
双茀！不一。

程千帆顿首
八月二十五日(一九八七年)

致钟来因(六通)

钟来因，曾任江苏省社会科学院研究员，东南大学文学院中国文化系兼职教授。

(一)

来因先生：

惠书及大作等均奉悉。奖誉过甚，殊不敢当。自初夏以来，身体一直不太健康，心脏病时时发作。八月下旬突发房颤，因在夜间未能去医院住

院治疗。但医嘱必须全休，不能工作，不能用脑。因此所嘱之事不能遵办，极为抱歉，敬请原谅。

顺颂

著祺！

程千帆

9月16日(1987年)

因病此函由老伴代笔，乞谅。

目录奉还，请查收。又及。

(二)

来因先生：

来函并大作收到，亦无不妥处，得便，即可发之。故人之情，殊可珍也。有空望来舍下小叙。敬颂

著安！

千帆拜启

十二月二十二日(一九八九年)

(三)

来因先生：

惠书敬悉。属作题签谨寄呈。老病无腕力，聊作交往之纪念而已。拙病仍时发，因多历年，所遂亦安之，亦是万法随缘之意也。敬复，即颂

著安！

程千帆顿首

四月三十日(一九九一年)

(四)

来因先生：

新书拜领。治理道藏有开辟之功，积之岁月，复何可量。拊卷之余，吾深佩仰也。比患目疾，容当细读，以实枵腹谬，谨先致谢。即颂

著安！

弟程千帆顿首

十月七日(一九九二年)

（五）

来因先生：

瑶札并大作收到，娓娓见故人之情，殊可珍也。亦无不妥处，得便，即可发之。冬寒，望葆爱。敬颂

著安！

千帆拜启

十二月二十二日(一九九五年)

（六）

来因先生：

前日见委之事，经与各方联系，均云早已超编，不能进人。见贤而不能举，深以为愧，伏冀谅之。

敬颂

著安！

程千帆上

7月2日(年代不详)

致杨军(二通)

杨军，苏州科技学院人文学院教授。

（一）

杨军同志：

屈兴国同志交来你的稿本，虽在病中，看了也十分高兴。做得认真细致谨严，体现了很好的学风，可喜可喜。

现在有关出版的一个主要问题是：目前制度没有改革，书籍的发行渠道没有打通，学术性著作印数都极少，有的只印一千本（如傅璇琮的《李德裕年谱》），所以出版学术著作对出版社来说是个蚀本生意。齐鲁是一家很好的出版社，至今还肯赔本出这一类的书，但要求我们让他们赔得少一点。我们认为这一要求是合理的，应当跟他们合作，办法就是减少字数，降低成本。最近我们这个丛书收进了一部《艺苑卮言校注》，就用了这个办法，将篇幅压缩了三分之一。我和老屈商量以后，也希望《乐趣》压缩到35万字左右。这未免使你的部分劳动有所损失，但不这样，即使出版社勉强接受了，他摆着不发排也是枉然。减少篇幅只有两个方法，最主要的是将引用作品的全文全部删去（极其个别必需保留的则保留），只补标题和出处。第二是把作品的生平叙述加以压缩，特别是大作家，其事迹人所共知，而《乐趣》又不是文学史，所以只要极其简略地提到就行了。这可参照《全唐诗》《全唐文》《全宋词》的做法。此外，还可删去一些次要的可注可不注的注，部分注删繁就简。如果认真清理改动，我想篇幅就可以大大地减少了。

以下想同你就体例问题商量一下。(1) 全书体例必须一致，如你引用书，有的注明卷数，有的不注，似应全部注出[1—7(7)第二页]。(2) 有许多材料还应当找出原著[1—17(1)]。(3) 要在全书后面附两个引用书目，一种是原著的引用书目，这个书目要用对照表的形式表现出来，上栏填入原书名称，下栏填入你统一改用的名称。第二个是校注引用的书目。这个书目一定要注明版本，如系旧刊，应注明系何种版本或丛书本；如系新书，应注明出版社及出版年月，这样校注中引用之书，一概不必注版本，省事多了[1—10(1)]。(4) 校注引用材料大体繁简适中，但也有枝离之外，应加删削，如1—11。(5) 原文末尾所引出处不必阑入其他辨证的话，其必须说明者可另列一注，如(1—12)所称据“《唐音癸签》卷三此为王世贞语”之类应另列一注。

以上粗粗检阅了几十页，发现了这些问题。我最近身体很不好，所以无法仔细看，只是指出些例子，我想你一定可以类推，把它改好。我日内将去住医院治疗，这封信和原稿将交给老屈，请他和你商量，请多多原谅。

祝
好！
问唐文同志好！

程千帆
10.11(1987)

（二）

杨军同志：

承赐《马戴诗注》，谢谢。尊稿已于昨日托唐文兄携苏，幸以暇日加以删削。鄙意悉以随文标注，如有未明，可函酌也。专此，即颂
撰安！

弟帆上
三月十四日（一九八八年）

致詹伯慧（二通）

詹伯慧，詹安泰之子。暨南大学文学院教授。

（一）

伯慧吾兄有道：

久不通问，然每从羊城来书，知宏业日隆，为之欣慰。主持院务，诚为琐屑，而树立学风，作育英才，亦端赖大雅之不辞劳瘁也。先德纪念文集已拜读。追忆夙昔，不胜怅惘。弟今年七十有五，日益衰顿，近方住院疗养，不久前饶选堂先生来宁，亦相晤于病室，不克陪奉也。汤擎民、杨天堂两先生见时，乞为致意。谨复，即颂
教安！

千帆拜上
十一月二十五日（一九八七年）

（二）

伯慧先生：

大札及先德遗著《花外集注》均拜领，在远不遗，感何可言。无庵先生著作至此全部印出，非先生孝思毅力曷克臻此，真可敬可贺也。弟今年颓龄八十有三，耳聋眼花，恍忽度日，残年饱饭，惟此可告故人。专此布谢，即颂

大安！

千帆上

4月25日（1996年）

致邓广铭（二通）

邓广铭，字恭三。历史学家，曾任复旦大学、北京大学教授。

（一）

恭三先生：

周勋初先生纪念寅丈文，已托朱德熙先生转交，想荷赐阅。

拙撰承印可，感愧感愧。今更作一小文，申述所以撰此文以纪念寅丈之微意，拟请先生在编辑时置之拙文之前或后，不审可否，敬请卓裁。

春寒，伏冀安摄。敬叩

道安！

弟程千帆上

三月四日（一九八八年）

（二）

广铭先生左右：

得损书及辛词新本，欢喜无量。衰遗老学，大耋不倦，功力深至，妙义纷陈，且出语谦逊，文德尤高，求之今世无第二人也。贱子少公数岁，而耳

聋目瞀，已难操觚。式瞻大作，惟有愧叹陪接无由，我劳如何！肃谢，顺颂著安！不尽。

弟程千帆顿首

三月廿一日（一九九四年）

致匡亚明（一通）

匡亚明，马克思主义思想理论家、教育家以及社会活动家，曾任南京大学党委书记兼校长。

匡老：

手谕及附函敬悉。《全清词》第一卷已将毕功，其第二卷以下，中文系拟采用招标承包方法进行，已由董健主任向全系公布，目前尚未具体化。荀先生之事，只能在承包人确定之后，再向其推荐。千帆当随时留意，容更奉达。祇颂

道安！

千帆敬上

四月二十一日（一九八八年）

荀函附还。

致吴孟复（二通）

吴孟复，曾任淮北师范大学教授。

（一）

孟复先生吟几：

损书敬悉。弟于古文一道所知极少，少时虽尝诵读，间有笔记，而经“文革”之乱，已一无所存。承询及，愧叹而已。近游武夷，得小诗数首，寄呈博笑。敬叩

道安！

弟程千帆上

六月十五日（一九八八年）

（二）

孟复先生左右：

损惠新文，又赐读佳篇，感叹何极。《释清浊》有扫涤谬误之功，诗格老而韵，气深稳而卷舒自如，此惜抱圣境也。少作多舛，乃荷奖饰，愧汗而已。更有一高头讲章，奉上博笑。专上，即颂

吟安！

程千帆顿首

致李鼎文（一通）

李鼎文，曾任西北师范大学教授。

鼎文先生道席：

夙慕清望，无缘陪奉。顷承远赐先德遗文，兼致书问，感佩何限！前数年整理方湖师文集，即审尊府文章学术，奕世传承，今得辑存遗稿，自当悉心研读也。敬复，即颂

著安！

弟程千帆顿首

七月四日（一九八八年）

致高明（二通）

高明，字仲华。曾任台湾师范大学、政治大学、中国文化大学教授。

（一）

仲华尊兄道席：

蜀中一别，转瞬四十年，蓬转萍飘，各臻老耄，而俱无恙，可为欣幸也。十年前自武汉移砚南京，得遇石禅女夫杨克平君，始略悉兄及石禅数十年老学不倦，亦复杖履清健诸况，而以未便通书为恨。比得令戚朱祖延君鄂书得悉尊址，故此作书奉达。缅怀数十载交亲，惘然如梦矣。因忆兄往在打箭炉，赠诗有云："醉来蚁梦花前酒，醒去鸡声雪里山。愁绪万端遭世乱，狂名几日满人间。"不幸而言中，殆若有先验者，为可喟也。明年三月香港大学召开先师学术会议，颇冀届时能与兄及石禅把晤。弟今年七十有六，十余年前祖棻以车祸逝世武昌，续娶陶氏，亦温婉。世法人生，亦唯顺受而已。阅港台书目，知兄著述弘富，甚愿读之，尝得石禅所著数种，亦惜未得其全也。又旧托石禅代购台北影印本《江湖集》及日本影印残本《江湖集》各一部，久之未报。兄如与晤，乞一询之。旧友中存者无多，游介眉尚健在，此媪亦八十余矣。祖延在湖北大学（地址：武汉市宝积庵），任古籍研究所长，近年纂《尔雅诂林》，闻将毕功云。弟近以心脏病住院二月，略痊可，非久将出院。拉杂书此，聊当面谈。专此，即颂

著安！

弟千帆拜上

十一月三十日（一九八八年）

（二）

仲华老兄：

令妹返宁，收到赐寄文集又诸生祝嘏纪念册数本。（已交古典文献研究所珍藏，所中藏港台书籍较集中，借阅方便，故未送校图书馆。）得悉数十年来，老友文章事业卓有建树，身体亦极健康，他日虽间有所闻，然未能如此之详尽，真令人雀跃也。旋值小故，未即复书。想具知悉今岁南京有一国际会议，甚盼兄与石禅联袂偕来，亦不必撰写论文，但作一发言，俾后

生得瞻望风仪，有所矜式而已。兄且可与令妹团聚，小住些时，再缓归去也。此书与致石禅书互有详略，幸参阅之。弟今年已七十有七，心脏不佳(房颤)，思力亦减退，已不甚能作文，犹有研究生四人，明年夏间乃可卒业，此后庶可为袖手人耳。谨上，即颂
道安！

小弟程千帆顿首

三月廿二日(一九九〇年)

致李希贤(一通)

李希贤，曾任武汉大学中文系教授。

希贤同志：

惠赐新著二种收到，非常感谢。

我离开武大，瞬逾十年，但对于这个在其中度过了几乎半生的学校，却深怀眷恋之情，对于武大中文系师生的工作与成绩，我也是深表关切的。

武大中文系在表面上似乎沉寂了几年，但现在可以看出，它经历过一个蓄积时期，郁怒地爆发出来了，著述斐然，极为学林所关注，真是可喜。现在你和其他同志们如耀东、志达等年纪都已不小了(走向六十了吧)，非常重要的一件事是培养三十岁以下的青年接班人，才能薪尽火传。我在南大在这方面做了一点工作，把三十岁左右的尖子研究生都留下来了，五年后独木便成了树林。听说你现在担任行政领导，如果在这方面多加注意，实在比个人著述贡献更大(当然，著述也是重要的，不可缺少的)。民友、德麟都是内行，如果你在这方面注意，定会得到他们的支持。

我体力日衰，工作仍重(有八个博士生，两个国家级科研项目，还有点自己的科研)，老牛破车，且战且走，但期无负于人民而已。

天寒，望珍重。祝

好！并问诸老友好！

千帆

一月五日（一九八九年）

致蒋孔阳（一通）

蒋孔阳，曾任复旦大学中文系教授。

孔阳先生：

惠赐论文选集收到，非常感谢。其中一部分我曾读过，现在更可以较为全面地理解您对一些问题的看法，这对我是很需要的。

之珍夫人想均安好。萸荪的夫人，偶从上海师大朋友处得略知一二，亦曾托人代致问候，闻其有时去儿女家中小住，足以娱老，闻之甚慰。如见时，仍请致候。天寒，伏维保重。即颂

阖府安吉！

弟程千帆

（1989 年 1 月 12 日）

致贾文昭（十三通）

贾文昭，安徽大学中文系教授。程先生任教武汉大学时的学生。

（一）

文昭老弟：

寄函及《文论类编》均收到，甚以为喜。此书今日极为学界所需，特别是初学，因彼辈无暇从容读书，此不失为汲古之修绠也。弟著述不辍，即此便是对今天种种不良风气自觉抵制，闻之欣慰。

今年有四位博士生毕业，审读论文极费时，今届春节，始少自纵逸，得书已久，而作复迟迟，尚冀谅之。

即颂
著安！

千帆
戊辰除日（1989年2月5日）

（二）

文昭老弟：

得《近代文论类编》，这一阶段材料搜集不易，编排也恰当。这种工作，要有自我牺牲精神才肯做，要有一定学识、耐力与恒心才能做，甚为弟之有成而喜也。论文集因不收纪念性文字，只得学术论文，故莫未以你文付印，能在《唐都》刊出，亦是一样。我今年身体尚好，但已不能多工作，逍遥无为，以养残年而已。

复颂
著安！

千帆
1月22日（1992年）

（三）

文昭老弟：

来示收到。书签写就，不知能用否。我自五六年前，耳聋，目亦患白内障，即觉思力衰退，不更能作文，已久搁笔，八十二岁，固当袖手矣。故顾问勉可担任，文则不能应命也。选文出集子，自律要严，宁少而精，勿多而滥，此意谅已悉之。即颂
安吉！

千帆
5月3日（1995年）

（四）

文昭老弟：

久未奉问，伏想安善。

寄上友人余行达教授文一篇，似笃实，可供《古籍研究》之用，请考虑，径与余先生联系。感感。（地址见文尾。）

我日益衰，已不能为思辨之文，但整理旧稿，冀于易箦之前毕功面世耳，然此亦须仗及门诸子为助也。顺问

近安！

千帆

9 月 4 日（1995 年）

（五）

文昭老弟：

寄上史梅女士所辑文献一稿。史女士为我当助手多年，后考为文献学硕士生，毕业后在南大图书馆古籍部工作。没有发表过什么文字，这是第一次试笔，虽无深旨，亦见勤劬，希望借重贵刊，使其工作能与学术界见面，可否，仍乞酌定。吴代芳近有函来，为前列腺症所苦，又畏痛不敢开刀，无以慰之。小诗数首，文一篇，近作也，乞正。顺颂

著绥！

千帆

11 月 20 日（1995 年）

（六）

文昭贤弟：

来函收到。校编皖人诗话，收到已久，记已作复，得函始知忽忘，近来常有此类事，盖老境也。

史梅初学文献整理，得弟提携之，使知向学，亦是美事。鄙文未在他处发，刊之无伤。

上期《研究》刊出朱孟实先生遗稿，舒芜来函，极赏之。刊遗稿未发表者，似可作为一栏目也。顺颂

新年多福！

千帆

元月二日（一九九六年）

（七）

文昭老弟：

聘书远颁，春茶并惠，感感。我今年起白内障转剧，视力模胡，已不能读书看报，写信亦困难，别作一纸奉寄，知我惫也。顺颂

近佳！

千帆

7 月 7 日（1996 年）

（八）

文昭老弟：

刊物三册及手示收到。

《研究》近期稿件质量有所提高，在诸古籍整理刊物中渐骎骎出头，可喜也。我稿只是为弟助兴，迟发早发，完全可以随意处理。

史梅文发后，渠甚荷提携，稿费不知已寄否？虽戋戋，亦聊以鼓励之也。

白氏诗论，已有多文，望着墨时避复，人所已言，不必再及也。顺祝

安好！

千帆

12 月 10 日（1996 年）

（九）

文昭弟：

款五百及函均收到。吴挚甫在近代文化变迁之际有特别地位，弟能参与其集整理，亦是胜缘，幸认真为之。冬寒，望葆爱。即颂

安吉！

千帆

1 月 10 日（1998 年）

（一〇）

文昭老弟：

我近来衰病日甚，耳聋目瞀，幸无必要工作，终日默坐时为多。文言小说史末段，施之吴志达切合。重行发表，则“犹其小者焉”以下，当然可删去，所谓各有当也。去岁河北教育出版社来约出版沈祖棻及我文集，已允之。大约沈集四卷，程集18至20卷，沈集今年可出，程集则要明年。今将二书目录奉寄，看能在适当地方发一小消息否？弟应陈先生托编清代论著，殊佳。舒芜、钱仲联皆有此类选集，想已取而参考矣。匆复，即颂近好！

千帆

4月13日（1998年）

（一一）

文昭贤弟：

《古籍研究》自创刊以来已成为安徽省各大学之共同刊物，在全国学术界卓著声誉，而至今尚未公开发行，实属可惜。今谓弟等宜与各校学人联合申请在近期内改为定期公开发行之学报，以适应新形势，鄙见如此，尚祈酌之。专此，即颂

大安！

程千帆顿首

10月22日（1998年）

（一二）

文昭老弟：

我近月患病住院一月有余，近始少痊，返家后，得足下寄清初钱澄之集四册①《田间易学》、③《庄屈合诂》、⑤《田间诗集》、⑥《田间文集》，而阙其②、④，意者或尚在排校中，如刊行仍乞见寄。衰龄八十六，病后复元不易。匆匆，不多及。顺颂

著安!

千帆

1 月 23 日(1999 年)

(一三)

文昭老弟:

1 月 31 日手示收到。承赐顾问费 600 元,早收到,忆曾作复,或者拟复旋又忘之,老人记忆恍忽,往往如此,不足异也。我到 2000 年,已进入八十八岁,即笑谈所云"二八佳人",耳聋目瞀,亦不甚能步履,幸眠食尚可,老妻体质视贱子为佳(仅小一岁,今年八十七矣),可以扶将耳。我体质虽弱,而退休已十年,无必须要做之事,故尚可优游。所主编之《中华大典·文学典》,已出宋辽金元分典五册。今年预计可再出隋唐五代四册。如进行顺利,2003 年可将 22 册出齐,亦是残年饱饭之聊可告慰者也。此书不知贵所已购得否。如以公函江苏出版局或江苏古籍出版社,可打七折也。所示新诗,因少练习,略有不合平仄处,弟校点古代典籍多年,诗功必深,略事改动,即可也。我所作诗文及新诗一小册,已交出版社印行,出后当以奉寄也。匆复,即颂

年福!

千帆

2 月 4 日(2000 年)

致涂怀理(二通)

涂怀理,湖北大学新闻系教授。

(一)

怀理先生:

卅日来信收到。我因病住院,所以只能托人代笔,作一简单的回答。

"天不生仲尼,万古如长夜"这两句话我记得是宋朝朱熹讲的。至于

是出在《语类》或诗集，还有出处的卷数及原题目，则因年老不记得了。这两句话的内涵，据我的理解，是由于古代学说是由王官的巫师保存或传授的，不下及民间，孔子以贵族身份熟悉王官所保存的古代学术文化，又招徒讲学，前后共有弟子三千，身通六艺（即全面发展）的有七十二人，孔子又整理了古代的典籍，所谓删诗书，定礼乐，作为教材，传授给弟子，又由弟子不断地向当时及后世传播，这样学术文化才得以发展、普及。如果没有孔子这样一个伟大的教育家，由于剥削制度的建立，体力劳动和脑力劳动的分工，贵族们在剥削基础上所建立和保存的学术文化传播到民间是不可能的。至少要走一条比现在更为艰难曲折的道路。其结果如何，就不是我们今天能预测的了。说没有孔子，就没有今天中华民族文化的光辉，就会在较长的历史时期中，处于一种蒙昧状态（如今天我们看到的某些少数民族）。我想朱熹的话不算过分。

如果写庆祝教师节的历史影片而不大大地宣扬孔子的功绩，那将是违背历史的。儒学有精华，也有糟粕。毛就说过，从孔夫子到孙中山，要进行总结。宣扬孔子学说（即儒学）中的精华部分，正是坚持历史唯物主义的表现。孔子说："见义不为，无勇也。"我实在不懂你们那位同事为什么那么缺乏艺术上的勇气（也就是艺术上的良心）。南京大学匡亚明校长写了一本《孔子评传》（齐鲁书社出版），已译成多种文字，在国外发表。这是目前学术界公认对孔子学术讲得较好的一部书，其中对孔子的教育思想讲得也很详细。我希望你能够参考。

我不是这方面的专家，上述意见不一定正确，仅供参考。

此致

敬礼！

程千帆在人民医院病榻

4 月 5 日（1989 年）

（二）

怀理先生：

承寄新著《毛诗词典》，感不可言。此书收罗丰富，解析精详，于同类

著述中颇见功力,诚可贵也。谨此布谢。顺颂
大安!

程千帆顿首

三月卅一日(一九九五年)

致陈耀东(二通)

陈耀东,曾任浙江师范大学人文学院教授。

(一)

耀东先生:

来示奉悉。自月初心脏病大发以后,一直未痊愈,因恐您急用,故勉力写了三幅题签,病中力不足,笔力很弱,请原谅。现在心脏病仍时发,无法再写,如嫌过大,印刷厂可以缩小。至于署名,一般题签是不需要的,在书后和封面设计人一起写一笔即可。

专复,顺颂
教安!

程千帆

5月21日(1989年)

因病托人代笔,请原谅。

(二)

耀东先生:

承赐大著,略读其中数篇,颇觉资粮之富,考索之精,欣佩欣佩。

玄真、鲁国,向来文史家屡齿罕及,更不易得。年来老病废学,拜诵新著,耳目一明,幸甚。

酷热,伏冀珍卫。顺颂
撰安!

千帆顿首

7月18日(1990年)

致杨坚（六通）

杨坚，曾任湖南人民出版社编辑、岳麓书社编审。

（一）

赐书及《船山全书》三册均拜悉。船山书之显于世，有赖于曾涤生，此事实为一极其奇妙之大事因缘，今更得先生及诸公整理，著为定本，殆无遗憾。此老有灵，固当惊知己于千古矣。顾问列名，惟有惶愧，小小手续不周处，不足道也。数十年中，流寓外乡，岳霭湘波，但萦梦寐，今年马齿七十有七，即返归一省，亦复为难，可浩叹也。辄因来札，聊布所怀。拙书一纸，附呈博笑。

（1989 年 9 月 22 日）

（二）

赐书及《船山全书》四均拜领，感荷之至。《全书》已出版近半，发排过半，则其余当不至完功无期。先生对此工作，坚持多年，此老有知，固当惊知己于地下，而先生亦足自慰自豪矣。贱躯仍时好时坏，医云：一时死不了，永远好不了。可发一笑也。

（1991 年 12 月 5 日）

（三）

手教及新出《船山遗书》一册已拜领。先生于此书校辑，致力多年，有功学林，昭昭在人耳目，实堪钦佩。今全书略过其半，数年之后，当可出齐，企望之至。弟频年衰疾，于为文治学，皆已无从着手，而新书屡蒙惠寄，对之惟增惭愧而已。清儒要求治古学不误不漏，但可悬为鹄的，事实上很难完全做到。邢子才之言虽若戏谑，要亦实情。

（1992 年 6 月 28 日）

（四）

赐函及《船山全书》第十三册拜领。知有车祸，幸得痊愈。我辈老人，反应不免迟钝，稍一疏忽，即致意外。先生高年，仍坚持工作，今后行止，要当更加注意也。船山身后，何幸得先生艰苦卓绝，为编新版《全书》，以视太平洋书店旧刊，倜乎远矣。弟衰朽日甚，右耳聋而左目白内障近盲，但闭门俟命而已，幸眠食尚可，斯足慰也。

（1994 年 8 月 16 日）

（五）

手示及《船山全书》十五册均收到。这一重大文化工程，先生仔肩独任多年，终即告成，其有功于学术，真功德无量也。欣佩欣佩。弟近患老年性白内障甚剧，作书惟艰，复书不谨，乞谅。

（1996 年 2 月 15 日）

（六）

大函及《船山全书》十四册拜领，而知全书即将完成。多年毅力，终使此鸿业得以向全国、全世界学术界交卷，欣贺何极。颓龄眢目，已不能读书，然亦为先生欣然也。此学术史上大事，终当载入史册。

（1996 年 6 月 19 日）

致柳曾符（一通）

柳曾符，柳诒徵先生长孙。曾任复旦大学中文系教授。

曾符先生：

前承枉过，幸会幸会。拙书二纸呈上，蛇蚓可笑，伏冀矜恕。相川来函云，二十一日左右来宁，然在此耽阁几日刻尚不知（三至七日），俟渠到后确定来沪之期，当再以长途电话奉闻。敬颂

著安！

弟程千帆顿首

十月十八日（一九八九年）

致南京大学校系领导（三通）

（一）

敬爱的校系党政领导同志：

我是在1978年秋以一个65岁的街道居民的身份到母校南京大学来工作的。我首先要感谢你们给了我一个为社会主义祖国、为人民服务的机会，没有南京大学的聘请，我也许就老死空山。其次，我还要感谢你们对我的尊重、信任、支持和宽容，否则，由于我本身的各种缺点和弱点，也很难作出即使是现在这样微末的成绩。每次一想起这一些，我的心情总是非常激动。

十一年前我才到南京大学的时候，就暗自立下了两条誓愿：一是要争分夺秒，把在政治错案中损失了的十八年时间抢夺回来。这一点现在看来并没有能完全做到；二是在教学科研中要认认真真地走路，在培养青年教师和学生中要勤勤恳恳地带路，在应当退休的时候要高高兴兴地让路。现在是该让路的时候了，我要向你们说：我的确是高高兴兴的。

我对于南京大学有极深厚的感情，在退休的时候，我想做几件有利于学校发展的事。现在我决定先做下列三件事：

第一件，我要对已经毕业留校工作的五位博士继续指导3—5年，他们是优秀的，但还不够成熟。我愿意在退休以后将平生所学，继续传授给他们。我想这对保持和发展中国古代文学这一重点学科将有所帮助。

第二件，我将立即向中文系捐献人民币一万元，设立校友亡妻沈祖棻纪念奖金。现已和中文系系主任许志英教授联系。

第三件，我将立即向东方书画艺术研究中心捐献寒斋所藏东南、中央、金陵、南京四大学校友书画38件。现已和中心副主任康育义教授联系。

此外，我还有些打算，因目前准备工作尚未完成，暂不详述。可以附带提及的，是我的妻子陶芸和女儿程丽则对我上述拟做的三件事都完全赞同。此致

敬礼！

程千帆

1989年12月12日

（二）

韩书记、曲校长①：

听说明年下半年又要评重点学科，作为一个已经退休的老教师，想谈一点自己的想法。

一、要力争增加一些重点学科和不丢失一个已得的学科。从现在起，各系所负责同志就应彻底了解一下，哪些能保住，哪些能增加，哪些有危险，如何使它不丢。

二、研究，似应首先研究学术梯队的结构，充分提拔新秀（不是新的都秀），填补老一代留下的真空，提升尽量有合理的导向（不是说现在提升就没有合理的导向，而是要更加注意这一点）。

三、团结安定与加强对新秀的关注，重点培养提拔他们，决不矛盾，按资排辈与平均主义已经阻碍学术发展多年，今年决不应再使之成为阻力。这要见之于具体措施，如对新秀的学术著作的出版，出版社就应当给与便利，中央规定的特批制度，校方就应当彻底执行，等等。

四、应当考虑为重点学科的保住、争取做一些很具体的工作。例如(A)从速请各系所评估已有的、待争取的重点学科的现状，优势和劣势，与各竞争对手比较之后的结论。这样，就不会打没有准备的仗。(B)依据初步的调查结论，制定出发挥优势、扭转劣势的具体办法，如专著少了，请出版社支持，从速出几部；高级职称少了，提升几位。但必须认真审查，不能借争取或保住重点学科之名，为某些不够条件的书或人的出版或提

---

① 整理者按：指韩星臣、曲钦岳，二人时任南京大学校领导。

升作借口。(C) 校领导应保留一些高级职称的指标,待明年上学期将各系所送上来的自我评估报告加以研究后,对那些有希望争取到的和已有的重点学科中的人员特别评审一次,将一些还未提升的教师(特别是新秀)有计划地充实到各学科中来。诸如此类。

南大在全国高校的名位问题,是每一位南大人应当关心的问题。……想来人家也在盯着我们。我深切希望领导重视我们费了不少心血培养出来的人材,让他们有机会挑起重担,为社会主义祖国效力。

顺祝

安好!

程千帆

一九九一年十二月二十五日

(三)

星臣书记、树声校长:

近闻学生中颇有获奖学金后受同学包围不得不以奖学金宴请之,甚至有宴请所需超过奖学金数额者。鄙意此种风气与国家设奖用意大相违背,不足以鼓励学生勤学上进,反而溢长奢侈浪费之风,且与“十五大”提出全国必须倡导精神文明的指示相违背。故函请领导关心此事,以适当之措施消弥此风于初起。

退休教师程千帆

(1997 年 10 月 10 日)

致陈永正(六通)

陈永正,号沚斋。中山大学教授。

(一)

沚斋先生撰席:

无缘陪接,但深驰仰。前读大著,辩唐温如年代文,极佩博识。方欲修书致意，乃荷先施赐以大集，感何可言。循诵一过，风清而意远，五律疑尤胜，盖瓣香大历诸公而小变之也。粤中诸老多工吟咏，旧尝与詹无庵、饶选堂接席，今又得洛诵张、莫、刘、徐诸翁之作，何幸如之。敬复，即颂吟茀！不备。

程千帆顿首

二月二十三日（一九九〇年）

（二）

沚斋先生：

玄冬塞向，忽奉大集，胜得醇酒数升，肠胃皆暖也。残年待尽，久费吟事，惟睹佳什，则爱赏不能释手。此亦一痴，谅为大雅所许。客岁无事，偶取先室遗词作笺，非久可以出版。今先取已载刊物者一卷尘教，中多误字，懒于校正，仍乞宥之。专此复谢，顺颂

阖府春节安乐！

千帆

二月十五日（一九九四年）

（三）

沚斋先生：

砺锋返，得惠赐刘先生集，深叹岭海之多俊才，尤惜其所遭之酷也。因勉成小诗奉寄，阁笔经年，殊不成语，愧愧。别拙著《诗世界》一册，先室诗词一册，诗文数纸，幸审阅后一并转去，以不知其港址也。前以先室集寄先生、王老及天骥先生，想早收到，千乞赐教。顺颂

著安！

弟程千帆顿首

十二月十八日（一九九四年）

先德英风绝辈俦，文章憎命续风流。刚肠得酒森芒角，一卷清诗万斛愁。

君居涨海我江浔，异地同时寂寞心。苓或有时能作帝，龙非乘运

不成霖。

墙角黄梅正着花，窗前丛竹翠交加。深灯煮字无新语，愧杀颓年卖饼家。

甲戌冬奉怀严霜先生，即乞教正

千帆呈稿

（四）

沚斋先生：

大札及新咏拜读，严霜才高命蹇若是，为之不怡者屡日。临终犹念及下走，真深憾生前不能一面也。便中乞代向其夫人致慰问之意。吴孟复先生亦同有书札往来，而未尝一面，大抵遇合亦是因缘，有不可强者也。春间寒暖不时，贱躯时患小恙，神气清明时少，幸已休致，无力役之征，可偃卧度日耳。专复，即颂

吟安！

千帆顿首

四月十六日（一九九五年）

吊严霜气骨与蒹葭楼为近，深至可佩。

（五）

沚斋先生：

久未奉闻，伏想安善。

数年前拙撰《宋文学史》出版后，曾以呈季思先生（约在93年春），先生不鄙拙陋，有所假借，涉及白石词之评价，忆曾以所撰文章见寄，久乃失之。甚望先生能代求复印一份见赐。感荷不尽。近来吟兴如何？久不得哦清句，甚悬悬也。敬颂

吟茀！

弟程千帆

二月十五日（一九九六年）

(六)

沚斋先生：

承赐诗二章，隆冬中得一壶热酒仿佛近之。弟近白内障大发，视力模糊，竟不能作答，何况奉和，惭愧极矣。前求寄示季思先生文，现已觅得，不劳赐寄。去岁秋冬之间，曾作小诗，谨以奉寄。季思先生前请代致候。

敬颂

吟茀！

弟千帆敬上

1996.2.28

致殷正林(三通)

殷正林，殷孟伦先生之子。曾任山东大学中文系教授。

(一)

正林贤侄：

来信收到，知令堂及侄身体都不太好，极念。糖尿病并非不治之症，就是极麻烦，特别要注意饮食清淡。这需要毅力，望养成习惯，自可逐渐轻减，以至痊愈。

为尊公铭墓事，自不敢辞。但传统办法乃碑立墓前，志铭埋地下，且铭前必有一序，叙逝者生平，即“志”，故统称墓志铭，墓志铭有盖有底，盖写“×××教授墓志铭”数大字，用篆(或隶)文。底写墓志铭全文，用楷书。一树墓前，一埋地下者，恐将来有变故，失去其一犹可认知。今来函要作一铭，覆盖墓上，不知尚要序文(散文，即“志”的部分)否？如不要序文，仅要铭文(韵文，一般四言)，则为创体，构思时更注意。如要序文，则恐与徐老之墓碑重复。又墓碑文字(一般称墓表，或神道碑)多刻在反面，而正面则大书深刻“×××教授之墓”请名家书之。并记年月于旁，徐老撰碑，不知是否如此处理。凡此种种，均望酌定见告，以便办理也。我近年身体仍不好,只是带病延年耳,承注感感。

盼复,即颂

俪茀!

千帆

5 月 10 日(1990 年)

请代向令堂叩安!

（二）

正林贤契：

前得来示,即复一函,计达。尊公墓铭,刻已成文。以别有徐先生所为碑文,故更不叙事,仿任彦升《刘先生夫人墓志》之体,但以韵语为之,赞其学行而已。无论置之坟前或墓中,均无不可也。我不工书,似可请蒋峻斋先生书丹。是否合适,仍乞酌定。如刻石,幸以拓本数纸见惠,留作纪念。得吕甫书,命为赵先生遗书作序,尚未动笔,并借知渠对尊堂返蜀,亦已作安排,甚为慰也。糖尿病要休息,侄此番返川必多劳累,望多注意。匆匆,即颂

侍福!

千帆顿首

5 月 29 日(1990 年)

（三）

正林：

为石臞作碑事,已由我及许惟贤先生商之徐老。徐允作。惟近年来其夫人一直患病(近又入医院),要等稍宁贴方能着笔(前迟迟未复,亦因此故)。我近亦因心脏病复发,住入医院,业已数日。病榻草草奉告。以后当随时催徐,乞释注。祝

好!

千帆

10 月 15 日(1990 年)

致程自信（一通）

程自信，安徽大学中文系教授。与许宗元主编《宋词百科辞典》。

宋词百科辞典

千帆署

自信、宗元先生：

谨遵示，书就题签一纸，乞指正。

即颂

著安！

程千帆

六月十五日（一九九〇年）

致张觉（三通）

张觉，上海财经大学人文学院教授。毕业于南京大学中文系。

（一）

张觉同志：

来信收到，所托之事，俟贵州出版社目录到时，当留意推荐。该社此项全译工作，由李立朴同志经管。立朴是南大古代文学硕士。

你现在何处工作，望告知。

我已退休，惟尚需将四位博士生带到毕业，明年暑假后，就大概无事了。祝

安好！

千帆

七月十三日（一九九〇年）

（二）

张觉同志：

8 月 9 日来函及“简介”早收到，即函贵州方面推荐。今天得 9 月 6 日李立朴同志复信，他们希望你译《解老》一篇，寄去试稿，如合用，即可确定《韩非》全译由你担任。

此事，望认真处理。

此复，即颂

近安！

千帆

9 月 13 日（1990 年）

（三）

张觉先生：

寄来的《列子译注》收到，谢谢。

清人治韩非者少，故尊译可凭借者亦少，译注雅见功力，可宝也。

颓龄八十有三，目力大减，书不成字，谨此复谢。即颂

著安！

程千帆

5 月 29 日（1996 年）

致梁文骏（一通）

梁文骏，曾任四川郫县文化馆馆长。

文骏同志：

损书，知近况安善，甚慰。

殷先生生平事迹，自以其自述为最详。山东大学人事处存有其全部档案，其中包括殷先生自己按年月填写之简历及自撰传记。据以传其生

平，最为可信。到山东大学以后数十年则正麟自能详之，不烦他求也。足下偶忘之耳。（此当由正麟报告山大党委，请求复印有关资料，转交足下也。）

仆已于今年五月退休，年衰多病，无复远游之可能。眷念旧雨，亦怆然也。暑热，望珍重。

手复，即颂

近祉！

千帆

七月十九日（一九九〇年）

致朱正（四通）

朱正，曾任《新湖南报》编辑，湖南人民出版社编辑、编审。

（一）

朱正同志：

惠示及附件均拜悉。燕翁盛意极可感，幸于通函时代致谢意，当留心。然拙作不知何道传入秋手，亦可异也。东坡云：平生万事足，所欠惟一死。此语甚妙。此老享年才六十六，而弟则已妄活七十八，故由坦然也。未由面晤，怅怅。敬颂

著安！

弟帆顿首

9 月 19 日（1990 年）

（二）

朱正兄：

舒芜已将先生将赐新书之事见告，今日收到，欣佩之至。闻有删节处，此在今日不足怪，但望能留一未删本，将来或有机缘如孙盛《晋阳秋》别著辽东之本耳。弟目患白内障，看书很吃力，然尊著一定要啃完。闻舒

芜亦有新著本月可出，拭目望之。复谢，敬叩
著安！

弟千帆顿首
6 月 2 日(1998 年)

（三）

朱正老兄：

老了，大小事皆昏聩胡涂，致将安徽师大刘先生函误寄兄处。至致兄函是否寄刘，尚不知，已函询，如是，俟其退还时当更奉上也。

尊著自是当代断不可少之作。弟狂瞽之言，赖此以传，为幸多矣。二十余年后，重温陈言，不禁想起还是孔夫子说得对："忠告而善道之，不可则止，毋自辱焉。""事君数，斯辱矣；朋友数，斯疏矣。"我辈本不在垂涕泣而道之之列，而强欲崩角稽首，愚孰甚焉。

尊著标题有由"百家争鸣到两家争鸣"之语，窃以为不若改两家争鸣为一家独鸣，尤与史合也，闻尚有可补之处，企予望之。舒芜患骨刺及肺泡，皆甚麻烦。不知他能不怕跑医院坚持诊治否？要为人类留几个读书敢写的种子也。眼昏书不成字。敬颂
著安！

弟帆
6 月 14 日(1998 年)

（四）

朱正老兄：

大作带病读之月余，仍是匆匆，欲罢不能。若中国不亡，世界尚有是非，此书必当传世。不虚美，不隐恶，是以谓之实录。诛奸谀于既死，发潜德之幽光，古之良史，何以加焉。妙在既纯是考据，又纯是褒贬，佞人无如之何，正人大为之吐气，一把刀割两面也。我已八十有六，耳全聋，目半盲，脚不能走，幸老妻将护，学生助编文集（二十卷，明年底可出），故且在混混中度日。舒芜近因执笔过度，颈骨痛，已不再能作文。如少了这一支

笔,真可惜也。附书能便交弘征兄否?不尽,即颂
著安!

千帆上

8月7日(1998年)

致董健(一通)

董健,曾任南京大学副校长,南京大学文学院教授。

老董:

开了三位洋学者,可邀请,但他们不一定肯自费。村上专治词,平田治语言(曾留学我校),Mair是研究变文的。这些人与我只有通信关系(平田较熟,见过),不深知。

我想此事应和海外统战结合进行。你不妨问一问莫砺锋,看他留美时,有无旅美华籍或台湾学者可请,似比专请洋人为妙。请酌。祝
好!

千帆

9/19(1990?)

致诸伟奇(二通)

诸伟奇,安徽大学中文系教授。

(一)

伟奇先生:

承赐《安徽古籍丛书》三种,非常感谢。

询及天老遗著,我与他老人家共事十余年,知道他乐于吟诗,而不好著述。曾有诗道:"酣饮吾犹可,著书病未能。"他生前仅出版《汉魏晋宋五言诗选集注》一册,抗战中在商务印书馆出版。如能找到,可以重印。其

次，他在武大印过《古今诗选讲义》（抗战前），其中有些案语，如能找到这部讲义，可将其案语辑出。这代表先生的诗学见解，是有价值的。

他的诗集，据他亲自告诉我，曾抄一本，被人借去不还，也不在意，因此中年的诗全丢了。抗战胜利后，将抗战以来作品，抄了两份，用复写纸写的。一份保存在武大中文系资料室。一份由行嘉保存（他那时还小，我记得徐师母还为这事夸他）。另有数十首是天老手写请弘度先生看的。我去年为了想写一篇文章纪念天老，曾写信去武大查询，回信说，“文革”中不见了。我想是他们不重视，不肯细查。武大中文系资料室在“文革”中未被抄。如行健拜托武汉空军战友，请他们与武大党委商量托其细查，或许可以找到。至于写给弘度先生的数十缄，则我也问过刘老之女茂舒，确已无存。此外，天老有一弟子名胡守仁，现在江西师范大学（南昌），也不妨写信问问。但江西是“文革”重灾区，胡先生也未必能保存这些“四旧”。我自己则文物书籍在浩劫中丧失殆尽，一无所有了。

我因心脏病住在医院里，精神欠佳，力疾作复，思虑不周，书不成字，请原谅。并请代向徐师母请安。祝

好！

程千帆

十月十五日（一九九〇年）

（二）

伟奇先生左右：

顷奉大函，知方与僚友整理钱澄之集，欣佩之至。承命为序，则所不敢。盖弟于钱氏学术懵无所知，且衰龄昏聩，久谢文笔，不能不谨守夫子不知为不知之训也，谅之。伏热，千万保爱。顺颂

著安！

弟程千帆顿首

八月三日（一九九四年）

致马欣来(二通)

马欣来,马少波之女。曾任中华书局《文史知识》编辑部编辑。

(一)

欣来小姐:

关于推荐辞赋篇目事,我已和我的学生曹虹(女)、程章灿商量过。我们研究的结果是时间太紧。如果你们同意在1991年5月底交稿,就可以将这一工作接受下来。这一点,请您决定作复。

曹、程两位均系专供汉魏六朝赋学的青年学者,已在89年在南京大学获得古代文学博士学位,现在南大古典文献研究所工作。他们担任注释工作,不会有什么困难。

关于以后各种问题,请您和曹虹随时联系。我想,两位女学者之间的交往也许更合式些。

祝

好!并请代向您爸爸妈妈问候!

程千帆

十一月十五日(一九九〇年)

《光明日报》某君汇来资料费100元已收到,请打电话告知。

(二)

欣来小姐:

匡老回南京带到尊公见赐法书对联一副,极为感谢,定省时祈为转达。

辞赋选校稿何时可寄下,盼便中转告,感感。专此,即颂

大安!

程千帆

9月25日(1991年)

傅先生函乞转致。

致万业馨、王志良(二十五通)

万业馨，北京语言大学教授。王志良，万业馨之夫。

(一)

一氓先生灵鉴

考献征文，世尊大雅；

山颓木坏，国丧元良。

后学程千帆敬献

航空挂号寄李家(有住址)。

圭璋学长尊兄挽辞

三千弟子，无惭菊秀兰芳，学派遥承百嘉室；

九十癯仙，遽拥素云黄鹤，词林痛失大宗师。

小弟程千帆敬献

(1990年12月6日)

(二)

志良、业馨先生：

收到托人带下的果脯，非常感谢。京味与他处不同。

你们想已都安顿、安定下来。上班远的问题能有较好的解决办法否？

我们度过了一个艰难的夏天。虽装了空调，但正如希特勒用人造牛油和人造纤维解决老百姓的衣食问题，总有点不是那么一回事的感觉。八十开外的人了，过一个平安的夏天或冬天，也就是胜利一次。

很怀念过去无拘束的闲谈。祝

好！

帆、芸

9月18日(1994年)

附：偶忆清人句云(忘其主名)："能写萧疏惟老柳，略分惆怅与斜阳。"

意甚爱之，欲求以仄幅纸作一联，款可书下端，能事不受迫促，一年半载均可也。

业馨大家

千帆附白

（三）

业馨先生：

贱辰远荷电贺，感感。意外又觉在意中也。兹有一事奉求，不审能拨冗为之否。白尘仙游倏已数月，其夫人金玲以碑文见嘱，不敢辞，数易稿而后成，自意尚非谀墓之作，不欲一个字卖一千元之市井小贩书之，盖亦淮阴羞与哙伍之意，因为金夫人略述先生之成就及行谊，夫人即乞先容。四百余字作小楷，且需先事排列界画，确是苦差事，恐又无所报酬，是以不敢贸然代应也（白尘身后甚窘，金夫人已不良于行，昨来寒舍致谢，竟由其女推一轮椅而未打的，见之恻然）。今先将拙文及墓碑式样尺寸奉寄，尚乞斟酌。秋光正好，舍间小院颇有杂花，惜不得与贤俪共赏之。专上，乞示复，顺颂

双荸！

千帆顿首

9 月 27 日（1994 年）

（四）

业馨先生：

回信收到，不但我感谢你的合作，白尘夫人及其二女虹、晶均极铭感。在以前，允诺为逝者志墓书丹，乃是一件大事，陈家还是懂得的，特别是现在什么都讲钱的时候。

墓的设计是碑文刻在黑大理石上，黑大理石则嵌在一块大些的白大理石上，平放在立着的写有墓主夫妇姓名的碑前。黑大理石比白大理石高出二三公分。开来的写碑文的黑大理石尺寸是原石尺寸，我看四周各空半寸即可，因半寸之外，即比黑石矮二三分的白石，色调对比仍很鲜明

(文字嵌金粉)。四边太空多了,写字的空间就小了。

碑石照原稿:即碑文题目、第一行均顶格。铭文提行顶格。如字数歉紧,“程千帆撰万业馨书”八字可移碑题之下,二行并为一行。能不并当然最好。我幼时看先叔祖、先严为人写寿屏有四幅八幅的,他们把每行多少字,每幅多少行,何处落上款,何处落下款,上下款各多少字,均事先算好,别纸排好。写时不管原文文义,只照别纸所排照钞,钞时也故意跳行,而且倒行,从后到前。如全篇文字为二十四行则最先写 24、20、16、12、8、4 各行,次写 23、19、15、11、7、3 各行,以此类推。据说这样有两个好处,一是不管文义,不易错,二是字太多,笔画轻重必略有不同,间隔出现,就不大看得出来。我 85 年左右写《瞻园记》(一辈子也只出了那一次丑),便用此法,效果还不错。我那时已七十多,精力不济,只好如此。你正是艺术功力最好表现的年龄,五十岁是艺术家的黄金时代,多半能够一气呵成。我写在这里,你放在脑里,七八十岁给人写大件也许用得着,又也许你早已知道,则可证明许多人在用它。唐人那些小楷大碑,虞、褚、大小欧阳皆不错落一字,岂圣天子威灵显赫,使诸大书家成为电子化之机器人乎?或亦有术存焉!一笑!你写好以后,还想请你了解一件事,即可否找到一家印刷厂,将你所写按原件大小印几百份。他们家中想用来送亲友作纪念。印件折好,外加一大信封,上印陈墓碑,金玲敬赠,是极有纪念价值的。这是顺便问一下。老王在北京久,也许有熟人。能帮他们一下,也是送佛到西天之意。白尘在日,自然不同。华屋山丘之感,不觉悲从中来。年来体力真不济,写多了,手发酸,越来越不成字。敬祝

双安!

千帆顿首　陶芸附候

10 月 6 日(1994 年)

(五)

业馨先生:

北国严凝,伏想安健。北图任继愈先生八十寿,我集了一付对子,想请您写了送他,不知能惠允否。写后裱好告知(不知北京裱价,请先代付

再奉寄)，届时我再写一信随件送去，时间无所谓，我欠他一点情，欲借墨妙报之耳。敬颂

双安！

千帆顿首

12 月 19 日(1994 年)

附：乙亥春集班孟坚韩退之语为继愈先生八十寿

爰著目录，略序洪烈；

作为文章，其书满家。

程千帆撰　万业馨书

(六)

志良先生、业馨夫人：

来信及有趣的漫画猪都收到，民间艺人都将凶猛的老虎画得极为善良可爱，出现在孩子小鞋头上，此漫画中足登皮鞋之小猪可比并也。

白尘墓碑，先生四写，真已尽心。今天的刻工只有此水平，艺术学院有刻印章的课程，却尚无刻碑课程，此亦无可如何者。前函求先生为任继愈写一对联，想荷俞允。此事不急。因我只知其猪年八十，不知其月日，随时均可送也。

天寒，伏冀珍卫。敬颂

俪茀！并贺

新年！

千帆

12 月 30 日(1994 年)

(七)

业馨先生：

寄上致任书一通。俟对联裱成有盼时一往，无须急，因未尝询其降诞月日也。春寒仍厉，伏维珍重。顺颂

双吉！

帆上

二月十九日（一九九五年）

（八）

业馨先生：

杏脯及大札均收到，诸承费心，感感。任联集句，颇合其身分，想得之亦为欣然，况重以凤笔乎？敬颂

双福！

千帆（事偶冗，匆匆，勿罪）

4月27日（1995年）

（九）

业馨先生：

来示收到，知代书寿联已面交任老，非常感谢。今世读书人并不怎么多，一兼行政职务，便官了起来。任差免于此，尚可视为素交，故我愿一寿之也。大都近月又似乎悄悄地热闹了一番，我辈小民但愿舜日尧天，残年饱饭。六十而耳顺，何况八十而大聋乎？杏脯绝妙，细细嚼之，弥以故人为念也。别寄百元，作纸裱费，多不必退，少也不补，今之所谓包干也。敬颂

双茀！

千帆、芸

5月23日（1995年）

（一〇）

业馨先生：

赐书对联已收到，极感书风古拙流丽兼而有之，颇似太炎先生晚年作汉碑额字，或尚不及其随意耳（不衫不履，随随便便，实在难，东床坦腹而吃烧饼，所以千古绝称也）。继愈先生已晤，甚赞气韵也。天气渐热，你上班来往很远，千祈保重！顺颂

双安！

千帆　陶芸附候

6 月 7 日(1995 年)

(一一)

业馨先生：

贱辰承电贺，复有珍贶，感何可言。早早来京实习，先生所以饮食教诲之者尤至，更使阖家铭心也。酷暑已过，秋风飒然，偶作小诗附呈乞教。祗颂俪苐！

千帆顿首

9 月 22 日(1995 年)

(一二)

业馨先生：

寄上尊书对联，及钟老诗、启老书摄影和底片。底片清晰，但印得不够好(钟老诗太淡)。看北京是否印得好些。

还想麻烦你，将钟老的放大一张 12 寸的并配镜框代为送北师大。目前物价大涨，多少钱，请告，不要客气了。

早早的小说已在贵州付印，你一定高兴。匆匆，祝

俪安！

千帆、芸

11 月 2 日(1995 年)

(一三)

业馨先生：

赐书收到。钟老赐诗照片，承费心妥为处理，极感，我近日曾与钟通问，亦无他事，幸便中送师大(如忙，不必亲去)即可。小石师文集第三卷，若非鼎力，即印不出来。此等师门风谊，非比寻常，但当于古人中求之。我上次向继愈介绍先生，亦首举此事，小学书艺，犹余事也。

闻迁新居，极慰。长安居大不易。退之诗“辛勤三十年，乃有此屋庭”，较之前贤，亦可自豪也。敬颂
双安！

千帆、芸同上
11 月 29 日（1995 年）

（一四）

业馨先生：

志良先生来，得悉已迁居新宅，离校颇近，不必辗转途中，甚为欣慰。又承赐“幸福”，已与丽则分享，极为感谢，希望大家都能幸福。

丽则已将大作取回，听说志良先生来，拟即带往北京，已来不及，大约数日内可嘱早早的朋友郑鹏飞带呈。

今冬天气比较正常，三九、四九严寒，并降雪两次，现已略转暖，室内以油汀取暖，尚可。千帆自 95 年来未发病，但日渐衰老。耳聋，虽有助听器，亦须靠近，才能交谈。96 年来白内障又加剧，视力模糊，看书作字皆感困难，初时颇为烦躁，近日已稍开朗。除每日在学校附近散步外，不外出。

春节将临，预祝
春节阖家欢乐！

陶芸、千帆同上
2 月 3 日（1996 年）

（一五）

业馨先生：

郑鹏飞返宁，承赐美食，感激不尽。墨妙及元伯、静闻二老诗书轴，近有人为拍照，谨奉上，以志墨缘，祈赐收。我及芸均安分度日，模糊视听，于尧天舜日之中，亦足乐也。敬颂
俪安！

千帆
3 月 17 日（1996 年）

（一六）

业馨先生：

大函珍贶俱拜领。剪报尤见关注，感何可言。耳愈聋，目亦益昏，惯了亦无大痛苦。残年饱饭，盛世逸民，亦可自夸也。敬颂
俪安！

千帆顿首

5月20日（1996年）

（一七）

业馨先生：

姜老师携来手札及珍食（已吃完，丹皮甚美），收到已久。入冬后扁桃腺发炎，陶芸感冒颇委顿，近日匡老归道山，亦勉参加吊唁，故久未奉复，乞谅。尊况虽未目击，可大体得之。大概教外国学生，皆费时多，需要较技巧之方法，而无需精深广博之业务，如套用巴以交争中之术语，则是以时间换业务，如以土地换和平也。但先生业务力自精通，可以少而精地讲授，今乃被碧眼胡姬黄毛獠子占去大部分可移作他用而更有价值之宝贵时间，故不无烦恼耳。

说到烦恼，忽忆宋或清人笔记中载一小话。某君随喜佛寺，知客与之周旋，谈次大叹应对周旋之苦。某君曰："大和尚如此烦恼，何不出家。"我辈入世，真同中书君所譬围城。在城外者想进入，已进入者想出来，故皆是烦恼，若一切放下，随遇而安，随缘而动，则如《世说》所云，自有"乐地"矣。下走少时从私塾走入西学，爱形式逻辑之推理严密。中岁解放，喜唯物辩证法能说明形式逻辑之不能说明的问题。近岁既聋且瞎，无言谈之乐，诵读之快，枯坐时多，渐悟佛法说随顺世缘，一切在缘法，真圆通广大，解决问题也。思想胡涂，书不成字。冬窗铺满阳光，跌跌冲冲，连格子也不能爬，大书家见手函，必大笑一场，烦恼尽去也。

敬颂

俪安！

千帆上　芸附候

12 月 23 日(1996 年)

(一八)

业馨、志良先生：

惠赐挂历又果脯一大盒，均拜领。新春佳贶，感不可言。伏望随缘少恼，委心任运。祇叩

安吉！

千帆

1 月 3 日(1997 年)

(一九)

业馨先生：

朱书记返自京，转交珍贶，感谢不尽。千帆近旬足部旧伤发为风湿，忙于求医，遂致稽复，歉歉。先生近日心情经调理后，尚可好转。弟至九月颓年即痴长八十有五，平生多难，几死者屡，而顽梗不化偏又不死，而且写了几本书，教了几个学生，真老天爷与人开玩笑也。以此观之，殆无足异，无不可遇也。故近月反而宽容度日。先生大智大慧，愿更以此相勉。陶芸近学草书甚勤，老太太心静，骎骎欲跨过老爷子矣，俟略可观，当以一二纸呈政也。暑假千万保爱。敬颂

俪安！

弟程千帆

5 月 19 日(1997 年)

前寄《诗文合抄》一册，收到否？

(二〇)

志良、业馨先生：

贱辰承赐奇卉，复以电话致贺，故人情重，在远益亲，真可感也。老病

日甚，忆陈寅老在成都集苏诗云：“闭眼此心新活计，安心是药更无方。”万夫人笔力比前大进，能作一联见赐否，秋晴可命笔，是所望也。敬颂
俪安！

千帆顿首

9 月 22 日(1997 年)

(二一)

业馨先生：

又承赐杏脯(幸福)等珍品，已收到，十分感谢，屡承厚爱，何以答谢，谨祝先生阖府康泰，幸福如意！千帆老衰，耳几全聋，视力愈加下降，阅读书写皆极困难，每日枯坐而已。

南京今冬阴雨连绵，前日起下了第一场大雪，今日仍在飞絮，天寒地冻路滑，我们更只有坐在家中。学校今日开始放寒假。我们幸有子孙多人在身边，可以代办各种事情。诸生亦常过往，以解寂寞。

闻北京下大雪，天寒望多保重。顺颂
双安！并祝
春节快乐！

千帆、陶芸

1 月 17 日(1998 年)

(二二)

万、王老师：

小女丽则来京，命其晋谒，诸事当面陈。

大著是《红楼》研究的选学，亦即《红楼》价值的发见史，极有价值，但非一般人所能尽知也。欣佩之至。敬叩
双安！

千帆、芸上

7 月 15 日(1998 年)

（二三）

业馨先生：

贵友见过，再荷珍味，上次贱辰曾蒙志良先生枉过，在远不遗，诚可感也。千帆自到南大后，得可传业者数人，著述得诸友生之助，亦大体完成。残年八十有六，耳聋目盲，自然之数，故终日枯坐，亦无可埋怨处。惟偶然细数平生，虽经忧患似若无可悲者，然为国为民，亲情友谊，则愧负实多。朱古微晚年词云，“忠孝何曾尽一分”，“可哀惟有人间世”，每一念及，辄忉怛不能去怀。出版社多劝录音，说平日可念之事。但每一念及，则泪如泉涌，岂尚有心及于文字？但凡能说者多非“真实语”，而“真实语”又多不能说，所以世界上不能不充满谎言也，只有谎言才能被充满也。今日偶然精神尚佳，故随便写两纸，一笑。敬颂

俪安！

千帆

11 月 14 日（1998 年）

（二四）

业馨先生：

赐贺贱辰已收到。在远不遗，每年如此，真觉故人情重，感激不尽也。顷得京讯知与徐有富君合著《校雠广义》已侥幸获得国家图书奖一等奖。《中华大典·文学典》中之宋辽金元分典五册亦已出版。作为国庆 50 年献礼，已专车送书 100 部至中央。又弟文集由河北教育出版社分 14 卷出版者，亦已陆续发排，今年或可出版。残年已过八十有七，耳全聋，目半盲，已完全不能工作。诸事匆匆了结，亦坐以待币耳（近又加工资百余元，一笑）。丽则夫妇非久亦将退休。外孙女早早已婚，并考入复旦攻读古代文学博士。此或皆先生所乐闻，故聊及之。敬颂

双安！不一。

千帆上

9 月 22 日（1999 年）

请示知府上邮码。

（二五）

志良、业馨先生：

收到你们的贺年卡非常高兴。我从退休以后，总感觉到要做点什么，所以就从事了《中华大典·文学典》的编纂，其中宋辽金元分典已经出版，作为国庆五十周年献礼。虽无精义，总算有一大堆。如若顺利，2003 年所有分典 22 册可以出齐。《校雠广义》只是一个讲义，我自己并不满意，得了奖，不过矮子里选将军。其中《版本编》还待有些增补，待河北教育出齐后，当将四卷一起寄上。

敬祝

千禧年新年快乐！

千帆、陶芸

1999 年 12 月

为成田静香题名暨注释

成田静香，日本留学生，曾在南京大学中文系进修。现任教于日本关西学院大学文学部。

古人称兰为王者之香，名静香，宜字若兰也。与苏蕙同字，亦冀君之才学可比回文璇玑图之作者。

千帆

庚午除夕（1991 年 2 月 14 日）

致朱野坪（一通）

朱野坪，曾任江苏古籍出版社编辑。

野坪先生：

手示拜悉。拙文蒙惠予刊载，甚感。其第一页第一段，拟略加补充，别纸录呈，请将原稿首页换下（删节无关系，可凭尊意办理）。

异量之美，指不同量和质的美，如“一枝红杏出墙来”，以少为美；“千树压西湖寒碧”，以多为美。铜琶铁板，以阳刚为美；红牙按拍，以阴柔为美。鉴赏者无妨偏执，而文学史家及批评家则要屏除个人之爱好而平等审谛之也。草率奉陈，不知当否，仍乞正之。

此复，即颂

撰安！

弟程千帆

3/26(1991)

致邵燕祥（二通）

邵燕祥，诗人、散文家、评论家。曾任《诗刊》副主编。

（一）

燕祥先生：

您的诗和信都收到。最近还读了宪益先生的诗。我想，这些诗，将来（当然是将来）可能有人编成一部新的《天地间集》的。铭竹，不知您与之有交往否？他的风度，和他的诗一样，都很吸引人。四十多年前，与之失去联系，我和孙望在海内外千方百计找他，迄无消息。想不到在孙望逝世一年后，却由您的相告，而终于知道已经作古的故人的消息了。真是使人欣戚交集。何林与昭琛死后，我的朋友中不知还有什么人与现代文学馆有来往。我至今还没有得到《纪德与蝶》，如果您能代我要一册，并请该馆告知铭竹后人的地址，我是十分感谢的。衰齿今年七十有八，忆先师胡翔冬有诗云：“成仙唯一梦，俟死养残年。”以前不懂，现在略为懂了一点。昨偶集古人成句云：“书犹能读足忘穷，老在人间百事慵。安得此时江海上，不妨一笑寂寥中。”亦犹先师之意也，然远逊其深至矣。寒燠无定，哀乐难

排，无由面叙，伏望保重。顺祝
万福！

千帆拜上

六月一日（一九九一年）

（二）

燕祥先生：

收到所赐新刊选集，欣喜之至。这些诗大都有丰厚的思想内涵和历史内涵，匆匆阅过，不仅舍不得，也不大可能。够我琢磨一阵子了。六十七页一首使我想起一些未尝多示人的拙作，寄上乞教，渔洋云“不是解人休浪传”也。颓龄转眼即八十有三，目患白内障甚剧，书不成字，谅之谅之。敬颂
吟安！

弟程千帆

九月十五日（一九九五年）

独携五首　庚午夏作

独携酸泪注星空，凤阙峨峨思不穷。曾是隔年同命地，六军齐发扫狂童。

风昏云翳作天容，时见饥鹰掠远峰。长伴御沟呜咽水，九衢严逻夏徂冬。

骈肩无籍冢无名，侠骨留香也满坑。若过北邙寻宿草，有人漫野哭清明。

故人风义夙相知，有女能文擅秀奇。谁遣存亡替离会，沉泉去国不胜悲。

神血天街淡欲无，梦边灵爽亦模胡。歌燕舞赵升平极，坐井忧天愧老夫。

致陆耀东（二十六通）

陆耀东，武汉大学中文系教授。程先生任教武汉大学时的学生。

曾编《沈祖棻程千帆新诗集》。

（一）

耀东老弟：

前得一函，曾作复，想到。党伯要出版社寄来的选有祖棻诗一篇的书，也收到了，望转告。

今年《读书》第三期有舒芜《千帆诗学一斑》一文，末段谈到我的诗学见解与早年从事新文学活动有关，你可找来看看，因为你上次来信，劝我将早年新诗印出来，我心有所感，忽然想到，可否请你为我和祖棻编一本新诗选集，而由武大出版社出版？

我的想法将全部材料交给你（你手中绝大多数都有了，只要补充一些散见报刊的，这要花点时间去找和抄），完全由您看，由您选编，由您作序，我不参加意见。这样，就不致妨碍你自由工作，独出手眼。武大学生中杨文翰（晓雪）、韦其麟是创作也研究新诗的，但我仔细考虑一下，还是您来做这件事最合适。不知你愿不愿意，有无时间？至于由武大出版，我想比其他出版社合适，将来再和他们谈。南京今年遭灾，幸未波及，只是安居惭愧而已。祝

双好！盼复。

千帆

8 月 24 日（1991 年）

《祖棻创作选集》《微波辞》《诗帆》好像你都有。

（二）

耀东同志：

九月二日来信收到。承你同意编定我和祖棻的新诗集并为作序，甚以为感。祖棻去世转瞬十余年，我明年也将八十，颇想将曾做文章，作一小结，但精力就衰，进行很慢。今得你允大力相助，自是非常欣慰。

我家在汉口路 52—1，丙楼 4 号，电话为南大总机（637651 或 637551）转 2790。秦志希同志来时，很容易找得到的。

前些年陈早春要我编祖棻选集，我曾从杂志中复印过一些她的作品。但早期不成熟的多，一些较好的，都已收入选集了。至于发表在报刊上的（例如抗战初期在长沙出版的《抗战日报》副刊《诗歌战线》，报由田汉编，《战线》廖沫沙编），已无从寻找了。因此只能以《诗帆》及《选集》和《微波辞》为主（此三种好像你都有了。望告知）。我写的新诗评论也不多，除评于赓虞《世纪的脸》一篇外，还有两篇评戴望舒的，已托人寻找复印。到手即交你。

关于收录的范围，我觉得你是一位批评家和研究者，而不是一位文献学家，所以应从选中使读者看出：① 你的批评标准和手眼，② 诗作在所处时代及其对这个时代的独特反映方法（即艺术特色）。你的责任如仅限于为后世提供较完备的资料（即以全为主），就将你的工作水平降低了。再就是多了，可能出版社有意见。虽然我估计，由你编选我们夫妇在武大出版社出一本书，不致遭到断然拒绝，但他们想少贴一点是完全可能的。这些意见，仅供参考，一切仍由你决定。

现代诗当代带博士生的导师不多，除了北大谢冕，就是你了。望你努力做出成绩，扭转武大中文系的颓势。真的总是真的，说假也不行，反之亦然。所以你还是按照中药店的老标语为好“修合虽无人见，存心自有天知”。我的经验是：久而久之，谣言就变为泡沫了。

祝

双好！

千帆

9 月 10 日(1991 年)

(三)

耀东弟：

今带上材料一包。《评〈世纪的脸〉》一文，此间找不到。你既见到过，或可代为复印。我写的有关新诗文章，想得起的只有这三篇了，如诗集能出或可作为附录。

解放前的诗，除《诗帆》外，我的主要发表在抗战初期在长沙出版的《抗战日报》及三十年代前期在南京出版的《新京日报》附刊《春风周刊》，现在已无地可找。祖棻的零星见于各刊物，找到一点，现复印送上。她的选集，我查日记，曾于出版后奉赠。《诗帆》你上次已复印。又《微波辞》似亦有（闻党所说，你们选《大系》诗集，她的《花圈》即选自《微波辞》）。这样，材料就大致齐了。如何处理，由你大胆放手去做吧。

我除心脏病有时发作外，其余还好，但不能多做事，每天二小时左右而已，主要是在一位同事（也是学生）协助之下，完成一部四卷书的《校雠广义》，但迄今只完成了两卷，要全部出齐，恐要五年，那就要看上帝的恩惠了。汪铭竹在台湾逝世，其《纪德与蝶》曾由其家属重印，带了一部分送大陆友人，但他们托北京现代文学馆馆长舒乙（老舍之子）办此事，我不认识舒乙，未能获得。消息是听邵燕祥说的。孙望的诗集《煤矿夫》和《小春集》还有些旧体诗也在准备重印。三十年代是新诗的繁荣时期，这些东西重印一次也有好处。

不多及，收到函件后，望回一信。祝

双好！

千帆

10 月 9 日（1991 年）

（四）

耀东老弟：

秦志希君带上诗稿等件一包，想已收到。你事忙，选、编、序，可从容为之，不必急急。如何做法，也完全可自作主张，因为我一向是主张章学诚所谓“专家独断”之学的。选学是我国文学批评的一种形式，一种独特的形式，它不但凸现出作者的手眼，也凸现出选者的手眼以及这手眼中体现的历史眼光。

抄写复印等等，必然要用一些钱，该用的，你尽量用，可由我这边支付。可开南大中文系程千帆抬头的发票，我手中有科研经费，可以报销的。

其次，关于出版问题，我希望在武大出版社，并非无他社可送，因作为一种象征，这可以表示过去的恩恩怨怨一切都完结了，我不知道社现在由谁负责，恐吴于廑先生已不管了吧，或由哪一位校长分管。不论是谁，你

都可以代表我将此意说明。祝
双好！盼复。

千帆
11 月 8 日(1991 年)

（五）

耀东：

写了一信给陶德麟先生，请考虑是否合适。民友、太臣两先生都不熟，不便直接致函。

如果社里同意，不知能赶在 92 年 8 月底以前出来否？这是后话，你注意及此就行了。祝
好！

千帆
11 月 24 日(1991 年)

建国初，大家在北京开会，当时只有吴组缃当了外公，大家开他的玩笑，说他是“外公阶级”。想不到你也是“外公阶级”了，一笑！

（六）

耀东老弟：

十二月一日札及复印书评收到。将书评看了一遍，恍如隔世，如果当时在上海而不在南京，我也许就搞现代文学了。这篇文字还是赵景深先生要我写的，他正主编《青年界》。此老也去世好几年了。

对德麟先生的盛意，我非常感谢，见时望代致意。

关于书名，是否可用《沈祖棻程千帆抒情诗集》或《沈祖棻程千帆抒情诗选》，由你署名“陆××”编。我去年出的《程千帆诗论选集》，由张伯伟同学编，也是如此。书名题字，我想不用我自己写的，你可与出版社美编研究一下，是否可画一幅与三十年代现代诗歌风格相应的封面，或用剪纸图案。剪纸常有对称的结构如双鱼、双花等，可暗示两位作者的关系。我希望，书为塑胶面，软精装，勒口，封面白底子，宋体字黑色，如用图案（剪

纸),则印成红色。这是我的初步想法,请你考虑,美编是专家,也许他(她)有更好的意见。我们应当尊重。(可参考当时出版的书的某些设计得好的封面,当然水平比现在的低。)

我希望在92年8月底前出书,是因我明年九月八十虚寿,研究古代文学、古汉语的学生们拟出一本《纪念论文集》,现已由江苏古籍出版社发排,如能同时由你编序的新诗集出版,则可反映我青年时代这一段脚印。如果能出版,我要买三百册,以便馈赠海内外亲友。

你的选目及序,我极愿看,如有什么想法,会告诉你的,但最后仍以你的意见为定。“后世谁相知定吾文者?”是一句很有意思的话。

我有时心血来潮,不止一次地为武大中文系的人才结构担忧,特别是古代文学方面。你作为现代文学这一学科的学术带头人,当然应首先注意本学科。但如何将其他学科带动起来,也应放在考虑的范围之内。

南大享受政府特殊津贴的人90年15位,91年33位,不知武大如何。

事忙,就不必急于回信。祝

双好!

千帆

12月8日(1991年)

(七)

耀东老弟:

你上次来信,我曾于八日作答,主要是谈对装帧封面的一些想法,想已收到。九日,又得陶德麟校长手复,词意恳切,令人十分感动,并答应必出此书。这对你办事就更方便了。祖棻的词和旧诗,多年前曾分别由湖南及福建两人民出版社出过,近江苏古籍出版社又主动提出要为她的诗词出一全编(包括过去未发表的),这与你设想的全编不谋而合。所以我也觉得不必“选”了。而且每篇的优劣,见仁见智,多有不同,还是让读者去评论也好。

现在就你来信多点,答复如下:

一、二、诗的编排方法、附录等完全同意。不过为了尊重逝者,是否可以沈前程后，请考虑，但仍由你决定。至于上下卷体例略有出入，我想问题不大。

三、文字可以底稿为准，收入《微波辞》的即据《微波辞》付排，很好。有一点，你是否可以在“读后感”中说明一下，即“微波辞”这一书名，是出自曹植《洛神赋》：“无良媒以接欢兮，托微波而通辞。”（《文选》卷十九）《洛神赋》旧说甚多，有一种是说此赋与屈原《离骚》相同，即借美人香草以表对国家人民的爱，这集中有爱情诗，又有抗战诗，所以取了这个名字。仲年先生序引谢灵运、杜牧诸诗来说明其“各诗的精神”，自然也是一种体会，但未能说明她用名集的内蕴。另外《诗帆》1 卷 3 期 9 页，我的《浴室》17 行“鬼饭”应作“龟饭”，吃龟饭的，指开妓院的，卖淫的当然是指妓女。当时我并不知道开妓院的可称为吃龟饭的，只听他们在说，便写了下来。刊出后，经人指出，但无法更正（汪铭竹编《诗帆》，校对极精，也不肯印刊误或更正启事）。这次，请你改一下。还有祖棻最后写的《给女儿》三首，是 1957 年写的，我误记为 59 年了（在《选集》插页上写成 59 年止）。之三是 12 月 10 日写的，这天是丽则的生日，之一之二在前大概是由秋到冬陆续写成的。这年，她在水果湖湖北医学院附属医院住了好几个月。《五长年》那个字是“起”。

四、五、尽可能注明日期，很好，个别弄不清的，可据《诗帆》所刊日期，或其他刊物的出版日期推断，约在何时，虽不必也无从指实，但当时我们都是随写随发的，无今天压稿现象。各篇先后，大略可推知，因而即使有出入，也不会相差过远。除原注外，不再加注，也好。

六、手稿、像片，即准备。生平，祖棻的可看《选集》后附她的小传及著作目录，我的附上。现寄上材料两份。请你摘要编写。我意无须太繁。能说明作者的主要是作品，而不是他们的行迹。我一辈子是教书（中间有 18 年劳动），她没有这“中间”，简单得很。但如看后认为还有应补充之处，望随时函询。

七、八、《三问》和《诗帆》三卷六期，37 年秋放在印刷厂，日军进逼之快出乎意外，大家仓皇出走，连原稿都没有来得及收回。南师大文，想系推测。

九、答孙望诗附孙赠诗，很好。

你工作很忙，还为我和祖棻亲手抄写稿子，真使人感动。十分感谢。也请代我谢谢德麟先生。如果可能，希望在用纸装帧设计等方面品位高一点。对于我来说，除了《校雠广义》一书四册尚有两册未出外，这可能是最后的新书了。80岁能出一本高品位的书，是有小儿得饼之乐的。祝
双好！

千帆

12月22日(1991年)

（八）

耀东老弟：

近月身体不适，久未奉候，不知新诗集进行如何，深以为念。想找一张三十或四十年代我们还在写新诗时的合摄照片，竟不可得。那时穷，几乎没有照什么相。我的新诗稿也无存，只好新写一纸并附去年相一张。祖棻则是她当时的相和当时的手迹。不能一致，无可奈何！祈察。顺颂
双安！

千帆

2月22日(1992年)

照片制版后望寄还。

（九）

耀东老弟：

今晨寄上备编新诗集的照片和手稿，适丽则送来她请专家处理的我少时一照，居然大体恢复原状。现送上，请酌。如果用此张，则两人之照均系还在创作新诗时所摄。此点，似可在序言中一提，否则恐相识者以为“学少年”也。如何？盼复。顺颂
双弗！

千帆

2月24日(1992年)

（一〇）

耀东老弟：

得来信及序稿，知书已付排。甚慰。

序文写得很好。（是否太奢华了一些？）只有第17页12行“南京国立中央大学、金陵大学等校”，请改为“在南京工作或学习”，因多数人已在工作。又13行“先生”二字似可删去。又18页4行“也无休刊致语”可否改为“也来不及写休刊致语”，乞酌。

《文学批评的任务》——1953年中南人民文学艺术出版社

《关于文艺批评的写作》——1955年湖北人民出版社

《古诗今选》——1983年（84误）

《小说月刊》1卷2期所载，肯定不是一首而是两首诗。《我希望不再看见你》若非祖棻自己忘了署名，则必为他人之作。你处理的方式很妥当。

我近来身体还对付。房颤因资格老了，已由阵发性的变成经常性的。经过一段时间，便适应了。老牛破车，且战且走吧。

祝

双好！

千帆

（1992年4月）

锡良、寒玉前因开会来宁，见过。又及。

《选集》中从《期待》到《给女儿》（三）以及其他一些未收入《微波辞》的零星缀拾的作品，按你的计划将编入集外。这些诗，除《给女儿》三首写于1957秋冬间外，今天可以确定年月的，只有《赠孝感》一首，据其词集，乃写于1940年6、7月间她在成都四圣祠医院开刀病愈后赠给吴孝感医师的。在此前的《期待》到《病中吟》四首，系1939到1940，在重庆界石场及雅安所写。《别夜》到《海的怀念》七首系1940到1942年在乐山及成都所写。以上系因手稿按时序排列大略估计。原稿均无写作年月。

(一一)

耀东老弟：

合同及手示均收悉。诸事极承关注，感谢之至。

① 校样我不必再看，请你全权处理。

② 购书 300 册，由我自费，请按批发价打一折扣，一般为七五折，请武大出版社酌定。全部在稿费内扣除。

③ 编辑费既在稿费内开支，请弟按出版社规定之最高额支取。此书出版，全仗弟之辛勤，所应如此也。

④ 武汉文艺界如曾卓、骆文等，请代寄赠，以免寄到南京，再寄去。寄何人，请开一名单给我，以免重复。寄费，可在稿费内扣。

⑤ 除武汉地区外，弟意见此书尚应寄何人，亦可提一名单给我。祝好！

千帆

5 月 12 日(1992 年)

(一二)

耀东老弟：

近日武汉酷热，不知生活安适否？甚以为念。诗集极荷安排，不知进度如何？已付印否？下月 21 日贱辰，志达可能来会，如能托其将所购 300 册之一部分或全部携来(扣除请弟代为分致之一部分)则较便捷，且可省邮费也。幸与出版社商酌之。近有武大研究生从鄂来，略悉校中近事，忧乐亦各半也。

盼复，即颂

俪安！

千帆

8 月 11 日(1992 年)

(一三)

耀东仁弟:

来示收到。诗集事极承费心。贱辰在9月21日,届时将有一小规模集会。如能在15日前运150册到宁,俾可连同江苏出版之《纪念论文集》、《文教资料》专辑赠送与会诸公,则为惠多矣。

所拟赠书名单甚好,略加数人,已抄底,原件奉还,请费心代为各寄一册(慢慢分寄,不必急),其余可在此办。凡我熟识者,可署我名,并注明您代寄也。

买300册(赠书20册在外),希望能按批发价打75折。该款若干,请告知,并告知武大出版社武昌银行帐号,当力求由南大财务处拨汇,以免麻烦。

稿费应扣除吾弟之编辑费再寄出,务请不要客气,按出版社规定,按高额支取,感感。

我今年仍按学校近数年照顾旧例,在酷暑中避居有空调之房屋中约三周,故尚安适,承注,谢谢。

像片当已用过,望寄还。武大近年进步较慢,能有改善,所至盼也。祝

双好!

千帆

8月26日(1992年)

(一四)

耀东弟:

昨天发一信,后即收到你寄还的材料,照片和信。

你的编辑费,希望多留30元,原因,你只要看《文教资料》张伯伟一文便知。

购书费1680元,请要出版社在稿费内扣除。扣去书费1680,编辑费630,其余的就寄给我。

徐有富来访，望接待，书能带走一些，也好。不能，就只有由出版社寄。（惯例，批发书邮费由出版社负担。）

入股事，我因存款尚未到期，要等一下，到时再告你或一中。祝
双福！

千帆

11月1日（1992年）

本月或下月当可寄上一股，三立公司帐号请示知，拟由银行转去，不知可否？

（一五）

耀东老弟：

十一月一日、廿六日寄上二信，又十一月五日由邮局寄上五千元，汇款收据为444/06194号，迄未得复，极以为念。

汇款，因不知一中新家地址，亦不知此时他是否在校，故寄弟请转交。现已一月，估计应早收到。否则必有问题，望从速示知，以便向此间邮局查询也（邮件只能从发出局查究）。

又《新诗集》买300册，样书20册，共320册，除校办已寄2册，徐有富带来30册及弟拟直接寄出之数十册外（请将寄出名单抄示以免重复），其余二百余册，务请出版社从速寄下，以便分寄诸友。

稿费，请扣除300册之购书款一千六百余元，弟编辑费630元，又代寄邮费若干（前信忘提），其余亦乞早日寄下。

整个十一月中，未收到弟函，亦不悉诸事进行如何，老怀极以为念。又恐弟因事离鄂，根本未与一中接触，故此信由志达转交。

务乞速复一函，至祷至祷。

顺颂
俪安！

千帆

12月6日（1992年）

(一六)

耀东老弟:

久不得你信,以为你不在校,出差了。所以又写了信,托志达转交,以便弄清究竟。下午便收到了十二月一日信,知道是出差之后,又生病,至今未痊。甚为念切。你年纪也不能算轻了,以后工作要把握分寸,不能过于勉强。我东下后,总想把十几年的时间抢回来,无日无夜地工作,结果并未能完全做到,反而得了心脏病——要休息的富贵病,只好"金盆洗手"了。你应当引以为戒。平均用力,延长工作时间。徐有富君带回的三十册诗集,我已分赠,反应还好。很多人还非常有兴味地将我后来的学术业绩和早年的创作实践连系起来,各抒所见。有些更内行的人,赞赏你的序文。现在寄上舒芜兄的一封作例(看后望寄还)。舒芜原名方管,是玮德之弟,令孺之侄,原社科院《中国社会科学》编审,已退休。他父亲孝岳先生,是古典文学名家。

南大近有学生做零工的办法,无论什么事,都可请他们做,出点钱即可。不知珞珈山有之否?如能找到学生去出版社将直接寄给友人及寄我之整批书代为捆包邮寄,估计半天即可。至多花 20 元。望注意及之。如弟和志达有较为亲近之学生,亦可托其代出版社之劳,或送物或给钱以酬之,皆无不可也。

至于稿费,则只好静待会计办理,别人无法代庖。我近有事要和德麟先生写信,顺便托他向出版社打个招呼,也许可以办得快一点。款交嘉琇甚妥。一中想不在校,尚无信来,其新居地址望便中告知。不必急。

望安心养病。此信不必复。祝

痊可!

千帆

12 月 8 日(1992 年)

(一七)

耀东弟:

12 月 24 日函收到。

诗集220册，已邮到，甚感。惟按国家规定，似尚应给样书10—20册，已函出版社，希望折中给十五册，幸便中一为商之。稿费尚未到，希望旧年内可收得耳。

谈及舒芜屈节事，诚为可叹。若不然，则是另一胡风，惟有坐穿牢底也。王西彦兄近在花城出一小册子，曰《凄怆的镜子》，其第一篇曰《在锤子和铁砧之间》，详细述评高尔基在斯大林压力下不得不要两面派说违心话的情况，读之令人悚然而又凄然。不知弟曾见及否？如未见，不妨找来一读。唐人诗云：千古艰难惟一死，伤心岂独息夫人。高尔基竟可与息夫人相提并论，真比较文化史上之奇观也。

近患骨质增生，不良于行，南窗驼坐，专此聊代面谈。即颂

双好！

帆

1月6日(1993年)

(一八)

耀东弟：

寄赠《新诗集》《诗论》二包。其中许多想是你有的，可转赠朋友学生。

燕郊闻已退休，迁居长沙，你有无他的地址，望告。

祝

春节好！

千帆

1月18日(1993年)

(一九)

耀东弟：

来信收到。新诗两包早已寄出，想已收到。稿费迄未收到，想当在开学之后。今将我所核算细帐送上，可请出版社核对。如有出入，就找原因(小小出入不必管了)，以免以后又书信来往麻烦。拖延已久，想了结也。弟出处之事宜慎重。祝

安吉!

千帆

2月7日(1993年)

阴天久了,总要出太阳的。

① 沈程新诗集字数

诗:《微波辞》572行,《集外》664行,程诗486行,1722行。据《书籍稿酬暂行规定》第十条,每10行作千字算,共十七万二千字。

文:陆序12页,徐序11页,程文24页,小传7页,共54页。每页812字,共四万五千三百字,二者合共二十一万七千三百字。

② 据合同,每千字20元,共4346元。

③ 据《规定》第四条,加印数稿酬8%(每千册8%),共347.68元。②③相加为4693.68元。

④ 据国家税务局文件,个人稿酬800元免征调节税,800元以外,不超过2万元的,征14%。二人免税稿费4266.88元。

⑤ 4266.88元扣除送陆先生630元,购书300册1785元。出版社应实寄稿费1850元。

(二〇)

耀东老弟:

得信知近患病,幸得痊愈为慰。闻你还在筹备曹禺研究的国际会议,此事极费神,后勤工作尤麻烦,望多注意保重身体。

前接武大通知,要在今年校庆时为校友中学部委员及博士导师列传,征及下走。今将旧稿略加修改,并附照片附上。请弟先看看,如有不妥,请修改后再转去。

所说违反合同削减稿费事,甚奇。四十年来从未听说过,解放前似亦无有。我算了一下,不过少给360元左右。武大出版社再穷,也不致在苍蝇腿上割肉。而且这是公然违反合同,又不先和作者商量,打起官司来,必然败诉。出版社虽不精通法律,也决非"法盲"。为什么?为什么定要这样做?

我回想这部诗集出版的经过。我不一定要出版少作,即使要出,也不一定非在武大出版社出不可(由你编,也可在它处出)。我之所以将夫妇二人新诗集托武大一位教授编订,在武大出版社出,是想借此向海内外学术界文艺界宣告,过去的事,已经一笔勾消。从而双方都不再存在什么精神负担(此意我曾向陶校长表示过,他也同意)。

但在订合同时,我就感到有些条件很苛刻。如现行稿费标准,是每千字20元至30元。我一般拿25—28元,但武大给的都是最低的——20元,这和我在学术界的地位不称。买书,一般是七五折,而武大是八五折,比其他任何我出书的出版社多百分之十。但我出此书,既非牟利,故一切置之不问,而且经由热心十分尽力的您之手,我更毫无意见。最后,一切都顺理成章,只等拿稿费了,却又违反国家公布的付酬办法,就在出书后一个月付给,六个月都不付,最后又不得作者同意,在没有修改合同的情况下,将诗每十行算1000字,每千字20元,改为18元。

上述情况,全为事实。我仔细思量,最可能的缘由是某些人根本不想我与武大和解,在出版诗集这件事上,一路设置障碍。企图将我激怒,与武大争吵。这,是否也涉及对你的敌意,我就不清楚了。

我想告诉你的,这件事,我将安心等待,也决不改变我想与武大和解的初衷。即使稿费一文不给也罢,因此,你决不可为此事发生如许多的枝节而烦恼。我倒是为武大出版社这样做感到惋惜。许多事已够不好听了,何必再加一条。祝

双好!

千帆

3月14日(1993年)

(二一)

耀东弟:

昨寄上一挂号,计达。

传记,在"1990年5月再度退休"之后,似应加"旋即反聘"四字,否则与上文"现任……"之文不相应。请酌改。

前论出集事,颇有怨怼之言,寄出后,深以为悔。因行年八十,应有修

养,不当更以此类拂逆之事婴心也。千万谅之。即颂
双棻!

千帆

3 月 16 日(1993 年)

(二二)

耀东老弟:

收到《精品》,甚慰。目前风气多出大书,价太高,难普及。弟主持此文库殊有功文运,又甄采及余夫妇,尤愧荷也。我近年因无硬性任务,心脏病转轻,惟颓衰日甚。目有白内障,耳尤聋。久不作正式论文,惟偶以小诗文自遣耳。珞珈秋色极可念,恨难重到。顺祝
全家安康!

千帆

十一月三日(一九九五年)

(二三)

耀东、一中、志达老弟:

北京来信,希望我的传记集四月中付印。各处稿件亦略备。不知弟等文字能在四月前见寄否?盼盼。匆颂
著安!

千帆

二月十一日(一九九六年)

(二四)

耀东老弟:

稿收到,朴实真挚,很好,就要这样。花拳绣腿无益于世也。此《学记》亦收入弟作新诗集序,今年底前当可出。

陶芸劝弟买一小计算机学打字,速度快,又省力,何不试为之。为《中华大典·文学典》事,我五月上旬来武大小住,当可从容晤谈,谢谢。

祝
双好！

千帆
3 月 18 日(1996 年)

我视力模糊,写字很吃力。

(二五)

耀东弟：

手示收到。武大中文系诸先生拟就历代诗学作系统研究,极是好事,我虽已无力做实际工作,但也愿出些点子,摇旗呐喊也。弟对新诗史已经营多年,甚盼趁精力尚富时努力完成之。著述总是主弦,闲事多管永久管不完,甚愿如古人之言“凤凰飞上梧桐树,自有旁人说短长”,“闭门推出窗前月,吩咐梅花自主张”也。

我白内障愈剧,书不成字,不多及。祝
全家安康！

千帆
12 月 12 日(1996 年)

(二六)

耀东老弟：

收到《诗学丛书》方案,看后觉得特点鲜明,认真写好,出版后必能得学术界的称赏。但我更希望你的多卷本新诗史早些面世。我眠食尚可,但耳目愈来愈不灵。近河北一出版社来要我的 20 卷本的文集,已允之,但也只能托学生们帮忙整理而已。祝
全家好！

千帆
三月二十六日(一九九八年)

致刘梦溪（十二通）

刘梦溪，中国艺术研究院研究员，《中国文化》《世界汉学》杂志创办人及主编。

（一）

梦溪先生史席：

昨奉大函，又惠赐《中国文化》三期一册，感谢之至。义宁陈君之学术，博大精深，其所着眼，皆在历史、社会、政治、文化之“节骨眼”问题上，乃又往往以考辨之面貌出之，故其由具体事实所抽象出来之大问题大道理反为世人所忽略，此乃学术界之所当发挥者也。尊文于此，实能践履，故所及虽仅《柳氏别传》，而于寅老用意及创体皆多有人之所不能言，三复之余，曷胜钦服。

承示受托编辑近现代学人著作，发潜德之幽光，启来哲之通道，实为盛世。唯先师黄君五十即返道山，其书多在草创或积累之中，皆无成稿。潘石禅兄在台为影印十四大册，多系原书批语，先生谅已见之。大陆所出，则多经其侄耀先之手，除《文心札记》《文选平点》单行外，多已归之《论学杂著》及《群书笺识》二书中，然论文亦不多，较之他家，较难选择。然若《音略》《与友人论治小学书》《补文心隐秀篇》《汉唐玄学论》亦可示范来兹矣。弟入师门甚迟，未能窥见黄君学术之堂奥，此事似可更与石禅商之。潘君为贵刊顾问，义不容辞也。

《文化》二期，不知有无存书，四期已否出刊，均盼见惠。非敢作得陇望蜀之妄想，实以在宁无购处，托之在京友人，又多所滋扰也。

近刊《宋文学史》一册，讲课之作，不足以言创获，敬呈以博一笑，大雅如先生必怜其老而失学矣。

专复，即颂

著安！

弟程千帆

九月二十五日（一九九一年）

（二）

梦溪先生：

承赐《中国文化》第四期，极感。此刊当今学林魁首，读之想见先生之辛劳也。弟近方集中精力完成旧作，因年事已高，希望能不以此事麻烦后人，故久不作短文。如有所得，当录呈教正。数日前印出版本通论一册，乃为大学诸生说法，无甚高论，伏冀披览，有以正之。专复，即颂

撰安！不一。

弟程千帆顿首

六月廿六日（一九九二年）

（三）

梦溪先生：

寄上门人程章灿博士论文一篇，请审核，看是否可以在《中国文化》上刊载。程君现在南京大学古典文献研究所工作，出版著作有《魏晋南北朝赋史》（江苏古籍）、《刘克庄年谱》（在校印中）、《唐诗入门》（贵州人民）及论文多篇。此篇经涉深广，颇有发明，或者可蒙青睐也。专肃，即颂

著安！

程千帆

10月20日（1992年）

贱辰诸弟子为撰文编刊作纪念，今附呈，以博一笑。

（四）

梦溪先生左右：

久未通问，伏想安善。

今别寄上《古典文献研究》一册，其中有寅老致刘弘度先生书数通。涉及其在越南失落诸稿之内容，甚可宝贵。若他年能由此访得其下落，亦是一大事因缘。

弟千帆敬上

（1993年2月26日）

（五）

梦溪先生左右：

久疏笺候，伏想安善。八旬衰朽已不更能为思辨考证之长文，研虑所及或于序跋诸杂文发之，前荷搴采，叹君知我。今更呈近岁所撰二篇乞教，或蒙拂拭也。专肃，即颂

著安！

弟程千帆顿首

九月三日（一九九三年）

（六）

梦溪先生：

瑶札拜读，拙文辱承搴采，感感。承注先室遗词，近得江苏古籍出版社之助，已加笺重印，前所呈即其中部分也，计五月中可得，当即奉寄。倘荷大雅俯赐评泊，何幸如之。其文辞，老友舒芜、黄裳均尝有所议论，然可谈者尚多也。春寒犹厉，伏冀珍卫。顺颂

著安！

弟程千帆顿首

三月一日（一九九四年）

（七）

梦溪先生：

一日手教早收到，小文承奖饰为愧。七十六七岁以后，体力衰苭，思虑不周，不复敢为需要精密逻辑的考据思辨之文，但每每有些感发，有些判断，不忍默而不言，往往借题发挥，学做几篇古文，亦聊补平生于此道未尝致力之过，其意实不在抑扬顿挫于之乎者也之间也。此区区微意所存，识之者寡，今读大札，实获我心，乃知专家易得，通儒难求。先生之宏识深衷，真可佩也。旬前曾以亡妻沈氏集笺本二册寄艺术研究院，一册呈教，一册请转其庸先生，不知已收到否？所笺甚简，偏于今典，此亦寅丈之教。

老朽废学，记忆模糊，惟其中有为并时记载所未及致详者，或者尚可供读者参证耳。伏愿先生有以教之。

《中国文化》第十期已收到。执事者仍按汉口路旧址寄出，幸得先生函告即将寄出，预请旧邻留心，得以及时转下。十一期起，望其改寄新址。寄出册数多，改址之事，每易忽忘，弟亦常如此，不足异也。

《文化》已出十期，始终保持务实求新及极开阔的宏观与极精辟的微观并举之特色，为现代文化之发展与古代文化之理解作出贡献，求诸今日，更无比肩，求诸近世，《国粹学报》或相亚也。

敬复，即颂

著安！

程千帆

十一月廿八日（一九九四年）

（八）

梦溪先生左右：

手札敬悉。拙文荷纳，甚感。杨君治发言音韵，文不能佳，蒙修饰之，尤见公心文德也。弟今年一月中旬，左眼白内障突然转剧，不能视书报，大字虽可写，然蛇蚓而已，前勉作一幅托伯伟奉呈，想已收到矣。下月去武汉二三周，伯伟同去，《中华大典·文学典》审稿事。《文学典》迄今已起功七八年，尚未出书一册，官书大抵如是。弟颓龄暮齿，勉为其难，亦是了一因缘而已。匆复，敬颂

著安！

弟程千帆

四月二十六日（一九九六年）

（九）

梦溪先生：

昨以拙著《诗文合抄》（非公开发行）一册奉寄，想达左右，今更寄上小文六篇求正。衰朽不能恣意，但浓缩耳。尊著论陈丈文极佳，非此集中余

子敢望也。顺颂
双安!

弟千帆
四月廿八日(一九九七年)

(一〇)

梦溪先生:

《中国文化》15期久见《光明日报》,而迄未见书,不知能一询执事先生否?

先生有意为拙撰《校雠广义》刊一书评,顷已求山东大学王绍曾老先生为之。王老为张菊生先生弟子,校雠学老宿,俟其成文,当随拙著一并呈教也。

目眚不便书,罪罪。敬颂
俪安!

弟程千帆
2月6日(1998年)

(一一)

梦溪先生:

前承惠允在《中国文化》刊一书评,已托山东大学校雠名家王绍曾先生执笔,今将该文寄呈,敬请审处。《广义》四册同时由齐鲁责编周晶先生寄上,倘荷于治事余间,拂拭一二,何幸如之。弟近时有小恙,不及覙缕,尚乞厚宥。专肃,祇颂
俪安!

千帆
五月七日(一九九八年)

(一二)

梦溪先生左右:

齐鲁书社周晶先生奉尘拙撰《校雠广义》四卷,山东大学古籍所王绍

曾老先生寄上《广义》书评一篇(自南京寄),想均达。王先生久从张菊生元济游,颇精向歆之学,求其为介绍之文,似为妥也。幸审酌之。顷更附呈门人莫砺锋教授论朱晦翁诗一文,渠近治宋诗,当有所得,谨代呈一篇,以求先生拂拭,幸斟酌之。酷暑,诸望葆爱。顺颂
俪安!

千帆上,盼复

七月二十二日(一九九八年)

致姚桐椿(一通)

姚桐椿,上海学者。

桐椿先生:

十月十八日来信收到。汪先生文集所收是"文革"中其著作大半被毁后的残余部分,故无法全备,应继续增补,但也有的文字是考虑后没有收入的,如关于夏完淳及其家族二文即是。这两篇文章写于抗战初期,先师手边材料不完备,为了宣传抗日,匆促发表,后亦无暇改定,更需要考虑的,是文中将明清战争与中日战争比观,将夏当作当日的抗日爱国将领之类的人来评价。今天看来,明清战争是中华民族内部的改朝换代问题,而非帝国主义要灭亡中国的问题。为此事,王伯坚先生也问过我,但未深入讨论,结果,王先生编夏集收有此文,而我编汪集则未收,所谓"各尊所闻""各行其是"是也。至汪先生题夏集二诗,显系失收,因我编诗时,仅据被"革命小将"焚掠之余的残本,未能广事搜求。承您关注,谨此奉复,敬颂
大安!

多年前中苏交恶时,苏学者竟谓"柳条边"为中国国界,自此以北皆非中国,此可警惕者也。(今日西藏、内蒙亦不无此类问题。)

程千帆

十月二十九日(一九九一年)

致王镇远（一通）

王镇远，曾任上海古籍出版社编辑。

镇远先生：

二月十九日手教祇悉。出《宋文学史》台版事，承先生及同贤先生多方照顾，感何可言。弟前致张高评教授书，对丽文图书公司提出如下四点要求：（一）版权转让费为壹千陆佰元（如此则除上古得六百外，弟与新雷可各得五百元）；（二）交稿后即付50%，其余半数出书后付给；（三）赠两位作者样书各十册，共20册；（四）稿费分别寄与上古及两位作者。尚不知台方之意如何。好在数目不大，当易协商达成共见也。

又，如达成协议，弟等同意由贵社与台方签署版权转让协议，并由弟等提供校改后交台方之底本（先寄尊处，再由贵社连同协议书一并寄台）。

专此，即颂

著安！

弟程千帆上

二月二十五日（一九九二年）

同贤先生前乞代致意。

致陈平原（二通）

陈平原，北京大学中文系教授。

（一）

平原先生：

受到您寄下的论武侠小说著作，很感谢。我常常感到，为什么人们（包括我自己）对许多大量存在的事物本身及其存在的意义，有意或无意地加以忽略。我看小说，是从《礼拜六》、《红玫瑰》、程小青、徐枕亚一直看到鲁迅、杨振声，也很喜欢平江不肖生、赵焕亭、还珠楼主以迄金庸、古龙，可就从来没有像您这样严肃地对待他们或它们过，未免罪过。所以非常感谢您指导我在这方面的学习。老来无聊，又有心脏病，不能无拘束地想做什么就做什么了，但补充一些作为一个学习文学的人应有的知识，还是可以的。所谓“难忘身外无穷事，补读平生未见书”。

祝

一切都好！

千帆

五月十二日（一九九二年）

（二）

平原先生：

承赐新书，甚以为喜。故事所包甚广，颇多前所未闻。犹忆先师汪辟疆先生正清末就读京师大学堂，新设军事课，亦有操练。以武官职卑者任教员，而学生中多贵游子弟，点名时不敢直呼其名，则皆称“老爷”。如呼先师为“汪国垣老爷”。民国肇建，此风恐已革除矣。弟年来日益衰朽，不甚能从事文字之役，幸及门诸子相助，旧稿大体可于今年毕功。石家庄一出版社愿为出一文集，亦了一缘。终日默坐时为多，望先生等之奔轶绝尘，惟增惭愧而已。专此布谢，敬颂

著安！

弟程千帆顿首

6月2日(1998年)

致周骋（一通）

周骋，曾任江苏古籍出版社编辑。

周骋同志：

属书件奉上。老病，不能工，留作纪念好了。你的诗很有前途，故以

奇花相勉，望能不断地向生活汲取，向古典作家学习。祝
好！

千帆

5 月 23 日（1992 年）

明日去北京，下月初方回。

致弘征（十四通）

弘征，曾任湖南人民出版社编辑，湖南文艺出版社社长、总编辑。

（一）

弘征先生：

京华识荆，未及款洽，又匆匆别去，殊怅怅也。顷奉雅什大著，益见高才博学，欣服之至。弟衰年宿疾，于事业文辞皆已无能为役，偶成小诗，亦鄙拙不复能工，今检奉数纸聊答高厚。专上，即颂
著安！

弟程千帆顿首

六月十日（一九九二年）

（二）

弘征先生：

承赐《诗品》新译，浣诵欣佩。古今中外文学作品之迻译，其事至要而甚难，韵文尤甚，惟有多方实践，始克逐渐完善。故弟对尊译或有一二异同之见，仍忍不住大声喝采也。少作新诗，近得刊行，谨呈教。专复，顺颂
著绥！

千帆上

六月九日（一九九三年）

（三）

弘征先生：

赐书及湘皋先生诗集新排版均拜领，感荷之至。年来乡邦文献已陆续整理出版多种，泽及后来，功在百世，先生等之力也。南村诗灵芬奇采，春海先生一序，尤能阐其微至。弟颓龄病榻，徐徐诵之，真足以起疾发聋矣。专此复谢，敬颂

著安！

弟程千帆拜上

五月二十四日（一九九五年）

（四）

弘征先生：

六月八日惠示及集句诗收到。集句殊见浑成，甚不易，知沉浸于原作者深也。弟犬齿今年八十有二，筋力思虑皆退。担任贵社丛书主编，亦但能“不治而议论”，所论又每不当，恐无多益处。且别有北京及江苏各一出版社以同类事相委，所付报酬皆在二万元以上（仅允江苏，以客居其地，不便拂逆地主。北京者则拒之矣），为贵社计，似不合算，以贱名无此经济效益也。“亲不亲，故乡人”，故虽不是佛徒，亦不敢打诳语也。

敬复，顺颂

著安！

程千帆

6 月 13 日（1995 年）

（五）

弘征先生：

非常喜欢你的诗，特别是新诗。装帧版式也是第一流的。前些年曹辛之出了一本内容形式都很吸引人的诗集，不知你见到过没有？祝

近安！

千帆

八月十八日（一九九五年）

（六）

弘征先生：

新书三种收到，所注多文为富也。弟近岁颇患白内障，不甚能读书，偶作草遣日，呈上一纸博笑，不足换羊也。顺颂

著安！

千帆顿首

九月四日（一九九六年）

（七）

弘征先生：

前得手教，知赐宝刻二石将托人带下。今深圳书会闭幕已久，南京朋好无携交者，或者先生未得其人乎？如用小木筐或铁匣邮寄，似亦易办，幸酌之，以慰渴想。白内障颇剧，书不成字，谅之谅之。敬颂

吟福！

弟程千帆顿首

十二月四日（一九九六年）

（八）

弘征先生：

宝刻已荷敝同事杨先生带到，感荷曷极。新岁将临，敬祝

笔健！顺颂

合府均安！

弟程千帆

十二月廿七日（一九九六年）

（九）

弘征先生：

大札敬悉。题签别书寄上，不知合式否？

弟少小离乡，常恨于湘衡父老鲜所接触，亦未尝为家乡文化事业尽力。承命担任光盘全书顾问敢不如教，特衰年已八十五，恐未能尽力为愧耳。

友人扬州大学中文系主任顾农教授近成《建安文学史》一书，甚有可观，不知湖南文艺（或岳麓书社）能为之出版否（顾寒士不能贴出版社费），幸便中一询，至感。顺颂

大安！

弟程千帆上

一月三十一日（一九九八年）

顾，汉魏六朝专家，弟约其任《中华大典·文学典》汉魏六朝分典副主编。

（一〇）

弘征先生：

赐书敬悉。顾农先生书承允同意在贵社出版，实深感荷。已请沈阳辽宁古籍出版社友人于景祥先生将顾农先生存彼处之《建安文学史》原稿径寄长沙尊处（快件）。先生收到后，幸告知扬州大学中文系顾先生及弟为感。匆颂

著安！

弟千帆

二月十三日（一九九八年）

（一一）

弘征先生：

得 10 日手示，知于景祥寄顾农《建安文学史》稿尚未收到，当即打电话询于。据查，二月底已挂号寄出，想近日已呈教矣。此稿弟未寓目，不

知可用否？倘荷裁成，实甚感幸。《四库全书》事亦闻上海有类似举措，甚冀协商解决。前数年《四库存目》与《续修》两种亦有矛盾，后经协调，各行其是。《存目》已出而《续修》则因选书及新撰提要费时，尚在编纂也。弟不自揆，退休后尚勉强出任《中华大典·文学典》主编，历时八九载，幸群公合力，其隋唐五代分典、宋辽金元分典或可在今年付印，约二千余万字，其余尚有三千万字，希望在三五年内完成。惟犬齿已八十有五，不知马翁能否同意耳。

去冬南京降雪一次，昨夜忽降中雪，迄今不已，颇似朱长沙作风，岂休征乎？一笑。敬叩
安好！

千帆顿

三月二十日（一九九八年）

（一二）

弘征先生：

手示及书二册均收到，极感。南村诗钞竟有重印机会，大是嘉事，亦见吾湘文风之盛。点评唐诗别具手眼，平实而又深刻，此通俗读物甚高之境界，似易实难，以此知先生诗功之深也。老病日增，文事皆废，默坐时多。顾稿极承拂拭，铭感。顺颂
著安！

乡弟程千帆

四月十一日（一九九八年）

（一三）

弘征先生：

老病百事皆废，不能文不能词，若诗有求之者，则勉强写几个字。平生最恨自己字丑，今乃惜此抵挡，真坡老所云“平生所惭今不耻”也。辄欲求先生刻一闲章，不知可否，幸酌之。又前荷允评审扬州大学顾农《建安文学史》书，不知可否？如荷见告，实深铭感。其另一种《文选与文心》已由贵州印

出，敬呈一册乞教，尚乞斧正。弟衰病日甚，文字不谨，尚乞谅之。顺颂
著安！

千帆上

八月七日（一九九八年）

（一四）

弘征乡兄：

手教敬呈。请刻苏诗闲章，乃是实情。既荷尊旨，可否同时另刻“闲堂八六墨趣”，二章合用如何？

顾农治中古文学甚勤，且有所见。古人云：“学成而名不彰，朋友之过也。”弟已推荐之任《中华大典·文学典》汉魏六朝分典副主编，所为样稿，亦可观。幸先生裁成之。顺颂
近安！

弟千帆

8月31日（1998年）

致张瑞洁（一通）

张瑞洁，程先生之表弟。

瑞洁弟：

九月九日来信收到。我刚从北京开《中华大典》编辑会议回宁（被推为此书副主编）。我不是武当门下，太极拳怎能代表我呢？

寄上相片一张，较大，无底片，不知可用否？我的相都是别的机构或人照的。照后，他们送不送，我也不问，所以均无底片。

讲话，我不写了。随你怎么说，只要求说一点，即我八十年中对家乡贡献太少了，几乎没有。赠送一点书画，完全是应当的。所幸我的学生在湖南工作的不少，他们的贡献也使我感到高兴。

在湘师大、水电师院、湘潭大学、长沙大学等校中文系工作的我的学

生,不知有人被邀参加此会否?如有可能,是很好的。

拓片三纸,查日记,是1989年8月13日挂号寄你。8月28日,收到你回信,说即送书院;9月19日,又得你信,告已亲送岳麓书院。我想展出拓片,因那几幅字写得好,且有诗、词和古文三种作品(现年老力衰,字不如以前)。不知他们何以又说我没有写过,要另外写。这些拓片,石碑嵌在壁上,就拓不好了,我也仅存此一份,现手中已无有,希望书院能重视。如弄丢了,就不免可惜了。

展览名称,我无意见。

祝

全家好!

千帆、芸

九月十五日(一九九二年)

致张蔚星(一通)

张蔚星,南京博物院古代艺术研究所研究员。

蔚星先生:

手书敬悉。贱辰辱赐书画,尤为铭感。承告以今后应写之文字,皆所当为。奈手中尚有未了之事甚多,此时无力兼顾。倘天假之年,五载以后,或可遵先生之雅教,黾勉从事也。敬复,即颂

大安!

程千帆

十月二十四日(一九九二年)

致陈致(二通)

陈致,香港浸会大学中文系教授。南京大学中文系文学硕士。

致陈致

（一）

陈致贤弟：

得书知已抵美入学，甚善。所要推荐信今寄上。今后，如有所需，望告知。与叶先生通话时，望代为道念。我近日身体尚可，大概老人身体不太坏就是好也。

祝

一切顺适！

千帆

11 月 4 日（1992 年）

（二）

陈致老弟：

在远不遗，灵药见赐，感不可言。在一新环境，必有适应过程，过一时期，当可习惯。解放后数十年三个人的饭五个人吃，曾成为应急之政策，故“大”（大锅饭）、“铁”（铁饭碗）、“低”（低效率，或曰低工资）三字诀为人们所习惯。授书大学，每周以一门课或二三小时为常，过此则以为负担过重，不出科研成果，则诿之为无时间。实则旧社会大学以教四门课，每周九至十二小时为常。先师黄季刚先生在中央、金陵两校，皆专任，每校三门课每周九小时共十八小时，仍治学著文不辍，其余诸老亦每如是。数十年前往事，或可供参考也。原《读书》编辑赵丽雅女士（笔名扬之水），曾著论学杂文曰《脂麻通鉴》见称于时。近调入社科院文研所，与毓罴先生共事，近在《中国文化》刊出一文（十四期），其内容与弟所研究范围有可互相商酌处，前曾致弟一函，有所请益，不知收到否？诗曰“嘤其鸣矣，求其友声”，固愿以暇酬答之也。我数年前已病聋，今岁初，白内障又转剧（左眼尤甚），看报亦甚艰难，已基本不能工作。幸平生着手而未成之稿，得徐有富、程章灿诸君之力，可相助完成耳。新国华人多，远居或不致寥寂，愿多珍重。专此复谢，顺颂

双安！

目眚书不成字，乞谅。

千帆

10月17日(1996年)

致于景祥(十三通)

于景祥，现任辽海出版社副社长，辽宁大学特聘教授。南京大学中文系文学硕士，师从程先生。

(一)

景祥贤弟：

书签写就寄上，不知可用否？

如假中能来南游，甚善。我近患骨质增生，不良于行，然亦无大苦，可无念也。

祝

好！

千帆

1月5日(1993年)

(二)

景祥弟：

寄上《闲堂诗文合钞》修改补订本，共若干页，请查收。并在付印时注意下列事项。

① 著者署名

程千帆撰　陶芸书(并列)

② 保留手抄本原貌，今书不分段，不用任何标点符号。(此次我试过，读者能接受无标点的书。)

③ 作者原题"闲堂诗文合钞"六字有神采，保留其大小。可美编设计的封面，地位缩小。

④ 原稿已校出误书 8 处，并在原稿上作为挖改，可据以将误处全部或局部改正。原稿保存，用后寄还。

⑤ 目录 16 页，列正文前，仍用阿拉伯字，但可用“黑体”，以便与正文区别。如：“**·14·**”不同于“·14·”。

千帆

（1996 年）

（三）

景祥老弟：

前函计达。昨接来电，知悉一一。出版局拟将拙著列为重点书，质量可以提高，亦大好事。速度放慢，也是必然。如四月间能得到样书，可以带至武汉，最好，不能带亦无碍。

《诗文钞》无纸，一时不能印，也不急，只是原手钞稿想送往扬州装订，四月间扬州大学请我去讲学，想带往扬州。如已照好相，不再需原稿，请快函寄下。如还需要，则仍留弟处。

我视力开始模糊时，心情颇烦躁，最近按时点药，又保护眼睛，不看书报，少写字，视力未再下降，心境也较坦然。必须看的东西，则请老伴读。一切尚好，都勿念。

祝

好！

千帆

1996. 3. 21

章灿处请多与之联系，你们二人都不喜写信，我又不能常写信，只好还是请你们多直接通信。

（四）

景祥弟：

今将昨日收到的《文学史》原编第四编第 20、23、24、25、27 共五章寄上，在此前的各章，想大多数已由美直接寄沈阳，前些收到了。其中有的章灿尚未定稿,作了(?)或(……)记号,容更补充修订。无此符号,你可先看,如无大问题,即可算定稿。现在只有5、6两编未写出。第5编我也有稿,只是写法不同。看来已完成一半以上。现在① 等章灿返国后进一步商量要斟酌部分,② 继续完成5、6编,③ 你如何配合使之能加强出版进度。

原信附上。

祝

好!

千帆

7月3日(1996年)

（五）

景祥老弟:

《选集》不敷赠送,请再寄拾伍套。仍交铁路运送。稿费如已结算汇出,则请将发票寄下,以便奉还。发票抬头仍写南大中文系。顺颂

近好!

千帆

一月十一日(一九九七年)

（六）

景祥弟:

数日前曾发一信,请再代买《选集》十五套,即寄。如稿费尚未发,仍照旧扣。已发,则另由我寄返。想已收到。今别有一事奉托。扬州大学师范学院中文系主任顾农教授乃魏晋六朝文学专家,近年著有《建安文学史》及《建安作家论》二种,尚未出版,估计共约五六十万字,颇希吾弟能推毂,在辽海出版。顾君近由我邀任《中华大典》魏晋南北朝分典副主编,故甚盼弟于此事能助一臂之力。如辽海有困难,则东北各出版社弟相熟者,亦可转介也。望复。

即颂

大安！

千帆顿首

一月十五日（一九九七年）

（七）

景祥弟：

真希望你南大之行能够实现。河北教育出全集似有诚意，但许多问题要和你仔细商量才能敲定。

《诗文钞》你前说十二月可出，现在进度如何？

章灿仔细计算了一下，认为5月可交。我的意思辽宁先排先出，如全集给河北则一副纸型两边出。《选集》加《通史》，126万加《通史》50万，已占40％，如用此纸型，再加齐鲁《校雠广义》四册约120万字，则所排已超过半数，可大大减低成本也。

立朴贵州《学记》已见样书，甚精美，非久可径寄。我另一书《俭腹抄》在上海印者，亦已见校样。《广义》四册，明年一月会在北京上市，印2000。

全集事仍托砺锋全权处理，我体力日衰，真所谓“穷达仗友生”也。祝好！

千帆

11.19(1997)

（八）

景祥老弟：

章灿七月底去美，行前曾到我处，将《文学通史》的出版报酬各种情形的想法详细告之，总的是，希望① 快印、② 快校、③ 快出版。去信当已收到。今日收到周先生的正式同意，同意你为出席今年举办的国际会议的正式代表，届时当发出正式通知。按照过去的习惯，代表和非代表都可以向出席会议的海内外代表赠送自己的著作。今年的会议我估计可能有下列各种书：

① 张宏生清词著作一种，已在江苏古籍付印，即将出版。

② 莫砺锋唐宋诗学著作一种，在弟处出版，希望在两个月内能出。

③《骈文通史》，希望弟催促一下，在两个月内出版。

④ 我的《俭腹抄》已出版。

⑤ 我与章灿的《文学通史》。

其他还不知道。

此次出席会议的人不多，估计送60本就够了。但宣传作用很大，其中关系你的很多，希望你能促进一下，使大会开得更加出色。

我和辽宁教育出版社的同志，没有直接来往，以下的信请你转交，并希望得到初步的回音。

千帆

8月5日(1998年)

(九)

景祥老弟：

连写两信，又附致辽宁教育出版社负责同志一函，想均收到。章灿八月内可自美回，勋初同时去台，十月下旬返，开国际赋学会议。前函甚盼弟能赶时间(关键是九月份能排好，十月下旬可出也)① 出版《程氏汉语文学通史》、②《骈文通史》、③ 莫氏《唐宋诗文集》。不知能抓紧时间在此约两个月时间内做到否？迄今无电话，又无信，不知安排如何？《校雠广义》已大批到书，正和有富分寄。(多数今要寄《校勘》《典藏》两本，其《目录》《版本》前数年已寄矣。)得其函后务得作复。顺颂

近好！

千帆

8月24日(1998年)

(一〇)

景祥：

此书自经始至毕功六十余年，今以初印本赠老弟，愿葆爱之。

八十五叟千帆南京记(1998年)

（一一）

景祥老弟：

昨日章灿已将《简史》后记九千字完成，即改好寄出，同时有电话告弟各事，想可收到。《简史》除出辽海版外，同时要出河北教育版，望弟即将章灿之稿复印一份寄文集责编潘海鸥君。又辽海版何时可出，亦望告知（约何时可寄）。我体仍弱，在休息中，不多及。即贺

新春安吉！

千帆

二月十日（一九九九年）

（一二）

景祥老弟：

春风出插图本小丛书百种收到，甚精美可玩。不知何故顾问手迹附之封底，殊杀风景，大概太计成本之过也。《汉语文学简史》连后记已由章灿寄上，望即付排，并另复印一本交河北出版社潘海鸥君。至要至要。我仍在休息中，不多及。即颂

安吉！新年好！

千帆

二月十一日（一九九九年）

得信后打电话来。

（一三）

景祥弟：

昨得电知傅先生书已寄出，《通史》稿费已结算，甚慰。还想要5本《通史》，不知可得否？

今寄上《唐宋诗吟诵撷英》的前言及目录。大体上都依《古诗今选》的唐宋两部分略加审定。其余正文部分10—15日内可寄奉。先寄这一部分，是让你先做准备。我意封面可请美编找一古画古人吟诗图（如李白吟

《清平调》之类）。这一类的画，古人画册中常有，好找，可与书名配合，亦较别致，祈酌之。如找不到，则如《通史》之式，用楷书亦可。《通史》颇大方朴素，亦过得去。匆匆，祝

安健！

千帆

十一月二日（一九九九年）

致余恕诚、刘学锴（四通）

余恕诚、刘学锴，安徽师范大学文学院教授。

（一）

学锴、恕诚先生：

近得有关玉溪生资料二件，谨寄呈，聊备搴采。专肃，即颂

著安！并贺

春节！

程千帆

一月二十日（一九九三年）

（二）

恕诚先生：

老病寥寂，忽得新著，真见异书而眼明，为惠多矣。所论着墨不事繁文，然实玩味有得，出自胸中之造，苦无由执手细论之也。学锴先生游学蜀中，想已返校。项先生治学精悍过人，与之上下其议论，当有所得，幸并致意。专此致谢。顺颂

著安！

弟程千帆顿首

5月30日（1998年）

（三）

恕诚先生道右：

月前收到尊著《强韵考》，适以病入医院，迁延四十余日，始略痊可。今出院已旬，仍颇疲软，八旬老翁，真经不起敲打也。尊文草草拜读，极佩，愧不能精思。所论强韵险韵别异诗法出自昌黎，皆不易之说。又此字似读仄声，即梅圣俞“问讯疑犹强”之强，或勉强而行之之强也。匆促奉复，勿罪。顺颂

著安！

柏青先生前，乞并致意！

弟千帆

1月28日（1999年）

（四）

恕诚先生：

收到来信，承你关心，非常感谢。我今年87岁，退休已近十年，想做的和能够做的，距离越来越大。今年算是做了两件事：第一件是已将个人的文集得留在南大的学生的帮助，已经编好，共14册，将在河北教育出版社出版，争取在今年完成；第二件我主编的《中华大典·文学典》，其中宋辽金元分典五大册九月可能出书，作为对国庆五十周年的献礼。希望能在十月推出，其余各分典拟在2003年前完成，共22册。大概我所能做的就是这一点了。先生和刘学锴先生长期从事李商隐研究，成绩斐然，是我一向钦佩的。承问课题，我觉得唐代文学是一座很大的富矿，到现在还有很多领域没有开发，特别是文学与文化和政治的关系，陈寅恪虽提出唐代内乱与外患的连环性，这个题目在文学上的表现就很少人涉及过，如果先生有兴趣，是否将这个问题作一个比较彻底的清理。这可能在文学上表现的不多，但间接上可以开发的不少。三百年中，汉族与外族的矛盾和互相吸收，可以钻研的地方似乎不少，如唐高祖曾对突厥称臣，而太宗有“雪耻酬百王，除凶报千古”之句。以后汉族遭遇到许多对手，外族的兴废直

接影响汉族的兴衰，直到五代，没有断过。它显然不仅是一个文学问题，如果写成一部专著，还是有很多话可说的。不知先生有没有兴趣？我从去年生病以后，身体不好，心脏病加剧，又增添了糖尿病，耳全聋，目半盲，随便想了上面一点意见，聊供参考。敬祝先生研究工作不断取得进步。

顺颂

大安！

弟程千帆

9 月 1 日(1999 年)

致李正宇(一通)

李正宇，敦煌研究院研究员。武汉大学中文系 1954 级学生。

正宇老弟：

奉书喜慰。一别三十五年，其间不断演出具有悲剧成分的闹剧(亦可曰带有闹剧成分的悲剧)，而我们居然活了下来，真是不容易。

虽未通信，但学术界四面八方带来零星消息，知道你在敦煌学方面很有成就。不到四十年，历史已作出结论，谁对民族和人民有贡献？如此，就可对前此被骗子和打手遮蔽的无声无光的岁月淡然处之了。前些年，去南宁讲学，曾与卢斯飞一面。开斌在广东，曾通问。兆鹄在湖北，仍教书。唯中琦不知所往。

我已于 90 年退休，但有三研究生未毕业。去年 9 月，已全部答辩完毕。从此逍遥游，不作大宗师矣。

弟当不乏东来开会之机会，甚盼有缘相见。

顺颂

全家安吉，日进无疆！

千帆

二月二日(一九九三年)

致张璋(一通)

张璋,词学学者。

张璋同志:

去年手教及照片(照得极好)早收到,一直小病,天又冷,未能即复,甚歉,请原谅。

拙著《宋文学史》近始得重购,谨呈一册,并乞指教。谨肃,顺颂

大安!

弟程千帆上

2月18日(1993年)

致《华夏诗报》(一通)

《华夏诗报》主编同志:

收到赠寄的诗报73、74期已拜读,无论从编辑方针、选稿标准、版面安排来看,都很出色。我老病闭门,竟不知贵报刊行已久,惭愧之至。

季思说静闻还常常作诗,是这样的。他年逾九十,吟兴不衰。最近我还收到此老病中见怀之作,诗云:

两老隔南北,相望思郁苍。京西留艺语,岭表共心香。忠义谁相激,清修世或忘。吾身甘淡泊,不羡拜金狂。

次联写十多年前我们两人,还有萧涤非先生,同在北京京西宾馆开会,联床论诗,一致认为顺德黄晦闻先生的《蒹葭楼诗》成就极高。三联指去年他九十大寿,我曾集句为联相赠,词云:"风骚共推激,忠义老研磨。"

吴新和余光中两位对望舒的诗有不同的评价,原不足异。但我却认为《望舒草》在当时来说,是仅次于冯至《十四行集》的好作品。对他的诗,我在三十年代写过两篇评论,偶尔被人发现,印了出来,现与拙集一并寄

上请教。别附旧作小诗一首。顺致
敬礼！

程千帆

3月27日(1993年)

无题

程千帆

书犹能读足忘穷，老在人间百事慵。
安得此时江海上，不妨一笑寂寥中。

致陈望衡(十二通)

陈望衡，武汉大学哲学系教授。

(一)

望衡先生：

赐书及大著均拜领，书还没有来得及看，但一望而知，它对美学领域有所开拓，这正是当前需要的。将一些已陈刍狗在低水平上重复，或标新立异于正常的审美情趣理性判断之外，都全如荀子所说的："狂生者，不胥时而落。"先生严肃的工作必将光大美学，特别是植根于民族文化传统土壤中的新中国美学。祝你不断地获得成功。顺颂
大安！

小书数册呈正，以答高厚。又及。

千帆

3月31日(1993年)

(二)

望衡先生：

所赐新书及大札收到。

武大长期被极"左"思潮统治。改革开放前，尚可固步自封，盲目自

大。近年来，愈来愈觉得自己的处境不妙，已开始改弦更张，招贤纳士，企图改善自己的形象，增强自己的实力了。先生应德麟礼聘到武大参与工作，是件大好事，我为武大高兴。

你的同事萧箑父先生是四川名宿仲仑先生之子，家学渊源，功底深厚，我希望你们成为论学知友。

在中文系陆耀东和吴志达两位教授是我的老学生，为人为学均好，也是可交的。

我大略看了你的书。有异于今之忙于建立所谓“自己的体系”的，即企图一步定位成为美学大师的狂想者，而是从具体的美所体现或依托的客观事物出发，由个别到一般，由微观到宏观，慢慢地积累起来。我觉得这是一条切实的路，是科学研究的正路。祝在新岗位上获得成功。顺颂全家新年快乐！

千帆

12 月 19 日(1994 年)

（三）

望衡先生：

非常感谢，你寄下一份那么丰厚的礼物，因眼患白内障甚剧，一时无法通读，只能慢慢来，恐你记挂，先回一信。请原谅。

只是感到一点，全文长一万五千字，恐难以找到合适的刊物发表，现在名牌刊物，八千字似乎是个界线。过此就算例外，很麻烦。不知尊处有无较理想的发表处所？

像一位哲人所说，许多多边形的石头，在不同的高度及侧面向一个低处倾斜，谁也无法预计哪一块石头能达到预期的位置。今之评职称毋乃类此。不过，真的总是真的，“旧穿杨叶真自知，暂蹶霜蹄未为失”，先生“此事就算过去了”之说，真“君子坦荡荡”也。

我当然可以送一本亡室选集给潘先生，但素无交往，如直接寄去，殊嫌唐突。今寄上一册，由先生转去，或较妥善。因无缟纻之谊，亦不敢签名。古人云：“自炫自媒，士女之丑行也。”

匆复，即颂

著安！

弟程千帆

4月17日(1995年)

（四）

望衡先生：

首先要向您致歉，信回得迟了。我左目白内障很厉害，看书写字都很费力。花了许多时间，才细读尊文，并作了思考。古人说，文章千古事，得失寸心知。先生此文，极见功力，也很全面，何敢妄有献替？但基于直谅之义，姑将一些不成熟的想法写在下面，以供参考。

① 全文一万五千字，距目前各刊物多要求在八千字左右者相差过远。全文四段，鄙见以为二段论风格、三段论结构实为重点，且尤为深刻精辟。如将论思想与较前人的一、四两段另作处理，则篇幅可大为缩减，论点亦更为集中，容易刊出。此点不知是否可考虑。

② 如能按上述意见处理，则题目似可改为《沈祖棻〈涉江词〉的美学思考》或《沈祖棻〈涉江词〉审美》或更简单地题为《读沈祖棻〈涉江词〉》。

③ 略为费一点篇幅介绍新刊笺本。

④ 发表刊物，可从与她有学术渊源的方面考虑，如《中国韵文学刊》(湘潭大学主办)、《武大学报》、《南大学报》、《南师大学报》。《文学评论》《文学遗产》也可考虑。按这些刊物稿挤，一搁就是一年。介绍《涉江词》新刊本，虽非尊文主要用意，但尊文如能早日为读者所见，大是佳事。请先生指示，修改后，直接寄某刊或由我转，均可。

⑤ 也可完全不加改动，一切按照先生初稿，径寄某刊。但能不计篇幅之刊物，其学术档次都偏低，不敢有污大作，以此踟躇。这一点想先生也一定能理解。

我身体日差，耳聋目瞽，视听吃力，写读亦难。此信思考不周，如有措辞发议不当之处，务请先生原谅。

专此，即颂

著安！

程千帆

4月30日(1995年)

(五)

望衡先生：

大作及手札均已收到。

即遵示寄北京敏泽兄处，俟有复信，再行奉告。

天南之行在即，客中无佳侣相伴寥寂，幸自葆爰也。专此，即颂

著安！

弟程千帆

5月16日(1995年)

(六)

望衡先生：

八月二十一日手书敬悉。

新马之游壮怀高兴，可羡慕也。尝谓治美学者，要当有活泼胸襟，于天地万物，有所感发，体会其生生不已之机趣，一切才是活的，否则恐不免如章实斋所讥，见人有见桃花而有悟因取桃花作饭者矣，尊函甚能参此，对生活实有感受，可贵也。大文已转，侯兄复函，云已直接发出，近期可付排。又舒芜兄一文将发在《读书》十月号。武大之病已久，近年略有转机，幸先生大力神通挽其厄运。如不能，则山水可玩，亦可闭户静读二三十年书也。顺颂

双安！

千帆顿首

8月26日(1995年)

(七)

望衡先生左右：

手教及照片拜悉，《宋文学史》成于1956年，后遘世变，晚复乃荷吴新

雷教授之鼎助，勉强成书，其中可议者尚多，何意谦光嘉许，祇益惭惶而已。《校雠广义》得好学门生徐有富教授相助，亦经八年之久，乃得成书，四卷一百余万言，稿费低而书价高，遂至无以普酬朋侪眷顾之雅。易石甫诗："分觉杀青皆巨累。"今古盖犹同也。武大老辈惟新宁刘先生尝从况夔笙先生精研诗律，词曲尤精，尝著文论俗传"一、三、五不论；二、四、六分明"之来历及其是非，持论精辟，惜此老归道山已久，今世则无。颓龄瞀目，书不成字，谅之谅之。

顺颂

俪福！

程千帆上

6 月 20 日(1996 年)

（八）

望衡先生：

赐书收到。新著毕功即将付梓，欣贺之至。

书写到王国维作为旧世界之结局，似无不可。任公学术别有所长，不在美学，不必拉入凑热闹。若近贤于美学有发明贡献者，鄙意当推晚清词论家，周止庵以下，谭复堂、陈白雨、况蕙风皆有发明，其造诣不在观堂下，特无先师派诸弟子为之张目耳。

书名即名《古典美学史》，大方。我不从西洋文艺史上所谓"古典主义"理解，经得起淘汰仍能存在者，即是古典也。又如书以古典名，则无须求备。要精选精论，大胆地取人所不及，又大胆地排除一些人云亦云的泛泛之谈。我平生最佩服章学诚所谓"专家独断"之学，极赞同不做学术上的乡愿。趋炎附势何只官场，学术之林盖亦多矣。

白内障甚剧，恨不能纵笔长谈，愧愧。敬颂

著安！

千帆上

11 月 24 日(1996 年)

（九）

望衡先生：

收到来信，知即招收博士生，甚为我国学术发展庆幸。武大目前虽有困难，但佛云随处好修行，又云立地成佛，将来门下何愁无成佛者，但看缘法如何耳。

尊文多奖饰，实不敢当，如欲有所献替，则第一二段似可删。盖知我者，不必言，不知者，言之亦无用也。尊意以为如何？

尊著书名仍以自定为妥，所谓饮水自知冷暖也。

冬寒，伏冀葆爱。敬颂

著安！

弟程千帆

11 月 18 日（1997 年）

（一〇）

望衡先生：

尊文及手教均收到。贱子今年已八十有五（按旧说则为八十六），耳极聋，目亦瞀，右足数十年前在农场时为牛所踏践，碎其踝骨。近旧伤复发，亦不甚能行，故默坐时多，老人每靠回忆打发日子，回想平生胡涂过去，真如陶渊明所说“但恨多谬误，君当恕醉人”者。先生乃不鄙其低能，奖饰旧作，真如无意中忽见两三岁时之光腚照片也。

闻高教有大动作，甚愿学术界有飞跃。虽不能参加，固向往之。敬谢，顺颂

著安！

千帆顿首

3 月 28 日（1998 年）

（一一）

望衡先生：

尊文过奖为愧，颇想作一诗，但世缘难胜慧业，恐唯有俟之来生耳，作

一小幅以酬高义。勿罪。敬颂
著安！

千帆白
4 月 20 日(1998 年)

(一二)

望衡先生：

手示奉悉，大作《中国古典美学史》湖南教育出版社已寄来，非常感谢。惟近月来脚肿，经心电图检查，医云心肌缺血较严重，嘱住院治疗。现已住进南大医院。故大作暂时尚不能拜读，所嘱亦无法完成，至为抱歉。又视力亦大减，看书一片模糊，嘱老妻代笔奉复，请原谅。顺颂
教安！

千帆上
11 月 29 日(1998 年)

致严中(十通)

严中，曾任《南京日报》社编辑(记者)，曾从事筹建南京曹雪芹纪念馆工作。

(一)

严中先生：

来示及大作均拜读。对联其实是更加精炼、更加集中的律诗和骈文，要做好对联最好多读律诗、骈文名作，自然得心应手，抒情叙事，各得其宜。又，任何作品，以不附加作者另外的说明为妥，因为这应由它自己告诉读者。老病不能多写，还请原谅。敬颂
大安！

程千帆
4 月 4 日(1993 年)

（二）

严中先生：

文籍（特别是古代文籍）有异文时，应加以校勘，定其是非，有底本的是非，有义理的是非。目前《红楼梦》手稿已不可见，抄本流传也难全尽其系统和先后，所以用底本判断“诗魂”与“花魂”孰为（或近于）曹氏原稿已不大可能。现在只有用讲道理（即辩义理）的方法代替举证据，看这问题是否可以解决。照我看，很难。因为文艺欣赏很难一致，只能“各尊所闻”（扬雄《法言》的话），也就是“公说公有理，婆说婆有理”，常谁也说不服谁。这种问题，往往是混战一场，鸣金收兵。所以我是主张自己参详，自己体味，而无须发为文章强人以从己的。我觉得“诗魂”好，但仍尊重先生主张“花魂”之说。学术讨论（或不讨论，只存异同），都需要互相尊重宽容。可以坚持自己的看法，而不可反对别人也同样做。说到别处去了，请原谅我这个已 82 岁的人语无伦次，常常有点胡涂。敬祝

近安！

程千帆

3 月 19 日（1995 年）

（三）

严中先生：

奉教知近方从事曹氏纪念馆筹备工作，老骥奋蹄，余霞满天，欣佩之至。红学、曹学自有专门，弟于此道终身未尝入门，何敢妄肆评题，徒增瘢痕。又大函称弟为“南京大学文科长教之首席”，此事校内外从无道及者，忽出尊函，殊骇听闻。万一有人疑弟妄自尊大，以邀声誉，则有口难辩矣。故尔不敢应先生之请，庶远嫌也。酷暑，千万珍重。顺颂

著安！

程千帆顿首

8 月 15 日（1995 年）

（四）

严中先生：

承将尊意详细说明，非常感谢，我却始终于心不安。好在无须必求共识，各尊所闻，固不碍乡情友谊也。余热未消，幸自葆爱。敬颂
著安！

程千帆

8 月 19 日（1995 年）

（五）

严中先生：

奉书深感吴公之见知与先生之见宥。人际关系乃一门“终身由之而不知其道”的大学问，我到快要向孔二先生报到时，才意识到他老人家所说的“有一言而可以终身行之者乎”，“其恕乎！己所勿欲，勿施于人”，实在是极平凡，极伟大，有点知道，仍然不能实践，这实在是人生道路上的一种永恒的悲哀。

我的字太丑，而且越老越丑，勉强给你写一张，至于挂在公共场所，如公园之类，则万万无此厚皮勇气也。仍望谅之。敬颂
撰安！

千帆上

10 月 20 日（1995 年）

（六）

严中尊兄乡先生：

顷收到所著《红楼续话》，极感兴趣。弟因肠胃病住人民医院四十余日，数日前始勉强出院，今犹甚疲乏，盖残年已八十有六，亦事之常也。谨先致谢，顺叩
大安！

弟程千帆

1 月 21 日（1999 年）

(七)

严中乡先生左右：

承枉过并示尊稿，甚感。稿已拜读，鄙见如次，伏希审定：

① 大量摘编《学记》而未注明出处。《学记》出版已久，在学术界流传，人所共知。今尊文不加说明，恐不免为原作者及贵州人民出版社所追究，也连带累及《人物》杂志，尚希考虑(此是法律问题)。

② 先生所提出之“定位”问题如“国学大师”“校雠学集大成”等，皆千帆所决不敢当。如经由先生之手，在学术界、新闻界发难，则千帆必致身败名裂。且因本无此等想法，故《学记》中亦无此等记载，先生之所摘编，因而亦无此等内容。千帆厕身学术界已五六十年，冷暖短长，略有自知，故平居决不敢自我吹嘘，妄自尊大，今先生以各种美名相加，实则欲益反损。故愿矜恕其老悖也。

原稿附还，尚希宽囿。即颂

著安！

程千帆上

七月二十日(一九九九年)

(八)

严中乡先生：

暑热，伏想安善。尊稿挂号寄还，想已收到。朱正先生所编《从百家争鸣到两家争鸣》一书，如已用毕请挂号寄还，因尚有人借也。匆匆，即颂

著安！

弟程千帆上

八月十六日(一九九九年)

(九)

严中乡先生左右：

朱正先生书及大札并奉悉。弟于目前出版界转载文字之习惯不甚熟

悉，因恐使先生发生麻烦，故前函偶及之。今既无碍，自可如尊稿所安排也。贱体仍衰弱，终日偃息时多。像片一张奉上备用。敬肃，即颂
著安！

弟千帆上
八月二十日（一九九九年）

（一〇）

严中乡先生：

前蒙造访，并惠赐《人物》一册，适患小疾，未能延接，歉歉。大作甚佳，非常感谢。如尚有存，能否再赐寄一本？或示知何处可以购得，当嘱人前往购买。盼复，敬颂
著安！

弟千帆上
3 月 26 日（2000 年）

致邓安华（一通）

邓安华，地理学家邓启东之子。

安华同志：

3 月 26 日来信早收到，因想向各方打听出版情况，迟迟未复，甚歉。我向四五家出版社试探，反应不理想。有的干脆拒绝，有的要作者买一书号，自印自销，开口在万元以上。比较诚恳的则说，不如将这部传记中精采部分，投寄文学刊物，先行发表，引起注意，出全书就容易了，并举《曼哈顿的中国女人》为例。我认识的出版家全是古籍专业方面的，他们根本不出创作，难怪也不肯买我的账。你来信说，这本传记是 89 年应约撰写的，如果是出版社约的，则仍以轻车熟马为宜。（科技出版社也偶然出文学书，但较困难。）

我 86 年曾在武汉小住（在湖北大学），到珞珈山拜访令堂，正值她不

知到哪个儿女家去了，不在武汉，所以没有见着。我今年也80岁，90年退休，也患有心脏病，耳朵很聋。总之，老了。回想解放初期与令尊及唐长孺等先生交游之乐，以及其后数十年风云变幻，死生契阔，真是如同梦幻。令尊身体本来就不好，加以治学勤笃，不幸早世。令堂一身独肩重任，将一大群儿女抚养成人成材，为国家作出了很大的贡献。你们也个个争气，都是好样的，使我也十分高兴。燕华的丈夫出差南京，曾来看过我，知道夫妇都调了工作。我记得她当时的工作要接触放射线，都不放心。

我的大妹夕佳现在江西上饶师范专科学校，她丈夫胡杭生是数学老师，已退休。二妹晴佳和她丈夫叶连生在武昌滠口乡镇工业，她自己是小学教师。三妹小佳在汉口标准件公司技术科，妹夫任木生在汽车挂件厂当车间主任。我与祖棻只生一个女儿丽则，现在南大中文系任教务员，丈夫张威克是南大生物化学系的药剂师，大外孙女已进南大中文系念一年级了。我现已续娶，她名陶芸，退休中学教师。

我再过一两月，也许要搬一处略为宽一点的房子，还不知新居是否通邮，你今后如来信，寄南京大学中文系为妥(210008)。

再，关于传记文学，好像有专门杂志数种。我因目力差，很少看这类刊物，你不妨先了解一下，看看这些刊物的内容，是否适合你，先将部分文字投稿(寄出时，要留稿，以防遗失或不退)。这事，我没有能力为你很好地处理，很惭愧。祝

好，并请在家报中代问令堂大人安好！

千帆

4月24日(1993年)

致魏同贤(二通)

魏同贤，曾任上海古籍出版社社长。

（一）

同贤先生赐鉴：

本月九日，曾由敝门人张伯伟寄呈贵社赵昌平先生一函，陈述南京大学出版社拟编南大学术带头人文集，下走亦厕其列，因而涉及《行卷》《考索》《诗世界》之版权，嘱其向先生预为道地，估计赵先生已向先生转达。

千帆多年来喜弄文墨，不免灾梨多处。此次编辑文集，因而也涉及多家出版社。目前对此要求，已有答复者，有的出版社称该社对拙著“无意再版，同意你给其他出版社”，有的则同意南大出版社收入文集，但保留重印之权（附上中华书局回信复印件）。窃意中华之办法，似尚可取，不知贵社能照此办理否？文集拟采“个人自著丛书”之体，篇幅既大，印数必不能多，或者不致妨害贵社重印拙著时之销路也。盼复，即颂

大安！

伯城、国章、昌平诸先生均乞致意。

程千帆上

5月26日（1993年）

（二）

同贤、昌平先生史席：

前得贵社来示，俯允所请，感荷之至。值以小恙住院，辄乞伯伟先为致谢，计已达览。比又奉瑶函，垂注备至，尤见关怀南京大学之发展，成人之美，为今日所难能也。比台湾友人来函，欲以《考索》《行卷》两书（或合为一本）印行台版，弟告以有《两宋文学史》之成例，将来可由两岸出版社订约。俟有明确消息，当即奉闻。敬复，即颂

撰安！

弟程千帆顿首

六月八日（一九九三年）

致蔡文锦（二通）

蔡文锦，扬州职业大学中文系教授。

（一）

文锦先生：

惠示宏文拜读，欣佩。审言先生乃当世选学大师，鸿词博学，世所仰慕，先生为作传记，又得雅甫指点，当甚周详，愧无所献替也。文选汇注之事，一无所知，亦不敢置可否，乞谅。专复，顺颂

大安！

弟程千帆顿首

六月十七日（一九九三年）

（二）

文锦先生：

承示诗赋，甚佩。

冠英先生学问文章，可谈者多。先生从游久，谅必知之，不劳下问。独其抗战时期在昆明主编《国文月刊》，对大后方学术之推动极为有功，先生似可加以阐明也。槐聚诗极博洽，用意有不易通晓处，先生之注必能洞悉其用意。甚盼早日毕功以嘉惠学人也。

敬肃，即颂

吟安！

程千帆上

7 月 16 日（1999 年）

致李彦、伍杰(一通)

李彦、伍杰,曾任职于新闻出版署。

李彦、伍杰同志:

一别数月,诸想安善。《大典·文学典》进行尚属顺利,高纪言同志想已及时向你们汇报。

我有一件事想请你们向国家版权局了解一下。

该局1990年6月公布的《书籍稿酬暂行规定》第十条说:支付基本稿酬以千字为计算单位,不足千字的作千字算。诗词每10行作千字算(曲艺等韵文体行数计算从诗词)。旧体诗词稿酬可酌量提高。

但旧体诗词传统写法是连写不分行,只分句的。如一首五律诗是八句,一首浣溪沙词是六句,而排印时可按照版式一行排一句或二句、三句、四句……不等。《书籍稿酬暂行规定》并没有说明一行的具体涵义,这样就有两种不同的理解:甲认为旧体诗词一句就是一行,乙认为一行就是版式的一行,可以是两句或两句以上。按照乙的理解,那么,旧体诗词的稿酬就不是由版权局统一规定,而是由出版社版式设计者任意规定的了。似乎有些说不过去。

通观第十条全文语气,也似以甲说为妥。因为它还说到旧体诗词稿酬可酌量提高的话。如不是认为旧体诗词精炼、短小,至少应和新体诗同酬(即一句是一行),就无需加上这一句了。

我近来在整理我亡妻沈祖棻和我自己的旧体诗词集,交出版社出版。商订合同时,就遇到这个问题,因此定不下来。昨天,我已专函版权局请求对此作出法定的解释。想到机关事多,三五个月都不见得有回信,而你们和版权局的同志当有工作上的联系,所以想请你们打个电话询问一下,将他们的解释见告,以免拙著迟迟不能出版,至为感谢。如二位太忙,请秘书同志给我回一简信就行。冒昧请求,不知可否,请酌。

还有,旧体诗词集的出版目前日益增多,这个问题已普遍存在。版权局如果能发文对这问题作一明确解释，使《规定》更加完善，当然更有益于出版事业的发展。这一建议也请代为转达。

顺致

敬礼！

程千帆

1993.6.27

致施议对（十七通）

施议对，曾任中国社会科学院文学研究所副研究员、澳门大学中文系教授。

（一）

议对先生左右：

久阙疏候，忽荷先施兼示近作，感谢之至。南天风物清佳，抒发词心必多妙制，尚乞时以见寄也。弟八十衰病，久废文事，去岁偶得小文，了无义法，今寄呈乞教，贤者必怜其匆匆也。课务似甚劳，还望珍重。

专复，即颂

吟安！

弟程千帆顿首

九月十一日（一九九三年）

（二）

议对先生：

久未奉候，诸想安善。

多年前，先生曾著一文，其中于亡室之作有所评介，载之某刊。岁月飘忽，久乃失之。不知尊处尚有存稿否？倘荷复印一份见赐，曷胜铭感。

盼复，敬颂

吟安！

弟程千帆

十二月二十八日（一九九五年）

（三）

议对先生：

顷奉手教，又尊著复印本，感荷。吟兴不衰，尤欣慰也。顷有友人，欲集愚及先室有关资料为一编，年老荒瞀，不能尽记，重劳左右代觅，惭愧极矣。《词综》闻将问世，自是盛业，愿得早日诵之，尤盼校勘精审，不败人意也。

敬肃，即颂

著安！

弟程千帆

一月十六日（一九九六年）

（四）

议对先生：

台教敬悉。命作书笺写上。近日病目，视力模糊，不知能用否？近有友人拟为弟及先室编一资料集，约四五月交稿。如《涉江词》得先生评，洵为幸多矣。此事要看缘会，愿斟酌之耳。陈望衡先生曾在《文学评论》发一文，想见之。春寒尚厉，伏冀葆爱。

敬颂

著安！

弟程千帆

二月十日（一九九六年）

（五）

议对先生：

大札及附件拜悉。罗孚先生颇善谈文坛掌故，客岁在美国华文报纸连载数十则，颇可把玩。不知有单行本否？先生如与罗公有交往，幸询索之。所惠八百金已收到，愧愧。近有门人应北京友人之约为弟及先室编一资料集，约定四月底交稿。先生赐评先室之文若能在五月前惠下，则定可编入。此足为先室增重，故甚盼拨冗为之也。眼花不复成字，谅之。

敬颂

吟茀！

弟程千帆

三月十七日（一九九六年）

（六）

议对先生：

手教敬悉。尊论亡室词真能抉其微旨渊源，钦佩之至。笺本早寄香港尊寓，乃竟未收到，甚歉。今再挂号奉呈一册。尊文如能五月中写就，或尚及收入其资料汇编，以为光宠。此书由侯敏泽兄经手，侯通讯地址如次：

邮码100021，北京劲松区9区901楼201室。

其人想亦先生旧识。脱稿后，可直接寄敏泽一份，仍可由先生在他处付刊也。

匆匆不谨，敬请

吟安！

弟程千帆

四月十六日（一九九六年）

（七）

议对先生：

赐函及尊文首节并拜读，即函敏泽，转去原件。敏泽昨告，书将在七月发稿，尊文想能在此前毕功编入也。企望之至。

谨复，顺颂

吟安！

程千帆

五月二十二日（一九九六年）

（八）

议对先生：

尊文执读，浩乎沛然，欣佩感谢之至。发表于《诗学》甚得其宜，想蒋寅可作安排也。目疾甚剧，不多及。

复颂

大安！

弟千帆顿首

七月七日（一九九六年）

（九）

议对先生：

承赐《博士之家》，足为学林一代文献。奉读甚佩。尊论先室文已由伯伟刊之《中国诗学》近期，不日可出版。弟近年患白内障颇剧，凡百皆废，枯坐终日而已。前闻《当代词综》非久可面世，甚企望之。

敬复，即贺

春禧！

弟千帆顿首

一月十四日（一九九七年）

（一〇）

议对先生：

赐新书一卷，拜读欣佩。（诗文抄卷附呈，愿督教之。）夏、吴衣钵宏扬海隅，此与文运非细事也。近年目瞀，读书甚艰，然仍当细玩以实枵腹。《学记》在贵州印，一二月内或可奉呈。

敬复，祇颂

道安！不一。

千帆

八月九日（一九九七年）

（一一）

议对先生：

奉书又新旧文数篇，并拜悉。其论亡室词之文原载《中国诗学》者，已收入《程沈学记》，在贵州出版，非久即将径寄尊处，统祈鉴核。《词论二集》想非久可脱稿，甚望早读。敏求诸说诗，能言人所不能言，敢道人所不敢道，钦仰之至。论百年词似嫌略，近贤行迹已不为今世英贤所知故也。弟衰朽余生，已不能从事任何工作，但借门人之力将未成书稿整齐付印，以了因缘。先生厚爱，欲与邓先生邀至澳门发挥余热，恐未能也。目眚，书不成字，伏乞鉴谅。

敬叩

著安！

程千帆

十一月十九日（一九九七年）

（一二）

议对先生：

久疏音讯，想起居安适为念。

前拙作《程千帆沈祖棻学记》中载有先生大作一篇，编者门人巩本栋曾函先生征求意见，蒙惠允。该书出版后，贵州人民出版社即将弟送呈之书直接寄上，不知收到否。又该出版社将先生应得之稿费人民币487.50元寄至弟处，曾去银行询问，据云，如有先生在香港或澳门银行账号，可以折成港币汇上。巩本栋即行函告先生，迄未收到回音。尚乞一查。又张伯伟所编《中国诗学》亦载有先生同文，稿费亦未寄上。因不知如何寄法，并请示复。因患白内障，书写困难，嘱老伴代笔，请谅。

敬颂

教安！

弟千帆

二月二十日（一九九八年）

又弟曾寄《学记》一册与邓国光教授，亦未得复，尚乞一询。帆又及。

（一三）

议对先生：

久未通问，忽得新著《胡适词点评》，甚以为喜。胡词自是一派，先生评说能抉其精微，亦足以为今之干部体张其军也。弟今年八十有六，颇衰病，已不甚能工作。幸主编之《中华大典·文学典》宋辽金元分典已付印，可作为国庆50周年献礼，亦聊以自慰耳。《宋词正体》二三卷何时可出，甚念。澳门回归，普天同庆，先生欢悦之余必多佳什，望见寄也。

专此复谢，顺颂

著安！

弟程千帆

五月二十四日（一九九九年）

（一四）

议对先生：

手示及新文均拜读，极佩。弟数月以来，贱躯不适，百事皆废，偃卧时多，年近九十亦无怪其然也。幸平生所著，已由河北教育出版社编成《文集》十四册，或可于今冬出版。又所主编之《中华大典·文学典》，其宋辽金元分典，大致将于国庆50周年面世作为献礼。不贤识小，聊可奉告耳。

匆复，敬颂

著安！

弟程千帆上

七月二十六日（一九九九年）

（一五）

议对先生：

收到新著《今词达变》，十分高兴。数年来，先生对于词学词史之心得，实学林所罕见，真可佩也。弟今年八十有七，耳聋目瞀，已不甚能工作，幸所主编之《中华大典·文学典》已开始出版，约三年内可以完成。而拙集与先室遗集亦已交河北教育出版社出版。《沈集》四卷非久可出，届时当以呈教。

谨此致谢，敬颂

吟安！

弟程千帆上

十一月二十日（一九九九年）

（一六）

议对先生：

顷欲求罗忼烈先生所编：①《清真集笺注》，②《周邦彦诗文抄》（辑本）。闻在香港书店可得，苦不知罗先生住址，故别函选堂先生。如先生与罗先生相识，则更易函询也。

盼复，即颂

著安！

弟程千帆

三月十九日（二〇〇〇年）

附致选堂先生函，请代转。

（一七）

议对先生：

收到惠赐罗忼烈笺周集，大喜。近月来求此，各地殆遍，不意于澳门得之也。不知澳门书肆尚可得否？又书价折合人民币约值几何，均乞见告，因尚有友人欲购之也（已赠）。《唐宋诗笺评》一册，敬呈。又有《桑榆忆往》一小册，六月可出，届时当别寄也。敬此复谢。

即颂

著安！

千帆

五月一日（二〇〇〇年）

致姜海峰（一通）

姜海峰，安徽大学中文系教授。

海峰先生：

命为尊著题笺，谨书呈。值移居，什物皆装箱，未能钤印，幸恕之也。谨此奉复，顺颂

吟安！

弟程千帆顿首

九月十九日（一九九三年）

致陶雄（一通）

陶雄，陶芸之兄。

雄哥、文华嫂俪鉴：

芸八十初度，承赐酒食之资，值初移居，诸多扰攘，未及复谢，罪罪。天眉返国过沪请安，知兄嫂福体清健，情绪亦佳，甚以为慰。弟蜗居多年，及退休三年之后，始分得一较宽之住宅，四室一厅，前有一三十余平方之小院，刈剪榛芜，平治土地，又杂植腊梅、玉桂、栀子、山茶、棕榈、翠竹之属，待明春更补以蔷薇、金银花、美人蕉及诸草花之可供玩赏而无需特别侍候者。虽足不出户，亦可流连，曝日冬檐，听雨春夕。近来唯此一事，足以奉闻。而天眉远归，亲人团聚之乐，又不待言也。日昨为芸举觞，四代二十人，大吃烤鸭，终日尽欢。八十老翁老媪亦乐而不疲。惟未能得兄嫂

驾临，不无美中不足耳。雨窗闲暇，率陈以代面谈。顺此恭候
俪福！

千帆上　芸同候

十一月九日（一九九三年）

致生活·读书·新知三联书店（二通）

（一）

三联书店总编室：

顷得曹月堂先生函，知数年前与贵店有成议出版之《黄侃学术论丛》一书，近经诸位先生大力协助，已经发稿，十分感谢。前贵店出版《量守庐学记》，学术界反应十分良好，《人民日报》且有专文介绍，想此书亦必同之。目前学术著作滞销，即便印数较少，亦乞惠与周全，不胜铭感。专此奉达，即颂
大安！

程千帆拜启

十一月十四日（一九九三年）

（二）

三联书店编辑部：

十一月八日来函、人民币贰千元及《黄侃学术论丛》稿件先后收到。对于贵店的处理，我们能够理解，并表示同意和感谢。希望便中告知曹月堂先生。顺颂
编安！

程千帆

十一月二十三日（一九九三年）

附：

今收到三联书店寄下人民币贰仟元正，此据。

程千帆

一九九三年十一月二十三日

致高克勤（十三通）

高克勤，曾任上海古籍出版社编辑、社长。

（一）

克勤先生：
并镇远、韶玉先生：

送上备重印的《两宋文学史》校本一册，请查收。（需挖改纠错处均用红头签条标示，请按该页修正文字挖改。）关于挖改字，韶玉先生的意思，只能动字，不能动行，似太保守，有的地方由于迁就这一点，弄得文理都不通顺了。将来若与台版对照，则大陆版之缺点则立即呈现。这不是小事。所以这次所校，未照原样，改动行的仍动了行。（务请有错必改。）这在贵社出版物，也是常见的。如《古诗今选》重印时挖改百余处，动行的也不下数十处。这种认真的修改，曾获得国内外学人的赞可。专此布达，即颂
撰安！

程千帆、吴新雷

一九九三年十二月十二日

同贤、国章、章采诸先生均此不另。

（二）

克勤先生：

书签写上，不知合用否？若不如式，可示以规格，俾另作也。致李、赵函希转交。顺颂
安吉！

弟程千帆

四月九日（一九九四年）

（三）

克勤先生：

大函奉悉。

《宋文学史》重印、《女神之探寻》出版，皆仰仗鼎力，感佩之至。早日见书，实所望也。

饶先生纪念文集中拙稿，由词笺及笺前小序两个部分组成。其重要部分实在小序。接大函后，即努力寻找小序底稿，而始终未得。如无小序，则词笺无多意义。故仍请先生费心，转商印刷厂找出。若实无踪迹可寻，则拙文以抽出为宜。由先生打一电话告知复旦执事先生，说明缘由，想亦无不可也。专复，即颂

大安！

程千帆上

6 月 2 日（1994 年）

（四）

克勤先生：

赐寄《神女之探寻》收到，谢谢。

拙文小序勉力更草一篇，前序所言，已忽忘之矣。老年昏瞀可笑如此。仍乞教正。顺颂

撰安！

程千帆

6 月 19 日（1994 年）

国章、昌平先生处乞代致意。又及。

稿子抄得很清楚，为了节省时间，校对就请先生代劳了。谢谢！

（五）

克勤先生：

前得复旦大学陈尚君教授函，知纪念饶宗颐先生文集已见样书，不知

何时可以寄发，念念。

兹有恳者，弟于1月28日寄李国章社长、赵昌平总编挂号信一封，奉告并询问数事。迄今已二十日尚未得复信。不知是未收到，抑或未作复。乞先生转询赐告。

其中甚盼知悉者，为先室沈祖棻在贵社出版之《宋词赏析》及《唐人七绝诗浅释》二书，弟顷拟依照《两宋文学史》、《古诗考索》(附《唐代进士行卷与文学》)等书之例，将在台湾地区之版权卖与台湾出版公司，所得报酬(用美金支付)贵社与弟各得其半。不知贵社是否同意。《宋词赏析》系1980年出版，1988年后未重印；《唐人七绝诗浅释》系1981年出版，1983年后未重印。贵社在1990年与弟签十年之约，迄今5年，亦无重印计划。是其社会效益与经济效益已均无存，能在台湾重版一次，实为两利，且贵社仍可重印，毫无所损。此种出售部分地区版权事，为今日学术界和出版界所通行，在贵社与弟之间亦已有先例，想不致有异同也。

顷知台湾方面，将于三月中来南京面商，如弟能在最近得到贵社之肯定答复，则一切当较方便，幸与李、赵两先生商酌示复，不胜铭感。

顺颂

大安!

程千帆

2月19日(1995年)

家中地址:南京南秀村25号101室

邮编210008

家中电话:6637551、6637651(南大总机)转2790(家)

(六)

克勤先生:

手示收到。已请南师大陈美林先生评议，不日可寄上。

但此书并非千帆一人主编，而是程、吴二人合著，此点上报教委，定要写清楚。否则万一获奖，无吴新雷先生大名，定要引起麻烦。专此奉陈，

务请注意为感。敬颂
大安！

程千帆
4月29日（1995年）

（七）

克勤先生：

寄上《选堂文史类苑》稿费收据一纸，请转交财务科。

前些时，我曾函国章、昌平二先生，询问《黄侃日记》出版需要资助费用多少，久未得复，请便中一询。

又拙稿《古诗考索》台湾圣环公司出版事，前曾函该公司上海代表人汪树清（广东路20号520室）查询，亦无复函，不知能费心查知其电话号码，打一电话问问否。

又亡室《唐人七绝诗》及《宋词赏析》由贵社主持出版事，近日进行程度如何，亦盼便中赐告。

又贵社若干年前，曾出版《明清民歌时调小曲》书，似有影印原作及选本各一种，顷不知尚可购得否，顷为修订旧作，甚欲参考也。

盼复，敬请
大安！

弟程千帆
8月14日（1995年）

国章、昌平及诸知旧并乞道念。

（八）

克勤先生并请转昌平先生：

沈氏遗著承转介台湾，甚感。《七绝诗》拟删一篇，《宋词》拟增论文一篇，生平及评介文字四篇，台版序一篇，均不长，合共二三万字，俟有成约，当将定稿寄上，以便贵社转台也。又黄先生日记字数及须杨克平贴补款数，最好短期内算出告知。弟意杨如同意，款可由港直接寄贵社保存，以免说了又未落实。至于日记何时发排，自可由先生等统一安排，不一定钱到即付排也。此事拖延已八九年，弟精力就衰，不见得能必见其出版。俟贴补之款有着落，辄拟将此事转请南大许惟贤教授管理，并此奉商。此二事均盼赐复，即颂

撰安！

千帆

8 月 31 日（1995 年）

（九）

克勤先生：

6 月 24 日赐示敬悉。

先室遗著二种，承贵社重印甚感。因已重印数次，校对无讹，无须再行挖改，即照原纸可也。

台版则有所改动，特别是《宋词赏析》，改增较多，希望台方仔细校对。① 大陆版重版样书，② 台版样书，③ 台版报酬希望以时收到。

谢谢。敬请

大安！

程千帆

6 月 27 日（1996 年）

（一〇）

克勤先生：

奉一月十六日手书，知“《诗世界》交邮购部办理，想不日可寄出”。但今天是二月六日（阴历除夕），已过去二十二天，尚未收到。按之常例，上海寄书到南京，一般不超过一周。想来是贵社邮购部同志工作太忙，根本未办理。仍请惠予催促以便早日收到。十分感谢。敬请

大安，并贺春节！

千帆上

2 月 7 日（1997 年）

（一一）

克勤先生：

来示及《诗世界》均收到，又承提高沈书重印稿费，均极感谢。请代购《七绝诗》十五册，《宋词》十册，连同赠书各二册共二十九册寄下。因不知重印稿费总数，故未即奉上。多退少补，想无碍耳。专此，即颂

大安！

弟程千帆

2月20日（1997年）

（一二）

克勤先生：

闻《两宋文学史》重印，何时可以见书，示知为感。

样书幸随得即寄。

敬颂

大安！

程千帆

2月6日（1998年）

（一三）

克勤先生：

前收到重印《两宋文学史》快样本，甚感。当即致函贵社邮购部请其再寄另一样本又优惠买三本（并示知价格），迄今尚未寄到，尚乞一询。贵社所约之稿，拟请敝门人张伯伟教授代写，书名暂定为“桑榆忆往”，此事似可早为定夺，因伯伟事多，早定则可早安排也。即颂

大安！

千帆

三月二十一日（一九九八年）

致吴文治（一通）

吴文治，曾任江苏教育学院（今江苏第二师范学院）中文系教授。

文治先生：

枉过失迓，极歉。又惠佳果，尤感隆情不尽也。尊著《文学年表》上册为一洋学者借去，竟携之归国（亦见尊著为远人所珍），遂使寒斋所藏不全，闻将再版，尚乞代购一册。书价踊贵，不敢再破费束脩耳。明代诗话已有清样否？跂予望之。专上，顺颂
俪福！春节安乐！

弟千帆
陶芸附候
二月十九日（一九九四年）

致冯保善（二通）

冯保善，曾任职于江苏古籍出版社，现为江苏第二师范学院文学院教授。

（一）

保善先生：

《沈祖棻诗词集》已校，除文字错误外，还存在若干格式上的问题，须要面谈才能解决，先生由珂乡返宁后，尚希来一电话，以便约日相晤，感感。寒家已迁南秀村二十五号一〇一室，邮编仍旧（二一〇〇〇八），电话仍旧（南大总机转二七九〇），并以奉闻。即颂
新春万福！

程千帆
二月二十日（一九九四年）

（二）

保善先生：

沈集勘误二纸奉上。

① 191 页 6 行加一句后，有一小段要重排，请注意校对，不出现新错字（原无误）。

② 初印本作家小象大多在装订时粘歪，这次请托工人师傅注意。

谢谢，敬请

家安！

程千帆上

10 月 9 日（1996 年）

致钱志熙（三通）

钱志熙，北京大学中文系教授。

（一）

志熙先生：

大著拜收，容当细读，以实枵腹。三四十年代读静希先生书，六七十年代读一新先生书，八九十年代读晓音先生书，今又得足下书，信林门之多才彦，数传而愈盛也。昔人句云：每逢佳士辄心许，老见异书犹眼明。无缘陪接，敬为足下诵之。专此布谢，顺颂

教安！

程千帆顿首

2 月 28 日（1994 年）

（二）

乡先生梅棣翁以清诗雄文，授书北庠数十载，高第弟子多矣，顾独称志熙之诗不绝口，前偶得诵所作数首，以为清腴殆今人所罕比。又得学江

西诗札记一卷，白内障不能足眼福，勉诵其一二，如说简斋《怀天经智老》，亦为深至矣。近岁每以为文艺学与文献学之高度结合，乃研究工作之高境，吾志熙其近之，假以岁月，观堂、寒柳不难至也。

千帆敬上

9 月 7 日(1997 年)

志熙先生，书不成字，为愧。

(三)

志熙先生：

新书收到。眼睛不争气，要慢慢看，谅之。整个看来，极有思致，林传甲、黄人实在太老，就是游泽承、余冠英也早该退休了。这一套现代化的纪事本末体至少可摆出较新的阵势，从而推动文学史的进步。顾浩访丁芒事，见近期《华夏诗报》(广州出)，想可见之。

匆匆，即颂

大安！

千帆

9 月 10 日(1997 年)

致冯其庸(二通)

冯其庸，号宽堂。曾任中国人民大学教授，中国艺术研究院副院长。

(一)

其庸先生：

久疏笺候，忽得新书，春寒中快读数篇，真如饮醇，肠肚皆暖也。公治红学精专而久，海内外所共称叹，不俟赘言。弟独赏书中所附《无尽的怀念》一文，盖亦尝与杨士则兄交游之末也。解放前夕，以潘伯鹰之介，与士则订交，相见恨晚。其后各以非罪获严遣，遂不相闻。平反后，稍得相闻，而士则死矣。其人博学妙才，词章考据皆有可观，尤长于古刑律，近世学人中，程树德先生后，一人而已。其诗文似未付梓，不识公能为之刊布否？此亦胜业也。弟今年八十有一，目瞀耳聩，每诵坡老“山中老宿依然在，架上《楞严》已不看”之句以自解。仰慕大雅之为道为学，日益愧负而已。专此布谢，顺颂

著安！

弟程千帆顿首

三月一日（一九九四年）

（二）

宽堂先生撰席：

屡荷赐以新书，得充枵腹，感何可言。新雷比转下《秋风》一集，尤为心折，盖不独见公之学术才艺，亦得窥公之性情襟抱于文字墨渖间也。弟年事遒尽，日益昏瞀，已不复能读书作诗文，惟旧作有未定稿者，则勉力与门人辈合力成之而已。仰瞻先生翱翔学苑，光辉日新，健羡何极。旧为亡室诗词作笺，非久可以呈教。今先以部分奉纳，以博大雅一笑。梦溪先生乞为致意。专此复谢，即颂

吟安！

弟程千帆顿首

八月三日（一九九四年）

致张学渊（一通）

张学渊，赖高翔弟子。

学渊先生：

大札及尊撰赖翁传拜悉。五十年前，流寓成都，尝预翁交游之末。忆读其所拟《吴又陵墓志》，叹为晋宋高文，容甫以后一人而已。何期世变纷纭，遂不相见，思之怆然。其遗文得先生校理，想非久可以传世，企予望

之。专复，即颂
大安！不备。

程千帆
三月八日（一九九四年）

致李国章、赵昌平（四通）

李国章，曾任上海古籍出版社社长。赵昌平，曾任上海古籍出版社总编辑。

（一）

国章、昌平先生：

近知继魏、钱二公之后主持出版社事，忭贺无既，此自有关神州学术之弘扬，非细事也，行见山辉川媚，蔚为国光矣。近以肺炎住院旬日，迟乃致其欢悦之忱为歉。顺颂
著安！

弟程千帆
4 月 9 日（1994 年）

（二）

昌平先生：

久未奉候，伏想安善。

前得高克勤先生函，知先室遗著二种出台版事，贵社已与台方有所连系，比又数月，不知进展如何？

比年屡得读者书问欲得此二书。若台方一时不能付印，不知贵社能照拙著《行卷》《考索》《诗世界》等书之成例，在贵社保留版权之前提下，同意弟将此二书交付其他出版社重新出版，以便读者，且使弟有所沾益否？幸与国章先生一商赐复。如荷惠允，并请将原稿（原书二册均已校订）赐还，以便处理。颓龄暮齿，昏瞀不成字，谅之谅之。盼复，敬叩

大安！

程千帆

5 月 20 日(1996 年)

（三）

昌平先生：

伯伟已将《桑榆忆往》稿奉呈。近又补呈陶敏一篇，望能加入。此书我们希望上古设法在今年出版(因程文集争取在今年出)，尚乞费心设法。

近阅《古籍新书目》121 期，知沈祖棻小说集已出版。我想买① 张爱玲(12.60 元)、② 石评梅(11.70 元)、③ 张兆和(10.40 元)、④ 林徽因(12.60 元)、⑤ 关露(12.40 元)、⑥ 庐隐(13 元)、⑦ 苏雪林(12.20 元)、⑧ 梅娘(13.20 元)、⑨ 杨刚(13.50 元)，共除沈外各一册。请和沈的样书及所买之书一并寄下，用费在沈集稿费内扣。眼力不佳，匆匆乞谅，盼复。即颂

大安！

千帆

十月二日(一九九九年)

（四）

昌平先生：

《桑榆忆往》稿已由伯伟寄呈想收到。此稿大约 20 万字，如大体符合贵社安排，即望不再加删削。以其中所收各文，皆经过仔细酌定也。

前阅《古籍书目》，知沈祖棻小说集已出单行本，即上一函，请代购女作家小说集一套(沈集可得样书，除外)，其用费望在沈集稿费内扣除。已经多日尚未收到回信，敬请费心一查，非常感谢。希复，即颂

著安！

弟程千帆上

十月二十五日(一九九九年)

弟今年已八十有七，耳目俱差，书不成字，请原谅。又及。

致屈义林（四通）

屈义林，曾任四川徐悲鸿、张大千艺术研究院院长，四川省文史研究馆馆员。

（一）

义林道兄：

手札及附件拜悉。江文陈义甚高，若弟函，恐不免如佛头之粪也。江山信美，诗画怡情，老福若兹，亦足补平生之坎坷矣。弟老病颓唐，久废笔砚，睹兄康强，如在天上耳。敬此复谢，即颂

吟安！

弟千帆顿首

四月十二日（一九九四年）

（二）

义林道兄：

收到画册，想见南雍艺术科在悲鸿大师主持下极盛时。吾兄画风盖兼悲鸿、大千、采白、凤子、书旂诸翁之长，而又融贯众家，自出机杼，当今画坛盖无与抗争者矣。弟尤所会心者，第五九页《一兰双蝶图》，盖两娶，先沈祖棻后陶芸，皆婉娈有加，如得我兄以宝绘图貌之，或能托以不朽，不知能在秋凉意兴佳时为作一幅否？企望之至。相交数十年，故敢有此妄干，幸恕其冒犯也。

谨肃，即叩

道安！

弟程千帆顿首

8 月 30 日（1997 年）

（三）

义林尊兄：

手教及照片并拜悉。允赐宝绘，感激不可言宣。兄画册此间艺苑同好多人莫不钦服，特以高龄有此笔力精气，为不可及，期颐之征也。有门弟子之女顷游南京，特托其呈奉洋参一匣，十月上旬当可达左右，至乞哂纳。秋寒千乞葆爱，尊画可有兴时为之，不必急于见赐。杜老所谓“能事不受相迫促”也。（诗绝妙，称其画，真可宝也。）敬复，祇颂

道安！

弟千帆顿首

9月27日（1997年）

（四）

屈翁尊前：

《兰蝶图》收到，九十翁精力弥满，真人瑞也。命题当稍缓为之，不敢率尔也。先此奉告，顺颂

吟安！

弟帆

12月11日（1997年）

致王伊同（七通）

王伊同，曾任美国匹兹堡大学教授。与程先生是金陵大学同学。

（一）

伊同学长尊兄：

日昨忽得绍曾先生转下瑶函，洛诵之下，浑如梦寐。成都一别，已五十年。此五十年中，天地翻复，诚如兄说，而我二人以风烛残年，犹得一通音问，抑又幸矣。（贱齿今年整80，盖癸丑生，意兄亦相若也。）弟离母校

后，长期在武汉大学，直至1977年退休。其后南京大学又起65岁之衰翁于闲散之中，遂于翌年移砚南京大学（此校为中央、金陵两校合并组成，亦可谓母校也）。至1990年退休而又同时返聘，虽已不为学生授课，然亦偶为校事尽其绵薄，犹古之稷下先生，不治而议论也。贱躯差可，惟患心脏房颤，心律不齐，须注意将护，余则耳聋目瞀，老人之常，不足异也。先室沈祖棻，十余年前不幸死于车祸。弟来宁后，遇陶芸。其夫解放后在台湾不归，已别娶。因与之结婚，双方子女皆已长成别居，故相处颇得。老人亦有伴侣可以互相照应。弟在宁十余年，著述甚勤，亦陶芸安排生活，俾得肆力于学之力也。以兄之勤敏，在海外述作必丰，而国内信息不灵，似少绍介，殊为可惜。弟与旅美学人如周策纵、刘若愚（已故）、叶嘉莹、张充和（皆女）皆有来往，亦颇知杨莲生消息（闻近亦故），惟独未阅兄信息，此乃第一次，故尤欣慰也。陈恭禄师已于"文革"中逝世，弟来南大后，曾参与其平反追悼会，盖亦以冤死也。王伯武师逝于1990年，其时值弟亦住该医院，故得往太平间抚棺一恸。今日金大旧人在南大犹健在者无多，文学院则几无之矣。端木中兄在成都时曾在沈祖棻词选班上旁听，故弟亦识其人，晤时幸为道念。兄函提及之旧同学，弟就所知奉告如下：李崇道（非中道）读至金大二年级时，考入杭州苋桥航空学校，一年后，坠机失事，不幸身亡。王□□，弟亦想不起。哈国忠，解放前夕在上海外贸机构工作，后不知何在。胡笃冲，后改名胡畏，共产党人，长期做党的工作，曾任南大党委副书记，后任华东水利学院党委书记，即在该校（现改名河海大学）退休。按照中国习惯，学校提前在92年给我做了80岁生日，印了一些纪念文字，今奉寄一种，俾老友略知别后数十年生涯，尚乞惠教。专上，敬颂
著安！

弟千帆

4月28日（1994年）

（二）

伊同学长兄：

前上一函及献数小诗，谅达左右。手战写字不听指挥，甚丑。近日重

写一张，大有阿Q努力画圆圈之意，而仍不行，只有这么大的本领，只索罢了。今亦寄上，聊当老朋友的笑话看可也。敬颂
著安！

弟千帆草　芸附候
11月23日(1995年)

(三)

伊同尊兄：

两函均奉悉，所提及各位师友有些较为熟悉，有些则兄提及后亦一一回至眼前。老师中王绳祖、陈恭禄、吴征铸均曾在南大任教，陈恭禄先生去世较早，王先生与吴先生则在近数年内先后逝世，徐绍武先生在南京师范大学(原金陵女子大学校址)执教，亦已去世，张守义先生解放后在新疆多年，八十年代初回河北原籍养老，路过南京时曾经晤面数次，近况则不知矣，虎臣先生据说在美国(抗战前出去，一直未归)。现仍在南大的金大老师还有陈纳逊先生(教我们 zoology)和戴安邦先生(化学系)，陈先生已103岁，戴先生亦九十多岁，均高寿。陈先生百岁寿诞时我们曾去祝贺，他精神很好，还能自己致答谢词。在南京的金大老同学还有往来的有徐复、王永芬(徐国文专修科，王历史系)、胡笃冲等。兄所提卢□□当为卢盛怀，王君当为王连生，在美国的同学还有吴宜，不知有来往否？邓懿系芸儿时同学，周邓伉俪返国后虽有书信往来，惜均年老，难得见面。弟等年来尚粗安，只是日益衰老，目瞀耳聩，千帆尤甚，虽佩戴助听器亦无大用。只得听其自然。胡翔冬老师50岁左右便有诗云："成仙惟一梦，俟死养残年。"亦可法也。徐国屏二年级转农学院，亦喜文学，曾与弟结春风社，笔名迟巴。作诗二首，另纸抄上，兄如能转去，俟其收到后，当另写一条幅寄去，不知其能见到否也。兄著作除两门第外，皆未得见，能惠赐数种否？(中文的好看，英文的要翻字典，老衰费力也。)敬颂
年喜！

此信收到是96年矣。

千帆、芸
12月26日(1995年)

束发纵横翰藻场，春风诗笔共评量。当年结社浑如梦，此日相思讵可忘。

程翁晚作秦淮客，徐老栖迟西海头。苏叟闭门孙叟死（恕诚在台北闻恃轮椅而行，孙望一九九〇年死矣），更于何处续风流。

一九三二年在金陵大学西楼与迟巴、冷飚、孙望结春风文艺社，其后散而之四方，今一甲子矣。偶得迟巴消息，赋此奉寄。

（四）

伊同学长兄：

大札及照片均奉悉。承介绍马瑞志先生与章灿相识，使其获益甚多，极感。章灿将于八月间回国，一年中在哈佛燕京图书馆看到很多好书，又和很多学者交流学术，对年轻人大有益处。今年八月间另一学生张宏生也将去哈佛访问，宏生与章灿系同届博士，届时当嘱其奉函老兄，以获教益。弟等日益衰老，少与外界交往，与邓懿及王绍曾先生亦很少通信，尚不知一良先生病况。千帆因白内障加剧，读书写字均感困难，只有等待长到成熟后，施以手术，或尚能复明。不知还要等多久，甚感苦恼。开始时心情颇为烦躁，现在已渐安定。老年耳聋目瞀，亦自然规律也。夏日来临，诸希珍重。

敬请

大安！

千帆、陶芸敬上

6月15日（1996年）

（五）

伊同学长兄：

得10月8日大函，不胜欣喜。前曾接到东南大学徐先生电话，知兄安康，亦较宽心。只是近数年来日益衰朽，耳几全聋，戴上助听器，还需在耳边大声说话，才能听到十之七八，与电话早已无缘。眼力亦差，看东西模糊，报纸只能看看标题，大字书阳光强时能读二三十分钟。心脏亦不大好，心功能不全，心肌缺血，因此已无法工作，终日闲坐而已。幸陶芸身体尚好，除年老力衰腰腿不便外，无慢性病，耳目亦还可以，天晴时可伴我在校园中散散步，代我写信件，接电话，真正是老伴。另外也有数事可以告兄。我历年来撰写的书已由河北教育出版社编成全集，共 14 卷，大约明春可以出版；我担任主编的《中华大典 · 文学典》共六个分典，现在已有一个分典(宋辽金元)出版，共五大本，12000000 字。2003 年可望全部出版。来南大后传授的几个博士有六个留在南大，现均已成为学术骨干，多数也在带博士生了，堪以告慰。老朋友均年逾八十，很少书信来往，一良、邓懿每年互寄贺年片，报告平安，北大有人来宁时，亦常听到他们的情况。王绍曾先生亦久无音信。我和陶芸二人是电子盲，亦不会用电脑，因此又少一通讯工具。希望以后常互通信息。

专复，敬颂

大安！

弟千帆、陶芸同上

11 月 13 日(1999 年)

(六)

伊同兄：

年前曾寄上一贺片，想已收到。旋得手教又逾一月，真匆匆矣。年老多病，彼此同之，亦是过一天算一天耳。承询金陵师友，今就所知，奉告如下：

① 戴安邦及陈纳逊两师，均在南大享高年。戴先生九十余，陈先生一百零几，均在前数年去世。陈先生一百岁时，帆芸曾往致贺，曾荷赠寿碗，至今用之。金大老同学胡笃冲曾在南京大学任党委副书记，后在河海大学退休，虽同在南京，但不常见。哈国忠解放初在上海工作，则已多年不知所在。陆恩涌君曾在暨南大学、河南大学及南京师范大学任教，疾老退休居上海，久不通问，今已不知存亡。又与陆曾在一处者似为周绍银君，其人在国学研究班毕业后，即返上海，无音问已数十年矣。弟今年八十七，芸今年八十六，亦闭门索居。王绍曾久未通问。周一良夫妇生病亦

有所闻，其文集5大册，已出版，曾荷见赐。国内近兴出文集之风，多者二三十卷，少亦数卷，亦是经济生活好转之故耳。敬颂
道安！

弟千帆、芸同上
1月8日(2000年)

（七）

伊同学兄：

大札奉悉。令郎、媛同时回家欢度元旦，又恰逢新的一千年开始，必然过得很愉快，为之欣羡。我们共有二子二女，除长女在美国，其余三人均在南京，年节与周末常来探视，颇解寂寥。惟弟自去年以来，日益衰老，不仅耳聋，视力也差，视物模胡不清，已不能读报，大字书可勉读数页，行路亦困难，不久后可能如景均兄须乘轮椅代步。但景均兄尚能著述，弟则已无所事事矣。上月曾收到齐鲁书社寄来山东省图书馆馆藏《海源阁书目》，内有王绍曾先生长序一篇，因悉其仍健康，但弟执笔困难，尚未复谢，谨以奉闻。芸身体尚可，弟一切均靠其照顾。接来信获悉邓懿姐去世，极感悲痛，已去函劝慰一良兄。芸与邓懿小学同学，后数十年不通音问，待互通信息后，颇思一面，未能达到目的，即告永别，真是缘尽于此(邓懿致芸之信中曾言恐不得机会相见，缘止于通信)。32年金大之老同学现尚在者已不多，即使尚存，亦不通音问，回忆前尘，仍颇留念。望常来信，以慰远怀。敬颂
近安！

弟千帆、陶芸同上
3月15日(2000年)

致周笃文(六通)

周笃文，字晓川。中国韵文学会、中华诗词学会创始人之一。曾任中国新闻学院教授。

（一）

晓川先生：

奉书知近游甚乐，想佳什又增几许矣。短文十篇聊以塞责，勿讶老人之衰也。排印时，务请仔细校对，千万千万。

《涉江诗词笺》一二月后可出版，当呈教耳。专此，顺颂

吟安！

千帆顿首

四月二十八日（一九九四年）

（二）

晓川先生：

赐书及附件均拜悉，知近主持选政盛事。弟久不作诗，无以报命，如或必需，先生可于旧作中任择一二略可取者塞责，幸酌之。序不敢作，以熙朝雅颂，无着笔处也。小文数篇博笑。敬复，即颂

吟安！

弟千帆顿首

九．四（一九九五年）

（三）

晓川先生：

手示敬悉，砺锋已去韩国讲学，一年后始返。承索拙作，勉抄古今体十篇乞教。目疾殊剧，不多及。专此，祇颂

吟安！

弟千帆顿首

十月四日（一九九六年）

（四）

晓川先生：

手教敬悉，所要小传、照片附呈。小诗首句末字，事当为寺，并闻。过

褒为愧。梦芙先生想已到任，祈代致意。顺颂
吟安！

弟千帆顿首
四月二十八日（一九九七年）

（五）

晓川先生：

承赐重金，倍感皇愧。比来酷暑，台旆主持风雅，必极繁忙。仍冀善自保爱，肃此复谢，祇颂
吟安！

弟程千帆顿首
六.廿三（一九九七年）

（六）

晓川先生：

大札敬悉。弟自去冬以宿疾住院月余，后虽略痊，但颓龄迄今难已复元，每日偃卧时多，百事俱废。故虽逢五十周年大庆，亦惟有拱手谢不敏而已，幸诸大雅谅之也。谨复，即颂
吟安！

弟程千帆上
六月十七日（一九九九年）

致程晴佳、程小佳（八通）

程晴佳、程小佳，程先生之妹。

（一）

连生弟、晴佳妹：

前函计达。刻又收到武汉大学我的学生程一中先生函云："……沈先

生的墓碑不是倒了，而是84年湖北大学做的那块墓碑太糟糕。一块水泥预制板外面糊一层薄水泥，再在薄水泥层上用白碎瓷片堆的字。现在这层薄水泥的上部和左部都剥落了，字也跟着掉了，没有掉的也和预制板脱层，一碰就掉……穆庵公的墓碑是坚固的麻石，虽经三十年风雨侵蚀，刻石很深的'诗人程穆庵之墓'几个大字仍清晰得很。只是'浏阳刘通叔(此字辨不清)拜题'一行，凿刻过浅已模糊难辨。中文系大概想给沈先生重竖一块大理石墓碑，问了一下价钱，也就二三百元，如整个墓地重修，则需近千元……"

现在我们和丽则的意见是不想让武汉大学来修，这个道理你们都清楚，不用多说。爹爹的墓碑既然很好，只需用朱红再描清楚一些，另外再培培土加加固就行了。至于嫂嫂的碑，我们想换一块，最好也用麻石(即花岗岩)，因为大理石一般还是人造的，并不牢固，不知能否买到。另外墓地如有破损，就补修一下。最好能在两个墓的周围筑一短矮墙，与别人的坟隔开，不知有没有地方？日前小佳打来长途电话，我们已经把这件事和他们讲了，请他们协助一下，比如借车、找人干事等，也许木生办法多些。希望你们和他们通通气。

上次寄去的三百元谅已收到，这笔钱肯定不够用，等你们去看过估计过告诉我们，当再寄上。墓碑上的字我亲手写，一切等待你们的回音。

你们两姐妹和妹夫合力将这事办妥。费用全部由我们承担。做得好点，不必省钱。我也许秋天要到武汉讲学，若身体允许，也还想到石门峰去看一看。

我们在南大的新地址是：鼓楼区南秀村25号101室。邮码还是210008，电话是6637651转2790。

小佳家里装了电话，已来过一次长途了。我们和小婉一家都好，不用记挂。

祝

全家好！

此信转小佳一阅。

哥哥

五月二十九日(一九九四年)

（二）

木生、小佳：

方才收到潘长胜先生（江岸区黄浦路 248 号武汉出版社）电话，已决由他直接交你三千元。请即正式开一张收据交之。此款，作修双亲及棻坟墓用，如不够，再告我支付。

我和芸合编了一本工具书《骈字类编音序索引》，即将由武汉出版社出版，此系稿费。这样拨款，他寄我余款可省汇费，我寄尾数亦同，彼此都有利也。

祝

全家安好！

哥嫂

二月八日（一九九五年）

（三）

小佳、木生：

得来信，知蕙蕙高考成绩和谨谨一样好，可望入武大。武大社会科学、法律、经济、财贸很强，孩子们都进入了重点高校，父母也就放心了。

早早已去北京，按学校规定，在《光明日报》学习几个月，约十一月回来。但她另有一个提前攻读硕士生的机会，如英语合格，也许下半年就直接进入古典文学硕士生一年级，不读大学四年级了。她总分全班第二，现在只看英语成绩如何（成绩九月中可出来）。

丽则性好旅游，巴巴地攒了两三千块钱，跑到新疆去了。大概 20 天至 30 天可以回来。

此间天气，十多天一直高温，我们很注意，一直躲在家中，早晚在小庭院活动活动，中午则躲在空调房。吃得很简单，基本不做事。所以今年没有生病。八号就立秋，如到九月底无疾痛，这个暑期就算平安度过了。

寄上四百元。一半给谨谨，祝贺她大学毕业，一半给蕙蕙，祝贺她考取大学。愿她们健康幸福，一日千里。祝全家好！

哥嫂

八月三日（一九九五年）

另，谨谨有无去香港？回来没有？

（四）

木生弟、小佳妹：

昨天才送走早早，就接到来信，已来不及让她带信了。她是和同学们一起去武汉探亲访友，一定会来看你们的。家中的一切情况她会向你们汇报，这里就不详述了。

谨谨、蕙蕙都勤学向上，是我们大家的一大安慰。夕佳到厦门后来过信和电话，圆圆已经结婚，和她的爱人到澳大利亚去工作了，但在厦门置了一套房子，她生了孩子后要送到厦门请夕佳带，所以今后夕佳将长期住厦门，就比在江西上饶好多了。晴佳的女婿也来过电话，他们的学校已改为公办，情况也在好转。知道你们姊妹三人近况都很好，我们非常欣慰。

迁坟的事请你们多费心，丽则寒假可能去武汉，让她和你们一起商议。我们四月间可能去武汉开会，只盼望能在四月前可以修好。

祝

全家健康幸福！

美哥、嫂

1月12日（1996年）

（五）

小佳妹、木生弟：

接来信，亦喜亦忧，当然还是喜大于忧。谨谨即将出国深造，学成回国，可以使千万爱美少女获益，因齿病而痛苦芸芸众人舒畅。如能在武汉开业，则更可以承欢膝下，可喜可羡。蕙蕙虽因病未能继续就读，但能在证券公司就业，已是受人羡慕的工作，与她的专业也合。以后当以休养为主，多运动，加强营养，这个病在今天已不是什么难治之病。现在已痊愈，应防其复发。待身体完全健壮后,仍可以继续读书,或脱产,或在职,都能实现,千万不要消沉。我们非常惦念她,并教育小燕子要多运动,不要死读书。希望蕙蕙能接受我们的意见。

我们还想给小佳妹妹提个意见:现在两个孩子都学成了,谨谨虽继续深造,经济上也不需要你们帮助,说实在话,你们就是每月能够帮助她一些钱,对她在国外也无多大用处。木生弟既然找到一个合适的工作,再加上你们两人原单位的退休金,省吃俭用,生活应该没有什么问题。小佳的工作既远又累,待遇又不高,我们建议你就不要再去做了。木生年纪也不小了,每天上班回来需要好好休息。蕙蕙还要特别照顾,如果你们三个人都上班,回来后还要忙家务,烧饭、洗衣服、搞卫生,一定感到很累。如果小佳不去上班,把家里搞得好好的,多么舒畅!当然也许我们了解得不够,说得不对,请斟酌。

我自去冬住院以来,身体一直很衰弱,出院时总结是冠心病、房颤、心功能不全。可以说与住院前没有多大改善,还增加了一个(不依赖胰岛素)糖尿病。房颤已有十几年了,现在不感到难过,每天用一定数量的特效药稳住它不发。所谓心功能不全就是由于血液循环不好,心肌缺血。现在主要是没有精神、没有力气,走路走不动,脚也有点肿。最近有位朋友介绍一种日本制造的磁性寝具,包括床垫、被、枕头,是一位日本皇室发明的,即称皇室磁性寝具。据说,长期使用后可以促进血液循环,能治疗心脏病、高血压、腰椎、颈椎等各种疾病,价钱很贵,需 3 万元。我们觉得如能治病,贵点倒不妨。不知你们听说过这种治疗仪吗?昨天又有人说香港早已有售,她用后颈椎病已痊愈,价格比南京低得多,我们正在打听。

早早和她的丈夫郭斌都已通过硕士答辩,7 月 1 日举行毕业典礼即将离校。郭斌 7 月 10 日将去广州《羊城晚报》报到工作,早早 9 月份去上海复旦大学继续读书。你们寄来的贺仪他们早已收到,谢谢你们的厚贶。

我上次给你们去信时,也给夕佳写了信,但至今未收到回信,我写的地址是“昆明梁园小区邮电所信箱 106 号”,不知是否已改过了?你们有他们的通讯地址吗?请来信告诉我们,以便和他们联系。前些时杭生的妹妹胡咏絮来，曾告诉我们夕佳将把圆圆的孩子送澳大利亚还给圆圆，因为他们带不动了。

盼得暇能常通信，顺祝

全家安康！

哥哥、芸嫂

99.6.27

另，二姐一家怎么样？除凯凯每年打电话来拜年比较了解外，琼琼与青青的情况如何？亦在念中！

（六）

小佳、木生：

得信，知谨谨已如期赴荷兰，蕙蕙工作也很顺利，转正只是时间问题，我们非常高兴。早早在复旦大学读古代文学博士，因离南京近，有空也回来看看。小燕南大法律系毕业，因成绩好，已免试升为硕士研究生，她是否能读博士，要看硕士成绩如何。看来，孩子们都很努力，小婉和你们姐妹，除晴佳因环境所限外，孩子们都不错，可以说在逆境中争了一口气，也可慰父母在天之灵。我今年在去冬病后身体一直不好，耳极聋，目力也差，幸嫂嫂健康，可以照顾我，威克夫妇也好。威克可能寒假来武汉，看他姐夫、姐姐和你们。丽则则要去广州。早早的丈夫郭斌在《羊城晚报》当记者。小燕也有了朋友，是同学，在学医，但尚未最后确定。孩子们的婚姻，由他们自己决定，一双两好就行，我们也不多管了。

祝

全家安好！并候晴佳全家好！

美哥

十二月六日（一九九九年）

（七）

木生、小佳：

收到你们寄来的干豆丝，十分欣喜。武汉生活可回忆留念甚多，食品也是其中之一。我特别喜爱豆皮、烧卖,乃至豆丝、热干面。武汉曾有一店在夫子庙食品市场开过烧卖店,但似不合南京人的口味,不久就收摊子了。我今年八十六岁,吃八十七岁的饭了,学问的事还清楚,但生活不免糊涂。幸嫂嫂耳目都还好,不管什么,她都能一把抓,我就省了许多不会管也管不了的事。蕙蕙工作顺利,谨谨在海外生活得好,我听了都非常高兴。我们两人都已退休,终日无事,生活无忧也很自在。丽则夫妇在这次定岗之时,因平时工作过得去,也都保持原工作。早早在复旦,寒假去广州,看其夫郭斌。郭在《羊城晚报》,因工作还努力,三个月实习期满,定了五年合同。早早读完博士后,也许去广州工作。丽则也准备寒假中去玩广州,顺便去一趟深圳。她的朋友饶小平现在那里。小燕已保送读硕士学位,大概读硕士就在南大了。读不读博士,今还不知。现在律师很缺,也许就就业了。

匆匆致谢,即祝

全家安好!

哥嫂

一月十三日(二〇〇〇年)

(八)

小佳妹、木生弟:

来函已奉悉多日,迟复为歉。近日来哥哥不如以前,除了耳几全聋外,视力亦大大下降,不论远近都感到一片模糊,因此已不能够读书,看报亦只看一大标题而已。行路也困难,两脚麻木,走路不由自己,因而情绪也很差。这一两个星期忙于各种检查,结果是:心脏有几个部分或钙化,或增厚,还有反流现象;肾功能稍差;眼睛除白内障外,玻璃体亦混浊;糖尿病不是很厉害。而更麻烦的是这些问题都不是药物所能够解决的。医生云,好比机器已长锈或长期使用后损耗,是老年人通病。哥哥已八十七岁,退休多年,不必再想着看书,只有静养,天气好的时候出去散散步,保持现状,要改善就不容易了。哥哥闻之后,心情略好,但终日无事可做,的确也很难过。现在是中西药都在吃,饮食适当控制,不会有什么大问题,请放心。一直没有给你们写信,就是忙于看病了。

木生弟下岗,实在是老板太无能了,好好可以法律解决的事却自己胡来,结果是自我倒霉,还影响了职工。不过木生弟有技术、有经验,一定可以找到较好的工作,但不要急,慢慢找一个合适的。否则坐在家里也难过。如果生活有困难,请告诉我们,可以适当地帮助,不要客气。你们两个孩子都很有出息,前途光明,你们一定有老福可享。

晴佳妹的两个女儿身体太差,是主要问题,只好多加锻炼。小佳妹能够帮助并教育叶青,让她能慢慢适应社会,能自食其力,那就太好了。这是她终身的事,即使结婚了,也不能全靠别人。

早早在复旦读博士已快一年了,现在已准备作论文,爷爷老了,也不能对她多所帮助,看她自己努力吧!上个星期和郭斌回来了两天,两个人很好。小燕是读大学的最后一学期,已经不上课了,现在一个律师事务所实习,下一个月将转入作毕业论文。她是免试读硕士,不需要找工作,所以现在很轻松。丽则、威克都还在原岗位,一直做到退休大概没有什么问题。

谨谨在国外生活学习都好,我们听了很高兴。我有时想起谨谨来南京的那些情景,还历历在目,而她们现在都已成大人了。哥哥已是快九十岁的人了,现在还能走走路,看看报纸大标题,也算不错了。也不能要求太高,所以他现在也看开了,愿意平平安安地过。

顺祝

双安!

美哥、芸嫂

3 月 30 日(2000 年)

另,清明到了,请上坟时代我们献花敬礼默哀。如可能拍一张照片寄来。

致伏家芬(一通)

伏家芬,曾任湖南省文史研究馆馆员,中华诗词文化研究所研究员。

家芬先生:

夙闻令德,无缘陪接,忽奉瑶札及杂志、诗集三册,谦光远照,佩仰何极。弟年逾八旬,久废文咏,旧篇流布,徒增颜汗,如先生以为可污读者之目,固不敢隐也。尊师曾甫先生湖湘耆旧,海内老师,弟离乡岁久,阙于抠谒,比闻殷拳,尤深皇恐,晤对时幸致意也。伏热,敬希珍卫。顺颂

吟安!

弟程千帆顿首

7月30日(1994年)

致曹积三、阎桂笙(一通)

曹积三、阎桂笙,作家。

曹、阎先生:

来信收到。我绝不是名人,平日读书又无所得,随便发议论,是不妥的。此事不敢从命,请原谅。顺颂

大安!

程千帆

九月廿七日(一九九四年)

致宋亦英(三通)

宋亦英,曾任安徽省诗词学会副会长。

(一)

亦英先生吟席：

新集颁到，藻思精妙，尤胜于前，真“庾信文章老更成”也，钦感何极！下走耳聩目昏、百事皆废者有年，偶为先室遗文作笺(尊颂称许过情，非所敢承也)，以了夙缘。友朋知者，劝其付梓，非久或可出版，容更呈正。秋露戒寒，珍重珍重。专肃，祇请

著安！

程千帆拜上

十月九日(一九九四年)

(二)

亦英先生：

来示收到，赠词感佩。

《沈集》有漏印处，可向出版社掉换。请将书寄南京中央路165号江苏古籍出版社黄希坚先生，请其换一本寄上。言明系千帆托办，当可得复也。

天寒，伏冀珍卫。

敬请

吟安！

程千帆

12月22日(1994年)

(三)

亦英大家：

新集拜领，想见老学不倦，文采愈发也。老朽目疾转剧，几同盲人，面对珠玉，莫能细玩，愧恨而已。徐蕴之翁前有书来，亦因作书为难，久未复，如相见，幸致鄙意。顺颂

吟安！

千帆拜

六月二十四（一九九七年）

致祖保泉（一通）

祖保泉，曾任安徽师范大学中文系教授。

保泉先生：

老懒废事，久阙音问，忽奉大著《文心解说》，借审日进无疆，深有所得，真可喜可贺也。《文心》当代显学，治之者数十家，然求如尊著之朴实无华，条理通达，以启牖后学者，尚无第二书也。弟退休已四年，昏聩日甚，幸心脏宿疾未大恶化，为可告慰耳。书城先生尊况何若？幸为致声。专此复谢，即颂

著安！

弟程千帆顿首

十一月一日（一九九四年）

恕诚、学锴二公见时亦乞道念。

致陶敏（八通）

陶敏，曾任湖南科技大学人文学院教授。毕业于武汉大学中文系。

（一）

陶敏先生：

《姓纂》终于出版，是一大喜事。您及郁先生赐赠一部，尤荷盛情。刘集样本，问过数家，但都怕蚀本，以“出过同类之书”推辞。我想你是否可将集中有大关系诗篇加以笺证，改为寅老《元白诗笺证》之体，似更有益于

学界。当日寅老开此课时，其名即为“元白刘诗”，可见寅老亦有笺刘之意。如兄能续其所未及成，岂非大美事。（如此一改，即化普及为提高矣。）如何之处，幸大雅酌之。弟年岁日衰，已不能工作，犹眷眷于阁下之为，姑漫言之。即颂
著安！

弟帆
3 月 28 日（1995 年）

（二）

陶敏足下：

古人云：学业既成而声闻未彰，朋友之过。璇琮推毂，亦友道也，甚愿及早诵之。书签勉作，老无笔力为愧。夏热，幸善自葆爱。顺颂
著安！

千帆顿首
7 月 4 日（1995 年）

（三）

陶敏兄：

得书惊悉伯母仙游，悼痛何极，然有子如兄，九泉何恨，亦愿能自葆爱排遣也。方今学术，哗众取宠欺世盗名者比比皆是，然荀子云：“狂生者，不胥时而落。”君子之道，仍必暗然日章，我行我素，终必为今日后世所承认接受。吾湘船山先生隐居苗峒，著书数百卷，终能发其潜德幽光，其著例也。愿坚持勿懈。弟虽衰朽，固愿及见兄之有成也。秋凉，伏冀
珍重！

千帆
10 月 3 日（1995 年）

（四）

陶敏先生：

承赐新著《唐诗人名考证》，严密远过前人，吾湘老辈惟杨积微之治

班汉穿穴经史可以仿佛,先生所治有异而专精则同。衰年得此,虽目障不能细读,览其一二亦为之喜而不寐也。衰朽今岁已八十有四,耳聋目瞀,不复能视书,默坐时多,幸思虑尚可,不十分糊涂耳。专此布谢,祇颂

著安!

弟千帆顿首

10月3日(1996年)

(五)

陶敏吾兄:

11月16日手教敬悉。(目前许多出版社无专职校对,故讹谬不可枚举。)承示著作计划思路广阔而又缜密,如锲而不舍,必跻于成,可预祝也。今人之为考据,其弊大要有二,一则考其所不必考,则陷于支离破碎,二则据其所不能据,则流于牵强附会。先生如能就近贤及今人所为文章,对照清儒之作,则其病立显。此书如成,有功学术大矣。近年白内障颇剧,写字困难不能多及,愧愧。顺颂

著安!

千帆

11月20日(1996年)

(六)

陶敏贤弟:

信到。于右任陕西三原人。其集曾在陕西出版,作书时偶忆及,为弟书之耳。第二首首句为"无聊豫让酬知己",事见《国策》。我在贵州所出《程沈学记》近已印出,二三周内当以奉呈。匆匆,即颂

近好!

千帆

11月19日(1997年)

（七）

陶敏贤友：

得示，知《广义》四卷均收到。今日海内治此学者少，不知弟能以暇写一文字作绍介否，望望。弟日益衰朽，傅公命作《编年史》序，不可却，恐不能成佳文，奈何。然此书之出，当为文学史跨进一大步，又不敢不勉贡所知也。顺颂

著安！

弟帆顿首

国庆日（1998 年）

（八）

陶敏贤仲：

来信收到，知惠允作书评，甚感。可从容为之，不要急急。成后可寄璇琮，待其择刊发表。其《编年史》序已写成付与，体弱不能为长文，三千余字而已。贱躯入秋以来殊不佳，残年无事，又目病不能视书，默坐而已。匆复，即祝

安好！

千帆

10 月 31 日（1998 年）

致唐翼明（九通）

唐翼明，华中师范大学特聘教授。武汉大学文学硕士。

（一）

翼明先生：

未通问者有年，侧闻久返台北执教，而苦不知尊址。砺锋南游，带来新著，捧读欢喜，惟苦目患白内障，不能席卷鲸吞，但当细细咀含耳。年前

曾将旧作《古诗考索》及《唐代进士行卷与文学》合为一册，交台北圣环出版公司徐耀环先生印行，久无音问，不知能便中代为一询否？其地址为德行东路一〇九巷十七弄七号，电话为八三三一九五零。如有所闻，希见示也。暮齿今年八十有二，少年不力，去日苦多，犹有少许未了之事尚待完成，亦不知苍苍能假我数年否。近状仍望见告。专此复谢，顺颂
俪安！

程千帆顿首

4月24日(1995年)

（二）

翼明先生：

贺卡、附言均奉悉。琐事偶以奉渎，致劳清神，愧愧。我与徐耀环先生本不相识，渠以林庆彰教授之介，来南京相晤，欲印拙作台版，或在后又悔之，不复相见，亦不复信，此事，可即算过去，不必再追究可也。

清谈是一热门话题，近代及当世学人颇多染指。尊著晚出，评量诸家之得失，独出一己之心裁，大处落墨，小处亦见工夫。我常感到，最理想的著述应当是文献学与文艺学的高度结合，互相渗透，融为一体，亦即考据、义理均详且精，再加以文辞优美，即清儒所标举之高境。读尊作，每有此乐。英时先生是我佩服的海外学人之一，书序也写得好。

我来南京，又十六年，颓龄今岁八十有三，已于1990年4月再度在南大退休，前数年尚能以补充完成残稿自遣。自去年起，耳聋目瞀，已不甚能更为考订思辨之文，惟偶作小诗文遣日而已。近有出版社欲为出选集，因择平生文字稍可存者六种付之重印，非久或可面世。如交通有便，当呈教也。

在台老友如高仲华明、林景伊尹皆谢世，独潘石禅重规、苏雪林梅尚在。雪林是前辈，几百岁矣。

如有新著，仍乞以时见惠，以实枵腹。

顺颂

俪安,全家新年欢乐!

千帆

1月4日(1996年)

(三)

翼明先生:

赐卡收到,诸友返,粗知近况为慰。大著论现当代文学者,或更可观,颇思拜读,如尚存复本,幸见示也。数年前台湾徐耀环先生拟出拙著《古诗考索》一册,而以故稽延,久未如约。近得其来函云可安排,亦无的信。今将其地址附上,便中望电话询之。感感,即颂

著安!

弟程千帆

1月16日(1997年)

台北市士林区德行西路Ⅲ巷2弄6号一楼圣环图书公司(徐址亦在士林区,如相距不远,能面谈获得确实答复,尤感)。徐耀环电话(〇二)八三三—一九五〇。

(四)

翼明兄:

五月廿三日来信收到已久,因想等论大陆当代文学的书收到后再回信,故未即复,今已逾一月而书未到,故仍先报。

五月中湘潭大学和南京师范大学在湘潭大学举办一唐宋诗词研究国际会议,因可游张家界,故不少台湾友人参加,我老不能去,曾托南师大中文系郁贤皓先生带去拙著《闲堂诗文合钞》十册分赠台湾诸友,其中一册赠兄,写明文化大学,不知收到否?因我不知郁交何人,兄如知台北友人去湘潭者不妨一问也。

目前两岸无共同和相通之法律条例,故托付出版,全凭运气与商人的良心。南大同人被骗者不少,亦有不被骗者。沈祖棻之《宋词赏析》及《唐人七绝诗浅释》通过上海古籍出版社取去修订本稿而不出(或出书而不付

款），亦无可奈何也。此事偶然奉托，不必介意。

目前两岸来往较易，如有学术会议，望能回来看看。我则目瞀耳聋，行路也困难，不能行动矣（“清华”曾约我来台住半年，但病未能去）。书不成字，歉歉。即颂

双安！

奉上近照一纸，知我衰也。又书评一篇未细看，不知中的否？

千帆

（1997年6月29日）

（五）

翼明贤友：

五月间匆匆一聚，甚慰怀想。后台湾发生地震，颇以为忧，旋接傅璇琮先生从台来电，云有惊无险，始觉放心。希望能平稳。我有一事奉求，外孙女早早在复旦大学读博士，她想买一本《宋代遗民文学研究》，苏文婷著，1979年台湾学生书局出版。不知现在尚能买到否？如果已售缺，看旧书店能否找到？如万一找不到，能否复印一份，费用由我付。如能办到，即径寄上海松花江路2500号24—606张春晓收（邮码200437）。诸多费心，非常感谢。我近来身体很差，所以请老伴代笔，乞恕不恭。顺颂

大安！

程千帆

10月30日（1999年）

（六）

翼明贤友：

承寄《南宋遗民文学》一书，已由外孙女张春晓在上海收到，甚为感谢。此孩想做一有关宋文学之博士论文。台湾如见有关材料，尚乞便中寄之。感感。匆此，即颂

著安！

千帆上

12月20日（1999年）

（七）

翼明贤友：

所寄《南宋遗民文学》复印本及来示均收到，费神极感。但此书自序未印，作者的师承毕业学校，其人现在何处皆所不知，不知能便中见告否。台北如有涉及宋代文学或此时期中汉族与他族纠葛之书亦望见寄。殊感荷也。匆复，即颂

俪安新喜！

弟程千帆上

1 月 5 日(2000 年)

（八）

翼明贤友：

前得费心为外孙女张春晓寄《南宋遗民文学》一书，极为铭感。曾复寸笺，计达左右。

比闻 1997 年法国国家科学研究中心及台湾大英百科有限公司合资出版《姑妄言》编入《思无邪汇宝》，乃据俄藏底本影印。比大陆中国文联出版公司亦有校正本出版，共 3 册，售人民币 68 元，但经校订，已非本来面目。不知台湾印本顷尚可得否？尚乞费心代为打听。如其有之，拟请代买一部(共十册)。其费用可由弟以美金或港币设法支付。尚请便中一询为幸。专此，即颂

俪安！

弟程千帆

1 月 13 日(2000 年)

（九）

翼明贤友：

前数日曾上一函，计达左右。顷又得江苏社会科学院陈辽研究员来示(附呈台览)，始知《姑妄言》台版俄本复印者定价极高，非寒儒所能购置，故如先生尚未寻访，望即作罢。其国内排印本，已以五十五元人民币

得之矣。谨以奉陈,打扰极歉,仍盼赐复至幸。即颂
俪安!

弟程千帆上
1月16日(2000年)

致李健章(二通)

李健章,笔名晦之。曾任武汉大学中文系教授。

(一)

晦之尊兄先生:

承赐大著二册共五种[①],感谢曷极。兄沉浸中郎著述二三十年,厚积薄发,不独度越伯城之作,海内外治晚明文学者,亦无人能出其右也。钦佩钦佩。尊诗称心而谈,风格朴厚,颇近巢经巢,惟去昌黎之雄强,而参以白傅之平易,此则性分攸关,微有不同耳。夙知兄精于古文,而未审诗笔亦精妙如斯,真相知不尽,且叹衰遗之老学,朋交中所罕见也。弟耳聋目瞀,已不能工作,其著述之未成者,每托友生为续补之,今别寄版本学讲稿一册呈正,事等钞胥,但能博老友一笑也。专此布谢,敬颂
俪安!

弟程千帆顿首
6月15日(1995年)

(二)

晦之兄:

收到长信,全是内行话,真可喜也。兄近遭不幸,犹能从容作此书,具见

---

① 整理者按:函中"大著二册共五种",指李健章所著论公安派之《〈袁宏道集笺校〉志疑》《袁中郎行状笺证》《炳烛集》三种与诗词集《居蜀集》《东西集》二种。前三种合为一册由湖北人民出版社于1994年4月出版,后二种合为一册由武汉大学出版社于1994年12月出版。

修养。仍望颐养，善自葆爱。弟衰朽日甚，书不成字，谅之谅之。匆匆，敬颂安吉！

弟千帆

3月25日(1997年)

致张春晓(五通)

张春晓，乳名早早，程千帆之外孙女。南京大学中文系文学硕士，复旦大学中文系文学博士。现任教于暨南大学中文系。

(一)

亲爱的小早：

爷爷奶奶收到你的第一封信，是你长成一个大姑娘后第一封信，我们好喜欢。

我们注意到了你在努力学习用繁体字，而且成绩很好。这，今天算是一门本领了。这，当然有点可笑，但现实就是现实。“艷(豔)阳高照”，“艷”简化为“丰”，那么，“色”还是要的，怎么将色字也开除了呢？干一阵，繁体干作幹(简字是一样)，五十分鍾，鍾应作鐘(鍾、鐘二字有时可通用，有时不可通，要看句中的意义)。(奶奶还会举出许多。)

看样子你可能就住在同学家里。无论长期短期，一要礼貌，二要勤劳。要使主人(长辈)觉得你是一个有教养的姑娘，懂事的姑娘，不是骄傲野蛮家庭的孩子。

你去看一些老前辈，要知道一点，他们都很有地位(文化学术的，乃至政治的)，与各种社会情况都有联系，有些事他们愿意谈，有些就不一定。你要听口风察言观色。有一位上海摄影师给我们照了几张相，现寄上二人合影一张。

你的小说，既然责任编辑是一位资深人物，又对你的稿子这么关心，这都是李立朴老师关照的力量。你应先向两位去信感谢、联系，并将预计实习完毕回南京后再去贵阳住一段时间，认真接受教导，认真修改。这可能要到寒假。① 实习、② 读研究生、③ 改小说稿都不妨碍。只要有节奏地、认真踏实地做下去，可以三不误（不攻读研究生，则为两不误）。

看你信中所云，似乎《光明日报》不能给你寄宿之处，只能在办公室住，那就会有很多的不方便。譬如值夜班后，早晨想多睡一会儿，可是人家要来上班了；又如放置衣物、洗澡等，不知上班后还能常去塔楼住住吗？要在北京住三四个月，我们很不放心，总还是要能稍稍方便些。

接到你的信，我立刻打电话给小燕，她说你上次寄家里的信他们早已收到。小燕一点不懒，还写了回信。她老是一个人在家（爸爸经常在办公室），我觉得她怪可怜的，好像她自己并不觉得。妈妈到乌鲁木齐后只打给家里一次电话，报告一路平安。希望她能玩得好。

今夏南京热得真长久，接连十五天都在34℃—36℃之间，一直不下雨，今天立秋，现在天已沉下去，并听到雷声，盼望来一次大雨，大家好喘口气。（奶奶写到这里，还没有下雨。现在就下了。现在[上午11点37分]正在下大雨，很舒服。今日立秋，老天爷施恩了。）我们因有两个空调，生活还很舒适，而且我们很注意调节，用几小时空调后即打开窗户换空气，所以身体都很好，这两天早晨六点钟出去散散步，请勿念。

我不反对你写简体字，因为是国家规定的，但为了读书，你是需要熟悉繁体字的，多用用就可以熟悉了。但用起来一定要正确，不够肯定时不妨查查字典，你把“變”字写成“燮”了，望多注意。祝

身体健康，工作进步！

爷爷、奶奶

8月8日（1995年）

（二）

亲爱的早早：

收到来信，非常高兴。

家家的全集在石家庄河北教育出版社顺利进行，已大体排好。如一切无意外，今年就可出版。昨天责编潘海鸥先生来信，还要一个几百字的出版说明，放在你写的序言前面。我因赶时间，便代你写了，大约七八

百字。

你的学习计划已开始实行，非常好。你要啃几部大书，肚子里才有货色（学问），不然，怎么能叫做“博士”呢。有关宋代的几部大书，一定要摘录其中有关民族关系部分，北宋亡于金，南宋亡于元。金吃掉北中国，元索性一锅端。辽扮演了一个较小的脚色，不过也不断地麻烦。但是另外一面说，这些民族对汉的侵略也同时就是其汉化过程。这汉化表现为：(1) 汉族文化本身的异族化，比如产生了像元好问这样的大诗人，也就丰富了汉文化本身。(2) 汉文化文学在异族入侵时体现为对异族统治的对抗，多方面的对抗，由武斗争到消极的不合作（多方面的，多种形式的）。你研究的课题主要应放在南宋的走向灭亡和元代建立，宋遗民的抵抗未完全平定的这一段。张宏生老师的硕士论文大体上勾画了一个形象，但不深入，不完全。《中华大典》已出版，宋辽金元分典中材料不少。如复旦用此书不方便，下次回时可带去。将南北宋有关外族摘出，大概要一年。《四库全书总目提要》要先看（主要是史集两部分），以使你知道有哪些书（在你的论文题目范围以内的）。

此外，不能当生活中的瞎子，主要的文学刊物（《文学遗产》《文学评论》，复旦本校出的书、报刊）每天都要翻翻。

我非常高兴你对新上的课有兴趣。朱维铮老师在思想史方面有盛名，你要好好地跟他学。我认识周予同先生，但不很来往。

你如见到章培恒先生，可问他，我曾寄一部《校雠广义》给他，作为古代文学研究中心的贺礼，不知收到否？

要劳逸结合，爷爷奶奶要求你爱惜时间，珍惜这难得的三年，但决不希望你成为一个书呆子。政治课不是兴趣问题，是责任问题，中国的学者要有足够的政治知识。外语也是必须的，至好应能够跟得上，不能落伍。《中华大典・文学典》28 日在北京开发布会，张伯伟老师代我发言。这会是由中宣部操办的，很隆重。

爷爷奶奶亲你，祝你生活得好，健康快乐。

爷爷奶奶

十月二十七日（一九九九年）

（三）

早早：

得电话，知唐翼明教授已将《遗民文学》一书寄沪，甚慰。（1）你一定要回信致谢，不要怠慢。（2）将此书的前言后记（或序跋）及全部目录还有你看后认为最好的一章，这三部分可寄我一看，我可再进一步帮你设计论文的大纲。别人做过的题目，有方便处，也有不便处。你如写出的论文不及苏文婷，就不必做了。我身体仍不好，幸奶奶照顾得力，一切都还好，可方心。祝

安好！

爷爷

十二月二十一日（一九九九年）

（四）

早早：

收到由陈老师带来的信和复印件，大体上知道台湾本《遗民文学》一书的情况。你的稿子还要细看批注，然后寄还，也许要慢一些，直接寄到广州。陈老师百忙中来我家一趟，请他吃了一顿饭。他为人很爽快，有什么说什么。他说，复旦博士生想出国的多，不愿留校，揣其意，如果你表现好，毕业后留在复旦，也非不可能。当然关键仍在你的博士论文是否出色。另外，郭斌听说已和《羊城》订了五年合同。出去闯，能打开局面也很不容易了，我们应当支持他，鼓励他。听说中山大学、暨南大学还没有古代文学的博士后，这也是有变化的。（也许两年后就有了，现在只有王季思先生的戏剧学，其余还有其他大学，如深圳大学之类。或你留在上海，郭斌再回上海来，也不困难，主要是自己有成绩，出色。）

关于你的论文，望考虑是否将内容扩大一些，成为宋朝汉族政权与非汉族政权（1）西夏、（2）辽、（3）金、（4）元、（5）南诏（今云南）等矛盾斗争在文学中的反映。这就比较广大开阔，而且绝对没有人做过。我已拜托齐鲁书社的副总编周晶先生托他在北京全国书市上找（1）《宋夏关系

史》;(2)《宋元诗社研究》,欧阳光著;(3)《宋辽夏金社会生活史》(中国社会科学出版社)。这些书我都未见过,可能对你有用,买来再说。又已托这里的朋友买白寿彝的《中国通史》,白先生是回族学者,可能注意民族关系,先只买唐五代和宋辽金元两部分。这个题目无人做过,可将宋从建国以来就取守势,南宋以来就是半壁江山的情况,直到宋元之际的遗民文学算一次总账,内容复杂丰富而且还无人做过,非常富有开拓性。但有一点,就是较难,要解决很多问题,看很多书。我直觉感到,你有聪明,但勇气不够,还不行。一定要学会打硬仗,要细致耐心。骨头要一块一块的啃。古人说"三月於菟气食牛",小老虎生下三天,就有吃下一条牛的勇气。你就要有这个勇气才能成功。我一定要把你培养出来,祝努力再努力。

爷爷

十二月二十六日(一九九九年)

(五)

早早:

收到妈妈打来的文稿,我和奶奶都很高兴。家家的小说最近在上海出版了,得稿费一千四百元,我和奶奶决定要全部送给妈妈,妈今天已将你的文稿拿去再整理一遍,并决定发给你资金三百元。这是全家的意思,要鼓励你努力学好。你的文章写得干净,没有什么废话。个别地方我作了修改,但改得不多。今天早上我由邮局挂号寄上一束剪报,还有一本讲元好问及其他辽金文学的书,另若干夏承焘先生文集中有关边塞词、豪放词的材料。有的未能买到,以后再寄。傅杰老师很夸奖你,所以要好好用功。我与傅老师的信中,已经谈到你想作宋代汉族政权与西夏、辽、金、元、南诏等族在文化文学各方面的比较,请老师们考虑,这个题目较困难,但很有意思,学术价值也大。不知你是否敢挑重担子。我身体不好,耳聋眼花,行走困难,完全靠奶奶招呼。我们非常想你,望多来信。

祝好!

爷爷

三月三日—三月七日(二〇〇〇年)

致黄伟经（九通）

黄伟经，曾任记者、花城出版社《随笔》杂志主编。

（一）

伟经先生：

无缘陪接，但深驰仰。遵示缀小文等，随函呈教。因忆郑康成云，学者开发头角而弗洞达，则受之者其思深。刘先生之言，毋乃类是。孔子云，所谓诚者毋自欺也。涉世六十年中，反思无此内咎，亦是老来一乐。目眚书不成字，谅之。敬颂

道安！不一。

弟程千帆顿首

8月10日（1995年）

（二）

伟经先生：

拙文经删节甚妥。惟呈诗时刘先生尚健在，诗意甚明，故不能用“悼念”字，今改为“寄给”字，诗后加一句，以足上文之意。仍乞卓裁。

签名另纸寄上。

即颂

著安！

程千帆

8月24日（1995年）

（三）

伟经先生：

报纸及稿费都收到。我很愿意给先生写幅字，但现在天气太冷，手指僵硬。春暖花开，当报命也。谨先奉复，即颂

撰安！

程千帆

1月4日(1996年)

（四）

伟经先生：

奉书承奖，愧愧。谨遵命作一卷子寄呈，目眚手战，点画皆不中程，乞恕之。匆匆，敬请

著安！

弟千帆

3月24日(1997年)

（五）

蔚彬、伟经先生：

承赐《告别万岁》，略为翻了一些篇章，真是一本发人深省的好书。目力欠佳，还舍不得快意尽读，留着细细看。看到作者中有一位杨天堂先生，记得是暨南大学的教授。多年前，他曾有意为亡室沈祖棻的词作注，后未成。此书现已由江苏古籍出版社出版，不知他见过没有。如杨先生未见，我可以送他一本。能请代打个电话吗？谢谢。祝

好！

千帆

4月9日(1997年)

（六）

伟经先生：

来示收到。

另拟短语数则送上，不知能用否，请酌。即颂

大安！

程千帆

11月21日(1997年)

（七）

伟经先生：

示悉。小文末句当作天下之至危，非“厄”字。安危相对，屡见儒道两家经典，《周易》《老子》尤常言之。命思索此类短语，不敢草率从事，容徐徐为之。南方草木方畼茂，江东已寒，甚羡先生居处从容也。顺颂

著安！

程千帆顿首

11 月 29 日(1997 年)

（八）

伟经先生：

来示奉悉，本当遵命草数语寄上，奈近日眼益花，耳益聋，写字读书均甚困难，盼谅是幸。敬颂

吟祺！

弟程千帆

11 月 14 日(1998 年)

（九）

伟经先生：

收到来信，知道有意来江苏旅游，非常欢迎。我今年已 87 岁，耳全聋，眼也不大看得见，但在手边一同工作的学生不少，先生来了，即使我不能陪你出游，也可以找学生陪你。南京是一座古城，镇江、扬州近在咫尺，无锡、苏州也不很远，交通也很方便，都是旅游胜地。我的外孙女婿郭斌现在《羊城晚报》工作，我曾嘱其前来看你，他初到广州，工作很忙，不知他来过没有。寒舍电话(025)3592790，来时请打电话告知。敬颂

大安！

弟千帆上

9 月 1 日(1999 年)

致程章灿(九通)

程章灿,南京大学文学院教授。南京大学中文系文学博士,师从程先生。

(一)

章灿弟:

旅美有日,想逐渐适应。夫人孩子来后,想更安定矣。

请夫人携来八股文一书,加抗战前商务所出卢前著《八股文小史》(国学小丛书,薄薄小册子)及《制义丛话》(哈佛燕京应有此二书)可敷衍万余字,为八股一章矣。

景祥意欲弟边写他边看稿。其意似急于出书。我初步与之商定,弟写好十章,即集中我处,看完转给他,哈佛——南大——辽宁,大致如是,不知可行否?望将住址及电话号码径告之,俾共商酌也。

《全清词》前曾开具清单,嘱弟寄离校编者及现存顾问。后知上海黄裳处迄未收到,现已要姚松补寄。这方面的记录,你走前交与何人,望来信告知。如未办完,要继续办也。

知已与海若一家联系。他们一家为人热情善良,而且好客。客居与来往,可解岑寂也。

顺颂

客安!

千帆

9 月 14 日(1995 年)

我处只有①《神话》、③《先秦散文两派》、④《楚辞》,缺②《诗经》。

(二)

章灿老弟:

10 月 17 日来信收到,甚慰。

出国做访问学者，机会难得。要尽可能吸收一些国内所无的东西，不光是书本上的学问。例如教学组织、方式、研究组合，我们都还很落后，要取点经回来，能不能照办，是另外一回事。

你是否已和于景祥取得联系？《文学史》能否安排？如何安排？（此书被辽宁列为全省重点书，所以景祥很紧张。）最近看到三本有关的新书，抄目寄上，过几个月，美国可能有了。如要寄，再办。

《全清词》的寄发，你走时交给谁了，是否该寄的都寄了，望告。黄裳就未寄，后我补寄了。

为伊同作了四首诗，现附上。另用宣纸写一长卷寄匹剌堡，配个镜框就行了。只要衬一下，我看唐人街能行。如写立轴，则非寄台湾不可。美国有裱画店，极贵且不佳也。

电脑和汽车要解决，如有汽车，可住天眉家，房租可省些。你要学开车，大概不难。

秀成的信已交。周先生及所中同人正忙于开魏晋六朝文学国际会，极忙。我无事，仅要作一简短发言。

祝全家安好！

千帆、芸

11 月 6 日（1995 年）

附：《中国五四文学史》　朱德发　山东文艺出版社

《中国近代文学发展史》　郭延礼　山东教育出版社

《中国文学简史》　林庚　北京大学出版社

又附：《杂书往事寄伊同匹剌堡兼寿其八十》。

（三）

章灿弟：

来函收悉。你们一切都已安排就绪，感恩节也过得很愉快，甚慰。信已转周先生和武秀成等，周先生去广州尚未回，秀成说书早已寄出，因系海运，可能尚未到达。魏晋南北朝文学研讨会论文，秀成亦将寄给你，望勿念。

我这一年来身体尚可，没有发病，但日趋衰老，耳聋更甚，戴着助听器还要和人靠近才能交谈；眼睛也差，白内障加剧，又未到动手术的程度，所以写小字已很困难，看书也不易。最近又连拔数牙，只能吃软食。这一切都说明已年老力衰，不能再做工作了。因此《文学史》的著述盼你独自努力完成。我已写好的部分能不动的则不动，需补充的你可任意补充，需增加的由你增加，需改动的也可改动，不必有所顾虑。我希望待你完成后我还能通体看一遍，但不敢保证是否能做到。所以你就作为无人审阅的情况下写下去。我相信你能写得很好。

《中国典籍与文化》今年第三期载有蒋寅的文章，介绍我的《选集》，另你有关元稹的段夫人的文章也刊在同期，你又作了新的补充，写得很好。你在哈佛燕京图书馆想也能看到。《选集》因买不到好纸张，尚未付印。

天眉来信也提到你们感恩节时在他们家度节日的情景，她说你们和他们的朋友们相处得也很融洽。你的水平不比×××差，当然还要过十年或多一些时间，你的家庭条件也很好，如果长期留在美国是有可能的，生活条件肯定比在国内好得多，但是，我只想和你说一句："妈妈总是妈妈。"

祝

全家圣诞新年快乐！

千帆、芸

12.21(1995)

（四）

章灿弟：

昨日接景祥电话，说一直没有收到你的信，很着急。我看是他可能曾对辽宁出版局夸下海口，现在要落实了，又落实不下来。

我将更订的章节又找出看了一下，1—4 编材料问题不大，只要视角提法做些改动。5—6 编则要新写。从 4 编 28 章"古典样式的后劲"（拟易标题为"斜阳冉冉春无极"）、第 29 章"古代文学的怪胎——八股文"（这两章似仍当置第四编之末）起，要新写的约十三四章，约束在二十万以内。（决不能论作家，陷入则字数决不够。）

我听力视力急剧下降，买了一个丹麦助听器，用近 2 千元，效果不大。

白内障不成熟，也不能开刀。看报，只能看标题。

我想此书稿即由你修改补充完成，专家独断，我再不看了。我平生服膺章实斋之说，亦愿你能身体力行之。若能将1—4编略加修补，加上28、29新写之二章完成后，即寄景祥，三个月再将5—6编新稿寄去，则96年仍可出版，不致拆景祥的台也。

闻美国东部大寒，诸望保重。可思量定后，回景祥一信。祝
全家好！

千帆

1月10日(1996年)

（五）

章灿、成林：

接来信，知你们一切都好，甚慰。

关于《文学史》的事情，景祥当然希望越快越好。我的意思则是：质量第一，在保证质量的基础上求快。现在我基本已不能工作（看了许多医生，结论都一样），只能希望你把这副担子挑起来，也保持第一稿所具有的某些特色。从来信所讲有关八股文的一章看，就很对路子。今后你可以写完一编后即直寄景祥，让他可及早做些编辑方面的技术工作。我忽然眼睛变坏，当然不是一件好事，但由此增加了对你的压力，使你不得不对中国文学的整体作出通盘的思考，也许又是一件好事。我把这部稿子交给你修改、补充、完成，其用意也就在于使你对文学史的整体有一个认识和表达的机会。我们师弟相遇可算有缘，这也是缘法的一部分吧！

你写给周先生的信中谈到的两个题目都很好，都可以作。《后村诗话笺证》兼有文艺学和文献学双方面的意义。刘克庄对于诗歌的见解不下于方回，可惜以前无人注意。也许是因为他没有一部选集像《（瀛奎）律髓》那样的。原稿中没有写的“斜阳冉冉春无极”那一章涉及面广，跨度也长，像是历史，其实是理论，要好好考虑。宋诗那一章，台湾张高评搜集了一部论文集《宋诗综论丛编》可以参考，而以钱锺书《谈艺录》及缪钺《论宋

诗》之言作为结论。元好问开拓了唐宋合流的局面，但没有成熟，曾国藩《十八家诗钞》断到元好问为止，极有眼光。我现在（不是现在，而是很久以前了）就已不能大量看书，但常常有些想法。

我们身体都好，请放心。

春节将临，祝

你们春节愉快！

千帆、陶芸

96.2.16

（六）

章灿老弟：

来信收到。周先生和宏生都看过。寄稿子的事，我已去信和景祥商量。他的问题是希望早日编好发稿，我提出要出版社出邮费，就是不知道航运海运各需多少钱，你算一下分几次寄，需多少钱，函告景祥，以便他请示领导。

我的身体都还好，但的确老了，眼花耳聋四字足以尽之，但五月份为了《中华大典》的事还须去武汉一趟。南大中文系经过诸君子的努力，已经蜚声海内外，我曾向韩星臣夸口可以保持三十年的优势（当然要不断地努力）。

成林和程卉想必都好。程卉还想念老朋友，可嘉。天眉来信说春暖后想请你们一家出去游玩，不知最近曾见面否？海若可能换了一个工作，靠家较近。南京今春气候也老是冷，至今我们还未脱棉衣。祝

全家安乐！

千帆、陶芸

96.4.12

（七）

章灿：

信收到。

① 傅先生函已转北京。

② 周先生去武汉未回，返时当将来函转示。

③ 景祥同意负担邮费。以每五十页（约四章余）7 元计，全书四十章，约美金 70 元。已函苏天眉要她拨付，实报实销，多退少补。这边由我与景祥结算。你得此函后，可一面将稿分批寄出，一面与天眉联系取款（已同时去函给她）。稿子要留复本，防遗失。

④ 书名，可否为“汉语文学通史纲要”，乞细酌。并写一序或跋，述成书经过及旨意，文长短由你定。

我耳聋愈甚，目眚有加，昏聩度日而已。余不缕及。祝
同好！

程千帆

5 月 20 日（1996 年）

“春无极”一章，我的想法有创意，有创体，创意略见于为吴志达所撰文言（小）说史序（似刊《中国文化》10 期，哈佛燕京当有此志或此书），指出不能以文体变迁史代替文学发展史，“一代有一代之所胜”并非毫无例外之文学史金科玉律。各体极胜之后仍各自有其发展。晚明散文、聊斋传奇体小说及晚清诗词尤为明显。创体则此章重在举例，以史实寓史论，以个别概全体。不必求全，亦本无意求全。鄙见如此，望酌之。

鲁迅好诗已被唐人作尽之说，甚片面，毛“宋人不懂形象思维”之说尤谬误。

千帆再识

（八）

章灿：

6 月 16 日信收到。致桑、周及文献所诸君函，又诗一首、史五章都收到。应分致者已办。还没有收到景祥收到文史稿的信。他若急于出书，即可从事加工工作。以一章为一单位，审阅后无问题，即算定稿，有问题（或你原稿注明要加工修改的），则留待你处理。好像要改，又一时不能指实，是写作时常有“境界”，作诗尤然。放一段时间毛病自然凸现，改起来也

顺当了。寄来五章，即转景祥。我已完全不能看，徒呼负负。你和景祥多商量吧。如返国，则尚可对谈。我思力无损，或已损而不自觉，但不能作字耳。大体瞄了一遍，还是看得出，多么与众不同。书名可下列二择一：

① 程氏中国文学史纲要

② 程氏汉语文学通史（我倾向这个，再与景祥商量）

你写一序（或跋），甚重要，可大放厥词，韩昌黎所谓“琼琚玉佩，大放厥词”也。一吐为快，顶多挨骂，也没有什么了不起。诗瑕不掩瑜，问题在“生”，作得少，办法不多，还是常常动动手好。此另一事。全书看来进行得还算快，如是按时代，则已过半，但近代部分虽有底稿，但写法不一样，现代部分则并底稿亦无之，或较费力也。你从此信看出我之衰朽，幸东来十余年有弟辈数传人为没有白过耳。祝

双福！孩子乖。

帆

7 月 3 日（1996 年）

（九）

章灿：

代拟序文妥适，酌易数字，可寄出也。

伯伟整理《书绅录》，名甚佳，文亦干净。你说你的部分分在两处，不知可整理合并否？事忙来不及，则不要勉强。我拟交川大《新国学》，不知能用否。弟可与伯伟联系一下。

帆

（1999 年 4 月）

致曾广开（二通）

曾广开，曾任教于湖北大学，现为北京语言大学教授。南京大学中文系文学博士，师从程先生。

（一）

广开弟：

闻论文已完成付印，甚慰。

要特别注意引用文献的准确性，要有带版本的引用书目。

道远难详谈，想为学日进，亦足使老人欣然也。顺颂

安好！

闲堂

12月21日（1995年）

（二）

广开老弟：

手书悉。论文能印行，甚好。引用文献要认真核对。书要一部一部地写，题目要一个一个地研究。贪多嚼不烂，能三年写一部书，一年写两篇论文就很多很好了。如果在学术界形成严肃认真的印象，就很好，最怕被大家看成一个随随便便的人。我白内障厉害，书不成字，不多及。请代问祖延、勃、兆鹏诸先生好。复颂

双安！

千帆

12月22日（1996年）

致周退密（五通）

周退密，曾任教于上海外国语学院等校。上海市文史研究馆馆员。

（一）

退密先生：

奉《和观堂长短句》两家，如空谷中闻人足音也。自鸾陂居士首唱，和

家已七八家，妙在各抒所怀，谁也不管谁，实但借韵，非和韵也。若夫观堂原作，可谓至哉！窃谓其密旨深衷，乃对于宇宙人生之悲悯，乃叔本华哲学之韵文讲义。真纯儿女之情，或者仿佛近之，他皆未可相方也。颓龄今年八十有三，日益衰朽，看书甚艰，耳聩尤甚。友朋书问亦希。蛰庵久无音问，先生亦与过从否？冬寒，伏冀葆爱。敬颂
吟安！

弟程千帆顿首

96.1.6

（二）

退密先生：

小令四种拜读，美富极矣。太白孤篇横绝，殆难深论。温词多应歌，无（或少）个性。端己、二主始有我耳，此一大转折也。近患白内障甚剧，尚不能细读也。芜札“高年”字或“今年”之误。并谨闻复谢。祗颂
吟安！

弟千帆顿首

六月十二日（一九九六年）

（三）

退密先生道席：

承赐《荷堂诗话》，感不可言。此老博闻，广交游，诗话着语不多，而每中的，殊可听也。惟涉及贱子一条寄友五律，不知出自何人手笔，而陈翁误收之。其诗颇佳，不敢冒名顶替也。作者云亡，不知如何是好。弟近来白内障甚剧，耳又大聋，聪明殆尽。幸得及门二三子之助，比次残稿，顷亦毕功。闭门默坐，听隔窗秋桐落叶而已。顺颂
道安！

弟帆

十月十日（一九九六年）

（四）

退密先生：

十七日手教敬悉，命作签，谨写呈。目眚手战，点画皆不中程，幸恕之。《合钞》五十页末行“斟尽锦城”，于律当作“锦城斟尽”；九十五页四行末字“头”当作“发”，幸改正之。来示所云五十六页倒六行未见“次”字，或系他页他行，仍乞见告，以便改正。时下书人知名者多不脱馆阁之体，或有韵味，断无筋骨，此事有关气运，一言难尽也。匆匆，敬叩
近安！

弟千帆顿首

三月二十四日（一九九七年）

（五）

退密先生：

赐函及新诗并拜读。老无笔力，荷奖饰弥增惶愧也。作书求生最难。启元伯太熟，故不免近俗，顾起潜更不敢放手，似又低一筹，妄言不足为人道，惟老兄谛审之耳。“鼓吹休明”，脱一“鼓”字。“复笔单行”即指骈散，聊避复耳。太炎先生志季刚师墓云：“尝一为直隶都督赵秉钧所迫，强出任秘书长，非其好也。秉钧死，始专为教授自靖。”记易君左在港台以教授自靖，盖本之。闻蛰翁颐养安和，极慰。其著述似皆已重印，亦可自慰，且使今之后生知中国文坛有此大师也。匆匆，敬叩
崇安！

弟千帆上

三月三十日（一九九七年）

致张世林（七通）

张世林，曾任中华书局《书品》杂志编辑、《传统文化与现代化》编辑等。现任职于新世界出版社。

（一）

世林兄：

赐书收到。颓龄实足八十二岁四个月，聩耳瞀目，久不能作文字，勉口授老妻，录一千字文，如不能用，不要勉强，我不会有意见也。

刊物今年只收到3、4、5三册，1、2、6则无之，如补赐幸甚。

隆冬，冀多葆爱。敬颂

著安！

千帆白

96年1月18日

（二）

世林先生：

前奉雅命，寄上发言稿。又请先生赐寄《传统文化与现代化》九五年一、二期，想均达览。惟所缺刊物迄今未蒙赐寄，倘偶忘之乎？幸见复也。顺颂

大安！

弟程千帆

三月十二日（一九九六年）

（三）

世林先生：

3月26日手示收到，知"杂志已另行奉上"，好生欢喜，不幸的是，这喜欢落空了。已十一天，仍未拜读，不知先生能否查一下，究竟寄了没有。

前已奉告，我白内障甚剧，已不能作文。有巩本栋先生近作《程千帆学记》后记一篇，寄上，请与傅先生一商，看能否登在《现代化》上面。

祝

好！

程千帆

4月6日（1996年）

（四）

世林先生：

6日信今天才收到，复迟了。

相片即卡片遵命寄上。

黄先生轶事由巩博士代我写，非久可寄上。他家电话为3596287（家）、3592758（南大思想家研究中心）。你可直接催他。祝一切顺利！

千帆

4月13日（1998年）

我看到傅先生《光明》上的文章，请代致谢。

（五）

世林先生：

来信收到。请你和文学所蒋寅通个电话，看他有无时间兴趣（这是重要的）写你要的文章。如他不行，再找他人。蒋寅对我颇有所知，但毕业后分在北京，见面时少。匆复，即颂

近好！

千帆

十一月三日（一九九八年）

请问贵处邮码是100073抑或100710？复信时请示知。

（六）

世林先生：

蒋寅弟来宁交与已呈交先生文一篇，又附听课笔记若干纸。病中大体阅过，觉甚用心。先生如以为可用，审讫后便可发排也。交傅先生致旧友王君书二十通，原云发在《学林漫录》新刊，不知何日能以见寄，望见时一询之。敬祝

新年安乐！

弟千帆上

二月八日（一九九九年）

（七）

张世林先生：

请便中告知《学林漫录》复刊号的出版日期及关于《学林春秋》姊妹编的出版计划。并请转告傅先生，我已函孙言诚先生，希望齐鲁对《广义》版权费用给与优惠，但不知有效否？又国家图书奖有无消息，亦望告知。匆匆，敬颂

大安！

千帆上

七月一日（一九九九年）

致顾晓红（一通）

顾晓红，合肥读者。

晓红先生：

来信收到。

您需要的沈祖棻作品，可向下列书店购买：

①《沈祖棻诗词集》

南京中央路165号江苏古籍出版社邮购部，每册11元，挂号邮费1元。

②《沈祖棻程千帆新诗集》

武汉市武昌珞珈山武汉大学出版社邮购部，每册7元，挂号邮费约1元。

此复，敬颂

大安！

程千帆

96年1月19日

致何永沂（十四通）

何永沂，广州市番禺区中心医院内科医生，曾任广东中华诗词学会副会长。

（一）

永沂先生：

大集拜读，仲则贫士失职之咏，二百年后先生益张之，而均处盛世，其故可思也。沚斋五言妙绝，时人惜不能与之晤谈如先生也。专此复谢，敬请

大安！

程千帆敬上

二月三日（一九九六年）

（二）

永沂先生：

赐示及大作拜读，荷奖饰为愧。尊论聂诗甚细密，佳作也。南中诸友，颇通声气，而陪接为难，但驰仰耳。专复，敬颂

吟安！

弟程千帆顿首

五月二十二日（一九九七年）

（三）

永沂先生：

大文拜读，侯井天确是有心人，其注何其详也，但似亦可下一转语，即聂诗是值得如此注法，有必要吗？读者该知道这么多吗？仔细想想，可能想出一点别的什么来。祝

好！

弟程千帆

八月二十五日（一九九七年）

（四）

永沂先生：

《续集》收到多日，近来多病，迟复为歉。八十五岁老人，健旺时少，亦是常情，谅之谅之。近诗有称心而谈之乐。此业余之妙，专业者往往不能也。此间安某，大似《水浒》中泼皮牛二。惜汝伦无宝刀也。匆匆敬复，顺颂

吟安！

弟千帆顿首

四月十三日（一九九八年）

（五）

永沂先生：

聂翁佚诗已寄舒芜，请其交侯井天先生。尊诗甚耐寻味，弟近多病不能细玩也。罪罪。敬颂

吟茀！

千帆

四月廿九日（一九九八年）

（六）

永沂先生：

赐书拜悉，附件兼览。知欲购拙著《程千帆选集》。此书本辽海书社所印，初版只3500套，仅分京沪两地，其余各店绝少，故先生未能买得。幸石家庄河北教育出版社已决印行20卷本《程千帆文集》，约今年可出书，幸早与书店联系，当可得之也。弟近患肠胃病，住院一月有余，顷尚在调理中。匆匆，不多及。敬复，顺颂

吟安！

弟程千帆顿首

1月27日（1999年）

（七）

永沂先生：

得舒芜兄函，知先生已将拙书联语，摄影寄之，不悉亦能惠赐一纸否？甚盼。

匆匆，敬颂

吟安！

千帆上

3月31日（1999年）

（八）

永沂先生：

承赐照片，又四月六日手教并拜悉，今寄呈拙诗文各数篇，又文集目录一纸，尚乞教正。文集卷帙较繁，迄今尚未全部排就，估计全部毕功当在今年岁末。河北教育出版社未复先生函或因此故。此书责任编辑名潘海鸥，先生今后可径与通问也。《俭腹抄》因系从其他书中摘抄，故未再入文集（并闻）。即颂

吟苇！

千帆上

四月十二日(一九九九年)

附：

钟程唱和诗

烛灰未尽平生意，霜鬓徒劳四海知。书罢沉吟欲谁寄，秣陵一叟正相思。

前二句九六自寿联语。

闲堂老人一笑　　静闻　戊寅夏

京西曲室忆当年，俯首东皇泰一前。太息陆萧俱宿草，儒林雅谑更谁传。(数十年前尝与静闻、涤非联床京西宾馆，极论蒹葭楼诗。陆侃如与涤非同教山东大学，而不甚相得。侃如尝戏称涤非为萧临川，时不尚六朝文学，故此语非褒辞。)

海内共知吾辈老，江南又待菊花开。自是侯官异宗派，非关顺德谢诗才。(石遗论诗甚短晦闻，见钱默存《语石》。)

静闻先生赐寄新诗敬答二首　　千帆

(九)

永沂先生：

大札及附件均收到，诗极妙。尝以为《水浒》之牛二，《红楼》之醉金刚，《儒林》之陈和尚，皆大师偶然生花之笔，今某君自己跳出，补此一象，亦非凡品。拙文出版社略加合并，约可能 13 或 14 卷，大约陆续可于下半年出齐(尚有二卷未交稿)。匆匆，敬颂

道安！

弟程千帆

5 月 1 日(1999 年)

（一〇）

永沂先生并烦转呈汝伦先生：

得诸先生唱和佳作，极佩高兴，尚未作复，又承汝伦寄赐新书《蜂蝶无缘》，老年辛辣滑稽之雄，信非文坛宿将不能到此境地也。盛夏将临，得此一篇，可消长日，当细玩之，不能如八兄吃人参果一口吞下。诸兄有聚谈联吟之乐，难得难得。弟衰年行动不便，闭门时多，读函十分羡慕。敬复，顺颂

著安！

千帆

5月24日（1999年）

（一一）

永沂先生：

6月11日手教及诗稿打印本收到，因在病中未及复为歉。另一纸老妻代笔求教，幸与指教。闻人言，皇室牌是老牌，今有更先进者。如先生在香港有可托之人，幸一询之。至于价格及寄法并求指示。如能由邮局寄南京，则更方便，不知香港有此种办法否？老朽书不成字，匆匆不尽。即颂

吟安！

弟程千帆

6月25日（1999年）

附：

弟患心脏病多年，1984年起因快速性房颤住院治疗多次。去冬又因心肌严重缺血住院，诊断为房颤、冠心病、心功能不全。经过输液及服药，略有好转，一个半月以后出院。现在一般情况尚好，只是浑身无力，特别是腿脚，精神亦极萎顿。最近有朋友介绍一种日本制造的磁疗寝具，包括床垫、被与枕头。牌子是Japan Life，中文为皇室寝具。据云，长期使用可以增加血液循环，除去体内之污物，对心脏病、高血压、骨质增生等病颇为

有效，劝弟购用。三种寝具(床垫、枕头、被)大约需 3 万元上下。此种磁疗寝具系日本进口，深圳亦有。又遇一朋友云，香港早已有人用，亦有疗效，但与南京所望牌子不同，而且价格只有南京之一半。弟久困于病，闻后极思购买，但又不知是否确有疗效，究竟何种牌子最好。兄医术高明，故函请指示。

(一二)

永沂诗人兄：

去岁手教及新诗收到。迟复为歉。

诗与人均可传，梦飞先生诗极好，公赏之亦见知音也。自余亦佳，略加小注，便成诗话，何不以诊脉余闲为之乎？弟衰病偃卧时多，工作时少。匆复，顺颂

道安！

弟千帆上

一月六日(二〇〇〇年)

(一三)

永沂先生：

承寄与张梦飞先生文字，深感一往情深。虽无缘与张先生相交，但有先生此文，已可不朽。前数日，得贵友陶景明先生诗书画印册子，极叹精卓，海隅多才俊，如是如是。曾在函谢陶先生时，请为刊一小印，文曰“人老健康城”。此李清照词句，弟居金陵前后三十余年，殆将终老是邦，故有此请。先生如与陶先生通问，不知能代求否？盼盼。顺颂

吟安！

弟程千帆上

一月二十一日(二〇〇〇年)

（一四）

永沂先生：

承惠新诗一纸，想见吟怀跌宕，不胜钦服，又承转告景明先生爱重之意。先生海隅奇士，艺事精能，其笔墨每出凡境设想之外，故一见即不能释手。今得来示知未谬赏，尤钦幸也。谨先致鄙意，容更函谢。即颂
著安！

弟程千帆

三月二十五日（二〇〇〇年）

致陈继明（七通）

陈继明，武汉大学中文系毕业。先后任教于华中师范学院、中南民族学院、湖北医科大学。

（一）

继明贤友：

来示收到，甚盼《曹唐诗注》能早日出书，教材所要题签，随函附上。如有兴作江南之游，甚表欢迎，然千里相求，则不敢当也。复颂
近安！

帆

2月6日（1996年）

（二）

继明贤弟：

手示悉知。尧宾诗注可出，真千呼万唤始出来也，欣然。白内障甚剧，不能多写，谅之。即颂
近好！

千帆

七月七日（一九九六年）

（三）

继明老弟：

《曹唐诗注》收到。王启兴教授评语颇为恰当，亦见弟之工力为学林共知，可喜可贺。但笺注乃学问之一种，而不是全部学问，希望继续努力，有所开拓，有所发明。文学创作远比考据研究为难，我七十五岁以后精力就衰，有许多研究题目因年老难以翻检书籍，所以往往大文小作。这次所寄诗文其中许多就是如此。如其中《戏为九绝句》即是郭沫若《李白与杜甫》的书评，写成文章，恐不会少于一万字。年老无力，只好作了几首诗。很多文章也是如此，望弟细读，当有悟入处。石先生见过，但无来往，闻其人甚为用功，熟读经史百家杂钞，但作为钱基博之婿、钱锺书之妹夫，则不算出色，其弟声汉先生系生物学家，填词极妙，似甚乃兄也。闲话不必外传。目力不佳，请内子代笔。今后来信，要大字重笔，否则我看不见。

即祝

近安！

千帆

3 月 5 日（1997 年）

李修睦先生健在否？

（四）

继明贤弟：

来信收到，知晋升教授已获通过，甚为欣慰。今后仍可继续从事研究及著作，俾不负国家之肯定也。关于炒股的事，我完全不懂。大概是想占他人便宜，结果却被他人占了便宜。弟行年六十，应当安度晚年，不必为儿孙作马牛也。此话很不中听，但相交数十年，亦不能作违心之论，谅之谅之。即颂

近安！

千帆

6 月 19 日（1997 年）

(五)

继明老弟:

近来天气晴爽,温度宜人,想起居佳胜,工作顺利,为念。

老友之女刘婉系美国斯丹福大学中文教授,日前来宁访求著作所需资料,在寒舍见到大作《曹唐诗注》,想求一本,因其即将返美,故已将弟所赠转赠刘婉,请便中再寄一本来,谢谢。

今年来贱躯尚佳,只是听力与视力一日差似一日,已近废人,不能再工作,终日枯坐而已。

顺颂

教安!

千帆(陶芸代笔)

9月25日(1997年)

弟著书能见重海外学人,可喜。

(六)

继明老弟:

收到贺电,甚感在远不遗。知退休后志达约编《中华大典》明清典。这比兼点课为较有意义。目前宋辽金元分典五册已出,已作为50周年献礼送去北京。目前湖北大学朱祖延先生已买两部,想不久弟亦可看到。此事并不困难,但要认真负责,勤恪将事耳,愿好好作出成绩,亦是老人对国家贡献也。顺颂

近好!

千帆

10月3日(1999年)

(七)

继明贤友:

得从香港返后来信,甚慰怀想。此游虽短,而颇益闻见,可喜也。《中

华大典》已得中宣部及新闻出版署红头文件表扬，预计在今年保一争二，即保证出一个分典，争取出两个分典。甚望弟努力认真编辑，以助吴志达君之劳也。弟耳聋目瞀，亦已不甚能工作，年已八十八，亦无可如何耳。
复颂
安吉！

千帆

1月8日(2000年)

大作评黄瑞云《寓言》之文已在《江苏文史研究》刊出，稿费100元已另寄。又及。

致周明道(一通)

周明道，浙江萧山中医师，曾创办萧山苎萝山诗社。

明道先生吟席：

手教、新诗，又大著二种、令先师洪敦六教授遗诗二卷均拜领，仰见渊雅风骚，恨无由造膝请益也。颓龄今岁八十有三，白内障尤剧，已不甚能视书，然犹以暇拜诵其一二于晴窗，以酬高谊耳。

专复，祗敬
道安！

弟程千帆

3月11日(1996年)

致董源远(一通)

董源远，曾任湘潭电机厂经济师。

源远先生：

大作收到，丰富之至，当从容拜读，以实空肠，先此复谢。即颂吟茀！

弟程千帆

三月廿六日(一九九六年)

致黄进德(八通)

黄进德，曾任扬州大学文学院教授。

(一)

进德先生：

扬州之行，甚快，承惠允担任魏晋南北朝分典主编，尤感支持也。返后与卞孝萱、高纪言两先生商，皆无异议，即作函向李彦、任继愈两主任推荐，请其按手续任命，发给聘书。官场手续迟缓，或尚须时日方可奉呈耳。至正式签约则因有待出版社经费落实，约在年底。先生此后便可考虑人选，分典结构框架，各部字数(此分典字数粗估为七百万)以及必采书目，以及此一时期之特殊问题(如佛典文学的收录范围之类)。若能今年年底签约，明年底出样稿即为顺利，不敢望之过高求之过速也。专上，老瞀不能成字，乞谅。顺颂

著安！

千帆

6月8日(1996年)

(二)

进德先生：

十一月八日手示敬悉。各事奉呈如次。

① 关于分典主编问题，相交多年，深悉吾兄淡于荣利，对顾先生能任此职，亦信而不疑。《孟子》所云：庾公之斯，端人也，其取友必端矣。但北京方面，对分典主编以上人选，要考虑其在全国学术界之班辈，其出版之著作，总希望是资深前辈，故弟将兄推荐与李彦任继愈时，即一口答应，并

认为聘顾先生为主要助手亦极适当。现兄既允列名宋元分典首册之全《文学典》名单中，如无特殊变动，即请勉为其难。

② 稿费分配是1993年11月在苏州《文学典》工作会议上决定的。

采取专家负责制的组稿方式，每千字20元，其中20％为活动费，由出版社掌握。其余80％，分配如下：

5％为典的主编费

15％为分典主编费

20％为部(分典副主编)主编费

60％为辑录校点费

来示云：将分典主编、副主编(即部主编)之稿酬合并计算，即将15％＋20％，共35％，只提取20％，而将校点费辑录费加到75％，主要是减少了部主编的报酬。此事恐要得到以顾先生为首的各位部主编(分典副主编)的同意。如各位无意见，弟除钦仰之外，决无意见。(这是一项前此所无的大文化工程，既采取主编负责制，即不宜多所限制。吾兄今后尽可在主要助手共同协商下，对各事作出决定也。)

③ 建安七子作为体类样稿，必有可观，但似要与治安兄商量。从史学说，建安仍是汉，从文学说，已有新变(当时碑刻已有称“魏建安”者，王利器曾著文考之)。决定后，在适当地方说明即可。

④ 如何利用今人研究成果，是《大典》全书一大问题(恐难不用)。此事无法回避，恐要出版总署行文各出版社统一办法(下等似已用)。

⑤ 卞先生交稿事，我在九月初曾与认真直率谈话一次，他提出96年底、97年初交总论、隋唐及初唐，97年一、二、三季度之末各交一部(盛、中、晚五代)，九月底交齐。其次序先后则暂难定。曾枣庄则97年七月全部交齐。卞交了韩愈，还有刘禹锡未交，不知隋唐五代他是否能如期交卷。

写字困难，略陈梗概，如荷枉过，当更面罄。顺颂

俪安！

弟千帆

11月13日(1996年)

（三）

进德先生：

昨得顾先生贺片，知小集已得奉呈，甚慰。此皆旧作，而售阙已久，门人于君督其重印，而装印胜旧，亦可喜也。

关于汉魏文学划分问题，可协商解决，尊意极是。历史奔流，文学发展，本浑然一气，后人以自己方便，强为分期，自不能不有异同，从其大齐，斯可矣，不必也不可能都合理也。

现在整个《文学典》的情况是宋元来年九月可毕功，隋唐差不多。但宋元是用电脑，隋唐则手排，故出书宋元较快。曾已拿出第一册，97 年 1 月可出样本。有此本是向北京要钱的一张牌，或可推动改善待遇。

高近患皮肤病，每日去医院打针，是否能如前说，在近数日内来扬州，尚未确定。但此事出意外，如要延期，只能同意。希坚说两个分典一千万字第一次应付之款已备好。如弟近期不能来，甚望兄元月 6 日开社联会时一晤。白内障加剧，书不成字，乞谅。敬颂

著安！

弟千帆

12 月 27 日（1996 年）

（四）

进德先生：

手教及致高函复本均拜悉，有理有节，预留分寸，均为事态之发展留下地步，甚佩。顾先生稿，看主题，似以《建安文学史》及《建安作家论》较易推出。已函友生中在出版社任职者说项，俟有答复当再奉告。古人云：业既成而名不彰，朋友之过也。弟于顾君颇有此感。因要等消息，暂不回信，望转告。匆匆，顺颂

著安！

千帆顿首

一月十五日（一九九七年）

（五）

进德先生：

手书敬悉。知赴上海弄孙，颐养之余，又对晚唐部分细加推敲，发现若干问题。先生敬业精神及对《大典》的责任感，令我十分钦佩。此间各事也有些进展，现逐一奉告如下：

第一，江苏出版局长石启忠对高纪言提出，在《大典》付印（主要是指曾枣庄主持的宋辽金分典）以前，要进行正式的抽样检查，高表示同意，当即由出版局请南京师范大学钟振振、钟陵及东南大学王步高等三人各审查数十万字，并指出其中应改之处，多为标点等问题，错处有，但不多。我们表示这次审查就作为《文学典》的最后审查。以后各分典主编签字后即可付印。这需得北京同意后即可照此办理。

第二，高纪言、黄希坚已于前日去成都，将钟振振等发现的问题与曾商量解决，或依旧，或改正，按具体情况决定。他们二人拟在成都耽搁一周即可回来。

第三，他们回来后，高同我即具名写一报告给李彦和任继愈，申请正式付印，争取在今年年底或明年年初，将宋辽金元分典一次推出。这就算正式出版了，隋唐五代估计明年国庆可出。这两分典约占全《文学典》二分之一。其余依次而行，比较容易。

第四，你谈的晚唐问题，我的意见是以你的意见为主略加改动，但不宜大动。如果你同黄希坚意见有出入，那就依你（或卞老）的为主，因为我们是主编负责制。这种局部修改统一规范的做法，已经有两个例子：一是中唐部分，西北师范大学蹇长春先生曾由兰州来南京与卞老商量定稿。这一次，黄、高去成都与曾当面解决。你的晚唐部分可在扬州或南京与卞老、黄希坚当面解决，不会妨碍排印的时间。

第五，魏晋南北朝样稿你做得快又好，本来想和理论典同时开会通过，但张伯伟太忙，才从台湾回来，又去了越南，月底才能回来，等他回来再催。我的意思你的样稿做得很好，就可以继续进行，因为我想不会有很大的改动。

《大典》搞了七八年总算取得了付印权，以后我们弄好一种，就可以印一种，这是一个很大的胜利，表示领导对我们的信任。以后工作相对来说要比较容易一些。这都是各位先生努力的结果。我在这里再一次表示感谢。

顾农兄在贵州印的一部书，已正式出版，并寄给我一本，我已将该书转寄给了湖南文艺出版社弘征，以便促进其另一部书的出版，不知效果如何。这一情况已函告顾农兄，不知已否收到。

我最近身体不好，发过烧，挂水后已愈，但仍很衰弱，故只好请老妻代笔，请原谅。暑热，请多保重。

顺颂

俪安！

程千帆

8 月 12 日（1998 年）

（六）

进德先生：

手书敬悉，编纂诸事，考虑细致，极为感佩。台湾广文版《古今诗话续编》，张伯伟兄有之。惟卷帙甚巨，且渠亦时时检阅。故借阅、钞写、复印均无问题。但全部借去扬州，则有所不便。南大是否藏有，尚不可知（待查）。但书既多，则恐亦难借出也。谨以先报。贱恙耳目已成定局，为老年衰敝，无可如何。脚肿尚微微，针灸无效，改服中药及云南三七片，略可，但静养以俟天命。而至承关注，尤感也。顾农先生行政能摆脱，是《大典》好事。其《建安史》，湖南方面迄无定音，只能待之。何时来阅书，先与伯伟联系即可，其家电话为（025）3596970。顺颂

安吉！

弟千帆

十一月九日（一九九八年）

（七）

进德先生：

黄希坚先生已得尊函见示。加一个新的项目牵涉全书体例，似有困难，但如先生愿意进一步加工扩之为唐代文学叙事，则可单独出版，古人已有其例，如《词林纪事》之类，幸加考虑。我病后疲软，考虑不周，幸明察。顺颂

大安！

帆上

二月二六日（一九九九年）

（八）

进德先生：

四月廿八日手教敬悉。尊示各点，考虑周详，大有补于质量之提高，望即就此安排进行。至于进度方面，今年已决定只出枣庄兄主编部分，共五册，作为国庆五十周年献礼，而隋唐五代则当在明年出版，故先生的安排，目前看来，似无困难。任继愈已在《人民日报》发表文略放国庆可出一典之信息，先生想已见之。尊函当转交希坚、纪言两先生一阅。纪言为国庆出版事，现尚逗留北京，不久当返。尊意当面谈也。弟去冬以来贱躯不适，住院月余，出院休息亦已二月，而进步不大。昏庸老朽，亦事理之常，不足异也。先复，余容续陈。即颂

著安！

弟千帆上

5月3日（1999年）

致顾农（四通）

顾农，扬州大学文学院教授。

（一）

顾农先生：

前得电话，极感关注。比又得读手教及张淼君新文，幸甚幸甚。思路敏、文字清，知强将麾下无弱兵也。谨作小幅奉酬，乞转致。《大典》事仍求扬大及先生与黄翁鼎力相助。旧简报一期略见情况，寄呈备考。专复，祗颂

著安！

弟程千帆顿首

6月25日(1996年)

（二）

顾农先生：

惠书敬悉。《大典》事先生考虑周详，具见敬业精神，深可钦佩。此书弟曾得到工委会及编委会许可实行主编负责制，除框架要全书大体一致外，可照章学诚所谓专家独断之精神，视宜处置。进德先生有编晚唐的经验，先生则精熟魏晋南北朝，彼此合作必能称手。大体大家择材宜精，小家宜全，佛徒道人但取其与文学有关部分，其余则不阑入（自有他典位置之），如是则可不复重，且节约篇幅也。弟与二兄居处甚近，将来讨教之日甚多，又凡已有人汇编材料可即以此部分委托之，如何？进德兄之以李义山托恕诚、学锴则事易举，且免版权纠纷也。《建安文学史》当为设法推荐，成否不敢必，但似不必自费印行也。凡此所言皆仅供参考，伏冀垂察。复颂

大安！

弟程千帆顿首

7月7日(1996年)

（三）

顾农先生：

大札、新文并拜悉，过奖为愧。尊著已函于景祥兄请其安排，争取在

年内出版，但不知办得到否，彼亦有难处也。文山会海之苦，非经涉久者，不能通晓，亦不能洞悉文牍主义、官僚主义、各式八股文该打倒也。阁下方修练其中，甚盼他日登真，能载其清净。呵呵。匆匆，祗叩

著安！

弟千帆顿

5月18日(1997年)

（四）

顾农先生：

收到新著，极感。但循览题目，即知所论多前人屐齿所未及。先生多年钻研，知于此书小发之也。南大同事周勋初先生近亦集其论魏晋南北朝文章数十篇，为《文学论丛》一书，在江苏古籍出版社印行，颇与尊著有桴鼓之应，不知已见之否？专此复谢，敬颂

道安！

弟程千帆上

1月15日(2000年)

致萧效农(六通)

萧效农，萧印唐之女。

（一）

效农贤侄女：

尊公逝世，使老人伤痛至极。匆促作一挽联，不能尽其情于万一。搜寻旧箧，得遗诗若干首，现抄六首寄上，以供发表。求精不求全，想能体察此意。我前几年耳朵已聋，近来更甚，今年起又患白内障，看书看报、写信写字都很困难。海内故人，只有刘君惠兄尚存，可以话旧，但千里相思，老病之余，连打电话、写信都很困难。你爸爸是一个有真性情的人，沈祖棻曾有这样两句诗："朋侪秉性异温严，侠骨柔肠君独兼。"这是大家所公认

的，所以我在挽联里也用了这句话。解放后听说有什么不公正的待遇，我不清楚，追悼会上得到恢复，这也很好，即使没有，我劝你不要放在心上。你爸爸为人光明磊落一辈子，而世界上并不缺少开冤枉店专门出卖冤枉的人，你把这类事老放在心上，也太看得起他们了。我当了十八年右派，曾经很是苦恼，后来才恍然大悟，是个错误，错就错在太看得起那些开冤枉铺子的人了。我托陶阿姨写这么长的信也不容易，这段话作为对你的赠言，也作为禀告你爸爸在天之灵。并且希望禀告你妈妈，让她能得到安慰。

我已把校友的书画（包括你父亲的）全部捐赠给南大图书馆，曾开过展览会。如果你需要给你爸爸出书法册，可以到南大图书馆来拍照，要借出就不容易了。也许家里还存有一两件，那就需要慢慢找了。如果还有机会到南京，盼望来看看我。请代问候你妈妈。顺颂
全家安好！

千帆

96.7.2

萧印唐遗诗

《次十七翁韵有赠并怀紫曼乐山》

江潭木叶媚新秋，九日题糕与子谋。丝雨缚魂将入定，片风撩鬓若吹愁。咄哉胡祸晋司马，命也圣徒鲁伯牛。从薄霜零天地润，系人心处是嘉州。

《和韵答瘦桐》

客有可人期不来（后山句），一秋风雨响空阶。成都酒味薄于水，料得愁肠日九回。

寂寞村居抑郁情，寒林漠漠织烟平。引心最是戍楼外，如血江山夕照明。

《秋日夜幼平汪园留饮，谈至夜分，晨翌送潭秋归井研》

人生识字忧患始（东坡句），灯前感喟语夜深。办肴沽酒供谈笑，不觉依依别绪侵。传座新词不延誉，谓有鬼气阴森森。曲沼不波抱月冷，低檐霜重死虫吟。意悲语烦惟有叹，流觞回眄尽劝斟。韶年轻掷难为鬓，忧思长捣若为碪。足惜此日尝旨酒，已知佳兴未可寻。丝

管留人弹中屋，挥手送君箭中心。不辞别后转寂寞，闭门诗句久噤愔。

《晓行南泉道中》

重来归地不胜情，指点遥山未记名。散雾林梢迟日出，如云禾稼喜秋成。新添雨洗悬螺绿，侧听溪流活水声。穿径不辞衣袂湿，入怀珠露有余清。

《游红豆树王园归，戏柬同行，用东坡韵》

一林红橘论钱买，篱角黄柑就地堆。闲客趁晴随野步，主人今日此园开。直寻花径探梅去，重到池亭照影来。数问相思树结子，可曾袖底有携回？

（二）

效农贤侄女：

接来电后即往南大图书馆联系，因已放暑假，各种珍藏之书籍字画等均已封存，值班人无权启封，顷待开学之后才能办理，恐耽搁纪念册之印制，请斟酌。

涉江词笺本另邮寄上，以为纪念。

令堂住在成都，想一切均安，暑日仍盼多加珍重，请代为问候。

十月间令尊大人纪念会议亦颇思参加，并会晤各位老朋友，只是这一两年来日益衰老，耳聋目瞀，不敢一个人出门，书报亦不能阅读，无法远行，甚感歉怅。

专复，顺颂

双安！

千帆、陶芸

8 月 2 日（1996 年）

（三）

效农贤侄女：

令尊遗作除前已寄奉之外，现于南大图书馆内又抄得赠余诗词三首，虽未写明日期，估计第一首是 1978 年余来南京后不久所作游湖诗之和作，第三首是 1985 年余去四川与令尊会面后作。兹随函附上，请查收。令堂谅必安康，请代问候。丽则长女仍在南大读研究生，次女今年也考取南大法律系，附告。阖府近况如何，均在念中。

专此，顺颂

俪安！

千帆、陶芸同上

1996.9.24

(四)

效农贤侄女：

十月五日来函及所附各件均已收悉。见到电校所作令尊生平简介及来函中所述阖府近数十年的经历，真令我悲喜交集。解放后受多次运动干扰，经常不能互通消息，令尊所受各种不公正之待遇，我很多都不知道，加之我自己也受着非人之待遇，也无从互相慰勉。好在噩梦已过。在追悼会上令尊已得到正名，恢复其诗人、学者的原貌，想令尊在九泉下也可瞑目，我们也为之欣慰。

重庆诗词学会愿意为令尊出诗词集，极好。不过写作年代前后相距很久，又经多次流离迁徙，自然不能全部收集到。我还是主张重质不重量，不在于多寡，但求其精。学会要我作序，几十年交往之老友，当然不能辞。只是我现在日益衰老，耳聋，眼睛因白内障加剧，已不能读书报，只好勉强写一简单序文，并为其题一封面，请学会主持人径行与我联系。至于人物注，有很多可以在我注释的《涉江诗词集》中找到，我出川后的就不知道了。(解放后令尊在重庆许多老友及学生均在成都，故所知令尊情况更少。)

专复，即颂

阖府安乐！问候

令堂！

千帆、陶芸上

10/11/1996

（五）

效农、孝乡贤侄：

接到大函及令尊遗作，不胜感慨。老友遗作，自当为之整理并作序。余老病衰惫，已不能写作。半月前心脏病复发，住进医院，医嘱安心休养，不能多说话，更不能看书报，以致寄来之稿尚未寓目，请多多原谅。

专复，顺颂

俪安！

令堂大人前代为问候！

千帆

98.12.14

萧印唐先生集序

一九三四年秋，金陵大学举办国学特别研究班，承学之士，或不远千里而至，垫江萧印唐其一也。先生时已毕业四川大学，从名宿林山腴、庞石帚先生游，于文学之事深造有得。然犹未尝自画，慕蕲春黄季刚先生、长洲吴瞿安先生之名，复来受业。其为人任侠好义，善与人交，而文采秀发，尤公草隶，故同学莫不爱重之。时余夫妇亦在弟子之列，故交情尤契，称莫逆焉。先生文思敏捷，而不甚爱重其作，每有造述，或不自收拾。晚年社教重庆，未尝定稿。及逝世后×年，其女效农始就其所收集者诗××首、词××首、杂著对联××首，复以友朋追挽之作附之，编为一卷，付之世人。余观其中涉及余夫妇者不少，数十年交往，览之犹在心目也。余为沈祖棻《岁暮怀人》诗注："巴峡畸人忆旧狂，千金散尽始还乡。箧中草圣依然在，何处春风问讲堂?"笺曰："印唐任侠轻财，急人之急，多金不吝。工行草书，得者宝之。时不得其消息，故有末句也。"又其《得印唐书，却寄》十首之五云："朋侪禀性异温严，侠骨柔情君独兼。老去江湖求药物，空余草圣闭尘奁。"见之者莫不以为恰如其人也。先生之著述效农既加编次，又命为序。余自冬初卧病，老年昏愦，虽得其稿，恨不能有所匡定。而先生之文章，精神具在，世之览者，当自得之，固不必一一罗缕也。戊寅嘉平，八十六叟程千帆谨识。

（六）

效农贤侄女：

接来电后即将垂询诸事回忆了一下，因抗战胜利后我即回到武汉，令尊在重庆工作等事我都不了解。反右后更不敢与老朋友联系，故无从解答各问题。只知令尊在安徽中学任教时，曾翻印过四川龚、林二位先生所著文学史，未听说令尊自己写过文学史。未能对你有所帮助，甚歉。

我近年来身体甚衰，耳几全聋，目力很差，精神委顿，虽还没有终日卧床，但也只能枯坐，看书都很困难。闻令堂身体很好，甚慰。请代为问候，望多保重。丽则一家尚好，早早已获得硕士学位，暑假后将去复旦大学读博士，小燕明年亦将大学毕业，堪以告慰。

顺颂

全家安康！

千帆

99.8.31

致吴在庆（一通）

吴在庆，厦门大学中文系教授。

在庆先生：

新书收到，精卓可惊，求之今世，惟顺德岑氏可比，然有过之无不及也。欣佩欢喜，辄书茶陵谭组庵一联，用酬高谊，意者听涛阁境界似之。

千帆顿首

8月7日（1996年）

附：

天远已无山可隔，

潮来真见海横流。

在庆先生正　丙子秋千帆

致陶文鹏（三通）

陶文鹏，中国社会科学院文学所研究员，曾任《文学遗产》主编。

（一）

文鹏先生：

尊编《宋诗》拜领。弟于宋诗但颇好之，非能知之也。何期遂以此相推，惭惶极□。目眚不恭。敬叩

著安！

千帆上

八月十五日（一九九六年）

（二）

文鹏先生：

大札拜领。每从杂志读尊文，别出手眼，将古贤摘句图现代化，极具妙解，辄欣佩不已也。似可不以二句为限，情景相似或相反者比较言之，必更使人有所启发。

专复，敬颂

大安！

千帆上

九月十三日（一九九八年）

（三）

文鹏先生：

大札、新文均拜领。学人不能拒普及工作，先生之为是也。新诗有佳句，然不精匀，疑未能悉心求之耳。妄言，幸恕之。

专复，敬颂

大安！

帆上

国庆日（一九九八年）

致曾枣庄（一通）

曾枣庄，四川大学古籍研究所教授。

枣庄先生：

希坚返宁，得知其奉谒情况。顷又得手教及宋元分典编纂说明，可以断言，先生主持之分典，无论在质量上、速度上均已属前列。即照目前已定计划做，在九七年能出两个分典，较之他典，成绩已斐然可观，欣佩之至。编纂条例是否要在简报发表，尚乞酌告，至少可抄副与其他分典负责人（卞、吴、董及张伯伟[理论]、黄进德[魏晋南北朝]），俾诸君子有所参证也（由尊处或出版社寄各处，乞酌定见示）。何时过宁，深盼把晤。匆颂

著安！

弟程千帆顿首

十月四日（一九九六年）

致莫砺锋（四通）

莫砺锋，南京大学文学院教授。南京大学中文系文学博士，师从程先生。

（一）

砺锋老弟：

得海东书问，知一切已安定下来，粗能适应，甚喜。

新诗二首，甚稳妥，前篇挟老杜沉雄之意，亦可贵也。数句微有不妥处，举出如次，愿更酌之。

① “几重险”，“几”字平，此处当仄，易为“千岩险”何如？

② “群公”，无所指，亦不易实指，似改“后来”。

③ “意无倦”，此处当作平仄仄，又全句似太一般化，能换一句才能与下句轻重相对，恐光州可谈者少，工作亦不重，可慢慢细细读一些宋人别集。如杨诚斋、孙仲益、韩魏公、惠洪和尚，此诸家，先师翔冬、辟疆二老皆甚赞之。我心识之而未及读者也。寂寥时亦可补诗课。常做则熟于机括，自然想出许多意思。这一点，东坡办法最多，山谷苦思反不及坡之生气勃勃也。

有富已将《典藏编》写成。我尽20余日细审，目力更损，然最后把关，不敢忽，已寄齐鲁矣。

山西将《学记》扣住，近日始允寄还，俟到后想请立朴为之速印。景祥曾寄《选集》二套来，其余交铁路木箱运，至今未到。《诗文钞》样书亦未见。我目力愈差，书不成字。祝

旅安！

千帆

10月8日（1996年）

（二）

砺锋弟：

两封信都收到，我今年以来身体很差，除了视力听力继续下降外，又加上不良于行，连在校园散步、去邮局寄信，都感到吃力了。陶芸的脚力也明显下降，幸耳目都很好，能照管我的生活。退一步想，我84，陶83，上苍相待亦已甚厚，不宜多求也。

你来诗只是稳妥。这个问题我想了一下，你还是要把诗作得好一些，不能像现在人，谈起来尽是道理，下起笔来却完全不是那么一回事。你是否可以专选一两家用功：我觉得陈简斋大可学习，陆放翁则比较容易入手，简斋五古七律，放翁七律七绝，试着花一两年时间下点苦功，必有悟入处，不要怕年纪大，起步迟。我现已不能工作，来日无多，凡是应当告诉你们的，都应当重点说明。我近来对几个留校的老学生，只要有机会，总是多少谈一点这样或那样的道理，师弟之间，同门之间，相逢相聚，也是夙

缘。我岂敢自拟先圣，但确是对“仲尼没而微言绝，七十子丧而大义乖”的恐惧，此义望时时体认。

近得于景祥之助，已印好陶芸手抄的《闲堂诗文钞》。你的一本已交友红。巩本栋编的《学记》，在李立朴那里印，大约四、五月中可以出版，另外，又托本栋就我已出各书摘录其中较有思辨性的片断辑为一书，我题为《俭腹抄》。如果顺利，年底可在上海文艺出版社出版。章灿的事情忙，工作多，所以《程氏汉语文学通史》稿，恐怕要到98年上半年才能完工。现已将其中较有特色的三、四章交武汉大学所办《人文论丛》(大型杂志，每年一期，60万字)作为试稿，先行发表。我总想生前把一切应该告诉学生和后学的东西告之世人。其是非得失自可得到公正的评价。同学们的事业都有发展。章灿的石刻学已经完稿，傅璇琮先生答应收入中国文学史史料丛书，职称问题已经由系中提出，但是否能通过，还不知道。已告之应有雅量，成固欣然，败亦可喜。伯伟已接受《中华大典·文学典》理论分典主编。《文学典》宋辽金元分典今年可出，1200万字，五大册。在北京开样书的论证会，已获通过。弟代笔之《文学典》序，众口交赞，一致同意，我也极为高兴。伯伟主持的文科强化班甚有成绩，学校已决定将它独立出去，与系为同级。宏生在美国也很活跃，最近有信来，附上一阅。曹虹已到韩国，想已与你联系上。她的《阳湖文派研究》已出版，不知是否已带给了你。张智华天分不高，但很用功。作学问将勤补拙，是第一要素。古人云“诚则明”，还是可以有出息的。

你写的韩国风俗也很有趣。多上点课对你来说不会增加多少负担。

顺祝

旅安！

千帆

3月13日(1997年)

（三）

砺锋弟：

四月十一日来书收到已久。问本栋要材料，即告之，想已照办。他办事细心是其长处,不会延误的。晓音闻已去东京,要在日本一年。

我身体日差,目瞀耳聋。近又加行步困难,但仍能坦然处之。老是自然规律,没有什么可怕。严杰住我隔壁,已将取信件事托之他,你若回,便可托你,更近了。

鲁迅好诗已被唐人作尽之说,根本不对,大是误人。作诗并非为了和人比赛,即使比,也并非都要做状元。自圣人尊之为圣人,凡人亦群将其尊为圣人,于是此说谬种流传,成为不努力者的一种口实。诗之者旨大序足以尽之。圣人亦不能自食其言,奈何凡人反遵从之耶?

伯伟5月3日来韩,三个月中或有机会相见。《诗文合钞》托其带上,前已交友红,返国时可另赠人,因已出订正本,有所补充校改也。王兆鹏代弟出席文学史会,来信告我,行霈对你宋代稿颇为称道,谓是经过深思熟虑之作。老人闻之殊慰,前闻多人夸《大典》序,亦如此也。此新书必须胜过文研所三卷本、游等四卷本,不特科学有进步,政治形势也远过于数十年前也。祝

旅福!

千帆

劳动节(1997年)

(四)

砺锋弟:

昨日得8日函,今晨听无线电,知昨分界线朝韩交火,即嘱友红以电话问安。想光州距交火处远,或不致波及,惊扰则不免耳。前得来书,以闻夫人将携杞探视,故未即复,后闻杞不能得签证作罢。幸归期不过月余耳。(宏生亦8月下旬返,伯伟7月中返。)我耳目无起色,近又发二十余年前在农村劳动时左脚为斗牛所伤宿疾,不良于行,故终日枯坐时为多。幸得老妻及及门诸子为助,除《校雠广义》四卷已全部排毕在印刷中外(此书有富之力为多),又得景祥之力,由陶芸手写《诗文合钞》一卷,将正式出版。巩本栋代编《程沈学记》,由立朴在贵州出,已二校,估计八月可出。又旧作摘抄名《俭腹抄》一书(亦由本栋编)约25万字,已交上海文艺出版

社。此数书，因弟在海外，未能共商榷为憾。此外，章灿将我旧作文学史，加以补充修改，定名《程氏汉语文学通史》，是我最后计划的一本书，看 98 年能否定稿。（想让门人中最年轻者放笔为之，不加任何干涉，故亦不迫促之。）

在广告上看到北大《国学季刊》目录，弟有研究《韩文考异》文，岂海外所为耶？海外资料缺，能成此文，不易，甚喜。韩国文化文物即大约如弟所云。看了周围一圈，方知“中国”“中央”之意义，由地理的而文化的，由东北西北而东南西南也。

系中大体平善。姚松出任副系主任，章灿出任文献所副所长。文献所增聘一女博士，周先生命其治小说，以此为本系阙门也。

苦雨，已十二日，不久出梅或可望晴。即颂

旅弗！不一。

千帆

（1997 年 7 月 17 日）

致高国平(二通)

高国平，曾任上海文艺出版社文艺理论编辑室副主任、编审。

（一）

国平先生：

1 月下旬得先生函，知对拙著题名为《俭腹抄》不甚赞成，当由巩君申过理由，认为小序文章甚妥，不必改动，至今已逾一月，未见复示，不知尊意究竟如何？尚请即时明确告知。如名称不改，贵社即不收受此稿，也无关系，但时间不宜久搁。此点想先生必能明察也。（沪宁邮件朝发夕至，希能在本月十号以前获得先生答复。）专此，即颂

大安！

程千帆、巩本栋启

3 月 3 日(1997 年)

（二）

国平先生：

顷巩本栋先生见告，先生已将《俭腹抄》样书十五寄出，但千帆实际收到十册（一包），则当是邮局遗失。根据贵社规定，样书是否应当挂号邮寄，如因未曾挂号而致遗失，是否可与补寄。千帆均所不知，尚乞赐告是幸。顺颂

著安！

程千帆上

十一月七日（一九九八年）

此函敬烦财务科同志转交编辑部高国平同志。

致王小盾（四通）

王小盾，上海师范大学教授。

（一）

小盾先生：

承惠西域窟垒子，真爱巴物儿，童稚欢笑，不独老朽也，铭感何极。专此奉谢，顺颂

著安！

千帆拜

4 月 25 日（1997 年）

（二）

小盾先生左右：

勋初先生转来新刊旧作博士论文，念任老归泉已久，为之怆恻。任老教授数十年，晚归故里，乃得足下传法，人生遇合有定如是。又忽念足下是书久而始发布，略同朱延丰《元突厥通考》，寅老《寒柳堂集》所为序所论甚精，足下与朱仿佛，陈、任二老亦略同也。目眚，略书数字以志钦迟之

意，不克详，幸幸。敬颂
著安！

千帆上
7月10日(1997年)

（三）

小盾先生：

久未奉候，伏维安稳。外孙女张春晓，即词集中早早，现已长大成人矣，今夏在南大毕业，硕士导师为张伯伟，校外审查人为复旦大学骆玉明。此孩尚知上进，下期入复旦深造，攻读博士(从陈尚君或骆玉明先生)。其硕士论文即以其外祖母词作为题，还有一些想法。今寄呈求教，不知可在扬大《集刊》备用否？尚乞审酌。弟衰年多病，去冬因心脏宿疾，住院数周，迄今尚未能恢复体力。终日偃卧时多，幸已退休，无必做之事。偶闻人言，先生仍将返上海工作，扬大新成立，极待建设，似较上海更需要人材。先生在扬大已开创局面，区区之意，文旆仍以留扬为上也。敬肃，即颂
著安！

弟程千帆
7月5日(1999年)

（四）

小盾先生：

惠示敬悉。外孙女张春晓习作承蒙俯赐披阅，极为感幸。又荷拟为评介于郴州之会，尤见盛情。此子秋季将入复旦大学去陈尚君、骆玉明两先生门下学习，攻读博士学位。文旆东移，必当拜谒。尚希惠示新址，俾便趋侍。扬大人事亦微有所闻，积重难返，恐亦非短期所旋转，去之亦是也。匆复，敬请
著安！

弟程千帆上
7月26日(1999年)

致佟培基(一通)

佟培基,曾任河南大学文学院教授、古籍整理研究所所长。

培基先生:

夙钦尊懿,乃荷先施,惭愧极矣。尊著甚切实有用,置之案旁,可省去许多时间,减少许多错误,功德可云无量也。小书一册,往日与弟子辈讲习所记,谨呈哂正。耳聋目瞀,书不成字。专此敬谢,顺颂

道安!

弟程千帆顿首

五.廿八(一九九七)

致廖仲安(二通)

廖仲安,曾任首都师范大学文学院教授。

(一)

仲安先生左右:

自数年前(犬齿今年满八十有四)休致,不复出入于文章会议之场,而贱躯亦日益衰朽,耳聩目瞀,兼之左足不良于行,每日枯坐时多,每忆夙昔交游,辄为一叹也。客岁偶有门人愿为印行诗文,老妻多暇代为抄写,遂复印四五百册分致海内知交,以当问讯,何意先生称道之乎。别有一二杂著,亦仗友生之力,得以成篇,或可于年内呈教。并世诸公能文者尚多,先生所举皆其尤最。弟素不工此,每以为憾。七十以后始稍用意为之,如《读蠲戏斋诗杂记》《陈白尘墓表》或勉可观,然上攀诸公之作,仍是小巫见大巫,有神气索然之感,不可强也。先室诗词注,亦是数年前所为,不勉为之,则其本事有后之人不能尽知者,是以不得不尽后死者之责,而限于精力体例,尚不能尽,但望海内知友能谅之耳。酷热,不多及。书不成字,歉

歉。敬叩
道安！

弟千帆顿首
7月31日(1997年)

（二）

仲安先生：

新书收到，分门集注，宋人注杜之旧式，公以治蘅塘之作，遂别开生面，可喜也，容置案头，可消长夏矣。敬谢。顺颂
著安！

弟千帆顿首
八月五日(一九九七年)

致杨文翰(三通)

杨文翰，笔名晓雪，诗人。程先生任教武汉大学时的学生。

（一）

文翰老弟：

《专集》收到，高兴极了。这是几十年歌唱祖国人民山河、为整个文坛所肯定的结集，来之不易，值得庆贺。前些时其麟寄来一本诗集，几片美丽的花朵，老年仍然保持少年的心，诗人永远是年轻的。你也一样。我今年满八十四，即将吃八十五岁的饭了，患白内障，几乎全聋，走路也不行，但心情很好，还尽可能地写点什么。报纸大力宣传云南是旅游圣地，惜已无法再去石林。祝
全家好，创作繁茂！

千帆
八月二十七日(一九九七年)

（二）

晓雪老弟：

得论艾青书，甚喜，仿佛你在大学时。师生遂皆老去，可惊也。书两包已寄上，幸订正之。老师不富，然送学生书还送得起。又作一联，我不工书，聊挂素壁，亦是相忆之证也。匆匆，即颂

双苇！

闲堂

十月九日（一九九七年）

（三）

文翰老弟：

久未通问，忽得新书，高兴之至。我今年已 86 岁，身体大不如前，最近住了一个多月的医院。出院后仍很疲软。好在退休无事，可以安心休息。你不断出书，可见创作力不减。我为你的努力感到骄傲。老同学还有谁在通信？陆耀东（陆现在是母校老博导了）仍在努力写多卷本新诗史。匆匆奉复。祝

合家安好！

千帆

一月三十日（一九九九年）

致周绍良（一通）

周绍良，曾任人民文学出版社编辑、中国佛教协会佛教图文馆馆长、国务院古籍整理出版规划小组顾问等。

绍良尊兄：

前得赐颂寿诞纪念文集，美富为诸家之冠，嗟赏久之，即作书致谢，想达左右矣。兹有恳者，兄著《唐人传奇笺证》，度越恒流，久为学林钦重，而

散布各刊,收集为难。比不知已加缀拾,付之书肆版行否?如尚未暇及此,则拟请将已发各篇赐以复印,以便诵习。缘比见寅老手批汪先生《唐人小说》,索居无事,辄拟加以比勘,遂欲取尊著共读之耳。老病无俚,忽然有此遐思。若不便,亦可不印也。秋凉,伏惟珍卫。敬叩
道安!

弟程千帆顿首

九月三日(一九九七年)

致侯敏泽(一通)

侯敏泽,笔名敏泽。曾任中国社会科学院文学研究所研究员、《文学评论》主编。

敏泽兄:

十一月三日手教收到。兄手术后身体安妥有进步,极慰。我耳全聋,目因白内障近盲,左脚旧日伤痕复发,不良于行,尊意可感,但实已无能为力。写这类书是热门,浙江、上海及兄处均来组稿。已托学生张伯伟君考虑,看能否编一小册。希望将岱年先生等所写寄个样子来,以便与张君商量。旧编资料已在贵州印,近日出版,当即奉寄,请为教正。专复,即颂
双弗!

弟千帆

十一月十三日(一九九七年)

致周实(一通)

周实,原《书屋》杂志主编。

周实先生:

收到刊物、大函,是个极富个性和风格的刊物。感谢。我年八十五,

耳极聋，眼又近瞎，稿大概写不成了。寄上新出一本书，请无事翻翻。祝冬安！

千帆

十二月十一日（一九九七年）

致田余庆（四通）

田余庆，曾任北京大学历史学系教授。

（一）

余庆先生：

香山接麈，未得细谈，至今悒悒。八月手教，亦早拜悉，而老病稽复，亦深歉咎。先生东晋门阀之论，极为学林推重。弟不能治史，而颇好六代文化。年来耳聋目瞀，已艰于读书，更无论着纸墨矣。偶见尊文，心窃仪之。近以门人之助，印得《学记》一种，敬呈一册，聊博一笑。顺颂

著安！

弟程千帆

12 月 19 日（1997 年）

（二）

余庆先生：

大著收到，捧读极佩，真陈言务去，孤明先发之典型也。结论极为明白，斩断葛藤，毫不含糊，真考据文字之胜境。并世胜流，不特造此境地者鲜，知此境者亦不多。真不愧名家名著之称。下走衰年八十有五，已难诵读，读大作，欢快以忭，更愧乡有贤者而知之晚也。目瞀，书不谨，乞谅。敬贺春节，并颂

著安！

弟程千帆

1 月 31 日（1998 年）

（三）

余庆先生有道：

前承惠赐大著，浣诵欣佩，寸笺肃谢，想达左右。兹敬恳者，门人程章灿，从学有年，颇治文史，兼攻石刻，其所为文已多刊布，方之前辈有类顺德岑先生，比辑为一册，谨呈其目，伏愿长者略一拂拭之，倘荷玉成，为介之北大出版社，俾得承教于学林，则为幸多矣。衰年瞀目，书字不谨，谅之谅之。顺颂著安！

乡愚弟程千帆上

2月21日（1998年）

（四）

余庆先生左右：

顷奉手教，敬悉种切。琐事奉渎，极感不安。程章灿事尤深荷长辈之赏垂，已专函致谢，并以所作呈教矣。南京昨日忽降大雪，夹以殷雷，父老云五十年来所未有，或者丰岁之休征也。敬复，祇颂

著安！

乡弟程千帆上

3月21日（1998年）

致辽宁教育出版社（一通）

承赐《新世纪万有文库》一二辑及《脉望》初集都收到，感激之至。这套丛书以及《脉望》都富于创新的精神，使广大读者从各方面都受益匪浅，对于我们老辈人来说，是多少年不曾相见的图书重现眼前。对于海外的，无论是汉文或外文著作，也有见异书而眼明之乐。我非常喜欢这套丛书和这个刊物，并对你们的成功尝试感到钦佩。我想到有几部书，不知可否供参考：(1) 文廷式《纯常子枝语》。此书刻于汪伪时期扬州，流传不广，迄无铅印，分量不大，很有价值，涉及学术及晚清政治者不少。当易购得。

(2) 李继煌《古书源流》,是一部校雠学经典著作的辑录。三十年代曾由商务印书馆印过,铅印二册。(3) 孙德谦《四益宧丛刻》中收有《六朝丽指》《汉书艺文志举例》《刘向校雠学纂微》。另一种忘其名。共四种家刻本,在图书馆当可找到。孙德谦和王国维、张尔田齐名,称为三君。但后来孙久居上海,名不及张、王之著。(4) 张尔田《史微》,有排印本,上下二册。张氏史学名著。(5) 张琭《读史卮言》,二册,有排印本。以上各书均可供贵社考虑,而其中《纯常子枝语》尤为重要。又湖南人易顺鼎以文学知名,但其经史观点极为精彩,曾为闻一多先生所称赞,惜均为零种,散在各方,搜寻不易。如先生能搜集起来,印在一起,为一大功德。听说所出各书均有零种可卖。你们送我的第一辑中的《唐诗四季》和《唐诗概论》不知被谁爱了去了,我想补买两本,不知能费心寄来否?顺便也指出一个很容易改正的一个也许是缺点,即全书没有总目录,每部分书也没有一个单独的号码,以致于我现在的这一套书丢了几本也弄不清楚,请在第三辑出版时,对这一问题予以考虑。我现已八十六岁,对于你们的工作实在非常感动,所以请老妻子代笔,表示我的感谢和祝贺。敬祝取得更大的成功!

(1998 年 8 月 5 日)

致吴海发(六通)

吴海发,曾任教于无锡高等师范学校等校。

(一)

吴晴先生:

来信收到。

我已 86 岁,老病卧床,不能回答先生所提问题。原信退回,请原谅。

顺颂

大安!

程千帆

8 月 30 日(1998 年)

（二）

吴先生：

寄还拙著及大札收到，惟尊文二篇皆未见，不知何故。小文多承奖饰，老病久不复，为文勉应故交之约，惭惶之至。老拙退休已近十年，颓龄八十有六，久无精爽陪接海内外贤哲，承告欲过访，深恐无从陪侍也。敬肃，即颂

著安！

程千帆顿首

四月十三日（一九九九年）

（三）

吴先生：

4 月 21 日手札及附评余文并收到，谢谢。

江南二仲系指王蘧常瑗仲及钱萼孙仲联，二人并共诗文，有声于时，王并兼工章草。此今典，非故实也。

寅老句见庾信《哀江南赋》："蔡威公之泪尽，继之以血。"检倪璠庾集注当作得其出处。

敬复，即颂

著安！

程千帆上

四月二十五日（一九九九年）

（四）

海发先生：

6 月 20 日手札收到，承询秋明老人《高阳台》词中"屯田"之义。鄙意以为从上下文义观之，此处似与柳耆卿无关。屯田即屯兵开荒，亦似今之新疆石河子农场也。仍乞大雅酌定。敬复，即颂

著安!

程千帆上

六月廿五日(一九九九年)

（五）

海发先生：

大札拜读。暑中著述不停，勤奋极堪钦佩。弟衰年八十有七，目盲耳聋，已不能工作，医嘱闭门静养，不敢延见佳宾。先生枉过，恐难接待，甚为抱歉。所询典实，不能出门，亦无由查考，幸恕其衰朽也。敬复，即颂

道安!

程千帆

八月十五日(一九九九年)

（六）

海发先生：

去岁25日赐书拜读，迟复为歉。承示叶圣陶先生日记一则，甚感。弟治校雠之学六十余年，近岁得门人之助，幸于去岁完成《校雠广义》四卷，在齐鲁书社印行，侥幸得国家图书奖，或先生已见之矣。先生毕业上庠后任教之余，著述不辍，斐然有成，极堪钦佩，何日刊行，当求一读也。匆复，即颂

大安!

弟程千帆上

一月六日(二〇〇〇年)

致黄天骥(一通)

黄天骥，中山大学中文系教授。

董每戡文集，程千帆敬题。

天骥先生：

赐示命签董老遗集，衰退无笔力为愧。此老抗战中曾执教三台东北大学，弟则承乏成都金陵及四川大学，间有书疏。今奉命书签，亦是一缘。闻季思先生集将由河北教育出版社付印，极是盛事，跂予望之。弟今年犬齿八十有六，凡百衰退。不尽。顺颂

道安！

千帆顿首

九月十七日（一九九八年）

致顾易生（三通）

顾易生，曾任复旦大学中文系教授。

（一）

易生先生：

新诗妙绝，从未见过，真善《易》者不言《易》也。弟衰钝，竟不能和，奈何！箧中所存能别写寄若干否？盼盼。敬颂

吟安！

弟千帆

国庆日（1998年）

（二）

易生先生：

前得诗翰一幅，精妙之至。玩赏多日，不能去手，已付装池，永作寒斋之宝。又别摄影一幅，今谨奉呈。弟近患肠胃，住院近四十日，近始出院，贱躯犹孱弱，未能多及。匆匆，顺颂

吟安！

弟千帆顿首

1月19日（1999年）

（三）

易生先生：

惠示及诗文数件奉悉，雅韵欲流，深叹前此相知之未尽也。弟病后返家，仍极疲软，卧榻时多。谨此奉复，尚乞恕宥。谨肃，即叩。

弟千帆上

2 月 5 日（1999 年）

致阳海清（一通）

阳海清，曾任湖北省图书馆副馆长。

海清先生：

赐函及附件收到。常常听到吴志达先生说起，先生参加《文学典》工作极为认真负责，贡献突出，我谨代表编委会向先生致谢。

关于下限问题，是一个编年史（包括多种形式）中永远存在也永远无法获得满意解决的问题，当初大家给定以辛亥革命为界也只是大概，当时也认为个别不牵动大局的小问题，可以保留一点例外。《大典》实行主编负责制，遇有这类问题，似可由主编（吴先生）、副主编（先生）妥商决定。

我们当时决定主编负责这一原则，是因为主编先生是实际操作执行者，最了解情况，也最能合理地、合乎实际地解决问题。想先生也必同意。

我目力欠佳（患有白内障视神经衰退），书不成字，请谅。敬颂

大安！

程千帆

十月三日（一九九八年）

致周伟民、唐玲玲（一通）

周伟民、唐玲玲，海南大学文学院教授。

玲玲、伟民两弟：

久未通问，忽奉来示，极为高兴。我自去冬患病住医院四十余日，目前始返家休养，然犹疲软无力，盖八十六岁之人，体气欠佳，如此亦不足怪也。三夕闻已就海大文院副院长职，旧友重逢，想常相见。闻著《中马文化交流史》，此自是创作，甚望早日出版见寄。弟夫妇踪迹日扩，著述日富，实为难得。中国南洋间可研究之问题极多且重要，甚望能在年富力强之时，及时多为之也。匆复，顺颂

俪安！

千帆

3 月 12 日（1999 年）

致冯天瑜、刘同平（二通）

冯天瑜，曾任武汉大学历史系教授。刘同平，冯天瑜夫人。

（一）

天瑜先生：

寄上外孙女张春晓的硕士论文，请审定，看是否能在《人文论丛》99 年号刊载。她已考入复旦大学，继续攻读博士学位。《文学通史》已在辽宁付印，约 5 月可出书。谨并附闻。敬颂

著安！

程千帆

5 月 7 日（1999 年）

（二）

同平先生：

收到十五日大札，知天瑜先生已赴日讲学，《人文论丛》今后二年稿件亦已作安排，甚为欣慰。千帆在武大工作数十年，虽其间不无拂意事，然浮屠桑下之恋实深。自天瑜先生到校，颇振宗风。旧日声名行将复起，私衷窃喜。今得来示，知虽暂时离校，而一切安排妥贴，尤可见长才也。外孙女张春晓习作投寄《人文论丛》，主要因武大乃先室晚年讲学之地。今《论丛》既已别有部署，自可别付他刊。渠已考入复旦攻读博士，所寄之文章幸先生于方便时赐还。专此布谢，即颂
著安！不一。

程千帆上

5.21(1999)

致龙先绪（一通）

龙先绪，曾任仁怀市政协文卫委主任兼市文联副主席。

先绪先生：

大札敬悉。白敦仁先生曾以庞先生外集命设法出版，其事今尚在进行中。贱躯衰病，近亦久未与白先生通问。此事先生似可直接函询白先生，或较得其实也。承寄徐先生《吟草》亦未收到，甚歉。敬复，即颂
大安！

程千帆

5 月 24 日(1999 年)

致李涵（二通）

李涵，曾任武汉大学历史系教授。

（一）

李涵先生：

收到来信，知已为先室作传，感激不尽。到南京后转眼已过二十年，但珞珈生活仍历历在心，贤夫妇在我和祖棻遭人歧视之时，仍然以友人相视，此实今世所难，也使我终生难忘。在武大尚有少数人一直保持联系，吴志达君即其一，接函后已与通电话，请其将《学记》转呈贤俪一阅，或者有助于先生文章之补充修订。丽则一直在中文系任教务员，婿张威克在生物化学系管理实验材料，年龄均过五十，再过三数年即将退休。渠等所生二女，长女张春晓（即《涉江诗集》中之早早）今年已在南大中文系取得古代文学硕士学位，下期将赴复旦大学继续攻读博士学位，最近已婚，其夫郭斌，系南大戏剧学硕士，非久将去广州担任《羊城晚报》编辑。次女程雨燕，现在南大法律系，可于明年毕业，均尚知上进。祖棻遗著，经春晓整理，已交石家庄河北教育出版社，计四册，今冬或能印行。可对师友有一交待。

我来宁后，与老同学陶芸结婚，其人甚温厚，对丽则及二外孙女均好。我今年已八十六岁，于十年前退休，现在日益衰颓。幸文集十四卷亦已交河北付印，今年或者可出。又所主编之《中华大典·文学典》共六个分典，其中宋辽金元分典五册，已付印，想争取在国庆五十周年作为献礼。（此项工作亦曾约吴志达君担任明清分典，先生或曾闻之。）

二十年来，人事变化很大。总的说来，是非曲直还是客观存在，不是少数人可以尽掩天下耳目的。对于先生贤俪之不忘故旧，赐与鸿文，十分铭感。何日拜读，跂而望之。老病久患耳聋，目力亦退，谨此奉复，书不成字。徐鸿先生也未通闻，如见时，不知能将此信与之一阅否。匆匆，敬颂著安！

弟程千帆上

6 月 30 日（1999 年）

（二）

李涵先生：

收到《人物》杂志，感谢之至。你的文章朴实无华，真挚动人，实在好。我今年已八十八岁，耳聋目瞀，走路不便，已不能从事任何工作。幸所主编《中华大典·文学典》已开始出书，估计2003年可以全部出齐，文集亦整理付印，如顺利，与祖棻遗集均可在今年（2000）出版。早早在南大修毕硕士课程后，已考入复旦大学，从著名中年学者陈尚君先生攻读博士学位，这孩子还努力，也许将来小有成就。但要赶上她外婆，则很困难。正如恩格斯所说，从猿到人的机会并不是常有的。听人说，有人写了一本宋夏关系史，我未得见，如贤伉俪知之，幸以作者及出版社名称见告。早早想写宋代文学中反映的非汉族与汉族斗争的关系，故此求教。敬颂

俪安！

千帆上

12月22日（1999年）

致《中国作家》杂志社（一通）

《中国作家》杂志社：

承为《二十世纪之歌》约稿，我多年来未写新诗，近年来因身体不好，旧体诗也未作。过去旧作，多已发表，现在已极衰老多病，不能再创作。近抄寄1983年的诗三首寄上，请查收。顺致

敬礼！

程千帆

1999.7.26

另附：

诗三首

程千帆

《与陶白同志游扬州，戏赠二首》

瘦西湖上弄扁舟，侧帽轻衫念昔游。今日白头还振策，新扬州胜旧扬州。

煎金破玉多风味，万选青钱绝辈游。却笑徐凝无口福，但分明月忆扬州。

1983 年 5 月

《癸亥九日与诸公登紫金山有怀台湾故人》

枫丹柏翠秋如画，钟阜攀翻意倍加。语笑喜陪重九节，诗心惭对万千花。无灾应忘萸囊佩，感时弥伤海雾遮。何日雍容共尊酒，天涯有客正思家。

1983 年重九日

致石定机（一通）

石定机，石声汉长子。清华大学教授。

定机先生：

顷奉手教及先德遗著词存又杂志等件，非常感谢。弟往在武汉大学，以刘弘度先生之介，得与尊公交往，深佩其高步学林，复多才艺，后以分携，遂少交往，至今匆匆五六十年。今睹遗文遗事，遂如梦寐矣。马齿顷已八十有七，耳聋目瞀，举止亦艰，已不复能有所贡献于明时，但可偃仰度日耳。十年前在南京大学退休后，因精力尚可，曾承乏担任《中华大典·文学典》主编，经营十年，其中宋辽金元分典五册已于国庆 50 周年之际出版，曾专人送京 100 部作为献礼。先生或可在图书馆中新书架上见之。垂老无成，唯此一事差可告慰。笃文先生长于文学，有声坛坫，甚为可佩，见时伏望致声。专此复谢，敬颂

教安！

乡愚弟程千帆上

十月七日(一九九九年)

致王辉斌(一通)

王辉斌，湖北文理学院文学院教授。

辉斌先生：

大札、新著拜读，先生读书甚细，能于人所忽略之处发现问题，实堪钦佩。下走衰年八十有七，耳聋目瞀，已于十年前退休，今观大作，惟有愧叹而已。命作书签，勉强应命，如不能用，可弃之也。祇复，即颂

大安！

弟程千帆

11 月 22 日(1999 年)

致王元化(一通)

王元化，曾任华东师范大学教授。

在复旦求学之外孙女张春晓近日归省，知尊上月降诞之辰，曾随其师晋谒，知道体安吉，殊慰下怀。又承赐大集一函十册(又赐孙女影集)，感荷之至。久欲得尊集而通读之，今乃如愿。略事披览，真觉美富不可言，古人所谓"明天人之际，通古今之变，成一家之言"者，公有之矣。字大宜老，尤为可贵。方将通览细读，以补枵腹。先此布谢，不尽欲言。弟近殊衰惫，耳聋目瞽，已不甚能工作。幸所主编《中华大典·文学卷》，已开始出书，得同人之助，可望在二三年内出齐，或者略胜《古今图书集成》，则时代之赐，非□生之力也。又河北教育出版社已开始出版拙集，约十四卷。二千年或可出版，届时当敬呈教益。顺告，敬请著安。

(1999 年 12 月 3 日)

致戴建华(二通)

戴建华,北京市二十五中语文教师。

(一)

建华先生:

收到大札及《中华活页文选》,因得拜读尊著,甚为感谢。先生释“吟眸”为“诗人的视野”甚好。想见用心。亡室遗集四册,已交石家庄河北教育出版社,明年当可发行。敬复,即颂

教安!

程千帆上

十二月十一日(一九九九年)

(二)

建华先生:

得手教,知有《中华诗词读本》之作,何日出版,甚盼能见赐也。先生所选先室之词,皆为时而著之作,弟无意见。衰年已八十有八,耳聋目瞀,久废笔墨,未能为尊作题词,甚歉,幸恕之也。《文选》卷十一《鲁灵光殿赋》序有“而灵光岿然独存”之语,似不宜倒文为光灵,幸大雅酌之。敬复,即颂

教安!

弟程千帆上

一月八日(二〇〇〇年)

致徐雁(一通)

徐雁,南京大学信息管理系图书馆学教授。

答徐雁先生问：

① 在国民革命军到南京以前，金陵大学没有立案。校长及其他主要行政人员，全是美国教会中人。刘先生以前的文学院长，可能是美国人。这查金大旧档案即可明白(因系和平接收，金大旧档案保存完好)。

② 他的弟子现存哪些，我不知，过去没有研究生，凡上过他的课的都可称弟子，想来还不少。

③ 他住过柳叶街的事我不知。

④ 刘先生在中国文化研究所成立后曾兼该所研究员，同时还任文学院长、图书馆长和秘书长。他的研究课题似为道教及佛经目录。其成果都发表在《金陵学报》上，一查即知。

⑤ 刘先生在国学特别研究班讲授过《老子》和《汉书艺文志研究》。刘先生讲课时用写好的卡片，没有讲义。

⑥ 国学研究班后改为文科研究所史学部。当时已发生中日战争，我是被正式录取的唯一学生。史学研究所准备迁往屯溪。但战争发展过快，我并未能去上课。当时李小缘开史部目录学，我只和李先生谈过一次。数年后文化研究所在成都开学，招有王伊同、张继平等为研究生。导师有王绳祖、陈恭禄等。

⑦ 刘先生的目录学或校雠学是在美国国会图书馆学的。据我所知，并无亲属是这方面的专家。

⑧ 我写呈刘先生的二首诗，是在被划为右派时在武大所作，沈祖棻也和了几首(见沈祖棻《涉江诗稿》卷二《呈衡如师四首》，载《沈诗词集》第275页)。

⑨ 陈裕光和刘先生失和事情原因不详。但结果是陈在校务会议上利用理学院长魏学仁、农学院长章之汶二人排挤刘先生。刘先生在金大站不住，只好远去兰州。

⑩ 刘走后，心理学教授蔡乐生继任院长。其人不学无术。我和沈祖棻都离开了。(详见《沈祖棻诗词集》第128、129页。)

程千帆

(2000年1月8日)

致贾晋华(一通)

贾晋华,澳门大学中文系教授。

晋华贤友:

郁贤皓先生转交所赐珍物,已收到,甚为感谢。

旅港讲学,必多闻见,甚望有以见益也。衰龄今已八十有八,退休多年,耳聋目瞀,行步亦颇不良。幸无必做之事,可以优游岁月耳。拙编《中华大典·文学典》历时十年,五十周年时已出宋辽金元分典五册,今年续出,如一切顺利,2003 年 22 册可全部出齐,亦聊贤博弈耳。此书已销港,在贵校图书馆中想可见之,幸指示其所未善也。专此复谢,即颂
新禧!匆匆。

千帆上

2 月 5 日(2000 年)

致周裕锴(一通)

周裕锴,四川大学文学与新闻学院教授。

裕锴先生:

尊著及大札并拜领,厚惠感不可言。衰年得此,真厚贶也。尊著处理宋诗别辟蹊径,思路往往突过古贤。匆匆检阅,尚未及细读,当以暇细嚼之也。往者亦尝有志于此,而语焉不详,今呈一册,粗糙但能博笑耳。又版本学讲义一册,亦颇模糊,聊供门下诸公参考,不敢言学也。犬齿今年八十有八,耳聋目瞀,亦颇不良于行,而《中华大典·文学典》尚待三年始能卒业,未敢息肩,今但黾勉,以求无负于国家耳。专此复谢,敬颂

著安！

弟程千帆拜上

三月六日(二〇〇〇年)

致巩本栋(一通)

巩本栋，南京大学文学院教授。南京大学中文系文学博士，师从程先生。

本栋：

文章仔细看过。因为身体不好，视力模糊，看得不够清楚。现在提一个问题，供你考虑。

你说梅尧臣是宋诗的开山祖师，这个祖师是怎么来的？欧阳修受韩愈的影响，讲的人很多，但梅尧臣与韩愈的关系，讲的人不多。请你在论文中重点研究梅尧臣与韩愈的关系。照我看来，韩愈一辈子对诗歌的贡献基本上是两点：第一点是把以前人不认为是诗的东西，他称为诗，也就是"以文为诗"。更重要的是，通过艺术手段强迫别人承认这是好诗。不论韩诗有多少变化，总的就是这两点。梅尧臣的诗歌特点，在你的文章中已用标题标出，例如"梅穷独我知，古货今难卖"。梅尧臣继承了韩愈这一方面的特点，加以发展，所以自成面目。虽出于韩诗，却自成面目。你说梅尧臣的时代、家学、文坛风气都有影响，还有他的个性，比较平淡，所以他不可能像韩愈作出那么多雄壮的作品来，更不能像韩愈在《元和圣德诗》中写出那些杀叛徒样血淋淋的诗来。我希望你把韩愈和梅尧臣的诗对照一下。韩诗着重描写的东西，恰恰是梅诗要回避的。这样可能比较实际。

还有一点要注意的，就是文字不宜写得太细密。有时要密，有时要疏。因为有时写得太密，反而讲不清楚，不如写得不太细密，反而给读者留下一个思考的空间。

千帆

3 月 16 日(2000 年)

致饶宗颐(一通)

饶宗颐，号选堂。曾任香港大学、香港中文大学、新加坡大学等校教授。

选堂先生：

承赐《清腴集》，美富不可言，真当今文苑大宝也。顷求罗忼烈先生所著《周邦彦诗文集》及《清真词集笺注》，仓卒未能得，已请议对先生谋之。先生与忼烈先生旧识，不知能代求否？幸以电话告之为感。

专此，即颂

道安！

弟程千帆

三月十九日(二〇〇〇年)

致龚斌(三通)

龚斌，南京大学中文系硕士毕业。华东师范大学中文系教授。

(一)

龚斌贤友：

来信收到。知有新著，甚为可喜。我已不能看书，故难以作序，勉成小文奉呈，尚乞正谬。书出后望以一册见惠。顺颂

教安！

千帆

4月15日(2000年)

（二）

龚斌贤友：

昨日寄上序文，想已收到。砺锋已买得弟所著陶集校笺本，甚好，如尚有存书，望赐一册。新集诗篇二册，一以奉赠，一请代致中玉兄，收到后望复。即颂

安好！

千帆

4月17日（2000年）

（三）

龚斌贤友：

承赐大著两种拜领。陶笺谨严，精微处颇多发明，知沉酣二十年所得甚深也。休闲小书极见生活中之调适。千帆以故脱离学术凡二十年，重返讲席后，颇欲追补，而操之太急，未能从容优游，故老境颇臻，学业反废，今日悔之，亦已无补。足下早见及此，殊有深识，诚可喜也。陶传何时得见，甚盼。即颂

大安！

千帆

4月26日（2000年）

致徐雁平（一通）

徐雁平，南京大学中文系文学博士，南京大学文学院教授。

雁平贤友：

惠书敬悉。先师黄季刚先生离北京大学后，曾在武昌高等师范学校任教。叶瑛先生从黄君问学当在其时。抗战将胜利时，朱光潜先生任武汉大学教务长，叶先生以朱之介到武大中文系任教。胜利后随校迁回武

昌，不数年不幸逝世。其人性格温和，学术亦有基础，所著《文史通义注》当在武大撰成，但生前未能出版耳。我目力不佳，写字潦草，匆此奉复，请原谅。即颂

大安！

千帆

四月二十六日（二〇〇〇年）

叶先生逝世后葬于武大公墓，我曾送葬。又及。

附　录

陶芸致周勃（五通）

（一）

周勃先生：

开学时南师大王兆鹏曾带来惠赐茶叶等物，非常感谢。千帆拟复函致意，不知是忘记写抑或书信遗失，致劳远念，甚歉。

去年九月间千帆去北京开会，突发心脏病，回宁后住院治疗两个月，你大约早已知道。十二月出院后在家休养，除批阅四个今夏毕业的博士生论文外，没有做任何事，也不参加任何会议，健康似有所进步。南大也将他所有行政职务解除，并同意他今夏不再招博士生，他心里也很高兴，可以安心休息了。不料三月间因饮食不慎，突发急性胃炎，剧烈疼痛，数日后又引发了房颤，只得又进入医院。现在胃病已基本痊愈，尚未服药调理，心脏方面脉搏较快，房早已成持续性，医生认为无法治疗，只有靠休养，不要多动，不要劳累，保持情绪安定，也可以慢慢好转，所以昨天他就出院了。但立刻就远行参加会议，无论如何是不可能的。医生不但不允许现在出差，并且嘱咐以后尽量少出门。湖北大学的事，他一直是放在心上，你一定能够理解。这次无法来参加博士点的论证会，他也感到很抱歉。请你代向湖大领导和中文系诸先生说明他的健康情况和歉意。（适才又接到张国光、李悔吾两位先生的电报。）

张叙之先生两次过宁，都来晤谈，他也知道千帆精神大不如前了。按照千帆过去的雄心，想补回那失去了的十八年，但健康情况却让他无法实现那雄心。现在脑筋也差了，只好认输搁笔不再写文章了。这也是他最无可奈何的事。

专此，敬颂

教安！

陶芸

4月19日（1989年）

郁沅先生处不另函，请代致意。

（二）

周勃先生：

上次寄来的大作原稿，千帆即行亲自送往南大出版社。他们看过书稿后初步考虑用，但有些问题还需商量，准备直接和你联系，请等他们的来信。

千帆从去秋服用中药（连续半年多）后，身体本有所好转，冬天也不常发病。今年夏季最热的时候，又如往年一样，住进了有空调设备的地方，大约是因为全封闭的建筑，比较缺氧，住了24天，发房颤四次，我们赶紧不等天凉就搬回家了。回家后虽受热，发病却很少。但九月份又发了几次，十月初以来，就三五天发一次，而且特效药也不灵了，过去服一粒药，一两小时后能止住，现在一发就是七八小时，甚至十几小时，十号到十二号断断续续可以说没有怎么好过，因此十二号又住进了医院。到医院后也还发，不过服药打针后，可以很快控制住。目前还在观察治疗，一时还不能出院。不过也没有危险，请放心。

最近气候转凉，盼多珍重。顺颂

俪安！

陶芸

10月27日（1990年）

（三）

周勃先生：

九十月间曾寄上《纪念文集》和《文教资料简报》，后千帆又曾致函道谢，迄未得复，颇念。大作《永恒的困扰》已出版，南大出版社曾送来一本，印刷尚可，扉页颇具特色，惟照片较模糊，想早已见到样书。

兹有一事相烦，《古诗考索》一书，千帆手边已罄，而时有友人相索，上海古籍仓库亦无存书。记得1987年在你校讲课时，武汉新华书店（交通路古旧书店）尚有余书，不过时间已过去五六年，不知是否还有。请转托你校资料室同志去新华书店时代为问询，如有，请代购一二十本寄下，极感。

本月十一日至十八日我陪千帆去厦门参加唐代文学会国际讨论会，来去均乘飞机，在厦门亦只参加二三次会议，身体尚可，今冬将不再远行。新点房屋年内或可竣工，正商量室内装修事，虽明春才能迁徙，但很多事需有人在此过问，故不能离开。明年五月如身体好能去参加黄先生纪念会，当来看望。天气转冷，诸希珍重。敬颂

双安！

陶芸上

11.20(1992)

千帆嘱笔问候

（四）

周勃先生：

上次接到电话，知湖大老朋友们均好，甚慰。

近与砺锋等商议，拟搜集整理千帆与友朋的函札，作为《全集》之补编。记得姚雪垠先生去世后，其家属曾来索取姚先生致千帆的书札，我们因整理得很好，旋即寄去，但忘记同时请其家属将千帆至姚先生的书札也寄回。现在时隔已久，不知其家属的情况和通信处。您和姚先生素有往来，故烦请将致姚先生家属的函件（附在信内）转寄，并代填写（因不知其夫人尚在否，信的抬头应如何写）空白处。千帆和姚先生往来书函，多系谈学术和文学作品，对学术界颇有参考价值，故烦神代办。至于千帆给您的函件，更盼拨冗整理寄下，极感。

顺颂

近安！

陶芸敬上

2002.3.10

附

尊敬的周勃先生：

千帆一生从事教学与学术研究，其论著大抵已收入《程千帆全集》（莫砺锋编，河北教育出版社，2000 年）。此集原名《程千帆文集》，在千帆生前已编定，集外尚有少量诗文遗落未收；此外，千帆与友朋通信，亦喜谈诗论文，评骘学术，时间所限，亦未及收列。今其门下弟子拟搜集佚文，为《程千帆全集》作补编，其书札拟专编一卷，以供学界参考。特向海内外学人友好征集千帆书信，先生与千帆多年友好，往来书信频繁，烦请拨冗赐寄其原件或复印件（来信请寄：江苏省南京市汉口路 22 号南京大学中文系程章灿收，邮编：210093）。劳烦之处，先此恭谢。

谨此奉闻。即颂

时绥。

陶芸拜上

2002.03.10

（五）

周勃先生：

前承惠寄千帆遗函 16 封，早已收到。连同各地寄来之书札数百件，均先后输入电脑。因千帆晚年书写潦草，又多喜用古体字，芸必须一一校对（因协助工作者系学生之学生，知识面尚不足），而芸近年体力日衰，写字手亦发抖，工作效率很低。留校之诸弟子均为中文系之骨干力量，非常繁忙，拟待搜集齐全后，再请他们编选成集，希望能在我生前完成此事。

千帆去世已两年，这两年内，他念念不忘的几件事已差不多完成。除您已知者外，《黄侃日记》已出版，《中华大典·文学典》宋辽金元及隋唐五代两分典已出版，其他分典也在进行中。尤其令人高兴的是，《全清词·顺康卷》20 本在南大百年校庆前一次出版，以后还将由其弟子继续编下去。千帆当亦含笑九泉矣。

兹有请者，前次由您转寄给姚雪垠先生之子姚海天之征集信札之函迄无回音。据有人云，姚先生有书函集出版，内有千帆之函札，不知您是否见到过，想来千帆原函应不至全部不见，即使已印在书上，也可复印寄来。想请您再去一信代为问讯，并请将其通信地址寄下，以便再设法联系。又日前已嘱张伯伟拟一征函启事登在《光明日报》上，或亦可再收到一些函札。

刘弘度老之长女刘茂舒和千帆来往信件颇多，茂舒虽已去世，其夫皮公亮原在《长江日报》工作，不知现在是否仍在该报社。您和他有来往吗？能否也代为征集？

您现在身体谅必健康，是否已退休？祖延先生、子仲先生近况如何？均极怀念。前年湖大各位老朋友及广开均邀芸再去湖大住一段时间，芸亦颇思与老友等晤谈，看来体力日益衰弱，成行已无望，只盼望老友们有事东下时过舍间一叙。请代向各位问候。又子仲处及张国光先生处有无千帆书函，亦请代为一问。

炎暑即将来临，请多珍重。敬颂

阖府安吉！

陶芸敬上

2002.6.11

陶芸致张叙之（一通）

叙之先生：

大函早已收到，今年夏季来得既早又猛，自六月下旬开始即进入高温且经常高到了37℃左右，中间虽稍有所缓，但接着又升上去。因暑热难熬，很少工作，故迟迟未复，请原谅。

千帆生前已由砺锋编好《全集》共15卷，除第15卷《桑榆忆往》外，其余14卷均发表过。交稿甚早，本应在1999年底出版，但出版社一直拖延，直至2000年底始大量发行，以至千帆生前未能获见，极为遗憾。而且河北教育出版社今年来内部改组，责编已调走，因此本来说好可以分开印刷出版，便于读者购买，也未做到。《桑榆忆往》是他最后的一本书，内容有他自己口述而由张伯伟整理的回忆录“劳生志略”，有他自己撰写怀念老师的“音旨偶闻”，还有“书绅录”，是他在南大授课时学生整理的记录。这本书先交给上海古籍出版社了，可是他也没有看到。记得您以前来信曾说要收集千帆全部著作，甚至包括《骈字类编音序索引》，现我处尚存有少数上海古籍版的《桑榆忆往》，待天气略转凉，当往邮局寄上一本，则您虽购不到《全集》，亦所阙无几了。《全集》中还有《程氏汉语文学通史》，是和程章灿合作的，曾在辽宁出版社出版。当时因价格较贵，且既然还要在河北出版，不如等河北出版后再大批购买赠送亲友，可是现在河北出版社不知何时才能分别加印，所以大家多未见到此书。章灿正在考虑此事，听说市场上还可以购到此书。

千帆骨灰在今年他的忌日已安葬于南京大学浦口校区名人园他亲自栽种的一棵树下，入土为安，我们便于祭扫，也符合他“不留骨灰”的遗嘱。

我身体尚好，仍住原处，有一老阿姨陪伴，生活不成问题。我有二子在南京，周末即去他们两家盘桓。丽则住处甚近，常来探望。只是一年来哀痛不能消减，体力衰退，大不如前，武汉老友常邀我去住住，恐已难于成行。武大的老同学和南大的程门弟子常有信或打电话来问候，非常感慰。

您近况如何？还常做些学术研究吗？和武大校友常有来往吗？均念。

顺颂

近安！

陶芸上

2001.8.23

陶芸致聂乐和（二通）

聂乐和，曾任湖南教育出版社副社长、《书屋》杂志主编。

（一）

乐和先生：

我是南京大学已故教授程千帆的妻子，冒昧给您写信，请原谅。

去年在《书屋》第2、3、4期上见到舒芜《碧空楼书简》载其与先夫之书函数十封，因思如能将千帆致舒芜之信札亦刊载在《书屋》，相互印证，或能对读者有所裨益。因函请朱正先生转与周实先生商酌（当时与周实先生不相识）。得其同意后即函舒芜请其将所保存之千帆手书复印寄下。后因舒芜身体不适，未能及时整理。今年年初始收到寄来之复印件，故即函周实先生询问是否需要。昨得周实先生复函，知《书屋》现由您负责主编，故将情况函告。寄来之书札共五十封，时间是1990年至1999年底，与舒芜来信大致可对应，共约一万字上下。已经整理打印好。如贵刊需要，请即示知，当挂号寄上。如不拟刊载，亦盼函告，当另作处理。

专此，即颂

著安！

陶芸敬上

2002.1.30

（二）

乐和先生：

今年年初寄上先夫程千帆致舒芜先生函札后，收到先生复函，发表后将及时示知。迄已逾半载，未蒙赐示，想因稿件多一时不能刊载。现南大古典文献研究所主编之《古典文献研究》拟在下期刊载《闲堂书札》中之部分，专此奉达，即希见谅。顺颂

著安！

陶芸敬上

2002.9.23

后　记

千帆离开我们已近三年了。两年多来，我经常回忆起他到南大后这二十几年的情况。在我的回忆中，不论是在学校、在家里，还是在外地，除了开会、讲学或与友生谈话外，他总是在伏案作书，写文章、作诗，或给友朋写信。经过二十几年的努力，他终于得到一点成就。在他生前，由他的学生把他的著作编成了《程千帆文集》十五卷，交河北教育出版社出版。可是遗憾的是千帆没有见到这部文集的出版，这部书出版时，出版社又将书名改为《程千帆全集》。我常常想，千帆的著作是否全部收在这部文集中了呢？他对学术的种种想法，是否全都体现在这部文集中了呢？还有什么需要补充吗？

2001年，我看到《书屋》上刊载的舒芜先生的《碧空楼书简》中，有致千帆的数十封信，因而想到他们两人书信往来颇为频繁，如果将千帆致舒芜先生的信也在《书屋》上发表，相互对照，读者也许可以更好地了解他们对一些学术问题的看法。所以我请舒芜先生将千帆的去函复印寄来，转给了《书屋》的编辑。不久又收到山东大学王绍曾先生的来信，认为千帆致友朋的书札中，多有商讨学术的内容，且时有自出机杼的见解，可视为其学术著作的补充。王先生的赐教更坚定了我的想法，我当即与留在南大工作的千帆的及门弟子商洽，决定将千帆的书信编成一集以供学界参考，并函请海内外亲朋友好帮助收集。

信函发出后，承蒙海内外各位先生的关爱，纷纷从珍藏了数十年的书箧中仔细搜检出千帆的书信惠寄给我们，有的先生还辗转敦请其他朋友共襄此事。由于千帆写信习惯于只署月日而不署年代，有的先生还凭借信封上的邮戳或信的内容推定写信的时间，编好次序，这对我们的编选工作帮助很大。我在莫砺锋、程章灿君的协助下，现已整理出千帆写给110余人的近千封书札，约50万字，编成《闲堂书简》一卷。全书的编排方式是把致某位收信人的书信都编在一起，排列次序则是依千帆致某位先生收到千帆第一封信的时间为先后。

我感到遗憾的是，我们发出的征集信函不够广泛，因为有的朋友地址不详，有些师长或老友已经谢世而其家属情况不明，故搜集不全。希望各位亲朋好友今后续有赐寄，以便于我们陆续增补。

千帆写信喜用草书，有时甚至用古体字、异体字。而且他晚年目眚，书迹潦草，不易辨认。我水平有限，虽然得到在南大工作的千帆弟子及千帆的女儿丽则、外孙女春晓的帮助，但仍然难免有错误，请读者不吝指正。在整理打印书稿的过程中，得到徐雁平博士的帮助甚多，南京大学中文系硕士生魏申申也帮助打印了一些信稿，谨此表示衷心的感谢。

陶　芸

2003 年 2 月 1 日

增订本后记

光阴如驶，岁月如流。

闲堂师离开我们已经十三年了。2003 年，由师母陶芸先生编辑整理的《闲堂书简》由上海古籍出版社出版，距今也已经十年了。今年恰值闲堂师诞辰 100 周年，南京大学文学院中国古代文学学科的同仁们早就商议，要在 2013 年举办一系列纪念活动，包括增订再版《闲堂书简》。犹记得在 2001 年至 2003 年之间，将近九十岁高龄的师母陶芸先生不辞辛劳，投注了大量时间和精力，终于编定此书，并顺利出版。在征集书简、辨认文字、输录文稿以及书简系年等方面，我曾协助陶先生做了一些工作。有鉴于此，同仁们委托我负责此书的增订工作。

《闲堂书简》自出版以来，即受到文化学术界的广泛关注，很多研究近现代学术史的学者，已经将此书作为一份重要史料引证使用。此书初版印数不多，市面上已经找不到，早有读者希望此书能够再版。另一方面，由于种种原因，有一些书简十年前未征集到；而已经收入《闲堂书简》的信札，也有若干系年不够准确，信后标注的年月日的书写格式也未完全统一。这次增订，除了重新征集增补之外，也对这些不准确或不统一的部分，进行了修订。书简末尾或只署月日而无年份，整理时尽可能考定年份，括号附注于后，或用中文数字，或用阿拉伯数字，则一依原书写格式而定。此外，初版中有个别误字，这次增订时也作了校正。

《闲堂书简》初版收录了闲堂师致 113 人（或单位）的书信。这次增补，又补入近 50 人，来自各种渠道，包括从网络上收集到的 12 人；另外收信人已见于初版、而此次又有增补书信的，共有 14 人，增补凡七万余字。需要说明的是，网络上披露的材料，凡是图片清晰并且能够确认为闲堂师手迹的，都尽量收录。少数图片模糊或者真伪存疑，则暂时舍弃。

另外，这次增订还为每位收信人加注简介。这是最简要的个人介绍，一般只介绍收信人最主要的职业身份，限定在一行之内，凡与程先生有亲属师生关系者，也简注说明。有些收信人有多种职业身份，无法列举，敬请谅解。我们希望这种挂一漏万的简介，也能对读者有所帮助。

《闲堂书简》征集和增订工作，得到了国内外师友学人的热烈响应与大力支持。北京的徐俊、胡同、赵胥等先生，台北的车行健等先生亦慨然帮助。赵胥先生提供的闲堂师致刘国钧先生的信，附有多首诗作，若干篇诗作（包括沈先生的《早早诗》）则有异文，颇足珍视。此外，丽则师姐、同门师兄弟以及南京大学文学院中国古代文学学科同仁，也给予很多指导和帮助，恕不一一列名。具体的文字录入、格式调整以及系年订正，则南京大学文学院研究生许勇同学出力独多。谨此志谢。

程章灿

2013 年 3 月 5 日

再增订本后记

今年是闲堂师诞辰110周年。凤凰出版社于今年推出的《程千帆全集》，既是对闲堂师著述迄今为止最为全面的汇集整理，也是对闲堂师最好的纪念。时间将证明，《程千帆全集》的出版是有历史意义的。

日记和书简也许是新版《程千帆全集》中最值得注意的。其中，日记是首次整理出版，其所涵盖的时间段虽然只有不到22年(1979—2000)，但对于了解和研究闲堂师晚年移砚南京大学的辉煌人生，却弥足珍贵。书简的时间跨度更长，篇幅相仿，虽然不是第一次出版，却有很多增补，面目焕然一新，也可以算是一本新书了。

《闲堂书简》初版于2004年，由上海古籍出版社出版。2013年，增订本仍由上海古籍出版社推出，恰值闲堂师诞辰100周年。《闲堂书简》初版的整理是在师母陶芸先生的主持下完成的，在收集、释读、录入和编辑等环节，我帮了一些忙，并负责联系出版社等具体事宜。由于陶先生已归道山，增订出版的具体工作就由我承担。初版和增订本的编辑出版，得到了很多师长、同门师兄弟以及学界朋友的支持，初版和增订本后记中已有所交代，此不复赘。令人欣慰的是，《闲堂书简》初版和增订本出版后，都在学术界产生了很大的反响，不仅成为当代学术史研究的一部重要文献，也在一定程度上激发了学界及出版界对当代学者书札文献整理出版的兴趣。我想借此机会，再次表达对上海古籍出版社尤其是高克勤社长的衷心感谢。从初版到再增订本，历经二十年，南京大学文学院更换了多届领导。历届领导对《闲堂书简》的编辑出版始终如一地予以重视与支持，我也借此机会深表感谢。

此番再次增订，增补了从2013到2023年这十年间新搜集的闲堂书简，共计三百五十封，二十余万字，同时对所有能够查阅到原件的书信进行复校，并据《闲堂日记》，核对修改落款时间，调整书简次序。这十年间，程丽则师姐一直关心此事，并提供来自多方的闲堂书简信息。同门莫砺锋、张三夕、蒋寅、张宏生、张伯伟、曹虹、巩本栋等教授，以及姜小青、高克勤、刘梦溪、萧效农、周晶、张觉、刘重喜、徐雁平、张宗友、宋健、唐志远、岳洪治、罗鹭、谢欢、廖太燕、李小雨等先生，或积极帮忙联系，或提供闲堂书简的线索，或收集转发其电子本，这一名单挂一漏万，统此致谢。宋健先生在其微信公众号“程门问学”上推出“闲堂书简补遗”专辑，用心深细，特别有价值。这些材料大多先集中到我这里，再经我手转交许勇。十年前，许勇即已参加增订本的辑补编辑工作，贡献甚多。此次他又负责再增订本的辑录补遗、系年考订和编辑加工，出力最多，应记首功。

是为记。

程章灿

2023 年 8 月 18 日